HEYNE
JUBILÄUMS
REIHE

DER U-BOOT-KRIEG

ZWEI SPANNENDE ERLEBNISBERICHTE MIT ZAHLREICHEN FOTOS

WILHELM HEYNE VERLAG
MÜNCHEN

HEYNE JUBILÄUMSBÄNDE
Nr. 50/142

QUELLENHINWEIS

Heinz Schaeffer U 977 – GEHEIMFAHRT NACH SÜDAMERIKA

(Der Titel erschien bereits in der Allgemeinen Reihe
mit der Band-Nr. 01/5214.)

Leonce Peillard GESCHICHTE DES U-BOOT-KRIEGES 1939–1945/
Histoire Generale de la Guerre Sousmarine 1939 – 1945

Aus dem Französischen von Fregkpt. a. D. Hans Sokol
und Ing. Wilhelm Rudolf
Die marinetechnische Durchsicht der
deutschen Fassung besorgte Ernst Maerker.
(Der Titel erschien bereits in der Allgemeinen Reihe
mit der Band-Nr. 01/5060.)

Umwelthinweis:
Dieses Buch wurde auf chlor- und säurefreiem Papier gedruckt.

Printed in Germany 1999
Umschlagillustration: Bilderdienst Süddeutscher Verlag, München
Umschlaggestaltung: Atelier Ingrid Schütz, München
Satz: Buch-Werkstatt GmbH, Bad Aibling
Druck und Bindung: Elsnerdruck, Berlin

ISBN 3-453-14825-8

http://www.heyne.de

HEYNE
JUBILÄUMS
REIHE

In derselben Reihe erschienen außerdem als Heyne-Taschenbücher:

Frauenkrimis · Band 50/90
Hinter dem Schleier ·
Band 50/94
1000 neue Witze zum Totlachen · Band 50/95
Glücklich und zufrieden ·
Band 50/98
Psycho · Band 50/101
König Artus · Band 50/106
Lachen ist ansteckend ·
Band 50/107
Shadorun · Band 50/109
Bitte lächeln · Band 50/113
U-Boot · Band 50/114
Notfall · Band 50/119
Star Trek spezial · Band 50/121
Zärtliches Feuer · Band 50/122
Thriller · Band 50/123
Liebe und Macht · Band 50/124
Macht der Leidenschaft ·
Band 50/127
Nichts als die Wahrheit ·
Band 50/128
Rache ist Weiblich · Band 50/129
Akte X · Band 50/130
Männer · Band 50/132
Liebe für ein ganzes Leben ·
Band 50/133
Mord am Golden Gate ·
Band 50/134
Herzerfrischend heiter ·
Band 50/135
Der Fluch · Band 50/136
Liebe · Band 50/137
Erotik · Band 50/138
Schlesinger, Blöde Männer ·
Band 50/139
Hochspannung · Band 50/140
Zauber der Leidenschaft ·
Band 50/141
Verrat · Band 50/144
Fantasy · Band 50/147

INHALT

HEINZ SCHAEFFER

U 977

Geheimfahrt nach Südamerika

Inhalt

Schatten steigen auf …

Graue Nachkriegszeit, besonders grau im Lande der Geschlagenen, in Deutschland, besonders hart für den einstigen Berufssoldaten und für den jungen Menschen, der die besten Jahre seines Lebens im Kriegsdienst verbrachte und nun, als ungelernter Zivilist, einen Start ins Leben machen soll, für den er zwar menschlich aufs beste, praktisch jedoch überhaupt nicht vorbereitet ist.

Ich haste, wie Millionen andere deutsche Männer, die der Orlog übrigließ, durch diesen grauen, deutschen Nachkriegsalltag auf der Jagd nach Existenzmitteln und sehe mich überhaupt nicht um. In solchen Zeiten möchte man am liebsten Scheuklappen wie die Gespannpferde haben, um das Meer von Bitterkeit und Trauer, durch das man gerade schwimmt, nicht in seiner ganzen, furchtbaren Größe zu sehen. Aber die Trümmer, die steinernen und die menschlichen, schreien dich überall an. Die Selbstbehauptung in dieser Atmosphäre ist nicht nur eine Frage des Geldbeutels und des Magens, sondern vor allem ein seelisches Problem.

Das Schicksal hat mich, den Berliner, nach Düsseldorf am Rhein verschlagen. Auch diese einst so duftige und lustige Stadt ist kaum mehr zu erkennen. Heute mache ich gerade einen Törn durch das Zentrum. Um mich her magere, schlecht angezogene Menschen, Häuserskelette und die fremden Uniformen der Besatzungsmächte. Ich gehe gerade nachdenklich über die gute, alte ›Koe‹, die Königstraße, denke, daß wir uns schon an vieles gewöhnt haben und wahrscheinlich noch werden gewöhnen müssen; da vernimmt mein Ohr eine Ziffer, deren Klang ich vielleicht sogar als Tauber wahrnehmen würde, war sie doch die knappe, kurze Formel, unter der sich die letzten Monate meines bewegten, seemännischen Kriegseinsatzes abspielten.

Irgendwo, so scheint es mir, ruft einer in gewissen Abständen »977 – 977 – 977«. Das U-Boot, das ich im letzten Teil des Krieges führte, trug das Erkennungszeichen ›U-977‹. Und man kann sich denken, wie mich diese Zahl immer wieder elektrisiert. – Ich höre sie heute zum ersten Male nach langen, zu langen Monaten der Kriegsgefangenschaft im Aus- und Inland und bin mir zunächst gar nicht im klaren, ob ich die Nummer wirklich mit meinen eigenen Ohren höre, oder ob meine Fantasie mir gerade ein Schnippchen schlagen will. Ich spitze die Ohren. Aber ich höre nur noch das Klappern der in dieser Mangelzeit Mode gewordenen Holzsohlen und das müde Schlürfen der Schritte über dem Boden. – Nein! Ich habe nichts gehört. Ich habe mir nur eingebildet, ganz deutlich ›Neunhundertsiebenundsiebzig …‹ verstanden zu haben. Der Menschenstrom der ›Koe‹ hat mich wieder erfaßt. Ich haste weiter.

So komme ich an einem Zeitungsstand vorbei. Ein alter, schäbig angezogener Verkäufer brüllt in alle Himmelsrichtungen mit heiserer, fast krächzender Greisenstimme: »Hitler lebt! Hitler lebt!« – Welche Sensationsnachricht hat man nach diesem Kriege noch nicht erfunden, um der Lizenzpresse auf die Beine zu helfen? In welcher wilden Redaktion hat man wieder diese tolle ›New‹ ausgekocht, denke ich gerade und will an dem Zeitungshändler vorbeigehen, da fällt mein Blick auf die schreiend aufgemachte Boulevardzeitung, die mir der Alte entgegenhält. Und da lese ich ›U-977 …‹

Oder habe ich mich diesmal genauso versehen wie vorhin verhört? Bin ich schon genauso durchgedreht wie alle großstädtischen Trümmerblüten? – Ich schaue genau hin und lese nochmals die Schlagzeilen des Blattes und … diesmal lese ich einwandfrei und klar: »HITLER LEBT!« und darunter in kleinerer Schrift: »Er floh nach Argentinien an Bord des ›U-977‹.« Mitten auf der Koe bleibe ich wie angewurzelt stehen und bekomme einen solchen Lachkrampf, daß mich die kleinen Mädchen und sonstigen Passanten des Düsseldorfer Bummels entgeistert ansehen und scheu einen Bogen um mich machen. Sie denken sicher: ›Da ist wieder einer vor lauter Hunger übergeschnappt.‹ –

Dabei ist mein Magen einigermaßen gefüllt und mein Kopf wirklich nicht durcheinander. Ich lache nur über diese billige Sensationsmache, denn schließlich weiß ich mehr über die letzte Reise des ›U-977‹ als sämtliche Zeitungsmänner der Erde zusammengenommen. – Mal sehen, was in dem Blättchen steht!

Ich bin einer der ganz wenigen Passanten, die das Blatt überhaupt kaufen. Mit ihm unter dem Arm steuere ich ein Kaffeehaus an und führe mir bald bei einem Glase wässerigen Nachkriegsbieres die ›Bombennachricht‹ zu Gemüte. Es handelt sich um einen Agenturbericht aus Buenos Aires, in dem steht, daß in der argentinischen Hauptstadt ein gewisser Ladislao Szabo unter dem Titel ›Hitler lebt!« ein Buch veröffentlicht hat, in dem behauptet wird, daß ›U-530‹, das Boot meines Waffenkameraden Wehrmut und ›U-977‹, mein Schiff, die beiden einzigen Einheiten der ehemaligen deutschen Kriegsmarine, die, lange nach der deutschen Kapitulation, argentinische Häfen anliefen, Teile des Geleits eines ›Geisterkonvois‹ gewesen seien, mit welchem Hitler und andere ›big shots‹ des Dritten Reiches zunächst nach Argentinien und dann in die Antarktis flohen. In der Meldung heißt es, daß Szabo seine Angaben durch eine ganze Reihe von Indizien und Einzelheiten erhärtet habe.

Sogar eine Karte der Reiseroute des ›Geisterkonvois‹ mit Eintragung der Stelle, an der sich die beiden U-Boote von ihm getrennt haben sollen, wird gebracht. Die beiden deutschen U-Boots-Kommandanten sollen zudem eine große Rolle in seiner Beweisführung spielen.

Natürlich habe ich nicht das Vergnügen, Herrn Ladislao Szabo persönlich zu kennen und weiß, daß auch Wehrmut dem Herrn niemals begegnet ist, der jetzt aus ihm und mir sensationsumwitterte Berühmtheiten gemacht hat. Wer weiß, wo der Schreiberling in Buenos Aires seine Daten her hat. Mich amüsieren sie auf der ganzen Linie, sofern sie aus der Agenturmeldung stammen. Das Buch muß natürlich weitaus erheiternder sein, aber Argentinien ist weit weg.

Doch diese Veröffentlichung in Argentinien hat auch eine nicht ganz heitere Seite für mich, zumal ich seit dem 17. August immer wieder mit der Behauptung verfolgt werde: ›Sie, Schaeffer, haben Hitler nach Argentinien gebracht!‹ Immer und immer wieder, vor Sonderbeauftragten eines alliierten Komitees, die eigens nach Buenos Aires flogen, vor gewieften Intelligence-Offizieren des Pentagons zu Washington, die mich extra im Flugzeug nach dort verbringen ließen, und vor Vernehmungsspezialisten der britischen Admiralität mußte ich mich gegen diesen Verdacht verteidigen.

Sollte nun das Szabo-Buch eine neue Reihe von Verhören, Vernehmungen, protokollarischen Erhebungen usw. für mich bedeuten? Ich halte es an sich für unwahrscheinlich, nachdem ich den Behörden alle Einzelheiten meiner, nach außen hin, tatsächlich ein wenig mysteriösen Reise mehrfach klargestellt habe.

Einstweilen belustigt mich die ganze Geschichte. Da liest heute die ganze Welt die, ach so aufregende, Zeitungsmeldung aus Buenos Aires und läßt sich von Herrn Szabo über die Flucht Hitlers

›aufklären‹. Und ich, einer der Männer, die bei dieser Flucht maßgeblich mitgewirkt haben sollen, sitze nun ungeschoren als harmloser Zivilist in einem Düsseldorfer Kaffeehaus und … weiß so wenig über die Flucht des deutschen Schicksalsmannes, daß ich mich ebenfalls von dem Bonaerenser Journalisten über die Einzelheiten aufklären lassen muß. Es kitzelt mich keineswegs, daß mein Name im Zusammenhang mit dem angeblich ›größten Geheimnis dieser Nachkriegszeit‹ genannt wird, aber ich fühle jetzt um so deutlicher die Verpflichtung, die Dinge einmal von mir aus der Öffentlichkeit darzustellen. Man wird nicht umsonst urplötzlich ein ›berühmter Unbekannter‹.

Ich erinnere mich noch deutlich der großen Bedeutung, die man in Washington meinem ›Falle‹ beimaß. Die Intelligence-Offiziere Onkel Sams sahen in meiner Person den Schlüssel zu einem der vielen ungeklärten Fälle des vorigen Krieges. Einer verstieg sich sogar zu der Erklärung: »Schaeffer, Sie sind für uns als Hitler-Verstecker weitaus interessanter und gefährlicher als Skorzeny, der sagenhafte Mussolini-Befreier.« Inzwischen habe ich jene aufgeregten Herren beruhigen können und hätte es vielleicht sogar mit Herrn Szabo fertiggebracht, wenn ich ihn gekannt hätte. Aber, wie man sieht, hat er dafür gesorgt, daß jener Nimbus, der mich seit dem 17. August 1945 umgibt, neu genährt wird.

Unterdes ist es dunkel geworden. Ich schlage nachdenklich den Weg nach Hause ein, lande bald in meinem unfreundlichen Junggesellenzimmer und lege mich zum Schlafen nieder. Doch die Zeitungsmeldung aus Buenos Aires hat einen wahren Sturm von Erinnerungen in mir hervorgerufen. Ich kann beim besten Willen nicht einschlafen, liege hell wach in meiner Koje und starre die weiße Zimmerdecke an, über die gelegentlich Lichter der draußen fahrenden Autos huschen. In meiner Vorstellung drängt sich Bild an Bild. Zwischendurch begeben sich meine Gedanken auf fantastische Spaziergänge. Instinktiv wird mir klar, wie aufregend eigentlich die Geschichte ist, mit der man mich in Zusammenhang bringen will. Legenden, Romane und dunkle historische Ereignisse wie der Fall Kaspar Hauser und die Angelegenheit des ›Mannes mit der eisernen Maske‹ könnten nicht spannender sein. Herr Szabo hat aus mir einen ›mystery man‹, so etwas wie einen Edmund Dantes gemacht.

Doch drüben in der Schublade meines Schreibtisches liegen die zerknitterten Hefte mit meinen Kriegsaufzeichnungen. Nur einmal hatte ich Ruhe, sie zusammenhängend zu lesen. Das war damals im Jahre 1945, als ich die ersten 24 Stunden auf argentinischem Boden verbrachte. Seitdem habe ich sie nicht wieder in der Hand gehabt. Diese Hefte enthalten die volle Wahrheit über die mysteriöse Reise des ›U-977‹ und über den ›Hitler-Verstecker‹, Heinz Schaeffer. Und diese Zeilen, die in der Freizeit an Bord entstanden, weil ich das Bedürfnis empfand, alle Stufen meiner eigenen Entwicklung, alle Erlebnisse des harten U-Boot-Krieges festzuhalten, würden vollauf ausreichen, um den Tabano-Verlag in Buenos Aires das Geschäft mit dem romanhaften Buch Szabos zu verderben.

Ich fühle plötzlich das unbedingte Bedürfnis, diese Tagebücher wieder in die Hand zu nehmen, knipse meine Nachttischlampe an, springe auf und hole die Papiere hervor. Sie haben noch jenen typischen Geruch nach Öl, Tampen, Teer und Seewasser, den alle Sachen an Bord eines U-Bootes annehmen. Ich atme ihn tief ein, denn es ist ein guter männlicher Geruch in einer Zeit wie dieser.

Die Seiten der Hefte sind heute noch klamm von der Feuchtigkeit des Meeres. Und meine Schrift spiegelt deutlich meine Gemütsverfassung in allen Phasen meines Seemannslebens wider. Mal ist sie ruhig und ausgeglichen, wie auf den sauber mit Tinte geschriebenen Seiten, die während meiner Ausbildung und in der U-Boots-Schule entstanden, mal ist sie flatternd mit Bleistift hingeworfen, wie auf den Blättern, die während meiner verschiedenen Feindunternehmungen nur mit Stichworten gefüllt wurden. Dann wird sie wieder auf 66 Seiten so klar und deutlich, als hätte ich als Sekundaner eine Aufsatzreinschrift gemacht. Während ich diese Hefte duchblättere, schlage ich instinktiv die Seiten auf, die die Ankunft des ›U-977‹ im argentinischen Kriegshafen Mar del Plata behandeln. Und die Stichworte formen sich zu klaren und deutlichen Erinnerungen ...

Wir sind in den Hafen von Mar del Plata eingelaufen und ankern in strahlendem Sonnenschein, umgeben von verschiedenen Schiffen der argentinischen Kriegsmarine. Der Flottillenchef kommt mit seinem Stabe an Bord. Meine Mannschaft ist vollzählig an Deck angetreten. Ich selbst mache in deutscher Sprache militärische Meldung. Der Argentinier versteht offensichtlich kein Wort, begreift jedoch voll und ganz die Bedeutung der Zeremonie, grüßt in bester Haltung und fragt mich, ob ich Französisch spreache. Nun endlich kommen wir ins Gespräch. Er bedeutet mir, daß wir in spätestens einer halben Stunde das Boot verlassen müssen. Die Mannschaft könne jedoch alle ihre Sachen mitnehmen. Wir sind auf den Fall bereits vorbereitet, so kommen wir beim Wegschaffen unserer Utensilien keineswegs in Zeitnot. Man gestattet mir, mich von meiner Mannschaft zu verabschieden.

Jetzt kommt einer jener Augenblicke über mich, in denen man, jenseits jeder billigen Sentimentalität, innerlich vollständig gepackt ist. Jeder Seemann, jeder Soldat hat das in seinem Leben irgendwann erlebt. Ich stehe nun hier vor meiner angetretenen Mannschaft und bin mir urplötzlich darüber im klaren, daß dieser Abschied zugleich einen Abschnitt meines eigenen Lebens beschließt. Ich blicke in die Gesichter meiner Matrosen, deren Augen alle forschend auf mich gerichtet sind und Erwartung ausdrücken. Man soll in solchen Augenblicken eigentlich nicht reden. Aber ich muß diesen anständigen Jungen wenigstens einige Worte mit auf ihren schweren Nachkriegsweg geben. Ich räuspere mir den trocken gewordenen Mund klar und finde für meine Ansprache einen Ton, der zwar nicht gerade ›zackig‹ ist, aber bestimmt ebenso tief und schlicht wie unsere Gefühle in diesem Augenblick:

»Kameraden! So wie wir es am 9. Mai dieses schicksalsschweren Jahres beschlossen, gelang es uns, einen argentinischen Hafen zu erreichen. Ich bin überzeugt davon, daß wir richtig gehandelt haben. Keiner wird jemals diese Fahrt bereuen. Für die meisten von uns wird sie das Haupterlebnis ihres Lebens darstellen. Wir können zudem stolz auf die dabei vollbrachte Leistung sein. Diese Trennung ist für uns alle sehr schwer, nachdem wir so vieles gemeinsam durchgestanden haben, und unsere Existenz und unser Schicksal so eng aneinandergekettet waren, daß sie eine Einheit darstellten. Nun wird in Zukunft jeder von uns wieder Herr seiner Entschlüsse sein und kann seinen eigenen Lebensweg gehen. Keiner von uns soll aber dabei vergessen, daß wir deutsche Soldaten, Überlebende der gefürchtetsten Waffe dieses gewaltigen Kampfes sind. Dieser Gedanke wird uns auch in Zukunft unsichtbar zusammenhalten und eine klare Haltung abverlangen. Ich danke euch für eure Treue und euer Vertrauen und wünsche jedem einzelnen von euch, daß sich seine Hoffnungen und Wünsche erfüllen mögen.«

Von jedem verabschiede ich mich durch Händedruck. Die bärtigen Soldatengesichter zeigen Rührung. Vielen stehen Tränen in den Augen. Auch ich muß mich sehr zusammennehmen, um bis zur letzten Minute eisern zu bleiben. Als letztem gebe ich dem Jüngsten an Bord, unserem ›Moses‹, die Hand. »Um dich, Junge, habe ich keine Bange. Du wirst Deinen Weg schon gehen. Viel Glück, Moses!«

Nachdem ich allen die harten Seemannshände gedrückt habe, gilt es nun von unserem getreuen Kampfgefährten, ›U-977‹, Abschied zu nehmen. Über den in der Sonne glänzenden Wassern Mar del Platas gellt zum letzten Male ein deutsches Kommando:

»Besatzung stillgestanden! Auf unseren stählernen Kameraden, unser getreues und unverwüstliches ›U-977‹ ein dreifaches Hurra! … Hurra, Hurra, Hurra …«

Die argentinischen Offiziere wohnen in soldatischer Andacht der kurzen Abschiedszeremonie bei. Dann fordern sie mich und meine Offiziere auf, das Chefboot zu besteigen. Das Boot bewegt sich in Richtung auf einen in der Nähe ankernden Kreuzer. ›U-977‹ entschwindet unseren Blicken … Ich habe alle Dokumente des Bootes, d. h. Logbuch, gebrauchte Seekarten, astronomische Berechnungsbücher bei mir und freue mich darüber, daß ich sie nicht zerstört habe, denn sie werden uns allen noch wichtige Dienste leisten. Schon während der Überfahrt zum Wohnschiff der argentinischen U-Boot-Flottille fange ich an zu ahnen, welche Bedeutung man unserem Erscheinen in Mar del Plata beimißt. Ich werde unverblümt gefragt: »Capitán, haben Sie Hitler, Eva Braun und Bormann an Bord gehabt? Haben Sie den brasilianischen Dampfer ›Bahia‹ versenkt?«

Als ich entschieden verneine, lächeln die Argentinier. – Meine Offiziere blicken auf die schwarze Aktentasche, die ich unter dem Arm habe. Sie wird klare Antworten erteilen können …

An Deck des Kreuzers ›Belgrano‹ sind argentinische U-Boots-Besatzungen angetreten. Ein Musikzug spielt einen Marsch. Wir steigen das Fallreep empor. Ich melde mich und meine Kameraden beim Wachoffizier. Er begleitet uns beim Abschreiten der Front der weiß-uniformierten Matrosen. Und obwohl ich noch nicht weiß, wie inzwischen in anderen Ländern und Häfen, ja in der Heimat selbst, deutsche Seeleute und Soldaten erniedrigt und wie ehrlose Hunde behandelt worden sind, empfinde ich dankbar diese ritterliche Geste gegenüber uns Unterlegenen. Hier sind die soldatischen Anstandsbegriffe ganz offensichtlich noch intakt. Wir haben Grund, dankbar zu sein. –

In der Chefmesse werde ich aufgefordert, an Hand der mitgebrachten Seekarten und Berechnungsbücher meine Aussagen zu machen. Zunächst geht es dem Flottillenchef darum, festzustellen, warum ich nicht mein Boot in Küstennähe versenkt habe. Ich kann ihm darauf antworten, daß, wenn wir so gehandelt hätten, wir uns jeder Möglichkeit beraubt haben würden, die Wahrheit über unsere Fahrt ans Tageslicht zu bringen. –

Wie ungemein wichtig aber eine klare Beweisführung unsererseits ist, ergibt sich aus seiner Antwort: »Capitán, Ihr Boot steht in dem Verdacht, vor wenigen Tagen den brasilianischen Dampfer ›Bahia‹ versenkt zu haben. Man vermutet außerdem, daß Sie Adolf Hitler, Eva Braun und Martin Bormann an Bord gehabt und irgendwo nach dem Süden unseres Kontinentes verbracht haben. Diese Punkte müssen wir zunächst aufklären.«

Seelenruhig packe ich meine Seekarte aus, lege sie auf den Tisch und erläutere unseren Kurs seit dem 9. Mai.

»Wenn diese Karte stimmt, dann waren Sie am Tage der Versenkung der ›Bahia‹ über 50 Seemeilen weit vom Orte der Versenkung entfernt. Wir werden Ihre Dokumente prüfen.«

Ich fühle Genugtuung, daß ich nicht mit leeren Händen, sondern mit ausreichenden Unterlagen vor diesen Offizieren stehe. Meiner Mannschaft werden so allerhand Scherereien und Schikanen erspart bleiben.

Die Herren Offiziere haben offensichtlich keine Absicht, das Verhör heute noch weiter auszudehnen, bevor sie sich meine Dokumente nicht näher angesehen haben und ein Dolmetscher aus Buenos Aires eingetroffen ist. Man bedeutet uns nochmals offiziell, daß wir in Kriegsgefangenschaft seien, trennt mich von meinen Kameraden, und geleitet mich in eine geräumige Offizierskammer, wo ich auf dem Tisch eine Flasche guten schottischen Whisky vorfinde. Draußen ziehen zwei Posten auf.

Nach langen, langen Monaten bin ich zum erstenmal allein mit meinen Erinnerungen und meiner Verantwortung.

Wie kam ich dazu, in einen argentinischen Hafen einzulaufen, nachdem ich mit meinem Boote 66 Tage unter Wasser blieb? Warum hörte der Krieg für uns über hundert Tage später auf als für die gesamte deutsche Wehrmacht? Weshalb war ich mit intaktem Boot und vollständigen Dokumenten zur Übergabe in einen seit März des Jahres ebenfalls feindlichen Hafen eingelaufen? Wieso kommt man zu dem Glauben, Hitler sei bei uns an Bord gewesen?

Jene Nacht auf dem Kreuzer ›Belgrano‹ stand im Zeichen einer großen Gewissensprüfung. Sie begann damit, daß ich meine Kriegstagebücher hervorholte und zum ersten Male in vollem Zusammenhange las. Ich verknüpfte sie mit den Erinnerungen und Erlebnissen meiner Kindheit. So rollte der Film meines jungen, aber bereits so inhaltsreichen Lebens vor meinem geistigen Auge ab …

Von den weißen Segeln zu den Grauen Wölfen

Das Bild der großen Stadt, in der ich geboren und aufgewachsen bin, steht vor mir: Berlin mit seinem flutenden Leben, den weiten Straßenzügen, in denen der Verkehr braust, mit seinen Häusern und Menschen, deren Arbeit und humorvolle Art der Hauptstadt des Deutschen Reiches so sehr ihr Gepräge gegeben haben.

Aber Berlin ist für mich vor allem der schimmernde Gürtel, den es besitzt: Das Wasser seiner Flußläufe und Kanäle, die glitzernde Fläche seiner Seen, die ins Weite locken. Und deren verschwiegene, verschilfte Buchten dann wieder zum Verweilen einladen.

Die hohen märkischen Kiefern, die sich in diesen Wassern spiegeln, kommen mir in den Sinn …

Ich sehe mich als Knirps von fünf Jahren. »Wenn ich einmal groß bin, dann werde ich Kapitän«, beteuerte ich meiner Mutter, als sie vor meinem Bettchen stand und mich tüchtig ins Gebet nahm, da ich wieder einmal ins Wasser gefallen war. An und für sich galt es als nichts Besonderes mehr, denn ich war eine kleine Wasserratte geworden und konnte schon schwimmen.

Ich lebte in enger Vertrautheit mit dem nassen Element. Das Rudern wurde fleißig betrieben. Aber meine Aufmerksamkeit wurde bald von etwas anderem gefangengenommen. Neidvoll betrachtete ich mit meinem Freunde die anscheinend so mühelos dahingleitenden Segelboote. Wir kamen auf den Gedanken, den Kahn meines ›Alten Herrn‹, der ursprünglich zum Angeln bestimmt, aber nie dazu benutzt worden war, umzugestalten. Die Gelegenheit schien günstig, da mein Vater für längere Zeit auf seine Jagd gefahren war und meine Mutter durch das Einkochen von Obst stark in Anspruch genommen wurde.

Die Arbeit ging schnell vonstatten. Jeder verschaffte sich auf die Art, für die sich im deutschen Sprachgebrauch später der Ausdruck ›Organisieren‹ einbürgerte, ein Bettlaken. Als Mast wurde eine Bohnenstange verwendet. An großen Eisennägeln befestigte Wäscheleinen dienten zum Verspannen.

Der erste Segelversuch befriedigte. Bei achterlicher Brise trieben wir mehrere Stunden flußabwärts. Nur zurück gegen Wind ging es nicht, da zu kreuzen ohne Kiel oder Schwert schlecht möglich ist.

Aber hatten wir nicht oft bei Frachtkähnen seitlich angebrachte Bretter erblickt, die das Abtreiben verhindern? Also an die Arbeit: Holz gab es im Garten und auch viele Nägel besorgten wir uns. Gut, daß mein Vater weit weg war und nicht sehen konnte, was wir mit seinem Kahne machten. Nach Befestigung der provisorischen Seitenschwerter glichen die Bootswände Fakirbrettern.

Es stellte sich heraus, daß Wasser an vielen Stellen hineinlief. Jungs sind oft sehr erfinderisch, aber damit zugleich unbewußt große Zerstörer! Das war auch bei uns der Fall. Wir gossen unser Schiffchen mit heißem Teer aus und schleppten als Ballast zentnerweise Mauersteine hinein. Das Werk schien gelungen. Hinaus zum zweiten Versuch!

Aber ach, die erste Bö ließ uns kentern. Im Nu entschwand der ›stolze Segler‹ bis auf die Mastspitze im Wasser. Fischer brachten das Wrack an Land.

»Mach du nur so weiter, das wird wohl nicht das letzte Schiff sein, das du versenkst«, schalt mich mein Vater, gab mir eine Tracht Prügel und legte mir Hausarrest auf. Ob er ahnte, um wieviel später er mit seinen Worten noch recht behalten sollte?

Jahre vergingen, der Knirps entwickelte sich zum Knaben. – Ich war der Jugendabteilung eines großen und angesehenen Segelklubs beigetreten.

»Jugendmitglied Schaeffer soll sich beim Klubvorstand melden«, hieß es eines Sonntags im Frühling 1934. Klopfenden Herzens betrat ich den Sitzungssaal, wo hinter einem mächtigen, mit grauem Tuch bespannten Tisch das Oberhaupt unseres Vereins, ein mit vielen Titeln ausgezeichneter Kommerzienrat, saß. – »Willst du auf dem Schoner ›Sonnenwende‹ als Bootsmann anheuern?« – meine Augen strahlten; denn es war eine Auszeichnung, von dem Eigner einer großen Segeljacht angefordert zu werden. Zwar wußte ich, daß es viel Arbeit gab, aber es galt vorerst etwas zu lernen, um möglichst bald die Segelsportprüfung ablegen und Klubboote verantwortlich bei Regatten vertreten zu können. »Jawohl.« Mit diesem Wort verpflichtete ich mich für die Saison. Ich unterschrieb die Klubrolle, die der Seemannsrolle, wie sie bei der Handelsmarine üblich ist, nachgebildet war. Ich wußte, daß man bei Nichterfüllung der gestellten Anforderungen unweigerlich aus der Gemeinschaft gestoßen würde. Dies durfte auf keinen Fall sein – eine solche Schande!

Von nun an erwartete ich jeden Sonnabend um sieben Uhr früh meinen Herrn und Gebieter, um als Bootsmann, natürlich unbezahlt, die mir zustehenden Dienste zu versehen. Mit meinen dreizehn Jahren war ich der jüngste von allen angeheuerten Jungs. Das Beiboot hatte ich klargemacht, auch war ich auf das sorgfältigste weiß gekleidet. Mein Chef kam endlich; mit ihm die ganze Familie und viele Freunde. Außer mir faßte das Übersetzboot nur drei Personen. Die Jacht selbst lag etwa hundert Meter vom Anleger entfernt vor Anker. Viermal ging es hin und her. Ziemlich erschöpft bewerkstelligte ich die letzte Fahrt.

»Wir wollen keine Zeit verlieren, Heinz«, wurde mir gesagt, »bereite das Segelsetzen vor, in einer halben Stunde soll es losgehen!« Ich bereitete vor – während die anderen sich vergnügten und Wermut tranken. Beim Vorheißen der Segel hakte sich zu allem Unglück noch ein Tau los, und Heinz mußte auf den Mast. Zwanzig Meter war er hoch; ein schwindelerregender Gedanke, dort oben hantieren zu müssen. Jedoch keine Angst zeigen und hinauf!

Bei steifer Brise ging es den Fluß hinunter. Zu gern hätte ich einmal das gewaltige Schiff gesteuert. Es war ein sechzehn Tonnen großer Zweimastschoner. Jedoch Pustekuchen: Ich mußte vielmehr die Bilge, den Kielraum, mit seinem angesammelten Wasser und Schmutz reinigen und sah bald aus wie ein richtiger Neger. Begeisternd war das nicht; aber was half es? Zähne zusammengebissen und an die Arbeit! – »Die Praxis ist der beste Lehrmeister«, meinte mein Kapitän, und so blieb mir nichts erspart: Schoten dichtholen und wieder fieren, Ankermanöver und überhaupt alles, was zu einem Segelschiffsbetrieb gehört. Es war recht vielseitig. Sogar Geschirr mußte ich abwaschen – nicht einmal zu Hause hatte ich das getan, in diesem Punkt ein verwöhnter Bengel! Und zu allem

Überfluß setzte auch noch der Wind am nächsten Tage auf der Heimfahrt aus. Schwitzend legte ich mich, wie ein Galeerensklave, in die Riemen, um mit dem Beiboot zu schleppen. Wehe, wenn ich nur so tat, als ob ich eifrig ruderte, die scharfe Stimme des Eigners fuhr mir in die Glieder. Hoffentlich erfülle ich die Anforderungen und man wirft mich nicht hinaus, waren stets meine Gedanken!

Mir kam es so vor, als sollte ich ein neues Schiff bauen. Tauwerk mußte ausgewechselt, Blöcke geölt und Splisse angefertigt werden. Lackierarbeiten waren an der Tagesordnung. Mein Kapitän war ehemaliger Marineoffizier und deshalb durchaus Fachmann. Bei Regatten schnitt er ohne Ausnahme gut ab.

Später durfte ich bei Wettfahrten die Vorsegel selbständig bedienen und endlich gelegentlich sogar steuern. – Stolz berichtete ich meinem Vater von der bestandenen Segelsportprüfung, die mich berechtigte, Segeljachten aller Größen auf deutschen Binnengewässern verantwortlich zu führen. Eigentlich war ich mit vierzehn Jahren zu jung dafür, aber mein Kapitän setzte die Abnahme meiner Prüfung beim Seglerverband durch.

Von nun an begann meine eigentliche Zeit. Mein Vater hatte mir eine 10-qm-Rennjolle geschenkt. Sie war fast 7 m lang und nur 1,30 m breit, ein ausgesprochenes Regattaboot. Jede freie Minute wurde ihm gewidmet. Viele Tricks hatte ich mir von den besten Sportlern im Klub abgeguckt. Für jede Windstärke gab es verschieden dicke Segellatten, und auch der Mast mußte durch Trimmen in die jeweils richtige Stellung gebracht werden. Jeder Zentimeter machte etwas aus.

Die erste Wettfahrt! Eine große Rolle spielt die Glätte des Unterwasserschiffes. Jeder hatte dafür ein Geheimrezept. So auch ich. Zuerst zerrieb ich Graphit mit einem Korken, dann wurde Wachs aufgetragen und spiegelglatt poliert, und den Abschluß bildete Öl, mit einem Ei vermischt.

Der Startschuß war gefallen. Trotz des starken Windes fuhren wir mit vollen Segeln, um auch die etwas stilleren Stellen unter Land besser ausnutzen zu können. Schon hatten wir etliche Eimer Wasser im Boot. Hans, mein Vorschotmann, arbeitete wirklich prächtig. Mit der einen Hand schöpfte er aus, mit der anderen bediente er das Vorsegel. Gleichzeitig legte er sich weit hinaus, um mit dem Körper Balance zu halten. Drei Konkurrenten waren bereits gekentert. Zu viel mutete man den kleinen Booten zu. – Als

Schwierigstes galt eine Strecke mit achterlichem Wind. Im allgemeinen setzte man bei ruhigerem Wetter in solchem Fall ein kugelartiges Spezialsegel, das wie ein Ballon vor dem Boot stand und die Segelfläche um rund das Dreifache vergrößerte. Bisher hatte es noch keiner gesetzt. Da ich aber noch weit achteraus lag, bestand meine einzige Möglichkeit, in eine hoffnungsvollere Position zu kommen, darin, dieses Risiko einzugehen. Als hoch damit.

Wie ein Pfeil schossen wir durchs Wasser. Im ganzen waren es nun fast 30 qm Segelfläche für ein Boot, das nur für 10 gebaut war, und dann dieser Wind! Binnen kurzem lagen wir in der Spitzengruppe. Ganz wohl war uns allerdings nicht dabei, denn wir schwankten beträchtlich, und das Boot ließ sich nur schwer auf Kurs halten. Die Gegner konnten nun nicht umhin, das gleiche zu tun. Das Ergebnis war verhängnisvoll. Zwei kippten schon bei dem Versuch um, und weiteren drei zerriß die kostbare Ballonseide und flog davon. – Mit Erfolg hielten wir uns in der Spitzengruppe. Nach sechs Stunden wurde uns der dritte Preis zugesprochen.

An weiteren Regatten nahm ich mit wechselnden Erfolgen teil. Fast immer waren sehr bekannte Rennsegler mit Titeln, wie ›Deutscher Meister‹, ›Olympiasieger‹ usw. vertreten, die sich jedes Jahr ein neues Boot konstruieren ließen. Da war nur schwerlich gegen anzukommen.

So lebte ich in meiner Schulzeit ganz dem Sport. Kein Wunder, daß ich einer der schlechtesten Schüler war. Allerdings hatte ich die Schulen durchlaufen, ohne ein Jahr zu verlieren. Im ganzen wechselte ich die Lehranstalten sechsmal, teils freiwillig, teils unfreiwillig.

Für Mathematik hatte ich am meisten übrig. Bei anderen Fächern mußte man, so erschien es mir, zuviel büffeln. Mit schwerem Gedächtniskram konnte ich mich nicht anfreunden.

Im Jahre 1938 ermöglichte mir mein Vater einen längeren Auslandsaufenthalt in den Vereinigten Staaten. Allein schon die Seereise wurde zu einem nachhaltigen Erlebnis. Die Eindrücke, die ich in dem großen fremden Lande empfing, waren für mich äußerst interessant und lehrreich. Ich besuchte eine High School in Cleveland; natürlich war dies alles meinen englischen Sprachkenntnissen äußerst förderlich.

Nach meiner Rückkehr trat die Frage der Berufswahl näher an mich heran. Was sollte ich werden? Eine Zeitlang ging in meiner

Familie der Gedanke um, daß ich die Forstlaufbahn einschlagen sollte, und tatsächlich besaß ich viel Sinn für Natur und Wald, für Wild und Jagd. Aber das Wasser zog mich doch stärker an. Es war klar, daß ich mich da in meinem Lebenselement befand.

Für einen jungen Menschen wie mich waren das Ansehen und der Beruf eines Seeoffiziers bestechend. Im Klub hatten wir oft Gelegenheit, Offiziere der Kriegsmarine kennenzulernen und zu beobachten. Wie mir ihre Art imponierte! Das waren doch Menschen, die was bedeuteten, die was konnten, die was erlebten, die die Welt kennenlernten, die mit Wind und Wetter, aber auch mit allerlei mich interessierenden technischen Errungenschaften zu tun hatten.

An Krieg dachte ich dabei weniger. Daß es einmal blutig ernst werden konnte, kam mir nicht in den Sinn. Macht sich je ein Junge darüber problematische Gedanken? – Wenn es dazu kommen würde, hätte man ohnehin an gleich welcher Stelle seine vaterländische Pflicht zu erfüllen.

Für Politik zeigte ich niemals Interesse. Zu der nationalsozialistischen Gedankenwelt hatte der Kreis, in dem ich lebte, keine Beziehung. Der Hitlerjugend gehörte ich nicht an. Ich hatte wohl während eines meiner Schuljahre in den großen Ferien freiwilligen Arbeitsdienst auf dem Lande geleistet. Ich fand es ganz ergötzlich; der Dorfbürgermeister stellte mir eine Dankesurkunde aus, die ihren Eindruck bei der Schulleitung nicht verfehlte. Aber von irgendeiner organisatorischen Zugehörigkeit, außer derjenigen zu meinem Segelklub, hatte ich mich ferngehalten.

Ich wußte natürlich, daß man als Offizier in eine Ordnung eingespannt und unter das Gesetz des unbedingten Gehorsams gestellt wird. Aber es war doch eine Gemeinschaft mit klarer Verteilung von Befehlsbefugnis und Verantwortung, mit festgefügter Tradition und Ehrenkodex.

Ich erwirkte von meinem Vater, daß ich mich zur Aufnahmeprüfung als Seeoffiziersanwärter melden konnte. Sie fand noch vor der Reifeprüfung im letzten Schuljahre statt. Ich hatte einen handgeschriebenen Lebenslauf und andere geforderte Dokumente eingereicht. Der Termin – es war gegen Ende des Jahres 1938 – rückte näher. Vierzehn Tage sollte die Prüfung dauern.

Es herrschte große Aufregung. Würde man es schaffen? Die noch kleine Marine konnte nur einen Bruchteil aller Gemeldeten einstellen. Fiel man darunter?

In Kiel ging es vor sich. Eine große Zahl von Psychologen beobachtete uns ständig. Nach ärztlicher Untersuchung und Beantwortung unzähliger Fragen wurden gar seltsame Dinge mit uns angestellt. Wir mußten uns in einen riesigen Kasten setzen. Auf einer großen Tafel sah man Lampen, die plötzlich und in gewissen Zeitabständen aufleuchteten und mit den dafür vorgesehenen Hebeln auszuschalten waren. Bei Überschreiten einer Zeitgrenze erloschen sie von selbst, und man verlor einen Punkt. Bei Erscheinen zweier Farbtafeln galt es, ein Steuerrad nach links oder rechts zu legen. Außerdem gab es zwei Sirenen und eine Klingel unter dem Sitz, die mit den Füßen bedient werden mußten. Viele verloren dabei völlig ihre Nerven.

Besonders eindrucksvoll war auch eine Elektrisiermaschine. Wir hatten vorher gehört, daß Eiweiß gut isoliert und die Hände dementsprechend präpariert. Ich mußte aber leider feststellen, daß der Erfolg bei mir wie auch bei meinen Kameraden ausblieb und wir die Qual wohl oder übel überstehen mußten. Die beiden Pole wurden angefaßt; einmal unter Strom gesetzt, war es unmöglich, sie wieder loszulassen. Man wollte sehen, wie wir uns bei der ›Folterung‹ anstellten. Manche schrien auf, und das war auf jeden Fall verkehrt; andere verbissen die Gesichter und bekamen einen krampfhaft energischen Ausdruck. Während dieses Vorganges lief eine Filmapparatur. Leider sahen wir die Aufnahmen niemals, sie wären bestimmt hochinteressant gewesen. Bei der Fremdsprachenprüfung konnte ich natürlich meine englischen Sprachkenntnisse gut an den Mann bringen.

Verstanden wir auch richtig zu essen? – Da die Prüfung vierzehn Tage dauerte, war natürlich auch Zeit dafür, dieses eingehend festzustellen. Wir wurden vielen unbekannten höheren Offizieren vorgestellt; selbstverständlich nach der streng gegesellschaftlichen Etikette, die gar nicht so ganz einfach zu beherrschen ist, zumal wenn Ehefrauen und Töchter älterer Dienstgrade zugegen sind. Gerade die holde Weiblichkeit ist oft in dieser Hinsicht ganz besonders empfindlich und meint im Mittelpunkt jeder Gesellschaft stehen zu müssen. Diesmal hatten wir noch Glück, da wir vorgestellt wurden und uns nicht selber vorstellen mußten. Es hätte wohl kaum einer richtig gemacht.

Zwischen vielen Ärmelstreifen hatten wir an einer langen Tafel Platz genommen. Alle Prüflinge saßen steif und andächtig da, der

Dinge harrend, die nun kommen würden. Die Blicke gingen nach rechts und links, vielleicht machte man doch etwas falsch und konnte sich an irgend jemand ein Beispiel nehmen. Aber weit gefehlt. Die Offiziere boten ein durchaus uneinheitliches Bild. Selbstverständlich absichtlich, denn sie dachten gar nicht daran, uns alles richtig vorzumachen. So hatten sie zum Beispiel Arme und Beine verschränkt, andere gossen sich Wein ein, ohne die Ordonnanz abzuwarten. Kurzum, sie wären mit ihrem Benehmen in guter Gesellschaft unmöglich gewesen. Wehe dem, der darauf hereinfiel und nachzuäffen versuchte.

Unzählige Bestecke und Gläser bedeckten den Tisch. Aber hier und dort fehlte dann doch ein Löffel, eine Gabel oder ein Messer. Man konnte natürlich mit irgendeinem beliebigen Besteck anfangen, auch wenn es nicht zu dem entsprechenden Gang paßte. Es mußte dann der Punkt kommen, an dem man mit dieser Taktik nicht weiterkam. Mein Nebenmann fand eine geniale Lösung, indem er einem alten Kapitän geschickt einen Löffel fortnahm und in seine Eßwerkzeuge eingliederte. Er hatte aber Pech, denn nur selten entging so etwas den scharfen Augen der Psychologen. Andere machten es richtig, indem sie sich von dem Bedienungspersonal alles Fehlende bringen ließen. Es herrschte ein buntes Durcheinander.

Den Höhepunkt bildete der Nachtisch. Mirabellen gab es. Sie sahen wirklich prächtig aus. Noch ahnte keiner die Falle, die dahintersteckte. Die Bestecke hatten sich bis auf einen kleinen Löffel erschöpft. Es war also ohne Frage so vorgesehen, damit zu essen. Es waren besonders schöne Früchte, eigens schienen sie für uns ausgesucht, groß und saftig. Nur leider etwas hart. Und darin lag das Verhängnis. Unmöglich konnte man sie mit dem Löffel zerteilen, unmöglich war es auch, sie ganz in den Mund zu nehmen. Tat es jemand, konnte er sicher sein, etwas gefragt zu werden, oder man prostete ihm zu. Die meisten wurden dann rot und gaben ein komisches Bild ab.

Besonderes Pech war mir beschieden, als ich nichtsahnend die Früchte mit dem Löffel zerkleinern wollte. Er rutschte ab und in elegantem Bogen landete die so herrlich anmutende Mirabelle in dem Kragenausschnitt des neben mir sitzenden Psychologen. Ich entschuldigte mich, beauftragte die Ordonnanz, etwas Wasser zu bringen, um den Schaden zu beheben, und aß, zornig über diese unfaire Methode, die restlichen unbekümmert mit dem Finger weiter.

Nun, die Prüfung ging vorüber. Ich konnte wieder nach Hause reisen und erfuhr dann später, daß ich bestanden hatte.

Das Jahr 1939 brach an. Da mein Aufenthalt in den USA mit der Erweiterung meines Blickfeldes und dem allgemeinen Gewinn, den er bedeutete, doch nicht das aufwog, was ich an konkretem Wissensstoff in manchen einzelnen Fächern versäumt hatte, mußte ich mich von der Reifeprüfung, die vor Ostern stattfand, einige Monate zurückstellen lassen. Ich konnte sie dann im Herbst 1939 ablegen.

Unterdes war der Krieg entbrannt. Ein gewaltiges Ringen hatte angehoben, ohne daß man dessen Ausmaße und Ergebnisse zu Beginn hätte abschätzen können. Der Polenfeldzug wurde rasch beendet – aber welchen Lauf würde der Krieg nun nehmen? Und was stand mir bevor, der ich nun in der Marine Dienst tun würde? Daß sie eine große und ausschlaggebende Rolle im Kampfe gegen das vorerst noch meerbeherrschende England spielen würde, lag auf der Hand. Aber zunächst galt es weniger für mich, große seestrategische Gedanken zu wälzen; ich mußte ja erst noch die Ausbildung erfahren.

Gegen Ende des Jahres ging es nach Stralsund, dem Gestellungsort. Im Zuge traf ich viele meiner Artgenossen, von der ›Crew‹ des Jahrgangs 1939-B. Dieses englische Wort, das eigentlich Mannschaft, Besatzung, bedeutet, ist in der Kriegsmarine die traditionelle Bezeichnung der zu gleichem Zeitpunkt eintretenden Offiziersanwärter. Der Begriff Crew schlingt ein festes inneres Band um sie, so stark, wie es wohl nicht einmal bei den gemeinsamen Altersklassen von Schülern und Studenten der Fall ist.

Da saßen wir nun in den Abteilen und standen in den Gängen des Zuges, der uns vom Stettiner Bahnhof nordwärts brachte: leicht erkenntlich an den besonders kurzen Haaren, die wir uns vorsorglich hatten schneiden lassen. Denn wir wußten schon, daß auf kurze Haare bei Rekruten großer Wert gelegt wurde. An machen Orten war man wohl so weit gegangen, allen Neulingen den Kopf zu rasieren. Das nimmt natürlich die Lust zum Ausgehen, und der psychologische Zweck ist erreicht: Kein junger Mann läuft gern mit einer Glatze herum, und so fühlt er sich in der ersten Zeit an die Kaserne gebunden und ist bemüht, sich möglichst rasch in den militärischen Stil einzufinden.

Stralsund! – Wir waren in unmittelbarer Nähe der Stätte unseres zukünftigen Wirkens. Auf dem Bahnhof erwarteten uns einige Unteroffiziere und bildeten aus den Neuankömmlingen eine Marschformation. Unter fröhlichem Gesang ging es auf den sogenannten Dänholm, eine Insel, die ausschließlich der Marineerziehung gewidmet ist. Es herrschte strenges Winterwetter, vierzehn Grad unter Null. Trotz der Kälte waren wir bald warm, denn es wurde ein ordentliches Marschtempo vorgelegt. Eine Zugbrücke, die hinter uns hochging, bedeutete die vorläufige Trennung von der Außenwelt. Nach Passieren von zwei Wachhäusern befanden wir uns im Kasernenbereich. Die Wachposten grinsten unverschämt. Sie wußten, daß uns die Lustigkeit zunächst einmal vergehen würde, wenn uns der rauhe Ton des berühmten Kommiß, der auf dem Dänholm in einer krassen Form wohl absichtlich gepflegt wurde, in die Glieder fahren würde. Es waren Offiziersanwärter, die im Vorlehrgang durchgefallen waren und nun das Vergnügen hatten, die Grundausbildung noch einmal über sich ergehen zu lassen, wenn sie nicht etwa aus eigenen Stücken den Rückzug antreten wollten. Es handelte sich um eine durchaus freiwillige Angelegenheit. Keiner wurde gezwungen, Offizier zu werden. Allerdings verlor der Vater in diesem Fall die gestellte Kaution von 800 Mark, die jeder Aspirant für den Fall hinterlegen mußte, daß sein Versuch mißglückte, das erstrebte Ziel zu erreichen. Diese Einbehaltung wurde mit den Unkosten der Prüfung und Ausbildung gerechtfertigt.

Drei Monate sollten wir auf dem Dänholm hergenommen werden. Ich gestehe offen, daß mir diese Zeit zuwider war. Ich kann sie nicht nachträglich verklären. Aber andererseits erscheint es auch nicht angebracht, in das andere Extrem zu verfallen und die Zeit, da man unglaublich herumgebeutelt und hart angefahren wurde, zu einer tragischen Leidenszeit zu stempeln.

Solange es auf der Welt Militär gibt, wird es wohl immer so sein, daß der Neuling rauh angepackt und schwer geschliffen wird. Es gehört auch zur menschlichen Erfahrungsbereicherung, daß man darauf richtig zu reagieren weiß. Was einen nicht umbringt, macht einen nur stärker.

Der preußisch-deutsche Kommiß ist nicht allein auf der Welt. Inzwischen weiß man, wie es bei der Wehrmacht anderer Länder zugeht – – – und da verblaßt manches, was bei uns üblich war.

Acht Mann wohnten durchschnittlich in einer Stube und sechzehn bildeten eine Korporalschaft; vier Korporalschaften wiederum einen Zug und vier bis fünf Züge eine Kompanie.

Um sechs Uhr war Wecken, aber nicht, wie man es fälschlich meinen könnte, daß ein Pfiff ertönt und man dann gleich im Waschraum sein muß. Nein, dem gehen vorbereitende Töne voraus, die für mich eine ganz besondere seelische Marter darstellten. Auf Schiffen und auch in Marinekasernen herrscht das Brauchtum und die sprachliche Ausdrucksweise des Seemanns; Reinschiff heißt beispielsweise das Reinemachen. Die Bootsmannsmaatenpfeife spielt eine besondere Rolle. Es gibt keinen Befehl, der nicht durch eine eigene ›Ouvertüre‹ dieser Pfeife eingeleitet wird. Ein hoher und ein tiefer Ton und außerdem zusätzliches Trillern mit der Zunge sind auf ihr möglich. Bevor das eigentliche Wecken erfolgt, wird gelockt, das heißt, der Bootsmaat pfeift den hohen Ton anfangs leise, ständig lauter werdend. Für mich war es das widerlichste Geräusch meiner Dienstzeit. Man vernimmt dieses hohe Zirpen schon aus weiter Ferne und wird sich ganz langsam dessen bewußt, daß man innerhalb weniger Minuten keine einzige ruhige Sekunde während des ganzen Tages haben wird. Dabei ist man sooo müde!

Nachdem wir aufgestanden waren, und zwar nach dem zweiten Pfeifen und dem Ausruf ›Reise Reise‹ und anderer traditioneller Reime, ging es im Laufschritt in den Waschraum, wo wir uns duschten und rasierten. Kaffeeholer und Stubendienst mußten sich besonders beeilen, denn sie hatten das Frühstück aus der 500 Meter entfernten Küche zu holen und das Zimmer aufzuräumen. Die anderen Stubenbewohner brauchten lediglich die Betten zu bauen, natürlich mit militärischer Gründlichkeit. Wehe dem, dessen Koje eine Falte aufwies.

Um sieben Uhr waren wir vor der Kaserne angetreten, der Größe nach. Unser Korporal hatte sich als Obermaat ›Viel‹ vorgestellt: »Ich heiße Viel, weil ich viel verlange: Hinlegen! auf! um den Müllkasten, marsch, marsch! Ihr müden Haufen! Euch werde ich es schon beibringen! Gucken doch die Kerls mit den Augen in der Weltgeschichte herum, während ich mit ihnen spreche. Das fängt ja gut an.«

›Hänschen‹ nannten wir später unseren Zugführer, einen jungen Leutnant, da er so gut aussah und ziemlich freundlich war. ›Sterbender Schwan‹ den des Nachbarzuges, seines furchtbar langen Halses wegen. Der sterbende Schwan sollte sich aber als recht munter entpuppen.

Die ersten Tage verliefen verhältnismäßig ruhig. Wir empfingen eine graue Uniform, zwei blaue, drei weiße, und Drillichzeug zum Exerzierdienst, Gewehr und Gasmaske, an der wir noch ganz besondere Freude haben sollten. – Nach der Vereidigung ging es richtig los. Man lernte sich ausrichten, geradestehen, es hieß immer: Bauch rein, Brust raus, Finger anlegen, grüßen im Sitzen, Stehen und Laufen, in der Formation mit Paradeschritt. Nach zwei Stunden Exerzierdienst folgte eine Stunde Unterricht. Hier brauchte man nur den Rücken durchzudrücken und so zu tun, als ob man interessiert zuhöre. Das, was uns im Unterricht geboten wurde, zu erlernen, bot uns keine Schwierigkeiten, da wir alle elf bis zwölf Jahre Schule hinter uns hatten und im Besitz des Abiturientenzeugnisses waren. Es war wohl auch gar nicht das Ziel, uns im ersten Vierteljahr viel beizubringen, vielmehr wollte man unsere Art und unser Verhalten kennenlernen und diejenigen herausfinden, die sich etwa bei Strafmaßnahmen aufsässig zeigten, um sie als unbrauchbar hinauszuwerfen. Diese Erziehung fußte auf dem Grundsatz, daß nur derjenige, der gut zu gehorchen versteht, auch befehlen kann.

Die Regelung des Dienstplanes war so, daß man um sechs Uhr abends fertig war und aß, die Offiziere zwischen uns verteilt, um auch in der Freizeit mit uns Fühlung zu bekommen. Anschließend hatten wir zwei Stunden für uns selbst. Nach einem gründlichen ›Reinschiff‹ wurde zum Schlafengehen gepfiffen und dazu ›Klar bei Hängematten‹ ausgesungen. Es waren fünfzehn Minuten Zeit, bis das Licht ausgemacht werden mußte. – »Ruhe im Schiff, Licht aus!« hieß der Befehl, auch pfeifend und singend gegeben. Von dann an sollte auf der Stube eiserne Ruhe herrschen. Aber keineswegs war es so, daß wir von zehn bis sechs Uhr immer eine ungestörte Nachtruhe hätten pflegen können. Die Ronde, zu der um halb zehn gepfiffen wurde, konnte uns einen Strich durch die Rechnung machen. Sie wurde vom Bootsmaat der Wache als Sauberkeitsinspektion der Stuben und auch der Bewohner durchgeführt. Da konnte man etwa auf folgende Art hereinfallen: Die Insassen der Stube standen vor geöffneten Spinden und erwarteten den Vorgesetzten. – Der Stubendienst, verantwortlich für jede Kleinigkeit, schrie »Achtung!« Je lauter, desto besser:

»Stubendienst Müller meldet Stube 12, belegt mit acht Mann, zur Stuben- und Spindmusterung angetreten.«

»Guten Abend, Stube 12.«

»Guten Abend, Herr Bootsmannsmaat.«

»Ihr schlaft wohl schon? Auf die Spinde, marsch, marsch! – Achtung! Rührt euch! – Ihre Finger, Schulze! – Sie wollen wohl zur Beerdigung gehen, oder warum die Trauerränder? Zehn Kniebeugen. – Können Sie nicht lauter zählen? Zehn dazu. – Meier, das nennen Sie Spindordnung? Zwanzig Kniebeugen. Was für ein Weibsbild hängt denn da in Ihrem Spind? Eh, Sie meine ich, Sie. – Wie stehen Sie überhaupt da? Hier in der Kaserne ist kein Platz für langhaarige Kameraden. Sie sollten sich einen ordentlichen Soldaten als Vorbild ins Spind hängen.«

Zwei grinsten. – Nun war es vorbei.

»Was, Ihnen kommt das noch lustig vor? Vor der Kaserne angetreten, marsch, marsch!«

Er kam hinterher, und nun ging es eine Viertelstunde wild her. Zum Abschluß der Aufmunterung mußten wir mit gepacktem Seesack antreten. Jeder Matrose hat einen großen Sack, in den alle ihm zustehenden Sachen hineingehen. Das Einpacken war keine Schwierigkeit, aber dafür das Wiedereinräumen des Spindes. Es mußte ja auch dort alles militärisch ausgerichtet sein.

Von unseren Vorgängern hatten wir viel vom ›Tal des Todes‹ gehört. Bekanntschaft damit machte ein jeder Lehrgang. Es war der Höhepunkt der Anforderungen, die an uns gestellt wurden. Wir wußten, irgendeine dumme Sache würde den Anlaß geben, uns diese liebliche Stelle kennenlernen zu lassen.

Eines Tages war es soweit. Der Bootsmaat hatte befohlen, daß mein Zug feldmarschmäßig auf dem Exerzierplatz anzutreten habe. Dem Zugoffizier wurde Meldung erstattet, und nun ging es los. Auf dem Rücken einen 25 kg schweren Tornister, das Gewehr geschultert und die Gasmaske am Koppel.

»Das Gewehr über! Im Laufschritt, marsch, marsch!« Wir liefen den Befehlen entsprechend rechts und links herum und die Vorgesetzten gemächlichen Schrittes den kürzesten Weg. Zum Tal des Todes ging es. Es waren zwei Berge, in der Mitte lag ein Tal; dort blieben diejenigen liegen, die nicht mehr hochkamen. Es war aber nicht so, daß man sich verstellen konnte und somit der Tortur entging. Wer nicht durchhielt, erfüllte einfach die an einen Offizier gestellten körperlichen Ansprüche nicht und wurde hinausgeworfen. Das konnte man einfacher haben, indem man sich schon vorher einen anderen Beruf suchte. Deshalb war also jeder bemüht, bis zum letzten alle Kräfte des Körpers zu konzentrieren, um nicht als Schlappschwanz dazustehen. Wie wir vernahmen, hat es Fälle gegeben, wo einzelne mit Selbstmordgedanken umgingen. Sie hielten es für eine so große Schande, hinausgeworfen zu werden, daß sie glaubten, nicht mehr mit Ehren in das öffentliche Leben zurückkehren zu können. Es war nicht zuletzt dieser Geist des aktiven Offizierskorps, der später der Führung das lange Durchhalten des Krieges ermöglichte.

Am Tal des Todes angelangt, hieß es: »Oben angetreten! Marsch, marsch! Auf die andere Seite! Marsch, marsch!« und so eine Stunde lang. Immer das Gewehr in der Hand, den schweren Tornister auf dem Rücken. Viele rutschten aus, überschlugen sich einige Male, fingen sich wieder, und erneut ging es bergauf und wieder bergab und wieder bergauf. Alle waren rot im Gesicht, einige schon blau. Jetzt geht es nicht mehr, dachte ein jeder, noch einmal und dann sterbe ich; aber es ging noch viele Male! Erneut standen wir auf der einen Seite angetreten. Nur schwer konnten wir noch geradestehen.

»G A S!« – Es war der Befehl, die Gasmaske aufzusetzen. In diesem Zustand der Luftknappheit gab es wohl nichts Schlimmeres. Wir handelten nur noch langsam. Wie ein Messer durchschnitt die scharfe Stimme des Zugoffiziers die Grabesstille: »Wollen, oder können Sie nicht mehr? Auf die andere Seite!« – Einer kam nicht mehr mit, beim zweitenmal noch einer, sie bewegten sich wie Halbtote, die Kameraden zogen sie hinter sich her. Endlich der erlösende Befehl: »Auf der Straße antreten, marsch, marsch! – Im Gleichschritt – marsch! – Ein Lied.« Es ging in die Kaserne. Zum Glück hatten wir in der nächsten Stunde nur Unterricht.

Es gab auch noch den ›Toten Mann‹, der im Gegensatz zum ›Tal des Todes‹ nur aus einem Berg bestand.

Gleichbedeutend mit dem ›Toten Mann‹ waren Freiübungen im Anzug ›Polar‹. Man mußte sich alle zur Verfügung stehenden Kleidungsstücke anziehen. Und das war unheimlich viel. Drei Schlafanzüge, Sportzeug, zwei blaue Uniformen, eine graue, Mantel, Wollmütze, Handschuhe, Stahlhelm, Tornister und anderes mehr. Ein Zimmer wurde vorbereitend ausgeräumt und alle darin befindlichen Heizungen auf Volldampf gestellt. Unser Zug paßte gerade hinein. Es ging los. Zwanzigmal pumpen. Das hieß: sich auf den Bauch legen, die Arme durchstrecken und wieder beugen. Wie viele deutsche Männer kennen das!

Dann Kniebeugen, Gewehrgriffe. Das gleiche mit Gasmaske. Es setzte sich so lange fort, bis man förmlich kochte. Der ganze Körper juckte; man meinte, platzen zu müssen. Unser Trost war nur: Alles geht einmal vorüber.

Und tatsächlich vergingen die drei Monate bei intensiver Ausbildung recht schnell. Wir übten uns im Handgranatenwerfen, Gewehr- und Maschinengewehrschießen, wobei ich sehr gut abschnitt und die Schießauszeichnung in Form der traditionellen Schützenschnur erhielt. Ich hatte früher manche Gelegenheit gehabt, mich als Schütze auf unserem Grundstück und auch auf der Jagd meines Vaters zu üben. Meine Auszeichnung erfüllte ihn mit Stolz, denn auch er hatte sie in seiner Soldatenzeit erworben.

Das Ziel der ersten drei Monate war lediglich, uns militärische Grundlagen beizubringen und hatte herzlich wenig mit einer eigentlichen Marineausbildung zu tun. Etwas, das uns daran erinnerte, Matrose zu sein, denn so nannten wir uns ja, war der Umstand, daß wir in ›Blau‹ ausgehen durften. Wir waren für jeden als Offiziersanwärter kenntlich. Das Mützenband verkündete mit großen goldenen Buchstaben: 7. S. St. A., ›Siebente Schiffsstammabteilung‹, und dies wirkte auf alle Unteroffiziere des Heeres und der Luftwaffe, die auch im Standort stationiert waren, wie ein rotes Tuch. Es war noch Gelegenheit, uns ›anzuspitzen‹, wie es hieß, denn nach einem Jahr waren wir unter normalen Umständen Fähnriche und somit für niedere Dienstgrade unangreifbar. Also stürzte sich ein jeder mit wahrer Lust auf uns und schrieb an die Stammabteilung Meldungen wegen schlechten Grußes oder sonstiger Kleinigkeiten. Wir wurden dann bestraft. Also nicht einmal außerhalb des Kasernenbereiches wurden wir zufrieden gelassen …

Das Abschlußmanöver und die Parade waren groß aufgezogen. Wir bekamen Platzpatronen, Nebelhandgranaten und anderes Kriegsgerät. Stürmten Schützengräben und kleine Festungen, immer eifrig knallend.

Ich mußte zum Kompaniechef. »Ihre Leistungen sind recht schlecht«, sagte er zu mir. »Wir haben lange überlegt, ob Sie nicht hierbleiben müssen; aber Sie sind ein guter Schütze, und das ist letzten Endes in diesen Zeiten die Hauptsache. Wir werden Sie versuchsweise zum nächsten Ausbildungskommando überweisen. Ich hoffe, Sie werden sich bessern!«

»Jawohl, Herr Kapitänleutnant.« Ich eilte aus seinem Zimmer. Die erste Klippe war überstanden. Ich empfand es als einen großen Tag für mich.

Die so unbeliebten grauen Uniformen wurden abgegeben, und es ging zum Kriegshafen Kiel. Wir Seeoffiziersanwärter kamen auf die drei Schulschiffe ›Gorch Fock‹, ›Albert Leo Schlageter‹ und ›Horst Wessel‹. Weißen Schwänen waren diese Schiffe vergleichbar. Sie leuchteten schon von weitem an ihren Bojen. Ein prächtiger Anblick. Jedes ungefähr 1000 Tonnen groß. Sie entsprachen ganz der Vorstellung von den alten Klippern, über die ich so oft in Büchern gelesen hatte. Daß ich diesen Lehrgang bestehen würde, schien mir sicher, hatte ich nicht meine ganze Jugend Segelschiffen gewidmet?

Kutter pullten uns hinüber. Ich kam auf ›Gorch Fock‹. Sofort teilten uns Unteroffiziere in Steuerbord- und Backbordwache ein und wiesen Spinde und Hängematten an. Die Worte des Kapitäns, einer hageren Erscheinung mit blassem Gesicht, bei der ersten Musterung: »Sie haben die Ehre, auf diesem stolzen Schiff Ihre ersten seemännischen Schritte zu tun. Meinen Sie nicht, wenn Sie den ersten militärischen Schliff auf dem Dänholm hinter sich haben, Sie seien brauchbare Seefahrer. Ihnen fehlt noch sehr viel, oder besser gesagt, alles, was zu einem tüchtigen Seeoffizier gehört. Mag die Technik mehr und mehr fortschreiten, mögen die Schiffe größer und größer werden, sie werden von Seeleuten und nicht von Spezialisten gefahren werden. Wer auf dem Meere im Kampf mit Sturm und Wellen seinen Mann steht, beweist, ein ganzer Kerl zu sein. Sie werden hier harte Zeiten durchmachen, und oft werden Sie über den schweren Dienst fluchen, aber gerne werden Sie auch später an den ›Gorch Fock‹ zurückdenken, dem Sie Ihre Grundkenntnisse verdanken. Zeigen Sie sich des Mannes würdig, dessen Namen das Schiff trägt und der sein Leben in der Skagerrakschlacht für Volk und Vaterland hingab. Wir gehen schweren Zeiten entgegen, und nur diejenigen, die mit Leib und Seele an ihrer Aufgabe hängen, werden die an sie gestellten Anforderungen erfüllen können. Wer das Meer beherrscht, beherrscht die Welt. Alle großen Kriege sind auf den Weltmeeren ausgetragen und entschieden worden. Tragen Sie Ihre blaue Uniform mit Stolz und machen Sie ihr Ehre!«

Wir waren weg- und wieder angetreten, denn der Wachoffizier machte eine Musterung, um gleichfalls einige markige Worte zu sagen. Und zuletzt unser Korporal. Er sollte von uns den Spitznamen ›Hein Schlackerdarm‹ erhalten. Er war dünn und groß, die Gliedmaßen schlenkerten um sein dürres Körpergestell. Er war aber ein durchaus erfahrener Segelschiffobermaat. »Früher hatten wir hölzerne Schiffe und eiserne Seeleute und heute eiserne Schiffe und hölzerne Seeleute. Die Zeiten müssen sich wieder ändern, denn so geht es nicht weiter. Wir werden den Anfang machen.«

Jeder Vorgesetzte hatte also seine Meinung kundgetan, und es galt, die Spinde einzuräumen. Wie waren doch diese Dinger klein! 50 Zentimeter hoch, tief und breit. Unmöglich schien es, alles hineinzubekommen. Aber letzten Endes ging es, so unfaßbar es uns auch anfangs vorkam; man mußte es nur verstehen. Jedes Taschentuch, alles, ja sogar der Kamm, hatte sein bestimmtes Plätzchen. – Mit der Hängematte war es auch nicht so einfach. Ich zumindest schlief zum erstenmal in diesen komischen Schläuchen. Lag wie eine Wurst darin, unfähig, Arme oder Beine zu bewegen, denn noch wußte ich nichts von den notwendigen Spreizlatten an beiden Enden, die sich alte Seeleute zwischen die Seile steckten, um ein Zusammenziehen zu vermeiden. Doch bald erlernte ich es und fühlte mich ganz wohl darin. Ein Hängemattennarr bin ich aber nicht geworden. Viele behaupten, daß man in einer Hängematte weitaus besser als in einem Bett liege; besonders tüchtige Seefahrer sollen sogar zu Hause ein solches Monstrum im Schlafzimmer hängen haben. So weit ist es bei mir nicht gekommen; auch heute schlafe ich noch lieber im Bett.

Um sechs Uhr morgens ertönte im Hafen der Weckpfiff. Eilig wurden die Hängematten ›gezurrt‹, denn zehn Minuten später mußte alles im Sportzeug an Oberdeck zur entsprechenden Musterung angetreten sein. Unteroffiziere prüften die Arbeit. Es ist eine Kunst für sich. Matratze, Bettlaken und Decken werden sorgfältig zusammengelegt. Die Hängematte selber, aus Segeltuch bestehend, wird zu einer Wurst gedreht, so daß sich die beiden Enden überlappen, um dann erneut zu einer Rolle zusammengedreht zu werden. Diese soll im Notfall als eine Art Rettungsboje dienen und muß gewissenhaft präpariert sein, damit kein Wasser eindringt.

Der März 1940 war sehr kalt, fast immer zehn Grad unter Null und mehr. Aus dem Warmen kommend, standen wir auf dem windigen Oberdeck und harrten des erlösenden Befehls ›Hängematten verstauen!‹ Die im Freien bereitgestellten Schüsseln hatte der Bootsmaat der Wache eine Stunde vor dem Wecken mit Wasser gefüllt. Wenn wir uns nun darin waschen wollten, mußte mit dem Kopf erst eine Eisschicht durchstoßen werden. Mit nacktem Oberkörper seifte man sich bis zum Bauchnabel ab. Der Wind heulte in den Wanten und Rahen und ließ uns keinen Augenblick den Aufenthalt auf einem Segelschiff vergessen. Dann rasierten wir uns. Wir durften es später im Waschraum tun. Wehe dem, der es in der ersten Zeit wagte, dort hineinzugehen. Nur mit einer Sporthose bekleidet, über alle drei Toppen zu ›entern‹ war die übliche Strafe dafür. Man muß auf alle drei Masten, auf der einen Seite herauf, auf der anderen hinunter.

Natürlich ohne Handschuhe. Prinzipiell war verboten, mit Handschuhen in die Masten zu steigen. Angeblich hatte man so ein besseres Gefühl und fiel erfahrungsgemäß nicht so leicht herunter. Das mit dem Gefühl stimmt ohne Zweifel. Die Stahlseile glichen Eisbahnen, und oben heulte der Wind. Und selbst war man auch ein Eiszapfen, wenn man den Befehl ausgeführt meldete.

Es gab auch noch andere schöne Maßregeln. Aber nicht so, wie auf dem Dänholm. Alles Dinge, die zur seemännischen Schulung beitrugen und einen harten Seemann hervorbringen sollten. Nur mit derartig gestählter Besatzung konnten Segelschiffe die Weltmeere befahren, ohne mit ziemlicher Sicherheit ein Opfer der See zu werden.

Es ist selbstverständlich, daß ich nicht gern friere und mich bei großer Kälte nicht gern im Freien wasche; aber doch muß ich sagen, daß ich hier die Ausbildung, im Gegensatz zur ersten, mit Begeisterung über mich ergehen ließ. Ich fühlte stärker ihre Notwendigkeit; auch der Ton erschien mir ein anderer als früher. Es braucht nicht besonders unterstrichen zu werden, daß ein durchaus militärischer Betrieb herrschte und wir dauernd auf dem ›Trab‹ gehalten wurden. Aber es waren alles Dinge, die zum Erlernen des erstrebten Berufes gehörten, und ich hatte die feste Absicht, ihn gründlich zu beherrschen.

Oft dachte ich an mein Schiffchen zurück, auf dem ich einst als Bootsmann angeheuert war, und wo ich nicht selten auf meinen

Kapitän fluchte, der mich durchaus nicht mit Glacéhandschuhen anfaßte: aber es war doch ein Kinderspiel im Vergleich zu dem Leben, das man jetzt führte, freiwillig, um einmal ein richtiger Seemann zu werden, der seinen Beruf nicht nur von geschlossenen, mit Heizung versehenen Brücken großer Überseedampfer her kennt. – Auch die deutsche Handelsmarine hatte zwei Segelschulschiffe und schulte ihre Mannschaft in gleicher Weise. Also mußte es notwendig sein. Meinen Kameraden ging es ähnlich. Nur einige hatten wenig Freude an dem Betrieb und schimpften ohne Unterlaß. Ihre Laufbahn nahm meistens bald ein Ende.

Wir lernten die seemännischen Grundbegriffe, Knoten und Splissen, Kutterpullen, den Kompaß, terrestrische Navigation und vor allen Dingen das Arbeiten in den Masten, Auf- und Niederentern. Als wir zum erstenmal vor den gewaltigen Masten standen und hinaufschauten, war uns gar nicht wohl zumute. Ihre Höhe lag zwischen 40 und 45 Meter; wenn man direkt darunter stand, erschienen sie einem noch viel höher. Bis zur ersten Rahe konnten wir in größerer Zahl gleichzeitig auf beiden Seiten aufentern, dann nur noch drei, später zwei und zum Schluß nur noch einer. Jedesmal war ein Hindernis, Saling genannt, zu überwinden, da die ersten Wanten an die Masten gehen und die zweiten an einer vorgebauten Plattform befestigt sind. Es erscheint schwierig, jedoch erlernt man es recht schnell. Täglich sind Übungsstunden vorgesehen. Wer nicht mitkommt, hat Gelegenheit, es in seiner knappen Freizeit besonders zu üben. Man erlangt eine derartige Praxis, daß man förmlich rauf- und runterrennen kann, ohne hinzuschauen. Ein selten schöner Anblick, wenn dieses Manöver in weißer Paradeuniform vor sich geht und sich die Matrosen gleichzeitig auf allen drei Masten in ihren Rahen gleichmäßig verteilen.

Ein Segelschulschiff ist ein ästhetischer Genuß. Seine Sauberkeit ist in jeder Hinsicht vorbildlich. Es gibt an Bord nichts Schmutziges. Alle Metallteile sind blitzblank geputzt und glänzen wie Gold. Das Deck, mehrmals wöchentlich mit feinen Schleifsteinen und Wasser abgeschmirgelt, ist so rein, wie Eßtische sein sollten. Zum Waschen werden unheimliche Mengen von Seife verwendet, und die Farbschichten sind oft zentimeterdick. Jeden zweiten Tag wird der weiße Anzug gewechselt.

Es gab einen Hilfsmotor für die Lichtanlage sowie einen für die Eigenfortbewegung, dessen Inbetriebnahme ich jedoch nie erlebte.

Von Hand wurden Segel gesetzt und geborgen, Anker gehievt und gefiert, ja selbst bei Windstille bewegten wir das Schiff im Hafen mit Muskelkraft. Ein Kutter wurde zu Wasser gebracht und bemannt; man ließ einen tonnenschweren Anker auf sein Heck und pullte etwa 100 Meter in die vorgesehene Richtung des neuen Bestimmungsortes. Dort wurde der Anker ins Wasser gelassen. Den andern, vor dem das Schiff lag, ließ man mit dem Handspill auflaufen. Es dauerte meist eine Viertelstunde und ging mit Akkordeonmusik vonstatten.

Wenn der erste Anker aufgelaufen war, wurde das Schiff wiederum mit dem Handspill an den neuen Ankerplatz des zweiten Ankers verholt. Die Wachen lösten einander ab, und immer entspann sich ein Wettkampf, bei welchem die Siegermannschaft eine Vergünstigung erhielt, sei es in Form einer Rumzuteilung zum Abendtee oder Sonderurlaub.

Dreimal wöchentlich hatten wir Landurlaub. Da wir weit draußen in einer Bucht lagen, mußten die Urlauber an Land gerudert werden. Die Wache brachte ihre Kameraden zum Ufer. In einem Kutter wurde gepullt, und im geschleppten Kutter saßen die zu Beneidenden. Stündlich ging es hin und zurück, der Bootsmaat schlug mit einem Stück Eichenholz den Takt. Natürlich schrie er und trieb häufig an, denn der Ton muß auf Segelschiffen rauh sein.

Allabendlich vor dem Schlafengehen saßen wir im Wohndeck und sangen gemeinsam ›Shanties‹, alte Seemannslieder. Die Offiziere machten mit. Trotz strengster Disziplin waren wir eine enge Gemeinschaft. Es ist überhaupt die Eigenart der Marine, daß die Besatzungen eine kameradschaftliche Einheit bilden, ohne daß an eine Lockerung der Manneszucht zu denken ist.

Ein Vierteljahr waren wir auf ›Gorch Fock‹. Bald kannten wir gegenseitig unsere Familienverhältnisse und kleinen Sorgen, die schließlich ein jeder hat. Auch die älteren Offiziere erzählten von ihren Kindern und Angehörigen.

Einmal war es notwendig, eine Unterwasserarbeit am Ruder auszuführen. Ich meldete mich freiwillig und stieg mit einer Tauchermaske hinunter Trotz Verabreichung heißen Rums hatte ich nach zwei Tagen hohes Fieber. Unser Lazarett faßte nur wenige Kranke, und die Betten waren schon belegt. Viele schlugen sich beim Aufentern der Masten die Schienbeine auf, und gerade Wunden dieser Art heilen sehr langsam, und wenn später Entzündungen und Eiterungen hinzukommen, ist eine langwierige Behandlung erforderlich. Ich glaubte anfangs, daß ich an Land in ein Krankenhaus gebracht werden müßte. Dies wäre für mich sehr unerfreulich gewesen, denn nur ungern hätte ich meine Kameraden verlassen. Ich hatte Glück. Eine Offizierskammer war nicht belegt, und ich durfte einziehen.

Acht Tage konnte ich diesen Raum bewohnen; er war geheizt, mit dunklen Eichenmöbeln ausgestattet und machte einen fürstlichen Eindruck. Nun brauchte ich mich morgens nicht mehr im Freien zu waschen und mit bloßem Oberkörper meine Hängematte bei Frost und Wind vorzuzeigen. Ich hatte ein eigenes Waschbecken mit fließend Warm- und Kaltwasser, und obendrein noch eine Klingel für den Steward. Allzugern hätte ich sie benutzt, um mir einen Cocktail servieren zu lassen. Gott sei Dank, ich tat es niemals.

Am schönsten war es, wenn jemand an die Tür klopfte. Meistens Unteroffiziere, die einen Vorgesetzten suchten. Nach militärischer Sitte kommen sie nur auf den Ruf ›herein‹ in die Kammer. Fragt man jedoch »Was ist los?«, so bringen sie ihr Anliegen von draußen in üblicher Form vor. Anfangs sagte ich »herein!«. Sie schlugen die Hacken zusammen, so, wie sich das gehört, und begannen, die Hände an der Hosennaht, zu reden. Es konnte aber nicht ausbleiben, daß sie mich früher oder später erkannten und dann anfingen, furchtbar zu fluchen. Aber was blieb ihnen weiter übrig, als unverrichteterdinge meine Kammer zu verlassen, denn gemaßregelt konnte ich für meine Unverschämtheit nicht werden. Es gab keine Kniebeuge und auch kein Pumpen, denn ich war krank geschrieben und demzufolge ruhebedürftig. Nicht selten aber schrien sie: »Nun, wir werden uns bald wieder sprechen!«

Später rief ich nicht mehr ›herein‹, sondern fragte nur, was los sei. Ich konnte dann einfach erwidern, daß der gesuchte Offizier nicht in dieser Kammer wohne. Nicht wissend, von wem er diese Antwort erhielt, zog der Vorgesetzte von dannen, und ich blieb ungestört. – Zehn Tage erholte ich mich, und dann mußte ich wieder Dienst tun.

Ein andermal zog ich mir den Zorn meines Korporals zu. Wir übten uns im Befestigen von Gegenständen an Stricken. Oft durfte ich es meinen Kameraden vormachen, da ich vieles schon von meiner Segelsportzeit her kannte. Hein Schlackerdarm rief mich vor die Front und sagte: »Stellen Sie sich vor, ich sei eine Holzfigur, sehr zerbrechlich, und Sie hätten die Aufgabe, mich auf dem Mast, ganz oben, zu befestigen.« Nichts leichter als das, war mein erster Gedanke; ich ließ ein Seil vorbereiten und ging an die Arbeit.

Breitbeinig stand Hein vor mir. Meine Kameraden waren am Spill verteilt, klar zum Aufhieven. Es war wirklich unverschämt. Eine Schlinge wurde um Heins Hals gelegt und der Befehl »hiev rund« gegeben. Alles weitere kann man sich ohne besonders große Fantasie denken. In den darauffolgenden Tagen hatte ich keine ruhige Minute mehr. Zum Unglück, und ein Unglück kommt niemals allein, war ich auch noch Backschafter, das heißt ich hatte Aufwartdienste im Unteroffiziersraum. Der Vorfall hatte sich herumgesprochen. Er hatte manchem Vorgesetzten vielleicht Spaß gemacht, aber nach außen hin durften sie sich ihre heimliche Freude nicht anmerken lassen, und ich mußte furchtbar ran. Nichts machte ich mehr richtig.

Gegen Ende unserer Zeit auf ›Gorch Fock‹ wurden wir Seekadetten. Auch ich war befördert worden. Die höheren Dienstgrade waren im allgemeinen mit mir zufrieden, vor allem fachlich. Nur meine militärische Haltung, meinten sie, ließe noch zu wünschen übrig. Aber das scherte mich wenig. Hauptsache, ich hatte bestanden und kam auf das nächste Kommando.

Wir trugen als Seekadetten nun stolz einen Stern auf dem Ärmel der von einem geflochtenen goldenen Seil eingefaßt war und stellten doch schließlich nun schon etwas vor, auf alle Fälle in den eigenen Augen.

Es war Anfang Mai 1940, als ich auf das Linienschiff ›Schlesien‹ in der Ostsee kam. Wieder hatten wir uns in den kleinen Spinden eingerichtet. Das Deck war keineswegs so schön wie das auf dem Segelschiff. Viele Kakerlaken, wie wir die häßlichen Küchenschaben nannten, teilten alle Räumlichkeiten mit uns. Es gibt wohl keinen Seefahrer auf der Welt, dem diese Tiere unbekannt sind. Der Kampf gegen sie ist erfolglos. Man muß sich an sie gewöhnen. Nur auf den U-Booten sollten wir später von ihnen wie auch anderem Ungeziefer und sogar den sonst so oft lästig fallenden Fliegen verschont bleiben.

Ich wohnte in der Kasematte Nummer vier. Dicke Panzerwände ohne Bulleys nahmen jede Aussicht. Dafür hatte man zwei 15-Zentimeter-Geschütze unmittelbar neben sich stehen. Die ›Schlesien‹ war vor dem Ersten Weltkrieg als Linienschiff der Hochseeflotte in

Dienst gestellt worden. Sie hatte vier 28-Zentimeter-Geschütze in zwei Türmen und war nach modernen Begriffen veraltet. Aber gerade darum schien sie als Ausbildungsschiff geeignet. Es wurde die Möglichkeit, alles von Hand bewegen zu lassen, ausgenutzt. Meine Gefechtsstation war in Turm ›Anton‹, dem vorderen Geschützturm auf der Back, unten im Munitionsraum. Manchmal kam man in Versuchung, hinter den riesigen Granaten und Kartuschen zu schlafen. Wurden wir dabei ertappt, so gab es gleich im Raume selbst viele Möglichkeiten, den Schlaf zu vertreiben. Die zentnerschweren Granaten wurden mit Muskelkraft in die Aufzüge geladen und dann elektrisch bis vor die Rohre hochgezogen. Zum Anfassen der Granaten gebrauchte man eine Spezialzange, die von vier Mann gleichzeitig bedient wurde. Es hieß aufpassen, denn nicht selten kam es vor, daß nicht richtig angefaßte Granaten abrutschten. Wehe dem, der seinen Fuß darunter hielt. Ähnlich ging es mit den Kartuschen zu. Es handelte sich stets um Übungsmunition.

Im Vergleich zu den Kameraden an den 15-Zentimeter-Geschützen waren wir erheblich besser dran. Wir brauchten niemals schneller zu arbeiten, als die Aufzüge und die Mannschaften im Turm es schaffen konnten, denn die oben angekommenen Granaten wurden geladen, dann wieder herausgezogen und heruntergelassen. Es dauerte immer eine gewisse Zeit. An den 15-Zentimeter-Geschützen sah es anders aus. In eine eigens zu diesem Zweck konstruierte Ladekanone wurden hinten die Granaten hineingesteckt, und vorne fielen sie wieder heraus. Demzufolge konnte man beliebig schnell arbeiten, und wenn einer ein besonderes Tempo vorlegte, mußten die anderen mithalten.

Als Strafmaßnahme wurde oft ›Flagge Luzie‹ angewandt. So wurde ein mehrfacher Anzugswechsel in kürzester Frist genannt; ›Luzie‹ ist die Signalflagge Blau-Weiß-Blau. Auch beim Umziehen, bei dem man sich als reiner Verwandlungskünstler vorkam, ergab sich ja ein Farbwechsel von Blau in Weiß, dann wieder in Blau und so fort. Stundenlang konnte es in dieser Weise zugehen. Vom Schlafanzug bis zum gepackten Seesack sind unzählige Möglichkeiten vorhanden. Bald ist man in Schweiß gebadet, und nicht selten kommt es vor, daß irgendeine Bluse zerreißt. Man hat dann gleich Beschäftigung für die Nacht, denn am nächsten Tage muß alles wieder in ordnungsgemäßem Zustand sein. Falls nicht, ist ein Grund zu anderen erfreulichen Betätigungen gegeben. Sie erschöpfen sich niemals, und man kann sich als Laie ihre Vielgestaltigkeit kaum vorstellen. Kutterpullen war an der Tagesordnung. Die alten Linienschiffskutter sind von besonderer Größe und schwer gebaut. Die Riemen sind lang und dick. Eine gute, sportliche Ertüchtigung. Oft kehrten wir mit blasenbedeckten Händen heim.

Mit der ›Schlesien‹ durchkreuzten wir die Ostsee und wurden ständig in Schwung gehalten. Theorie wechselte mit praktischem Dienst. Es wurde geschossen. Zuerst mit Einstecklȧufen für Gewehrmunition auf Klingscheiben, dann mit 3,7-Zentimeter-Einstecklȧufen auf etwas entferntere Ziele und schließlich scharf mit der vorgesehenen Munition.

Die großen Schiffe sind Welten für sich, und es ist erstaunlich, mit welcher Exaktheit alles vor sich geht und ineinandergreift. Es dauert auch mindestens ein Jahr, bis eine Schlachtschiffbesatzung einexerziert und gefechtsklar ist. Man denke, daß die ›Bismarck‹ zum Beispiel rund 2500 Mann Besatzung aufwies.

Wir befanden uns in einer großen Tretmühle. Tagsüber gab es keine Ruhe und nachts auch nicht. Wir hatten nämlich das sogenannte Logbuch zu führen, in dem alles Wesentliche des Dienstbetriebes eingetragen werden mußte, sei es Schiffsmanöver, Artillerieschießen oder sonstiges. Es glich einem ausführlichen, mit Zeichnungen und Skizzen versehenen Tagebuch. Nach ›Ruhe im Schiff, Licht aus!‹ begann also für uns die Schreibzeit. Wie sollten wir es aber anstellen? Strengstens war es verboten, etwa mit Taschenlampen im Wohnraum zu leuchten. Ronden kontrollierten ständig die gegebenen Befehle. Es blieb nichts anderes übrig, als einen Ausweg zu finden. Das Badezimmer war verständlicherweise dauernd besetzt. Für viele bot der Wellentunnel, ganz unten im Schiff, die einzige Möglichkeit, vielleicht wußten davon sogar die Offiziere. Sie waren ja auch einmal Seekadetten.

Es kam, wie es kommen mußte, einmal ging es schief. Alarm! Keiner hörte es. Zu dick waren die Schotten, die uns von den lauten Klingeln trennten, auch verschlossen wir sie sorgfältig, um nicht überrascht zu werden. Meldung an den Kapitän. In unserem Zug fehlten vier Mann. Keiner konnte sie auffinden. – Es folgten erschreckende Zeiten. Jeder Versuch, dem Zugoffizier unser Mißgeschick klarzulegen, scheiterte. »Handeln Sie, wie Sie es für richtig halten. Schlafen Sie, schreiben Sie Ihr Logbuch. Ich will nichts mehr davon hören. Sie werden es schon noch lernen.«

Während wir so auf der ›Schlesien‹ in der Ausbildung steckten, gingen große Dinge in der Weltgeschichte vor sich. Bislang hatte der Krieg nicht sehr tief in die Erziehung des Marinenachwuchses eingegriffen. Während des Polenfeldzuges hatte lediglich das Kadettenschiff ›Schleswig-Holstein‹ die Halbinsel Hela beschossen. Im April 1940, als wir an Bord des ›Gorch Fock‹ waren, hatte der Norwegenfeldzug ein neues Moment in die Lage gebracht, jedoch unseren Dienstbetrieb nicht weiter berührt. Aber am 10. Mai begann der Westfeldzug. In unerhörtem Schwunge brachte er die deutschen Truppen über Maas und Schelde. Dünkirchen wurde zum Fluchtsymbol des englischen Expeditionsheeres. Paris fiel. Deutsche Truppen erschienen an der Atlantikküste.

Viele meiner Kameraden hatten schon Angst, nicht mehr dabeizusein, wenn der Krieg siegreich beendet würde. – Wie wenige von ihnen sollten noch am Leben sein, als der Krieg mit der Niederlage endete! Schwer wurde das aktive Marineoffizierskorps mitgenommen.

Eines Tages empfingen wir Gewehre, Handgranaten und Sturmgepäck. Am nächsten Tage sollten wir verladen werden, wahrscheinlich als Landungstruppen gegen England. Ein Gerücht jagte das andere. Nach drei Tagen, als immer noch kein Abtransport erfolgt war, mußten wir die Sachen wieder abgeben, um sie am darauffolgenden erneut zu empfangen. Was war los? Welche Pläne hegte die Führung? Wir konnten nicht wissen, welche Erwägungen der für alle Entscheidungen verantwortliche Mann, der Oberste Befehlshaber der Wehrmacht, gegenüber dem englischen Gegner anstellte.

Nach ungeduldigem Warten erhielten einige Kameraden und ich einen Befehl, der uns der 16. Vorpostenflottille zuteilte. Diese sollte aber erst in Südwestfrankreich aufgestellt werden. Zunächst ging es nach Wesermünde in ein Sammellager, wo die Zusammenstellung eines größeren Kommandos erfolgte. Wir wurden zu rund 100 Mann in Autobussen verladen. Erst auf heimatlichem Boden und dann auf der Heerstraße des Krieges durch Belgien und Frankreich fuhren wir unserem Bestimmungsort entgegen. Wir waren mehrere Tage unterwegs und hatten Gelegenheit, mit offenen Augen Landschaft und Menschen, vor allem aber auch die Spuren des kürzlichen Geschehens wahrzunehmen.

Es war nur wenig Zeit seit Abschluß des Waffenstillstandes verstrichen. Wir kamen durch Gebiete, in denen der Kampf stattgefunden hatte: Tierkadaver lagen herum, wir erblickten zerschossene Panzer, Häuser in Schutt und Asche, wir begegneten Gefangenenkolonnen und Zivilisten, die in panischem Schrecken vor der Invasion der deutschen Wehrmacht, die man ihnen als eine barbarische Horde geschildert hatte, geflohen waren und nun wieder ihren heimatlichen Herden zustrebten.

Es war das erste Erlebnis der bitterernsten Seite des Krieges. Sie prägte sich in unsere jungen Gemüter ein, während wir so auf den Landstraßen einherratterten. Ich mußte an die Worte meines Vaters denken, daß es kein größeres Unheil und keinen schrecklicheren Wahnsinn geben könnte als den Krieg. Er hatte den ersten Weltbrand von 1914 bis 1918 im Felde mitgemacht.

Aber dann stellte sich doch der Gedanke ein, daß es diesmal nicht so schlimm werden würde. Wie viel schneller und entscheidender war es diesmal in Frankreich zugegangen, im Vergleich zu den aufreibenden und langwierigen Materialschlachten des Ersten Weltkrieges. Und waren das Elend und die Verluste, die der Westfeldzug auf beiden Seiten verursacht hatte, nicht viel geringer?

Die Stimmung der französischen Bevölkerung schien diesen Überlegungen recht zu geben. Sie war äußerlich uns gegenüber nicht unfreundlich. Wie oft aber hörten wir Schimpfworte über die Engländer: »Ah, les Anglais ...« Sie waren von nicht wiederzugebenden Gesten begleitet.

Während der Fahrt durch Frankreich verbrachten wir die Nächte in verschiedenen Unterkünften. Einmal mußten wir eine Kaserne beziehen, die wohl zuletzt als Lazarett gedient hatte. Furchtbare Unordnung herrschte darin. Ungeziefer und Schmutz überboten sich. Anscheinend hatten farbige Truppen in ihr gehaust.

Ohne besondere Zwischenfälle kamen wir im Raume von La Rochelle an. Die Mannschaften unserer Flottille waren zumeist uniformierte Fischer, mit nur kurzer militärischer Ausbildung. Sie schienen für die Bemannung und kriegsmäßige Herrichtung von Fischdampfern und sonstigen Fahrzeugen am besten geeignet.

Unsere Vorgesetzten hatten den Befehl, bei Beschlagnahme französischer Schiffe menschlich und rücksichtsvoll vorzugehen. Wie glimpflich der soeben besiegte französische Gegner doch von deutscher Seite behandelt wurde! Wie hat entstellende Propaganda nachher die Dinge umgefärbt. Wir mußten zum Beispiel ein altes

1500 Tonnen großes Kanalfährschiff, Baujahr 1898, als Hilfskreuzer herrichten, obwohl daneben ein anderes hochmodernes lag. Wir sollten später diese ritterliche Handlungsweise mit dem Tode vieler deutscher Seeleute bezahlen. Was unseren Dienstbetrieb anbelangt, hatte sich unser Leben von heute auf morgen geändert.

Viele Offiziere waren Reservisten und kannten keine Kadettenerziehungsmethoden. Zum Glück! – Es ist viel leichter, sich den militärischen Ton ab- als anzugewöhnen. Bald trugen wir Schnurrbärte und Koteletten, hatten die Ringe aus den Mützen entfernt und die Hosen breit machen lassen. Unser stolzer Seekadettenstern war längst mit Druckknöpfen befestigt, denn es war nicht unbedingt notwendig, überall als Offiziersaspirant erkannt zu werden. Vorgesetzte pflegten oft ›in Zivil‹ zu gehen, uns war es noch verboten.

Die Arbeiten am zukünftigen Hilfskreuzer machten in der Werft von La Palice rasche Fortschritte. Aufgrund meiner achtjährigen französischen Schulkenntnisse wurde ich Hafendolmetscher. Oft hatte ich den Flottillenchef zu begleiten und nahm an manchen Besprechungen und Verhandlungen mit Franzosen teil. Es wurden viele Feste gefeiert; den Krieg nahm keiner mehr ernst. Der Frieden stände vor der Tür, war die allgemeine Ansicht. Aber er ließ auf sich warten, und Kriegsgott Mars machte sich wieder stärker bemerkbar.

Unsere Aufgabe bestand darin, Handelsdampfer durch die Biskaya nach Deutschland zu geleiten. Unterwegs wurden Minen von uns abgeschossen. Selten griffen englische Flugzeuge an.

Später wurde ich auf ein 250 Tonnen großes Vorpostenboot versetzt. Wir hatten ein Geschütz und 20 Mann Besatzung. Meist lagen wir vor den Hafeneinfahrten in der Biskaya und mußten schwere Stürme über uns ergehen lassen. In den ersten Tagen wurde ich furchtbar seekrank. Noch gut entsinne ich mich eines Geschützexerzierens. Ich meldete mich ab, rannte zur Reling und opferte Neptun. Meine Fischerkameraden freuten sich diebisch. Als ich blaß zurückkam, meinte einer in Hamburger Platt, ich solle doch einen ordentlichen Schluck Rum nehmen, das sei das allerbeste. Ich trank ein großes Glas. Der Erfolg blieb aus. Der Magen schien sich umdrehen zu wollen. – Nach vierzehn Tagen war ich so seefest wie alle anderen und bin es von da an geblieben.

Der Ton war rauh. Die Mannschaften wohnten zusammen. Raumältester war ein degradierter Unteroffizier, gutmütig, aber jähzornig, mit Bärenkräften. Als einmal einer mit ihm zu streiten wagte, flog ihm der Butterteller ins Gesicht. Schallendes Gelächter. Der Wurf saß. Die Butter hatte sich über Gesicht und Haare verteilt, die Augen waren verklebt. Es ist aber niemals zu wirklichen Schlägereien oder üblen Auswüchsen gekommen.

Ein italienisches Unterseeboot wurde vor unseren Augen torpediert. Wir hatten die Aufgabe, es nach Bordeaux zu geleiten. Wasserbomben flogen wahllos in alle Richtungen; unsere Hilfsvorpostenboote waren nicht mit Geräten ausgerüstet, die zur Bekämpfung unterseeischer Gegner notwendig sind. Gerade die U-Boot-Abwehr ist eine schwierige Angelegenheit und kann nicht improvisiert werden. Zu Flugzeuggefechten kam es wenig. Die deutsche Luftwaffe beherrschte damals die Biskaya.

Auf meinen Fahrten lernte ich viel von der französischen, belgischen und holländischen Küste kennen. Überall traf man Vorbereitungen zur Invasion nach England. Alles nur auftreibbare Schiffsmaterial wurde hergerichtet. In Flußkähne wurden Hilfsmotore eingebaut, und zur Erhöhung der Geschwindigkeit im Notfalle ein bis zwei Flugzeugmotore aufmontiert. Ferner hatte man ihnen den Bug abgeschnitten und eine besondere Klappvorrichtung zur Ausschiffung von Panzern an flachen Küsten angebracht. Es wurde intensiv gearbeitet. Auch wir hatten Gewehre und Handgranaten an Bord, um zu jedem Zeitpunkt einsatzbereit zu sein.

Wieder schien es soweit zu sein. Große Aufregung in der Flottille. Alle Schiffe erhielten versiegelte Briefe, die auf Stichwort ›Seelöwe‹ zu öffnen waren. Mit Sicherheit konnte man darin den Einsatzbefehl gegen England vermuten, den Anmarschweg und Landungshafen. Tage vergingen. Die Gespräche drehten sich nur noch um dieses Thema. Wir harrten vergebens. Das Unternehmen wurde abgeblasen. Hatte die Führung bessere Pläne?

Unsere Einheit hatte sich bewährt. Wir bekamen dafür das Minensuch- und Vorpostenabzeichen verliehen.

Das Schiff mußte zur Generalüberholung nach Rotterdam in die Werft. Wir Seekadetten aber hatten uns innerhalb weniger Tage in der Marineschule in Flensburg einzufinden.

Erhobenen Hauptes, an der geschwellten Brust stolz die erste Kriegsauszeichnung, durchschritten wir das traditionelle Tor unserer künftigen Bleibe. Es gab keinen deutschen Marineoffizier, der nicht dort seine grundlegenden theoretischen Weisheiten gesammelt hatte. Wirklich, die Marineschule bot ein eindrucksvolles Bild. Von dem Schulgebäude selbst, das auf einem Berge lag, führte eine riesige Steintreppe zum Hafen. Unzählige Jachten, Ruderboote und Motorboote waren an langen Anlegern zu erkennen. – Hier galt es zu bestehen. Es war ausschlaggebend für die künftige Laufbahn. Man bekam nach bestandenen Prüfungen das Seeoffizierspatent und hatte in der weiteren Zeit nur keine besondere Dummheit zu machen, um schließlich die Ärmelstreifen annähen zu dürfen.

Die ganze Crew traf sich wieder. Die Einstellungskameraden kamen aus den verschiedenen Kriegsgebieten, Nordsee, Norwegen und Mittelmeer. Der Kommandeur, ein gestrenger Admiral, brachte bei der ersten Musterung seine Unzufriedenheit zum Ausdruck. Zu wild sahen wir aus, in einem Wort ›vergammelt‹. Einige hatten Vollbärte, andere begnügten sich mit Schnurrbärtchen, jedenfalls merkte uns keiner die ehemaligen Kadetten des Segel- und Linienschiffes an. Wohl oder übel galt es, sich den Marineschulsitten anzupassen. – Verschiedene Kameraden waren schon gefallen. Viele waren nicht wiederzuerkennen. Sie waren in den Kämpfen zu Männern geworden. Fast alle hatten sich irgendwie verändert.

Das Schulgebäude war ein riesiger Steinkomplex. Zu viert hatten wir ein Schlaf- und Wohnzimmer. Dunkle wurmstichige Eichenmöbel standen darin. In den hallenartigen Gängen befanden sich viele Gedenktafeln und Schiffsmodelle. Alte zerschossene Flaggen hingen an den Wänden. Wie wir respektlos meinten, ›roch‹ es wahrhaftig nach Tradition.

Die auf ihren Frontkommandos gut beurteilten Anwärter wurden befördert. Die Fähnrichsbeförderung gehörte von jeher zu den wichtigsten. Plötzlich war man Vorgesetzter, wurde von Mannschaften gegrüßt, trug, wenn auch ohne Streifen, eine Offiziersuniform mit Dolch. Auch die Mädchen sahen einen mit anderen Augen an. Wir trugen von nun an ›die Wäsche vorn‹, im Gegensatz zu den Matrosen, die den Kragen ›hinten‹ haben. Strenggenommen waren wir aber nur halbe Fähnriche, da uns noch das Portepee, das Zeichen der bestandenen Offiziershauptprüfung, fehlte. Aber, wer wußte dies schließlich an Land?

Nach ein und einem viertel Jahr der erste Urlaub. Wir strahlten. Ich fuhr nach Berlin zu meinen Eltern. Da in der Hauptstadt Marineuniformen selten waren, stellte man etwas Besonderes dar. ›Heer‹ und ›Luftwaffe‹ redeten uns fast immer als Leutnant an, da wir auf den Schultern eine Art schmales Achselstück trugen. Vor Hotels galten wir als Portier und in der Eisenbahn als Aufseher. So passierte es mir einmal in der Untergrundbahn, als ich auf einen Zug wartete, daß mich eine Dame folgendermaßen anredete: »Ach entschuldigen Sie, Herr Oberaufseher, können Sie mir nicht sagen, wie ich am schnellsten zum Wannsee hinauskomme?« – Einige Schritte entfernt ging ein Kapitän auf und ab. »Verzeihen Sie bitte, gnädige Frau, ich bin neu auf dieser Station und kann Ihnen leider keine Auskunft geben, aber schauen Sie dort diesen Herrn mit den vier breiten goldenen Streifen an; er ist längere Zeit im Dienst als ich und wird Ihnen gewiß helfen.« – Ich verschwand schleunigst und vernahm nur noch ein tiefes entsetztes Brummen. Eigentlich war es nicht sehr respektvoll von mir, aber ich war ja nur Fähnrich, und als solcher konnte man sich schon einen Spaß erlauben. ›Fähnrichsbolzen‹ sagte man dazu.

Es hieß arbeiten. Die gestellten Anforderungen waren hoch. Der Unterrichtsplan sah als erstes astronomische Navigation vor. Gute Vorkenntnisse waren nötig. Wir hatten aber auch schon in der Schule viel schwierigere Aufgaben gelöst, als zur Standortbestimmung notwendig sind, so in der Differential- und Integralrechnung. Auch in den anderen Fächern, Physik und Chemie, hatte ich einen guten Unterricht genossen.

Im übrigen legte man, wie bei der ganzen deutschen Marineausbildung, mit Recht den größten Wert auf Praxis. Wir segelten, fuhren mit Motorbooten Anlegemanöver und machten mehrtägige Reisen auf dem 1000 Tonnen großen Marinenavigationsdampfer. Exerziert wurde verhältnismäßig wenig. Im Torpedo- und Artillerieschießen erhielten wir eine allgemeine Übersicht.

Bei der Vielgestaltigkeit der Schiffstypen und neuen Waffen erscheint es unzweckmäßig, alle Einzelheiten lernen zu lassen. Auch ist es unmöglich. Die Ausbildungsdauer müßte sich über Jahrzehnte erstrecken, und zum Schluß der Lehrzeit hätte man den Anfang wieder vergessen. Die Marineschule Flensburg erteilte also nur eine Navigationsausbildung und vermittelte allgemeine Kenntnisse der Taktik, Waffen und Seekriegsgeschichte.

Wie schon erwähnt, sind Fähnriche bekannt für ›Bolzen‹. Diese werden von den Vorgesetzten nicht tragisch genommen, denn sie gehören eben zum Wesen so junger Leute. Ein Kamerad hatte wieder etwas auf Lager. Er kaufte sich eine Angel und begann in seiner freien Zeit zu fischen. Alles lachte, denn es war bekannt, daß sich in unseren Übungsgebieten nur wenig oder geringwertige Fische aufhielten. Es schien unglaubwürdig, aber unser Kamerad brachte schon am ersten Tage rund zehn Kilo schönster Fische. Es sprach sich schnell herum. Sogar die Offiziere interessierten sich für den neuen Sport und schauten ihm beim Fischen zu. Immer hatte er etwas an der Angel. Man sah, wie er die mächtigsten Tiere aus dem Wasser zog. Es konnte nicht ausbleiben, daß viele sich Angeln kauften und wetteiferten.

Es blieb jedoch ein Rätsel. Unser Freund hatte Erfolge, die anderen nicht. Er strahlte. Anscheinend war er der einzige, der etwas vom Sport verstand. Er erzählte von seinem Minensuchboot in den Fjorden Norwegens, wo er sich diese Praxis angeeignet habe. Man müßte ein ganz besonderes Gefühl entwickeln und was weiß ich noch alles. Man lachte über ihn, aber andererseits war er der einzige Erfolgreiche. Eines Tages waren die Fischfanglustigen wieder auf dem Steg versammelt. Unser Meisterangler holte gewichtig seine Angel heraus, laut verkündend, daß er ein ganz eigenartiges Ziehen verspürt habe und ein ganz seltener Fisch zu erwarten sei. Er sollte recht haben. Schallendes Gelächter brach aus: Ein Rollmops war am Haken. Der Angler kam nur mit Mühe vom Steg. Er sollte es büßen und ins Wasser geworfen werden. – Die Lösung des Rätsels: Ein Freund unseres Kameraden saß unter dem Steg mit einem Sack gekaufter Fische, und wenn er von oben das Zeichen in Form eines durch die Bretter fallenden Kieselsteines erhielt, befestigte er den gewünschten Fisch am Angelhaken. Er mußte sich des Unfugs wegen beim Kommandeur melden. Doch hatte dieser Verständnis für den Ulk und der ›Spaßvogel‹ ging straffrei aus.

Ein Leichenwagen mit Sarg bat um Einlaß. Der Fähnrich der Wache kontrollierte die Papiere. Sie schienen in Ordnung zu sein. Komisch: bisher hatte sich noch nichts herumgesprochen. Das Fahrzeug passierte. Meine Gruppe hatte gerade Unterricht bei einem Zivillehrer. Er hieß Peter. Es klopfte. »Herein«, befahl Peter barsch, sichtlich bemüht, sich den Marineschulsitten mit einer energischen Aussprache anzupassen; er wollte Reserveoffizier werden. Die Tür öffnete sich ganz langsam, und feierlich verkündete eine Stimme: »Herzlichstes Beileid.« Indem wurde auch schon – unbeirrbar trotz aller Einwände – das schwarze Möbel von vier schwarzgekleideten Sargträgern hereingebracht und unserem Lehrer direkt zu Füßen abgestellt. Dies sei der Sarg für Herrn Peter, vernahm man nochmals das sonore Organ, unterdes sich die Träger entfernten.

Das Auto fuhr eiligst davon. Der Sarg stand im Zimmer. Wir freuten uns diebisch. Herr Peter aber, außer sich, brach den Unterricht ab und erstattete dem Kompaniechef Meldung. Wie immer. Daher seine Unbeliebtheit.

Es folgten Verhöre. Die ganze Marineschule wurde vernommen. Der Urheber des Streiches wurde nicht entlarvt. Man stellte lediglich das Sarggeschäft fest und die ordnungsgemäße Bezahlung des Sarges. Er wurde später einer Kirche zur Verfügung gestellt.

Wir hatten auch Fecht-, Reit- und Boxunterricht. Großen Wert legte man auf Mutproben. Unser Boxlehrer hatte insofern Pech, als in meiner Gruppe der deutsche Jugendmeister im Schwergewicht vertreten, er selber aber nur Leichtgewichtsboxer war. Er ahnte nichts. Nach einer kurzen Ansprache: »Gerade beim Boxen erkennt man den wahren Charakter, Feigheit ist das Schlimmste, was es gibt, man muß immer rangehen und niemals zurück. Wer hat schon einmal geboxt?« meldete sich unser Meister. »Nun, versuchen wir es beide einmal.« Sie standen im Ring, es ging los. Der Lehrer schlug seinem Gegner auf die Nase. Unser Kamerad geriet in Wut und stürzte sich wie ein Tiger auf sein Opfer. Er war doppelt so schwer und hatte Arme wie ein Bär. Der Kampf wurde abgebrochen.

Die Marineschulzeit ging dem Ende entgegen. Die Prüfungen waren überstanden, und wir erhielten das ersehnte Portepee. – Ein Abschiedsball, und es ging wieder an die Front.

Zwei Kameraden und ich erhielten die gemeinsame Kommandierung auf ein Unterseeboot. Es war Anfang Mai 1941. Noch stand das Reich nicht im Krieg mit der Sowjetunion, auch mit den Vereinigten Staaten waren noch keine offenen Feindseligkeiten ausgebrochen. Der Kampf mit England und seiner Seemacht schien nach Abschluß des Südostfeldzuges das Gebot der Stunde zu sein. Das wirkungsvollste Instrument hierfür war ohne Zweifel die U-Boot-Waffe. Das Marinebauprogramm, das mit Englands Kriegserklärung im September 1939 in Angriff genommen wurde, mußte sich nun etwas auswirken. Denn mit einer lächerlich geringen Anzahl von Booten, es mögen rund 20 gewesen sein, die für den Einsatz zu Beginn des Krieges zur Verfügung standen, war es unmöglich, gegen die damals größte Seemacht der Welt zu kämpfen.

Mit eigenartigen Gefühlen traten wir die Reise an. Alle Gespräche drehten sich um das, was uns bevorstand. Ich hatte manche Bücher über den Ersten Weltkrieg und die Aussprüche alliierter Staatsmänner in Erinnerung, die zum Ausdruck brachten, wie nahe an den Abgrund England durch die deutsche U-Boot-Waffe gebracht worden war. Über 18 Millionen versenkter Handelsschifftonnage hatten die Unterseeboote zwischen 1914 und 1918 neben vielen Kriegsschifftorpedierungen auf ihrem Konto zu verzeichnen. Die Namen Weddigen und anderer erfolgreicher U-Boots-Kommandanten wie Arnauld de la Periere von Spiegel, von denen ich die eigenen Schilderungen gelesen hatte, kamen mir in den Sinn. Bei der Lektüre hatte ich das Dasein auf einem U-Boot immer als etwas gruselig und geheimnisvoll empfunden. Es mußten ganze Männer gewesen sein, die diesen Krieg unter Wasser, ohne Tageslicht, in öldurchtränkter Kleidung und schlechter Luft geführt hatten.

Nun war es mir beschieden, den Kampf mit derselben Waffe zu erleben. Der Weg, den ich im Banne der weißen Segel angetreten hatte, sollte mich zu den ›grauen Wölfen‹ führen.

Sie hatten auch jetzt wieder mit ihren Erfolgen alle Welt beeindruckt. Die Zeitungen waren voll von ihren Taten, und die Sondermeldungen des Rundfunks verkündeten wachsende Versenkungszahlen. Aber wir wußten, daß auch manche der auf Feindfahrt ausgesandten Boote nicht mehr zurückgekehrt waren. Gerade vor zwei Monaten wurden die Boote bekannter Kommandanten, deren Namen in aller Munde waren, vom Schicksal ereilt, ›U-47‹ von Korvettenkapitän Prien, ›U-100‹ von Korvettenkapitän Schepke und ›U-101‹ mit Kapitänleutnant Kretschmer. Von den drei gefeierten Männern war nur der letzte mit dem Leben davongekommen. Er geriet in Gefangenschaft.

Der Wolf beißt zu

In Danzig lag unser Schiff. Kaum konnten wir erwarten, es betreten zu dürfen, denn kein Mensch außer den Besatzungsangehörigen hatte zu einem U-Boot Zutritt, nicht einmal Seeoffiziere anderer Waffengattungen. Streng geheim! Der Gegner durfte auf keinen

Fall nähere Einzelheiten über die Eigenschaften der ihm so gefährlichen Waffe erfahren. Die geeigneten Abwehrmaßnahmen zu treffen, wäre ihm erleichtert worden.

In der Marineschule hatten wir viele neue Ausrüstungsgegenstände, wie Uniformen, Wäsche, und unter anderem eine Unzahl steifer Kragen empfangen. Dazu einen Überseeschrankkoffer und zwei kleinere Koffer. Wir waren ›vornehmer‹ geworden und reisten nicht mehr mit dem Seesack.

Endlich, nach langem, ungeduldigem Suchen fanden wir unser Boot. Grau war es gestrichen. Kaum hob es sich von der Mole ab. Zwei Posten bewachten es. Einer auf Deck, der andere auf der Pier. Sie hatten Maschinenpistolen. Ihre Haltung war nicht sehr soldatisch, wenn man dieses Wort im Kasernenhofsinne auslegt. Auf unsere Frage, ob der Kommandant an Bord sei, antworteten sie, daß er gerade fortgegangen sei und wahrscheinlich erst morgen wiederkäme. Man liefe um fünf Uhr morgens aus. – Die Versuche, ihnen klarzumachen, daß wir uns einschiffen wollten und mindestens unser Gepäck an Bord bringen müßten, scheiterten. – Keine Aussicht. Man brauche dazu die besondere Genehmigung des Kommandanten. Hinein durften wir auch nicht! Spezielle Genehmigung! Die Kommandierung der Marineschule reichte nicht aus!

Wir hatten gelernt, daß nichts unmöglich sei und gaben mit dieser Erziehung den Mut nicht so leicht auf. – Nach langem Suchen fanden wir endlich den ersten Wachoffizier im Wohnschiff. Er gab uns die gewünschte Erlaubnis. Wir hatten das Gepäck von der Bahn geholt und beschäftigten uns damit, alles einzuschiffen. Die Unteroffiziere grinsten. Im Rang waren sie uns gleichgestellt. Aber das Gleichgestelltsein bedeutete gar nichts, wo wir doch auf sie angewiesen waren. Wir hatten noch nie ein Unterseeboot gesehen und mußten fragen, wenn wir was wissen wollten.

Die beiden kleineren Gepäckstücke waren glücklich in die Zentrale geschafft. Es fehlte lediglich der Schrankkoffer. Aber siehe da, er paßte nicht durch das Einsteigeluk. Gleich war man mit gutem Rat zur Stelle, wollte die Werft beauftragen, das Luk zu vergrößern und überhaupt beantragen, bei Neubauten anders zu verfahren, damit sich Fähnriche einschiffen könnten.

»Achtung!« Die Mannschaft nahm Haltung an. Der Raumälteste machte Meldung. Wir sahen eine weiße Mütze, das Zeichen des Kommandanten. Es war ein ungeschriebenes Gesetz bei der U-

Boot-Waffe, daß nur er diese Kopfbedeckung tragen durfte. »Sind Sie denn völlig verrückt, was wollen Sie mit dem ganzen Krempel hier an Bord, meinen Sie, wir werden eine Vergnügungsfahrt machen? Schaffen Sie sofort das Zeug aufs Wohnschiff und melden Sie sich in einer halben Stunde in meiner Kammer.« Natürlich beeilten wir uns, dieser Aufforderung nachzukommen. Als wir uns wieder eingefunden hatten, richtete er folgende Worte an uns:

»Sie sind hier an Bord völlige Nullen und stellen absolut nichts dar. Auch der jüngste Matrose weiß mehr als Sie und ist ein brauchbares Glied in der Gemeinschaft. Sie hingegen sind toter Ballast und unnütze Luftverschwender. Halten Sie sich dies stets vor Augen. Ihre Aufgabe besteht lediglich darin, sich schnell einzuleben und zu lernen. In drei Wochen gehen wir an die Front; glauben Sie nicht, daß ich Sie mitnehmen werde, wenn ich erkennen sollte, daß Sie den Anforderungen nicht gewachsen sind. Seien Sie sich stets der Ehre bewußt, bei der stolzesten und entscheidendsten Waffe des Deutschen Reiches dienen zu dürfen. Das Leben bei uns ist hart und entbehrungsreich. Wir tragen es gerne, denn wir lieben unser Vaterland. Nehmen Sie sich an den Rittern der Tiefe beider Kriege ein Vorbild und eifern Sie ihnen nach. Seien Sie mit ganzem Herzen bei Ihrer Waffe und werden Sie zu ordentlichen Kerlen!«

In der Flottille empfingen wir zwei U-Boots-Päckchen – so nennt man gewöhnlich den auf dem U-Boot getragenen grüngrauen Drillichanzug –, eine Ledergarnitur, Seestiefel, zwei Pullover, sechsmal Unterzeug und sechs Paar Strümpfe. Außer dem Waschzeug war es alles, was wir an Bord nehmen durften. Abgesehen davon ging auch nicht mehr in das angewiesene Spind. Die übrigen Sachen schickten wir bis auf eine blaue Uniform und andere Kleinigkeiten, die in den endgültigen Frontstützpunkt nachgesandt werden sollten, nach Hause.

Nun waren wir also in dem modernen Zauberreich der geheimnisvollen und gefürchteten Waffe beheimatet. Auf engstem Raum hatten wir uns zu bewegen und uns zunächst in der verwirrenden Fülle der verschiedensten Anlagen und Vorrichtungen zurechtzufinden. Es galt, praktische Schiffskunde zu betreiben. Ein jedes Rohr hatte seine Bedeutung; man mußte wissen, woher es kam, wohin es führte und wozu es diente. Um den Unterricht anschaulicher zu gestalten, ließ man uns unter den Flurplatten herumkriechen, die Bilgen reinigen und überhaupt die schmutzigsten Arbeiten verrichten, die man sich denken kann. Die stolze Fähnrichsuniform war bald vergessen. Rangabzeichen wurden von keinem getragen. Wozu die lange Ausbildung, wenn man scheinbar hier zunächst doch nichts davon brauchen konnte? Dies waren natürlich die Gedanken der Fähnriche, die, von der Schulbank kommend, ursprünglich gemeint hatten, den gewichtigen Mann spielen zu können. Von der Pike hatten wir wieder anzufangen. Einer schlief bei den Mannschaften, der zweite bei den Unteroffizieren und der dritte bei den Oberfeldwebeln. Dann wurde gewechselt. Nur einer aß jeweils im Offiziersraum.

Unser Boot war der übliche Kampftyp VII c, mit 600 t Wasserverdrängung im aufgetauchten Zustand. Der kleinere Typ II mit 250 t kam für den Atlantikeinsatz weniger in Frage; dem größeren Typ IX (800 t) gegenüber hatte unser VII-Typ bei kleinerem Aktionsradius den Vorteil schnellerer Tauchzeit und größerer Wendigkeit, und er war vor allem durch Abwehrgeräte schwerer zu orten. Die Besatzung pflegte damals aus 42 Mann zu bestehen.

Der innere Kern des äußerlich einer Zigarre ähnlichen U-Bootes ist der Druckkörper. In ihm spielt sich das eigentliche Leben ab, alle wichtigen Maschinen und Batterien sind in ihm untergebracht. Dieser Körper ist schwerer als Wasser und demzufolge nicht schwimmfähig. Die Schwimmfähigkeit wird dadurch erzielt, daß eine äußere Hülle um ihn gelegt wird. Somit wird das Volumen größer, ohne daß das Gewicht im gleichen Verhältnis zunimmt. Der im aufgetauchten Zustand mit Luft gefüllte und in Zellen eingeteilte Zwischenraum bewirkt die Schwimmfähigkeit des Ganzen, so daß ungefähr ein Siebentel des Druckkörpers aus dem Wasser ragt. In Zellen des Zwischenraumes findet auch der Brennstoff Platz. Um das Tauchen zu bewerkstelligen, läßt man in die sogenannten Tauchzellen eine berechnete Wassermenge, die den Auftrieb zu vernichten hat. Wenn das Boot still läge, würde es bis auf den Grund sinken, denn ein Schweben, wie man es in allerlei Spukgeschichten von verschollenen Schiffen erzählt, gibt es in der Praxis nicht. Nur dadurch, daß man dem Boote durch Maschinenkraft eine Geschwindigkeit verleiht, kann man es in einer gewünschten Tiefe halten. Durch das Bedienen der sogenannten Tiefenruder, seitlicher Tragflächen, nutzt man den Fahrtstrom aus und läßt sich nach oben oder unten drücken, gewinnt also Auf- oder Untertrieb.

Wie ist die Anordnung der Räume im Innern? Machen wir einen

Gang, und zwar nicht im Sinne einer korrekten Beschreibung von ›achtern‹, von hinten aus, von wo gesehen ›rechts‹ immer Steuerbord und ›links‹ Backbord bedeutet, sondern von vorn aus, wo sich der Mannschaftswohnraum befindet. Wenn man an den Spitznamen der Matrosen der seemännischen. Laufbahn, ›Lords‹, denkt, ist es ja auch sinnvoll, in der Pairskammer zu beginnen. Nun, sie ist ein wenig eng, gelinde ausgedrückt. In den Raum ragen die vier Bug-Torpedorohrenden. In jedem Rohr liegt normalerweise ständig ein Torpedo. Weitere vier sind unter den Flurplatten gelagert und zwei über den Flurplatten durch einen hölzernen Fußboden geschützt. Die Mannschaften schlafen in Kojen, die hochgeklappt werden können. Es sind jeweils zwei Schlafstätten übereinander. Drei ›Lords‹ haben zwei Kojen zur Verfügung. Mit ihnen teilen aber noch die anderen Mannschaftsdienstgrade die insgesamt zwölf Kojen des Bugraumes: Die Torpedogäste, die den sinnigen Beinamen ›Mixer‹ führen, und die Funkgäste. Vor allem aber die Matrosen des technischen Personals, deren Dienstbezeichnung Heizer ist. Die Heizer haben zu zweit eine Koje zur Verfügung.

Diese Einteilung erklärt sich aus den Wach- und Dienstverhältnissen und läßt sich ohne Schwierigkeiten in der Praxis durchführen. Viele Soldaten müssen ständig auf Wache sein. Der eine steht auf, der andere legt sich an seiner Statt schlafen. Die Koje wird niemals kalt und erinnert an die Verhältnisse in Industriestädten mit ihrer Raumnot, wo es Schlafstellen gibt, deren Inhaber sich schichtweise je nach ihrem Arbeitsturnus ablösen.

Es ist aber nun nicht so, daß etwa die wachfreien Leute bis zum Antritt des nächsten Dienstes durchschlafen können. Zu den Mahlzeiten müssen selbstverständlich alle aufstehen, da ein Tisch aufgestellt wird und die oberen Kojen aufgeklappt werden müssen, damit man auf den unteren sitzen kann. Desgleichen unterbricht die Ruhemöglichkeit das tägliche Arbeiten an den Torpedos, eine Aufgabe, die im Bugraum vorgenommen wird. Man nennt es ›Regeln‹. Die mechanischen Anlagen des Torpedos müssen geprüft werden. Die Betten stören und sind daher hochzuklappen.

Ferner soll das Boot von den Mannschaften saubergehalten werden; Backschafter, Soldaten, die das Essen holen und Geschirr abwaschen, sind zu stellen. Es gibt für die Mannschaftsdienstgrade fast ebensoviel Vorgesetzte, wie sie selber sind.

Wenn man den Bugraum verläßt, kommt man in den Oberfeldwebelraum, für den Obersteuermann und die zwei Obermaschinisten. Links befindet sich eine Kühlanlage, und auf der anderen Seite ein WC. Es folgt der Offiziersraum für die beiden seemännischen Offiziere und den Leitenden Ingenieur, L. I,. wie er abgekürzt bezeichnet wird. Dahinter ist an einer Seite der Kommandantenraum, in Wirklichkeit nur eine durch einen dicken Vorhang abgetrennte Ecke. Natürlich muß der Kommandant dem Herzen des Geschehens nahe sein: So befindet sich gegenüber die Funkstation, daneben ein Raum mit den wichtigen Vorrichtungen der Unterwasserortung, Horchgeräte usw. Gleich neben dem Kommandantenraum ist die Maschinenhauptsicherung – und dann betritt man den Raum, dessen Bedeutung aus seinem Namen ›Zentrale‹ hervorgeht. Hier halten sich während des Unterwassermarsches der Kommandant und der L. I. auf, hier werden die Befehle gegeben. Sämtliche Geräte, die beim Unterwassermarsch zur Führung benötigt werden, wie Tiefensteuer, Trimmschalter, Pumpen usw. befinden sich in diesem Raum. Auch gelangt man von hier in den Turm. Die Zentrale liegt in der Mitte des Bootes und ist zum Vor- und Achterschiff hin abschottbar. Die Schotten sind für einen Wasserdruck von 100 Meter Tiefe konstruiert, im Gegensatz zu den Türen zwischen den Räumen, die nur für eine Tiefe von etwa 20 Meter druckfest sind.

Es folgt der Unteroffiziersraum mit acht Kojen, die wechselseitig von den Maaten benutzt werden müssen. Dahinter auf der rechten Seite die Kombüse und auf der linken ein weiteres WC. Dann der Dieselmaschinen- und anschließend der Elektromaschinenraum, mit dem Hecktorpedorohr und einem Ersatztorpedo unter den Flurplatten. Der Unteroffiziersraum ist sehr ungünstig gelegen, da ihn jeder passieren muß, der von einem Teil des Schiffes in die Kombüse und in die Maschinenräume gelangen will, was sehr häufig der Fall ist.

Neue Boote erhielten zu jener Zeit im Jahre 1941 eine Besatzung, die zur Hälfte aus erfahrenen Frontfahrern und zur anderen aus Neulingen bestand; So trug bei uns jeder zweite Mann der Besatzung die U-Boots-Auszeichnung und das Eiserne Kreuz zweiter Klasse. Unser Kommandant hatte eine Reihe Frontfahrten als erster Wachoffizier hinter sich. Er war eine große, blonde Erscheinung mit markantem eckigen Gesicht. Kurz und abgehackt war seine Sprechweise.

Die halbjährige Ausbildungszeit, die jedes U-Boot in der Ostsee zu durchlaufen hatte, war von unserem Boot nahezu überstanden, als wir Fähnriche in Danzig dazu kommandiert wurden. Es hatte sich um vielseitige Prüfungen gehandelt, die bei einigen Spezial-Flottillen abzulegen waren. Bei Tauchmanövern wurden z. B. nach den Berichten beschädigter Frontboote von erfahrenen Ingenieuren Ausfälle von Maschinen-, Licht- und sonstigen Anlagen eingelegt. Alle Arbeiten mußten oft im Dunkeln ausgeführt werden. Auch im Ernstfalle funktioniert als erstes meist das Licht nicht. Hatte das Boot die vorgesehene Prüfung bestanden, wurde es für die nächste Ausbildungsflottille freigegeben, falls nicht, wiederholte es den Lehrgang, genauso wie in der Schule. Unser Boot hatte alle Anforderungen erfüllt. Es war ein gutes Zeichen für den Kommandanten. Es fehlte nur noch die Abschlußübung, die ›taktische‹. Ihr wurde das größte Gewicht beigemessen. Sie dauerte 14 Tage und war eine harte Probe für Boot und Besatzung. Als ich sie später als 1. Wachoffizier machte, verlor der Übungsverband dabei von zwölf Booten zwei; drei weitere liefen beschädigt ein.

Die taktische Übung war größten Stils aufgezogen. Sie erstreckte sich über einen weiten Raum der Ostsee. Die Boote hatten eine Anfangsposition einzunehmen, und dann wurde genau wie an der Front auf dem Atlantik verfahren: Ein aus vielen Schiffen bestehender Geleitzug mit starker Sicherung fuhr Zickzackkurs. Mindestens 50 Flugzeuge erfüllten Fernaufklärungsaufgaben und meldeten jedes gesichtete U-Boot.

Es wurde nicht wie bei der früher durchlaufenen Schießflottille mit Übungstorpedos geschossen, die sich von scharfen lediglich durch Fehlen der rund 200 kg schweren Sprengladung unterschieden und so tief eingestellt wurden, daß sie das Ziel unterliefen, sondern nur die Schußunterlagen dem Zielschiff übermittelt, um die Treffer festzustellen und die U-Boots-Besatzung beurteilen zu können. Bei vorherigen Übungen war ihr Durchgang nachts durch eine eingebaute Lampe zu erkennen. Es wurde vom unterschossenen Schiff beobachtet, wo man getroffen worden wäre. Bei Tage markierten aufsteigende Luftblasen den Lauf. Wir schnitten gut ab. Nun ging es zur Frontausrüstung nach Kiel.

Die Ausrüstungsflottille war die »Fünfte«. Dort herrschte ein reger Betrieb. An der U-Boots-Mole lagen mindestens zehn Boote. Eins wie das andere. Grau, schlank und im Verhältnis zur Breite enorm lang. An die 70 Meter maßen sie. Die Besatzungen, jung und von unbeirrbarem Idealismus beseelt, stolz auf ihre Waffe, siegesgewiß. Ich traf viele Kameraden der Marineschule wieder, da jedes Boot zwei bis drei Fähnriche hatte. Der Offiziersnachwuchs sollte an der Front selbst lernen; die Behinderung, die er auf den Booten darstellte und die auftretenden Verluste mußten in Kauf genommen werden. Keine U-Boots-Schule konnte Erfahrungen, die an der Front gewonnen wurden, ersetzen.

Lastwagen auf Lastwagen brachte Proviant. Für acht Wochen mußte unser Boot ausgerüstet werden. Man konnte die Lebensmittel auf ein Vierteljahr strecken, ohne Not zu leiden, denn die Rationen lagen um vieles höher, als die der übrigen Truppenteile. – Es galt, den Proviant sachgemäß zu verstauen und gleichmäßig im Boot zu verteilen, damit es tiefensteuermäßig gut ausgelastet war. Zweitens durfte er beim Tauchen nicht rutschen – und das geschah unter Umständen mit einem Neigungswinkel von 60 Grad –, drittens sollten die Lebensmittel das Bedienen der Maschinen und ein Hin- und Herlaufen nicht behindern. Es gehört viel Erfahrung und Geschick dazu. In den späteren Kriegsjahren erhielten alle Boote einen genauen Stauplan. Schinken und Hartwürste kamen zwischen die Torpedorohre und in die Zentrale. Frischfleisch für drei Wochen in den Kühlraum und Frischbrot, für annähernd die gleiche Zeit, in Hängematten in Bug- und E.-Maschinen-Raum. Erschöpften sich die frischen Nahrungsmittel, lebte man ausschließlich von Konserven.

Zur Übernahme der Torpedos wurde das Boot an eine für diesen Zweck vorgesehene Mole verholt. Erst lud man vorn durch ein Spezialluk und dann hinten. Zum Schluß kamen zwei Torpedos in wasserdichte und druckfeste Oberdecksbehälter. Wenn sie später hereingenommen werden sollten, mußte das Boot aufgetaucht sein.

Jetzt kam die Munition an die Reihe: 8,8-cm- und 2-cm-Granaten sowie beachtliche Mengen MG- und Maschinenpistolenmunition. An Oberdeck hatten wir eine besondere U-Boots-Kanone und ein vollautomatisches Flakgeschütz. Ein Maschinengewehr konnte im Bedarfsfalle in wenigen Sekunden vom Turm aus hochgeschafft werden.

Die Ausrüstung war abgeschlossen, die Sauerstoff-Flaschen waren gefüllt, die Luftreinigungsfilter erneuert. Wir hatten die letzte Post an die Angehörigen gesandt. Im Morgengrauen des nächsten

Tages sollte ausgelaufen werden. Würde man zurückkehren? Das waren wohl die Gedanken eines jeden, wenn darüber auch nicht gesprochen wurde. Wird man seine Lieben, Frau und Kinder, oder die Braut und die Eltern wiedersehen? – Selbstverständlich kehrt man zurück, warum die dummen Gedanken! Der Kommandant macht einen selten tüchtigen Eindruck. Er fährt nicht zum erstenmal an die Front, er kennt den Rummel. Warum soll es ausgerechnet bei der ersten Fahrt schiefgehen? Und es ist Krieg, der Kampf fürs Vaterland. – Wir haben Befehle auszuführen und müssen bange Gefühle in die innerste Falte unseres Herzens verweisen. Zudem dürfen wir zu unserem Können Vertrauen haben? Dem Tüchtigen hilft Gott!

Mit eiserner Haltung stand unsere Besatzung in ihren grauen Lederpäckchen angetreten. Der Flottillenchef machte die Abschiedsmusterung: »Kameraden, seien Sie sich bewußt, bei der stolzesten und entscheidendsten Waffe unseres geliebten Vaterlandes zu dienen. In Ihren Händen tragen Sie das Schicksal, das unserem Volke beschieden sein wird. Dessen gedenken Sie stets und zeigen Sie sich des erwiesenen Vertauens würdig. Feigheit kennen wir nicht. Unter Motto ist RAN, VERSENKEN!«

Die deutsche Küste lag weit hinter uns. Der Kommandant hatte entschieden, durch die Islandpassage zu gehen, also zwischen Island und den Färöerinseln hindurch, um den freien Atlantik zu erreichen. Schon im Ersten Weltkrieg stellte es das große Problem der Unterseebootskriegführung dar, die Boote von den deutschen Häfen in den Atlantik zu schicken. Wir hatten ohne die Küste Frankreichs keinen unmittelbaren Einsatzhafen. Der Ärmelkanal ist aufgrund seiner geringen Breite relativ leicht zu überwachen und durch Minen- und Netzsperren kontrollierbar. Wenn auch der Seeraum größer ist, so steht ebenfalls die nördliche Ausfahrt um die Britischen Inseln herum unter starker Kontrolle des Gegners. Boote mit neuen Besatzungsmitgliedern hatten wenige Tage nach dem Auslaufen eine schwere Probe zu bestehen, den Durchbruch. Die Unerfahrenheit der Neulinge ist der Grund, warum verhältnismäßig große Verluste bei der ersten Feindfahrt auftraten. Viele wurden obendrein auch noch seekrank. Der seekranke Mensch aber ist durchaus unzuverlässig, sei es im Ausguck oder in der Bedienung von Tauchvorrichtungen.

Leider wurden gute Ratschläge Älterer gerne überhört. Man

glaubt, es sei Wichtigtuerei; schließlich ist man doch selber nicht auf den Kopf gefallen und glaubt, etwas zu wissen.

Ich bin auf Wache. Achterer Ausguck. Genau wie ein gewöhnlicher Matrose. Der Kommandant hatte uns zwar gesagt, wir seien völlige Nullen an Bord. Aber anscheinend hatte er doch etwas Vertrauen gewonnen, denn einer völligen Null überläßt man nicht den Ausguck in einem Sektor von 90 Grad. Vorn pflegen der Wachoffizier mit einem Bootsmaat und hinten zwei Matrosen zu stehen, diesmal auch ein Fähnrich darunter. Jeder hatte seinen Bereich ständig mit dem Glas und bloßen Augen abzusuchen. Dies vier Stunden lang, ohne ein Dach über dem Kopf oder sonstigen Schutz. Es war gleich, ob Regen, Sturm oder Schnee, die Wache wurde gegangen. Wehe dem, der einschlief oder dessen Aufmerksamkeit nachließ. Es konnte das Leben kosten, nicht nur das seine, sondern das der gesamten Besatzung.

Vier Tage unterwegs. Nichts in Sicht, kein Flugzeug, kein Schiff, keine Treibmine. Eintönig hämmerten die beiden Diesel; es war mehr ein Dröhnen. Der geschlossene, runde Stahlkörper bildete einen eigenartigen Resonanzboden. Hinzu kam ein Sauggeräusch, hervorgerufen durch zwei Gebläse, deren Rohre unmittelbar neben uns auf dem Turm mündeten. Etwas Unheimliches hatte es an sich. – »Zweimal halbe Fahrt voraus«, 14 bis 15 Meilen, liefen wir. Der langgestreckte Bootskörper durchschnitt wie ein Messer das Meer; an beiden Seiten warf er weiße Bugsee auf. Sie sah einem Schnurrbart ähnlich.

Eigensinnig und steif zog das Boot seine Bahn. Normale Wellen waren nicht in der Lage, es zu heben. Der Bug ging schnurstracks hindurch. Die Seen liefen über das Oberdeck und brachen sich am Turm. Größere reichten bis hinauf, ab und zu bekam man eine kleine Erfrischung in Form einer Portion kalten Wassers über den Kopf. Immer wieder das Glas an die Augen, einen Rundblick nehmen, dann putzen und das gleiche. Vier Stunden dauert die Wache.

Ein Schweinsfisch! Nur kurz darf man es als Abwechslung empfinden, die Aufmerksamkeit hat anderem zu gelten. Wie schnell er zu schwimmen vermag; er ist schneller als wir, kreuzt vor dem Bug, läßt sich zurücksacken und holt blitzartig wieder auf. Da noch einer. Vielleicht ein Ehepaar. Wie glücklich müssen sie doch sein ohne Krieg. Was heißt übrigens Krieg, wir haben ja bisher auf unserer Fahrt nichts davon verspürt. Es ist in der also so gefährlich geschilderten Passage anscheinend überhaupt nichts los. So viele Flugzeuge hat der Engländer auch gar nicht, um alles bewachen zu können. Wichtigtuerei der alten ›Frontfahrer‹. Sie wollen uns nur Angst machen! –

»Flugzeug 40 Grad«, meldet der Bootsmaat. – Der Wachoffizier blickt in die Richtung: »Alarm.« Markerschütternd schrillen die riesigen Klingeln, die Tote erwecken könnten, in allen Räumen. Alles hat in diesem Augenblick an die angewiesenen Plätze, auf ›Tauchstation‹ zu eilen, stehen und liegen zu lassen, was nunmehr unwichtig ist. Selbst intimste Beschäftigungen, etwa auf dem WC., müssen unverzüglich unterbrochen werden, gleich in welcher Verfassung man dann erscheint.

Die Brückenwache springt in das Einsteigeluk. Mit Händen und Füßen auf dem Geländer der Metallreiter rutscht sie senkrecht in die Tiefe. Springt man, unten angekommen, nicht sofort beiseite, fällt einem der nächste auf den Kopf. Es sind harte Seestiefel. Nur wenige haben sie nicht kennengelernt. Die Übungszeiten waren fünf Sekunden bis zum Schließen des Lukes. Für jeden also eine und zwei zehntel Sekunden. Weiter nichts als eine Mutprobe. Nur hineinspringen ist das Motto, irgendwie kommt man schon unten an. Abgesehen davon steht in der Zentrale auch jemand zur Hilfestellung bereit. Er reißt uns weg, gleich, wie wir fallen mögen.

Mit der Alarmklingel stoppen die Diesel. Fieberhaft wird im Maschinenraum gearbeitet, Zuluftschächte und Auspuffventile dichtgedreht, die beiden Schrauben auf Elektromaschinen gekuppelt. Jeder kennt sein Rad. Unzählige Male war es durchexerziert. Nur nichts vergessen! Es könnte nicht geflutet werden. Die roten Lampen melden das Fehlen der geringsten Kleinigkeit. Jede Sekunde ist kostbar. Unten weiß keiner, was los ist. Ein Zerstörer, Flugzeug oder sonst irgendwas. Gefahr ist zweifellos vorhanden. Man gibt keinen Alarm zum Spaß. Kommt denn noch kein Flutbefehl?

Klack, das Luk hat eingeschnappt. »Fluten«, ruft der Wachoffizier. Er hat sich an das Verschlußrad des Lukendeckels gehängt, um mit seinem Gewichte schneller das Luk zu schließen. Seine Beine baumeln in der Luft. Er steigt als letzter ein. »Fluten«, befiehlt der Leitende Ingenieur. Er ist verantwortlich dafür, daß nur geflutet wird, wenn das Boot in ordnungsgemäßem Tauchzustand ist. Er hat seine Lampentafel. Haben alle Sektionallampen aufgeleuchtet, liest man auf einer großen Scheibe ›Tauchklar‹. ›Fünf; vier, drei, zwei – beide.‹ Es sind die Tauchzellen gemeint, von denen die vordere die Nummer fünf trägt. Die anderen sind doppelt auf Steuer- und Backbordseite vorhanden. Es herrscht eine Stimmung äußerster Konzentration und Anspannung. Keiner spricht ein überflüssiges Wort. Männer springen wie Katzen an die Fluthebel, reißen sie auf, wiederholen: »Fünf; vier, drei, zwei – beide.« Einer nach dem anderen; die Worte verschmelzen ineinander. Nun muß gezeigt werden, was man gelernt hat. Lange genug ist es geübt worden. Ein Fehlgriff könnte den Tod bedeuten.

Es klappt wie am Schnürchen. Gleichzeitig melden Lampen, daß die Tauchzellen geöffnet sind. Wasser rauscht in die Tanks. Das Boot kippt an, zehn Grad, zwanzig Grad. »Eins«, befiehlt der L. I. Die hinterste Zelle wird aufgerissen. Absichtlich läßt man sie bis zuletzt geschlossen, um das Ankippen zu beschleunigen.

Die E.-Maschinen laufen äußerste Kraft. Nur ein leises Summen vernimmt man. Das Boot schüttelt sich. Es vibriert. »Tauchzellen sind auf«, meldet der Ingenieur dem Kommandanten. »10 Meter, 15 Meter, Boot fällt schnell, 20 Meter.« –

Der Wachoffizier erstattet dem Kommandanten Bericht: »Sunderlandflugzeug im Backbordsektor voraus. Der Himmel halb bedeckt. Es stieß durch eine Wolkenbank. Abstand 4000 Meter. War nicht im Anflug. Möglicherweise hat es das Boot nicht gesehen, und wenn, muß es eine Angriffskurve fliegen und verliert Zeit. Wir werden 50 Meter erreichen, ehe die ersten Bomben fallen.« – Inzwischen hat der Ingenieur ›Ausdrücken‹ befohlen. Tosend schießt Preßluft in die Untertriebszellen. Sie sind beim aufgetauchten Marsch ständig mit Wasser gefüllt. Ihr zusätzliches Gewicht läßt das Boot schnell die sogenannte Oberflächenspannung des Wassers überwinden und beschleunigt den Tauchvorgang. Aber um die 5 Tonnen Wasser, das Fassungsvermögen der Untertriebszellen, ist nunmehr das Boot zu schwer. Sie müssen nach dem Verschwinden unter der Wasserfläche schnell ausgedrückt werden. Auf 205 atü ist die Preßluft komprimiert. Ein gewaltiger Druck. In wenigen Sekunden rauscht das Wasser hinaus. »Zellen leer.« »Schließen!« Behend drehen zwei Matrosen die dafür bestimmten Ventile dicht. Die Untertriebszellen sind nun mit Luft gefüllt. Sie stehen unter Überdruck. Automatisch entlüftet sie der Zentralobermaat. Dadurch steigt der atmosphärische Druck im Boot. Die Ohren summen.

Leitender Ingenieur an Kommandanten: »40 Meter, Boot fällt schnell, 35 Grad Lastigkeit.«

Kommandant an L. I.: »Auf hundert Meter gehen.« – »Sechzig Meter, sieben ...« zig hört man nicht mehr. Es knallt. Nicht wie bei Artilleriebeschuß an der Erdoberfläche. Ein dumpfer Schall; es rauscht und knistert. Wasser ist ein guter Leiter. Das Boot gleicht einer Trommel. Man ist in sie eingesperrt.

Gesprochen wird nicht, keiner läuft umher. Jeder hat seinen Platz, den er nicht verlassen darf. Es könnte die Trimmlage des Bootes verändern. Das Boot zittert. Werden mehr Bomben folgen? – Meldungen: »Vorschiff klar, Achterschiff klar, Zentrale klar.« Also keine Ausfälle. Die Detonationen lagen weit ab. Nicht einmal so laut wie Übungswasserbomben waren sie, die auf 50 Meter Abstand geworfen wurden. – Hundert Meter. Das Boot wird ›durchgependelt‹. Es soll die restliche Luft aus den Ecken der Tauchzellen entweichen. Sie würde beim Tiefensteuern hinderlich sein. Bei größeren Tiefen drückt sie sich zusammen, und das Schiff wird spezifisch schwerer; bei geringeren Tiefen ist das Umgekehrte der Fall, und außerdem würden die Luftblasen, wie bei einer Wasserwaage, nach vorn oder hinten laufen und hätten dauerndes Gegentrimmen zur Folge. Außerdem machen sie noch Krach. Sie sind eine durchaus unangenehme Erscheinung. – »Boot ist durchgependelt. Entlüftungen schließen.« Jetzt fühlen wir uns wieder wohler. Wir wissen: Es könnte im Notfall angeblasen werden, ohne daß die Luft nutzlos entweichen und der Auftaucheffekt verlorengehen würde. Wehe dem Boot, das durch Bomben so beschädigt wurde, daß die Entlüftungsventile klemmen. Man kann es als verloren betrachten.

Fünf Minuten lang geschieht nichts. Die Maschinen laufen kleine Fahrt. Zwei Tage könnte man so durchhalten, ohne sich wieder oben zeigen zu müssen. Unsere Aufgabe ist aber nicht, getaucht zu fahren und uns zu verstecken, sondern anzugreifen und zu vernichten.

Der Kommandant hat eine gewisse Genugtuung über die ersten Bomben. Man muß sie kennengelernt haben, um den Krieg ernst zu nehmen, ist seine Ansicht. Es gibt nichts Schlimmeres für eine neue Besatzung als die ersten Wochen ohne Angriffe. Die Leute werden gleichgültig und fühlen sich sicher. Das wird dann leicht zum Verhängnis. Eine Stunde bleiben wir getaucht.

Kommandant: »Auf Sehrohrtiefe gehen!«

Wachoffizier an Ingenieur: »Auf Sehrohrtiefe gehen, beide Maschinen halbe Fahrt voraus!«

Ingenieur an Tiefenrudergänger: »Beide Tiefenruder hart oben. 50 Liter fluten!«

Der Wasserdruck läßt beim Höhergehen nach, das Boot dehnt sich aus, wird spezifisch leichter, und man muß gegenfluten. Die Mengen kennt der erfahrene Ingenieur genau. Sie hängen vom Salzgehalt des Wassers und von anderen Faktoren ab. – Der Kommandant befindet sich in der Zentrale. Er wird den Rundblick durch das Sehrohr nehmen. – »100 Meter, Boot steigt.« Mit 10 Grad Lastigkeit geht es hoch. Ungefähr jede Sekunde einen Meter. Wir haben keine Eile. Die Hauptsache ist, das Schiff wird auf 20 Meter abgefangen, ist gut ausgelastet, um dann ohne Tiefenschwankungen die Sehrohrtiefe von 14 Metern zu halten. Es ist äußerst wichtig. Das Sehrohr selbst darf nur ganz wenig herausschauen, die Maschinen müssen langsam laufen, damit die Schrauben keine Strudel verursachen, und das Sehrohr selbst keine Blasenbahn zieht.

Die Besatzung bereitet sich vor. Die Brückenwache macht sich fertig und putzt die Gläser. – »50 Meter, Boot steigt – 20 Meter, Boot ist abgefangen.« – Wenige Minuten steuert der Leitende Ingenieur nochmals das Boot ein. Es ist notwendig, denn einige Matrosen mußten zum Auftauchmanöver ihren Platz wechseln. Es sind bei jedem mehr als 60 kg, und das wirkt sich bei der Länge des Bootes nach dem Hebelarmgesetz aus. Jeder Liter wird in Rechnung gezogen. Ein Heizer bedient den Trimmschalter. Wie muß er auf dem Posten sein! Daneben sind viele Ventile, eins neben dem anderen. Farben unterscheiden wohl Backbord- und Steuerbordseite, aber die Räder dienen einmal zum Fluten, ein andermal zum Lenzen. Je nach der Verteilung der Wassermengen wird aus den Backbordzellen gelenzt und in die Steuerbordzellen geflutet oder umgekehrt. Die Befehle kommen in schneller Folge. Ein Fehler – die Folgen könnten schwerwiegend sein!

Da müssen die Nerven auch richtig geschaltet werden. Am besten abgeschaltet. Der U-Boots-Fahrer wird zu einer Maschine, er gleicht sich dem Fahrzeug an. Und andererseits wird das Fahrzeug zu einem Stück lebendigen Wesens: Wechselwirkung und Mysterium unseres technischen Zeitalters. Es kracht und ächzt bei Tiefen über 200 Meter und schüttelt sich wie ein Hund, wenn es durch die Oberfläche bricht. Bei schlechtem Wetter stöhnt es genauso wie die

Brückenwache. Auf 100 Meter ist es ruhig und zufrieden und zieht fast geräuschlos seine Bahn. –

Bei zwanzig Meter steigt der Kommandant in den Turm und setzt sich an das Sehrohr. Es ist ein kleines technisches Wunderwerk. Breitbeinig sitzt man auf einem bequemen Ledersessel, der an einer ungefähr einen Meter im Durchmesser dicken Säule montiert ist. Die Beine ruhen auf zwei Pedalen, die beim Herunterdrücken eine Rechts- oder Linksschwenkung verursachen. Die Drehgeschwindigkeit hängt von dem ausgeübten Druck ab. Die rechte Hand bedient einen Kippspiegel, mit dem man etwa 70 Grad nach oben, also den Himmel, oder 15 Grad nach unten, das Wasser, sehen kann. Bei Ausfall der Elektrizität kann die Anlage auf Handbetrieb umgestellt werden. Die linke Hand betätigt den Ein- und Ausfahrhebel, der ständig in Tätigkeit ist. Man gleicht mit ihm die Wellenbewegung und geringe Tiefenschwankungen des Bootes aus. Das Periskop darf nur wenig herausschauen. Ferner gibt es einen Griff für 1,5- und 6fache Vergrößerungen und verschiedene Sonnenblendvorrichtungen. Außerdem kann eine Kontaxkamera oder Filmapparatur angebracht werden. Die ganze Anlage ist heizbar, um ein Beschlagen der Spiegel zu verhindern. Trotz Ein- und Ausfahren des Sehrohres bleibt man stets in der gleichen Höhe sitzen. Jedes Manöver geht völlig geräuschlos vonstatten. Selbstverständlich ist, daß sich im Sehrohrausblick Fadenkreuz, Entfernungsskala und Kreiselkompaßtochter befinden. Desgleichen sieht man, nach oben oder unten schauend, verschiedene Kränze mit Gradeinteilungen, die das Schießen ermöglichen. Die Zahlen sind je nach der Bedeutung rot, grün, gelb, schwarz oder weiß. Der Torpedofeuerschalter liegt in unmittelbarer Nähe.

Neben dem Sehrohr befindet sich die Hauptrechenanlage. Sie war während des Krieges einzigartig auf der Welt und mag bei der Kapitulation berechtigterweise viel bestaunt worden sein. Es handelt sich nicht um eine Rechenmaschine normaler Art mit Zahnrädern, sondern um eine Dreiecksrechenmaschine mit verschiedenen Kurvenblättern und Konussen. Sie ist direkt mit dem Sehrohr gekoppelt. Dadurch wird das Schießen auf fünf verschiedene Ziele eines Geleitzuges in wenigen Sekunden ermöglicht, ohne die einmal eingestellten Werte zu ändern. Nicht zuletzt sind die großen Erfolge in den Schlachten auf dem Atlantik darauf zurückzuführen.

Der Kommandant hat durch das Sehrohr einen Rundblick genommen. Die Luft scheint rein zu sein. Er gibt den Auftauchbefehl. Die Tauchzellen werden mit Preßluft ›angeblasen‹. Wenn der L. I. meldet: »Turmluk kommt frei«, öffnet der Kommandant den schon vorher aufgedrehten Lukendeckel. Nach Möglichkeit soll im Boot der jeweilige atmosphärische Druck herrschen. Bei Überdruck im Boot kann, wie es nicht nur einmal geschehen ist, der Kommandant herausgeschleudert werden und sich verletzen, bei Unterdruck ist der Lukendeckel schwer zu öffnen und es kommt beim Aufklappen Wasser herein. Das Salz brennt in den Augen und das umgehängte Fernglas ist in nassem Zustand wertlos. Die ersten Augenblicke nach dem Auftauchen sind aber oft entscheidend. Nicht selten ist der Feind in unmittelbarer Nähe. Ein guter und zuverlässiger Ausguck hat U-Booten oft das Leben gerettet.

Der Kommandant und hinter ihm der Wachoffizier sind auf die Brücke gesprungen. Angespannt suchen sie Wasser und Himmel ab.

Inzwischen ist das Boot weiter herausgekommen. Die Elektromotoren laufen noch große Fahrt. Je schneller das Boot, desto kürzer die Tauchzeit. Die Untertriebszellen sind mit dem Auftauchbefehl geflutet worden. – Nichts in Sicht. Der Kommandant befiehlt jetzt erst »Ausblasen!«. Es wird mit den Dieselabgasen das restliche Wasser aus den Tauchzellen gedrückt. Die Elektromotoren werden getoppt. Der Vorteil liegt in der Ersparnis von Preßluft und außerdem in der besseren Konservierung der Tauchzellen durch die fetthaltigen Abgase.

Die Brückenwache zieht auf. Das Boot ist im normalen Zustand für Überwasserfahrt. Es zieht seinen Kurs, monoton hämmern die Motoren ihr Lied. –

Oft mußten wir tauchen, und Bomben waren gefolgt. Sie konnten uns nichts anhaben. Mehrfach sahen wir Treibminen. Einmal hatten wir während der Unterwasserfahrt ein eigentümliches Schurren an der Bordwand vernommen. Beim Auftauchen hing ein Minendrahtseil quer über dem Turm. Es war sehr verrostet; zum Glück hatte sich die Mine gelöst.

Mit dem neckischen Namen ›Rosengarten‹ hatte der Humor der U-Boot-Leute das minenverseuchte Gebiet benannt. ›Im Rosengarten, da will ich Dich erwarten‹, hatten wir in der Schule als mittelhochdeutsches Minnelied gelernt. Hier sang es Gevatter Tod, und seine Rosen waren mit vielen Stacheln versehene unter der Wasseroberfläche verankerte Sprengkörper.

Ein andermal war ein Fischdampfer in Sicht. Im Boot herrschte Stimmung dafür, ihn zu versenken. Er fuhr im Sperrgebiet. Aber der Kommandant war dagegen. Er sei zu klein, ein Torpedo lohne sich nicht. Außerdem würde man die Abwehr auf sich ziehen, was in Küstennähe niemals ratsam ist, denn innerhalb weniger Stunden können U-Boot-Jagdgruppen und Flugzeuge herangeholt werden. Es lohnt eines Fischerfahrzeuges wegen nicht. Immerhin ist jedes U-Boot ein Vier-Millionen-Objekt.

So brachten wir die Islandpassage hinter uns.

Endlich standen wir in dem uns von der U-Boot-Kriegführung angewiesenen Seeraum. Mit uns mochten noch andere Boote eine Art Gürtel mit mehr oder weniger großem Abstand untereinander bilden. Im allgemeinen hat bei solchen Aufstellungen der deutsche Nachrichtendienst eine große Rolle gespielt. Es war kein Zufall, daß die U-Boote sich oft direkt auf Schiffsrouten befanden.

»Mastspitze Steuerbord voraus!« Der Ausguck hat gut aufgepaßt. Nur ganz schwach ist sie in den scharfen Doppelgläsern zu erkennen. Der Kommandant kommt auf die Brücke. Er sieht sie sofort. Seine Augen sind geübter als die unsrigen. Es hört sich sonderbar an, aber es ist so; Ausguck ist Erfahrungs- und Übungssache. Nicht jeder kann es, auch wenn er gute Augen hat. Es stellte sich immer wieder heraus. Neulinge wollten es zuerst nicht glauben. Aber tatsächlich machten sie auf ihrer ersten Fahrt selten eher etwas aus als die ›Alten‹. Mir ging es genauso.

Der Kommandant sagt dem Wachoffizier, daß er das Boot weiter fahren werde. »Hart backbord, beide Maschinen halbe Fahrt voraus!«

Des geringen Brennstoffverbrauches wegen lief bisher nur ein Diesel kleine Fahrt. Vierstündlich wurden die Maschinen gewechselt, um sie gleichmäßig zu beanspruchen. Auch waren sie dadurch ständig warm und jeden Augenblick zur Höchstfahrt bereit. Die Abgasventile konnten zwischendurch eingeschliffen werden. Ein sehr wichtiger Faktor, da sonst Wasser beim Tauchen eindrang. Wir hatten vorher eine Geschwindigkeit von sechs Meilen. In wenigen Sekunden sind wir auf zwölf. Das Boot dreht, bis die Mastspitze genau achteraus ist. »Recht so!« sagt der Kommandant zum Rudergänger.

Ein besonders schweres und großes Fernglas wird auf die Zielsäule (UZO) gesetzt. Sie dient für Überwasserangriffe und hat gleich dem Sehrohr Verbindung zur Rechenanlage. Bei Tauchalarm kann dieses außergewöhnliche Fernglas ohne Bedenken draußen bleiben. Es ist bis 200 Meter Tiefe druckfest. Der Kommandant steht daran. Der Mast ist im Fadenkreuz, er wird kleiner und wandert nach backbord aus. »Aha, Kurs Nordamerika, hoffentlich kein Amerikaner, sie sind neutral. Aber er ist im Sperrgebiet. Neutrale Schiffe müssen die vorgeschriebene Dampferlinie einhalten und dürfen keinen Zickzackkurs fahren; es wird sich bald herausstellen«, murmelt der Kommandant vor sich hin. »Beide Maschinen zweimal halbe Fahrt voraus!« 14 Seemeilen. Die Gebläse werden eingelegt. Zusatzpumpen saugen die Luft in die Schächte. Der Bug hebt sich, und weißer Gischt spritzt nach beiden Seiten. Jetzt sieht man die Mastspitze nur noch im UZO, der Überwasserzielsäule. »Hart steuerbord!« Wir laufen genau quer zum ersten Kurs. Die Mastspitze verschwindet. »20 Grad nach steuerbord!« Ganz langsam kommt sie wieder in Sicht und wird größer. »Beide Maschinen große Fahrt voraus!« 16 Seemeilen. »10 Grad nach backbord!« Jetzt bleibt die Mastspitze gleich groß, wir haben den gleichen Kurs wie das Schiff. Aber anscheinend ist es schneller als wir, denn die Mastspitze wandert nach vorn aus. »Verdammt schnelles Schiff. Hoffentlich kriegen wir es.«

Noch stehen wir achteraus und zum Angriff müssen wir vorlich stehen. Wenn man nur eine Meile schneller als der Gegner ist, benötigt man zum Vorsetzen viele Stunden, oft Tage. Der Gegner darf dabei nicht viel zacken und es dürfen keine Flugzeuge kommen. Viel Glück gehört dazu, ein schnelles Schiff zu torpedieren, wenn man sich beim Sichten in achterlicher Position befindet. »Beide Maschinen zweimal große Fahrt voraus!« Fast 17 Seemeilen. Die Maschinen sind warm geworden, ihre Abgase kaum sichtbar. Das Maschinenpersonal arbeitet hervorragend. Die Mastspitze bleibt in gleicher Höhe; also um 17 Seemeilen läuft das Schiff. Verdammt schnell. »Beide Maschinen äußerste Fahrt voraus!« Es bleibt noch dreimal äußerste Kraft und dann Elektromaschinenzusatz. Nur im Notfall wird vom E.-Maschinen-Zusatz Gebrauch gemacht. Mit unserem Fahrtüberschuß müssen wir es schaffen. Zum Glück haben wir nicht gegen die See anzulaufen. Brecher würden über den Turm schlagen und die Sicht erheblich behindern. Jetzt kommen nur kleinere Spritzer über. Das ist normal; denn zu schlank ist der ›Graue Wolf‹. Rund 360 Umdrehungen machen die Schrauben in der Minute. Ein weißer Streifen bleibt als Hecksee zurück. Das Wasser gurgelt an beiden Seiten vorbei. Ein schöner Anblick für uns – der Schrecken der Handelsschiffe.

Zwei Stunden laufen wir schon äußerste Kraft. Wenn nicht durch den Brennstoff Grenzen gesetzt wären, könnte man es wochenlang tun. Die Maschinen halten es durch. Es sind M.A.N.-Motoren. Jedes Boot muß, bevor es an die Front geht, acht Stunden Höchstfahrt laufen. Nur äußerst selten stellen sich Mängel heraus.

In der Zentrale wird mitgekoppelt. Alle fünf Minuten gibt der Kommandant Peilung und Abstand des Gegners hinunter. Der Obersteuermann zeichnet, in der Zentrale am Koppeltisch, auf Millimeterpapier unseren Kurs und den des Feindes. Jeder Zack wird eingetragen. Das Schiff ist schnell und zackt im Höchstfall 20 Grad nach beiden Seiten. Aber schon haben wir seinen Generalkurs. Wir setzen uns ab. Die Mastspitze verschwindet. Wir laufen außerhalb der Sichtweite. Nach Verlauf jeder Stunde wird etwas herangedreht, um zu sehen, ob der Dampfer noch vorhanden ist. Es klappt gut. Genau wie bei Übungen in der Ostsee. Bei 14 Seemeilen kommt die Mastspitze in Sicht. Wir halten 16 Seemeilen Abstand.

Alle sind wir gespannt. Werden wir ihn kriegen? Endlich eine Abwechslung in dem eintönigen Leben! Wache, schlafen, Torpedos regeln, essen, Reinschiff und wieder Wache und nochmals Wache. Der Torpedooffizier mißt noch einmal die Torpedos durch. Eigentlich wäre es nicht nötig; aber sicher ist sicher. Die Diesel dröhnen laut. Sie sind übermannshoch, jeder hat acht Zylinder. Die Kontrollzeiger werden scharf überwacht. Kühlwassertemperatur und Abgastemperatur dürfen nicht zu hoch kommen, rote Warnstriche nicht überschritten werden, es könnten sonst Schäden auftreten. Noch verläuft alles normal. Wir fahren erst vier Stunden äußerste Kraft.

Fünf Uhr nachmittags. Der Kommandant flucht. Wir kommen nur wenig voran. In der Nacht muß unbedingt angegriffen werden. Zwecklos wäre, noch einen weiteren Tag mitzulaufen. Bei dieser Fahrtstufe benötigen wir ein Vielfaches des normalen Brennstoffverbrauches. Bis morgens um 5 Uhr müssen wir geschossen haben. Dann wird es hell. Falls wir nicht schießen sollten, müßten wir tauchen, uns 14 Meilen achteraus sacken lassen, um wieder unentdeckt auftauchen und das Vorsetzmanöver des heutigen Tages wiederholen zu können. Letzten Endes käme es auf das gleiche heraus. Von 14 Meilen achterliche bis 15 Meilen vorliche Position sind 28, plus Umweg rund 35. Also waren etwa 35 Stunden für einen idealen Angriff notwendig. Der Tag hat aber nur 24 Stunden. Es muß heute nacht geschossen werden!

Alle seemännischen Offiziere und die besten Ausguckposten sind auf der Brücke. Für sie gibt es keine Wachablösung mehr, auch wenn man tagelang so fahren würde. Sie essen nur noch eine besondere U-Boots-Schokolade, damit der Magen nicht viel zu arbeiten hat. Es würde die Müdigkeit erhöhen. Schokolade und Kaffee. Es heißt aufpassen. Wenn man mit einem Schiff Fühlung hält, liegt die Gefahr nahe, daß sich alle dafür interessieren, und die anderen Ausguckposten vernachlässigt werden. Nur eine Tasse Kaffee kommt jeweils auf die Brücke. Für Kaffeekränzchen ist jetzt nicht der richtige Zeitpunkt. Niemals darf mehr als einer abgelenkt sein. Gesprochen wird nicht. Es gibt auch nichts zu sprechen. Es heißt aufpassen und noch einmal aufpassen, mit Glas, ohne Glas und wieder mit Glas.

Es beginnt zu dämmern. In zwanzig Minuten wird es dunkel sein. Wir müssen, um nachts Fühlung halten zu können, auf 3 Meilen heran. Da es aber schneller dunkel wird, als wir den Abstand verringern können, bleibt nichts anderes übrig, als eine Zeitlang nach unseren Berechnungen in die angenommene Richtung des Dampfers vorzustoßen. Hoffentlich macht er keinen Generalzack, eine Hauptkursänderung, wie sie oft von vorsichtigen Kapitänen durchgeführt wird. Man würde das Schiff verlieren. Bei Nacht ist es schwierig, etwas zu finden. Der Atlantik ist groß. Es käme dem Suchen einer Stecknadel in einem Heuhaufen gleich.

Eine halbe Stunde ist vergangen. Vier Doppelgläser suchen den Horizont ab. Die Gefechtswache, die zuverlässigsten Matrosen, sind auf der Brücke. Ihre Augen durchbohren die Dunkelheit. Noch sieht niemand einen Schatten. 40 Minuten – jetzt muß er in Sicht kommen. – 50 Minuten. – Verdammt – der Kerl hat gezackt. Nach unseren Berechnungen müssen wir auf seinem Kurs stehen. Leichte Bogen fahrend laufen wir die gleiche Richtung. Es ist eine berechnete Suchkurve. Sie hängt von Sichtweite und Geschwindigkeiten ab. – Eine Stunde – nichts in Sicht. Wir suchen weiter. Nichts. – Die Besatzung wird ungeduldig. Es spricht sich schnell im Boot herum, – wir haben ihn verloren. Bestimmt war es ein großes Schiff, denn kleine laufen keine so hohe Geschwindigkeit. Über 10 000 Tonnen.

Inzwischen ist es acht Uhr geworden. Der Mond durchbricht die Wolkendecke. Er scheint zu grinsen, verschwindet wieder und kommt erneut zum Vorschein. Immer heller wird es. Einerseits sehr schlecht für uns, aber auf der anderen Seite gut. Die Sichtweite wird größer. Wir könnten schätzungsweise einen Schatten auf vier Seemeilen erkennen. Für den Schuß selbst ist es jedoch schlecht. Wir können uns nicht unter 5000 Meter nähern. Der Gegner würde unsere weiße Bug- und Hecksee erkennen. Das Wasser phosphoresziert stark. Oft scheinen kleine Funken in die Luft zu sprühen. Vielleicht bewölkt es sich später mehr, und der Mond wird verdeckt. Aber vorläufig soll er dableiben. Wir finden das Schiff leichter.

Schatten voraus! Der Kommandant hat ihn zuerst gesehen. Wie ein Lauffeuer geht es durch das Boot. Die Augen aller leuchten auf. »Verdammt Glück gehabt«, meint der Kommandant zum Ersten Wachoffizier, der zugleich Torpedooffizier ist. »Genau voraus. Abstand vier Meilen.« Inzwischen zeigt die Uhr 10. Neun Stunden würden wir brauchen, um auf der schulmäßig vorgeschriebenen Rundkurve anzugreifen und in die richtige Schußposition zu kommen. Um fünf wird es aber langsam hell. Noch vor der Dämmerung müssen die Torpedos aus den Rohren sein. Hoffentlich glückt es!

Wieder haben wir uns abgesetzt und laufen vor. Man kann nur vermuten, wo das Schiff ist. Es darf uns auf keinen Fall sehen. »Dreimal äußerste Kraft!« Der L. I. ist im Maschinenraum. Viele Überwachungszeiger berühren schon den verhängnisvollen roten Strich. Die Höchstbelastung ist erreicht. Weißer Gischt spritzt unaufhörlich über den Turm. Die Brückenwache ist bis auf die Haut naß. Keiner denkt an Regenzeug. Die Gebläse und Kompressoren heulen markerschütternd. Alle fünf Minuten werden die Tauchzellen nachgeblasen. Möglichst hoch muß das Boot herauskommen. Die Geschwindigkeit erhöht sich auf diese Art. Wenn auch nur um Bruchteile, – aber sie erhöht sich. Man ist von einem ähnlichen Fieber wie auf der Wildjagd gepackt. Eigenartig, der Gedanke an Gefahr kommt nicht auf, obwohl anzunehmen ist, daß mindestens zwei ansehnliche Geschütze auf dem Heck des Gegners stehen werden, nicht zu vergessen die vielen Schnellfeuerkanonen und Maschinengewehre, die alleinfahrende Schiffe mit sich führen. Ein

Treffer, und wir wären tauchunklar und dem Untergang geweiht. Ein Unterseeboot ist das empfindlichste Kriegsfahrzeug auf den Meeren. Schon bei einem Gewehrtreffer in die Ölbunker gilt man als verloren. Ein breiter Streifen würde sich beim Getauchtfahren nachziehen, man wäre leicht zu verfolgen und eine sichere Beute der Abwehrkräfte.

Vier Uhr morgens. Es ist statt dunkler noch heller geworden. Der Horizont unterscheidet sich klar von der Wasserlinie. Schlecht für uns. Wenn der Ausguck auf dem Dampfer aufpaßt, muß er uns sehen. Kommandant an ersten Offizier: »Punkt fünf schießen wir. Letzte Möglichkeit. Es wird schnell hell werden. Auf 4500 Meter drücken Sie ab. Dreierfächer!«

Es fehlen fünfzehn Minuten. Die Besatzung ist auf Gefechtsstation. Ein jeder ist beschäftigt. Zwei Mann bedienen die Rechenanlage; einer im Turm, der andere in der Zentrale. Der Torpedomaat mit einem Torpedogast stehen an den Bugrohren, ein anderer Torpedogast am Heckrohr. Noch sind die Mündungsklappen geschlossen. Sie sind in diesem Zustand der äußeren Form des Bootes angepaßt. Man öffnet sie erst im letzten Augenblick, um die Zeit der Geschwindigkeitsminderung, die beim Öffnen durch ihren Widerstand gegen den Fahrtstrom entsteht, äußerst kurz zu halten. Wir müssen noch weiter vor. Achterlich schießend sind Trefferaussichten gering.

Der Kommandant fährt das Boot. Es muß in die günstigste Schußposition kommen, ohne die breite Seite zu zeigen. Von vorne sind wir, abgesehen von der weißen Bugsee, nur schwerlich sichtbar. Seitlich vergrößert sich jedoch die Silhouette beachtlich. An die 70 Meter sind wir lang. Es gehören viel Erfahrung und Geschick dazu, die vorteilhafteste Position zu erringen.

Der Kommandant lehnt in der rechten Brückennock. Das Glas klebt förmlich an seinen Augen. Die weiße Mütze sitzt tief im Nacken. Blonde Locken und Bart lassen die Gesichtszüge nicht erkennen. Er ist vom Jagdfieber gepackt. Seine Befehle sind kurz und sicher.

Torpedooffizier an Rechenanlage: »Rohr eins bis fünf klar zum Überwasserschuß!« – die Rohre werden bewässert und die Mündungsklappen aufgedreht. Der Ingenieur berechnet die nach dem Schuß zu flutende und zu trimmende Wassermenge, um dem Boot weiterhin die richtige Schwere zu geben. Auf jeden Fall werden sämtliche Rohre vorbereitet. Vielleicht braucht man sie alle. Durch das Sprachrohr kommt vom Bugraum die Rückmeldung: »Rohr eins bis vier klar zum Überwasserschuß!« Aus dem Heckraum: »Rohr fünf klar zum Überwasserschuß!« – Torpedooffizier: »Dreierfächer aus Rohr eins, drei und vier, mit Vorhaltrechner, Schaltung Überwasserzielsäule, Abfeuerung Brücke!« – Es gibt verschiedene Abfeuerungsmöglichkeiten, nämlich Bug- oder Heckraum, Zentrale, Turm und Brücke. – Der Befehl geht in die Zentrale. Die Schalter werden eingelegt. Matt weiß schimmernde Kontrollampen im Turm zeigen dem Unteroffizier an der Rechenmaschine die richtige Ausführung der Befehle. Er meldet es dem Torpedooffizier, dieser dem Kommandanten.

Noch laufen wir parallel zum Gegner, sind etwas vorlicher als querab. Das Glas auf dem UZO ist eingerichtet. Das Fadenkreuz genau in der Mitte. Torpedooffizier an Rechenanlage: »Gegnerlage links 90, Gegnerfahrt 16,5 Meilen, Abstand 7000 Meter, Torpedogeschwindigkeit 30, Tiefe 7!« – Die Werte werden eingedreht. 7 Meter werden die Torpedos unter der Wasseroberfläche laufen. Sie sollen unter dem Schiff hindurchgehen, möglichst zwei Meter unter dem Kiel. Eine Magnetzündung läßt sie detonieren und soll die Mittelkielplatte des Schiffes brechen, so daß das Schiff auseinanderbricht.

Sind die Zahlen eingestellt, zeigt die Rechenmaschine unmittelbar sämtliche interessierenden Werte, wie Schuß- und Vorhaltwinkel. An sich könnte man sie auch einer Tabelle oder einem Rechenschieber entnehmen. So wurde während des Ersten Weltkrieges gearbeitet. Damals mußte man mit dem ganzen Boot zielen. Nach Verlassen der Rohre liefen die Torpedos mit eigener Kreiselanlage und automatischer Steuerung unveränderlich den Kurs des U-Bootes weiter. Auf diese Art ist das Schießen schwierig, zumal Zerstörern und anderen Schiffen in Geleitzügen ausgewichen werden muß. Oft kam man nicht zum Schuß. Die schmalste Silhouette zu zeigen war nicht immer möglich. Man war leichter zu entdecken.

Im Zweiten Weltkriege konnten unsere neuen Torpedos einen Winkel bis zu 90 Grad selbständig schwenken, die letzten geplanten Modelle sogar bis 180. Somit erhöhen sich die Angriffschancen erheblich. Das Boot ist beim Schuß nicht mehr an einen bestimmten Kurs gebunden. Die Rechenanlage, auf die Torpedos geschaltet, ermöglicht diese Erleichterung. Wir haben gegenüber den Booten des Ersten Weltkrieges einen großen Vorteil. –

Torpedooffizier an Rechenanlage: »Lage laufend!«

Der Schalter wird eingelegt. Die Rechenmaschine bekommt Verbindung mit dem Kreiselkompaß und der Zielsäule. Es summt, ein Zeichen, daß sich viele Zahnräder drehen. Zwei rote Lampen leuchten auf. Noch ist die Rechnung nicht beendet und die angezeigten Werte sind nicht die endgültigen. Es dauert nur wenige Sekunden. Die Lampen gehen aus. Der Unteroffizier meldet das errechnete Ergebnis an den Torpedooffizier. Von nun ab sind Kursänderungen unseres Bootes von geringerer Wichtigkeit. Das Ziel muß nur im Fadenkreuz der Zielsäule gehalten werden, damit die Anlage mit den in Frage kommenden Bedingungen arbeitet.

Torpedooffizier an Rechenanlage: »Folgen.«

Eine andere Lampe leuchtet auf. Die Rechenanlage wird zusätzlich auf die Rohre geschaltet. Die sich ständig ändernden Schußunterlagen werden automatisch den Torpedos übermittelt, ausgewertet und in den Schwenkmechanismus eingestellt. Nunmehr kann in jedem Augenblick bei beliebigem Kurs geschossen werden, sofern nicht der Winkel von 90 Grad überschritten ist. Die ›Aale‹ werden ihr Ziel suchen. Bei Erreichen des feindlichen Objektes soll ihr Abstand, wenn nicht ausdrücklich anders vorgesehen, eine Schiffslänge betragen.

Kommandant an Rudergänger: »Steuerbord 10!«

Wir drehen auf Angriffskurs. 6000 Meter Abstand. Deutlich ist der Gegner auszumachen: Britischer Regierungstanker. 18 000 Tonnen. Feines Schiff. – Wir gehen mit der Fahrt herunter. Die Bugsee muß kleiner werden. Jetzt laufen wir nur noch 12 Meilen. – 5000 Meter Abstand. Der Torpedounteroffizier an der Rechenanlage meldet alle sich ändernden Werte dem Torpedooffizier. Der Kommandant hört sie mit.

Kommandant an Torpedooffizier: »Bei 4500 Meter schießen. Halten Sie das Fadenkreuz auf den vorderen Mast!« Gleich ist es soweit.

Kommandant an Torpedooffizier: »Drehgeschwindigkeit Rot drei.« Das ist die Drehgeschwindigkeit des Bootes bei der höchsten Ruderlage nach backbord. Neue Torpedos und Berücksichtigung des Drehmomentes durch die Rechenanlage ermöglichen das Abdrehen des Bootes noch vor dem Abfeuern der Torpedos. Dadurch wird Zeit gespart und man kann auf geringere Distanzen schießen.

Torpedooffizier an Unteroffizier: »Rot drei! Klar zum Überwasserschuß!«

Kommandant an Rudergänger: »Hart backbord!«
Unteroffizier an Bugraum: »Klar zum Überwasserschuß!«
Rückmeldung: »Rohr eins, drei und vier klar zum Überwasserschuß!«
Kommandant an Torpedooffizier: »Schußerlaubnis!«
Torpedooffizier: »Fertig!«
»Unteroffizier: Deckung – Deckung – Deckung!«
Während des Drehens des Bootes rechnet die Anlage so schnell, daß in jedem Moment die entsprechenden Werte bereit sind und die Einstellungen in den Torpedos unverzüglich korrigiert werden. Der Unteroffizier an der Rechenanlage meldet es mit dem Worte »Deckung.« Wenn das Boot aus dem Bereich der Schußmöglichkeit käme, würde ihm auf einer besonderen Scheibe ›Hartlage‹ aufleuchten. Durch eine entsprechende Meldung müßte er darauf aufmerksam machen. Die Torpedos könnten nicht treffen.

Der Torpedooffizier steht am UZO. Das Fadenkreuz ist auf den vorderen Mast gerichtet. »LOS!« Er drückt den Abfeuerknopf neben der Zielsäule. »LOS!« wiederholt der Unteroffizier. Durch die Mikrofonanlage hört es der Torpedomaat im Bugraum. Er hat seine Hände auf zwei Abfeuerschaltern zweier Torpedorohre und ein Bein auf dem dritten. Sollte die Automatik versagen, so würde er direkt abdrücken. Sie versagt zwar nie, aber sicher ist sicher.

Dreimal schüttelt sich das Boot. Man vernimmt drei kurze, dumpfe Zischgeräusche. Es ist die Preßluft, mit denen die Torpedos ausgestoßen werden. Sie dürfen keinesfalls gleichzeitig die Rohre verlassen, um sich nicht gegenseitig zu behindern. Einundzweizehntel Sekunde ist das Intervall. Mit dem Befehl ›LOS‹ flutet und trimmt der L. I. eine gewisse Wassermenge. Gewichtsverteilung und Schwere des Bootes dürfen unter keinen Umständen verändert werden. Das Boot muß alarmtauchklar bleiben!

Kommandant: »Äußerste Kraft voraus!«
Wir wollen aufgetaucht ablaufen. Der Gegner wird scharf beobachtet. – Es blitzt auf. Unser Abstand hat sich auf 6000 Meter vergrößert. Einschläge hinter dem Boot, vielleicht 300 Meter.

»Alarm!« Die Brückenwache springt in das Luk.

»Fluten« – 10, 20 Meter. »Ausdrücken!«

»Auf 50 Meter gehen!« – Die Einschläge liegen weit ab. Ein alleinfahrendes Schiff ist für getauchte Unterseeboote keine besondere Gefahr.

»Auf Sehrohrtiefe gehen!«

Die Maschinen laufen kleine Fahrt. Es sind anderthalb Seemeilen. Unmöglich kann das Sehrohr bei richtigem Gebrauch auf so große Entfernung in der Dämmerung gesehen werden. Sein Ausblick ist nur so breit wie ein normales Messer. Außerdem ist eine besondere Vorrichtung angebracht, um Strudel an der Oberfläche zu vermeiden. Der sich bildende Schaumstreifen vermischt sich mit dem Seegang.

Der Dampfer ist erneut im Fadenkreuz. Anscheinend dreht er und geht mit den Maschinen volle Kraft zurück. Der Kommandant blickt auf seine Armbandstoppuhr. Sie ist für U-Boots-Fahrer konstruiert, hat viele Zeiger zum Schätzen der Geschwindigkeit und anderer Werte. Noch 15 Sekunden und die Torpedos müssen am Ziel sein. Werden sie treffen?

Die Detonationen scheinen schon überfällig. – Bum! – Ganz dumpf. – Hurrah! – Wir haben getroffen!

Der Kommandant sieht als einziger durchs Sehrohr. Er schaltet die Bootsmikrofonanlage ein. Er spricht einfach vor sich hin, und in allen Räumen kann mitgehört werden. Überflüssig wäre direkt in die Sprechvorrichtung hineinzureden. Der Turm ist rund und hat eine gute Akustik. Viele Mikrofone sind an den Seitenwänden angebracht.

Kommandant: »Treffer Achterschiff. Heck scheint verbogen.«

Die Magnetzündung hat gut funktioniert.

Noch vor dem Tauchen haben die Funker auf der 600-Meter-Welle Notsignale aufgefangen: »German submarine«, mit Angabe der Position.

»Very good«, meint der Obersteuermann. »Brauche also heute keinen Standort mehr zu rechnen. Zu freundlich, die Herren Engländer. Hat genaue Position, der ›staubige Bruder‹.«

Der Dampfer liegt gestoppt und bläst Dampf ab. Anscheinend sind Ruderanlage und Steuer beschädigt. Wir setzen erneut zum Angriff an. Jetzt ist es einfach.

Auf 1000 Meter sind wir heran. – Er sieht das Periskop. Mit allen zur Verfügung stehenden Maschinengewehren und Schnellfeuerkanonen nimmt er es unter Feuer. Der Spiegel des Sehrohrs ist gefährdet. Der Kommandant fährt das Sehrohr nur sekundenweise aus. – Wir wechseln die Angriffsseite und untertauchen das Schiff auf 20 Meter. – Mann am Horchgerät: »Jetzt ist er genau über uns.«

Auch will er gehört haben, daß die Besatzung böse auf uns und ihre Stimmung keineswegs gut sei.

Während des Unterwasserangriffs fährt der Kommandant das Boot, gibt die Zielansprache und schießt. Der Torpedooffizier kontrolliert lediglich die Einstellungen in der Rechenanlage.

Diesmal soll der Heckrohrtorpedo geschossen werden. Relativ selten bietet sich Gelegenheit, ihn zu benutzen.

Der Kommandant hat das Sehrohr erst kurz vor dem Schuß wieder ausgefahren, um den Gegner ins Fadenkreuz zu nehmen. Die Rechenanlage arbeitet selbständig. – Abstand 400 Meter. – ›LOS‹. – Der Schuß fällt. Das Sehrohr wird eingezogen.

Nach 25 Sekunden muß es knallen. Kurz vorher fährt der Kommandant das Sehrohr wieder aus. Eine Kontaxkamera ist angehängt. Im Augenblick der Detonation wird die letzte Aufnahme gemacht.

Es knallt gewaltig. Wir waren diesmal sehr viel dichter dran als das letzte Mal. Es hört sich unter Wasser unheimlich an.

Der Tanker zerbricht in zwei Teile. Jeder darf einmal durch das Periskop sehen. Das mächtige Schiff sinkt zerborsten in die Fluten. Ein packender und bewegender Anblick. Die Dämonie der Vernichtung, die mit der Stunde des Kriegsausbruches zum Gesetz wurde, ist hier am Werke. Stoff zum Nachsinnen. Unser Handeln kann jedoch nicht anders sein.

Rettungsboote und Flöße sind zu Wasser gelassen worden. Die Besatzung vermag sich zu retten. Wir selbst können schwerlich jemand aufnehmen, ohne uns selbst zu gefährden. Wir haben keinen Platz. Die U-Boots-Konstruktion ist nun einmal derart, daß über die Kopfstärke der Besatzung hinaus für weitere Insassen kein Raum ist.

Der Gegner hat den Rettungsdienst im allgemeinen gut organisiert. Die Leute des Tankers werden bald von einem Kriegsschiff aufgenommen werden.

Zunächst gönnen wir uns nach dem Erfolg eine gewisse ›Ausspannung‹, wenn wir es so nennen können. Wir steuern auf 50 Meter und hören Schallplattenmusik. Die Weisen der Heimat erklingen. Als besondere Überraschung gibt es ein Glas Kognak. Wie sehr ist die Besatzung einer so guten Sache entwöhnt. Geistige Getränke sind während der Fahrt verboten, sie würden die Müdigkeit erhöhen. Auch für die Raucher ist es eine harte Zeit. Zigaretten können nur bei Überwasserfahrt auf der Brücke oder allenfalls im Turm genossen werden; bei den beschränkten Aufenthaltsmöglichkeiten ist auch dies nicht in beliebiger Weise möglich, sondern unterliegt einer im Interesse der Sicherheit notwendigen Regelung.

Aus den Akkumulatoren entweichende Knallgase sind eine Gefahrenquelle und bedingen ein Rauchverbot im Bootsinnern. Auch beim Regeln und Entlüften der Batterietorpedos ist gleiche Vorsicht geboten: Ein Torpedogast, der beim Hantieren mit einem Schraubenschlüssel am Torpedo einen Funken verursachte, versengte sich durch eine kleine Explosion die Haare.

Neue Torpedos werden nachgeladen. Anderthalb Stunden muß schwer gearbeitet werden. Man tut es gern. Vielleicht haben wir noch einmal Erfolg.

Wir wechseln unsern Standort, da unser Opfer Zeit hatte, einen Funkspruch abzugeben und gewiß kein Handelsschiff in absehbarer Zeit in dieser Gegend passieren wird. Wir würden dafür U-Boots-Jagdgruppen und Flugzeuge auf den Hals bekommen.

Unser Brennstoff hatte sich bis zur Hälfte erschöpft. Die Führung stellte in solchen Fällen dem Kommandanten frei, das ihm angewiesene Operationsgebiet nach eigenem Ermessen zu wechseln.

In den nächsten Wochen konnten wir noch weitere Erfolge buchen. Schon längst lebten wir ausschließlich von Konserven. Konserven und immer wieder Konserven. Schließlich wurde man selber zur Konserve und bekam die Blechkrankheit von den vielen Konserven, wie es in der U-Boots-Sprache heißt, wenn man in der engen Konservenbüchse seelisch nicht mehr im Gleichgewicht und ständig gereizt ist. Klaustrophobie nennt die Psychiatrie eine ähnliche Erscheinung in Gefangenenlagern und Gefängnissen; aber dort mögen im allgemeinen immer noch mehr Auslaufmöglichkeiten vorhanden sein als innerhalb unseres Käfigs.

Immer gleiche Gesichter – gleiche Uniformen, gleicher Dienstbetrieb. Es gibt keine ›privaten‹ Absonderungsmöglichkeiten. Jede Eigenart und Schwäche wird wie auf dem Präsentierteller den Mitmenschen offenbar. Man kennt die typischen Bewegungen und Handlungen des anderen, man kann im voraus berechnen, was er beim Ankleiden, beim Essen tun wird und möchte manchmal aus der Haut fahren, nur weil einem dies oder jenes, was sich beim lieben Nächsten nun zum x-ten Male wiederholt, nicht gefällt. Das Essen schmeckt immer nach ›U-Boot‹, nach Treiböl und nach etwas Schimmel. Sofort nach dem Öffnen der Dosen dringt die schlechte Luft ein und gibt den Lebensmitteln diesen typischen U-Boots-Geschmack. Innenräume sind feucht; Schimmelbildung kann nicht ausbleiben. Lederanzüge und Schuhe sind in vierzehn Tagen grün, wenn sie nicht benutzt werden. –

Wir erhalten den Befehl, Lorient an der französischen Atlantikküste anzulaufen. In der Biskaya fahren wir tagsüber unter Wasser und nachts aufgetaucht.

Die Gesichter strahlen. Jeder hofft, viel Post vorzufinden. Endlich wird man an die Angehörigen schreiben können. Sie wissen ja nicht, ob man noch lebt. Die Führung gibt erst nach einem halben Jahr Überfälligkeit eine Vermißtenmeldung.

Wir erhalten Flugzeuggeleit. Messerschmittjäger umkreisen uns. Jetzt kann eigentlich nichts mehr passieren. Es sei denn, daß man auf eine Mine läuft; aber in verseuchten Gewässern fährt ein Sperrbrecher vor uns her. Sollte also ein Sprengkörper vorhanden sein, würde er zuerst darauf stoßen. Der Sperrbrecher kann nicht untergehen, da er mit Kork und leeren Fässern gefüllt ist. Ein schönes Gefühl, wieder einmal verhältnismäßig sicher zu sein.

Wir gehen in die Schleuse. Am Sehrohr sind weiße Wimpel mit aufgemalter versenkter Tonnage angebracht. Bei Kriegsschifferfolgen hätten wir rote Fähnchen gesetzt: Die U-Boot-Waffe hatte schon immer einen gewissen Brauch, einen Ritus eigener Art.

Wir haben uns frisches Zeug angezogen, alle einheitlich grau. Grau ist das Boot, grau sind wir. Auf der Pier sind viele Offiziere des Stützpunktes, ein Musikzug spielt. Und – unsere Augen scheinen uns einen Streich zu spielen – können wir ihnen trauen? Mädchen, leibhaftige Mädchen, Nachrichtenhelferinnen. Angesichts eines solchen Empfanges hüpft uns natürlich das Herz vor Freude.

Zum Anlegemanöver mußte ich aufs Vorschiff. Ich hatte es sehr eilig und begann zu rennen. Nach den ersten Schritten lag ich aber auf der Nase; ich hatte mir durch das ständige Schaukeln bereits den charakteristischen breitbeinigen Seemannsgang zugelegt und war nicht mehr gewöhnt, ruhige Planken unter den Füßen zu haben.

Der Kommandant erstattete dem Flottillenchef Meldung. Nach den Worten der Begrüßung durften wir wegtreten. Die Mädchen überreichten uns Obst und eine Flasche Bier. Es war gute Qualität. Wenn man auch nicht gerade davon betrunken wurde, so verspürte man doch seine Wirkung. Zu lange waren wir des edlen Gerstensaftes entwöhnt. Dann fielen wir über unsere Post her. Ein beglückender Augenblick, die Briefe der Lieben öffnen zu können.

Die aus der Heimat nachgeschickten Kleidungsstücke fanden wir ordnungsgemäß vor. Zum Glück, denn in unseren U-Boots-Sachen hätten wir kaum an Land gehen können. Sie rochen zu stark nach Treiböl. Junge Menschen sind natürlich eitel; womit nicht gesagt sein soll, daß es im Alter fortgeschrittene nicht sind. Wir hatten die Absicht, endlich einmal wieder zu tanzen und zu versuchen, dem Leben die schönen Seiten abzugewinnen. Die letzte Zeit war auch zu ›stur‹ gewesen!

Am zweiten Abend nach dem Einlaufen fand ein Bootsfest statt. Alle zusammen, vom Kommandanten bis zum jüngsten Matrosen, unserem ›Moses‹, nahmen daran teil. An diesem Abend wurde alles Dienstliche vergessen, gemeinsam gesungen, getrunken und gelacht. Sogar etwas über den Durst konnte gehoben werden, ohne daß es übelgenommen wurde. Man fiel nicht auf, denn die älteren Kameraden sorgten für unauffälliges Verschwinden. Die berühmte Bierzeitung fehlte auch nicht. Wir Fähnriche wurden darin am meisten durch den Kakao gezogen; auch mit Recht. Wir hatten unsere erste Fahrt gemacht und natürlich manchen ›Bock‹ geschossen: Einer hatte auf der Brückenwache eine Möve als Flugzeug gemeldet und der andere beim Ertönen der Alarmklingel seine Zigarette ins Boot statt außenbords geworfen. – Ein Gedicht mahnte ihn nun, beim nächsten Mal gut aufzupassen und nicht eventuell selbst, statt ins Luk, ins Wasser zu springen. Man kann ja nie wissen. Auch die Offziere und selbst der Kommandant blieben nicht verschont. Keine übertriebene Disziplinauffassung unterband diese Scherze. Im Gegenteil, die Vorgesetzten sahen sie gern, denn nicht zuletzt konnten sie aus ihnen manches erfahren und sich ein gutes Bild über die Stimmung der Besatzung machen.

Der Befehlshaber der Unterseeboote, Admiral Dönitz, stattete uns einen Besuch ab. Zwei Besatzungen wurden ihm gemeldet. Schnurgerade standen wir ausgerichtet.

Das erstemal war es, daß ich den Mann aus der Nähe erlebte, dessen Willen und Planung unsere Waffe zu einem gefürchteten Instrument gemacht hatte. Seine Energie und Härte, die unbedingte Einsatzbereitschaft forderte, waren bekannt. Nicht kritische Erwägungen, sondern Zuversicht und Entschlossenheit machten sich auch dieses Mal in seinen Worten bemerkbar:

»Männer der deutschen U-Boot-Waffe! Auf Eurer ersten Fahrt habt Ihr Euch bewährt. Wenn wir im Augenblick auch noch recht wenig Boote an der Front haben, so könnt Ihr doch versichert sein, daß sie sich vermehren und wir unserem Gegner hart auf den Fersen bleiben werden. Wir werden ihm die Stränge abschneiden, an denen seine Versorgung hängt. Es kommt zum größten Teil auf Euch an, wie sich der Krieg entwickeln wird. – Schon liegen die Versenkungszahlen über den Möglichkeiten des Feindes, neue Schiffe zu bauen. Es ist ein Rechenexempel, wann kein feindliches Schiff mehr auf den Meeren fahren wird.«

Der Admiral nahm vor der Front die Auszeichnung unseres Kommandanten und einiger besonders bewährter, alter Frontfahrer mit dem Eisernen Kreuz I. Klasse vor. Andere erhielten das E. K. II. Klasse. Soldaten unserer Besatzung, die noch nicht das U-Boots-Kampfabzeichen besaßen, bekamen es verliehen, denn wir waren mehr als die dafür vorgesehene Zeit, über neun Wochen, auf Feindfahrt gewesen und hatten Erfolge errungen. Der Admiral meinte, daß sie für die erste Reise ganz gut seien, das nächste Mal aber gesteigert werden müßten. Er gab der ganzen Besatzung die Hand, nur nicht uns Fähnrichen. »Sie müssen erst noch zu U-Boots-Fahrern werden, noch stellen Sie eine Belastung dar!« Begeistert war ich nicht davon!

Der Stützpunkt selbst war in bezug auf Unterbringung alles andere als luxuriös.

Ein Drittel der Besatzung konnte auf Urlaub fahren, der Rest hatte jeden Tag den normalen Dienst zu versehen und außerdem zusätzlich jeden zweiten Tag Wache. Kein Vergnügen, wenn man in Rechnung zieht, daß wir während der Fahrtzeit immer im Dienst waren.

Ein U-Boot-Erholungsheim in Lorient war der Hauptanziehungspunkt. In dem schon äußerlich schönen Gebäude gab es ein Schwimmbad. Wir konnten Tischtennis und Billard spielen, Filme sehen, und getanzt wurde auch. Wenn man nicht zweideutige Nachtlokale bevorzugte, war es eine der wenigen Möglichkeiten, sich zu unterhalten.

Geleitzug! Ran! Versenken!

Die Wochen bis zum nächsten Auslaufen verbrachten wir in Lorient. Der Krieg befand sich nunmehr in einem neuen Stadium. Der Ostfeldzug war im Gange; ein unbestimmtes Gefühl hatte sich unser bemächtigt: brachte diese Wendung nach Osten die rasche und eindeutige Entscheidung? Jedenfalls mußte sich England dadurch entlastet fühlen. Neben den Soldaten Rommels in Nordafrika waren wir von der Kriegsmarine und insbesondere von der U-Boot-Waffe die einzigen, gegen die sich die Macht des Inselreiches und seines sichtlich die Neutralität verlassenden Uncle-Sam-Freundes konzentrieren würde.

Wir hatten an den Turm ein großes V gemalt. Gleich in welcher Absicht die Propaganda der Kriegführenden sich dieses Buchstabens bemächtigt hatte und ihn auslegte, für uns sollte er das Zeichen des Erfolges darstellen: Veni – vidi – vici.

Unser Ziel war ›Mitte Atlantik‹. Wir Fähnriche hatten uns nun schon derart in den U-Boots-Betrieb eingewöhnt, daß Belehrungen nicht mehr so häufig vorkamen. Natürlich fehlte uns noch vieles. Man lernt als U-Boot-Fahrer überhaupt nie aus.

Der 15. Längengrad westlich Greenwich, bei dessen Erreichen wir der Führung eine besondere Passiermeldung auf dem Funkwege erstatteten, war überschritten. Danach hielten im allgemeinen die Boote Funkstille ein. Dieser Meridian war sozusagen eine Grenzscheide, was auch darin zum Ausdruck kam, daß von nun ab die ›Westzulage‹ unseres Soldes berechnet wurde.

Tagelang ging es im Gleichmaß, im Einerlei eines Dienstes, der keine Abwechslung brachte, weiter, so daß wir uns förmlich nach einem Ereignis sehnten. Endlich ein dringender Funkspruch. Der Funker legt ihn dem Kommandanten vor. Es sind Angaben über einen Geleitzug.

Die Entfernung ist noch sehr groß, aber er kommt uns entgegen, wenn er seinen Generalkurs nicht ändert. Wir laufen mit halber Fahrt zum errechneten Schnittpunkt unserer Kurse.

Nach zwei Tagen hätten wir ihn sichten müssen. Noch war aber keine Rauchwolke wahrzunehmen. Anscheinend ein wichtiger Geleitzug, denn die Führung schickte uns ein Aufklärungsflugzeug zur Unterstützung. Über dreitausend Kilometer standen wir vom nächsten Flughafen entfernt. Ein Unterseeboot ist klein und gewiß vom Flugzeug schwer zu erkennen. Wird es uns finden? In fünf Stunden müßte es eintreffen. Der Funker versucht, Verbindung aufzunehmen. Keine einfache Sache, denn Flugzeugsender sind nicht stark. Es ist erforderlich, ihm unsere genaue Position und, wenn möglich, Peilzeichen zu geben. Es klappt hervorragend. In kurzen Zeitabständen geben wir Signale. Jetzt kommt die Maschine in Sicht: Eine B. V. 138, von Blohm und Voß für Spezialzwecke gebaut. Ihre eigenartige Konstruktion ist unverkennbar und leicht von anderen Typen zu unterscheiden. Wir übermitteln mit Lichtsignalen den vermuteten Standort des Geleitzuges. Die B. V. fliegt davon. – Zwei Stunden vergehen, wir laufen ohne Nachrichten weiter. Gefunkt wird nicht. Vom drahtlosen Sprechgerät hält der Kommandant auch wenig, obwohl es normalerweise nur bis 20 Seemeilen von Schiffen gehört werden kann. Es sind jedoch Fälle bekannt, wo europäische Sender in Nordamerika mitgehört werden konnten. Besondere physikalische Verhältnisse ermöglichten es.

Unsere B. V. 138 kommt zurück. Von der Morselampe lesen wir ab: Geleitzug Quadrat X, Kurs Ost, Geschwindigkeit 8 Seemeilen, ungefähr 50 Schiffe, 10 Zerstörer als Sicherung.

»Hervorragende Zusammenarbeit«, meint der Kommandant. »Jetzt wollen wir auch unsere Pflicht tun und nicht enttäuschen.« Inzwischen sind wir auf äußerste Kraft gegangen; die Maschinen werden bei taktischen Zielen niemals geschont. Die Gefechtswache ist aufgezogen. Der Torpedounteroffizier beschäftigt sich mit seinen Torpedos.

Das Flugzeug fliegt vor uns her und weist die genaue Richtung. Um drei Uhr nachmittags kommt die erste Rauchwolke in Sicht. Ganz schwach und nur im Glas zu erkennen. Wir laufen weiter. Jetzt noch eine Rauchwolke, und dann noch eine. Aber trotzdem müssen wir anerkennen, daß die Rauchentwicklung von so vielen Schiffen sehr gering ist. Die ersten Mastspitzen. Es tauchen mehr und mehr auf. »Ein ganzer Wald!« meint jemand auf der Brücke. »Da haben wir aber viel Arbeit, ihn abzuholzen.« – »Führen Sie keine dummen Reden, sondern passen Sie lieber auf«, antwortet der Kommandant, ohne das Glas von den Augen zu nehmen.

Die B. V. 138 verabschiedet sich, wünscht viel Glück und entschwindet den Blicken. Sie hat ihre Aufgabe erfüllt und fliegt heim.

Der Wachoffizier meint zum Leitenden Ingenieur, der auch auf die Brücke gekommen ist, um sich zu orientieren: »Die Flieger haben es doch gut; jede Nacht bei Mutti! Ich werde mich umschulen lassen.«

Wir funken ein aus zwanzig Buchstaben bestehendes Kurzsignal. Darin ist der Standort des Geleitzuges, Kurs, Geschwindigkeit, Anzahl der Schiffe und Sicherung, Wetter und Brennstoffbestand enthalten, damit sich die Führung auch von unseren Operationsmöglichkeiten ein Bild machen kann. Zweistündlich folgen Ergänzungsmeldungen. Wir haben als erstes Boot Fühlung mit dem Gegner. Hauptaufgabe ist es vorerst, in der Nähe stehende U-Boote heranzuführen und nicht gleich anzugreifen. So viele Boote wie möglich sollen sich am Kampf beteiligen. Das ist der Sinn der berühmten Rudeltaktik, die jedoch nicht dahin auszulegen ist, daß unter einheitlicher Leitung im geschlossenen Verband operiert wird. Die Gemeinsamkeit beruht ausschließlich auf Heranführen von noch abseits stehenden Kampfmitteln. Einmal am Geleitzug, handelt jedes Boot selbständig. So ist es möglich, in tagelang andauernden Atlantikschlachten Konvois von 50 und mehr Schiffen völlig aufzureiben.

Die Nacht ist günstig für uns, mondlos, finster. Mitten drin im Geleitzug stehen wir. Die Rechenanlage ist eingeschaltet, Mündungsklappen sind aufgedreht und es bedarf nur des leichten Fingerdruckes auf den Abfeuerschalter. – Aber noch fehlen andere Boote. Auf Grund von uns vorliegenden Meldungen ist anzunehmen, daß wir bis zum Morgengrauen sechs sein können. – Ein wichtiger Geleitzug. 50 Schiffe mit Material für England.

»Peilzeichen geben!« befiehlt der Kommandant. Wir blicken uns an. Welch eine Frechheit! In der Mitte des gegnerischen Verbandes und Krach machen! Wenn zufällig unsere Wellenlänge erfaßt wird, sind wir verraten. Es hilft nichts. Mehr Boote müssen heran!

Funker an Kommandanten: »›U-X‹ hat Geleitzug erfaßt.« Gleich darauf noch ein anderes Boot.

Im ganzen sind wir nun drei. Jetzt entschließt sich unser Kommandant zum Angriff. Peilzeichen für die übrigen Boote sind nicht mehr erforderlich. Torpedostichflammen werden weithin sichtbar sein. Vielleicht gerät auch ein Schiff in Brand und kann als Fackel weiter abstehenden Booten den Weg leuchten.

Vier Schiffe wollen wir gleichzeitig torpedieren. Die größten haben wir uns ausgesucht. Auf das entfernteste richten wir die Zielsäule zuerst ein, und dann auf die anderen. Nach Möglichkeit sollen die Detonationen bei allen vier Dampfern ohne zeitlichen Abstand erfolgen, um keine Zeit zu Ausweichmanövern zu lassen. Dem größten gedenken wir zwei Torpedos zu; den anderen nur je einen. Die Entfernung des uns am nächsten stehenden Schiffes ist gering, vielleicht 600 Meter.

»LOS!« ... Fünfmal schüttelt sich das Boot. Wir schießen auch aus dem Heckrohr.

In ungefähr 40 Sekunden müssen die Torpedos ihr Ziel erreicht haben. Wir warten ungeduldig. – Es sind lange Sekunden. Immer noch sind die ›Aale‹ nicht am Bestimmungsort. – Ist ein Fehler unterlaufen?

Eine Stichflamme – es knallt in unmittelbarer Folge, zweimal dumpf. Der Schall überträgt sich im Wasser schneller als in der Luft. Wieder eine Explosion auf demselben Schiff. Es zerbricht. Augenblicklich geht es in die Tiefe. Wenige nur werden sich retten können. – Kurz hintereinander weitere Detonationen. Noch zwei Schiffe sind getroffen. Ein Torpedo verfehlte sein Ziel. Die anderen haben anscheinend noch nicht geschossen.

In den noch vor wenigen Augenblicken so ruhig seine Bahn ziehenden Geleitzug kommt Bewegung. Rote und grüne Lichter leuchten auf. Es sind wohl Signale für Kursänderungen. Der Engländer versteht sein Handwerk. Manöver in Verbänden, zumal bei Dunkelheit und abgeblendet, sind außerordentlich schwierig. Es erfolgt kein Zusammenstoß. Eigentlich schade, wir hätten weniger Arbeit.

Die Zerstörer schwirren um die Opfer. Scheinwerfer leuchten auf. Es wird geschossen; es fallen Wasserbomben. Wir bleiben unentdeckt. –

Noch steht unser Boot mitten im Geleitzug. Wahrscheinlich vermutet man uns hier nicht. Es ist auch eine Unverschämtheit! – »Nachladen!« befiehlt der Kommandant. »Frechheit siegt.«

Statt abzulaufen oder zu tauchen, sind wir noch dichter herangefahren. »Sie werden über uns hinwegsehen«, ist die Ansicht des Kommandanten. Er hat damit recht. Man erkennt Schiffe auf See in dunklen Nächten nur als Silhouette an der Kimm. Ist der Abstand zu gering, kann leicht von hoher Handelsschiffsbrücke über das flache U-Boot hinweggesehen werden. Der dunkle Fleck, den es auf dem Wasser bildet, ist schwer auszumachen, da größere Wellen gleiche Schattenbildung verursachen.

Die hinteren Verschlußklappen der Rohre sind aufgedreht. Ein

Torpedo nach dem anderen rutscht hinein. Die Mannschaft ist in Schweiß gebadet. Sie arbeitet wie besessen. Es geht um Leben und Tod. Rücksicht kennen wir nicht. Würden wir jetzt entdeckt, wären wir rettungslos verloren: Mit nicht befestigten Torpedos sind wir tauchunklar. – Wir kennen keine Bedenken. Krieg! Ran! Versenken!

35 Minuten hat es gedauert. Die Vorbereitungen für den nächsten Angriff sind getroffen. Torpedooffizier an Kommandanten: »Rohr eins bis vier klar zum Überwasserschuß!«

Heftige Detonationen. – Dampfer bersten. Andere blasen Dampf ab und stoppen. Scheinwerfer suchen das Wasser ab. Dichte Rauchschwaden ziehen gen Himmel. Stellenweise brennt Öl auf dem Meer. SOS-Rufe auf der 600-Meter-Funkwellenlänge reißen nicht ab. – Es sind weitere Unterseeboote hinzugekommen. Immer wieder Explosionen. – »Hoffentlich kriegen wir nicht auch noch einen verpaßt«, meint der zweite Wachoffizier. »Das hätte uns gerade noch gefehlt, von den eigenen Leuten in den Orkus befördert zu werden.« – Die Gefahr ist groß, wir stehen innerhalb der Sicherung vor den Schiffen.

Der Konvoi löst sich auf. Die Fahrzeuge trennen sich. Schlecht für uns: Nur eins können wir jetzt jeweils aufs Ziel nehmen. Das Schießen auf mehrere gleichzeitig ist vorbei. Außerdem ist der Angriff erschwert, denn die Schiffe sind gewarnt; einige laufen dauernd ›Zacks‹, andere Kreise.

Ein 8000-Tonner ist im Fadenkreuz. – »Zweierfächer fertig!« – »LOS!« – Der Abstand beträgt 400 Meter.

»Hart Steuerbord!« – Das nächste Opfer. »LOS!« Fast gleichzeitig mit dem neuen Schießbefehl fliegt der zuerst beschossene Dampfer in die Luft. Allerdings nur ein Treffer. Er sackt über das Heck ab.

»Schatten voraus!« Wir versuchen auszurücken. Der Schatten ist aber schneller als wir. Wird langsam größer. »Kriegsschiff!« »Alarm!«

Wir sind entdeckt worden! Beim Einsteigen vernehmen wir noch weitere Detonationen. Wir sind wie Roboter. Automatisch geht alles Weitere vor sich. Das Geschehen reißt uns mit.

Durch unsere Führung waren wir vor kleinen Schnellbooten gewarnt, die auf den Geleitschiffen selbst mitgeführt und bei U-Boots-Gefahr des Nachts ausgesetzt werden. Ihr Vorzug liegt in geringer Größe, erheblicher Geschwindigkeit und starker Armierung mit Schnellfeuerwaffen. Diese kleinen Fahrzeuge bemerkt man erst auf kürzeste Entfernung, wenn sie nicht gänzlich übersehen werden. –

»Auf 100 Meter gehen!« Mit 40 Grad Lastigkeit und äußerster Kraft brausen wir in die Tiefe. Hat unser Ingenieur Urväter unter den Fischen? Er ist ein Meister der Tiefensteuerung. Genau auf der befohlenen Tiefe fängt er das Boot ab, pendelt durch, läßt auf Befehl die Entlüftungen schließen und meldet alles klar.

Kommandant: »Gut gemacht! Haben verdammt Glück gehabt. Immer knobeln die Brüder sich etwas Neues aus. Muß ja auch sein, sonst wäre der Krieg langweilig. Na, für das nächste Mal wissen wir jedenfalls Bescheid. Hat übrigens gut aufgepaßt, die Brückenwache, meine Anerkennung.«

Die ersten Wasserbomben fallen. Sie liegen allerdings weit ab. Wir stehen noch zu dicht am Geleitzug und die Zerstörer können aufgrund der vielen Nebengeräusche nicht genau orten. Es soll bald anders werden.

Kommandant: »Auf Schleichfahrt gehen!«

Leise summen die Elektromotoren. Kaum vernehmbar. Befehle werden im Flüsterton gegeben. Hilfsmaschinen sind ausgeschaltet. Die Soldaten haben sich Filzschuhe angezogen. Nach Möglichkeit nimmt ein jeder, der nicht unmittelbar eine Funktion zu erfüllen hat, Ruhelage ein. Man verbraucht auf diese Art weniger Luft. Keiner weiß, wie lange sie noch reichen muß. Der Verbrauch im Liegen ist beträchtlich geringer als beim Sprechen. Ja, in einer solchen Situation wie der unsern erweist es sich, wie sehr das Sprechen eine unwirtschaftliche Angelegenheit ist.

Der Geleitzug entfernt sich. Nur noch schwach hört man seine Schrauben. Aber dafür haben sich uns drei Zerstörer gewidmet. Die Geräusche ihrer Suchapparate sind den meisten bekannt: – Es zirpt, als wenn man mit dem Fingernagel über einen Kamm fährt. Ein anderes Gerät hört sich an, als ob Erbsen in einer Blechbüchse geschüttelt werden und das dritte wie das Quietschen einer Straßenbahn in einer ungeölten Kurve. Verschiedentlich hat man den Eindruck, als falle eine Bleikugel auf den Druckkörper. Alles sehr eindrucksvoll. Ich denke an die Geschichte von dem Mann, der auszog, um das Gruseln zu lernen. Schade, daß er nicht hier ist.

Die Zerstörer haben uns eingekreist. Die Wasserbombendetonationen; gewöhnlich drei gleichzeitig, kommen näher und näher.

Meine Gefechtsstation ist im Heckraum am Sprachrohr. Bei jeder Wasserbombenserie habe ich zu melden, ob noch alles ›klar‹ ist. Das Sprachrohr ist zwischen Torpedorohr und Außenbordwand angebracht. Man kann nicht richtig heran. Meine Stellung ist halb gebückt, mit einer Hand muß ich mich stützen. Mir schmerzen alle Gliedmaßen. Eine Pfeife, die sonst verwendet wird, kann jetzt nicht gebraucht werden. Schleichfahrt!

Es dröhnt gewaltig. Das Boot sackt 20 Meter tiefer. Das Licht geht aus. Automatisch schaltet sich die Notbeleuchtung ein. Die Gesichter sind ernst geworden. Es ist kein Spaß mehr, ein jeder weiß es. Der Gegner hat uns in seinen Apparaten. Immer lauter werden ihre Geräusche; dichter und dichter fallen die Bomben. Auch wenn zu sprechen erlaubt wäre, würde es keiner tun. Die Elektrosuchgruppe geht durch das Boot, um den Schaden zu beheben. Inzwischen ist das Licht auf den zweiten der beiden vorhandenen Stromkreise geschaltet worden.

Mehrere Stunden geht es so. Bomben, – Licht aus, – umschalten, – Suchgruppe. Die Funker halten die Zerstörer in ihren Geräten und melden ständig dem Kommandanten die Position. Als sie näher kommen, setzt er sich selbst in den Geräteraum und gibt von dort aus seine Befehle. – Jedesmal, wenn ein Zerstörer über uns ist und die Wasserbomben geworfen werden, schlagen wir einen Haken und gehen mit der Fahrt hoch. Man muß es im Gefühl haben, einen gewissen Instinkt dafür, welche Richtung zu nehmen ist. Es ist auch Glückssache. Der Kommandant versteht sein Handwerk. Keine Erregung merkt man ihm an. Alle scheinen gefaßt; aber ganz wohl ist sicher keinem zumute, mir auch nicht. So schlimm war es noch nie!

Achtundsechzig Bomben haben wir gezählt. Wie lange soll es so weitergehen? Immer das gleiche. Achtung! Wurf! – In wenigen Sekunden wird es knallen. Zermürbend ist es. Man kann nichts sehen. Man kann nicht schießen. ›Abwarten‹ ist das Motto. Sonderbarer Krieg. Nicht Mann gegen Mann, Waffe gegen Waffe. Geheimnisvoll. Eine Mischung von Glück, Taktik und richtigem Verhalten. Wir sind in einen Mechanismus eingespannt. Ein jeder hat seine Aufgabe geräuschlos zu verrichten. Es waltet etwas Gespensterhaftes in dieser Stimmung. Die Menschen scheinen Schemen zu sein.

Und doch wird ein jeder in sich die Stimme des Lebens verspüren. Ist es Angst? Kann ich das Gefühl überhaupt zergliedern? Ist es der Selbsterhaltungstrieb, der zum Durchbruch kommt?

Es knallt gewaltig. Die Füße verlieren ihren Halt. Das Boot scheint von einem riesigen Hammerschlag getroffen. Wasserstandsgläser und Lampen zerspringen. Überall liegt Glas herum. Die Maschinen sind stehengeblieben. Wo bleibt die Klarmeldung? – Gott sei Dank! – Kein Wassereinbruch, nur die automatischen Hauptsicherungen sind herausgesprungen. – Der Schaden ist behoben. Endlich wieder helleres Licht. Wir atmen mit Gummischläuchen durch Kalifilter. Jede Patrone wiegt ungefähr ein Kilo. Auf die Dauer ein erhebliches Gewicht, wenn man stehen muß. Sie soll das Kohlenoxyd, das sich in der Luft ansammelt, binden. Es ist für den Körper gefährlich. Vier Prozent sind die Höchstgrenze. Bei weiterem Ansteigen wirkt es tödlich: Man wird müde, schläft ein und wacht nicht wieder auf.

Ich vermeine, an meinem Sprachrohr in der gebückten Haltung durchzubrechen. Der Gummischlauch hat einen schlechten Geschmack. Die Luft wird heiß und trocken. Die Kalipatronen sind kaum noch mit den Händen zu berühren; die chemische Verbindung entwickelt Hitze. Trinkwasser kann man sich nicht holen. Jeder hat auf seinem Platz zu bleiben. Dies ist der wahre Krieg, nicht der Krieg der Filmstreifen mit schmetternder Musik und wehenden Fahnen; nein, der Krieg der Wirklichkeit, der Entbehrungen und Qualen, aber auch der Selbstbeherrschung und Pflichterfüllung.

Die hundertste Bombe ist gefallen. Auf den Gesichtern stehen Schweißperlen.

Wir stoßen einen ›Bold‹ aus. Der Bold ist die letzte Rettung. Schon viele U-Boote sind ihm zu Dank verpflichtet. Bold hilft auch uns! Seine chemischen Substanzen entwickeln eine Schicht, die sich wie eine Art Vorhang im Wasser hält und in Zerstörersuchgeräten ein unterseebootsähnliches Echo verursacht. Wir zeigen also mit Absicht der Jagdgruppe unsere breite Seite, um uns erfassen zu lassen, drehen ab, zeigen das Heck und laufen davon. Der Bold bleibt jedoch stehen und bewirkt die Irritierung der Suchgruppe.

Anscheinend fällt der Gegner auf den Trick herein; die Detonationen werden schwächer. Wir atmen auf. 168 Bomben innerhalb von acht Stunden haben wir gezählt. – Die Zerstörer fahren davon. Sie müssen zu ihrem Geleitzug zurück. Er will in der nächsten Nacht auch geschützt sein. Wenn jedes Boot drei Zerstörer bindet, wären von den zehn nur noch einer beim Konvoi. Andere Unterseeboote hätten leichte Arbeit. Abgesehen davon werden Kriegsschiffe von der Größe eines Zerstörers keine unbegrenzte Zahl von Wasserbomben mit sich führen können. Schätzungsweise 80. Sie müssen damit haushalten.

U-Boots-Krieg heißt nicht, wie Laien oft denken: Unter Wasser wie ein Dieb heranschleichen, schießen und sich dann heimlich wieder davonstehlen. Die meisten Schiffe werden aus gesicherten Geleiten herausgeschossen.

Wir warten noch eine Stunde, dann geht es wieder an die Oberfläche. – Höchstfahrt! – Gleichzeitig werden die Akkumulatoren aufgeladen. Es ist das Wichtigste. Sind sie leer, können wir nicht mehr tauchen und sind kein U-Boot mehr. Eine leichte Beute für den Feind.

Torpedos sind nachgeladen. Wir sind wieder gefechtsbereit, nur ein bißchen müde. Ich entsinne mich an die Rekrutenausbildung auf dem Dänholm: Müde ist ein Soldat nie! »Wenn Sie die Augen nicht mehr aufhalten können, klemmen Sie sich Streichhölzer hinein.« – Wir nehmen statt der Streichhölzer Koffein- und Pervitintabletten. Es ist nicht gerade gesund, aber man braucht dann mehrere Tage nicht zu schlafen. Man könnte es sogar nicht.

Heute nacht erreichen wir den Geleitzug nicht mehr. Wir geben der Führung unsere Erfolgsmeldung ab: Vier Schiffe, 25 000 Tonnen. – Antwort des Admirals: Nicht 25 000 Tonnen, sondern 35 000, Dampfer heißen soundso, gut gemacht! Ran! Versenken!

Der B.-Dienst (Beobachtungsdienst) arbeitet hervorragend. In diesem Falle hat er die feindlichen Funksprüche entschlüsselt.

Hunderttausend Tonnen sind schon herausgeschossen worden. Hoffentlich bleibt noch etwas für die nächste Nacht. Die Wasserbombenverfolgung ist längst vergessen, und dann bilden wir uns noch ein, daß die Zerstörer keine Wasserbomben mehr haben werden.

Wir können dem Geleitzug nicht mehr nachfahren. Der Brennstoff geht zur Neige. Heimfahrt! – Später erfahren wir durch Funkmeldungen die fast völlige Vernichtung des Geleitzuges. –

Mast in Sicht! Neue Schiffseinheit. Ihre Richtung erlaubt trotz des wenigen zur Verfügung stehenden Treiböls einen Angriffsversuch. –

Es wird dunkel. Wir gehen heran. Ein Zerstörer kommt genau auf uns zu. Wir sehen ein rotes Licht. Wir drehen ab. Unmöglich kann der Zerstörer uns gesehen haben. Auch würde er dann schießen. – »Alarm!« – Keine Bomben. – War es Zufall? – »Auftauchen!« Ran, abermals kommt der Zerstörer genau auf uns zu. Wieder das verdammte rote Licht. Er folgt uns. »Alarm!« – Es wiederholt sich dreimal. Wir werden abgedrängt.

Alarm wird zweier Sunderlandflugzeuge wegen gegeben. Sie sind spät und auf geringe Entfernung gesehen worden. Bisher haben wir noch keine Fliegergefechte geführt, obwohl ein vollautomatisches Zwei-Zentimeter-Geschütz auf dem hinteren Teil des Turmes steht. Ein Magazin ist ständig angeschlagen und andere liegen bereit. Der Kommandant will das Luk schließen. Es klemmt. Bei der letzten Verfolgung ist eine Feder gesprungen. Eine Sunderland fliegt an. Kurz entschlossen springt der Kommandant auf den Turm, rast an die Kanone und schießt. Der Abstand mag 1000 Meter sein. Das Flugzeug dreht ab. Der größte Fehler, den es machen kann, denn nun zeigt es auf die kurze Distanz die ganze Breitseite, ohne selbst seine Waffen gebrauchen zu können. Es stürzt ins Wasser. – Das nächste greift an. Der Kommandant schießt; ein Motor brennt, es dreht ab. –

Inzwischen arbeitet der Ingenieur fieberhaft am Turmluk. Wir können tauchen. Alle gratulieren dem tüchtigen Schützen: unserem Lebensretter. Ohne seine Geistesgegenwart und sein schlagfertiges Handeln wären wir dem sicheren Tode geweiht gewesen. Es war der erste Abschuß eines Unterseebootes. – Über den Kommandanten erfolgt später eine Rundfunkreportage, ihm wurde das Deutsche Kreuz in Gold verliehen.

Diesmal ging es nach Brest. Der dortige Stützpunkt war größer als der in Lorient. Wir wurden in der ehemaligen französischen Marineschule untergebracht, die majestätisch, weithin sichtbar auf einem Berge lag. In die Felsen wurden die ersten U-Boots-Bunker gebaut: Gewaltige unterirdische und gepanzerte Dock- und Werftanlagen. – Die Fliegerangriffe mehrten sich und man wollte auf keinen Fall den Einsatz der Boote durch verlängerte Reparaturzeiten verzögern. In unvorstellbarer Weise wurde gearbeitet; Sand- und Zementlastzüge bildeten auf den Straßen nie abreißende Kolonnen. Die Arbeiter wohnten in stadtähnlichen, neuerrichteten Siedlungen. Ein Meisterwerk der Organisation.

Das Schicksal der Fähnriche war noch nicht bestimmt. Sollten wir zu der Wachoffiziersausbildung in die Heimat, oder weitere Belehrungsfahrten machen? Hoffentlich nicht! Wir wollten endlich einen verantwortungsvolleren Posten einnehmen. Fest stand nur, daß wir keinen Urlaub bekamen; die einzigen der ganzen Besatzung. Zu ärgerlich nach der zweiten Fahrt. Man schickte uns dafür in ein U-Boots-Erholungsheim. Es war zwar sehr schön, mit weißem Strand und allen nur denkbaren sportlichen Ertüchtigungsmöglichkeiten, aber was lag uns daran? Wir wollten unsere Angehörigen wiedersehen. Man hatte sich doch so viel zu erzählen. Und was kann man schon brieflich mitteilen?

Das Boot rüstete zur nächsten Fahrt. Anscheinend gingen wir noch einmal mit.

Nach jeder Feindfahrt mußten die Kommandanten zur persönlichen Berichterstattung zum Befehlshaber der Unterseeboote. Die Führung pflegte auf diese Weise unmittelbaren Kontakt mit den Frontbooten. Jeder Kommandant konnte seine Ansicht vortragen und Verbesserungen vorschlagen. An der Front sammelt man die entscheidende Erfahrung und nicht an grünen Tischen. Durch dieses System wird unnützer Schriftverkehr erspart, der selten etwas einbringt und im allgemeinen nur Verzögerungen hervorruft, da unzählige Stellen unterschreiben, und sich berufen fühlen, Kritik zu üben.

Unser Kommandant war diesmal nicht zufrieden zurückgekommen. Er hatte die Angelegenheit des Rotlichts vorgebracht und glaubte, damit kein richtiges Gehör gefunden zu haben. Admiral Dönitz schien ihr keine Bedeutung beimessen zu wollen; jedenfalls tat er nach außen hin so und bagatellisierte den Bericht unseres Kommandanten über das mehrfache Abgedrängtwerden. Welche Gründe er dazu hatte, wußten wir nicht. Auf jeder Stufe der Befehlsgebung sehen sich die Dinge anders an, auf unserer durchschauten wir nicht alle Zusammenhänge! Mögen wir auch murren: Befehle der Führung sind auszuführen. Wir müssen annehmen, daß sie den Gesamtüberblick hat.

Das Leben hat zwei Seiten

Hurra! Wir Fähnriche kommen in die Heimat zur weiteren Ausbildung. Und außerdem erhalten wir acht Tage Urlaub, um die Zeit bis zum Anfang des nächsten Lehrgangs auszufüllen.

Ich fuhr nach Berlin. Meine Mutter weinte vor Freude. Es beunruhigte sie wohl sehr, daß ich U-Boot fuhr, aber doch war sie vielleicht gerade darauf stolz.

Der Ostfeldzug machte gute Fortschritte. Mit wenigen Ausnahmen war die Allgemeinheit vom Siege überzeugt. Über die U-Boot-Waffe, ihr Leben und ihre Taktik, herrschten natürlich recht laienhafte Vorstellungen. Woher sollte man es auch wissen.

Unsere Hauptstärke kam bei Nachtangriffen in aufgetauchtem Zustand zur Geltung. Wir waren fast unsichtbar, weitaus schneller und wendiger als unter Wasser. Sollte der Gegner Apparate entwickeln, die uns sichtbar machten, so verringerten sich unsere Möglichkeiten erheblich. Das Rotlicht sollte sich als Anfang einer für uns verhängnisvollen Entwicklung erweisen: Die Möglichkeit, mit infraroten Strahlen Objekte auch bei Dunkelheit sichtbar zu machen, wurde ausgenutzt. Unsere Verluste stiegen im Vergleich zum Vorjahre erheblich.

Wir saßen wieder auf der Schulbank. – Der Lehrgang dauerte ein halbes Jahr. Ein großer Prozentsatz der Teilnehmer waren Crewkameraden von mir. Viele waren schon gefallen. Wir studierten die neuesten Torpedos und ihre Taktik. Praktische Schießübungen festigten das Neuerlernte. Wir machten das Funkoffizierspatent und übten die verschiedenen Schlüsselverfahren und Kurzsignale. Den Abschluß bildete die U-Boots-Schule. Eine Woche Seefahrt in der Ostsee, eine Woche theoretischer Unterricht wechselten sich ab; Anlegemanöver, Tauchen, Tiefensteuerung, Angriff und Bootskunde. Trotz unserer kleinen Frontpraxis gab es noch viel zu lernen. Jeder, der als Anfänger Umschau in der Zentrale hält, schrickt vor den vielen Ventilen und Rädern zurück. Auch Ingenieure anderer Schiffsgattungen werden angesichts dieses scheinbaren Gewirrs oft blaß.

Den Abschluß bildete ein Artillerielehrgang. Die kleinen Schulschiffe hatten auf dem Vorschiff eine 8,8- oder 10,5-cm-Kanone. Es war der beliebteste Lehrgang und machte uns viel Freude. Knallend wird dem ›Schützen‹, unmittelbar nach der Befehlserteilung, an den Aufschlägen der Erfolg seiner Überlegungen vor Augen geführt.

Die Prüfungen waren bestanden, die Lehrgänge beendet, und die sehnlich erwartete Beförderung des Fähnrichs zum Oberfähnrich erfolgte. Meine Kommandierung lautete auf ein Boot des mir vertrauten Typs VII c. In Danzig meldete ich mich beim Kommandanten. Was ich einzuschiffen hatte, wußte ich diesmal. Den Schrankkoffer hatte ich hübsch zu Haus gelassen.

Mein Boot war ein Neubau und begann die Ostseeausbildung. Nach vier Wochen eröffnete mir der Kommandant unter Glückwünschen: »Sie sind von einem Freund von mir als Erster Wachoffizier angefordert, und das Gesuch ist von der U-Boot-Führung genehmigt worden. Morgen reisen Sie nach Danzig zurück und übernehmen den Neubau. Mast- und Spierenbruch!« Fast gleichzeitig mit der neuen Kommandierung wurde ich zum Leutnant befördert.

Unfaßbar schien es mir, da ich meines Wissens während der Ausbildungszeit niemals durch besonderen Eifer hervorgetreten war. Man hätte eher das Gegenteil behaupten können. Ich war der erste von allen meinen Einstellungskameraden in dieser hohen Position. Weitaus ältere Offiziere fuhren noch als ›Dritte‹ und ›Zweite‹!

Mein Boot ragte weit aus dem Wasser, ein Zeichen dafür, daß noch der Einbau von vielen Dingen fehlte. Die Besatzung traf nach und nach ein. Jeden Tag krochen wir in unserem ›Embryo‹ herum. »Nur wer sein Boot kennt, kann dieses Meisterwerk der Technik beherrschen«, sagte der Flotillenchef.

Die Besatzung machte einen hervorragenden Eindruck. Zur Hälfte bestand sie aus Männern, die schon Frontfahrten hinter sich hatten.

Indienststellung, Fahrtprüfungen der Werft, Torpedoschießflottille mit unzähligen Tag- und Nachtangriffen – oft luden wir am Tage dreimal neue Torpedos, – und Tauchflottille, ›Agru-Front‹ genannt, waren überstanden. Stolz führten wir am Turm das Zeichen der bestandenen Prüfungen. Seiner Ähnlichkeit mit dem Reichssportabzeichen wegen nannten wir es ›U-Boots-Sportabzeichen‹. Vor dem An-die-Front-Gehen mußte noch die letzte Etappe, die ›taktische Übung‹ durchlaufen werden.

Ein durch viele Flugzeuge und Zerstörer gesicherter Geleitzug durchkreuzte die Ostsee. Ein mächtiger Kostenaufwand der U-Boots-Führung für Übungszwecke. Aber wahrscheinlich kam es doch billiger als der Verlust unerfahrener Boote an der Front. Das Motto von Admiral Dönitz: »Nur die Praxis lehrt. Übertriebene Theorie ist Zeitverlust! Ran, zeigt, was ihr gelernt habt!«

Stockfinstere Nacht. Die Kimm ist nicht zu erkennen. Wolken und Wasseroberfläche vermischen sich zu einem undurchsichtigen Schwarzgrau. Die Farbe unseres Bootes ist dunkelgrau. Bestimmt nicht zu erkennen. Unsere Stärke. – »LOS!« Die Schüsse liegen hervorragend, hoffentlich klappt es später auch so. –

Dringender Funkspruch: »Sofort stoppen! Übung abbrechen. Ultrakurzwellen-Sprechgerät schalten! ›U-X‹ gerammt und gesunken! Versuchen, Horchverbindung herzustellen! Nach Überlebenden Ausschau halten! Rettungsboote aussetzen und suchen! Flottillenchef.«

An Fallschirmen hängende Leuchtkugeln erhellen die Nacht. Scheinwerfer von mehr als zehn U-Booten, Zerstörern und Geleitschiffen überschneiden sich. Das Leben von fünfzig Männern steht auf dem Spiel.

Alle Kriegsschiffe sind in direktem Sprechverkehr wie durch ein Telefon verbunden. – Der Kommandant, ein Offizier und drei Seeleute werden aufgefischt. – Sie berichten, daß ihr über Wasser fahrendes Boot durch ein getauchtes Boot gerammt wurde und sofort unterging. – Die fünf Geretteten hatten sich auf der Brücke aufgehalten und konnten ins Wasser springen.

Unser Funker meldet dem Kommandanten, daß er Verbindung mit dem gesunkenen U-Boot habe. Klopfzeichen sind vernehmbar. Wir melden es dem Führerschiff. – Das gesunkene Boot wird angepeilt, und alle anwesenden Fahrzeuge bilden einen Kreis. Es liegt auf 105 Meter Wassertiefe. Die Klopfzeichen besagen, daß sich alle Leute in die zwei hintersten druckfesten Abteilungen haben retten können und der vordere Teil abgeschottet ist.

Verdammt tief, 105 Meter. Wir wissen, daß es nur bei erheblich geringerer Tiefe eingeschlossenen Besatzungen gelungen ist, heil herauszukommen. Ich kannte einen Fall, wo bei dem Versuch, von 60 Metern auszusteigen, sich nur drei der Eingeschlossenen retten konnten. Der menschliche Organismus kann den Wasserdruck und dessen schnelle Abnahme beim Aufsteigen nicht aushalten. – Ein Kran von Kiel würde mindestens einen Tag für die Fahrt brauchen. Einsatz von Tiefseetauchern und Unterfangen des Bootes beansprucht weitere kostbare Zeit. Zu lange: die Luft der beiden hinteren Räume reicht annähernd nur 14 Stunden für so viele Menschen.

Der Flottillenchef entschließt sich, den Aussteigebefehl zu geben. Die Maschinen im gesunkenen Boot können nicht mehr arbeiten. Die Luftreinigungsanlage ist außer Betrieb. Warum die Kameraden unnütz quälen? Entweder sie kommen heraus oder nicht. Jeder hat einen Tauchapparat. Auf dem Mutterschiff gibt es außerdem eine Druckkammer. Sie ermöglicht für die zu schnell an die Oberfläche gekommenen Männer den erforderlichen langsamen Druckausgleich.

Schrill, mit dem höchsten Ton, der mit dem menschlichen Ohr noch wahrnehmbar ist, übermittelt die Unterwasserschallanlage: »Fluten, Aussteigen, Oberfläche durch Leuchtkugeln taghell erleuchtet, viel Glück. Flottillenchef.«

»Fluten, steigen aus«, vernimmt schwach der Horcher aus den Hammerschlägen. – Wieviel anders ist doch bei den Fliegern das Aussteigen aus ihren Maschinen. Der Vergleich drängt sich auf. Natürlich ist auch das Abspringen mit dem Fallschirm keine Spielerei, aber es ist doch nicht mit den physikalischen und biologischen Problemen behaftet, die den U-Boots-Mann schon in verhältnismäßig geringer Tiefe tödlich gefährden. Pech, Kameraden, ist unser Gedanke. Ebensogut hätte es auch uns passieren können. Entgegen allen Überlegungen über die Hoffnungslosigkeit ihrer Lage halten wir ihnen die Daumen. Der zweite Wachoffizier ist ein guter Freund von mir. Sechs Wochen verheiratet. –

Im Horchgerät können wir deutlich die Geräusche einströmenden Wassers wahrnehmen. Die Kameraden stellen den Druckausgleich her. Ohne ihn kann das Aussteigeluk nicht geöffnet werden. Auf jedem Quadratzentimeter lastet bei 10 Metern Tiefe ein Druck von einem Kilo. Bei 100 Metern also 10 Kilo. Das Luk hat ungefähr einen Durchmesser von 70 Zentimetern. Über 38 Tonnen sind es für die Gesamtfläche des Deckels.

Ständig jagen Leuchtgranaten in die Luft. Hunderte von Augenpaaren suchen mit Ferngläsern die Wasseroberfläche ab. Es geht um das Leben unserer Kameraden. Wie viele haben Freunde auf dem gesunkenen Boot! – Nichts. Keine Luftblase, kein Zeichen. – Vier Stunden warten wir vergebens. Es wird auch nicht mehr geklopft. Vielleicht sind die Männer ohnmächtig geworden und haben das Luk nicht mehr öffnen können. Oder der zuerst Aussteigende ist mit seinen Sachen hängengeblieben und versperrte weiteren den Weg.

Sechs Stunden sind vergangen. Die Übung wird fortgesetzt. – Tote sind nicht mehr zum Leben zu erwecken. – Es ist Krieg. –

Grausam, unerbittlich. – Ran, versenken! – Einmal trifft es den Gegner, ein andermal uns selbst. – Krieg!

Das Leben hat zwei Seiten. Es mischt die ernsten Züge mit heiteren; was sind wir Menschen anderes als Wesen, die unter dem Gesetz des ›Stirb und Werde‹ stehen? Im Humor, im Übermut bricht sich der Wille zum Leben Bahn, wenn eben noch die Tragik uns umwittert. Sind wir deshalb zu verurteilen?

Der Tod der Kameraden hat uns die düstere, traurige Schicksalhaftigkeit des Daseins nahe gebracht, sie war aus dem Unterbewußtsein nicht mehr zu bannen.

Kurz darauf aber trieben wir wieder unsere Späße, und einer der tollsten galt den Vertretern unserer Patenstadt.

Patenverhältnisse sind bei der Kriegsmarine gang und gäbe. Selten sind sie aber so originell wie hier: Der Kommandant eines U-Bootes des kleinsten Typs erlaubt sich den Scherz, den Kommandanten des Schlachtschiffes ›Bismarck‹ zu der Größe seines Schiffes bei einer zufälligen Begegnung zu beglückwünschen. Etwas später ging das U-Boot gleich einem Kutter an die ausgehängte Backspiere des vor Anker liegenden Schlachtschiffes. Der U-Boots-Kommandant bat den Kapitän sprechen zu dürfen. Im Verlaufe der Unterredung bot der Vertreter des ›Zwerges‹ dem ›Riesen‹ die Patenschaft an. Der Vorschlag wurde, so paradox er war, angenommen. Das Schicksal wollte später, daß derselbe U-Boots-Kommandant als einziger Gelegenheit hatte, einige wenige Überlebende des Schlachtschiffes ›Bismarck‹ nach seinem Untergang aufzunehmen.

Wir besaßen auch eine Patenstadt. Sie betrachtet es als ihre Ehrensache, das Boot zu betreuen, schickt Zeitungen und Schallplatten, Bücher und andere Dinge. Sie lädt Soldaten ohne Angehörige ein, ihren Urlaub kostenlos zu verbringen, und ist stets bemüht, sich für den Einsatz um Volk und Vaterland erkenntlich zu zeigen.

Da unsere Patenstadt am Wasser lag, konnten wir ihr eine Dankesvisite abstatten. Ein Besuch der Stadtvertreter an Bord war genehmigt worden – das ursprünglich so strenge Verbot, das Außenstehenden den Zutritt an Bord verwehrte, war inzwischen etwas gemildert worden. Natürlich bleiben die entscheidenden Geheimnisse für diesen Besuch wie für jeden anderen gewahrt. Wichtige

Dinge sind verdeckt. Uns ist klar, welche schwerwiegenden Folgen unbedachte, scheinbar belanglose Äußerungen nach sich ziehen können. Der Gegner ist an allem interessiert. Die Hälfte der Besatzung hat zum Glück Fronterfahrung und weiß, worum es geht. Die anderen sind eingehend belehrt worden. Rippenstöße oder ein Stiefel im Kreuz sind die eindrucksvollste ›Methode‹, um Neulingen die unbedingte Notwendigkeit nahezubringen, Anordnungen peinlich genau zu befolgen.

Der Oberbürgermeister der Stadt war als ein Mann bekannt, der leider die schönen Worte von Heldentum und Tod fürs Vaterland zwar oft in schwungvollen Reden gebrauchte, höchstpersönlich aber wenig Neigung zu soldatischem Einsatz bekundete. Natürlich berief er sich auf seine Unentbehrlichkeit. Anscheinend ein Emporkömmling ohne charakterliche Qualitäten.

Auf unserem Boot ist alles vorbereitet. Ihn werden wir schon kriegen! Niedergänge und sonstige Geländer, die zum Festhalten dienen, sind sorgfältig eingefettet. Uns macht es nichts aus, da wir Lederzeug tragen, und es auf ein bißchen mehr oder weniger nicht ankommt.

Bürgermeister in Sicht: Er ist von gewaltiger Leibesfülle. Schwitzend kommt er über das Fallreep. Wir sind ernst, wir können uns beherrschen; allerdings fällt es schwer.

Der Kommandant stellt ihm freundlichst das Boot zur Verfügung und bittet ihn, hinunterzusteigen und einen Begrüßungsschluck zu nehmen.

Schwerfällig wälzt er sich auf den Turm. Es macht ihm viel Mühe. Seine gelbe Uniform, Stiefel und Handschuhe glitzern in der Sonne. Eine kleine Pistole hängt am überbreiten Koppel.

Ausführlich hat ihm der Kommandant erklärt, wie man am schnellsten und sichersten ins Luk springt. »Für jeden sind eine und eine fünftel Sekunde Zeit berechnet«, sagt er und springt mit einem Satz hinein.

Jetzt quetscht der Amtsgewaltige seinen dicken Bauch ins Luk. So etwas haben wir noch niemals gesehen! Er paßt nicht hinein, so fett ist er. – Wir sind hilfsbereite Leute, und sofort eilen zwei hinzu. Sie ziehen unten an den Beinen, und wir schieben von oben nach. Hurra! – er ist durch. – Pustend sitzt er im Offiziersraum. Schweißperlen stehen ihm auf der Stirn. Die ach! so schöne Uniform ist von allen Seiten mit Öl und Fett beschmiert.

Ein Seemann bringt Sekt. Vor jedem ist eine alte Konservenbüchse als Trinkbehälter aufgestellt. Kommandant: »Ja, wir gebrauchen hier keine Gläser, da sie doch bei dem ersten Alarm entzwei gehen würden – natürlich besaßen wir normales Geschirr! – Prost, auf das ganz spezielle Wohl des Herrn Oberbürgermeisters! Es freut uns, immer wieder festzustellen, daß Front und Heimat so eng zusammenhängen. Was wäre die Front auch ohne Heimat. Sie gibt uns ihre Söhne und schmiedet die Waffen, ihr sind wir zu Dank verpflichtet. Und gerade Ihre Stadt, hochverehrter Herr Oberbürgermeister, ist in unseren Augen ein Musterbeispiel der Organisation. Sehr zum Wohle, Herr Oberbürgermeister! Hoch lebe der Herr Oberbürgermeister und unsere Patenstadt!« – Wir erheben uns feierlich.

Kommandant: »Ich bin überzeugt davon, daß Herr Oberbürgermeister einen frontnahen Eindruck vom U-Boots-Leben erhalten möchte. Nicht vielen ist es vergönnt, in dieses Wunderwerk der Technik einzudringen. Ich schlage vor, zuerst eine Besichtigung zu machen.«

Des Oberbürgermeisters Mund geht vor Erstaunen nicht wieder zu. »Und die vielen Ventile können Sie alle bedienen. Sie wissen, wozu sie dienen? Wahrhaft erstaunliche Leistung. Das könnte ich nicht.«

Zweiter Offizier leise zu mir: »Glaube ich ihm ...«

Der Leitende Ingenieur erklärt das Tauchgerät: »Es dient für viele Zwecke. Wenn im Boot kein Sauerstoff mehr vorhanden ist, kann man mit ihm noch eine weitere halbe Stunde leben. Auch wenn Salzwasser in die Akkumulatoren dringt und giftige Gase entweichen, schützt es in hervorragender Weise. Nicht zuletzt, was am häufigsten vorkommt: Wenn man beim Tauchen die Abgasventile der Diesel zu früh schließt d. h., ehe sie abgestellt sind und der Qualm notgedrungen ins Boot selbst entweichen muß.«

Oberbürgermeister: »Aha – verständlich – logische Angelegenheit – durchaus einfache Handhabung.« Wir schärfen ihm ein, wie er das Ding zu gebrauchen habe. Man könne nie wissen.

Wir freuen uns diebisch. Uns sind die Folgen gleich, die aus ungebührlichem Verhalten entstehen könnten. Diplomatischerweise ist ja vorbeugend gefragt worden, ob ein frontnahes Erlebnis erwünscht ist. Regelmäßig wurde ›sehr gerne‹ geantwortet. Jeder hat den Wunsch, einmal etwas zu erleben. Es kostet seinen Tribut, aber später kann man tolle Geschichten erzählen. Die Kinder werden noch davon sprechen; – der Vater muß ein Held gewesen sein, der so etwas erlebt hat. – Wir riskieren gern einen Spaß. Mögen auch Beschwerden kommen. Uns wäre es gleich. Wir gehen bald an die wirkliche Front.

Der Dieselmaschinenraum wird vorgeführt. Der Leitende Ingenieur gibt weiterhin Erklärungen.

Oberbürgermeister: »Aha, also hier ist Ihr Wirkungsbereich, überaus interessant.«

Leitender Ingenieur: »Es wird Sie bestimmt interessieren, wie diese prächtigen Maschinen arbeiten. Sie sind wahrhaftig Präzisionsarbeit!«

Oberbürgermeister: »Selbstverständlich – hochinteressant – nur wenige haben das Glück, dies alles erleben zu dürfen.«

Die Soldaten waren einexerziert. Alles geht routinemäßig vonstatten. Öl wird vorgepumpt. Maschinisten bewegen Starterhebel nach unten. Es zischt, und man versteht sein eigenes Wort nicht mehr. – Mehrere tausend Pferdekräfte sind in den kleinen Raum gebannt. Sechzehn Zylinder arbeiten. Gebläse saugen unaufhörlich Luft aus dem Raum; die Türen und Schotten sind geschlossen wie immer. Bei vollständiger Öffnung der Zuluftschächte verspürt man schon einen gewissen Unterdruck. Wir haben uns natürlich daran gewöhnt.

Wir ahnen schon, was die, ach! so interessierten Gäste nach kurzer Zeit äußern wollen: »Sehr eindrucksvoll. Aber können wir nicht ans Oberdeck gehen und eine Zigarette rauchen – im Boot ist es doch verboten?« Man sieht nur die Mundbewegungen. Zu verstehen ist beim besten Willen nichts. Abgesehen davon legen wir auch absolut keinen Wert darauf. In dieser Hinsicht sind wir schlechte Menschen! Die beste Verständigungsmethode ist bei dem Krach die Zeichensprache. Beim Sprechen kommt doch kein Laut heraus. Der Leitende Ingenieur gleicht einem Taubstummen: Die Hände hält er hoch, die Daumen nach unten. Diese Art der Befehlsgebung klappt hervorragend. Ventile werden gedreht. – Die Luft wird dünner und dünner; schon muß man schneller atmen. Nicht selten ist es vorgekommen, daß bei falschen Griffen die Augen des Maschinenpersonals herauskamen. Unvorstellbar ist die Saugkraft der Maschinen. – Der dicke Gast ist schon völlig durchgeschwitzt, obwohl es jetzt erst richtig losgehen soll. Die Zuluftventile werden mehr und mehr gekniffen; auch ich empfinde es keineswegs als angenehm. Das Stadtoberhaupt stützt sich auf einen Schaltkasten. Es ist der einzige Halt in der Umgebung. Berechnung! Er ist unter Strom gesetzt. Wir grinsen nicht. Haltung wird bewahrt. Der Oberbürgermeister bewegt sich zum Ausgang und versucht, die Tür zu öffnen. Unmöglich. Man bekommt sie schon schwer bei normal laufenden Dieseln auf. Jetzt aber, bei gekniffenen Ventilen, ist es völlig ausgeschlossen.

Der Leitende Ingenieur gibt erneut Zeichen. Wieder wird gedreht, diesmal an den Abgasventilen. Der Erfolg läßt nicht lange auf sich warten. In wenigen Sekunden ist der Raum schwarz. Nicht die Hand vor den Augen kann man sehen. Die Diesel werden abgestellt. Der dichte Qualm brennt unvorstellbar in den Augen, er beißt in der Nase. Die Lungen brennen. Wir setzen unsere ›Tauchretter‹ auf, die Augen schützt eine Brille. Es geht schnell, wir haben Übung. Natürlich ist der Gast jetzt viel zu aufgeregt, um das Ding auf den Kopf zu bekommen. Es gehört dazu. Anschaulicher, frontnaher Eindruck, wenn auch nicht lebensgefährlich!

Die Qualen sind vorerst überstanden. Wir sitzen friedlich vereint in der Offiziersmesse und genehmigen uns einen Erfrischungstrunk, diesmal aus einem großen Topf. Die Mittagszeit ist noch nicht heran, und ein Seemann bringt Wurst, Brot und Butter. – Unser Freund gleicht einem Schweinchen; er ist von Natur aus so fett und nun auch noch vollkommen verschmutzt. Von oben bis unten vollgesudelt.

Kommandant: »Guten Appetit, Herr Oberbürgermeister! Es ist zwar nicht so vornehm wie im ›Adlon‹ in Berlin, aber was hilft es, wenn man leben will, muß man essen. Langen Sie nur zu, Herr Oberbürgermeister!«

Mit dem Zulangen ist es aber nicht so einfach, denn es fehlt jegliches Besteck, auch Teller und Tassen, Wurst, Brot und Butter alles in Stücken, liegen auf dem Tisch herum. Da der Gast aber keine Anstalten macht, anzufangen, beginnt der Kommandant. Er bricht sich ein Stück vom Brot ab, fährt mit der bloßen Hand in die Butter und trägt davon mit den Fingern auf. Desgleichen verfährt er mit der Wurst. Wir folgen dem Beispiel.

Wir dürfen dem Gast das Erlebnis einer Fahrt nicht vorenthalten. Es ist das Wichtigste; was kann man schon an der Mole festgebunden erleben! Ein jeder möchte einmal unter Wasser gefahren sein.

Wir täuschen ein Fliegergefecht vor. Der hochgestiegene Ballon fällt schon nach den ersten Salven ins Wasser. Der Oberbürgermeister ist begeistert: »Das macht ja direkt Spaß bei Ihnen. Zu schade, daß ich nicht mit 'raus kann.«

»Alarm!« Mit 60 Grad Neigung geht es in die Tiefe. Normalerweise geschieht es mit 30 Grad. Der Kommandant sitzt im Turm am Sehrohr. Der Oberbürgermeister steht interessiert unter dem Luk und schaut hinauf. – Es knallt gewaltig. Noch einmal. Fast noch lauter als richtige Wasserbomben. Die Detonationen müssen unmittelbar neben dem Boot gewesen sein. (Am Sehrohr hatten wir zwei Handgranaten befestigt, die beim Ausfahren abgerissen wurden.) Notbeleuchtung springt an. Dunkel ist es im Boot. Es erhöht die Angst, wenn man nichts sehen kann. Nur schwach sind die Gesichter zu erkennen. Krampfhaft hält sich die beleibte Gestalt fest. Es ist nicht ganz so einfach, die Lastigkeit ist groß und der Boden schmierig. Ein Kasten rutscht auf ihn zu. Ein Soldat war angewiesen, ihn auf unser armes Opfer zu lenken. Gerade kann er noch die fetten Beine hochheben. Sie finden keinen Halt mehr. Der Gast pendelt in der Luft: Unser Moment ist gekommen.

»Wassereinbruch im Turm!« ruft schrill eine Stimme von oben. Ein Eimer kalten Wassers wird über dem Kopf unseres Freundes entleert. Ein Schrei, er läßt sich los, und nun kullert er gleich dem Kasten bis zum nächsten Schott. 60 Grad Lastigkeit ist viel, selbst erfahrene U-Boots-Fahrer rutschen manchmal versehentlich aus. Man muß es dann hinnehmen, daß man irgendwo landet. – Der L. I. liest laut den Tiefenmesser ab. Über 200 Meter zeigt er schon. (In Wirklichkeit sind wir noch auf 50 und werden kaum tiefer gehen, da die Maschinen langsamste Fahrt laufen.) Ein am Tiefenmesser angeschlossener Preßluftschlauch bewirkt die falschen Angaben. Aufgeregt meldet der L. I. dem Kommandanten: »Boot fällt schnell und schneller – läßt sich nicht mehr halten!«

Inzwischen werden die Untertriebszellen ausgedrückt und zusätzlich Preßluft ins Boot gelassen. Sie drückt auf die Ohren. Durchaus ein unangenehmes Gefühl. Zwischen den vorderen Torpedorohren sitzt ein Matrose und wimmert unaufhörlich: »Jetzt gehen wir unter, was tue ich nur?« Ein anderer stöhnt vor sich hin: »Nun sehe ich dich nicht wieder, kleine Maria.« Andere laufen aufgeregt von vorn nach hinten und umgekehrt; sie geben vor, ihre Tauchapparate zu suchen. Ein heilloses Durcheinander. Erstaunlich, wie die Besatzung schauspielern kann! Man glaubt sich im Theater. Viele haben mit ihren Angstrufen neue Einfälle. Wir treiben es wirklich schlimm, aber wir haben es auch mit einem Oberbürgermeister zu tun. Man muß ihm doch etwas zumuten können. Der zweite Wachoffizier und ich haben uns etwas zurückgezogen, jedenfalls aus seinem Blickfeld.

Unser Gast ist ganz unscheinbar und häßlich geworden. Blaß und zitternd kauert er in der Ecke. Er hat mir dem Leben abgeschlossen. »Jetzt geht es zu Ende«, vernehmen wir schwach von seinen Lippen.

Kommandant: »Klar bei Tauchrettern und Schwimmwesten, rette sich, wer kann; anblasen!«

Das Hauptanblaseventil ist aufgerissen. Wie ein Ball schießen wir in die Höhe. Durch den gewaltigen Auftrieb kommt das Boot zu weit heraus und kippt nach der einen Seite über. Es pendelt hin und her. Die Besatzung eilt zum Luk und rast die Leiter hinauf. Rücksicht wird nicht mehr aufeinander genommen. – Endlich erscheint der Oberbürgermeister. Er schnauft wie ein Walroß. Blindlings springt er ins Wasser. Schallendes Gelächter. – »Hoffentlich geht er nicht unter«, meint der Kommandant. Aber schon sind ihm zwei Soldaten nachgesprungen und ziehen ihn zum Boot zurück.

Wir laufen ein. Der hohe Funktionär liegt in einer Koje. Er muß Grog trinken. Wir zwängen ihn in die weiteste Uniform, die aufzutreiben ist. Sein Chauffeur erwartet ihn.

Wir geleiten unseren Gast zu seinem Wagen. Kaum hat er wieder festen Boden unter sich, wird er bereits sicherer. Einige der Stadtväter und eine Unzahl von Bekannten haben sich eingefunden. Mit wichtiger Miene gibt er ihnen nun Erläuterungen über seine Erlebnisse und die denkwürdige Fahrt. Sie staunen und scheinen ihn sichtlich zu bewundern, den neuen U-Boots-Helden. Sogar eine richtige U-Boots-Uniform hat er an, wenn er auch den Rock nicht schließen kann und die Nähte zu platzen drohen.

Oberbürgermeister: »Es war wirklich hochinteressant. Tatsächlich einmal etwas ganz Besonderes. Besten Dank. Bleibt also bei dem Fest heute abend im Ratskeller.«

Wir kamen in unseren blauen Uniformen. Der Repräsentant der Stadt sehr stolz in seinem U-Boots-Päckchen. Zu ulkig sah er aus; die Gliedmaßen quollen förmlich aus dem Anzug heraus. Aus Papier wurde ein großes U-Boots-Abzeichen geschnitten, verliehen und der ›Held des Tages‹ zum Ritter der Tiefe geschlagen. Den grauen Anzug durfte er zum Andenken an dieses Erlebnis behalten.

Sturm und Kampf am Heiligabend

Die ersten Fliegerbomben waren gefallen. Das Flugzeug stieß unverhofft aus den Wolken und mit knapper Mühe kamen wir noch weg. Auf 30 Meter knallte es dann. Verdammt nahe. Aber wir hatten wieder einmal Glück! Unsere Ausguckposten waren wirklich hervorragend. Sie hatten keine Schuld.

Schon vier Wochen blies es unaufhörlich aus allen Himmelsrichtungen. Windstärke 9 bis 10. Sturm, Regen, Nebel. Das Thermometer nur wenige Grad über Null. Dazu auf der offenen Brükke. Kein Dach, nur kalte Stahlwände. Nicht einmal warm laufen konnte man sich. An einem Strick war man festgebunden. Ein über zehn Zentimeter breiter, stahldurchflochtener Lederriemen schnürte die Rippen ein. Es waren Fälle bekannt, wo durch überkommende Brecher das Brückenpersonal über Bord gegangen war. Auf einem Boot wollte die nächste Wache ablösen und fand oben niemanden vor. Von einer See außenbords gespült.

Die Macht der überkommenden See ist gewaltig. Das Boot gleicht einem Pfeil, es hebt sich nur wenig, die Seen laufen darüber hinweg wie über einen flachen Molenkopf. Vorn steht der Wachoffizier und ein Mann. Durch Zuruf benachrichtigen sie die beiden hinteren Ausguckposten, wenn eine See überzukommen scheint. Man duckt sich, sucht einen Halt und dann geschieht es. Unvorstellbar. Nase, Ohren und Mund voll Wasser. Die Augen brennen. Alles grün. Wasser kommt tonnenweise über. Das Regenzeug, Gummihose und Jacke schützen nur wenig. An vielen Stellen sind sie zugebunden und trotzdem läuft überall das kalte Naß hinein. Ein herrliches Gefühl! Die Hände sind steif, aber doch müssen sie das Fernglas halten. Gut die Hälfte der Zeit wird hindurchgeguckt. Nichts darf dem suchenden Auge entgehen; es ist Ehrensache. Jeder ist bestrebt, Mastspitzen und Flugzeuge zuerst zu entdecken. Was für eine Figur würde man abgeben, wenn die Kameraden einem nicht trauen könnten, weil sie einen für unzuverlässig halten.

Vielleicht würden sogar Fliegerbomben auf das Konto eigener Unachtsamkeit gebucht werden müssen. Was für eine Entschuldigung: »Zu spät gesehen!« Man würde von den Kameraden gemieden. Nach dem Einlaufen abgelöst. Nein! Wir haben unseren Stolz. Aufgepaßt, wenn es auch schwerfällt!

Die letzten Minuten vor dem Wachwechsel vergehen am langsamsten. Es fehlt noch eine halbe Stunde – jetzt 15 Minuten, in fünf Minuten muß der erste da sein. Aber immer noch kommt er nicht.

Ehe der Abgelöste nicht unten im Boot ist, darf der nächste nicht hinauf. Nur jeweils einer mehr als die Brückenwache soll zusätzlich oben sein. Bei Alarm würde sich sonst das Tauchen verzögern. Es wäre Leichtsinn. Außerdem wäre bei gleichzeitigem Wechsel der Ausguckposten die Ablenkung zu groß. Und ist es nicht Tücke des Schicksals, daß immer dann, wenn die Gedanken einen kleinen Augenblick wo anders sind, eine Überraschung kommt? Ist man hingegen eifrig bei der Sache, so passiert gewöhnlich nichts.

Abgelöst steigt man durchfroren in das kalte, feuchte Boot. An den Wänden läuft in großen Tropfen Kondenswasser herunter. Wie gern möchte man die Heizung anstellen. Es ist verboten. Strom muß gespart werden. Aufgespeicherte Elektrizität ist praktisch Treiböl. Verbraucht man sie, so verringert sich der Aktionsradius. Je größer er ist, desto größer sind auch die Erfolgsaussichten. Also es hinnehmen, wenn auch die Zähne klappern. Es muß sein! Es ist Krieg! Es geht um Leben und Tod, da dürfen ruhig die Glieder vor Kälte schlottern. In den nächsten Kampfhandlungen werden sie schon wieder warm werden. Nur die Alarmklingel braucht zu ertönen. Sie ist die beste und schnellste Heizung.

Ein Kognak würde gut tun. Auch verboten. Er schwächt die Reaktionsfähigkeit des Geistes. Jede Sekunde ist kostbar. Jede Sekunde können wir neun Meter durch das Wasser laufen. Entscheidend für uns, ob die Bombe auf das Heck oder neun Meter dahinter fällt. Blitzartig muß das Maschinenpersonal reagieren. Desgleichen die Brückenwache und vor allen Dingen der Wachoffizier. Schnelles und richtiges Handeln zeichnet gute U-Boots-Fahrer aus. Zu langen Überlegungen ist selten Zeit. Man beherrscht seinen Beruf oder nicht. Beherrschen heißt, instinktiv richtige Befehle geben. Erfahrungssache, Nervenangelegenheit. Nichtbeherrschen ist gleichbedeutend mit dem Tod!

Die Finger sind steif vor Kälte. Ein Kamerad hilft, das nasse Zeug vom Körper zu ziehen. Die Unterwäsche wird gewechselt. Es handelt sich jedoch nicht um frisches Zeug. Wir haben nicht soviel davon. Unmöglich könnten größere Mengen in dem kleinen Spind untergebracht werden. Zwei Möglichkeiten: Entweder am Körper trocknen lassen, oder die noch feuchte von der Vorwache anziehen. Die Sachen werden in acht Stunden nicht trocken. Wie sollten sie auch bei der feuchten Luft! Und dann dürfen sie nicht achtlos im Boot aufgehängt werden. Die Stücke könnten in Tauchgestänge geraten und sie verklemmen. Im eigensten Interesse: STRENG VERBOTEN! Bei den Gummihandschuhen ist es eine Selbstverständlichkeit, daß sie vom Salzwasser innen naß und klebrig sind. Trockenes Lederzeug gibt es nur bei Sonnenschein und dann braucht man es nicht. Eine Salzschicht läßt das Grau weiß erscheinen.

Die Hände betasten die zur Verfügung stehenden klammen Bekleidungsstücke. Schnell muß man wieder angezogen sein. Wenn etwas los ist, hat man keine Zeit zu suchen. In jedem Augenblick müssen wir auf Alarm gefaßt sein.

Etwas Brot, aber erst den Schimmel abschneiden, und nicht vergessen, die Reste aufzuheben, denn es soll noch eine Brotsuppe daraus gekocht werden. Nötig wäre es nicht. Immer können jedoch unvorhergesehene Fälle eintreten, durch die sich das Einlaufen verzögert. Ein Boot, dessen Maschinen durch Wasserbomben von den Sockeln geflogen waren, kehrte erst nach vier Monaten Überfälligkeit – segelnderweise – in seinen Stützpunkt zurück. Bis zu den Schuhsohlen hatte die Besatzung das Leder durchgekaut. Dann schon lieber vorbeugend Suppe aus verschimmelten Brotresten essen.

Etwas ranzige Butter, Wurst, einen Schluck heißen Tee und dann in die Koje. Angezogen, nur ohne Schuhe und Jacke. Ein wenig wärmen die feuchten, nach Treiböl riechenden Decken doch. Nur nicht mit dem Rücken die Außenwand berühren. Sie scheint schmelzendes Eis. Ein Pelzmantel liegt als Isolierung dazwischen. Er stinkt und ist grün, aber angenehmer als quellendes Holz. – Rheumatismus habe ich noch nicht. Es fehlen noch drei Fahrten. Dann ist es erfahrungsgemäß soweit. Warum sich darüber den Kopf zerbrechen. Es geht um wichtigere Dinge. Ein Volk kämpft um seine Existenz. Der Krieg ist in eine kritische Phase getreten.

Die schweren Kämpfe im Osten zehren an der deutschen Kraft. Bei Stalingrad ist die Lage ernst. In Nordafrika haben Alamein und die Landungen in Marokko und Algerien eine böse Wendung herbeigeführt? Was bedeuten da die Sorgen des Einzelnen?

»Nächste Wache klarmachen! Regenzeug anziehen. Sturm aus Nordwest unverändert, Regenschauer. Warm anziehen!« wird heruntergegeben. Noch zwanzig Minuten und dann wieder die berühmten vier Stunden.

Zu lange ist das Wetter schlecht. Sturm, Regen! An manchen besonders schlimmen Tagen gehen wir die Wache nur zu zweit in Taucheranzügen. Das Luk haben wir unter uns geschlossen. Zu viel Wasser käme ins Boot. Nur ein Sprachrohr verbindet uns mit der Innenwelt. Aber weit gefehlt zu meinen, daß ein Taucheranzug wasserdicht sei. Ja, wahrhaftig, er ist es; nur am Hals, wo er zugebunden ist, läuft es herein. Und andererseits ist er wiederum so dicht, daß das Wasser nicht mehr hinauslaufen kann. Es steigt mehr und mehr an den Beinen hoch. Bei mir steht es schon bis zum Bauchnabel. Bei meinem Nebenmann noch höher. Wir bohren oberhalb der Schuhsohle ein Loch hinein. Eine kleine Erlösung. Wir sind verbittert. Wir fluchen auf den Krieg, auf die Menschheit, auf die Erfinder der U-Boote, auf uns selbst, überhaupt auf alles.

Der Sturm bläst unaufhörlich in alter Stärke. Heiligabend 1942. Am gleichen Tage 1940 mag nur ein Boot im Atlantik gewesen sein, 1941 zwanzig und diesmal sind es erheblich mehr. Aber welche mächtigen Erfolge erzielten damals die wenigen Boote, und was versenkt jetzt die Vielzahl? – Die Zahlen sind erschreckend klein! Woran liegt es? ist die unausbleibliche Frage.

Die Antwort heißt ›Radar‹. Als Schutz dagegen führen wir neuerdings auf dem Turm eine besondere, in einem viereckigen Rahmen untergebrachte Antenne, die auf einen Holzstab montiert über die Brückenverkleidung ragt. Durch ein dickes Gummikabel ist die Verbindung zum Empfänger im Horchraum hergestellt. Alles zusammen nennen wir Fu-M-B. Mit dem Gerät kann festgestellt werden, ob uns der Gegner auf dem Funkmeßwege zu erfassen sucht. Diese neue technische Möglichkeit ist zur größten Gefahr für uns geworden.

Radar ist eine Abkürzung der englischen Bezeichnung: Radio detection and ranging – ›Funkermittlung und Entfernungsfeststellung‹. –

In wenigen Worten handelt es sich um folgendes: Ein Sender strahlt besonders kurze Wellen aus. Wenn sie auf einen festen Körper treffen, werden sie wie der Lichtschein in einem Spiegel oder der Schall an einer Wand reflektiert. Die zurückkommenden Wellen fängt ein besonderer Empfänger wieder auf und aus der Zeitdifferenz wird die Entfernung bestimmt. Die Richtung kann aus der Schwenkungsgradzahl der Sendeantenne entnommen werden.

Es ist eine den U-Boots-Krieg revolutionierende Tatsache, daß der Gegner dieses an sich schon auf deutscher Seite bekannte und angewandte Prinzip intensiv weiterentwickelte und seine U-Boots-Abwehrstreitkräfte mit besonders praktischen Radargeräten ausrüstete.

U-Jagd-Fahrzeuge und Flugzeuge sind nicht mehr auf die Augen ihrer Ausgucks angewiesen, sondern haben nunmehr die Möglichkeit, uns bei jeder Wetterlage, gleich ob Nebel, Regen oder Nacht, festzustellen, sofern wir aufgetaucht sind. Unsere Angriffsmöglichkeiten sinken, die Verluste steigen.

Vielleicht hat unsere U-Boots-Führung die Möglichkeiten des Radars unterschätzt. Zum Glück war es aber in letzter Minute, nach den ersten schweren Rückschlägen, gelungen, ein Warngerät wie das Fu-M-B zu entwickeln, das uns wenigstens die Anwesenheit des suchenden Feindes rechtzeitig ankündigte. Noch war unser Notbehelf recht primitiv und der ungefähr 40 bis 50 Zentimeter messende Antennenrahmen mußte bei jedem Alarm ins Boot gereicht werden, damit er nicht verlorenging und vor allen Dingen nicht das Verbindungskabel das Schließen des Turmlukes unmöglich machte.

Heute ist Heiligabend. Der Dienst geht wie immer weiter. Es wird kein Unterschied gemacht. Vielleicht werden wir in der Nacht einige Stunden getaucht fahren und Schallplatten spielen. Es wird etwas Besonderes zu essen geben. Als Nachtisch Erdbeeren mit Schlagsahne. Sie sind bei uns recht beliebt und fast regelmäßig werden sie an Feiertagen ausgegeben. Das Maschinenpersonal hat heimlich einen Weihnachtsbaum zusammengebastelt. Äste und Nadeln aus bemaltem Papier und Holz. Watte täuscht Schnee vor, kleine Taschenlampenglühbirnen in weißen Hülsen sehen wie richtige Kerzen aus. Ich habe morgens und abends von 8 bis 12 Uhr Wache. In der Frühe ist es die Wache der Dämmerung und somit die gefährlichste. Beim Lichtwechsel erkennt man nur schwerlich etwas, Flugzeuge fast nie. Wird es hell, so können plötzlich vorher nicht auszumachende Schiffe in unmittelbarer Nähe sein. Sind es Handelsdampfer, sehen sie uns ebenfalls und versuchen auszurücken. Sind es Kriegsfahrzeuge, ist es für uns mehr als gefährlich.

Abendwache. – Zu Haus mögen die Lichter am Weihnachtsbaum brennen. Das Fest der Familie, die Bescherung, der Weihnachtsmann – – die seligen Bilder der Kindheit steigen auf. Mit Gewalt muß ich sie bannen, sie dürfen meine Aufmerksamkeit nicht ablenken.

Es ist dunkel. Unaufhörlich jagen Brecher über den Turm. Bis auf die Haut sind wir naß. Zwei Stunden fehlen noch bis zur Ablösung. Verdammt lange Zeit. Die Ferngläser haben wir in den Turm gegeben. Es hat keinen Zweck, sie oben zu behalten. Sie sind ständig beschlagen, und somit unbrauchbar. Sie liegen im Turm bereit, und wenn sich etwas Verdächtiges zeigen sollte, sind sie sofort geputzt zur Stelle.

Es tut sich etwas voraus. Scheinbar ein Schatten. Aber Schatten gibt es viele. Jede große Welle bildet einen. Mein Bootsmannsmaat guckt in die gleiche Richtung – »mein Glas!« Ich drehe mich herum, um es im Empfang zu nehmen. – »Schatten voraus« ruf mein Nebenmann, »wird schnell größer«. Jetzt erkennt man ihn deutlich im Glas. Es ist die typische Form amerikanischer Zerstörer.

Alarm! Unsere Stahlgurte werden losgehakt. Hinein ins Boot. Man tut es automatisch. Es ist immer dasselbe. Alarm, abwarten, ob eine Bombe fällt – hoffentlich haben wir auch diesmal Glück. Warum auch nicht? Es ist so viele Male gut gegangen. Vor mir werfe ich das Fu-M-B-Holzkreuz hinein. Mag es zerbrechen. Zu dicht ist schon das Kriegsschiff heran! Es muß uns gesehen haben! Gott sei Dank herrscht mächtiger Seegang, und genau schießen könnte es dabei bestimmt nicht.

Fluten! Noch stehe ich oben. Wir haben es uns so angewöhnt. Eigentlich soll man erst den Flutbefehl geben, wenn das Luk geschlossen ist. Zeitverlust. Jede Sekunde ist kostbar. – Wasser rauscht in die Tanks, das Boot kippt an. 1000 Meter war der Zerstörer noch ab, als ich ihn vor dem Einsteigen sah. Ich hänge am Luk. Es geht nicht zu. Schon strömt Wasser herein. Salz beißt in den Augen. Ich suche die Ursache. »Tauchzellen schließen! Anblasen! Luk klemmt!« Ein Wirbel von Gedanken jagt in mir. Soll ausgerechnet heute die Stunde geschlagen haben? Warum knallt es nicht? Gleich müssen wir gerammt werden. Es ist kein Zufall, daß der Zerstörer genau auf uns zukommt. Bestimmt hat er uns mit dem Radar erfaßt. Man kann ja auch nicht ewig leben. Ich hatte wenigstens eine schöne Jugend. Viele andere Soldaten hatten sie nicht. Ade – ihr Lieben.

Jetzt kommt das Luk wieder frei. Preßluft rauscht in die Tauchzellen. Ich stehe auf der Brücke, der Kommandant neben mir. Kein Wort wird gesprochen. Entscheidende Sekunden; fieberhaft suchen wir die Ursache des Klemmens. Der Zerstörer ist genau querab. Auf der Brücke raucht jemand. – Lächerlich geringe Entfernung. – Das Fu-M-B-Kabel hatte sich verklemmt und hing noch oben, obwohl das Gerät selbst im Boot war.

Anscheinend feiert man auf dem Kriegsschiff Weihnachten. Ein grimmiges Weihnachtsfest. Wir tauchten nicht mehr. Warum auch, wenn der Feind schläft? Unser Schicksal wäre in seiner Hand gewesen, nun bestimmen wir das seine. Wir drehen ab und setzen zum Überwasserangriff an. »Rohr eins fertig! – Los!« – Gegen die See schießen wir. Es ist sehr ungünstig, da die Dünung haushoch ist und leicht der Fall eintreten kann, daß sich der Zerstörer auf einem Wellenberg befindet und der Torpedo die Tiefe des davor befindlichen Tales steuert. Die Differenz ist groß. Die Magnetzündung würde nicht anspringen. Auch kann der Aal abgelenkt werden.

Eine unheimliche Nacht. Dunkle, schwarze Regenbögen peitschen gegen die Bordwand. Schwere Seen brechen über uns zusammen. Oft sehen wir unseren Gegner nicht, wenn sich ein Wellenberg zwischen uns befindet. Der Sturm heult in den Aufbauten, in den Kanonen, in den Antennen.

Wir warten ungeduldig. – Die Zeit bis zum Durchgang des Torpedos ist längst überschritten. Wir haben vorbeigeschossen. – Neuer Angriff. »Rohr zwei fertig! Los!« – Wieder warten wir gespannt. Die Schußentfernung ist nur vierhundert Meter. Dichter können wir wirklich nicht mehr heran. Bei dreihundert liegt die Sicherheitsgrenze. Wir würden sonst selbst durch die Detonationsdruckwellen in Gefahr kommen. Bei mit Sprengstoff beladenen Schiffen wäre man verloren. Manchem Unterseeboot mag es so ergangen sein. –

Rot, blau, gelb und grün blitzt es auf. Eine riesige Wassersäule bricht in sich zusammen. Ein Schatten verschwindet. – Kein Rettungsboot, kein Floß, kein Zeichen. Spurlos verschwunden. Es ist vergeblich, nach Überlebenden zu suchen.

Dies war unser Weihnachtserlebnis 1942. Das Los des Gegners hätte auch uns beschieden sein können. Unerbittlich ist der Krieg.

Es geht weiter. Eine geraume Zeit halten wir uns in dem angewiesenen Seeraum auf, ohne daß sich etwas ereignet. Der Brennstoff geht allmählich zur Neige. Als wir uns schon auf das Einlaufen freuen und uns in Gedanken das Stützpunktleben ausmalen, kommt es doch anders. Ein Funker meldet, daß ein Offiziersfunkspruch eingetroffen sei. Er gibt ihn an den Funkoffizier, in diesem Falle ist es der Zweite Wachoffizier, da er ihn selbst nicht entschlüsseln kann. – Es gibt drei Arten von Funksprüchen: Den normalen, den Offiziers- und dann den Kommandantenfunkspruch. Im allgemeinen gehen die normalen ein, werden durch die Kodemaschine gedrückt und in Klarschrift in ein Funkbuch eingetragen. Es wird alle zwei Stunden dem Kommandanten zur Unterschrift vorgelegt. Trifft ein Spruch der zweiten Kategorie ein, so ist das erste Wort ›Offiziersfunkspruch‹, und der weitere Text, obwohl er durch die Maschine geht, bleibt unentzifferbar. Er muß mit einer besonderen Einstellung, die nur der Kommandant und der Funkoffizier kennen, nochmals entschlüsselt werden. Ergibt nun wiederum das erste Wort ›Kommandant‹, so wird er diesem überreicht. Der Kommandant muß mit einer besonderen Einstellung, die wiederum nur er kennt, nochmals die gleiche Arbeit verrichten. Die Stufung hängt von der Wichtigkeit ab. In unserem Falle teilt der eingegangene Offiziersfunkspruch die Position eines wertvollen Geleitzuges mit. Man stand auf dem Standpunkt: je kleiner der Kreis der Unterrichteten ist, je mehr ist die Geheimhaltung garantiert. Auch wenn der Gegner erst nachträglich erfährt, wo unsere Boote operieren, ist ihm diese Kenntnis wichtig. ›Verplappern‹ unvorsichtiger Männer im U-Boot-Stützpunkt oder in der Heimat, vielleicht sogar in Gefangenschaft, kann Schaden anrichten.

Diesmal enthält der Offiziersfunkspruch neben den Angaben über Kurs, Geschwindigkeit usw. den Vermerk ›Wichtige Tanker‹ und schließt mit dem Wort: ›Angreifen!‹

Der Sturm hat noch nicht nachgelassen. Die Hälfte unseres Gummizeuges ist zerrissen. Es kann bei den vielen Alarmen und Ins-Luk-Springen nicht ausbleiben.

Die Offiziere sprechen mit dem Kommandanten die Lage durch. Nur noch wenig Brennstoff; reicht gerade zum Einlaufen; können nicht mehr Geleitzug suchen. Ein Kurzsignal meldet es der

U-Boots-Führung. In zwanzig Minuten trifft die Antwort ein: »Angreifen, versenken, lasse kein Unterseeboot im Stich. Dönitz.«

»Verflixt und zugenäht! Wahrscheinlich wird er einen ›Versorger‹ schicken, einen von den U-Boots-Tankern, und dann bleiben wir weitere acht Wochen draußen, ohne wieder einmal festen Boden unter die Füße zu bekommen. Und dazu noch dieses Sauwetter. Scheint sich überhaupt nicht mehr bessern zu wollen. Werden noch alle an Gicht eingehen. Gar keine Bomben erforderlich. Schöne Schweinerei!« sind die Kommentare. Schimpfen ist nicht verboten. Admiral Dönitz weiß, daß wir oft sehr spitze Bemerkungen machen. Auch nichts dagegen einzuwenden, nur die Pflicht erfüllen. Keine Feigheit zeigen. Ran, versenken!

Ich habe Wache. Der Kommandant kommt auf die Brücke, gibt den neuen Kurs und erklärt mir worum es geht. Noch weiß ich von nichts, denn ich war die ganze Zeit oben.

Um an den Geleitzug zu kommen, müssen wir genau gegen Wind und See anlaufen. Mehr als unerfreulich. Arme Brückenwache! »Gehen Sie langsam mit der Fahrt hoch und versuchen Sie das möglichste aus dem Boot herauszuholen; na, Sie wissen schon«, sagt der Kommandant. Er geht wieder hinunter, um sich für die kommende Zeit auszuruhen. Im Augenblick ist oben nichts mehr zu tun, als sich die Wellen über den Kopf schießen zu lassen und über den verdammten Krieg zu fluchen.

Beide Maschinen laufen halbe Fahrt. Das Luk ist geschlossen, da das Boot oft tief unter Wasser ist. Ich bitte den Ingenieur auf die Brücke zu kommen und schlage vor, noch eine Fahrtstufe höher zu gehen. Allerdings muß er dann in der Zentrale am Tiefensteuerstand bleiben und bei einem Unterschneiden des Bootes anblasen und die Tiefenruder nach oben legen. Allenfalls die Maschinen stoppen.

Unterschneiden bedeutet folgendes: Das Boot wird durch die langen und haushohen Dünungen angehoben und befindet sich einmal auf einem Berge, ein andermal im Tal. Wenn es nun gerade von einem Wasserberg hinunterfährt, hat es eine ziemlich große Neigung. Steht nun die nächste Welle gerade dort, wo sich der Bug befindet, so kann das Boot nicht schnell genug seinen Neigungswinkel wechseln, um wieder hinaufzufahren und behält die Richtung bei. Die See rollt über uns hinweg und es geht in die Tiefe. Die schlanke Schiffsform begünstigt es. Bei der hohen Geschwindigkeit geht das schnell vonstatten. Im Handumdrehen kann man auf fünfzig Meter sein. Wasser strömt tonnenweise durch die beiden Dieselzuluftschächte ins Boot, und unter Umständen wird es zu schwer, um wieder an der Oberfläche zu erscheinen. Ein Boot ging auf diese Art und Weise verloren. Der Wachoffizier kann keine Befehle geben, da er selbst unter Wasser ist. Ein Verantwortlicher muß also im Boot selbst sein, um gegebenenfalls einzugreifen.

Beide Maschinen zweimal halbe Fahrt voraus! Wir müssen an den Geleitzug! Noch ist er weit entfernt. Die Kompressoren werden eingelegt. Das Geheul des Sturmes übertönt sie. »Achtung Brecher!« Die Brückenwache duckt sich. Das Boot zittert, die See schlägt gegen den Turm, rollt darüber hinweg. – Alles grün. Wir haben die Luft angehalten, wir sind es gewohnt. Die Köpfe kommen frei. Wir pumpen die Lungen voll. Ein hinterer Ausguckposten meldet mir, daß sich sein Nebenmann den Arm ausgekugelt hat. Er ist gegen den Sehrohrbock geschleudert worden. Er hat sich nicht fest genug angeschnallt. Eine Ablösung kommt herauf. Es geht weiter.

»Achtung Brecher!« Komischer Sport, denke ich so bei mir; könnte man direkt in einem Seebad als Attraktion bieten. Es dürfte nur nicht so scheußlich kalt sein. Mit mächtigem Getöse schlägt das Wasser über uns zusammen. Das Grün wird immer dunkler. Was ist das, hört es nicht endlich auf? Noch immer nicht wieder oben. »Beide Maschinen stopp! Anblasen!«, will ich schreien. Welcher Optimismus! Nur Wasser läuft in den Mund. Ich mache ihn schnell wieder zu. – Ich habe das Bedürfnis zu atmen, bin doch kein Fisch! Viele behaupten allerdings, daß alte U-Boot-Fahrer Schwimmhäute bekommen. Muß doch nachher gleich mal bei mir nachsehen. Hoffentlich schläft der Ingenieur nicht! – Endlich kommt der Kopf wieder frei, dann die Brust und zuletzt die Beine. Die Maschinen haben gestoppt. Noch zischt Preßluft in die Tauchzellen. Die Männer unten haben also gut gearbeitet!

Das Luk geht auf und der Ingenieur steckt seinen Kopf grinsend heraus. »Wollte nur mal sehen, ob ihr noch alle da seid. Waren auf 32 Meter. Werde beantragen, daß man euch das Tiefseetaucherzeugnis ausstellt. Sechs Tonnen Wasser sind ins Boot gelaufen. Wird gelenzt. Nur nicht weich werden!«

»Hast klug reden«, sage ich ihm nicht eben freundlich.

Mit 32 Metern haben wir unsern Rekord erzielt. Auf 15 und 20 Meter geht es noch öfters. Die Maschinen laufen wieder zweimal halbe Fahrt. Durchhalten! Bald werden wir abgelöst, und dann kann sich die nächste Wache vier Stunden amüsieren.

Wir erhalten von Booten, die schon am Geleitzug stehen, Peilzeichen. – Jetzt kommt er in Sicht. Der übliche Angriff wird gefahren. Einen der größten Dampfer habe ich im Fadenkreuz. Die Hand liegt auf dem Abfeuerschalter. – Eine Stichflamme, eine unvorstellbare Detonation. Wir fliegen auf der Brücke durcheinander. –

Schnell richte ich das Fadenkreuz auf die beiden nächsten Ziele. – »Los! – Los!« – Es ist Sekundenarbeit.

Artillerieschießen auf allen Schiffen. Was soll das bedeuten? – »Komisch«, meint der Kommandant. »Hoffentlich nehmen sie nicht unsere Kameraden unter Feuer, bevor sie zum Angriff kommen!«

Da, plötzlich ist es taghell. Die Ursache des Knallens ist nun klar. Eine Unzahl von Leuchtfallschirmen hängt am Himmel.

Nein, jetzt geht es beim besten Willen nicht mehr. Vier Tonnen Detonationen. Torpedotreffer anderer Boote.

»Alarm!« – Wir sind gesehen worden. Kein Wunder bei dem geringen Abstand und der fantastischen Beleuchtung. Ein Vierlingsmaschinengewehr ist auf uns gerichtet. Rote, grüne, gelbe und blaue Geschosse zischen in Feuerstrahlen über den Turm. Ganz niedrig. Einschläge in die Brückenverkleidung. Wir haben uns fallen lassen und überschlagen uns, ins Luk springend. Der Gegner schießt Gott sei Dank immer noch etwas zu hoch. Unsere Rettung. Wir wären zerfetzt worden.

Auf 250 Meter steuert das Boot. Wir sehen aus wie die Mohren. Ein Munitionsdampfer war in die Luft geflogen, und wir standen nur 500 Meter ab!

Wasserbomben. – Nichts Besonderes mehr für uns. Diesmal nur sechs Stunden. – »Auftauchen!« Dem Geleit nach!

Nein, jetzt geht es beim besten Willen nicht mehr. Vier Tonnen Brennstoff sind nur noch geblieben. Wenn nicht bald der Versorger eintrifft, müssen wir segeln.

Mastspitze voraus. Anscheinend großes Schiff. – Uns sind die Hände gebunden. Nur wenige Stunden Höchstfahrt und unsere Brennstofftanks werden völlig erschöpft sein. Was uns anbelangt, hat der Gegner Glück gehabt. Wir geben jedoch ein Funksignal. Vielleicht erreicht ihn ein anderes Boot.

Auch wir hatten einmal leichte Beute mit einem Schiff, das vom letzten Torpedo eines anderen Bootes manövrierunfähig geschossen worden war. Der Dampfer ging jedoch nicht unter. Wir waren dann zur Stelle und gaben den Fangschuß. Der Erfolg wurde uns zugesprochen.

Versorgung unter Wasser

Seit jeher spielte in der U-Boot-Kriegsführung die Versorgung an der Front befindlicher Boote eine ausschlaggebende Rolle. Sind die An- und Abmarschwege lang, so verringert sich die Einsatzmöglichkeit beträchtlich. Zum besseren Verständnis will ich folgende Daten geben:

Der normale Kampftyp unserer U-Boote hatte einen Aktionsradius von ungefähr 7000 Seemeilen. Um zum Beispiel von deutschen Nordseehäfen bis in die Mitte des Nordatlantik zu gelangen, muß eine Strecke von 2000 sm für den Hin- und 2000 für den Rückweg zurückgelegt werden, insgesamt also 4000. Es bleiben also nur 3000 für den eigentlichen Kampfzweck. Hinzu kommt, daß man nicht die kürzesten Strecken fahren kann, da durch Minensperren und sonstige Abwehr oft Umwege erforderlich sind.

Wiederum erschien es auch unzweckmäßig, die Boote in den Gewässern um England operieren zu lassen, da dort die Seeräume viel leichter durch Flugzeuge und Jagdgruppen kontrollierbar sind; vielmehr war es notwendig, die Kampfeinheiten über die Mitte des Nordatlantik hinaus in noch entferntere Gebiete, wie das Karibische Meer, und in den Südatlantik zu schicken, um die feindliche Abwehr zu zerspalten. Eine der wesentlichen Aufgaben der Seekriegführung. Nur die Ausführung bereitet angesichts der Distanzen Schwierigkeiten! So sind es von Hamburg bis nach New Orleans 5000 Seemeilen und bis nach Rio de Janeiro 5500 und zurück desgleichen.

Wir sehen, die normalen U-Boots-Typen reichten für genannte Zwecke nicht mehr aus, obwohl sie am leichtesten serienmäßig gebaut werden konnten und die besten Kampfeigenschaften aufwiesen. Auch die französischen Stützpunkte, wie Bordeaux, St. Nazaire, Lorient und Brest verkürzten keineswegs die Entfernungen in entscheidenem Maße, obwohl ihr Wert nicht hoch genug einzuschätzen ist, denn die deutschen Häfen sind, wie die gesamte

Nordsee, leicht abzuriegeln, sei es durch Minen, Netz- oder sonstige Sperren. Im Ersten Weltkrieg wurde es empfindlich vor Augen geführt, da wesentliche U-Boots-Verluste in den Jahren 1914–1918 bei dem Versuch auftraten, den freien Atlantik zu erreichen. Man kann wohl die Behauptung aufstellen, daß sich kein erfolgreicher Seekrieg von Europa aus ohne Atlantikstützpunkte führen läßt.

Wenn die Kriegführung in den entfernteren Gebieten unbedingt erforderlich ist, liegt der Gedanke nahe, die Kampfeinheiten dort selbst zu versorgen. Zu Beginn des Krieges benutzten wir dazu getarnte Handelsdampfer. Aber schon im Jahre 1940 wurden die Verluste dieser Art operierender Schiffe so groß, daß man von ihrem weiteren Einsatz absah.

Eine andere Lösung wurde gefunden. Sie hieß U-Boots-Tanker. Diese Boote hatten eine Wasserverdrängung von annähernd 2000 Tonnen und waren in der Lage, zehn normale Kampfboote mit Proviant und Treiböl voll auszurüsten; auch Torpedos konnten sie mitführen. In großen Kühlräumen lagerten sie Frischfleisch, Gemüse und Obst; sogar mit einer Bäckerei waren sie ausgestattet. Rein äußerlich hatten sie bis auf geringfügige Abweichungen die gleiche Formgebung wie Kampfboote. Für einen Nichtfachmann waren sie wahrscheinlich kaum von ihnen zu unterscheiden. Zehn waren geplant und einige befanden sich schon 1942 im Einsatz.

Die ›Versorger‹, wie sie genannt wurden, erhöhten die Schlagkraft der Kampfboote um ein Vielfaches, oder anders ausgedrückt, sie vervielfachten die im Einsatz befindlichen Boote. Sie erlaubten, an dem bewährten Kampftyp VII c festzuhalten, auf den der Serienbau eingestellt war, und der hervorragende Kampfeigenschaften aufwies. U-Boots-Konstruktionen mit großem Aktionsradius hätten aufgrund langer Bauzeiten keinen massierten Einsatz zugelassen.

Stellen wir uns vor: Die U-Boot-Führung schickt 10 Boote an die mittelamerikanische Küste. Insgesamt drei Monate können sie im Höchstfall in See bleiben. Zwei Monate gehen für die Hin- und Rückfahrt verloren und nur einer bleibt für den eigentlichen Operationszweck. Sollen also 10 Boote ein Vierteljahr im erwähnten Seeraum stehen, so wären 30 erforderlich. 10 Boote hingegen, die ein Versorger betreut, können statt drei sogar vier Monate dortbleiben. Aus diesen Zahlen ist klar zu erkennen, daß ein Versorger für zehn Boote die Einsatzzeiten mehr als dreifach erhöht. Und außerdem können sie nun auch in noch entferntere Gebiete vorstoßen.

Um keine falsche Meinung aufkommen zu lassen, sei noch einmal betont, daß, wenn sich mehrere Boote in einem Seeraum befanden, sie doch grundsätzlich allein operierten und daß das Wort ›Rudeltaktik‹ meistens irrig ausgelegt wird. Wie schon erwähnt, ist es allenfalls auf die gegenseitige Hilfeleistung zum Finden von Geleitzügen zu beziehen und bedeutet keine Unterstellung unter eine Verbandsführung. Der U-Boot-Kommandant empfing ausnahmslos seine Befehle von der Obersten Seekriegsleitung, also Admiral Dönitz. Er beschränkte sich lediglich darauf, den Booten Positionen anzuweisen, und von der höheren Warte aus gesehen richtig zu verteilen. Außerdem hatten die Kommandanten immer die Möglichkeit, ihren Platz zu wechseln, wenn sie es aus taktischen Gründen, wie zu starke Abwehr, Änderung der Dampferrouten usw., für richtig hielten. Die U-Boots-Kommandantenstellung war zweifellos eine der unabhängigsten während des Krieges, vielleicht sogar mehr als die eines Kommandierenden Generals.

Was heißt es nun für den Gegner: In einem entfernten Seegebiet ist Unterseebootsgefahr? Er sieht sich gezwungen, Zerstörer und U-Jagdgruppen aus der entscheidenden Nordatlantiksicherung herauszuziehen. Er muß Geleitzüge zusammenstellen, die die Schnelligkeit der Frachtenbeförderung außerordentlich verzögern. Häfen sind nur in der Lage, eine beschränkte Anzahl von Schiffen gleichzeitig abzufertigen. Ein Teil muß lange warten, bis Molen, Liegeplätze und Kräne frei werden, und wiederum müssen die beladenen Schiffe verweilen, bis das letzte Fahrzeug zur Abreise bereit ist. Bei dem Marsch muß selbstverständlich das schnellste Schiff seine Geschwindigkeit nach dem langsamsten richten. Wenn die Schiffe des Konvois geschlossen ihren Bestimmungsort erreichen, wiederholt sich hier dasselbe wie im Abgangshafen. Gleichzeitig kann die Fracht nicht entladen werden. Das zuerst gelöschte Fahrzeug muß auf das letzte warten. Wertvolle Zeit geht so verloren.

Ferner muß der Geleitzug Zickzackkurs fahren, was die Fahrtstrecke erheblich vergrößert. Dies alles nur auf Grund des Vorhandenseins einiger U-Boote an Stellen, die früher ungefährdet waren. Nicht zu sprechen von der Schwächung der Abwehr im Nordatlantik, an der unmittelbaren Nachschubfront der europäischen Kampfgebiete und der Verringerung des feindlichen Schiffsraumes durch erfolgreiche Angriffe.

Diese Betrachtungen können wir anstellen, während wir auf

unseren Versorger warten. Endlich gelingt es, direkte Funkverbindungen mit ihm aufzunehmen. Es wird höchste Zeit. Eine Tonne Brennstoff ist uns noch geblieben. Der Sturm hat etwas nachgelassen, aber immer noch ist das Oberdeck ständig überspült. Seit vielen Tagen haben wir keine Möglichkeit, eine genaue Standortbestimmung nach den Sternen durchzuführen, da der Himmel dauernd bewölkt ist und Regenschauer an der Tagesordnung sind. Hoffentlich werden wir den Versorger finden! Der Atlantik ist groß, und wir sind klein, schwer vom Wasser zu unterscheiden. Wir können es nicht darauf ankommen lassen, daß wir uns verfehlen. Wir entschließen uns, Peilzeichen zu geben. Zu knapp ist unser Brennstoff.

Zweistündlich jagen wir für einige Minuten Peilsignale in den Äther. Unsere Maschinen sind gestoppt. – Eine Erlösung: Wir können ihn an der Kimm ausmachen, den Versorger. Ein herrliches Gefühl. Ein Stück Heimat. Ein anderes Unterseeboot. Ein Schicksalsgenosse.

Soll uns der starke Seegang einen Strich durch die Rechnung machen? Unmöglich können wir das Oberdeck betreten. Unweigerlich würden die Wellen jeden Waghalsigen außenbords spülen. Unsere Lage ist kritisch. Sollte der Feind uns überraschen, gäbe es keine Rettung.

Wir warten einen ganzen Tag. Vergeblich! Nur schwierig können wir mit dem anderen Boot Fühlung halten. Die Nacht ist dunkel, die Wellenberge sind hoch. Ein Schatten gleicht dem anderen. Zu dicht dürfen wir auch nicht zusammenbleiben, dann besteht Rammgefahr. Aufregende Stunden!

Endlich, es wird hell. Der Wind scheint sich zu legen. Aber immer noch peitschen Seen über das Oberdeck. Es hilft nichts, die Entscheidung drängt. Der Leitende Ingenieur und einige Soldaten des Maschinenpersonals gehen auf das Vor- und Achterschiff. Es gilt, die Ventile zur Treibölübernahme zu öffnen und den Anschluß für den Schlauch vorzubereiten. Trotz der herrschenden Kälte sind die Männer nur mit Badehosen bekleidet. Der Anschnallgurt schnürt ihnen die Rippen ein. Oft hängt einer außenbords und wird mühevoll von den Kameraden wieder eingeholt. Ein harter Sport. Es hilft nichts; die einzige Möglichkeit.

Der Versorger und wir laufen parallel. Abstand vielleicht 80 Meter. Eine Verbindungsleine wird mit einer Spezialpistole herübergeschossen; ihr folgen der Schlauch und ein Schleppseil. – Wir atmen auf. Das edle Naß kann fließen. 20 Tonnen übernehmen wir so. Gleichzeitig wasserdichte Säcke mit Kartoffeln, Brot, Gemüse und sonstigen Nahrungsmitteln. Es klappt ausgezeichnet, obwohl wir es zum ersten Male tun.

Ein weiteres Boot meldet sich. Es will auch versorgt sein. Bis auf ein gewisses Quantum Treiböl haben wir die Übernahme beendet. Aus Sicherheitsgründen und zur praktischen Erprobung des Manövers unter Wasser, tauchen wir. Zuerst der Versorger, dann unser Boot. Die Schlauchverbindung bleibt bestehen. Die beiden Boote fahren hintereinander. Wir steuern auf 50 Meter. Drei Stunden dauert es. Ein fantastischer Gedanke, wir übernehmen Dieselöl unter Wasser! Zum ersten Male in der Geschichte.

Mit dem Unterwasserschallgerät bleiben wir miteinander in Verbindung, geben Kurs- und Fahrtsignale. – Unsere Bunker sind voll. Auftauchen! –

Zum Abschluß folgen noch einige besondere Hochgenüsse wie Hummern und andere Leckerbissen. Zu lange leben wir schon von Konserven.

Vielen Dank! Mast- und Spierenbruch! Beide Maschinen große Fahrt voraus! Schnell müssen wir Abstand voneinander gewinnen. Auf keinen Fall darf der Versorger entdeckt werden. Sein Verlust wäre ein schwerer Schlag für die Unterseebootkriegführung. Natürlich ist die Verlängerung des Einsatzes, die er ermöglicht, den Besatzungen der Boote keine reine Freude. Man würde ganz gerne nach drei Monaten wieder einlaufen. Taktisch richtiges Handeln und menschliche Erwägung lassen sich wohl selten auf einen gemeinsamen Nenner bringen!

In der Hölle von Gibraltar

Rauchwolke in Sicht. Höchstfahrt! Sie entschwindet. Tauchen! Schraubengeräusche in der gleichen Richtung. Auftauchen! Höchstfahrt. Schon über eine Stunde geht es so. Wieder sind wir unten, um zu horchen. Richtung genau entgegengesetzt. – Rätselhaft. Die Sicht ist gut, unmöglich kann das Schiff so schnell auf die andere Seite gekommen sein. – Nun sehen wir die Rauchwolke ganz deutlich. Ein Wal, der seine verbrauchte Luft ausstößt! – Noch lange ziehen wir die Brückenwache damit auf.

Nebel. Wieder Schraubengeräusche. Wir nehmen die Richtung. Nichts in Sicht. Auf größeren Tiefen kann man am besten hören. Wir sind auf 50 Meter.

Horcher: »80 Umdrehungen. – Zweites Geräusch in annähernd gleicher Richtung. Schnelläufer, wandert aus. Drittes Geräusch, wahrscheinlich Dieselmaschine. – Au!« – Er reißt die Hörer vom Kopf und greift sich an die Ohren.

Alle haben wir deutlich eine Detonation wahrgenommen. Natürlich nicht so deutlich wie der Ahnungslose an seinem Verstärkergerät.

Der Horcher hat die Hörer wieder aufgesetzt: »Nur noch Diesel vernehmbar, wird schwächer.«

Pech, ein anderer ist uns zuvorgekommen. – Erstes Geräusch: Dampfer, zweites: Torpedo und drittes: Unterseeboot.

Manche derartige Erlebnisse gibt es auf der Fahrt. Wir freuen uns jedoch sehr, sie gegen das Gefühl, endlich wieder unsere Beine an Land setzen zu können, einzutauschen.

Saint Nazaire. Zum ersten Male liegt unser Boot in einem U-Boots-Bunker. Eine technische Meisterleistung: Zwölf Boxen für je drei Boote, voneinander getrennt durch meterdicke Eisenbetonwände.

Mächtige Stahlschotten können heruntergelassen werden und das Ganze verschließen. Dockanlagen und Reparaturwerkstätten sind vorzüglich geschützt. Sieben Meter beträgt die Deckenstärke. Welche Bombe könnte hindurchschlagen? Die wenigen, die hinauffielen, hinterließen kaum Spuren. Ungestört können die Arbeiten auch bei stärksten Fliegerangriffen fortgesetzt werden. Keine Verzögerung mehr in der U-Boots-Reparatur.

Eindrucksvoll nehmen sich die Zahlen aus: Ungefähr 500 000 Kubikmeter Eisenbeton sind für dieses Werk verbaut worden, 125 Millionen Mark. Viele solcher Bunker wurden gleichzeitig an der französischen Küste errichtet.

Urlaub! – Neben mir in der Eisenbahn sitzt mein Flottillenchef. Er erzählt von der Entwicklung unserer Waffe. »Schon reichen die Boxen im Bunker nicht mehr aus. Wir wissen nicht, wo wir die nächsten einlaufenden Boote hineinlegen sollen. Eine Erweiterung des gigantischen Panzerwerkes ist geplant. Schon liegen Pläne für sechs neue Boxen vor. Jeden zweiten Tag läuft ein Boot vom Stapel. Vor kurzer Zeit waren über 300 im Atlantik. Beträchtliche Leistung!« – Die Erfolge in den letzten Monaten waren die höchsten während des Krieges.

In Berlin genieße ich wieder das Glück, im Familienkreise weilen zu dürfen. Ich treffe meinen Bruder wieder. Er ist in Norwegen eingesetzt; meisterhaft hat er es verstanden, jedesmal zur gleichen Zeit wie ich Urlaub zu nehmen. Seit Kriegsbeginn treffen wir uns in jedem Jahr einmal zu Hause. In der Kinderzeit haben wir uns niemals besonders gut verstanden. Er war Bastler und ich hielt mehr vom Sport. Jetzt sind wir ein Herz und eine Seele. Er ist sechs Jahre älter als ich. Er wurde im Ersten Weltkrieg geboren. Damals stand mein Vater im Felde. Diesmal hat meine Mutter die Sorge um ihre Söhne. Es ist immer eine qualvolle Zeit des Wartens, da wir U-Boots-Fahrer während des langen Einsatzes nichts von uns hören lassen können.

Das Kriegsgeschehen entwickelt sich zusehends ungünstig. Die Bombenangriffe feindlicher Flugzeuge mehren sich. Obwohl die Propaganda geschickt wirkungsvolle Argumente anzuführen versteht und die allgemeine Volksstimmung erstaunlich zuversichtlich bleibt, rühren sich im engsten Kreise sorgenvolle Gedanken. Ich muß an das nordamerikanische Industriepotential denken. Hatte ich nicht im Jahre 1938 die Fordwerke in Detroit besichtigt? 5000 Autos Tagesproduktion.

Das wichtigste Problem scheint nunmehr in der Sperrung der Zufuhr des nordamerikanischen Materials zu liegen. Werden wir es mit dem U-Boots-Krieg schaffen?

Wir an der Front wußten keine Antwort zu geben. Wie sollten wir auch? Wir kannten nicht die Möglichkeiten der deutschen Industrien, wußten nicht, wie weit neue U-Boots-Typen in der Entwicklung fortgeschritten und einsatzbereit waren. – Nur eins konnten wir beurteilen, wir machten kein Hehl daraus: Wie bisher konnte der Unterseebootkrieg nicht fortgesetzt werden. Die letzten großen Erfolgsmeldungen über versenkte Tonnage durften nicht darüber täuschen, daß die Abwehr des Gegners uns immer mehr zu schaffen machte, und daß die eigenen Verluste gewaltig angestiegen waren. Das Radar sollte, vor allen Dingen in Flugzeugen eingesetzt, sich mehr und mehr als der große Trumpf in der Hand des Gegners erweisen.

Die neue Parole des Admirals Dönitz lautete: »Nicht durch Flugzeuge einschüchtern lassen – abschießen!«

Durch die vielen Fronten war die deutsche Luftwaffe derart gebunden, daß sie die Biskaya, das Gebiet, das wir bei jedem Ein- und Auslaufen durchqueren mußten, nicht mehr schützen konnte. Seeräume, in denen sich noch vor zwei Jahren kaum ein feindliches Flugzeug sehen ließ, waren nun vom Gegner beherrscht. Kaum konnte man zwei Stunden an der Wasseroberfläche fahren, ohne zum Tauchen gezwungen zu werden.

Unser Boot erhielt ein Vierlingsflakgeschütz. Es wurde auf ein Podest hinter dem Turm gesetzt. Vier Maschinengewehre neuester Konstruktion sollten die Bewaffnung vervollständigen.

Zur Erprobung der U-Boots-Abwehrmöglichkeiten gegen feindliche Flugzeuge wurden zwei Flakboote besonders ausgerüstet. Sie erhielten eine Turmpanzerung, außerordentlich viele leichte Flakgeschütze und überschwere Maschinengewehre. Man wollte die Flugzeuge, in der Annahme, es handele sich um ein normales U-Boot, angreifen lassen und sie dann überraschend abschießen. Ein Erfolg schien sicher, und außerdem hoffte unsere Führung den feindlichen Fliegern ihre Angriffslust zu nehmen. – Es sollte anders kommen.

Eins der Flakboote stand in der Biskaya. Zwei Flugzeuge wurden gesichtet. Das Gefecht begann. Schnell stellte sich jedoch heraus, daß die Flugzeuge Vierzentimeterkanonen hatten, während unser Flakboot nur Zweizentimetergeschütze besaß. Die Flugzeuge hielten sich außerhalb der Reichweite der U-Boots-Geschütze und schossen aus sicherer Entfernung das gesamte Brückenpersonal zusammen. Zum Tauchen war es zu spät. – Ein verzweifelter Kampf. Vierzehn Soldaten gefallen, unter ihnen zwei Offiziere; Kommandant schwer verwundet. Es gab keinen Ausweg mehr. – Nun doch tauchen! Das Boot hatte unvorstellbares Glück. Es gelang ihm, den Einsatzhafen zu erreichen. Eine bittere Erfahrung mehr!

Admiral Dönitz änderte uns gegenüber seine Ansicht nicht. Wie konnte er auch von heute auf morgen seine Taktik umwerfen. Sie hätte neue Bootstypen vorausgesetzt. Ständig suchte er nach neuen Mitteln, Flugzeuge abzuwehren. Er war hart gegen sich selbst, hart gegen seine Untergebenen. Sogar seine beiden Söhne sind als U-Boots-Offiziere gefallen. Er hat sie auch in den kritischsten Zeiten nicht aus der Front gezogen.

Erneut standen wir im Atlantik. Zwei getauchte Angriffe mußten abgebrochen werden; die Dampfer stellten sich als neutrale heraus. Zu dumm! – Lange Zeit nichts in Sicht. Wir gehen vor die Gibraltareinfahrt. – »Hier müssen sie durch«, sagte der Kommandant.

Prächtiger Frühlingstag. Keine Wolke am Himmel. Deutlich sind die Felsen der mittelmeerbeherrschenden englischen Festung zu erkennen. Die Säulen des Herkules, der Dschebel el Tarik: Auch in diesem Kriege hatten sie wieder eine schicksalhafte Rolle gespielt. In ihrem Schutze hatte sich die Invasionsflotte versammelt, und die Landungen in Nordafrika durchgeführt. Das Mittelmeer blieb dem Gegner geöffnet, in Tunesien ging der Schlußakt des Afrikafeldzuges vor sich, und die Invasion Italiens wurde vorbereitet.

Rauchwolken, Mastspitzen. Wir freuen uns. Endlich eine Abwechslung nach so langer eintöniger Zeit. Wir gehen dichter heran.

Flugzeug! – Wir tauchen. Hat es uns gesehen? Wenn ja, werden in einer Stunde Suchgruppen kommen. Das Wetter ist gut; für uns schlecht. Zu ruhige, spiegelglatte See. Suchgeräte können genau arbeiten.

Horcher: »Schraubengeräusche! – Schnelläufer! – Wahrscheinlich Zerstörer. Suchen mit Asdic. Sie kommen schnell näher, keine Auswanderung!« Sie laufen direkt auf uns zu.

Die englischen Geräte zur Unterwasserortung heißen Asdic, eine Abkürzung der Bezeichnung des Ultraschallverfahrens: ›Anti-Submarine detector indicator committee‹ – Anti-U-Boot-Entdecker-Anzeiger-Ausschuß. Unsere Leute, die den Namen selten geschrieben sahen, aber oft hörten, machten daraus ein großes S-dick. (Dick kriegen konnte man es allerdings.)

Kommandant: »Schleichfahrt. Auf 150 Meter gehen!«

Wir sind vorbereitet. Haben unsere Filzschuhe angezogen, überflüssiges Licht ausgeschaltet, um Strom zu sparen. Niemals weiß man, wie lange es dauern wird.

Die U-Jagdgruppe bildet ein Dreieck. Wir sind in der Mitte. Jetzt beginnt der Tanz. Der Gegner arbeitet hervorragend. Die Bomben liegen dicht am Boot. Noch nie sind die ersten Serien so gut geworfen worden. Immer sechs Sprengkörper gleichzeitig. Bei uns fällt alles durcheinander. Sämtliche Glasmeßgeräte sind zertrümmert. Der Fußboden ist mit Splittern übersät. Vereinzelt springen Ventile undicht. Wasser rieselt herein. Unaufhörlich wird gearbeitet. Dichter und dichter fallen die Serien. Auf 200 Meter steuern wir. Die Zerstörer sparen wahrhaftig nicht mit Sprengkörpern. Sie müssen sich bald erschöpft haben, ist unsere Hoffnung. Drei Stunden geht es ohne die geringste Unterbrechung. Ein Zerstörer greift an, die beiden anderen geben ihm unsere Position an. Dann wechseln sie.

Horcher: »Neue Schraubengeräusche! – Zerstörer!« Es erfahren nur die Soldaten, die in unmittelbarer Nähe des Horchraumes ihre Gefechtsstation haben. Warum die restliche Besatzung beunruhigen? Die Lage ist schon so ernst genug. Der Schweiß tropft von der Stirn. Blasse Gesichter. Wir wissen, woran ein jeder denkt. – Tiefenruder und Steuer sind auf Hand gekuppelt. Wir müssen Strom sparen. – Sechs Zerstörer. Drei fahren Richtung Gibraltar. Neue kommen. Unsere Lage ist verzweifelt. Die Fahrzeuge werden sich niemals mit ihren Wasserbomben erschöpfen. Sie machen regelrechte Wachablösung und bringen neue mit. Das Wetter ist hervorragend dazu geeignet, ein U-Boot zu jagen. Warum kommt kein Sturm auf, wie auf der einen Reise?

Sechzehn Stunden. Die Zahl der Wasserbomben haben wir nicht mehr mitgezählt. Keiner hat geschlafen. Tiefe schwarze Ränder umgeben die Augen. Sämtliche Birnen sind zersprungen. Wir wechseln sie nicht mehr aus. Die Notbeleuchtung läßt die Bootseinrichtungen nur schattenhaft erkennen. Die Dunkelheit erhöht die Angst; aber keiner zeigt sie. Erstaunlich, wie man sich beherrschen kann.

Wir haben schon einiges erlebt, aber dies ist die Hölle. Oft werden wir auf 250 Meter gedrückt. Die Stahlwände zwischen den Druckspanten haben sich durchgebogen. Jeden Augenblick können sie reißen. Wir sind gelassen und denken: Kismet. Es würde schnell gehen. – »Nicht jeder bekommt einen so teuren Sarg«, sagt eine Stimme trocken. »Vier Millionen Mark.«

Wenn man sich bloß wehren könnte! Wenn man etwas sehen könnte, und nur wieder schießen! Dieses Warten ist unerträglich. Nicht einmal mehr Ausweichmanöver können wir fahren. Der Strom geht zur Neige. Die Preßluftflaschen sind fast leer. Die Luft erscheint so schwer wie Blei. Wir gleichen einem Marathonläufer im Ziel. Der Atem geht immer schneller. Der Sauerstoff ist knapp, der Kohlendioxydgehalt hoch. Noch zwanzig Stunden und wir müssen auftauchen. Wir wissen, wie es vor sich gehen würde. Es liegen Erfahrungsberichte vor: Das Boot kommt an die Oberfläche, und die Kriegsschiffe nehmen es mit allen Waffen unter Feuer. Die Besatzung springt über Bord. Es wird weitergeschossen. Die U-Boots-Besatzung soll ihre Nerven verlieren und vergessen, das Boot zu versenken. Zu – gerne möchte man ein deutsches Unterseeboot erbeuten! Es wäre ein Leichtes, die geeigneten Abwehrmittel zu finden, um es noch besser jagen zu können.

»Achtung Bombenwurf!« Es wird jedesmal angesagt, wenn die Anzeichen vorliegen, daß sie gefallen sind. Jeder hält sich dann fest und stellt sich auf die Erschütterungen ein. Diesmal liegen die Sprengkörper neben dem Boot. Ohrenbetäubend knallt und tost es in der Zentrale. Eisenteile fliegen durch die Gegend. Ventile brechen ab. Der Teufel scheint losgelassen. Keiner weiß, was los ist. Unwillkürlich greifen wir nach den Tauchrettern. Der Zentralemaat hat seine Hände am Hauptanblaseventil, um Preßluft zum Auftauchen zu geben. Aber er wartet auf den Befehl des Kommandanten. Von sich aus würde er es nicht tun. Soldaten sind diszipliniert. Jegliches selbständige Handeln ist verboten. Unbedingter Gehorsam. Wie kann auch ein Sektorenverantwortlicher die Gesamtlage übersehen? Vielleicht ist es wie im großen Staatsgebilde. Im militärischen Gesetz liegt der Grund, warum auch hohe Offiziere bedingungslos Befehle ausführen. Als Soldaten können wir die Gesamtlage nicht übersehen. Ähnlich dem Zentralemaat vor Gibraltar, der mit einem Griff das Boot zum Auftauchen bringen könnte. Ist es richtig? Kann er es beurteilen? Nein, er kann es nicht, er ist genauso ein kleines Rad im Boot, wie wir alle im Staatsgebilde. Abwarten. Hoffentlich trifft die Führung die richtige Entscheidung!

Noch immer poltert es. Der Rudergänger meldet den Ausfall der Kreiselkompaßanlage. Der Hauptkreisel ist aus seinem Gehäuse gesprungen. Mit seinen 10000 Umdrehungen je Minute rollte er durch den Raum. Zum Glück hat er keinen von uns getroffen.

Der Kommandant erwägt mit den Offizieren, was am besten zu tun sei. Beurteilung der Lage: Hoffnungslos. Versuchen, auszusteigen und Boot versenken. – Mondaufgang ist um zwei Uhr morgens. Bis dahin ist es dunkel. In dieser Zeit müssen wir hoch. Vielleicht glückt es uns, aufgetaucht die Einkreisung zu durchbrechen.

Das Boot wird zur Sprengung vorbereitet. Zeitzünder werden an die Torpedoköpfe und an empfindliche Stellen gelegt. Unabhängig voneinander. Wenn einer versagt, muß der andere losgehen. Auf keinen Fall darf das Boot in die Hände des Gegners fallen. Wir würden den Tod vieler Kameraden verursachen. Es darf nicht sein!

Wir schnallen Tauchretter und Rettungsboote um. Jeder hat sein eigenes. Es ist ein Luftschlauchboot und für einen Mann berechnet. Kommandant und Brückenwache setzen Rotbrillen auf. Die Augen sollen an die Dunkelheit gewöhnt werden, damit man schon sofort nach dem Auftauchen volle Sehkraft hat. Eigentlich wäre es nicht notwendig; im Boot ist so gut wie kein Licht.

Mehrere Bolds werden ausgestoßen. Jetzt bereiten wir Ballons mit daran befestigten Metallstreifen vor. Sie sollen, wenn wir aufgetaucht sind, abgelassen werden und in geringer Höhe über dem Wasser schweben. Die herunterhängenden Metallstreifen bilden einen Körper, der im Radar ein täuschendes Echo verursacht. Also ein Gegenstück zum Bold unter Wasser, der die Suchgeräte narren soll.

Das Boot steigt. 100 Meter. Asdic-Geräusche werden lauter. Verdammt, die Zerstörer lassen uns nicht aus ihren Geräten. Es knallt. Die Bomben liegen unter dem Boot. Auf 50 Meter fliegen wir. Die aufsteigenden Strudel reißen uns hoch.

Horcher: »Zerstörer in unmittelbarer Nähe. Sechs verschiedene Schraubengeräusche!«

Der Kommandant antwortet mit dem Ausspruch Götz von Berlichingens, dann: »Anblasen! Auftauchen! Äußerste Kraft voraus!«

Kaum geben die Akkumulatoren noch die volle Umdrehungszahl. Sie sind erschöpft.

Munition für unsere Flakkanonen liegt bereit. Große Magazine mit je 40 Schuß. Fünf Rohre können gleichzeitig feuern. Desgleichen vier Maschinengewehre. 1600 Schuß mal vier gleich 6400 Schuß je Minute. Die Gurte reißen nicht ab wie bei Land-Maschinengewehren. Sie reichen vom Turm bis in die Zentrale und werden ständig verlängert. Man kann wie mit einer Wasserspritze schießen. Bis zu einer Entfernung von 2000 Metern sind wir auch für einen Zerstörer gefährlich. Er hat keinen Panzer. Wenn der Abstand größer als 2000 Meter ist, sieht er uns nicht. Es ist uns aber klar, sollte es zum Gefecht kommen, so würden wir am Ende doch unterliegen. Hoffentlich wird eine Verteidigung nicht nötig sein und wir kommen unentdeckt davon.

Das Boot stößt durch die Wasseroberfläche. Noch immer knallen Wasserbomben. Die Bolds tun also ihre Schuldigkeit. Das Turmluk wird aufgerissen. Fast fliegen wir hinaus. Der Überdruck im Boot ist gewaltig angestiegen. Zum Druckausgleich ist keine Zeit. Jede Sekunde ist kostbar. Der Kommandant blickt in den Backbordsektor; ich nach Steuerbord. – Gott sei Dank, die Nacht ist dunkel. Der Himmel bewölkt. Drei Zerstörer erkennen wir. Einer hat höchstens einen Abstand von 500 Metern. Er wirft gerade Wasserbomben.

Beide Dieselmotoren springen an. Sofort äußerste Kraft. Keine Zeit zum Warmwerdenlassen. Die Generatoren laufen mit; so schnell wie möglich müssen die Batterien wieder aufgeladen werden. Zwei Luftkompressoren füllen die Preßluftflaschen. Die Ventilatorenanlagen durchlüften das Boot. Außerdem sind alle Schotten geöffnet, so daß auch die Saugkraft der Diesel die Frischluftzufuhr beschleunigt.

Die frische Luft beißt in den Lungen. Wir haben Mühe, uns auf den Beinen zu halten. Wir sind der Ohnmacht nahe. – Kanonen und Maschinengewehre sind durchgeladen. Ihre Läufe zeigen auf einen Zerstörer in unmittelbarer Nähe. Er soll uns nur nicht entdecken. Es wäre auch für ihn besser. Die Torpedorechenanlage ist in Betrieb. Fünf Rohre sind klar zum Schuß. Neue Torpedos. Sie können Kreise und Zickzack laufen. Aber wir verzichten auf jede eigene Initiative. Wir könnten nicht unbehelligt ablaufen, da wir mit zwei wichtigen Faktoren am Ende sind: Strom und Preßluft.

Die Entfernung wird größer. Die mit Gas gefüllten Ballons steigen auf. Sie treiben mit der Windrichtung. Zehn haben wir schon hochgelassen. Der Gegner, der mit dem Radar arbeitet, wird über die scheinbare Unzahl von Unterseebooten erstaunt sein, die sich plötzlich bemerkbar machen. An den Stellen, wo sich die Bolds befinden, vermutet er außerdem noch getauchte Boote.

Die Zerstörer kommen außer Sicht. Eine halbe Stunde ist vergangen. Wasserbombendetonationen sind unaufhörlich zu vernehmen. Wir machen bereits wieder die ersten Späße.

Scheinwerfer leuchten. Der Funker meldet das Suchen von Radargeräten. Die feindlichen Kriegsschiffe werden durch die vielen vermeintlichen Unterseeboote in Verwirrung geraten sein. Jetzt haben sie mit den vielen Echos reflektierter Metallstreifen zu tun, und dann gibt es noch die eigenen Kameraden. Die Zerstörer können also nicht mit hoher Fahrt in die angezeigte Richtung laufen.

Langsam, heißt es, und vor dem Rammstoß das Objekt beleuchten. Wir malen uns aus, wie es auf einem Zerstörer zugeht:

Mann am Radar auf Zerstörer: »Fahrzeug 40 Grad; Entfernung 6000 Meter.« Weitere 15 Objekte in verschiedenen Richtungen.

Zerstörer-Kommandant: Position von Jagdgruppen feststellen und in Karte eintragen!

Navigationsoffizier: »Befehl ausgeführt!«

Kommandant: »Kurs soundso! Geben Sie laufend Radarpeilungen!«

Der Zerstörer nähert sich dem vermeintlichen Ziel (einem Ballon), Scheinwerfer suchen. Peilung im Radar setzt aus. Die Entfernung ist unter 1000 Meter, dem Mindestbereich der damals im Einsatz befindlichen Radargeräte. Geschütze sind eingerichtet. Nichts zu sehen; die in der Luft hängenden Drähte sind sehr dünn.

Mann am Radar: »Peilung achteraus. Vermutlich gleiches Objekt.«

Kommandant: »Schweinerei. Sind vorbeigefahren. Passen Sie doch besser auf. Diese verdammten Unterseeboote. Sind auch zu klein. Fehlt nur noch, daß sie uns einen Torpedo verpassen! Hart steuerbord!« – Und so mag er sich weiter ärgern.

Nur ein böser Gedanke kommt uns bei diesem Spiel: Hoffentlich nehmen sie unter den vielen Objekten im Radar uns nicht einmal aufs Ziel.

Eine Stunde ist schon vergangen. Die Luft im Boot ist erneuert, und unter Wasser gehen könnten wir auch schon wieder für sechzehn Stunden. In weiteren zwei Stunden sind wir voll einsatzbereit. Nur schrecklich müde. Und haben keine Lust mehr, etwas zu erleben!

»Tauchen!« Ganz friedlich, ohne Alarm. »Auf 100 Meter gehen!« Ausspannen, schlafen, Schäden beheben. Neue Kreiselkugel einsetzen. Und weg von Gibraltar. Es hat uns gereicht. Und freiwillig waren wir dorthin gefahren. Ich denke an eine alte Weisheit: Wenn der Esel aufs Glatteis geht, kommt er darauf um. Beinahe wäre es uns so ergangen.

Radar – Feind Nummer eins

Es kann nicht vom U-Boots-Krieg erzählt werden, ohne auf das ›Radar‹ einzugehen, denn sein Einsatz war es, der die Wende in der Schlacht auf dem Atlantik herbeiführte, in einer für unsere Gesamtlage kritischen Phase des Krieges. Trotz heldenhaftem Kampf und voller Einsatzbereitschaft der Besatzungen zerbrach ihre scharfe Waffe von heute auf morgen. Der Serienbau des in der ersten Hälfte des Krieges bewährten Kampftyps mochte auf dem Höhepunkt angelangt sein, als die volle Entfaltung der gegnerischen Abwehr ihm seinen Wert nahm.

Erklären wir es genauer. Das Wort ›Unterseeboot‹ erweckt im Nichtfachmann zu leicht falsche Vorstellungen. Eigentlich müßte es ›Tauchboot‹ heißen, da es bis um die Wende des Jahres 1943 praktisch fast immer aufgetaucht fuhr. Schon aus der äußeren Formgebung ist ersichtlich, daß es für den Marsch über Wasser konstruiert war. Das menschliche Auge konnte es nur in Ausnahmefällen entdecken; wenn es trotzdem geschah, so nur durch Unaufmerksamkeit der eigenen Besatzung oder durch zufällige andere ungünstige Umstände. Nachts war das U-Boot nahezu unmöglich auszumachen, und am Tage vermochte es Schiffe und Flugzeuge eher zu sichten, als es selbst aufgrund seiner geringen Größe wahrgenommen werden konnte. Es war in der Lage, bevor der Gegner darauf aufmerksam wurde, unter Wasser zu verschwinden, anzugreifen oder nach gewisser Zeit wieder aufzutauchen und den geplanten Marsch fortzusetzen. Mit seiner Tauchzeit von ungefähr zwei Tagen war es imstande, auch noch stark überwachte Seeräume zu durchqueren, oder sich darin aufzuhalten, da ihm in jedem Falle die Nacht blieb, um gefahrlos die Akkumulatoren aufzuladen und das Boot zu durchlüften. Durchschnittlich brauchte es zwei bis vier Stunden dazu.

Infolge seiner Unsichtbarkeit konnte es auch schwerste Kriegsschiffeinheiten vernichtend schlagen. Sein Wert im offenen Überwassergefecht war dagegen aufgrund seiner übergroßen Empfindlichkeit verhältnismäßig gering. Ein schneller Flußkahn, mit Kanonen und Torpedorohren ausgerüstet, wäre ihm weit überlegen. Es darf nicht vergessen werden, daß ein Unterseeboot zum ›Untergehen‹ gebaut ist, und demzufolge sehr wenig Auftrieb hat. Ein 500 Tonnen großes Überwasserschiff kann 500 Tonnen Wasser aufnehmen, bis es versinkt; ein U-Boot derselben Größe jedoch nur ungefähr den fünften Teil. Hinzu kommt bei Überwasserkriegsschiffen die Sichtbarkeit einer undichten Stelle und die Möglichkeit, dem Schaden gleich abzuhelfen. Beim Unterseeboot kann ein Leck nur schwerlich entdeckt oder gar erreicht werden. Die vielen Inneneinrichtungen, Maschinen, Akkumulatoren und andere Geräte versperren jeglichen Zugang, wenn Wasser einströmt und ansteigt. Die Quelle bleibt unbekannt. Ferner kann ein Überwasserschiff gewisse Räume abschotten; es bleibt schwimmfähig. Im U-Boot kann zwar auch abgeschottet werden; es geht aber bei Vollaufen eines Raumes unter. Die meisten Gewässer sind zu tief, um vom Grund ›auszusteigen‹. – Die Herstellungskosten eines Unterseebootes sind um ein Vielfaches höher als die von Kriegsschiffen gleicher Größe.

Ein Abwehrgerät wie das Radar nimmt dem Unterseeboot seinen größten Vorzug, nämlich die Unsichtbarkeit bei den bewährten Nachtangriffen. Damit ist der entscheidende Faktor, die Überraschung, ausgeschaltet und das Unterseeboot in seinen Möglichkeiten beträchtlich eingeschränkt.

Zunächst hatte der Gegner in der ersten Phase des Krieges nach der Erkenntnis gehandelt, daß den U-Booten am leichtesten vor ihren Stützpunkten beizukommen war, und nicht in den Weiten der Weltmeere, wo das Aufspüren reine Glückssache war und keine Verstärkung innerhalb kurzer Zeit herbeigeholt werden konnte. Vor den Stützpunkten mußten die Unterseeboote bei jeder Fahrt zweimal auftreten, einmal beim Aus- und einmal beim Einlaufen. Die Häfen waren bekannt; davor massierten sich notgedrungen die Boote. Aber in den ersten Kriegsjahren gelang es dem Feind nicht, uns niederzuringen. Wir waren der Gegenwehr gewachsen. Auch die Absicht, die Stützpunkte und Reparaturwerkstätten zu zerstören, scheiterte durch das rechtzeitige Errichten von U-Boots-Bunkern, die selbst gegen stärkste Bombenangriffe immun waren.

Das Radar brachte die Wende. Nicht umsonst wurden den Gelehrten, die das Radarverfahren und entsprechende Geräte entscheidend weiterentwickelt hatten, schon während des Krieges in England große Ehrungen und Auszeichnungen zuteil.

Auch auf deutscher Seite wurde das Funkmeßverfahren schon vor Kriegsausbruch angewandt. Unsere Schlachtschiffe besaßen entsprechende, aber sehr schwere, bis 20 t wiegende Anlagen. In der Flugzeugabwehr ist das ›Würzburg‹-Gerät schon bald zu einem Begriff geworden. Der Gegner gewann jedoch durch die Konstruktion kleiner wirksamer Apparate, die vor allen Dingen auch in Flugzeugen eingebaut werden konnten, einen Vorsprung.

Bei Kriegsende hat das Radar folgendermaßen ausgesehen:

Die Größe entspricht der eines normalen Musikschrankes. In ihm sind Sender und Empfänger untergebracht. Die Sendeantenne ist zugleich Empfangsantenne und auf dem höchsten Punkte des Schiffes angebracht. In Bruchteilen von Sekunden schaltet sie ständig von Ausstrahlung auf Empfang. Die Antenne rotiert fortlaufend. Auf einem Lichtschirm, ähnlich dem von Fernsehapparaten, werden die Objekte in Form heller Punkte sichtbar gemacht. Die Richtung, in der sie sich bewegen, kann man an der Auswanderung feststellen; ein schwacher Streifen zieht sich als eine Art Schweif hinter ihnen her. Die Entfernung wird einer Meßskala entnommen. – Auf diese Weise sieht der Radarbenutzer, unabhängig vom Wetter um sich herum, alle vorhandenen Fahrzeuge mit genauer Richtung und Entfernung. Kriegsschiffe können sich somit bei Nacht und Nebel auf größte Entfernungen beschießen.

Ein wichtiger Umstand muß festgehalten werden: Sehr kurze Funkwellen schmiegen sich nicht der Erdkrümmung an, sondern verlaufen geradlinig wie Lichtstrahlen. Wie wir wissen, übersieht man aber von einem Berge größere Strecken als von ebener Erde aus. Und so ist auch das Radar in größerer Höhe wirksamer. Flugzeuge vermögen mit ihm also weiter zu orten als Schiffe und Landstellen.

Allerdings können Objekte unter Wasser nicht erfaßt werden. Dies ist von größter Bedeutung. Aber die Folgen des Radars während des unvermeidlichen Überwassermarsches sind verhängnisvoll genug.

Wie stellt sich neuerdings der U-Boots-Krieg dar? Die einzigen Ausfahrten, also zwischen England und Island für Neubauten aus Deutschland und Boote mit Stützpunkten in Norwegen, und die Biskaya für in Frankreich stationierte Boote, werden durch Flugzeuge und U-Boots-Jagdfahrzeuge intensiv bewacht. Die Kanaldurchfahrt kommt wegen geringer Breite und Untiefen nicht in Betracht. Dem Gegner geht es darum, die Unterseeboote an der Wasseroberfläche zu entdecken, denn in getauchtem Zustande ist ihnen mit dem Radar nicht beizukommen, und der Aktionsradius der gewöhnlichen Ultraschall-Unterwasser-Suchgeräte ist recht gering und vielen Störungen unterworfen.

Es stehen der feindlichen Suchaktion die drei Stunden zur Verfügung, die wir täglich aufzutauchen gezwungen sind, um die Batterien zu laden. Stellen wir uns nun vor, daß ein mit dem Radar ausgerüstetes Flugzeug ein aufgetauchtes Unterseeboot bis 150 Kilometer feststellen kann, das heißt einen Kreis mit einem Durchmesser von 300 Kilometer überwacht, und ein Kriegsschiff ungefähr bis zu einer Entfernung von 35 Kilometern mit dem Radar Schiffe erfassen kann, so ist die Voraussetzung durchaus gegeben, uns zu entdecken.

Wählen wir die Zeit des Batterieladens nachts, so tritt folgendes ein: Ein Flugzeug entdeckt uns. Aufgrund der Auswanderung der Radarpeilung kann es mühelos unseren Kurs feststellen. Es setzt sich vor oder hinter das Boot, um in Längsrichtung angreifen zu können. Wir merken nichts, da Flugzeuge bei Dunkelheit kaum zu erkennen sind und die eigenen Motorengeräusche die des Flugzeuges übertönen. Bei 1000 Metern Entfernung schaltet der Flugzeugführer einen unter den Tragflächen angebrachten Scheinwerfer ein, der in einem berechneten Winkel nach vorn leuchtet. Er wartet wenige Sekunden, bis der Lichtkegel unser Heck berührt und löst die Bomben. In der Regel vier bis sechs. Sie treffen bei der üblichen Angriffsflughöhe von nur 50 Metern mit tödlicher Sicherheit. Dem Unterseeboot bleibt keine Zeit zur Flugabwehr, und außerdem sind die Schützen geblendet, überrascht, und werden vom Flugzeug unter Feuer genommen. Das Boot ist verloren. Selten kann sich jemand retten.

Gegen die bisherige Taktik scheint es günstiger, tagsüber aufzutauchen. Bei wolkenlosem Himmel kann man nicht überraschend angegriffen werden, wenn die Ausguckposten aufpassen. Besteht eine Wolkenschicht, so spielt sich das gleiche ab wie nachts, nur mit dem Unterschied, daß sich die Flughöhe des Fliegers nach der Höhe der Wolken richtet und er Gefahr läuft, beim Durchstoßen abgeschossen zu werden. Auf keinen Fall läßt es sich vermeiden, daß man entdeckt wird, auch wenn man günstigenfalls Gelegenheit zum Tauchen hatte. Die Tauchstelle wird sofort Küstenstellen und anderen in der Nähe befindlichen Flugzeugen und Schiffen übermittelt. In wenigen Stunden ist das Gebiet umstellt. Das U-Boot hat seine Batterieladung in den meisten Fällen nicht ganz beendet und ist vielleicht in der Lage, für einen Tag mit drei Seemeilen Fahrt stündlich seine Position zu wechseln. Die Möglichkeiten, in Seemeilen ausgedrückt, sind also ungefähr 24 mal 3 gleich 72 Seemeilen oder 130 Kilometer. In einem Kreis mit diesem Radius muß es gleich einem Wal wieder an die Oberfläche kommen. Das nun schon erheblich begrenzte Gebiet läßt sich leicht überwachen. Meist wirft der Flieger auch noch auf die Tauchstelle eine Funkboje, die in regelmäßigen Abständen Peilzeichen zur Orientierung für herbeieilende Streitkräfte gibt. Ist das Unterseeboot wieder aufgetaucht, so wird es diesmal in erheblich kürzerer Zeit erneut entdeckt. Die Zeit zum Laden wird kürzer. Es muß tauchen. Der Ring verdichtet sich. Schließlich muß es an der Oberfläche bleiben und wird eine leichte Beute. – Viele Boote verloren wir auf diese Art. Weniger und weniger kehrten heim. Auslaufende erreichten selten den Atlantik.

Als Retter in der Not wurde nun auf deutscher Seite das ›Fu-M-B‹ eingeführt. Vielfach wurde es Anti-Radar genannt. Es schützt vor Radarerfassung, indem es das Suchen anzeigt, noch ehe das Radar selber sein Opfer meldet; dadurch ist dem U-Boot die Möglichkeit gegeben zu tauchen, bevor seine Anwesenheit bemerkt wird.

Zum besseren Verständnis sei nochmals kurz auf das Radar eingegangen: Wie wir wissen, setzt es sich aus einem Kurzwellensender und dem entsprechenden Empfänger zusammen. Der Empfänger hat die Aufgabe, reflektierte Wellen dem Beobachter sichtbar zu machen. Die Richtung läßt sich durch Schwenken der Antenne feststellen, die Entfernung ergibt sich aus dem Zeitunterschied zwischen Aussendung und Empfang. Da Radiowellen in einer Sekunde fast dreimal die Erdkugel umkreisen, kann man sich vorstellen, wie kompliziert derartige Geräte sein müssen, um exakt zu arbeiten. Das Fu-M-B ist nun praktisch ein Radarempfänger mit dem Unterschied, daß es für mehrere Wellenlängen verwendet werden kann.

Vergleichen wir nun den Radarsender mit der menschlichen Stimme und den Empfänger mit dem Ohr, so ist einleuchtend, daß der direkte Empfang besser ist als der Empfang des zurückgeworfenen Schalls. Oder anders ausgedrückt: Ein Mensch ruft gegen eine Wand. Mit seinem Mund ist er Sender und mit den Ohren Empfänger (praktisch einem vollständigen Radar vergleichbar). Er vernimmt die zurückkommenden Schallwellen als Echo. – An der Wand sitzt nun eine zweite Person (sie entspricht dem Fu-M-B), die selbst stumm ist. Diese wird den Schall deutlicher vernehmen als die andere Person das Echo. Rückt nun unsere Wand weiter und weiter vom Rufenden ab, so kommt der Zeitpunkt, wo kein Echo mehr gehört werden kann, unsere Person (die dem Fu-M-B entspricht), jedoch die Stimme noch klar und deutlich vernimmt.

Das mit dem neuen Gerät ausgerüstete U-Boot kann also tauchen bevor es entdeckt wird. Es scheint damit seinen ursprünglichen Zweck wieder zu erfüllen, da es sich rechtzeitig den Blicken des Jägers entziehen kann. – Der springende Punkt liegt aber in folgendem: Das U-Boot ist unter Wasser gedrückt. Dort aber hat es nur einen Bruchteil seiner Erfolgsmöglichkeiten, im Vergleich zu denen über Wasser. Das Unterseeboot muß ausrücken und sich verbergen und kann seiner Bestimmung nicht mehr gerecht werden: ein gejagter Jäger!

Das Fu-M-B ist wohl einfacher und billiger als das Radar, da es nur Empfänger ist; aber es bleibt doch nur ein Notbehelf. Für das U-Boot als reine Angriffswaffe konnte die Einführung eines reinen Defensivgerätes keine endgültige Lösung darstellen. Die Schwierigkeiten der U-Boot-Kriegsführung blieben bestehen.

Die Radar- und Antiradarangelegenheit entwickelte sich weiter. – Jetzt konstruierten die Alliierten ein Empfangsgerät für die Eigenausstrahlungen des Fu-M-B und schalteten ihr Radar aus. Und während wir uns sicher fühlten, gaben wir mit den Eigenstrahlungen unseres Fu-M-Bs praktisch Peilzeichen und weihten uns dem sicheren Tode. In einem Monat des Jahres mögen dadurch 35 Unterseeboote verlorengegangen sein.

Unsere Führung geriet in Verlegenheit. Großadmiral Dönitz sperrte weiteres Auslaufen von U-Booten. Den in See befindlichen verbot er, das Fu-M-B weiterhin zu benutzen. Aber der Gegner ist auf Draht: Er ist es gewahr geworden und arbeitet erneut mit dem Radar. Die Fahrt durch die Biskaya wird zu einem Selbstmordkommando.

Es trifft auch uns, aber wir haben Glück. Unsere Ausguckposten sind prächtig. Sogar bei Nacht erkennen sie mehrmals Flugzeuge, so daß wir rechtzeitig tauchen oder die Flakwaffen einsetzen können. Wir erreichen heil unsere Basis.

Fliegergefecht und Durchbruch

Für acht Tage bin ich wieder in Berlin. Noch in derselben Nacht meiner Ankunft ertönen die Sirenen. Fliegeralarm! Zum ersten Male während des Krieges habe ich Gelegenheit, meine Gasmaske zu benutzen, nicht gegen Kampfgase, sondern gegen Rauch. Eine Brandbombe fällt auf den Boden unseres Hauses. Sie kann gelöscht werden. Fenster und Türen sind hinausgeflogen. Arbeitskräfte gibt es nicht. Wir reparieren selbst. Schöne Erholung!

Wieder im Stützpunkt. Eigentlich war Auslaufsperre. Großadmiral Dönitz besuchte unsere Flottille. Er sprach über den Einsatz der U-Boots-Waffe und unser Mißgeschick: »Wenn wir kein Boot mehr hinausschicken«, legte er dar, »wird der Gegner seine Geleitzüge nicht mehr sichern und die Schiffe ohne Schutz fahren lassen. Wir wissen aber, daß wir nur durch das Vorhandensein von Unterseebooten rund zwei Millionen Alliierte binden, auf Kriegsschiffen und Werften. Dazu kommt der Zeitverlust durch Geleitfahrerei und anderes mehr. Es müssen also trotzdem Boote hinaus, um den Gegner zu fesseln, auch wenn sie nichts versenken. Die bloße Anwesenheit ist schon Erfolg!« – Von diesem Argument überzeugt, hatten wir nur einen Wunsch: Hoffentlich trifft uns nicht das Los, den Feind zu binden. – Wir hatten Pech, es traf uns. Wir hatten. Glück: Diphtherie!

Drei Tage nach dem Verlassen der Flottille traten an Bord ernste Fälle dieser Krankheit auf. Einige Soldaten wurden ohnmächtig. Sie hatten geschwollene Mandeln. Wir drehten um. Ich atmete auf. – Neuerdings mußten wir vor dem Auslaufen ein Testament schreiben. Schönes Gefühl. – Die Boxen im Bunker waren leer. Noch vor drei Monaten sollten neue hinzugebaut werden. Wie hatte sich doch das Blatt gewendet!

Eine angenehme Zeit verlebten wir im Seebad La Baule, in der Nähe unseres Stützpunktes. Uns war Quarantäne auferlegt. Wir wohnten in einem Haus am Meer, konnten uns sonnen und Sport treiben. Keiner drängte sich hinauszufahren; niemand sprach davon, daß wir vielleicht schon wieder einsatzfähig seien. Eher wies man darauf hin, wenn der Arzt seine Visite machte, Vorsicht sei am Platze, da mit Rückfällen bei dieser heimtückischen Krankheit nicht zu spaßen sei. An unserer Stelle schickte man ein anderes Boot hinaus. Es kehrte nicht zurück, wie fast alle Boote in dieser

Zeit. Man wußte es und hatte sich damit abgefunden. Ausnahmslos begleiteten wir die Besatzungen der auslaufenden Boote bis zur letzten Schleuse und verweilten dort, bis sie den Blicken entschwanden. Abschiedsfeiern wurden nicht mehr veranstaltet. Still trank man ein Glas Sekt und drückte sich die Hand. Nach Möglichkeit sah man sich auch nicht in die Augen. Wir waren zwar hart geworden, aber es erschütterte uns trotzdem: Todesfahrten! Viele meiner Kameraden waren draußen geblieben. Wir hatten die gleiche Ausbildung, die gleichen Interessen, den gleichen Beruf und die gleichen Aufgaben. Jeder hatte in den langen Kriegsjahren seinen Teil erlebt. Es wurde nicht viel Aufhebens davon gemacht. Das Renommieren war Sache von Leuten, die die Front nicht richtig gesehen hatten, wenn ja, dann nur kurz. –

Wir sind gesund geschrieben. Unsere Stunde hat geschlagen. Sonderaufgabe. Es soll an die afrikanische Küste, nach Freetown, gehen. Der Turm des Bootes ist stufenförmig umgebaut. Unten steht ein Vierlingsgeschütz, und auf dem oberen Podest befinden sich zwei Doppellafetten vollautomatischer Zweizentimeterkanonen. Die alten Maschinengewehre sind gegen neuere Modelle ausgewechselt. Panzerschilder und Platten verstärken den Turm. Sie sollen das Selbstvertrauen bei Fliegerangriffen erhöhen. Gegen Maschinengewehrfeuer schützen sie. Flugzeuge schießen aber auch mit Kanonen ... Die Besatzung ist verstärkt. Es ist bei der Vielzahl der Flakwaffen erforderlich. Auch sollen wir einen Arzt bekommen.

In der großen Glashalle unseres Hotels sitzen wir. Alle haben wir Spitzbärte mit den dazugehörigen Schnurrbärten. Der französische Kognak ist ausgezeichnet. Wir tun uns gütlich daran. Schade um jeden Tropfen, den man versäumt, behaupten wir ständig und prosten uns zu. In vier Tagen ist das Auslaufen geplant. Die Mitternachtsstunde hat längst geschlagen. Wir blicken auf das Meer. Draußen heult der Sturm. »Schön, der U-Boots-Krieg, wenn man ein Dach über dem Kopf hat, so bei einem Fläschchen.« –

Einer von uns hat sich in Paris angesteckt. Er war einige Tage auf Urlaub dort. Er hätte aussteigen können, ins Lazarett gehen. Wir wissen, daß es eine bequeme Art ist, davonzukommen. Vielen haben Krankheiten dieser Art das Leben gerettet. – »Ich verlasse euch nicht«, sagt er zu uns. »Wir wollen uns gegenseitig nicht im Stich lassen. Wir kennen uns und können aufeinander bauen. Zuviel haben wir gemeinsam erlebt. Es wäre Verrat, und ihr glaubt gar noch, ich hätte es absichtlich gemacht, aus Feigheit. Ehrensache, ich gehe mit raus. Übrigens bekommen wir auch einen Arzt.« – »Wir haben es gewußt, Hein, du bist ein ganzer Kerl. Du weißt, die neuen Ablösungen sind unerfahren; sie kommen frisch von der Schulbank, wissen alles besser und nehmen die Aufgabe nicht so bitter ernst, wie es nötig ist. Wie sollen sie auch? Wir mußten uns auch erst einleben. Nur gab man uns damals keinen verantwortungsvollen Posten, und der Krieg war noch ein Kinderspiel. Jetzt kommen die frischen Leutnants von der Schulbank und bekleiden gleich eine Offiziersstellung auf einem Frontboot. Kaum, daß sie auf der U-Boots-Schule mal acht Wochen spazierengefahren sind. Aber sie kommen sich furchtbar wichtig vor. Ja ... die alten U-Boots-Hasen sterben aus.«

Es ist schon sprichwörtlich geworden, daß Boote, auf denen Personalwechsel stattgefunden hat, auf der nächsten Fahrt draußen bleiben. Eine eingefahrene U-Boots-Gemeinschaft läßt sich schwer auseinanderreißen! Offiziersanwärter fahren schon lange nicht mehr auf Frontbooten, um sich an die Verhältnisse gewöhnen zu können. Die Verluste sind zu groß. Menschen werden knapp. Sie müssen geschont werden, der Krieg dauert zu lange.

Ein Arzt kommt auf unseren Tisch zu. An seiner Uniform erkennen wir ihn sofort. Er hat das Kriegsverdienstkreuz angesteckt. Wir ›schätzen‹ es ganz besonders. Es wird für gute Leistungen in der Heimat verliehen. Für uns wirkt es wie ein rotes Tuch. – »Sind Sie von U-X? Ich soll bei Ihnen einsteigen.« Er stellt sich vor. Sofort beginnt er zu erzählen, daß er eigentlich gar nicht U-Boot fahren wolle und sich sowieso krank fühle. Er habe mit den Ohren zu tun. Er sei auch kein Chirurg, sondern Frauenspezialist, und in der Hauptsache gelte es doch, Verletzungen zu behandeln, die durch Fliegerbeschuß auftreten. Nun, er habe alles mögliche versucht, aber anscheinend komme er nicht darum herum, auf einem Frontboot eingesetzt zu werden. – Schöne Blüte, denken wir so bei uns, da haben wir einen feinen Fang gemacht!

Ingenieur: »In vier Tagen soll es rausgehen. Schlechte Zeiten. Haben Sie schon Ihr Testament geschrieben? Unbedingt erforderlich. Nur wenige Boote kommen wieder rein.«

Arzt: »Habe ich auch schon gehört. Aber im Augenblick ist ja Auslaufverbot, und solange kann man wohl ruhig dabei bleiben.

Mit meinen Ohren, wie schon gesagt, ist es nicht ganz richtig. Ich werde mich, bevor es rausgeht, noch einmal gründlich untersuchen lassen.«

Zweiter Wachoffizier: »Pech gehabt, mein Lieber. In vier Tagen ist es soweit. Wir laufen auf jeden Fall aus, gleich ob Sperre oder nicht. Schicken Sie ruhig Ihren Verlobungsring und Ihre Uhr nach Hause; und die Abschiedsbriefe nicht vergessen. Sie wissen, wie es steht. In einem Monat 35 Boote!«

Unser Arzt jammerte noch viel und schickte wirklich sein Hab und Gut nach Haus. Ernsthaft war er davon überzeugt, daß er die Heimat und seine Angehörigen nicht wiedersehen würde. Er hatte einen schweren Stand und war ständig im Mittelpunkt unseres Spottes.

Mit der verstärkten Flakbewaffnung war in den Booten neuerdings, zusätzlich zu der Alarmklingel, noch eine Sirene eingebaut worden, die bei Flugzeugangriffen zu betätigen war.

Entscheidend über Leben und Tod war die richtige Handhabung der nebeneinanderliegenden Knöpfe. Den Befehl dafür gab der jeweilige Wachoffizier.

Wann sollte er nun Tauchalarm und wann Fliegeralarm geben? Es kam darauf an, ob das Flugzeug rechtzeitig gesehen wurde, also im allgemeinen auf eine Entfernung von über 4000 Metern – natürlich spielten dabei der Typ des Flugzeuges und seine Geschwindigkeit eine Rolle.

Wenn dies der Fall war, entzog man sich dem Risiko eines Gefechtes durch Tauchen, gab also Tauchalarm. War jedoch das Flugzeug bei Sichtung auf kürzere Entfernung heran, so wäre Tauchen dem Untergange gleichgekommen. Der Pilot hätte seine Bomben auf das im Tauchen befindliche Boot, bei dem das Heck herausschaut, werfen können. Sie wären unfehlbar, da sie mangels jeglicher Abwehr aus geringster Flughöhe ausgelöst werden könnten. Von einer relativen Sicherheit für das Boot konnte erst die Rede sein, wenn es eine Tiefe von 50 Metern erreicht hatte, bevor sich das Flugzeug über der Tauchstelle befand. Das bedeutete praktisch, daß bei zu spät gesichtetem Gegner in der Luft Fliegeralarm und die damit verbundene Abwehr ein Gebot der Selbsterhaltung waren.

Großadmiral Dönitz wollte die Zeit bis zur Entwicklung eines nicht ausstrahlenden Fu-M-B erstens durch eine starke Flakbewaffnung der U-Boote überbrücken und zweitens durch den gemeinsamen Marsch mehrerer Boote durch das Hauptgefahrengebiet der Biskaya. Die Überlegung ging dahin: Wenn zwei Flugzeuge schon schwerlich ein Boot angreifen können, so sind drei Boote gegen sechs Flugzeuge sicher; und sechs Flieger dürften gleichzeitig kaum auftreten. Schlußfolgerung: Eine U-Boot-Gruppe kann ungefährdeter in den offenen Atlantik gelangen als ein einzelnes Boot.

Leider war bei dieser Rechnung ein wichtiger Faktor außer acht gelassen. Wir sollten es ausbaden.

Unsere Stunde hatte geschlagen. Der Abschiedssekt war getrunken, ohne Musik ging es in die Biskaya.

Kurz nach dem Auslaufen trafen wir die zwei weiteren Gefährten, die aus verschiedenen Stützpunkten kamen und mit denen wir die Versuchsdreiergruppe bilden sollten. Der Kommandant eines der anderen Boote war der älteste der Kommandanten und hatte somit das Recht, während der gemeinsamen Fahrt gute Ratschläge zu geben und deren Ausführung zu – erhoffen, denn letzten Endes machen Unterseeboote doch, was sie wollen! Es handelte sich auch nur um wenige Tage.

Wir hatten ausgemacht, beim Sichten eines Flugzeuges eine gelbe Flagge zu schwenken, wenn die Entfernung noch das rechtzeitige Tauchen ermöglichte. Reichte die Zeit dazu nicht mehr, so sollte eine rote Flagge bedeuten: »Flugzeug! Nicht tauchen! Auf Kampf einlassen! Abwehren!«

Die Kanonen wurden täglich eingeschossen. Ein imposantes Bild. Die automatischen Schnellfeuerwaffen besaßen eine beträchtliche Feuergeschwindigkeit. Es schossen auf jedem Schiff acht Rohre und eine Vielzahl von doppelläufigen Maschinengewehren. Nach 2000 Meter platzten krachend die Zeitzünder.

Flugzeug! Wir haben es zuerst gesehen. Abstand 10 000 Meter, also genug Zeit zum Verschwinden. Wir schwenken die gelbe Flagge. – Doch die anderen Boote sehen sie nicht. Das Flugzeug kommt näher, eine Sunderland. Wir schwenken die rote Flagge und geben einen Feuerstoß in die Richtung des Flugzeuges ab. Da die anderen Boote aber gerade beim Übungsschießen sind. fällt es ihnen gar nicht auf. Zum Glück greift die Sunderland uns zuerst an. Auf 4000 Meter eröffnen wir das Feuer. Graue Sprengwolken liegen vor ihr, eine neben der anderen. Sie dreht ab. Besser für sie.

Jetzt fliegt sie große Kreise um alle drei Boote. Abstand mehr als dreitausend Meter, also außerhalb des Wirkungsbereichs der Geschütze. Aber tauchen können wir auch nicht mehr. Wir wissen, was sich ereignen würde.

Nach kaum zehn Minuten wird ein zweites Flugzeug gemeldet. Eine ›Liberator‹. Sie versucht einen Angriff auf das Boot des ältesten Kommandanten. Er wird abgewehrt. Einzelne Flugzeuge können uns zunächst nichts anhaben, wir sind zu stark. Sie umkreisen uns deshalb in sicherem Abstand. Aber wir können uns nun das Kommende ausmalen: Innerhalb kurzer Zeit werden mehr Flugzeuge eintreffen, denn die englische Küste ist nahe. Wahrscheinlich dazu eine U-Jagdgruppe. Die Zerstörer werden sich bis auf 5000 Meter nähern und mit ihren 15-cm-Kanonen ein Boot nach dem anderen versenken. Vielleicht beteiligen sich dann, um die Angelegenheit interessanter zu machen, auch einige Flugzeuge. Nötig wird es nicht sein, die Zerstörer können es mit ihrer überlegenen Bewaffnung leicht schaffen. Feine Patsche! –

Die beiden Flugzeuge kreisen um uns. Wir zeigen ihnen möglichst das Heck, da wir dort die größte Feuerkraft besitzen, drehen also viel und laufen Höchstfahrt, um möglichst wendig zu sein. Wir sind daher nicht mehr nahe beieinander. Zusammengeblieben in einer Gruppe könnten vielleicht die beiden ersten Boote gefahrlos tauchen, wenn das dritte sie mit seinen Waffen deckte. Dieses selbst aber wäre verloren: Den Letzten beißen die Hunde.

Der älteste Kommandant gibt einen Winkspruch: »Bei günstiger Gelegenheit tauchen.« Kaum haben wir ›Verstanden‹ gezeigt, kippt auch schon sein Boot an. Es taucht. »Schlauberger«, denken wir. »Wenn das nur gut geht.«

Ich sehe, wie nun die Sunderland auf das tauchende Boot zum Angriff ansetzt. Flughöhe etwa 10 Meter. – Wir schießen. Das Flugzeug will ausweichen und geht höher. Die Granaten platzen vor dem Ziel. Wir sind zu weit entfernt. Unbeirrbar geht es wieder herunter. Es kann ihm nichts mehr passieren. Das Heck des Bootes des ältesten Kommandanten schaut noch weit heraus. Das Flugzeug ist genau darüber. Vier Bomben löst es aus. Vier Volltreffer. Vier Wassersäulen. Sie fallen zusammen und das Meer glättet sich über einem gesunkenen Boot. Das erste von unserer Gruppe hat dran glauben müssen. Keiner von der Besatzung hat sich retten können.

Doch auch wir müssen es versuchen. Jetzt oder nie. »Alarm!«

Wir springen ins Luk. Der Kommandant blickt noch einmal heraus. »Liberator setzt zum Angriff an!« Im Nu sind wir wieder oben, und die Bedienungsmannschaft springt an die Kanonen. »3000 Meter, Schußerlaubnis!« Der Gegner dreht wieder ab.

Um einen Abschuß zu erzielen, hätten wir ihn auf 2000 Meter herankommen lassen müssen. Daran konnte uns aber nicht gelegen sein. Denn einmal im Bereich unserer Waffen wäre dem Flugzeug gar nichts anderes übrig geblieben, als den Angriff durchzuhalten und unsere Abwehr durch Beschießen zu irritieren oder gar außer Gefecht zu setzen, um dann seine Bomben in aller Ruhe abwerfen zu können. – Das Abdrehen unter Beschuß ist für Flugzeuge fast gleichbedeutend mit ihrem Abschuß, da sie ihre Waffen in diesem Augenblick nicht gebrauchen können, zudem aber die volle Breitseite zeigen. – Selbst wenn es aber gelang, das stur angreifende Flugzeug noch vor dem Bombenwurf herunterzuholen, bestand noch die Gefahr, daß es auf das Boot stürzte und dadurch im eigenen Untergang noch siegte.

Und doch schien nichts anderes übrig zu bleiben, als es darauf ankommen zu lassen. Denn mit der bisherigen Taktik verloren wir nur Zeit. Die kurze Spanne zwischen dem Abdrehen und erneutem Angriff hätte zum Tauchen niemals gereicht.

Da haben wir einen Einfall. Die auf dem Turm befindliche Besatzung verschwindet im Boot. Nur einer bleibt oben und verbirgt sich hinter den Panzerschildern des ›Vierlings‹. Genau wie es sein sollte, spielte sich nun das Weitere ab: Der Flugzeugführer hat das Einsteigen beobachtet und greift an. Unser bester Schütze liegt auf der Lauer. Der Kommandant schaut aus dem Luk. Die weiße Mütze ist gegen einen Stahlhelm getauscht. Jetzt ist der Flieger auf 2000 Meter heran. »Feuererlaubnis!« – Treffer in den Tragflächen. Er dreht ab.

Nun müßte er eine neue Angriffskurve fliegen. Es dauert seine Zeit. – »Fluten!« Es geht in die Tiefe. Ich stehe im Turm auf der Leiter. Spannende Augenblicke. Man denkt an vieles, wie immer. Wie langsam doch die Zeit vergeht, auch die Tiefenmesser scheinen sich nicht zu bewegen. Erst 30 Meter – 40 –. Es knallt. Mir ist, als wenn mir jemand mit der Peitsche über die Hand schlägt. – Aus allen Räumen kommen die Klarmeldungen. Gott sei Dank, nichts passiert. – Die Gedanken drehen sich um unseren Schicksalsgenossen, der noch oben ist. Wir sind davon überzeugt, daß er verloren ist.

Um es vorwegzunehmen: Wir kamen zurück; das fragliche Boot war überfällig. In Gefangenschaft traf ich nach Kriegsende den Kommandanten und erfuhr den weiteren Verlauf des Gefechts.

Schon 20 Minuten nach unserem Tauchen hatten sich 16 Flugzeuge eingefunden. Drei Zerstörer kamen in Sicht. Sie schossen mit ihrer Artillerie und die Flugzeuge griffen in vier Gruppen, je drei, gleichzeitig aus verschiedenen Richtungen an. Das Gefecht dauerte nicht lange. Artillerie- und Bombentreffer, Soldaten auf der Brücke zusammengeschossen. Das Boot ging unter. Fünf wurden gerettet. Es war gekommen, wie es kommen mußte. Vielen anderen Booten erging es ähnlich.

Die falsche Kalkulation mit dem U-Boots-Gruppenmarsch lag in der Annahme, daß feindliche Flugzeuge in der Biskaya darauf angewiesen wären, uns anzugreifen. Das brauchten sie aber nicht. Sie verhinderten lediglich das Tauchen und zwangen das Unterseeboot, an der Oberfläche zu bleiben. In Kürze konnte das Flugzeug durch andere, auf Patrouillenflügen befindliche Apparate oder Kriegsschiffe Verstärkung erhalten. In weiteren Stunden waren sogar in England selbst stationierte Verbände an fast allen Punkten der Biskaya zur Stelle.

Später erkannte man auf unserer Seite die Notwendigkeit schwererer bis 5 Kilometer wirkender Flakgeschütze für Unterseeboote. Somit konnten sie Flugzeuge sofort, ehe die Verstärkung eintraf, in die zum Tauchen notwendige Entfernung drängen und verschwinden.

Der englische Rundfunk, der unser Boot schon einmal als vernichtet gemeldet hatte, verkündete wiederum, daß es versenkt worden sei. Hoffentlich vernahmen es nicht irgendwie unsere Angehörigen. Der feindliche Propagandasender ›Calais‹, der zu bestimmten Stunden in deutscher und französischer Sprache arbeitete, wurde vielleicht doch von ihnen angehört, obwohl es verboten war.

Noch einige Tage Fahrt, teils über, teils unter Wasser, und wir hatten das Hauptgefahrengebiet hinter uns.

Neptun lebt in der Tiefe

Zum erstenmal gehe ich in den Südatlantik. Eine Fahrt dorthin ist begehrter als in den Nordatlantik, weil die Abwehr dort nicht so stark, und auch das Klima weitaus angenehmer ist. Es treten nur selten Geleitzüge auf. Einzeln fahrende Dampfer sind leichter anzugreifen.

Unser Boot nähert sich dem Äquator. Alle normalen Schiffe passieren die Linie über Wasser. Wir dagegen haben die Absicht, sie zu untertauchen.

Ein großes Fest soll gefeiert werden. Schon viele Tage vorher fangen wir mit den Vorbereitungen an. Allabendlich gibt es eine Radioreportage aus dem Schloß Neptuns. Sie wird von uns im Kommandantenraum veranstaltet. Die Radioanlage, zugleich Mikrofonanlage, ist auf den U-Booten vorzüglich; technische Schwierigkeiten ergeben sich also für die Durchführung des Programmes nicht.

Die gesamte Besatzung beteiligt sich. Sängergruppen finden sich zusammen und erfreuen uns mit eigenen Liedern. Da drei Erschwernisgrade der Äquatortaufe existieren, kommt es darauf an, die Neulinge in drei Gruppen einzuteilen. Neptun ist bedacht, daß keine Seele aus einer Region in die andere kommt, ohne vorher geläutert zu sein. Diese Seelenreinigung geht durch die Taufe selbst vonstatten. –

Jeder versucht, dem anderen etwas anzuhängen, um ihn in die nächste Gruppe zu bringen. Natürlich bedeutet dies Steigerung der ›Qualen‹, die der einzelne zu erleiden hat. Wir kennen die Beschreibungen der üblichen Methoden. Es waren bestimmt Qualen, die ausgestanden werden mußten, wenn nach alten Seemannsbräuchen verfahren wurde. Da gab es zum Beispiel die Sitte des ›Kielholens‹. Mit einem Strick wurden die Seeleute unter dem Schiff durchgezogen. Da nun ein Fahrzeug unter Wasser nicht glatt, sondern mit Muscheln und anderen rauhen Dingen bewachsen ist, kann man sich leicht den Erfolg vorstellen. Oft ertranken auch Täuflinge, wenn sie sich am Kiel festhakten. – Aber wir leben nicht mehr in barbarischen vergangenen Zeiten, sondern in der ›humanen‹ Gegenwart!

Eine Reportage: Im Schloß sind Neptun, seine Tochter Thetis, der Hofpolizist, der Leibarzt und anderes Gefolge versammelt.

Hofpolizist: »Melde Seiner Majestät gehorsamst: Habe bei meinem allmorgendlichen Streifzug ein Schiff gesichtet. Es steuert langsam unserer heiligen Linie zu. Verdächtig ist, daß es sich nicht, wie Pflicht wäre, angemeldet hat. Es ist mit einer Tarnfarbe angestrichen. Ich habe das Fahrzeug so erst im letzten Augenblick gesehen; gerade konnte ich noch rechtzeitig zur Seite springen, sonst wäre ich überfahren worden. Und dann, was mir noch niemals vorgekommen ist: Ich wollte den Namen feststellen und aufschreiben; ich näherte mich vorsichtig, denn die Gestalten auf dem Schiff machten durchaus einen zur Vorsicht mahnenden Eindruck; sie trugen Bärte, wie zur Zeit der Raubritter. Ich suchte meinen Notizblock; als ich wieder aufschaute, war das Schiff verschwunden. Ich fand es nicht mehr. Morgen werde ich alles aufbieten, um es ausfindig zu machen.«

Neptun: »Das ist wirklich unerhört. Schwere Strafen müssen verhängt werden. So etwas habe ich auch noch nicht vernommen.«

Thetis: »Das ist ja ganz furchtbar. Wenn das so ist, werde ich morgen nicht mit meinem Wasserpferdchen ausreiten. Ich hatte mich schon so sehr darauf gefreut!«

Die Unterhaltungen setzten sich längere Zeit fort. Zwischendurch spielte das Hoforchester (es sind unsere Schallplatten). Ständig ergeben sich neue Einfälle. Wir haben viel Spaß. Zunächst einmal wird für alle Taufkandidaten die erste Erschwernis verhängt. Gründe für zusätzliche Einzelbestrafungen werden auf folgende Art gefunden:

Hofpolizist: »Seine Majestät werden entsetzt sein! Da sehe ich heute noch im Morgengrauen auf diesem unheimlichen, fahrbaren Untersatz eine Gestalt auf der Brücke – zu allem Überfluß trägt sie einen roten Schal – mit einem seltsamen Instrument. Sextant soll es heißen. Und mit diesem Apparat holte er die Sterne vom Himmel, maß die Höhe und benahm sich überhaupt unglaublich ungebührlich in der heiligen Region. Ohne Respekt dieser Knabe. Heißt Obersteuermann, schlage vor, ihm Tauferschwernis zweiten Grades zu geben.«

Neptun: »Dies hat er wohl verdient.«

Thetis: »Vater, wenn das so ist, dann kann ich nachts nichts mehr sehen und habe Angst. Die Welt wird doch jeden Tag schlechter. Der böse Mensch, der die Sterne vom Himmel holt, muß strenger bestraft werden, sonst treibt er gar sein unheilvolles Wesen noch weiter.«

Neptun: »Da hast du recht, meine Tochter. Tauferschwernis drei!«

Die Besatzung hört gespannt zu. Das Opfer wird von den Kameraden gebührend aufgezogen. Aber auch sie schweben in Gefahr, ebenfalls an die Reihe zu kommen, denn Neptun entgeht nichts.

Hofpolizist: »Auf diesem Teufelsschiff fällt mir seit einigen Tagen eine Person ganz besonders ins Auge. Sie trägt einen langen Bart, der ausgerechnet auch noch rot ist; unglaublich, diese Frechheit! Wenn ich einen roten Bart hätte, würde ich bei Seiner Majestät einen neuen Kopf beantragen. Aber mit dieser ausgefallenen Farbe hat es bestimmt seine Bewandtnis. Der Bart wird mit Blut gefärbt sein!«

Neptun: »Meint Er?« –

Hofpolizist: »Ohne Frage, Majestät!«

Neptun: »So berichte Er!«

Hofpolizist: »Anscheinend ist diese Person sogar bei den Kameraden gefürchtet. Ich habe gesehen, daß täglich Matrosen zu ihm gehen. Sie stehen offensichtlich in seinem Teufelsbann, sind blaß und sehen krank aus. Er läßt sie den Mund aufmachen, schaut mit gierigen Augen hinein, prüft mit gefährlichen Instrumenten das Fleisch, vielleicht will er sie braten und verspeisen; legt ihnen trotz der tropischen Hitze warme Marterverbände um den Hals und läßt sie weiße Pillen schlucken. Anderen gibt er eine gelbe Flüssigkeit, die anscheinend abscheulich schmecken muß, denn seine Opfer verziehen beim Einnehmen das Gesicht, als ob sie vergiftet würden.«

Thetis (schreit geängstigt): »Vater, gebiete Einhalt, ich kann nicht mehr!«

Neptun: »Gewiß, geliebte Tochter, sei dessen sicher! – Tauferschwernis drei für diesen Bösewicht!«

Am nächsten Abend, wir stehen kurz vor dem Passieren der Linie, nimmt die Reportage ihren Abschluß.

Neptun: »Wo bleibt der Hofpolizist? – Ist er gar unter die Räuber geraten? Man suche ihn augenblicklich!«

Leibarzt: »Bei Einbruch der Dunkelheit sah ich ihn eiligst davonlaufen. Es war unmöglich zu folgen. Später habe ich seine Hose auf der Wäscheleine gesehen.«

Thetis (die Musik unterbrechend): »Da kommt er. Oh, wie schlecht er aussieht!«

Neptun: »Wo hat Er seine Hofuniform, was ist das für eine seltsame Hose?«

Hofpolizist: »Verzeihung Majestät, ich habe von der gelben Flüssigkeit auf dem Teufelsboot probiert ...«

Neptun: »Von diesem seltsamen Individuum, das sich mit dem Titel Bootsarzt tarnt?«

Leibarzt: »Wie, es gibt noch einen zweiten Arzt in diesen Regionen? Ihm müssen wir sein Handwerk legen! Ich schlage Tauferschwernis vier für diesen Unhold vor!«

Neptun: »Ich würde ihn am liebsten die Linie nicht passieren lassen. Vorerst Tauferschwernis vier, aber gründlich!«

Unser Bordarzt erhielt somit die Höchststrafe. Sie wird nur im Ausnahmefall verhängt und ist nach altem Glauben tödlich. Wir nehmen es nicht ernst.

Das große Ereignis geht vonstatten. Neptun hat sich mit seinem Gefolge eingeschifft. Der Hofpolizist trägt ein breites Schwert; Thetis strahlt in blühender Schönheit. Es ist ein Matrose, der sich gründlich rasiert hat, geschminkt ist und eine lange, wallende Haarperücke (aus einem Strick hergestellt) trägt.

Der Leibarzt untersucht als erstes die Täuflinge auf Tauglichkeit. Sein Kopf ragt aus einem weißen Bettlaken, eine riesige Holzbrille ziert die Nase. Die Opfer haben, je nach dem Grad ihrer Bestrafung, eine oder mehrere Pillen zu schlucken. Sie gehen gerade in den Mund und schmecken abscheulich. Dann wird mit einer großen Motorenspritze eine besondere Flüssigkeit in den Mund gepumpt, die aus Essig, Treiböl, Pfeffer und Parfüm besteht. Der Erfolg läßt in den meisten Fällen nicht lange auf sich warten. Neptun kann reiche Opferspenden entgegennehmen. Dann passieren die Kandidaten den Hofpolizisten, der die endgültige Tauferschwernis bekanntgibt. Fast alle zeigen dieser hohen Autorität gegenüber nicht den nötigen Respekt oder grüßen Thetis nicht ehrfurchtsvoll genug; auch hat man ihr die Füße zu küssen. Sie geht barfuß, nur mit Sandalen bekleidet. Die ›dumm aufgefallenen‹ Opfer zwingt der Polizist, sich zu bücken und schlägt ihnen mit seinem breiten Schwert ›sanft‹ auf die dafür bestimmte Stelle des Körpers. Der Hofpolizist ist ein Hüne von Gestalt. Heute sieht er furchterregend aus.

Dann tut der Hofbarbier seine Pflicht. Seifenschaum schmiert er mit großem Pinsel in Nase, Mund und Ohren, fährt dann mit übergroßer Holzschere in Bart und Haaren herum. – Rückwärts, tief gebückt, geht es in die Zentrale. Durch den sogenannten Marterkasten muß ein jeder. Wir hatten ihn aus alten Kisten zusammengestellt. Hinein ragen einige Wasser- und Preßluftschläuche. Um durch die vielen Windungen zum Ausgang zu gelangen, braucht man eine Minute. Wasserstaub dringt in die Lungen, die Opfer husten und spucken. –

Im Maschinenraum geht es einige Male durch die Bilgen, so daß man anschließend wie ein Mohr aussieht. Auch stößt man sich an vielen Kanten und Schrauben, da Eile geboten ist, um die festgesetzte Zeit einzuhalten. Wird sie überschritten, so wiederholt sich das Vergnügen. Und zum Abschluß geht es kopfüber in ein Heringsfaß. Vier kräftige Arme packen den Täufling, und ehe er zur Besinnung kommt, ist es geschehen. Wenn er dann mit der Luft am Ende ist, mit den Beinen zu strampeln anfängt und man Mitleid empfindet, wird er wieder herausgezogen. – Es ist überstanden. Unter die Brause und dann einen Schnaps, der zur Ehre des Tages uns wieder einmal erlaben darf. Zum Schluß wird die feierliche Urkunde über den vollzogenen Akt überreicht.

So haben wir den Äquator ›unterquert‹. Das große Ereignis liegt hinter uns. Der Dienst geht in der gewohnten Weise weiter.

Nach einiger Zeit wird unser Bordarzt krank. Er klagt über Schmerzen im Unterleib. »Ich habe es gewußt, ich kehre nicht zurück«, sind seine Worte. »Jetzt sterbe ich!« – Sechzehn Stunden später erfüllt sich seine Ahnung. –

Blutrot geht die Sonne auf. Die Geschütze sind durchgeladen. Eine kurze Ansprache des Kommandanten. Drei Ehrensalven und unser Kamerad, der Bordarzt, wird dem Meere übergeben, in eine Hängematte eingenäht und mit der Kriegsflagge zugedeckt. Armer Kerl – er hat es von Anfang an innerlich gespürt. Wir haben ihm mit unserem Spott bitter unrecht getan. An Ahnungen und Aberglauben soll man nicht rühren. In der Laune des Übermuts war ihm Tauferschwernis vier auferlegt worden – das Wort der alten Seefahrer hatte sich erfüllt. Und obendrein hatten wir genau um Mitternacht vor dem Ableben unseres Kameraden auf der Brücke den Schrei eines Vogels vernommen. Den Segelschiffsfahrern der Vergangenheit galt dies als Zeichen, daß der Tod Einkehr halten würde.

Wir lachten fortan nicht mehr über so etwas. »Es gibt mehr Dinge zwischen Himmel und Erde, als unsere Schulweisheit sich träumen läßt.«

Der ursprüngliche Plan besagte, daß wir vor Freetown mit acht Booten operieren sollten. Zwei waren auf dem gemeinsamen Marsch schon kurz nach dem Auslaufen verlorengegangen. Von den restlichen waren drei vermißt; also wahrscheinlich auch gesunken. Ein weiteres war durch Bombentreffer schwer beschädigt. Es bemühte sich, den nächsten Hafen zu erreichen. Das siebente mußte Rückmarsch wegen Brennstoffmangels antreten. Von den acht vorgesehenen Booten waren wir also das letzte noch kampffähige! – Es ließ sich nicht daran rütteln. Der bisherigen U-Boots-Taktik war mit dem Radar ein Ende bereitet worden. Juni 1943.

Verschiedentlich versuchten wir anzugreifen. Vergebens. Es handelte sich um schnelle Schiffe. Ihnen war nicht beizukommen. Sie erfaßten uns in ihrem Gerät, zeigten das Heck und liefen davon. Kurze Zeit später erschienen dann Flugzeuge und suchten uns. Der Schiffsverkehr wurde umgeleitet, und wir mußten das Gebiet wechseln. Wir waren nicht mehr Katze sondern Maus! – Wenn wir auch für die Kriegsführung durch Binden feindlicher Kräfte unsere Pflicht erfüllten, so waren wir doch ohne Erfolge unbefriedigt. Es war kein Krieg mehr. Nur noch Kampf um das nackte Leben.

Auf dem Rückmarsch hielten wir uns in der Nähe der spanischen Küste, außerhalb der Dreimeilenzone. Viele Fischerfahrzeuge gab es dort; von ihnen konnten wir im gegnerischen Radar schwer unterschieden werden. Oft sahen wir, wie feindliche Flugzeuge Fischdampfer beleuchteten. Unsere Brückenwache bewährte sich immer wieder. Niemals vor Erreichen von 50 Meter Tauchtiefe detonierten die Bomben. Wir fuhren nur bei Dunkelheit aufgetaucht. Die Waffen waren besetzt und klar zum Schießen. Mit den Nerven sah es böse bei uns aus. Jedes Geräusch ließ uns zusammenfahren. Möwen, die im Fernglas auf geringe Entfernung riesengroß erschienen, wurden oft für Flugzeuge gehalten. Auf einen plötzlich auftauchenden Scheinwerfer warteten wir, und dann fünf Sekunden bis zum Bombenwurf.

›Dünnmann‹ nannten wir unseren zweiten Bootsmaat. Ein Prachtkerl, wenn auch furchtbar lang und dünn. Er saß am Vierling. Seit Kriegsbeginn fuhr er auf U-Booten. Er hatte Rheumatismus und war übernervös, blieb aber ein vortrefflicher Schütze. Der richtige Mann, um vier ausschlaggebende Rohre zu bedienen.

Plötzlich helles Licht an Steuerbord. Im Nu hat unser Bootsmaat sein Geschütz geschwenkt. Vier nicht abreißende rote Strahlen blitzen durch die Nacht. Er schießt vortefflich. – Der Kommandant reißt ihn vom Geschütz. »Sind Sie denn wahnsinnig, Sie beschießen einen Leuchtturm!«

Zum Glück ist er weit genug entfernt und unsere Granaten zerlegen sich vorher, sonst hätte die feindliche Propaganda Stoff für längere Zeit gehabt: »Deutsche Untat. Beschießung von Neutralen.« – Dünnmann trägt keine Schuld. Wir alle hatten einen Schreck bekommen, als das Licht hinter einem Felsen zum Vorschein gekommen war.

Saint Nazaire. – Es gibt kein Flugzeuggeleit mehr. Die deutsche Luftwaffe wird an anderen Fronten gebraucht. Nur zwei Geleitfahrzeuge machen Sicherungsdienst.

Fliegeralarm im Stützpunkt. Die Stadt brennt. Schwärme viermotoriger, amerikanischer Bomber ziehen über uns hinweg. Sie glitzern in der Sonne. Es ist Mittag. Hoffentlich lassen sie nichts über uns fallen! Sie sind zwar hoch, vielleicht 7000 Meter, aber man kann nie wissen. Die dicke Einlaufzigarre, die jedesmal der Kommandant spendiert, hat diesmal einen kleinen Beigeschmack. Wir sehen deutsche Jäger kreisen. Blitze, Fallschirme öffnen sich. Hier schwimmt ein Handschuh im Wasser, dort ein Stiefel. Flugzeuge überschlagen sich. Brennend stürzen sie zur Erde. Viele explodieren beim Aufschlag.

Zweiter Wachoffizier zu mir: »Wie im Kino. So macht der Krieg direkt Spaß. Habe mir schon immer mal gewünscht, so einen richtigen Luftkampf zu sehen.«

Ein Mann schwimmt im Wasser. Er hat Mühe, vom Fallschirm freizukommen. Wir nehmen ihn auf. »Der spricht ja deutsch, der Kerl«, meint Moses. – Einer unserer Jagdflieger. Er feiert heute seinen vierundzwanzigsten Geburtstag und vierundzwanzigsten Abschuß. Er besitzt das Ritterkreuz, ist schon viermal abgeschossen worden und erhält nun Heimaturlaub. Wahrhaftig ein Festtag. Wir feiern die Nacht zusammen.

Zwei Tage später fahre ich mit ihm nach Paris. Dort erhält er ein altes Jagdflugzeug zur Überführung nach Berlin für Schulzwecke. Ich darf mitfliegen. Ein großes Erlebnis für mich. Allerdings ist es unbequem, denn ich hocke wie ein Kaninchen hinter dem Führersitz, aber es dauert dafür auch nur zwei Stunden.

Trotz der vielen Trümmer in der Reichshauptstadt ist die Stimmung keineswegs schlecht. Der Großteil der Bevölkerung ist vom Endsieg überzeugt. Die Zeitungen sprechen von neuen Waffen. Das Thema wird viel diskutiert.

In Erwartung neuer Waffen

Als ich in die Flottille zurückkam, gratulierten mir die Kameraden; ich wußte nicht warum. – »Deine Abkommandierung zum Kommandantenlehrgang liegt vor.« – Auch der Kommandant und der Ingenieur stiegen aus; sie sollten Ausbildungsaufgaben in der Heimat erfüllen. – Es kam, wie es kommen mußte: Unser bewährtes Boot lief aus und kehrte nicht zurück. Es widerfuhr mir zum dritten Male.

Unser Flottillenchef gab ein Abschiedsfest. Wir waren das älteste Boot im Stützpunkt. Wie sehr hatten sich die Reihen unserer Waffe gelichtet! Unzählige Fotografien von Gefallenen bedeckten die Wände der Messe, wie wir das Kasino nannten. Es wurde nicht verheimlicht. Wir waren stolz auf unsere Kameraden. Sie haben sich nicht gedrückt und sind nicht krank geworden. Sie taten stillschweigend ihre Pflicht, schrieben das Testament und fuhren gegen den Feind. –

In Neustadt in Holstein unterzog ich mich der Ausbildung am F-Gerät (Fahrgerät). Es hatte die Aufgabe, die kostspieligen wirklichen Übungen mit Dampfern, Sicherungsfahrzeugen und was sonst noch dazugehört, zu ersetzen. Die Ausbildung konnte somit schneller vor sich gehen.

Der Kommandantenschüler stieg in den naturgetreu nachgebildeten Turm eines Unterseebootes. Kreiselkompaß, Ruderstand, Rechenanlage usw. befanden sich am richtigen Platz. Durch das Sehrohr blickend, sah er das Meer mit seinen Wellen. Sogar Sonnenaufgang konnte markiert werden. Bei den ersten Übungen erschien ein Dampfer, später gab es Geleitzüge mit Rauchfahnen und verschieden großer Bugsee, der Geschwindigkeit entsprechend. Der Kommandantenschüler am Sehrohr gab seine Befehle:

»Beide Maschinen große Fahrt voraus! Hart Backbord!« Der auf ein fahrbares Gerüst montierte Turm drehte sich, verringerte oder vergrößerte die Entfernung zum Ziel; in einem Wort, alles ging naturgetreu vonstatten. Sogar die Geräusche waren vernehmbar. Man schätzte die Entfernung, ließ die entsprechenden Werte in die Rechenanlage drehen, fuhr seinen Angriff und schoß. Beim Herunterdrücken des Abfeuerhebels stoppte die Anlage, und gemachte Fehler traten klar zutage. Eine wirklich hervorragende Schulung. Das F-Gerät war wohl eine damals in der Welt einzig dastehende Anlage.

Dann ging es nach Danzig zum praktischen Lehrgang. Hier hieß es zeigen, was man gelernt hatte: Tag- und Nachtangriffe. Geschlafen wurde wenig. Unzählige Übungstorpedos verließen die Rohre.

Nach bestandenen Abschlußprüfungen durften wir einen Wunschzettel schreiben und unter drei Möglichkeiten eine auswählen: Ablösung eines Kommandanten an der Front, Einsatz in der U-Boots-Ausbildung als Schulbootskommandant oder Übernahme eines Neubaus von einer bevorzugten Werft. Hier spielte natürlich die Lage zum eigenen Wohnort eine große Rolle.

Die Front stellte im Augenblick ein sicheres Selbstmordkommando dar. In der Heimat dagegen konnte man seine Kenntnisse festigen und warten, bis neue Typen herausgebracht wurden. Großadmiral Dönitz sprach viel davon. Es war deutlich zu erkennen, daß erfahrene U-Boots-Kommandanten aus dem Atlantik gezogen wurden, um sie für Neubauten zurückzuhalten.

Ich wünschte mir einen Neubau von der Hamburger Werft Blohm und Voß. Es kam jedoch nicht so, wie ich dachte; die Führung hatte andere Pläne mit mir und kommandierte mich nach Pillau zur 21. U-Boots-Flottille. Sie zählte um die 36 Boote und diente ausschließlich dem Zweck, U-Boots-Nachwuchs auszubilden.

›U-148‹ vom Typ II d wurde mein Boot. Seine Wasserverdrängung betrug 300 Tonnen. Es war die letzte Konstruktion kleiner Boote dieser Art. Ihres geringen Aktionsradius und der geringen Geschwindigkeit wegen galten sie als nicht mehr brauchbar für den Fronteinsatz. Das Operieren dicht unter der englischen Küste war durch den gegnerischen Einsatz des Radar so gut wie unmöglich geworden. Von Funkmeßlandstellen wäre man sofort eingepeilt und hätte eine mörderische Abwehr auf sich gezogen.

Im allgemeinen hat der Typ II eine ähnliche Konstruktion wie größere Boote. Er ist nur kleiner, und es geht noch enger zu. Die Besatzung, einschließlich des Kommandanten, ißt und wohnt im Bugraum. Der Dienst gestaltet sich anstrengender, da die Besatzung geringer ist, aber die Aufgaben nicht weniger sind. Offiziere und Soldaten haben sechs Stunden Wache und sechs Stunden frei, sofern man überhaupt von Freizeit sprechen kann, denn die Torpedos wollen geregelt und der innere Bootsdienst nebenbei versehen sein. Als Kommandant kann man sich keine Sekunde dem Blickfeld der Besatzung entziehen; die Männer sehen, wie man die Wäsche wechselt, und werden alle menschlichen Schwächen gewahr. Sie wissen, wie lange man schläft, ob man schnarcht, wie oft man sich wäscht; sie kennen einen besser als den eigenen Bruder. Man ist Kamerad und muß dabei doch Vorgesetzter bleiben; es darf keine Widerrede geben, Befehle müssen unverzüglich ausgeführt werden. Hier wird die Führereigenschaft eines Vorgesetzten in besonderer Weise auf die Probe gestellt. Äußere Großschnäuzigkeit versagt bald.

Durch meine Kommandantenstellung war ich der für alle Geschehnisse an Bord verantwortliche Vorgesetzte geworden. Das bedeutete für mich eine erhebliche Umstellung; als Wachoffizier hatte ich einen anderen Pflichtenkreis gehabt. Nun muß ich bestrafen und Entscheidungen fällen. Für etwaige Fehlgriffe gab es keine Entschuldigungen mehr wie bei einem Wachoffizier, für den man oft das Wort findet: »Nun, er wird es noch lernen, er ist noch jung!« – Mit dem Jungsein war es, trotz meiner 23 Jahre, die ich 1943 zählte, vorbei. Es gab zwei Möglichkeiten: Man war der Stellung gewachsen und erhielt einen der viel besprochenen neuen U-Boots-Typen oder man flog raus.

Besonders schwierig war es für mich, dem höheren Befehl nachzukommen und wöchentlich zwei Vorträge zu halten. Wenn man eine Stunde reden sollte, mußte man sich lange vorbereiten und dicke Bücher lesen, wozu recht wenig Zeit zur Verfügung stand. Es gab keinen Ausweg: Die Nacht ist nicht allein zum Schlafen da! Sofern die Vorträge auf die militärische Lage eingingen, war es nicht möglich, ihre Ungunst mit Redensarten und propagandistischem Schwulst abzutun. Aber andererseits durfte keine Demoralisierung aufkommen. Ob der Krieg verloren war oder nicht, ob noch eine politische Lösung im Bereich der Möglichkeiten lag, konnten wir wirklich nicht übersehen. Ein Soldat, mag die feindliche Propaganda sagen, was sie will, kann nicht zum Verräter am eigenen Volke werden. Es gibt nun einmal allgemeingültige Gesetze, denen letzten Endes jeder Soldat, wo er auch stehen mag, gehorchen muß; die der alliierte Soldat genau so zu erfüllen hatte wie wir. Wir konnten die Politik nicht bestimmen. Nachdem die Frage Krieg oder Frieden entschieden war, mußten wir kämpfen. Es hieß: Gehorsam Vorgesetzten gegenüber! Manneszucht aufrechterhalten! Meutereien mit allen Mitteln unterdrücken! Soldaten darf nicht der Mut genommen werden. Sie wären dann keine Soldaten mehr; wie könnte man von ihnen die Erfüllung der mitlitärischen Grundsätze verlangen? – Ich mußte darauf gefaßt sein, einen meiner Zöglinge auf mein neues Frontboot zu bekommen. Was sollte ich mit entmutigter Mannschaft tun, die nicht weiß, wofür sie kämpft? Wer hatte wirklich Einblick in die großen, weltentscheidenden Geschehnisse? Ist der Durchschnittsmensch nicht ein kleines Rädchen im großen Staatsgebilde und in der Weltpolitik? Sind Soldaten, wenn sie auch vergeblich und für nicht allgemeingültige Ideale kämpften, von der Geschichtsschreibung nicht immer anerkannt worden? Denken wir an die Kriege der Vergangenheit, von den Spartanern bis zu Napoleon!

U-Boots-Fahrer wurden in großer Zahl ausgebildet. Außer unser Flottille gab es eine weitere dieser Art in Gotenhafen. Das Ausbildungsprogramm war wirklich in jeder Hinsicht hervorragend. Wir unterschieden eine praktische und eine theoretische Schulung. Die theoretische fand in Unterrichtsräumen an Land, in Spezialklassen statt, denn wir bildeten Matrosen, Unteroffiziere, Oberfeldwebel und Offiziere aller Fachgebiete gleichzeitig im U-Boot-Fahren aus. Die ständige Besatzung auf den Schulbooten war auf ein Mindestmaß beschränkt. – Die eine Woche um die andere einsteigenden Schüler hatten, jeder auf dem später für ihn vorgesehenen Posten, unter Aufsicht des Stammpersonals die Anlagen selbständig zu bedienen. Nur wenn man die Maschine selbst betätigt und die entsprechenden Befehle selbst gegeben hat, erschließt sich das Verständnis für das komplizierte Unterseeboot. Vervollständigen wird man sein Wissen während der halbjährigen Mindestausbildungszeit, die für neue Boote in der Ostsee vorgeschrieben ist, ehe sie eingesetzt werden. Beherrschen wird man es erst, wenn man einige Fahrten an der Front hinter sich gebracht hat – vorausgesetzt, daß man dann noch lebt.

Für uns Ausbilder war natürlich das Fahren mit Neulingen keine reine Freude und die Verantwortung für die uns anvertrauten Menschenleben groß. So gingen während meiner gut einjährigen Tätigkeit ohne Kampfhandlungen allein vier Boote bei Übungsfahrten in der Ostsee verloren, obwohl die Boote im Höchstfalle nur zwei Stunden nach vorheriger Funkmeldung im vorgeschriebenen Tauchquadrat tauchen durften und bei Ausbleiben der Wiederauftauchmeldung umgehend Suchaktionen eingeleitet wurden. Nicht zu sprechen von anderen Havarien, die durch falsche Bedienung auftraten. Ich bin heute noch stolz auf meine Besatzung. Es ist niemals ein noch so geringfügiger Schaden aufgetreten.

Wir waren ein Herz und eine Seele geworden. Jeden Vornamen kannte ich und nicht zuletzt die Familienverhältnisse. Nach meiner Auffassung war dies wesentlich, denn nur so kann ein Vorgesetzter richtig behandeln und jedem gerecht werden. Offizier sein erschöpft sich nicht im Geben mehr oder weniger sturer Befehle und in der Überwachung ihrer genauen Ausführung, sondern bedeutet ein menschliches, persönliches Verhältnis. Die Untergebenen müssen Vertrauen zu ihrem Vorgesetzten haben und dürfen so wenig an seinem menschlichen Wert wie an seinem Können zweifeln. Ist dies der Fall, so hat der Vorgesetzte es selten nötig, jemanden zu bestrafen. Die charakterlich festeren Kameraden erziehen die Schwächeren. Dieses gute Verhältnis darf nicht mit Nachgiebigkeit und Schwäche verwechselt werden. Der Vorgesetzte, der psychologisch richtig vorgeht, weiß, wann er die Zügel wieder straffer zu nehmen hat. So brachte ich es von Zeit zu Zeit, alle Vierteljahr, meiner Besatzung nahe, daß ich auch einen strengeren Ton beherrschte und den Dienstbetrieb dementsprechend zu gestalten wußte. Dann wurde die nächsten Tage furchtbar geschimpft, ich sei doch ein toller Militarist; aber nach dem darauffolgenden geselligen Zusammensein – wir veranstalteten periodisch Bootsfeste – hatte man es überwunden, und auch der jüngste Matrose war von der Notwendigkeit der Auffrischung überzeugt. Es ging ein weiteres Vierteljahr gut. Nur in äußersten Fällen bestrafte ich offiziell, denn ich wußte, wie leicht und oft ohne bösen Willen Bestimmungen übertreten wurden. Meist waren Mädchen und Alkohol daran schuld. Ich versuchte, wo es ging, Vergehen intern, mit Strafwachen und sonstigen mir zustehenden Mitteln, zu ahnden. Die Soldaten waren dann dankbar, daß ihr Führungsbuch nicht belastet und sie dadurch in der Beförderung zurückgestellt wurden. Sie zeigten sich doppelt eifrig.

Unser gegenseitiges Vertrauen war so groß, daß ich mich mit dem Vorschlag meiner Unteroffiziere einverstanden erklärte, eine Schnapsbrennerei auf dem Boot einzurichten. Sie tranken, wie wir alle, gern mehr, als offiziell zustand. In den Wintermonaten kamen wir durchgefroren und von Frost geschüttelt aus der Ostsee, wo nicht selten 20 Grad Celsius unter Null herrschten, und das vierstündige Stehen auf der offenen, mit Eis überzogenen Stahlbrücke wahrhaftig zur Qual wurde. Es lag dann nichts näher, als sich einen heißen Grog zu genehmigen. Ich gab die Erlaubnis, obwohl ich wußte, daß eine Denunzierung bei der vorgesetzten Dienststelle unangenehme Folgen hätte haben können.

Der Zusammenhalt in der Kriegsmarine war einzigartig, besonders unter uns Crewkameraden. Wir hatten eine besondere interne Zeitung, in der alle möglichen Angelegenheiten und Ereignisse, nicht zuletzt Beförderungen und Auszeichnungen, behandelt wurden. Die Crew hatte ihre Gesetze; wer gegen sie verstieß, wurde unweigerlich aus der Gemeinschaft ausgeschlossen. Sie entschied auch über die Beförderung zum Offizier, denn sie konnte ein Veto einlegen. Die Kameraden, die sich selbst aufgrund des engen Zusammenlebens und der vielen Gespräche natürlicherweise genau kennenlernten, besser als es Vorgesetzte vermögen, besaßen das richtige Urteil. Die Crew fühlte sich für alle ihre Mitglieder verantwortlich und war bestrebt, sich ihren guten Ruf zu wahren.

Im Jahre 1944 ging ein Aufruf durch unsere Zeitung, daß an einem bestimmten Tage ein großes Treffen in Ostpreußen geplant sei. So schwer es auch im vierten Kriegsjahr durchzuführen war, es wurde zustande gebracht. Wer irgendwie konnte, kam. Die Crewkameraden nahmen Urlaub, fuhren von ihren Familien weg, nur um sich wieder einmal zu sehen und die Verbindung nicht abreißen zu lassen. Wir waren wie Brüder. Ein flottes Fest wurde aufgezogen. Obwohl es nicht leicht war, konnten Hotelzimmer reserviert werden. Alles war bestens vorbereitet. Sogar die Teilnahme von Mädchen wurde sichergestellt. Was ist letzten Endes ein Fest ohne das weibliche Geschlecht? Wir brachten die richtige Anzahl zusammen: Ballett-, Theater-, höhere Töchterschülerinnen und Mädchen der Bekanntenkreise mit ihren Freundinnen wurden eingeladen. Es klappte vorzüglich. Weit über 200 Personen waren zu bewirten.

Den Abschluß bildete ein Opernbesuch und Umzug durch Königsberg. Marineflieger, Vorpostenboot-, Minensuchboot-, Schnellboot-, Torpedoboot-, Zerstörer-, Schlachtschiff- und U-Boot-Fahrer, eingesetzt in fast allen Ländern Europas, fanden sich zusammen. Wie hatten sie sich verändert! Noch vor wenigen Jahren junge Burschen, und jetzt Männer in verantwortungsvollen Stellen. –

Einen besonders netten Spaß erlaubten sich meine Unteroffiziere mit einem Oberfähnrich, der im Begriffe war, seine ersten U-Boots-Schritte zu tun. Wie die meisten der Schüler litt auch er unter Seekrankheit. Schlechte, stickige Luft verursacht leicht das ›Opfern‹. Die Mehrzahl gewöhnt sich daran. Nur wenige stellen sich als vollkommen U-Boot-untauglich heraus. Unser Oberfähnrich ließ sich jeden Tag vom Funkmaat, der zugleich Sanitätsaufgaben erfüllte, heimlich ein Mittel gegen dieses unschöne Leiden geben. Nun kann man schon schwerlich etwas Geheimes in der kleinen Röhre tun und zweitens gar nicht, wenn man eine komische Figur abgibt. Dem ›Patienten‹ wurden kleine, weiße Zäpfchen verabreicht, die in eine gewisse Stelle des Körpers eingeführt werden und als Beruhigungsmittel wirken sollten.

Der Oberfähnrich glaubte aber, man wolle ihn zum Narren halten. Er aß die Zäpfchen. Seltsamerweise erfüllten sie auch so ihren Zweck. Natürlich wußte davon die ganze Besatzung und schaute ihm beim Verspeisen dieser Dinger in diebischer Freude zu. Selbst als ich ihn einmal freundschaftlich darauf hinwies, daß er das bewußte Zäpfchen in die falsche Öffnung des Körpers steckte, meinte er sich auch von mir verulkt. Ich ließ ihn bei seinem Glauben. Die Hauptsache war, die Arznei erfüllte ihren Zweck. Das tat sie ohne Zweifel. Sogar als eines Tages der Flottillenchef zu Gast war, ließ er sich nicht von seiner eigenartigen Methode, sie einzunehmen, abbringen. Ich hatte natürlich den Flottillenchef auf das bevorstehende Schauspiel hingewiesen und ihm prophezeit, daß sogar er als Kapitän nicht diesem Offiziersanwärter seine falsche Meinung austreiben könne. Es geschah wie immer: Er aß das Zeug. »Sie machen das falsch. Sie müssen es anders zu sich nehmen«, sagte der Flottillenchef, natürlich auch leicht schmunzelnd, denn es war zu spaßig. – »Ich weiß schon, Herr Kapitän. Mein Kommandant hat Sie beredet«, war die Antwort. Wir lachten.

Am darauffolgenden Tage sollte er endlich eines Besseren belehrt werden. Wir warten alle darauf. Der Funkmaat hat einem

Stück Kreide die gleiche Form gegeben. Der Unterschied vom Originalzäpfchen ist mit bloßem Auge kaum feststellbar.

Oberfähnrich: »Haben Sie noch so ein Ding?«

Funkmaat: »Ja, aber diesmal ist es das letzte, wir müssen neue beantragen.«

Der Oberfähnrich geht auf den Turm und schiebt es verstohlen in den Mund. – Die wachfreie Besatzung steckt ihre Köpfe hinter jedem Vorsprung hervor, um das ›große Ereignis‹ zu erleben. Diesmal scheint das Zäpfchen ganz besonders schlecht zu schmekken. Er kaut und kaut; anscheinend ist es nicht hinunterzukriegen. Weißer Schaum steht ihm schon vor dem Mund. Er will sich nicht blamieren. Einige beginnen zu lachen. Aber als ich ihn nun etwas frage und auf die Antwort hin bemerke, er habe ja plötzlich so eine zarte Stimme, auf das Märchen von Rotkäppchen und dem Wolf anspielend, gibt es kein Halten mehr: schallendes Gelächter. Jetzt merkt auch er die Niedertracht, aber zu spät, der größte Teil war bereits im Magen.

Erstaunlich nur, daß er an diesem Tage nicht seekrank wurde. Auch am nächsten Tage nicht, obwohl er natürlich kein Mittel mehr verlangte. Die Kreide hatte ihn geheilt!

Eine kleine Abwechslung in der eintönigen Ausbildung. Täglich das gleiche erzählen, täglich auf die gleichen Fehler aufmerksam machen, immer auf der Hut sein, daß nicht unbedacht ein falsches Rad gedreht wird. – Die Front braucht U-Boot-Nachwuchs.

Mein Flottillenchef war ein schon bei Kriegsanfang für die Versenkung eines Flugzeugträgers mit dem Ritterkreuz ausgezeichneter Kapitän. Er besaß wegen seiner sachlichen, allem Schwulst und Schwätzerhaften abholden Art in hohem Maße unser Vertrauen. Er verhehlte uns Kommandanten gegenüber nicht den Ernst der Lage: Nur der Einsatz neuer, entscheidender Waffen könne den Verlust des Krieges abwenden.

Über neue Waffen wurde überall viel gesprochen. Es kann als erwiesen gelten, daß auf fast allen Gebieten an neuen Konstruktionen gearbeitet wurde. Man hätte es seit Anbeginn des Krieges mit viel größerem Nachdruck tun müssen. Infolge des raschen Westfeldzuges war die Situation zu optimistisch eingeschätzt worden. Denken wir daran, daß nach der Niederlage Frankreichs die deutschen Kriegsindustrien zum Teil auf Friedensproduktion umgestellt worden sind! Als der Krieg in ein kritisches Stadium getreten war, bestand das Problem darin, neue entscheidende, für die Frontverwendung einsatzfähige Kampfmittel rechtzeitig in ausreichender Menge herauszubringen. Ein Wettlauf mit der Zeit begann. Der Produktionsapparat litt zusehends unter den alliierten Bombenangriffen. Unheilvolle Verzögerungen und ernste Ausfälle nahmen ständig zu.

Trotzdem blieb im Vertrauen auf eine günstige Wendung die Stimmung in Volk und Truppe erstaunlich gut. Die Gründe sind zunächst in den an und für sich schon ausgezeichneten soldatischen Eigenschaften des deutschen Volkes zu suchen. Die Art, wie das Thema der neuen Waffen von der Propaganda behandelt wurde, kam stimmungsmachend hinzu.

In Broschüren und Nachrichtenblättern, die nur einem kleinen Kreis zugänglich waren, wurde das uns alle bewegende Thema: Wie ist der Krieg zu gewinnen, welche Möglichkeiten stehen uns zur Verfügung? auf ganz besondere Art ausgeführt. Gute Aufsätze erörterten die Prinzipien neuartiger Waffentechnik. Fotokopierte ausländische Zeitungs- und Zeitschriftenartikel legten die Schlußfolgerung nahe, daß manche Dinge schon erprobt wurden. So war die Rede von großen, schnell fliegenden Geschossen, die beobachtet worden waren, von neuen Flugzeugen, deren Formgebung und Antrieb von dem Gewohnten in auffälliger Weise abwichen. Die Wiedergabe warnender gegnerischer Äußerungen, daß man auf Überraschungen deutscherseits gefaßt sein müßte, tat ihr übriges. Da nun diese Nachrichtenblätter geheim waren, lag natürlich ein besonderer Reiz in ihrer Lektüre. Psychologisch übt es immer eine eigenartige Wirkung aus, wenn sich jemand in einer privilegierten Lage als Mitwisser von Geheimnissen fühlen kann. Es hebt das Selbstbewußtsein. Er wird nicht unterlassen, auch anderen einige Andeutungen zu machen. So sickerten von den höchsten Stellen Gerüchte über entscheidende Kampfmittel in die breite Masse. Wenn dann einmal das Gespräch auf die hoffnungslose Lage kam, ergriff sofort jemand das Wort und wies darauf hin, daß solche Gespräche nur aufgrund völliger Unkenntnis geführt werden könnten, denn man habe wohl noch nicht gehört ... – Der Wunsch ist oft Vater des Gedankens. Viele bedrückte Gemüter wurden wieder hoffnungsvoll. Wir werden den Krieg mit neuen Waffen gewinnen! Wehe dem, der noch pessimistische Äußerungen macht, er ist dumm und weiß nichts von den großen Fortschritten in der Kriegstechnik.

Großadmiral Dönitz kam in regelmäßigen Abständen von drei Monaten zu uns, um das Ausbildungsprogramm zu inspizieren. Er hielt aufmunternde Reden und endete fast immer mit den Worten: »Wir werden den Krieg bis zum Endsieg fortsetzen!« Nach der offiziellen Musterung blieb er dann häufig bis zum nächsten Tage in unserer Flottille und pflegte den Abend im Kreise der Schulbootskommandanten zu verbringen. Oft saß ich neben ihm. Immer machte er auf mich den gleichen energischen, zuversichtlichen Eindruck und schien vom Endsieg überzeugt. Er sprach kurz und abgehackt. Kritischen Äußerungen begegnete er, indem er auf hochmoderne B-Boots-Typen verwies, die zu fabelhaften Leistungen imstande seien. Schon im April 1944 sollten jeden Tag zwei der neuen Boote vom Stapel laufen; das wären also monatlich 60 und jährlich 720. Er betonte, wenn er die Seekriegslage nicht beurteilen könne, so könne es keiner. Auch sei er stets mit Hitler zusammen, und die Stimmung im Hauptquartier verrate höchste Zuversicht, und zwar berechtigterweise. Die Luftwaffe verfüge über neue Flugzeugtypen, und der glückliche Umschwung käme in absehbarer Zeit; nur müsse im Augenblick noch durchgehalten werden. Auch versprach er uns Schulbootskommandanten die ersten neuen Boote, denn wir hätten große Praxis durch die täglichen Übungen mit unseren Schülern; zudem seien wir die wenigen überlebenden Frontfahrer. Er hätte uns absichtlich ablösen lassen und für die neuen Typen vorgesehen. – Natürlich freuten wir uns darüber. – Wenn er uns besucht hatte, verspürten wir neuen Auftrieb, und trotz der trüben Gegenwart sahen wir hoffnungsvoll in die Zukunft. Er war unser Chef, hatten den U-Boots-Krieg bis Ende 1942 äußerst erfolgreich geführt und außerdem, wie schon erwähnt, nicht wie andere führende Persönlichkeiten eigene Angehörige von gefährlichen Brennpunkten des Krieges abgezogen.

Auf das Thema umwälzender Neuerungen sei im folgenden nur so weit eingegangen, als es die U-Boots-Waffe betrifft.

Das normale Unterseeboot hat vier Maschinen: zwei Diesel- und zwei Elektromotoren. Aufgetaucht wird mit den Dieselmotoren gefahren und unter Wasser mit den Elektromaschinen. Es liegt auf der Hand, daß diese Verhältnisse nicht ideal sind, da jeweils nur die Hälfte der vorhandenen Energien eingesetzt werden kann, während die andere gleichsam toter Ballast ist. Hinzu kommen die gewaltigen Akkumulatoren, deren meterhohe Zellen fast die Hälfte des unteren Bootsraumes einnehmen. Die Bleiplatten sind im Gewicht schwerer als die gesamte übrige Maschinenanlage. Wenn es gelänge, einen Einheitsmotor für Über- und Unterwasserfahrt ohne Batterien zu entwickeln, könnte die Leistung ganz bedeutend gesteigert werden. Vor allen Dingen würde größere Geschwindigkeit unter der Wasseroberfläche ermöglicht. – Wir haben gesehen, daß Unterseebootskrieg nicht gleichbedeutend mit langandauerndem Unterwassermarsch sein konnte, denn die entscheidenden Operationen fanden an der Oberfläche statt. Der Grund hierfür lag in der geringen Unterwassergeschwindigkeit, die äußerstenfalls nicht einmal neun Seemeilen betrug. Wenn man sie fuhr, erschöpfte sich der Strom in 1 bis 2 Stunden. Aufgetaucht hingegen konnten wir wochenlang 18 Seemeilen, also über 30 Stundenkilometer, laufen. Das Boot war wendig.

Der Konstrukteur Walther hatte die ideale Lösung des Einheitsmotors gefunden: Er bestand aus einer mit besonderem Brennstoff angetriebenen Turbine. Bei verhältnismäßig geringem Gewicht und Volumen war die Leistung weitaus größer als bei allen bisher bekannten Schiffsantriebsmitteln. Das Wesentlichste und die Größe der Erfindung lag aber darin, daß dieser Walthermotor nicht mehr auf Luftzufuhr angewiesen war, sondern den zur Verbrennung notwendigen Sauerstoff aus Wasserstoffsuperoxyd erhielt, das in Tanks mitgeführt und gespalten wurde. Der neue Antrieb bedeutete die Erfüllung des Wunschtraumes der U-Boots-Fahrer aller Zeiten. Man konnte von einer entscheidenden Umwälzung sprechen. Einige verglichen die Neuerung mit dem Rückstoßantrieb von Flugzeugen, der die Luftfahrt revolutionierte. – Mit Versuchsbooten dieser Art war man unter Wasser so schnell wie Überwasserkriegsfahrzeuge hoher Geschwindigkeit. Es ist müßig, darüber nachzudenken, was das für den Ausgang des Krieges bedeutet hätte. Denn die gewonnen Schlachten der westlichen Alliierten sind nicht zuletzt auf den gewaltigen überseeischen Nachschub zurückzuführen, der auch für den erfolgreichen Widerstand und späteren Vormarsch Rußlands eine vielleicht nicht genug gewürdigte Rolle spielte. Großadmiral Dönitz erwähnte uns gegenüber nicht nur dieses geheimnisvolle Kampfmittel, sondern teilte uns vertrauensvoll Einzelheiten mit, die sich bestätigten.

Ich kann nicht beurteilen, warum erst im Jahre 1943 und nicht schon viel früher von der U-Boot-Kriegsführung eine so grundle-

Der Autor als Kommandant seines ersten U-Boots, U-148

Nach langer Tauchfahrt

Begegnung im Atlantik

Aufgetaucht

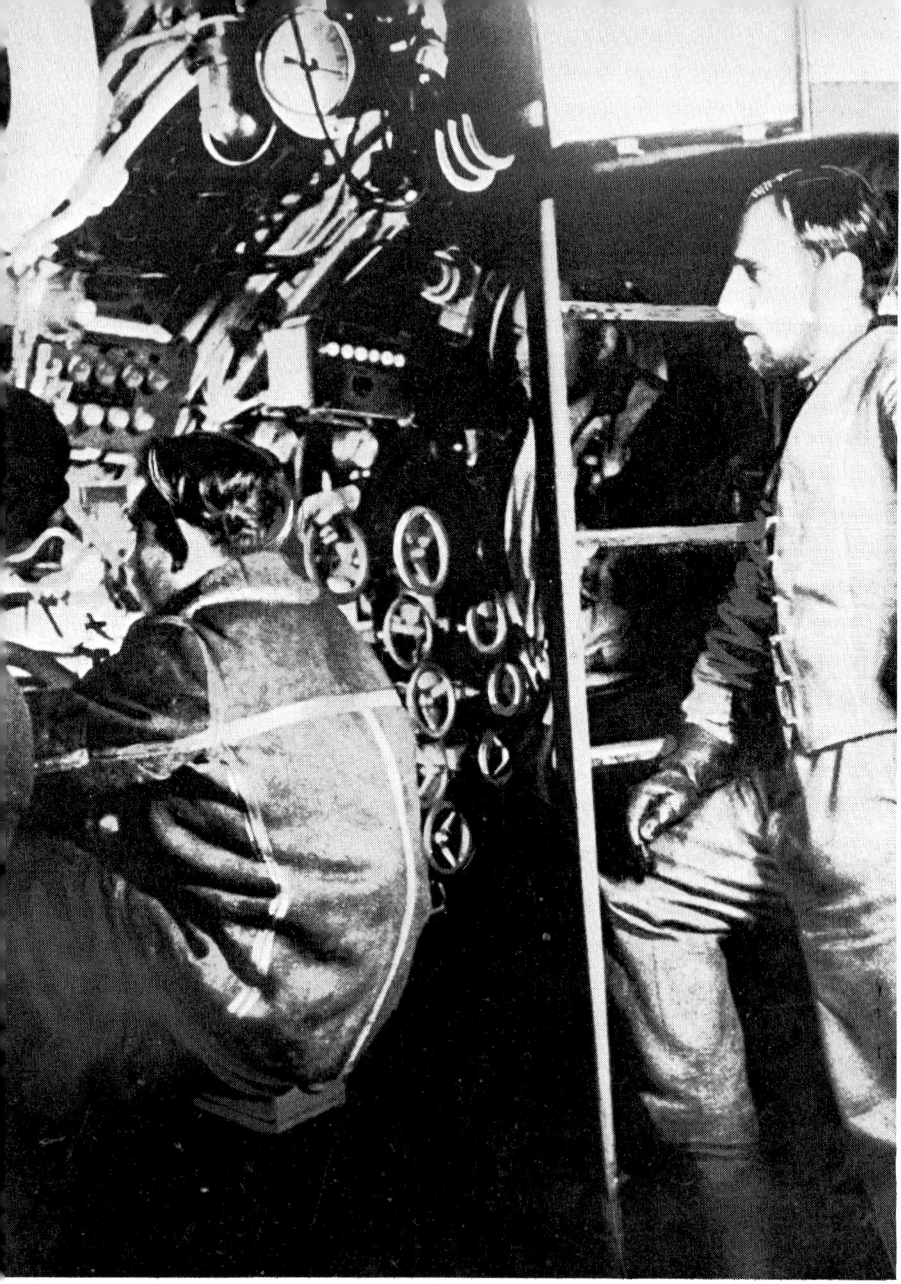

Gefechtsstand in der Zentrale

Torpedo-Übernahme

Kommandant auf Sehrohr

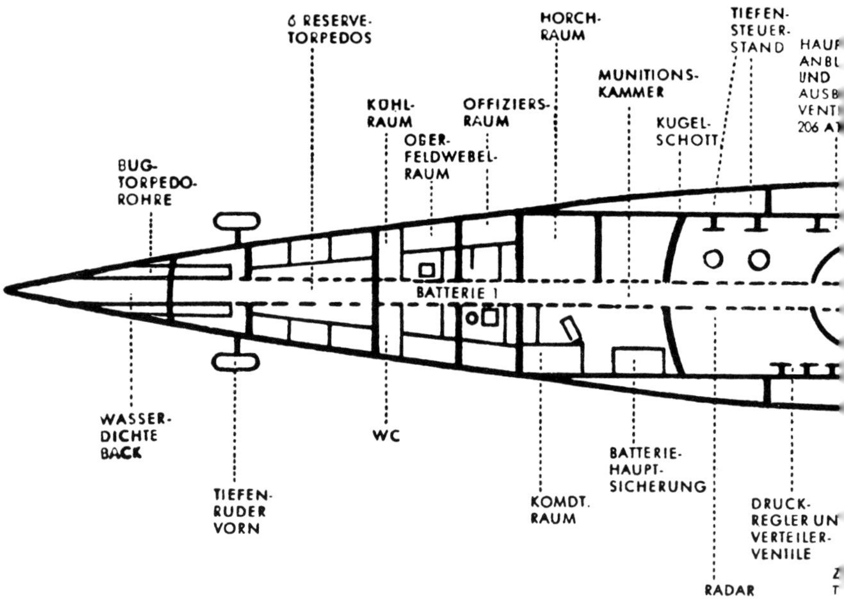
6 RESERVE-TORPEDOS
HORCH-RAUM
TIEFEN-STEUER-STAND
MUNITIONS-KAMMER
KÜHL-RAUM
OFFIZIERS-RAUM
OBER-FELDWEBEL-RAUM
KUGEL-SCHOTT
BUG-TORPEDO-ROHRE
BATTERIE 1
WASSER-DICHTE BACK
WC
TIEFEN-RUDER VORN
BATTERIE-HAUPT-SICHERUNG
KOMDT. RAUM
RADAR

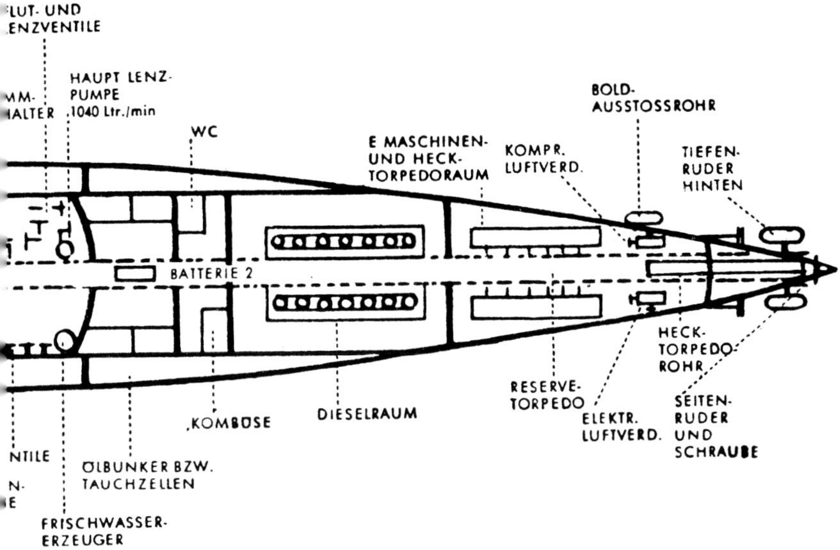

Rißzeichnung (Draufsicht)
von U 977

Einstiegsluk

Heimkehr
von Feindfahrt

Aufgewühlte See

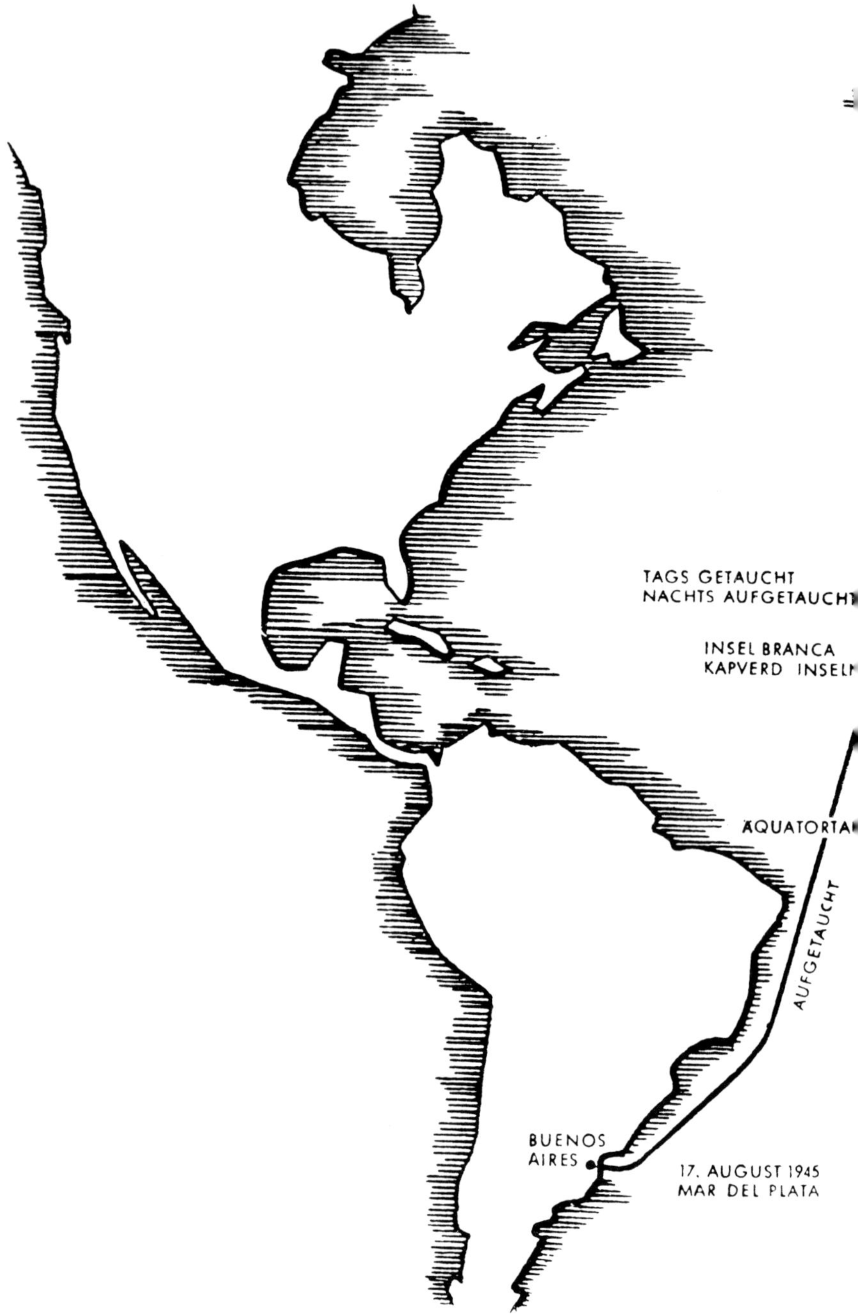
TAGS GETAUCHT
NACHTS AUFGETAUCHT
INSEL BRANCA
KAPVERD INSELN
ÄQUATORTA
AUFGETAUCHT
BUENOS
AIRES
17. AUGUST 1945
MAR DEL PLATA

**Von Norwegen nach Argentinien:
die Route der U 977**

Handelsschiff, durch Magnettorpedo in zwei Teile zerrissen

Windstärke 12

Wirkung eines Magnettorpedos

Torpediertes Handelsschiff

Getroffener Tanker

Durch Bombe beschädigtes U-Boot.

U-Boot im bombensicheren Dock

gende Maßnahme verfügt wurde, wie die Zusammenfassung aller Sachverständigen auf einer Arbeitstagung. Sie sollten die entscheidenden neuen Pläne entwerfen.

Sämtliche zur Verfügung stehenden U-Boots-Experten versammelten sich in einem Kurort im Harzgebirge mit dem Auftrage, für den Walther-Antrieb einen neuen Typ zu konstruieren. In erstaunlich kurzer Zeit war das Projekt ausgearbeitet. Es handelte sich um ein Boot, das ungefähr doppelt so groß war wie der bisher übliche 600-Tonnen-Kampftyp. Es unterschied sich von ihm äußerlich durch die Aufteilung des einheitlichen Druckkörpers in zwei übereinanderliegende mit geringerem Durchmesser. Hierdurch erreichte man weit höhere Stabilität und konnte die Maschinenanlage getrennt vom Raum der Besatzung unterbringen, was bei dem neuartigen Antrieb angesichts der Entstehung ungesunder Gase zweckmäßig erschien. Das Boot war für 300 Meter Tauchtiefe konstruiert; es hätte also bei der deutschen Gründlichkeit und hohen Sicherheitszugabe noch erheblich tiefer gehen können. Unser alter Kampftyp war zum Beispiel für 100 Meter Tauchtiefe berechnet. Ende des Krieges gingen wir damit jedoch auf 300 Meter. Ein Boot schaffte es sogar auf 350 Meter.

Es stellte sich heraus, daß der bisher erprobte Walthermotor nur für ein erheblich kleineres Boot geeignet war; die Vergrößerung bereitete Schwierigkeiten. Ein Versuchsfahrzeug des kleinen Walther-U-Boot-Typs lag auf der Halbinsel in einem verdeckten Schwimmdock. Ein Crewkamerad war darauf Offizier. Daß das neue Prinzip funktionierte, konnte also nicht bestritten werden. Aber leider hatte sich die Auswertung für einen größeren Kampftyp zunächst verzögert.

Es wurde eine Zwischenlösung gefunden, bei der man auf den Einbau des Walthermotors verzichtete, sich jedoch die neue Konstruktion zunutze machte. Im unteren Druckkörper waren die Akkumulatoren untergebracht. Im oberen hatte man die gewohnten Maschineneinrichtungen eingebaut, nur besaßen die Elektromotoren eine erheblich größere Leistungsfähigkeit als bisher. Außerdem erhielt das neue Boot den sogenannten Schnorchel.

Dieses Wort, in der internationalen Öffentlichkeit vielfach als Schnorkel oder Schnörkel falsch geschrieben, ist ein plattdeutscher Ausdruck für Nase. Schon die Holländer hatten im Jahre 1940 auf ihren Unterseebooten ein Luftrohr. Aber sie benutzten es nur zur

Durchlüftung ihrer Boote, während deutscherseits der neuentwickelte Schnorchel das Arbeiten der Explosionsmaschinen unter Wasser ermöglichte und somit das wichtigste Problem löste. Mit den Dieselmotoren konnten jetzt auch unter Wasser die Batterien aufgeladen werden. Das U-Boot war auf diese Art befähigt, so lange unter der Wasseroberfläche zu bleiben, bis der Brennstoff erschöpft war – operative Möglichkeiten, die das Radar weitgehend ausgeschaltet hatte, wurden neu erschlossen!

Der Schnorchel ist ein Luftrohr, das hydraulisch aufklappbar oder gleich dem Periskop ausfahrbar ist. Es ist in den Zuluft- und Abgasschacht unterteilt. Geht das Boot versehentlich zu tief oder berührt eine Welle den oberen Teil, so verschließt sich das Rohr automatisch und verhindert das Eindringen von Wasser, entweder durch eine mechanische Schwimmervorrichtung oder durch eine elektrische Kontaktanlage.

Das nach den neuen Gesichtspunkten konstruierte und mit dem Schnorchel ausgerüstete Boot ist unter dem Namen ›Typ XXI‹ bekannt. Trotz Nichteinbau des geplanten Walthermotors könnte man es durchaus als Neuheit bezeichnen. Es war stromlinienförmig und ausschließlich für die Unterwasserfahrt gebaut. Die Schrauben wiesen in ihrer Richtung nach den Seiten und nach unten, so daß sich der Druckpunkt bei Tauchfahrt im günstigsten Punkt des Bootes befand. Man mußte mit ihnen oft entgegengesetzt wie bei normalen Zweischraubenschiffen manövrieren. Die Unterwassergeschwindigkeit betrug 16 Seemeilen und konnte lange Zeit durchgehalten werden. Es hatte im Vorschiff sechs Torpedorohre; außer den Torpedos, mit denen diese geladen waren, befanden sich 12 weitere in Magazinen dahinter. Dadurch ergab sich die bisher nicht vorhandene Möglichkeit, in ungefähr drei Minuten zum ersten Male, und in weiteren acht Minuten zum zweiten Male nachzuladen, so daß sämtliche Torpedos, also 18, innerhalb von 15 Minuten geschossen werden konnten. Eine Neuerung sollte auch das Schießen ohne Gebrauch des Sehrohres auf 50 Meter Tiefe darstellen. Die erforderlichen Werte gab in wenigen Sekunden ein neues Meßgerät, weitaus genauer, als es durch das frühere Schätzen möglich war.

Mit den neuen Torpedos, die seit einiger Zeit auch schon von den alten Booten geschossen wurden, erhielt der neue Typ eine einzigartige Kampfkraft. Bei Kriegsausbruch hatten wir zwei Torpedoarten im Einsatz, einen mit elektrischem Antrieb und einen anderen mit Heißluftdampfgemischantrieb. Der elektrische Torpedo hatte bei einer Geschwindigkeit von 30 Seemeilen den Vorteil, ohne Blasenbahn unbemerkt seinen Weg zu ziehen. Der andere ließ hingegen durch aufsteigende Luft und Abgase weiße Schaumstreifen zurück. Unter Umständen konnte der Gegner sie sehen und ihnen ausweichen. Der Vorteil des Kolbenmaschinen-Torpedos gegenüber dem elektrischen lag in höherer Geschwindigkeit und größerem Aktionsradius. Er lief bei einer Einstellung von 30 Knoten annähernd 20 000 Meter, bei einer Geschwindigkeit von 40 Knoten 10 000 Meter und bei 44 Knoten 6000 Meter weit; der elektrische hingegen im Höchstfalle 6000 Meter. Von den Möglichkeiten der Torpedos, Schwenkungen durchzuführen, war schon die Rede; zunächst waren es 90, bei den geplanten Modellen jedoch 180 Grad. Das U-Boot hatte die Möglichkeit, mit den vorderen Rohren direkt nach hinten zu schießen. Das Hecktorpedorohr erübrigte sich, dem Boot konnte eine günstigere Form gegeben werden, und es gewann an Geschwindigkeit. Bisher war die Möglichkeit, daß der Schuß sein Ziel nicht traf, sehr groß. Denn oft mußte infolge einsetzender Abwehr übereilt geschossen werden. Die Werte für unsere Schußunterlagen beruhten ja auf Schätzung, wobei natürlich leicht Fehler unterlaufen können. Der einmal am feindlichen Dampfer vorbeilaufende Torpedo war verloren und ging am Ende seiner Laufstrecke unter.

Ganz andere Möglichkeiten boten sich hingegen mit unserm neuen Torpedo. Er bedrohte das aufs Ziel genommene Objekt so lange, bis seine Antriebsmittel erschöpft waren. Er konnte berechnete Schleifen laufen.

Dieser komplizierte Vorgang sei an einem Beispiel erklärt: Ein feindliches Schiff wird beschossen. Geschätzte Werte: Abstand 1000 Meter, Geschwindigkeit 12 Seemeilen. Kurs Süd. In Wirklichkeit mag die Entfernung nicht genau 1000 Meter betragen, sondern zwischen 800 und 1200 Meter liegen. Innerhalb dieses Bereichs müßte sich also unser Torpedo hin- und herbewegen, wenn er sein Ziel nach dem ersten erfolglosen Vorbeilaufen noch erreichen soll. Es stehen zwei Schleifen zur Verfügung, eine größere und eine kleinere. In jedem Falle läuft der Torpedo, wenn er nicht gleich trifft, eine Strecke weiter, als die eingestellte Entfernung beträgt, macht eine Wendung, kreuzt den Gegenkurs und vollzieht die zweite Wendung in einem entsprechenden Abstand vor der eingestellten Entfernung. Wenn nicht eine weitere Vorkehrung hinzukäme, nützt dies allein nichts. Denn der Torpedo würde hinter dem Schiff zurückbleiben, da es sich fortbewegt. Man stellt im ›Aal‹ daher noch zusätzlich den Gegnerkurs und eine Vormarschgeschwindigkeit ein. Dadurch wird erzielt, daß er nicht hinter dem Schiff zurückbleibt und daß er senkrecht den Gegnerkurs kreuzt. Die Trefferaussichten sind am höchsten, wenn der Torpedo rechtwinklig zum Ziel läuft.

Man wird die Vormarschgeschwindigkeit anders ansetzen als die geschätzte Gegnergeschwindigkeit. Denn wären sie gleich und der Torpedo liefe beim ersten Male beispielsweise 20 Meter hinter dem Heck vorbei, so würde er bei jedem weiteren Schleifendurchgang auch 20 Meter hinter dem Heck den Schiffskurs passieren. Gibt man aber dem Torpedo eine andere Vormarschgeschwindigkeit, sagen wir 14 Meilen bei einer geschätzten Schiffsgeschwindigkeit von 12 Meilen, so ist der Erfolg verbürgt. Der Torpedo, der beim ersten Male hinten vorbeigeht, kann bei seinen späteren Durchgängen aufholen und wird das Schiff letzten Endes auf einem dieser Durchgänge treffen.

Ist die Schätzung sehr unsicher, so setzt man zwei Torpedos ein. Der erste mit einer um zwei Meilen größeren Vormarschgeschwindigkeit und der zweite mit einer um zwei Meilen geringeren. Es kann theoretisch nicht daneben geschossen werden. Bei sechs Torpedos wohl auch in der Praxis nicht.

Vor angreifenden Kriegsfahrzeugen kann nunmehr eine wirkungsvolle Torpedosperre gelegt werden. Die Aussicht des Gegners, nicht getroffen zu werden, ist gering. Auch ›um die Ecke‹, in Hafeneinfahrten beispielsweise, kann neuerdings geschossen werden. Der Feind wird nichts gewahr, bis er Opfer der Torpedos geworden ist. Die Torpedos sollen möglichst in einer um zwei Meter größeren Tiefe als das Schiff Tiefgang hat laufen. Sie hinterlassen keine Spur. – Die große Schleife wird hauptsächlich in Geleitzügen angewandt. Schießt ein Unterseeboot in Geleitzügen mit derartigen Torpedos, so muß ein Warnsignal gegeben werden, damit sich andere, in der Nähe befindliche U-Boote durch rechtzeitiges Tauchen der Gefahr, selbst getroffen zu werden, entziehen können.

Der vom Feinde am meisten gefürchtete ist jedoch der akustische Torpedo. Von dem normalen Elektrotorpedo weicht er durch eine zusätzliche auf das Steuer gekoppelte Horchanlage ab, die außerordentlich kompliziert ist und mit Verstärkergeräten wohl sechzig Röhren zählt. Man kann mit diesem Aal schießen, ohne das Ziel überhaupt gesehen zu haben, ohne die Entfernung und sonstigen Werte für die Schußunterlagen zu kennen. Nach Verlassen des Rohres fährt dieser Torpedo selbständig einen Kreis. Das U-Boot geht vorsorglich auf größere Tiefen um nicht vielleicht selbst sein Opfer zu werden. Hört der Torpedo Schiffsgeräusche, so nimmt er automatisch die Richtung der Schallquelle und läuft auf den hinteren Teil des Dampfers, wo er Maschinen- oder Ruderanlagen, also die wesentlichsten Teile, trifft. Kommt er genau von hinten auf, so kann er vom Schraubenstrom abgelenkt werden und am Ziel vorbeigehen. Er macht erneut seinen Suchkreis und trifft. Die Horchanlage ist so empfindlich, daß der Torpedo sogar gestoppt liegende Fahrzeuge wahrnimmt, auf denen Hilfsmaschinen, wie Lüfter oder Pumpen laufen, was ständig der Fall ist. – Mit ihm wurden im Jahre 1944 in einem Monat an die 80 feindliche Zerstörer und Korvetten versenkt. Es kam so weit, daß U-Boots-Jagdfahrzeuge in der Zeit nach dem Einsatz dieses ›Wundertorpedos‹ keine Unterseeboote mehr angriffen. Sie wären mit tödlicher Sicherheit verloren gewesen. Später gelang es den Alliierten, den akustischen Torpedo in einigen Fällen mit nachgeschleppten Geräuschbojen abzuwehren, jedoch beeinträchtigte diese Gegenwehr ihre eigenen U-Boots-Suchgeräte und erleichterte unser Entkommen. – Man bemerkte dies auch vor dem Schuß und konnte statt des akustischen einen Schleifentorpedo einsetzen.

In der Entwicklung begriffen war ein Torpedo mit Rückstoßantrieb, der mit erheblich höherer Geschwindigkeit größere Treffsicherheit aufweisen mußte, da sich fehlerhaft geschätzte Werte aufgrund der kurzen Zeit bis zum Erreichen des Zieles nicht so stark auswirken konnten.

Um die Möglichkeiten der neuen U-Boot-Typen zu beurteilen, muß man wissen, daß für U-Boots-Jagd spezialisierte Fahrzeuge bei Kriegsende nur bis zu 13 Seemeilen Eigengeschwindigkeit ihre Unterwassersuchgeräte wirksam gebrauchen konnten. Bei höheren Fahrtstufen riefen Eigengeräusche und Strudelbildungen derart große Störungen hervor, daß ihr Einsatz illusorisch wurde.

Zu Erprobungszwecken fuhr unser Typ XXI in der Ostsee versuchsweise Angriffe auf einen durch zehn Zerstörer, also äußerst stark gesicherten Geleitzug. Er griff von links an und schoß im Abstand von 400 Metern sechs Schleifentorpedos. Bei seiner großen Geschwindigkeit unter Wasser bereitete es dem neuen U-Boot keine Schwierigkeiten, in die richtige und günstigste Schußposition zu kommen. – Treffer. – Die Jagdgruppe suchte das Boot auf der vermeintlichen Schußweite. Inzwischen hatte es aber längst seinen Standort gewechselt und schoß aus entgegegesetzter Richtung. Die Zerstörer teilten sich, zwei Boote vermutend. Sofort ging es unter den restlichen Geleitzug und schaltete somit jegliche Abwehr aus, denn bei Bombenwürfen wären die zu schützenden Schiffe selbst gefährdet gewesen. Das U-Boot schoß aus seiner neuen Position quer zum Kurs des Konvois eingestellte Schleifentorpedos, ging auf große Tiefen und entwich mit seiner 18-Seemeilen-Höchstgeschwindigkeit.

Insgesamt wurden mehr Treffer, als Schiffe vorhanden waren, erzielt. Viele Torpedos hatten mehrmals aufgrund ihres Hin- und Herlaufens getroffen.

Zu gleicher Zeit wie Typ XXI wurde ›Typ XXIII‹ entwickelt, ein 120 Tonnen großes Boot, für den Einsatz in den Gewässern um England bestimmt. Es hatte bei geringerer Anzahl von Torpedos gleiche Eigenschaften wie der geschilderte Typ XXI.

Im Versuch befand sich kurze Zeit später ›Typ XXVI‹. Er besaß nur 800 Tonnen Wasserverdrängung, vermochte aber eine Unterwassergeschwindigkeit von 25 Seemeilen, also rund 50 Stundenkilometer, zu entwickeln. Er wies 10 Torpedobugrohre auf.

Als sehr gut galt in seiner Konstruktion das Zwei-Mann-Unterseeboot, als ›Seehund‹ bekannt. Ihm wurde durch den Verlust der französischen Kanalbasen die Einsatzmöglichkeit genommen. Mit seiner geringen Größe und dem beschränkten Aktionsradius konnte es keine weiten Strecken zurücklegen. Bei Beginn der Invasion war es noch nicht vollendet. Wir U-Boots-Fahrer rechneten es zu den Kleinkampfmitteln, wie Sprengboote und Ein-Mann-Torpedos, aus denen der Steuermann vor dem Torpedieren mit einem Rettungsschlauchboot ausstieg. Ihr Personal hatte eine getrennte Ausbildung von der unsrigen.

Die neuen Boote sind bis auf eine geringe Anzahl vom Typ XXIII, also den 120-Tonnen-Booten, nicht mehr zum Einsatz gekommen. Nur wenige operierten dicht unter der englischen Küste vor Hafeneinfahrten und waren praktisch von Jagdgruppen nicht zu erfassen. Der kleine, des Nachts nur wenige Stunden aus dem Wasser ragende Schnorchelkopf wurde vom Radar auch bei geringen Entfernungen in den meisten Fällen nicht erfaßt, da er in den Wellentälern verschwand und außerdem mit einer besonderen gummiartigen Masse versehen wurde, welche die Radarstrahlen stark absorbierte. Eine auf dem Schnorchel angebrachte Fu-M-B-Antenne warnte das Unterseeboot schon auf große Entfernung, wenn sich ein suchendes Flugzeug oder Kriegsschiff näherte.. Mit seiner hohen Geschwindigkeit war das neue Boot auch in der Lage, Schiffe aus achterlicher Position aufzuholen und anzugreifen. Falls der erste Torpedo fehlgehen sollte, was bei dem geringen Schußabstand, in den es mit seiner Schnelligkeit leicht kommen konnte, selten vorkam, hatte es ohne Schwierigkeiten die Möglichkeit, das feindliche Schiff erneut zu überholen und wieder zu schießen.

Von all diesen Typen lagen bei Kriegsende 208 Boote auf deutschen Werften. Sie waren nicht fertiggeworden. 120 waren vom Typ XXI, dem 120-Tonnen-Boot. Obwohl Großadmiral Dönitz schon im April 1944 ihren Einsatz angekündigt hatte, waren wenige Tage vor der Kapitulation erst zwei auslaufbereit. Die alliierten Luftangriffe hatten die Industrien, die zur Ausrüstung der vielen Boote vorgesehen waren, schwer beschädigt. Es fehlte an Maschinen, an Akkumulatoren, an Sehrohren, praktisch an fast allen wichtigen Bestandteilen.

Einsatzbefehl in letzter Stunde

Zu Weihnachten 1944 hatte ich ein neues Boot bekommen; nur ungern trennte ich mich von meiner alten Besatzung. Ich wurde Kommandant von ›U-977‹. Es handelte sich um den normalen, durch eine Schnorchelanlage modernisierten Kampftyp. Die neuen Typen, an die so viele Erwartungen geknüpft wurden, standen eben noch nicht zur Verfügung. Die Belastung der deutschen Kräfte war zu groß geworden, die Kriegsmaschinerie mußte zwangsläufig versagen.

Dem gemeinsamen Ansturm von West und Ost war die tapfer kämpfende Wehrmacht nicht mehr gewachsen. Im Januar 1945 geschah die Katastrophe an der Ostfront. Wir mußten unsere Basis in Pillau räumen und sie nach Wesermünde verlegen. Zusammen mit den Wohnschiffen traten wir den Rückzug an. Es war ein bitteres Gefühl, von dem uns lieb gewordenen Ostpreußen zu scheiden. Sagte nicht schon ein Gedicht, das vor Jahren entstanden war: ›Ostpreußen, hart in dein karges Schicksal gespannt, zwischen Sturmes- und Meeresgewalten – du hast's am schwersten‹?

Der Krieg war verloren. Darüber konnte kein Zweifel bestehen. Denn die nunmehr noch vorhandene einzige Möglichkeit einer Wende lag in einem Angebot der Westmächte, gemeinsam mit den Deutschen gegen den Kommunismus zu kämpfen. An diesen Gedanken schien sich die Führung wie ein Ertrinkender an den Strohhalm zu klammern. Von einer Bereitschaft der Anglo-Amerikaner zu diesem Vorgehen war aber nichts zu spüren.

Meine innersten Gefühle bäumten sich gegen die unnütze Fortsetzung des Krieges auf und empörten sich über das Bild, das unfähige und feige Zivilbeamte boten, die Kinder und alte Leute an die Front schickten, während sie selbst nicht zu ihren Worten standen. Ich war aber Soldat, ich konnte und wollte nicht zum Meuterer werden. Es war für mich eine Selbstverständlichkeit, daß ich meine Leute nicht im Stich lassen, sondern mit ihnen gemeinsam das Ende durchstehen würde.

Mich ernannte mein Flottillenchef zum Führer der Sicherung eines Geleitzuges, den wir bei der Räumung unserer Base zusammenstellten. Sie bestand aus vier U-Booten, die mit vielen Flakgeschützen bestückt waren. Ohne Zwischenfälle erreichten wir Swinemünde.

Die Ostsee war zum Teil vereist und so fuhren wir einen Eisschutz, einen besonderen Stahlkörper, der auf den Bug gesetzt wird und die Deformierung der Bootsverkleidung, vor allem der Torpedorohrklappen, verhindert. Unser Schutz hatte sich durch starke Eisschollen verbogen und drohte seinen Zweck nicht mehr zu erfüllen. Ich lehnte ab, den Weitermarsch in diesem Zustand fortzusetzen. Das Boot kam in die Werft nach Swinemünde. Der Zufall wollte es aber, daß kein Ersatz aufzutreiben war und die Beschaffung längere Zeit in Anspruch nahm.

Meine Flottille hatte sich schon seit geraumer Zeit in Wesermünde eingerichtet. Die Ausbildung neuer U-Boots-Fahrer ging weiter. Es schien widersinnig, denn viele eingefahrene Besatzungen gingen an die Landfronten. Sie hatten ihre Boote bei Bombenangriffen in den Werften verloren.

›U-977‹ wurde zum Frontboot erklärt. Ich erhielt den Befehl schnellstens notwendige Überholungsarbeiten in Hamburg bei Blohm & Voss ausführen zu lassen. März 1945.

Anfang April war es fertig. Das heißt fertig vielleicht für Leute, die nicht damit gegen den Feind zu fahren brauchten. Für mich war es in keiner Hinsicht frontklar. Ich beantragte die mir zustehende Auswechslung der Batterien; sie hatten nur noch 70 Prozent der Kapazität. Erneuerung sämtlicher Hauptkuppelungen; sie waren über ein Jahr in Betrieb und konnten jeden Tag zu schleifen anfangen. Weiterhin Turmpanzer gegen Flieger, Auswechslung meines Funkmeßgerätes und eine Mindestzeit zur Ausbildung der Besatzung, denn unerprobte Soldaten waren eingeschifft worden.

Auf Grund meiner Erfahrungen war nur ein in jeder Hinsicht perfektes Unterseeboot ein Kampfinstrument, und jegliche Improvisierung bedeutete Opferung der Besatzung, ohne den geringsten Nutzen für Volk und Vaterland.

Es hieß jedoch: »Abgelehnt wegen Mangel an Material.« Mir wurde der Befehl erteilt, zur Ausrüstung nach Kiel zu gehen. Es blieb nichts anderes übrig. Ich hoffte, daß mein Kommandierender Admiral Verständnis und Einsehen mit der Lage meines Bootes haben würde. Unmißverständlich mußte ich ihm meine Gedanken zum Ausdruck bringen. Ich war es meiner Besatzung schuldig.

Wenige Stunden nach meinem Eintreffen in Kiel kam ich auf seinem Wohnschiff gerade zu einem politischen Vortrag zurecht. Der Redner entwickelte ohne jegliche Logik die Ansicht, daß der Endsieg sicher sei. Den Admiral schien es sichtlich zu beeindrucken. Abschließend gab er einen zuversichtlichen Kommentar.

Nach Beendigung des Vortrages bat ich, ihn sprechen zu dürfen. Freundlich lud er mich ein, in seine Kammer zu kommen. Ich sprach mich aus.

Admiral: »Mein lieber Schaeffer, Sie wissen, wir werden bis zum Endsieg kämpfen, koste es, was es wolle, wir werden siegen. Sie sind ein alter U-Boots-Fahrer, ich sehe es an Ihren vielen Auszeichnungen; und wer soll hinausfahren, wenn Sie es nicht tun? Sie haben die Erfahrungen.«

Er bestand darauf, daß mein Boot, auch ohne frontklar zu sein, in den Einsatz ging. Ich erwiderte nichts mehr …

Für wenige Tage fuhr ich noch einmal nach Berlin, um mich von meiner Mutter zu verabschieden. Der Krieg ging mit Geschwindigkeit dem Ende entgegen. Schon wurde die Verteidigung Hamburgs geplant. Das Schicksal des deutschen Volkes schien dem Nichts preisgegeben zu sein, der Tollheit der Forderung nach bedingungsloser Kapitulation.

Meine Reise nach Berlin dauerte 24 Stunden. In fast regelmäßigen Abständen gab es Fliegeralarm; wir krochen unter den Zug und warteten ab, bis es weitergehen konnte. Unzählige Umleitungen. Neben mir saß ein Waffen-SS-Offizier. Unaufhörlich erzählte er von neuen kriegsentscheidenden Kampfmittteln. Ich opponierte, denn zur Genüge waren mir diese Neuerungen aus meinem eigenen Sektor bekannt. Sie waren zwar geplant, aber die Bombenangriffe – – Ja, meinte er, ich könnte dies nicht beurteilen wie er, denn er arbeite in einer Stelle der SS-Führung und täglich sei er auf den Versuchsfeldern. Ich sollte ihn nur besuchen, dann könnte ich mit eigenen Augen unvorstellbare Dinge sehen.

Am Tage meiner Ankunft ging ich wirklich zu der besagten Stelle. Vor dem Eingang mußte ich warten, dann holte mich der neue Bekannte persönlich herein, stellte mich dem Leiter vor, und es ging los. – Es herrschte eine siegeszuversichtliche Stimmung, wie ich sie selbst nicht einmal nach Beendigung des Frankreichkrieges erlebt hatte. Auf Fotografien konnte ich die sonderbarsten Geräte bewundern. Eines nannten sie Todesstrahler. Ihn sollte ich am darauffolgenden Tage mit eigenen Augen in der Praxis besichtigen. Es kam nicht dazu, ich hatte keine Zeit.

Mir ging es in erster Line darum, mich mit meiner Mutter auszusprechen. Schon war klar ersichtlich, daß die Russen auf die Reichshauptstadt marschierten und dort die letzte entscheidende Schlacht schlagen würden. Berlin sollte zu einer Festung werden. Ich sah, wie Straßenbahnwagen umgekippt wurden und man auf den Straßen Barrikaden errichtete.

Meine Absicht war, meiner Mutter die bevorstehenden Kämpfe zu ersparen und sie zum Verlassen unseres Wohnsitzes zu bewegen. Koste es, was es wolle, was auch immer geschehen möge, sie bliebe in Berlin und wolle nicht auf fremde Leute angewiesen sein, war die Antwort. Sie werde auch mit den Russen fertig werden.

Sie ist es wahrhaftig geworden!

Ich kehrte zurück. – Jeden Tag lag Kiel im Bombenhagel. Der

Hafen wurde vernebelt, und ich mußte oft mehrmals täglich mein Boot in irgendeine geschützte Bucht fahren. Es war wie an der Front. An der offenen Brücke pfiffen Raketenbomben vorbei. Unsere Maschinen mußten langsam laufen. Man konnte nichts sehen, der Hafen war voller Schiffe. Es hieß abwarten. Hoffentlich ging es gut! Flugzeugmotoren summten unaufhörlich. Deutsche Jäger waren nicht mehr zu erblicken.

Zwei Tage vor dem Auslaufen. Das Boot ist voll ausgerüstet. Gegen Mittag heulen die Alarmsirenen. Wir legen ab. Hinter mir ist das Boot eines meiner Crewkameraden. Ganz dicht bleibt es im Kielwasser. Wir sind im Mittelpunkt der Bombenwürfe. Amerikanische Jagdflugzeuge rauschen dicht über unsere Köpfe. Es gibt keine Abwehr mehr. Sie wissen es und sind kühn. Hundert Meter neben mir schlagen zwei Bomben in die ›New York‹, den Passagierdampfer, mit dem ich einst nach Nordamerika gereist war. Er brennt wie eine Fackel. Ab und zu fliegt knallend Munition in die Luft. Ein schauriges Feuerwerk. Einschläge hinter dem Boot. »Äußerste Kraft voraus!« Es bleibt sich gleich, ob man langsam oder schnell fährt, aber es beruhigt die Nerven, wenn man etwas befiehlt. Detonationen hinter mir. Treffer auf dem Boot meines Kameraden. In wenigen Sekunden verschwindet es unter der Wasseroberfläche. Nur wenige werden gerettet.

Ich höre, daß mein ehemaliger Kommandant, bei dem ich einst als Wachoffizier gefahren war, auch in Kiel weilt. Ich glaube mich an Straße und Hausnummer erinnern zu können und mache mich auf den Weg, um ihn zu besuchen. Ich finde mich nicht zurecht, suche und suche vergebens. Es ist schon zehn Uhr abends geworden und ich weiß mir keinen anderen Rat, als an einem Haus in der mir bekannten Straße zu läuten und zu fragen, ob man ihn kenne.

Eine Hausangestellte öffnet. Ich trage mein Anliegen vor Noch habe ich nicht ausgeredet, als schon aus dem Obergeschoß eine wütende Frauenstimme ertönt: »Unerhört diese Belästigung am späten Abend! Bestimmt einer von der Marine!« Ich höre, wie jemand immer noch mächtig schimpfend die Treppe herabsteigt. Schon bin ich darauf gefaßt, von einer alten Hexe Hals über Kopf hinausgeworfen zu werden. Überraschenderweise erscheint aber ein entzückender, hellblondgelockter Mädchenkopf mit funkelnden, blauen Augen. Das habe ich wirklich nicht erwartet. Wahrscheinlich bin ich rot geworden. Ich bitte die Holde vielmals um Entschuldigung ob der späten Störung und trage mein Anliegen erneut vor. Es ist anzunehmen, daß ich mich in der neuen Lage weitaus höflicher als vorher benahm. Wir kamen ins Gespräch. Letzten Endes, als sich herausstellte, daß besagter Kapitän unbekannt sei, fordert mich das Mädchen, das vielleicht 17 Jahre zählt, auf, das Telefonverzeichnis durchzusehen. Ein guter Gedanke. Ich finde im Verzeichnis den Namen meines ehemaligen Kommandanten sehr bald und kann kurze Zeit später mit ihm ein freudiges Wiedersehen feiern.

Meine neue Bekanntschaft hatte ihr ablehnendes Wesen beibehalten. Sie schimpfte auf die Aufdringlichkeit aller Marineangehörigen. Natürlich hatte ich den Stolz, ihr das Gegenteil zu beweisen. Ich fragte, ob sie denn überhaupt jemanden von der Kriegsmarine kenne. Als sie verneinend antwortete, bot ich ihr an, sich an mir ein Urteil zu bilden.

Am nächsten Tag trafen wir uns, und als ich sie noch vor dem Dunkelwerden nach Hause begleitete, denn ihre Eltern hatten ihr nur Ausgang bis um sechs Uhr gewährt, mußte sie mir versprechen, nicht wieder so schlecht über die Marine zu sprechen. Ich hoffe, sie versprach es gerne. – Wir sahen uns niemals wieder. Die Pflicht rief mich.

Es ging nach Norwegen. Hier sollte der Brennstoff ergänzt werden, das Boot zwei Tage Übungen mit dem neueingebauten Schnorchel fahren, und dann würde es in den Einsatz gehen.

Insgesamt bildeten wir für diesen Marsch eine Gruppe von drei Booten. Unter uns ein Boot des neuen Typs XXI. Es war das erste, das an die Front geschickt wurde. In Dänemark lief ich einen Zwischenhafen an. Es war zwar unerwünscht, aber das war nicht so genau zu nehmen. In Dänemark konnte man noch einmal gut essen und das deutsche Verpflegungsamt aufsuchen. Je mehr man an Proviant mitnahm, desto besser war es. – Der Inspektor, eine gute Seele, war nicht kleinlich. Er war nicht so ›stur‹ wie ein Verwaltungsinspektor in Pillau, der sich, statt sinngemäß zu handeln, auf seine Anweisungen berief und infolgedessen große Vorräte dem Feinde überantwortete. Wir hatten ihm nur mit fast handgreiflichem Nachdruck unsere Wünsche klarmachen können. – Butterfässer, Schinken, Eier und alles nur Denkbare schifften meine Soldaten ein. Der Ingenieur zeigte schon Bedenken, daß unser Boot zu schwer und somit das Tauchen gefährdet würde. Jedoch ergab die Rechnung noch größeres Fassungsvermögen. Ein Lastwagen machte erneut die Runde. Meine Besatzung war zufrieden. Wir würden die nächste Zeit gut versorgt sein; immerhin ein beruhigender Gedanke.

Der Kommandant des U-Boots vom Typ XXI erzählte sehr viel von den guten Eigenschaften seines neuen Fahrzeuges; und abgesehen davon war ich natürlich neidisch, denn es war wirklich ein Prachtwerk, so daß ich ihn aus purem Übermut zu einer Wette herausforderte. – Der Marsch von der dänischen zur norwegischen Küste sollte befehlsgemäß getaucht vonstatten gehen. Der Typ XXI hatte unter Wasser eine Marschgeschwindigkeit von über acht Seemeilen, und mein Boot drei. Im Höchstfalle konnte er achtzehn und ich, für lediglich ein bis zwei Stunden, acht bis neun laufen. Trotzdem schlug ich eine Wette vor. Derjenige, der als letzter in Norwegen ankam, hatte einen Kasten Sekt zu bezahlen. Es sollte der letzte während meiner Kriegsmarinezeit sein. Viele waren schon gewonnen und viele verloren worden.

Die Fahrt nach Norwegen galt als überaus gefährlich, da der Seeraum von den Engländern stark bewacht wurde. Man wußte, daß sämtliche Boote, die von Deutschland an die Front gingen, dort passieren mußten. Praktisch alle, denn die französischen Einsatzhäfen waren bereits wieder in Händen des Feindes. Das Gebiet ist sehr klein und deshalb gut zur Sperrung geeignet.

Weit über die Hälfte der Boote ging schon auf ihrer ersten Überführung verloren, vor allen Dingen, da oft wegen Minengefahr bei Fliegerangriffen nicht getaucht werden konnte.

Kaum sind wir aus dem Geleit entlassen, als auch schon feindliche Flugzeuge im Radarabwehrgerät gemeldet werden. Wir schätzen zwölf. Sie kommen rasend schnell näher. Wenig Wasser, Minen. Es brummt. Wir werden umkreist. Anscheinend will man uns genau erfassen oder vor dem Angriff Verstärkung abwarten. Wir sind auf neuartige Raketengeschosse gefaßt. Sie werden aus den Tragflächen gefeuert. Es sind Vollgeschosse, so daß sie beim Auftreffen auf das Wasser nicht explodieren, sondern in die Tiefe gehen. Sie haben den Vorteil, daß sie tauchenden Unterseebooten nachgeschossen werden können. Ihre Durchschlagskraft ist gleich der Panzerfaust, der Rakete, die mit der Hand gegen Panzer geschossen wird, außerordentlich groß. Sie gehen auf der einen Seite des Bootes hinein, auf der anderen wieder hinaus. Ihr Durchmesser von vielleicht acht Zentimetern hinterläßt ein so großes Loch, daß ein Unterseeboot unweigerlich verlorengeht. Die Treffsicherheit ist im Vergleich zu Bomben um ein Vielfaches größer.

Ich kenne Fliegernachtgefechte zur Genüge. Leuchtfallschirme blenden die Schützen, und es ist unmöglich, Flugzeuge zu erkennen, da sie über der Lichtquelle bleiben; man hört nur das vertraute, unheimliche Brummen. Leuchtgeschosse pfeifen einem um die Ohren. Bomben detonieren. Ein schönes Gefühl: Wehrlos!

Aufgetaucht wären wir unrettbar verloren. Ich gebe trotz Minengefahr Tauchalarm. Es geht gut.

Jedesmal, wenn wir unser Fu-M-B aus dem Wasser stecken, meldet es in der Nähe befindliche Flugzeuge. Scheinbar kennen sie unseren Weg und verfolgen uns. Bis Anbruch des Tages müssen wir noch mit unserem ersten Schnorchelversuch warten. Für meinen Leitenden Ingenieur und viele von der Besatzung ist es noch etwas Neues. Einer der Hauptgründe, warum ich bei einem meiner Vorgesetzten eine kurze Ausbildungszeit des Bootes in der Ostsee beantragt hatte.

Die Stimmung im Boot ist nicht schlecht. Wir sind aus dem Wirrwarr heraus. Wäre durch Zufall unser Boot bei den täglichen Angriffen verlorengegangen, so hätte uns ein allen unerwünschter Landfronteinsatz erwartet. Ich selbst bin auf meinem Boot mein eigener Herr. Ich habe die Besatzung hinter mir.

Das Hauptminengebiet ist passiert. Friedlich ziehen wir auf 50 Meter Tiefe dahin. Die Zeit kommt, daß die Akkumulatoren aufgeladen werden müssen. Eine sichere Angelegenheit mit dem neueingebauten Schnorchel. Aufzutauchen ist nicht mehr nötig; die Dieselmaschinen arbeiten jetzt auch unter der Wasseroberfläche. Im Radar kann der Schnorchelkopf nur schwerlich erfaßt werden.

Hydraulisch hebt sich der Schnorchel. Noch steuern wir auf 20 Meter. Ein Rundblick soll mich davon überzeugen, daß weder Schiffe noch Flugzeuge in der Nähe sind, die unter Umständen ohne Radar suchen. Also vierzehn Meter, Sehrohrtiefe. Nichts in Sicht. Die Motoren springen an. Einer lädt die Batterien, der andere ist auf die Schraube gekuppelt.

Die Fahrmeßanlage geht auf sieben Meilen. Luft strömt durch die Schnorchelanlage ein. Nichtsdestoweniger nimmt der Unterdruck im Boot beachtlich zu. Die Saugwirkung der Maschinen ist zu groß. Der Ingenieur steuert schlecht. Bald schaut der Schnorchel zu weit heraus, bald schneidet er unter. So geht es natürlich nicht. Beim Unterschneiden schließt sich das Ventil und die von den Dieselmotoren beanspruchte Luft wird aus dem Raum gesogen. 200 Millibar Unterdruck. Der Schnorchelmast kommt wieder frei. Tosend stellt sich der Druckausgleich her. Untergeschnitten, frei. Ständiger Wechsel. Die Ohren schmerzen. Unheimlich, diese Schnorchelei. Mir platzt die Geduld. Ich schimpfe. Natürlich kann ich dem Ingenieur keinen Vorwurf machen. Er schnorchelt zum ersten Male. Aber es ist zu ärgerlich. Wenn oben ein Flugzeug ist, wird es nicht den Angriff unterlassen, weil der Flieger sich sagt, die da unten müssen noch üben.

Mit einer Seeschlange könnte man uns vergleichen. Oben, unten, oben, unten. Jetzt sind wir schon auf 30 Meter. Rund eine Minute können die Diesel Luft aus dem Raum saugen, dann allerdings ist es so weit, daß die Augen anfangen, herauszukommen, und die Trommelfelle zu zerreißen drohen. Die Grenze ist erreicht: 400 Millibar Unterdruck! Die Abgase können nicht mehr entweichen, die Wassersäule über dem Auspuff steht zu hoch. Sie schlagen in den Raum. Schwarz, beißend. Abstellen! Zu spät, Rauchwolken wälzen sich durch das Boot. Fluchtartig verläßt das Personal den Maschinenraum. Die Männer sind geblendet. Tränen laufen aus den Augen. Zum Teil haben sie Tauchretter auf, reißen sie aber wieder ab, da sie sich übergeben müssen. Das ganze Boot ist schwarz verräuchert. Bei bestem Willen ist nichts zu erkennen.

»Auftauchen!« – Ich bin in den Turm unter das Luk gestiegen. Der Qualm kommt nach. Hoffentlich werden die Leute nicht ohnmächtig, ehe die Ventile bedient sind. Vor allen Dingen gebe Gott, daß sich oben kein Flugzeug befindet! An Abwehr ist in diesem Zustand nicht zu denken. Wir sind im wahrsten Sinne des Wortes benebelt. – Es zischt in den Tanks. Das Boot steigt schnell. Den Verschluß des Lukes habe ich schon aufgedreht. Es ist keine Gefahr. Der Wasserdruck verhindert ein selbständiges Aufgehen. Hinzu kommt der mächtige Unterdruck im Boot. – Wir sind an der Oberfläche. Druckausgleich. Ein Rad muß aufgedreht werden, damit sich im Boot atmosphärischer Druck herstellt, sonst läßt sich das Aussteigeluk nicht öffnen. Der Druckausgleich soll nach Vorschrift langsam vonstatten gehen. Meine Soldaten haben aber verständlicherweise nur einen Gedanken: Frische Luft! Mir geht es genauso. Luk auf und raus ist eins. Ich vernehme Schreie, viele halten sich die Hände auf die Ohren. Sie schmerzen gewaltig. Der Druckausgleich ist zu schnell hergestellt worden. Mit dem Wachoffizier suche ich den Horizont ab. Nichts in Sicht. Wir atmen auf. Zum ersten Male rauche ich keine Zigarette nach dem Auftauchen – und das will viel heißen.

Das Boot ist durchlüftet. Ich verzichte darauf, wieder zu tauchen. Zumindest will ich nicht schnorcheln. Ich habe keine Lust, wie eine Ratte vergast zu werden. Der Befehl der Führung besagt: Nach Norwegen nur getaucht fahren, schnorcheln, äußerst gefährliches Seegebiet. – Schwer durchführbar, wenn vorher nicht eine entsprechende Ausbildung erfolgen konnte, weil der Führung die Ostsee als Übungsraum nicht mehr sicher erschien. Eine zweitägige Schulung mit dem Schnorchel soll erst in Norwegen stattfinden.

Die Sicht ist hervorragend. Wolkenloser Himmel, strahlender Sonnenschein. Nur schwerlich können wir also überrascht werden. Mir scheint aufgetaucht zu fahren der sicherste und schnellste Weg, Norwegen zu erreichen. (Auch ist es die einzige Möglichkeit, die abgeschlossene Wette zu gewinnen. Jetzt laufe ich achtzehn Seemeilen und das Boot des Typs XXI nur neun.)

Lange Zeit geht es gut. Nichts ist wahrzunehmen. Zwei Flugzeuge werden gemeldet. Sie fliegen dicht zusammen, sind weitab und werden uns nicht sehen. Ohne Radar suchen sie. Wir hätten es sonst im Abwehrgerät feststellen müssen. Auch bin ich davon überzeugt, daß sie nur befehlsgemäß ihren Patrouillenflug durchführen, ohne besonders aufzupassen, denn schon seit geraumer Zeit fährt kein Unterseeboot mehr am Tage diesen Weg aufgetaucht, und geschnorchelt wird im allgemeinen nur nachts. Den Flugzeugbesatzungen wird es kein Geheimnis sein. Warum sollen sie also ihre Augen unnütz anstrengen? Falls sie näher kommen, ist es immer noch Zeit zu tauchen, ehe sie uns erfolgreich angreifen können. Sie passieren in 6000 Meter Entfernung.

Wir erreichen den Stützpunkt Christiansund-Süd, 26. April 1945. Den Sekt habe ich gewonnen, denn die beiden anderen Boote treffen erst einen Tag später ein.

Großadmiral Dönitz erläßt einen Aufruf, in dem er proklamiert, daß an Kapitulation nicht zu denken ist.

Der Zusammenbruch vollzieht sich in schicksalhafter Weise. Es erreicht uns die Meldung, daß Hitler im Kampf um Berlin gefallen sei. Großadmiral Dönitz übernimmt den Oberbefehl über alle drei Wehrmachtsteile. Er wird Staatsoberhaupt. Man spricht davon, daß er den Kampf von Norwegen aus fortsetzen wolle.

Unser Leitender Ingenieur hat inzwischen ›schnorcheln‹ gelernt. Wir sind auslaufbereit. Allerdings fangen, wie vorauszusehen war, die Dieselkupplungen zu schleifen an. Wir melden es nicht, denn es liegt uns daran, an die Front zu kommen. Fronteinsatz bedeutet für uns eine klare Aufgabe und überantwortet uns nicht dem Durcheinander chaotischer Zustände und sich überschlagender Befehle.

Eine laue Nacht des nordischen Frühlings. Ich habe mich mit meinen Männern unter freiem Himmel auf einem Berge gelagert. Ein Holzstoß brennt. Rot schlagen die Flammen gen Himmel. Die Sterne funkeln. Das Meer schimmert. Dunkle Felsen der zyklopischen Landschaft geben dem Ort eine verhaltene Stimmung.

Wir lagern im Kreise, 48 Männer zählt unsere Besatzung. Die Gespräche gelten in Sorge der Heimat und unseren Angehörigen. Wohl kreist der Becher, denn wir haben Trinkbares in genügender Menge zur Verfügung, doch kann keine lärmende Fröhlichkeit aufkommen. Zu ernst sind unsere Gedanken. Der Vater meines Ingenieurs ist noch in den letzten Tagen gefallen. Im Ersten Weltkrieg hatte er schon einen Arm verloren. Im Volkssturm mußte er nun endgültig sein Leben hingeben. Das ehemals so stolze Deutsche Reich ist zerschlagen, von feindlichen Truppen besetzt.

Das Feuer brennt nieder. Unser letztes geselliges Zusammensein an Land geht dem Ende zu. Am nächsten Tage werden wir auslaufen.

2. Mai. Es war soweit. Noch einmal versuchte der Flottillenchef, den Mut in einer Abschiedsansprache zu heben und endete mit den Worten: »Kampf bis zum Letzten, wir kapitulieren nie!«

Die norwegische Küste lag hinter uns. Nachts schnorchelten wir. Mein Einsatzbefehl lautete: Vor Southampton aufhalten, wenn möglich, in den Hafen eindringen.

Schon wenige Tage nach dem Auslaufen fiel das Hauptsehrohr aus. Eine ernste Angelegenheit, da es zur Schnorchelfahrt unbedingt erforderlich war. Wir fuhren somit blind, konnten nicht sehen, ob die Maschinen qualmten, oder ob sich Suchgruppen näherten. Das zweite Sehrohr nützte in diesem Fall nichts, da es zu kurz und ausschließlich zu Nacht- oder Dämmerungsangriffen bestimmt war. Es hatte eine besondere Optik, und außerdem konnte man mit ihm direkt nach oben sehen.

Einlaufen wollte ich auf keinen Fall. Unbeirrt setzten wir den Marsch gen Süden fort, Die nervliche Beanspruchung während der Schnorchelfahrt war recht groß, denn nichts Übleres gibt es, als blind zu fahren, ohne zu sehen, was auf der Wasseroberfläche vor sich geht. Zudem wurden entsprechend der Jahreszeit die nordischen Nächte kürzer und heller. Natürlich verwandten wir die Stunden der größten Dunkelheit zum Aufladen der Batterien, aber der Schnorchel zog eine weiße Blasenbahn. Wenn er nun auch noch Rauch entwickelte, so waren wir der Entdeckung noch mehr ausgesetzt. Zu allem Überfluß sind bei der Unterwasserfahrt mit den Explosionsmaschinen die Eigengeräusche so stark, daß eigene Horchgeräte nicht benutzt werden können; damit entfällt die einzige Möglichkeit, festzustellen, ob sich Fahrzeuge, die nicht mit dem Funkmeßgerät arbeiten, nähern. Bei den in diesen Seeräumen auftretenden Schiffen handelte es sich fast ausschließlich um Kriegsfahrzeuge. Allgemein bekannt war die starke und intensive Bewachung gerade dieser Gebiete, die jedes auslaufende Unterseeboot notgedrungen passieren mußte, um in den Atlantik zu gelangen. Natürlich war es leichter, sie hier, als in den Weiten der Weltmeere, erfolgreich aufzuspüren.

Anscheinend sind wir jetzt direkt im Sperrgürtel. Unaufhörlich haben wir den tiefen, typischen Brummton im Radarabwehrgerät. Er schwillt an und ab. Auch die Warnlampe leuchtet hellgrün auf, einmal stärker, dann wieder schwächer. Wenn der Gegner sucht, dreht sich seine Antenne im Kreise, und jedesmal, wenn der Funkstrahl direkt auf das am Schnorchel befestigte Empfangsnetz trifft, sind die Anzeichen in unserem Gerät am intensivsten. Der erfahrene Beobachter kann unter Umständen entnehmen, ob man noch unerfaßt oder wahrscheinlich vom Gegner eingepeilt ist. Es ist ratsam, sich dem näher kommenden Feind zu entziehen, auf größere Tiefen zu steuern und den Schnorchelkopf einzuziehen. Anfangs tun wir es immer. Aber es bleibt die Konsequenz nicht aus, daß die Akkumulatoren nicht ausreichend geladen werden können. Zu dem Ausfall der Ladezeit kommt hinzu, daß das Manöver auch noch Strom verbraucht. Aus den drei vorgesehenen Stunden, die zum Laden notwendig sind, werden dann leicht sechs, und das bei Helligkeit und vor allen Dingen, ohne etwas sehen zu können. Es ist, als ob man auf Kohlen stünde; man erwartet jeden Augenblick das Fallen von Bomben. Und dies jeden Tag, ohne Licht, ohne die Sonne zu erblicken. Rauchen verboten, keine Abwechslung.

In den freien Stunden denkt man ständig an die nächste Schnorchelzeit. Wird es gutgehen? Die Boote der alten Typen bleiben ziemlich ohne Ausnahme draußen, trotz Schnorchel und intaktem Sehrohr.

Fünf Tage geht es nun schon so. Die englische Propaganda gibt seit geraumer Zeit jedem deutschen U-Boot nur 40 Tage Lebensdauer, und mit Berechtigung; wir wissen es. 40 Tage im Höchstfall. Acht haben wir schon hinter uns; 32 fehlen noch. Es ist aber nicht gesagt, daß es unbedingt so lange dauern muß. Vielleicht heute, vielleicht morgen. Glücksache. Bestimmung.

Während einer Schnorchelfahrt ist ein Offiziersfunkspruch eingegangen. Der Zweite Wachoffizier übergibt ihn mir. Was ist das. Er enthält eine Art Rückblick auf den Kampf der Unterseeboote. Ungefähr folgendermaßen lautet er: »U-Boots-Männer! Tapfer habt Ihr Euch fünf Jahre als wahre Helden auf den Weltmeeren geschlagen. Stolz könnt Ihr auf Eure Taten zurückblicken. Eure Leistungen sind unvergleichlich und einmalig. Unvergänglich werdet Ihr in die Geschichtsschreibung eingehen. Mögen die Kämpfe aber noch so hart gewesen sein, das schwerste Ereignis steht Euch jetzt bevor; wir müssen kapitulieren und Ihr habt in Zukunft die Befehle der Alliierten auszuführen.« Die Unterschrift war auf dem empfangenen Funkspruch ausgeblieben, denn vor ihrem Empfang schnitt die Antenne auf dem Schnorchel unter.

Von wem stammte der Funkspruch? Konnte ihn Großadmiral Dönitz verfaßt haben? Es erschien unwahrscheinlich nach allem, was vorher war. Vielleicht war es eine List des Gegners, nachdem er eine Funkstelle mit Schlüsselunterlagen erobert hatte. Ich berate mit meinen Offizieren die Lage. Für unmöglich halte ich es, daß Dönitz als Staatsoberhaupt auf die Forderung nach bedingungsloser Kapitulation eingegangen ist. »Wir ergeben uns nie, Kampf bis zum Letzten!« war die Parole. Es ist denkbar, daß die Alliierten mit ihrer Übermacht den letzten Widerstand in diesen Tagen gebrochen haben, ich halte es für ausgeschlossen, daß die Führung sich zu einer förmlichen Kapitulation hergegeben hat.

Ich ziehe mich in den Kommandantenraum zurück. Es ist logisch, daß ich mich zu einer Entscheidung durchringen muß. Ganz allein will ich nachsinnen. Es vergehen Stunden. Die verschiedensten Überlegungen gehen im Kopf herum. Unablässig wühlen die Gedanken.

Am nächsten Tage trifft ein neuer Funkspruch ein. Wiederum bespreche ich die Lage mit meinen Offizieren. Ich halte daran fest, daß uns nicht eine vom Gegner vorgeschriebene Handlungsweise auferlegt werden kann, sofern nicht als erwiesen gilt, daß dies im Sinne unserer eigenen Führung liegt. Nach den letzten empfangenen Befehlen ist es unwahrscheinlich. Ich lehne also die Ausführung dieser Aufforderung ab und halte es für angebracht, nach eigenem Ermessen zu handeln. Jetzt kommt ein Funkspruch und besagt, daß sofort aufzutauchen sei, den Standort zu melden, die Waffen zu vernichten und eine blaue oder weiße Flagge zu zeigen. Unterschrift Alliiertes Komitee. – Mir platzt die Geduld. Ich befehle die Funkanlage auszuschalten, da sie nicht mehr die wirkliche Ansicht der Führung übermitteln kann und nun einem Gegner dient, der uns bis aufs Messer bekriegt hat.

Meine Gedanken haben sich zu einem Plan verdichtet. Ich will ihn meiner Besatzung vortragen. Sie ist bisher von den Vorgängen noch nicht unterrichtet worden. Ich halte folgende Ansprache:

»Kameraden, der schwerste Augenblick für uns und die traurigste Stunde der deutschen Geschichte scheint gekommen zu sein: Der Zweite Weltkrieg ist verloren. Allzu genau wissen wir, was dem deutschen Volke bevorsteht. Die feindliche Propaganda hat nicht mir ihren Äußerungen zurückgehalten. Ich denke an den Morgenthauplan, der Deutschland in eine Ziegenweide verwandeln will, an den Plan, alle deutschen Männer zu sterilisieren. Der Grundstein einer haßerfüllten Politik ist bereits gelegt. Deutsche Frauen und Mädchen sind den Besatzungsmächten schutzlos zur Vergewaltigung ausgeliefert, Männer sind verschleppt worden. Vergebens haben die deutsche Führung und zuletzt Großadmiral Dönitz darum gebeten, dem deutschen Volk dieses zu ersparen, um der europäischen Zukunft willen. Es ist abgelehnt worden. Der Haß ist zu groß, anscheinend nicht wie anfangs gesagt wurde, gegen den Nationalsozialismus, sondern gegen das gesamte deutsche Volk. Denn die nationalsozialistische Regierung hat mit dem Tode Hitlers ihr Ende gefunden. Wir sind der Willkür schutzlos ausgeliefert. Es liegt nun bei uns, so zu handeln, wie wir es für richtig halten. Die weiße Flagge zu zeigen, das Boot zu versenken oder ein Land anzulaufen, das sich während des Krieges als ehrenhaft erwiesen hat. –

Unter uns ist ein Obermaschinist, der Argentinien kennt und mit Freunden drüben in Verbindung geblieben ist, so daß er manche Auskunft über diese südamerikanische Republik, der eine große Zukunft beschieden ist, geben kann. Auch ich besitze dort Bekannte und Freunde. Nach allem, was ich weiß, ist es einer der fortgeschrittensten Staaten Südamerikas, mit reichen Naturschätzen, riesigen Bodenflächen und Möglichkeiten der Entwicklung, die dem einzelnen eine große Chance geben.

Kameraden, der Gegner fordert unsere Übergabe. Er pocht darauf, daß die Führung kapituliert habe. Nach allen Vorgängen ist es unwahrscheinlich, daß Großadmiral Dönitz in dieser Weise eine förmliche Übergabe vollzogen hat. Der letzte Widerstand mag tatsächlich vom hundertfältig überlegenen Gegner in der Heimat gebrochen, der Krieg tatsächlich zu Ende sein. Für uns kommt es aber nicht in Frage, Befehle des Feindes auszuführen, ohne nähere Umstände zu kennen. Ich bin dafür, den gemeinsamen Marsch fortzusetzen: Ohne kriegerische Handlungen zu begehen. Ich werde kein Schiff mehr angreifen oder versenken, ich will keine Repressalien auf das Haupt Unschuldiger laden. Es ist sinnlos, Krieg auf eigene Faust zu führen. Unser Marschziel soll Argentinien sein. Wir haben große Mengen an Lebensmitteln an Bord, die uns ersparen, das kümmerliche Brot der Gefangenschaft essen zu müssen.

Das, was ich hiermit als meine Überzeugung und meinen Plan unterbreite, ist so schwerwiegend für das Schicksal jedes einzelnen, daß ich nicht als militärischer Vorgesetzter von Ihnen die Ausführung verlangen, sondern sie Ihrer persönlichen Entscheidung, frei von jedem Zwange, überlassen will. Überlegen Sie es sich, stimmen Sie darüber ab. Ich hoffe, daß Sie die schweren Nachrichten mit soldatischer Würde tragen werden.«

Die Abstimmung ging vor sich. Natürlich wurde vorher lange beraten. Meistens bildeten sich Gruppen. Es bestand auch keine Eile; immer ist es schlecht, überstürzt zu handeln.

Von der 48 Mann starken Besatzung stimmten nun 30 für die Fahrt nach Südamerika, zwei wollten nach Spanien, da sie hofften, von dort aus schneller und sicherer zurückzukommen, und weitere 16 hatten nur den einen Wunsch, zu ihren Familien zurückzukehren. Nichts lag für sie näher, denn sie waren verheiratet. Es handelte sich fast ausschließlich um Unteroffiziere; sie waren die Ältesten.

Nach demokratischer Auffassung, ›die Mehrheit entscheidet‹, wäre es mein Recht gewesen, dem Interesse der Majorität ohne Umschweife zu willfahren. Ich wollte aber auf jeden Fall dem Wunsche der verheirateten Besatzungsmitglieder gerecht werden. Im Unteroffiziersraum hielten wir über die vorhandenen Möglichkeiten Rat. Die offizielle Übergabe des Bootes hätte eine Internierung in einem englischen Kriegsgefangenenlager zur Folge gehabt, und wann Kriegsgefangene entlassen werden würden, konnte nicht vorausgesehen werden. Es besagen zwar die internationalen Abkommen, daß sie nach Kriegsende unverzüglich in ihr Heimatland zu schaffen seien; aber was bedeuten schließlich internationale Abkommen in der heutigen Zeit?

Ich schlug eine Ausschiffung daran interessierter Besatzungsmitglieder an der norwegischen Küste vor. Dort waren sie nahe der Heimat und konnten sich womöglich dahin durchschlagen. Es lag bei ihnen und ihrer Geschicklichkeit.

Kurs Norwegen. In Höhe Bergen sollte das Manöver vonstatten gehen. Wir nahmen Abschied voneinander. Uns war recht traurig zumute. Wir mußten uns trennen. Es ist schwer, Kameraden zu verlassen. Lange Zeit waren wir eine Gemeinschaft, eine große Familie. Mitgefangen, mitgehangen, heißt es in einem besonders ausgeprägten Sinn bei einer U-Boots-Besatzung. Selten hat sie Gelegenheit, aus ihrem Boote auszusteigen, wenn es beschädigt würde und sinken sollte.

Gleiches Essen, gleiche Wachen. Wenn es draußen regnete oder stürmte, wurde der Wachoffizier genauso naß und fror wie der jüngste Matrose. Bei Gefahren standen die Vorgesetzten auf der Brücke. Beim Tauchen stiegen sie zuletzt ein. Am längsten waren sie den Kugeln ausgesetzt. Dies waren die Hauptgründe unseres Zusammengehörigkeitsgefühls. Verkehrt wäre aber, zu meinen, daß auf Grund der engen Gemeinschaft die Disziplin nachließe. Ganz im Gegenteil. Wir hatten zackige Soldaten. Jeden Morgen wurde ich militärisch gegrüßt, und mir beim Betreten der einzelnen Räume Meldung erstattet.

Es war folgendes geplant: Wir wollten bei Dunkelheit die Küste anlaufen und unsere Kameraden in Schlauchbooten ausschiffen. Sie ihrerseits hatten die Absicht, mit einem Boot oder Schiff zu versuchen, nach Deutschland zu gelangen. Lebensmittel wollten sie für vier Wochen mitnehmen. Wir hatten reichliche Vorräte.

10. Mai. Finstere Nacht. Wir näherten uns der Küste. Acht Tage waren wir schon getaucht, und unter Wasser konnte man keinen astronomischen Standort berechnen. Besonders für U-Boote errichtete Peilfunkstationen und ›Elektrosonnen‹ waren nicht mehr in Betrieb. Wir konnten nicht genau wissen, wo wir waren. Leicht wäre es natürlich gewesen, einen Hafen anzulaufen, denn dort gibt es Leuchtfeuer, und man kann sich leicht orientieren. Diese Idee schied aber aus, da wir sofort gefangengenommen worden wären. Also mußten wir an irgendeine unbewachte Stelle der Küste. Das Navigieren an einer fremden Küste, vor allem der norwegischen, ist durch vorgelagerte Felsen gefährlich; Spezialkarten sind unbedingt erforderlich. Wir hatten keine. Wir mußten dieses Risiko eingehen.

Die Unteroffiziere bereiteten sich vor, packten die wichtigsten Sachen in handliches Gepäck und arbeiteten die ersten Pläne zur Durchführung ihres Vorhabens aus. Auch einige Karten größeren Maßstabes nahmen sie mit.

Vielleicht war es das letzte Mal in ihrem Leben, daß unsere Kameraden mit einem Unterseeboot auftauchten. Wenige Meilen standen wir vor der Küste. In der dunklen Nacht erschwerte noch leichter Nebel die Orientierung. Zwei große Gummiboote wurden mit Luft gefüllt. Jeder hatte sein Einmannboot auf dem Rücken. Die vielen Gepäckstücke standen am Oberdeck bereit. Es war Mitternacht. Bald würde es dämmern. Ein Glück, daß es nicht schon Hochsommer war, da wäre es fast immer hell gewesen. Schnell mußte gehandelt werden, und doch mußten wir langsam laufen. Zu viele Riffe waren der Küste vorgelagert. Das automatische Lot meldete ständig die Tiefe. Noch war keine Gefahr, über 100 Meter zeigte es. Abstand fünf Seemeilen. Jetzt drei, zwei. Immer mehr näherte sich das Boot dem Ufer. Flacher und flacher wurde das Wasser. Dichter mußten wir heran. Unmöglich konnten wir unsere Kameraden auf größere Entfernung von der Küste absetzen. Der Wind kam vom Lande. Schwerlich hätten sie gegen Wellen und Strömung mit den Schlauchbooten die Distanz überwinden können. Sie wären aufs Meer getrieben worden, und dort gab es keine Rettung, jedenfalls nicht in ihrem Sinne, unentdeckt die Heimat zu erreichen.

Das Tiefenlot zeigte nur noch wenige Meter. 10; 8; 15. Ständig änderten sich die Meldungen. Das Boot läuft mit Elektromotoren. Einer macht langsamste Fahrt voraus, der andere ist klar zu ›äußerster Fahrt zurück‹. Würde es klappen? Unmöglich würde man an dieser Stelle ausgerechnet ein deutsches Unterseeboot erwarten.

Ganz leicht kippt das Boot auf eine Seite. Etwas haben wir Grund berührt. Es ist gleich, wir müssen noch näher heran. Unmöglich können sich die Leute schon hier ausschiffen. Noch zwei Kilometer mehr. Eine Seemeile Fahrt macht das Boot. Langsamer geht es bei bestem Willen nicht. Nur die Elektromotoren ermöglichen es. Mit den Dieselmaschinen wären sechs Seemeilen das Langsamste.

Was war das? Der Bug hebt sich. Ohne Stoß und ohne Geräusch. Der Tiefenmesser zeigt immer noch fünf Meter unter dem Kiel. – Äußerste Kraft zurück! Zu spät! Das Vorschiff ragt bis über die Tiefenruder aus dem Wasser. Starke Lastigkeit, vielleicht dreißig Grad. – Schon fünf Minuten arbeiten die Maschinen zurück. Das Boot rührt sich nicht von der Stelle. Wir gehen voraus, lassen die Maschinen entgegengesetzt laufen. Kein Erfolg, die Lage scheint hoffnungslos!

Den sechzehn Kameraden schlage ich vor, das Boot zu verlassen, ehe wir entdeckt werden. Anscheinend sind wir verloren. Bei Anbruch des Tages müssen wir gesehen werden. Sollten wir das Boot sprengen oder intakt übergeben? Noch war Zeit zu derartigen Überlegungen, noch herrschte einigermaßen Dunkelheit.

Der letzte Händedruck. Vielen laufen die Tränen über die Wangen. Die Gesichter drücken Rührung aus. Gute Kerle. Auch für die Zurückgebliebenen kommt einmal die Stunde des Abschieds. Früher oder später. Jeder einzelne wird um seine Existenz für sich kämpfen müssen und es bestimmt nicht leicht haben.

Die Boote gehen zu Wasser. Eins kippt um. Wir liegen zu schräg. Zwei Mann fallen ins Meer. Sie werden aufgefischt. Zum Umziehen reicht die Zeit nicht. Die Dämmerung setzt bereits ein. Die Männer entfernen sich. Wir winken uns zu. Vielleicht ist ihre Lage jetzt besser als die unsrige. Bewegungsunfähig, auf einem Felsen!

Der Ingenieur arbeitet verzweifelt. Wasser wird aus den Zellen gepumpt. Von links nach rechts und umgekehrt trimmen wir. Die Maschinen geben ihr Äußerstes her. Schraubenwasser quillt am

Heck auf. Nutzlos, das Boot rührt sich nicht von der Stelle. Immer kritischer steht es um uns. In einer halben Stunde wird es hell werden und dann ist es soweit! – Kriegsschiff! – Marsch in die Gefangenschaft. Vorbei mit der Freiheit.

Letzte Möglichkeit: Unsere Preßluftflaschen sind voll. Die Druckmesser zeigen 205 Kilo. Vielleicht hebt sich das Boot beim Aufreißen der Ventile, wenn die Luft durch die Tauchzellen strömt und unter dem Boot wieder entweicht. Die Tauchzellen sind unten offen und oben geschlossen. Hoffentlich wird so das Boot wieder flott! Treiböl können wir nicht ausdrücken, wir haben uns ein weites Ziel gestellt.

Preßluft auf alle Tanks. Es zischt. Die Motoren heulen auf. Dreimal äußerste Kraft zurück. Die roten Warnstriche an den Kontrollarmaturen interessieren nicht mehr. Auf der Brücke spürt man es deutlich, wie enorm die Belastung ist. Das Boot vibriert. Ruder hart Steuerbord, hart Backbord! – Hurra – Das Boot bewegt sich. Es geht zurück, der Bug senkt sich. Immer klarer wird die Küste sichtbar. Wir drehen auf der Stelle. Den Weg hat der Navigationsoffizier genau aufgezeichnet. Es geht zurück. Erst langsam und dann immer schneller. Es ist hell, die Maschinen laufen schon große Fahrt. Schwach erkennen wir noch unsere Kameraden. Jetzt geben sie Lichtzeichen mit einer Morselampe. Sie können es sich leisten. Von der Küste aus ist das Blinken nicht wahrzunehmen. Sie zeigen ihr den Rücken. »Gute Fahrt! Sollten wir gefaßt werden, so sagen wir aus, auf Mine gelaufen – letzte Überlebende.« Sie entschwinden unseren Blicken.

Geschützfeuer blitzt an Land auf. Batterien beschießen uns. Alarm!

Wirklich gut klappt es mit der verkleinerten Besatzung. Das Maschinenpersonal fährt fast ohne Vorgesetzte. Alles junge Matrosen. Aber sie verstehen ihr Handwerk.

Für unsere Begriffe ist es noch immer flach. 100 Meter. Wir legen uns auf den Grund. Nun haben wir Zeit. – »Frei wie einst die Väter waren!«, sagte Tell. Wir sind es. Wir fühlen uns wie in einem kleinen Königreich.

Schallplatten werden gespielt. Die Heizer ziehen in den Unteroffizierswohnraum. Etwas mehr Platz kommt nun auf jeden. Mit voller Besatzung war es doch sehr eng.

Sechsundsechzig Tage unter Wasser

Die Stimmung ist gut. Der erste Schritt ist ohne Zweifel geglückt. Wir sind allen gerecht geworden. Diejenigen, die mich jetzt umgeben, haben sich freiwillig für das Unternehmen entschieden. Das Abstimmungsergebnis ist dokumentarisch im Schiffslogbuch festgehalten.

Der Gedanke, daß wir sozusagen ›zivilmäßig‹ unser Bootsleben vor sich gehen lassen sollten, wird abgelehnt. »Für uns bleiben Sie der Kommandant, wir wollen den alten Betrieb beibehalten«, heißt es bei den Offizieren. Auch die Mannschaft ist aus innerer Überzeugung dieser Auffassung. Ich besitze somit meine Machtbefugnisse weiter, das Vertrauen meiner Kameraden bestätigt sie; – ich freue mich darüber und gelobe mir innerlich, diese Männer nicht zu enttäuschen.

Die Atempause, die wir uns gegönnt haben, ist vorüber. Der entscheidende Marsch soll angetreten werden. Von der Küste Norwegens nach Argentinien!

Wir haben uns neu eingerichtet. Alles ist zum Weitermarsch bereit. Die Tiefenruder zeigen nach oben, die nötige Menge Wasser ist gelenzt worden, um das Boot vom Grund zu lösen. Beide Maschinen laufen langsame Fahrt voraus. Es geschieht nichts. Rätselhaft. – Unbeweglich bleiben die Tiefenmesser stehen. »Beide Maschinen halbe Fahrt voraus!« Unverändert. – »Große Fahrt!« – Das gleiche Bild. Sind wir unter einen Felsen geraten? Ganz langsam hebt sich das Boot. Hatte es uns verulken wollen oder waren wir gar betrunken?

Kurs um England herum. Es galt, die größtmögliche Vorsicht walten zu lassen. Der Engländer wird die Ausfahrten strengstens bewachen. Es soll kein Führer des Dritten Reiches entweichen. Der Feind kennt Mut und Draufgängertum, mit dem wir kämpften. Wir wußten, worum es sich bei diesem Kampf handelte: Um das Schicksal Europas. – Die Annahme war durchaus berechtigt, daß die Gebiete um England noch lange Zeit nach Kriegsende in der gewohnten Weise mit vollem Aufwand der Suchgruppen kontrolliert wurden.

Eine Woche ist vergangen. Immer das gleiche Bild. Stets dieselbe zermürbende Anspannung und Ungewißheit. Es ist nicht mehr ein Kampf im militärischen Einsatz. Es ist der Kampf um unsere persönliche Freiheit, für die Durchführung unseres Planes. Tagsüber fahren wir auf 50 Meter und nachts auf Schnorcheltiefe zum Aufladen der Batterien. Eine nervenzerreißende Sache ohne Sehrohr. Auf dem Schnorchelkopf befindet sich zwar eine Fu-M-B-Antenne, aber ist das Warngerät wirklich das letzte Modell und erfaßt es alle Wellenlängen? Zu lange verhinderten in den letzten Kriegsmonaten die ständigen Bombenangriffe Weiterentwicklungen. Vielleicht arbeiten die Alliierten mit neuen Apparaten? – Das Seerohr ist an sich beim ›Schnorcheln‹ unentbehrlich. Unentbehrlich schon insofern, als das menschliche Auge sich letzten Endes durch die Technik nicht vollkommen ersetzen läßt. Schlimm ist es in diesen nördlichen Breiten, daß es nicht mehr richtig dunkel wird. Wir können die Maschinen nicht auf Rauchentwicklung kontrollieren. Bei Dunkelheit wäre es unwesentlich; Rauch würde schwerlich entdeckt werden können. Aber am Tage ist er auf viele Meilen sichtbar. Wir selbst haben ja auf diese Art viele Schiffe ausgemacht und vernichtet. Die Annäherung ohne Radar arbeitender Fahrzeuge oder Flugzeuge können wir nicht feststellen. Ein Kriegsschiff brauchte nur ein Lasso in Form eines Drahtseiles um den Luftmast zu legen und wir wären eingefangen. Rettungslos verloren. – Ein Blinder tappt sich durch ein von Raubtieren gefährdetes Gebiet! Sein einziger Trost, daß er hören kann. Hoffentlich schreit das wilde Tier –

Es ist selten, daß nicht suchende Flugzeuge oder Überwasserstreitkräfte vom Funkpersonal gemeldet werden. Auf einmal verstärken sich die Anzeichen, fast brüllende Laute sind es. »Alarm!« – Im Nu werden die Diesel abgestellt und der Schnorchelmast umgelegt. Wir gehen auf größere Tiefe. Im Horchgerät ist nichts zu vernehmen. Kein Schraubengeräusch. Es muß ein Flugzeug gewesen sein, wahrscheinlich unmittelbar über uns, denn sonst wäre der Brummton nicht durch das ganze Boot hörbar gewesen, und die Alarmlampe hätte nicht einem Scheinwerfer geglichen. Bomben sind jedoch nicht gefallen. Vielleicht das nächste Mal.

Es gibt keinen Ausweg. Wir müssen wieder auf Schnorcheltiefe. Noch zwei Stunden fehlen zum Aufladen. Wenn wir erst entdeckt sind, wird man uns einkreisen. Man würde alles aufbieten, um uns zu kriegen. Vielleicht sind wir das letzte Unterseeboot? Oder es wird eine wichtige Persönlichkeit auf der Flucht an Bord vermutet. Wir wären verloren. Uns fehlt ein wesentlicher Teil der Besatzung.

Die in langer Ausbildung spezialisierten Unteroffiziere sind unentbehrlich. Sie stellen das Rückgrat eines jeden Schiffes dar.

Der Schnorchelkopf schaut wieder heraus. Wir tragen, was wir bisher niemals taten, Tauchretter umgeschnallt. Falls uns eine Bombe treffen sollte und das Boot auf den Grund sacken würde, hoffen wir wenigstens aussteigen zu können. Unheimlich ist es, blind zu fahren. Aber keine andere Möglichkeit bleibt, wenn das Ziel erreicht werden soll. Es heißt, Zeit und Abstand von den gefährlichen Gebieten gewinnen. Noch sind viele Wochen nötig, um in eine sichere Zone zu gelangen.

Neuerdings habe ich erlaubt, während der Schnorchelfahrt im Maschinenraum zu rauchen. Das Boot ist dann gut durchlüftet, so daß keine Batteriegase gefährlich werden können. Die Explosionsmotoren arbeiten sowieso mit Funken. Wenn – was öfters notwendig ist – die seitlich an den Zylindern angebrachten Ventile geöffnet werden, um Verbrennungs- und Druckdiagramme zu nehmen und eine Kontrolle über etwaige Qualmentwicklung zu haben, kommt bei jeder Explosion ein viele Zentimeter langer Feuerstrahl heraus. Warum sollen wir dann nicht rauchen? Das einzige Vergnügen, das uns bei den ständigen Aufregungen noch geblieben ist. Zwei Mann dürfen jeweils in den hinteren Teil des Bootes, bei mehreren würde sich die Trimmlage zu sehr verändern, und der Ingenieur hätte Schwierigkeiten, die vorgeschriebene Tiefe zu halten. Die Tiefenmesser zeigen fast ständig 14 Meter.

18 Tage geht es nun schon so ohne Abwechslung. Die Besatzung wird langsam nervös. Zum Teil haben die Männer tiefe Ränder unter den Augen, die Gesichter fangen an, blaß zu werden und grünlich zu schimmern. Es fehlt das Tageslicht. Keine Sonne, keine frische Luft. Es ist feucht und kalt. An den Wänden bildet sich Schimmel. Die Abfälle der Küchen können nicht außenbords geworfen werden, da wir ständig getaucht sind. Sie sammeln sich in unangenehmer Weise an. Abgesehen von ekligen Gerüchen können Fliegen, Maden und anderes Getier nicht ausbleiben.

Obwohl 16 Mann ausgestiegen sind, ist es immer noch recht eng. Der ehemalige Unteroffiziersraum ist nur 3,60 Meter lang, etwa 2,20 Meter breit und knapp 2 Meter hoch. Es leben 12 Personen darin. Die Seife wird knapp. Die Wäsche kann nur mit Salzwasser gewaschen werden. Sie wird nicht trocken. Schmutzige Strümpfe liegen herum. Die Spinde sind zu klein, es geht nicht alles hinein.

Der eine kommt von der Wache, ist müde und will schlafen; andere spielen Skat. Es muß Rücksicht genommen werden. Dies immerfort, zu jeder Tages- und Nachtzeit. Wir kennen ja überhaupt keinen Unterschied zwischen Tag und Nacht. Ständig künstliches Licht. Ohne zu fragen, darf niemand im Boot hin und her laufen. Die Trimmlage könnte sich verändern.

Der Blick hat nicht die Möglichkeit, in der Ferne auszuruhen. Wir sind von der lebendigen Natur abgeschnitten, wie wir es von der Kultur sind: Es gibt für uns keine seelische Entspannung, nichts, was uns innerlich erfreuen und erheben würde. Immer dieser modernde Gestank.

Man möchte sich in dieser Zwangslage Luft verschaffen, schreien, schimpfen, um sich schlagen. Man darf es nicht; wohin sollte es führen? Man muß sich in diesem Käfig beherrschen. Aber wie lange sollen wir uns noch beherrschen? Wir sind doch auch Menschen. Das Leben scheint unerträglich zu werden.

Wieder ist die Stunde gekommen: Schnorcheltiefe. Während dieser Zeit laufen die Diesel mit Höchstleistung. – Was ist das? Eine Maschine wird abgestellt. Noch weiß der Ingenieur nicht, was vorgefallen ist. Es stellt sich bald heraus. Die Hauptkupplungen haben zu schleifen angefangen und sind heiß geworden – Das hat uns gerade noch gefehlt! Ohne Spezialisten, ohne Sehrohr, ohne tarnende Dunkelheit und dann in einem stark kontrollierten Seeraum. Mit einer Maschine brauchen wir fünf Stunden zum Laden. Es kann nicht ausbleiben, ist mein Gedanke: Einmal müssen wir entdeckt werden!

Wirklich hervorragend arbeitet die junge Mannschaft. In zwei Tagen ist der Schaden behoben. Das Pech scheint uns aber zu verfolgen. Der zweite Diesel fällt aus. Die gleiche Arbeit. Nur nicht den Humor verlieren, den Galgenhumor … Mit der Zeit werden wir Praxis in der Behebung von Ausfällen dieser Art bekommen. – Wir sollten es wirklich! Von nun an verging kein Tag mehr, an dem nicht irgend etwas los war. Die notwendige Generalüberholung hatte eben nicht stattgefunden; es mußte sich rächen.

Anscheinend war die feindliche Abwehr uns auf der Spur. Kaum, daß der Schnorchelkopf herausgesteckt wurde, als auch schon Anzeichen der Annäherung von Flugzeugen oder Fahrzeugen zu vernehmen waren.

Um Überraschungen aus dem Wege zu gehen, gab es nur eine

Möglichkeit: In kurzen Zeitabständen – vielleicht halbstündlich, die Maschine zu stoppen und auf Horchtiefe einzusteuern. Blitzschnell hatte das Manöver vor sich zu gehen.

Der Grund, so zu verfahren, war folgender: Der Gegner wußte von unseren Radarwarnapparaten und mußte damit rechnen, daß er uns nicht überraschen würde, wenn er uns ausschließlich mit seinem Radar suchte. Aus diesem Grunde wandten U-Boots-Jagdgruppen auch Horchgeräte an, denn unter der Wasseroberfläche arbeitende Explosionsmaschinen sind auf große Entfernung vernehmbar. War in Richtung der Geräusche nichts in Sicht, so konnte das Kriegsschiff mit Sicherheit als ihre Ursache ein U-Boot vermuten. Stellte das U-Boot nun seine Maschinen ab, so lag für den Gegner die Annahme nahe, daß das Unterwasserfahrzeug seinerseits mit dem Horchgerät arbeite. Das Kriegsschiff würde daraufhin schnell auch die eigenen Maschinen abstellen. Wir mußten versuchen, zuvorzukommen und so rasch zu verfahren, daß der Gegner keine Zeit hatte, uns durch Stoppen der Maschinenanlage seine Gegenwart zu verheimlichen.

Anfangs spielten wir Offiziere während des Schnorchelmarsches Karten. Ab und zu stand einer auf, ging in den Maschinenraum und rauchte eine Zigarette. Dann öfter. Wir nahmen uns äußerst zusammen und bewiesen gelassene Ruhe. Natürlich erwarteten wir, genau wie alle anderen an Bord, jeden Augenblick die Detonation von Bomben. Ein peinigendes Gefühl, unter Umständen noch nach Kriegsende zu den Fischen zu gehen! Jeden Tag wurde die Lage kritischer. Oftmals mußten wir acht Stunden schnorcheln, denn schon lange konnten die Motoren nicht mehr voll belastet werden. Wie ein rohes Ei faßte die Besatzung sie an. Ob sie wohl durchhielten? Gelegentlich fiel der eine aus, dann der andere. In der Ferne hörten wir oft Wasserbomben oder Explosionen von Minen. Möglicherweise verfolgte man noch andere U-Boote.

Sieben lange Wochen. Keine Abwechslung. Immer die gleichen Gesichter. Die Nerven auf das höchste beansprucht. Abfälle und Schmutz nahmen überhand. Es gab nur die Möglichkeit, den Unrat aus dem Torpedorohr zu stoßen. Ich hatte vor, einen Torpedo mit ins Boot zu nehmen, dann die Abfälle in das leere Rohr zu tun und mit Preßluft herauszudrücken.

Die ersten Meinungsverschiedenheiten traten auf. Sie konnten nicht ausbleiben. Der Erste Wachoffizier war der Ansicht, daß man den Torpedo, statt ins Boot zu nehmen, einfach außenbords schießen sollte, um sich die Arbeit ›des Ziehens‹ zu sparen. Am besten wäre es, so sagte er, die übrigen Torpedos hinterher folgen zu lassen, denn gebrauchen wollten wir sie nicht mehr. Es wäre dann mehr Platz in den Räumen. An sich war diese Idee recht naheliegend. Ich war mir jedoch bewußt, wie wichtig es sein könnte, das Nichtgebrauchen der Torpedos auch durch ihr tatsächliches vollzähliges Vorhandensein unter Umständen beweisen zu können. Die Erklärung, warum wir die Torpedos ins Meer geworfen hätten, wäre sicherlich auf große Zweifel gestoßen. – Nachdem es zu einer kleinen Aussprache gekommen war und der betreffende Offizier die Gründe nicht einsehen wollte, gab ich strikte Anweisung, in meinem Sinne zu verfahren. Das erste Mal nach Antritt unserer gemeinsamen Reise, daß ich den Kommandanten scharf herauskehren mußte. Als wie richtig sollte sich später meine Handlungsweise erweisen!

Die Unterwasserfahrt schien kein Ende nehmen zu wollen. Fünfzigster Tag! – Wir standen zwischen England und Gibraltar. Oft dachte ich an mein eindrucksvolles Erlebnis als Wachoffizier vor dieser Festung. – Es wurde wärmer. Der Sommer begann sich auszuwirken. Der Schimmel nahm überhand, wenn wir die Wände nicht abgerieben, schienen sie in wenigen Tagen grün gestrichen. Die Sachen klebten am Körper. Zum Waschen stand nur Salzwasser zur Verfügung. Das Salz auf der Haut begann zu jucken. Bei vielen stellte sich Ausschlag ein, bei anderen Furunkulose. Es half nichts, wir mußten durchhalten. Noch bis zur Höhe von Gibraltar, dann sollte der Marsch des Nachts über Wasser fortgesetzt werden. Wie wir uns darauf freuten! Wenigstens die Sterne wieder sehen! Konnte man sich den Himmel noch vorstellen?

Einem Mann des Maschinenpersonals war die Hand stark geschwollen. Ein riesiges Geschwür saß genau auf dem Knöchel. Ich hatte große Befürchtungen. Binnen weniger Tage war der Arm bis hinauf zum Schulterblatt dick und weich; die typischen Anzeichen von Wasserbildung. Es gab keinen Ausweg. Er mußte operiert werden. Einen Arzt hatten wir nicht. Bei mit dem Schnorchel versehenen Booten war er entbehrlich, da es zu Fliegergefechten nicht mehr kam. – Der Patient sitzt im Offiziersraum. Blaß, gelblich-grüne Gesichtsfarbe, tiefe Ränder unter den Augen. Dazu der Eindruck des langen Bartes. Rasiert hatten wir uns alle nicht. Es ist bei U-Boots-Fahrern nicht üblich, auch wäre die Haut nicht gegen Kälte, Nässe und Treiböl geschützt.

Auf 80 Meter ziehen wir dahin. Oben ist heller Sonnenschein; jedenfalls denken wir es uns. – Die Instrumente liegen bereit. Ich hole eine Schnapsflasche: das beste Betäubungsmittel. – Die Stelle wird vereist und dann erfolgt der Schnitt. – Unmengen Eiters quellen heraus. Es scheint kein Ende nehmen zu wollen, Eiter und Wasser. Stündlich muß der Verband gewechselt werden. – Wir haben Erfolg, nach einigen Tagen ist die Krisis überwunden. Mir fällt ein Stein vom Herzen. Ich hatte schon geplant, den nächsten Hafen anzulaufen oder den Patienten einem Passagierdampfer zu übergeben. Wir hätten wohl oder übel auf unser Ziel Argentinien verzichten müssen.

Immer, wenn ich allein in meiner Kammer war, kamen mir grübelnde Bedenken. Hatte ich richtig gehandelt? Für das Leben von 31 Menschen war ich verantwortlich. Wenn auch das Unternehmen freiwillig stattfand, so waren doch sehr viele minderjährig. Wider Erwarten gestaltete sich die Fahrt schwieriger als es anfänglich schien. Ich vernahm schon ab und zu heimliche Äußerungen wie: »Wir hätten doch lieber umdrehen sollen, unsere ausgestiegenen Kameraden sind sicher schon Hause und wir müssen dieses Elend und diese Strapazen über uns ergehen lassen. Vielleicht sehen wir das Licht der Sonne überhaupt nicht wieder.« – Einer war sogar gekommen und hatte vorgeschlagen Spanien anzulaufen. Er könne nicht mehr. »Wer einmal A sagt, muß auch B sagen. Ich werde eisern am einmal gefaßten Ziel festhalten. Es heißt Argentinien!« war meine Antwort.

Es muß etwas geschehen. Die Disziplin läßt nach. Gelegentlich werden Gespräche geführt und, wenn ich vorbeigehe, gestoppt. Verdächtig. Die Besatzung ist wirklich mit den Nerven herunter. Täglich die gleiche Aufregung. Schnorcheln, Alarm! Kupplungen schleifen. Sie lassen sich nicht mehr nachstellen, die Beläge sind herunter; schon hat man Nägel dazwischen geschlagen. Oft qualmt es im Boot. Dann schmerzen die Lungen, die Augen brennen. Bei jeder Welle schlägt die Klappe auf dem Luftrohr zu und es herrscht Unterdruck. Dann strömt wieder mit Öffnen der Klappe Luft herein. Es ist der ständige Druckwechsel, der dem menschlichen Organismus am meisten zu schaffen macht. – Der angehäufte Schmutz erfordert immer wieder, daß Torpedos aus den Rohren herausgenommen und dann erneut geladen werden. Der Vorschlag, die ›Dinger‹ einfach herauszuschießen, war am Ende doch berechtigt?

Das ständig schweiß- und ölbedeckte Maschinenpersonal hinter den Motoren leidet besonders unter den schlechten hygienischen Verhältnissen. Seife ist fast gar nicht mehr vorhanden.

Man darf sich nicht, ohne vorher gefragt zu haben, bewegen; nicht von vorn nach hinten gehen und einen Freund besuchen. Sind wir Tiere oder Sklaven?

Mir wird gemeldet, daß ein Matrose Schokolade gestohlen habe. Eine schlimme Angelegenheit auf einem Unterseeboot. Der Proviant liegt frei herum, er kann nicht verschlossen werden. Wenn ein jeder einfach sich das nimmt, was ihm schmeckt, so würde der Verantwortliche für die Lebensmittel bald nicht mehr wissen, was noch zur Verfügung steht. Eine Gefahr für das Boot. Abgesehen davon bestiehlt man die eigenen Freunde. U-Boot-Fahrer wissen dies richtig zu bewerten. Es ist Kameradendiebstahl. Fast nie treten Fälle dieser Art auf.

Ich bin gewillt, schärfstens durchzugreifen. Zu genau kennt die Besatzung meine Ansichten. Ich bin niemals kleinlich gewesen, aber dafür habe ich kein Verständnis. Ohne den Fall als solchen näher zu diskutieren, ordne ich vor dem Abendessen eine Musterung im vorderen Wohndeck an. – Die Zeit der Musterung ist heran. Der älteste Offizier macht mir Meldung: »Melde gehorsamst, Besatzung wie befohlen angetreten!« – Ich setze meine weiße Mütze auf – lange lag sie im Spind –, ziehe mein blaues Jackett mit den Kriegsauszeichnungen an und gehe zu den Männern.

Als ich den Raum betrete, erschallt in gewohnter Weise »Achtung«, und alles steht auf.

»Kameraden, Sie wissen besser als ich, warum ich Sie zusammengerufen habe. Es liegt mir nichts ferner als das, Ihnen eine Moralpredigt zu halten oder Sie gar erziehen zu wollen. Sie sind alle, ohne Ausnahme, alt genug, um zu wissen, was anständig ist und was nicht. Gehörten wir nicht der stolzesten Waffengattung einer weltberühmten Wehrmacht an? Wir haben uns in den schwersten Zeiten in einer Weise geschlagen, die in die Geschichte eingehen wird. Nicht umsonst nannte man uns die GRAUEN WÖLFE. – Und jetzt – wollen Sie schlapp machen? Allzu gut merke ich, was los ist. Sie haben keine Lust mehr. Sie machen einen geschlagenen

Eindruck. Sie haben es aufgegeben, um die Freiheit zu kämpfen, weil das Leben im Augenblick unerträglich scheint, weil Sie keine Sonne sehen und im Keller leben müssen. Weil die Zukunft im Ungewissen liegt.

Oft höre ich Gespräche, daß wir doch lieber hätten dies oder jenes tun sollen, daß vielleicht der Brennstoff nicht nach Südamerika reicht, daß die Lebensmittel knapp werden könnten, daß es gesundheitsschädlich sei, und was weiß ich noch alles. Meinen Sie, ich sei ein Idiot, wüßte nicht, worauf es ankäme und hätte mir die entscheidenden Fragen nicht überlegt? Warum haben Sie sich überhaupt aus freien Stücken entschlossen, diese Fahrt zu unternehmen und sich mir anvertraut? – Kameraden, es ist zu spät. Ich denke jetzt nicht mehr daran nachzugeben! Ich verlange, daß Sie bedingungslos meine Befehle ausführen. Ich werde vor keinem Mittel zurückschrecken, meinen Willen bis zur letzten Konsequenz durchzusetzen. Sie wissen, daß es meine Absicht ist, Ihnen die Freiheit zu geben. Ob es gutgeht, weiß ich genausowenig wie Sie; daß es aber schiefgeht, weiß ich genau, wenn Ihre Haltung weiterhin so nachläßt wie in den letzten Tagen. Wenn gewisse Elemente anfangen, ihre Kameraden zu bestehlen, dann werden wir bald Mord und Totschlag, vielleicht eine Meuterei erleben. Wir werden wie die Ratten ersaufen, wir werden uns selbst das Schicksal erwählen, das uns einst der Gegner zugedacht hatte. Ein würdiger Abschluß für U-Boots-Fahrer.

Übrigens, wenn ich von Kameradendiebstahl spreche, so greife ich mir kein Beispiel aus der Luft, sondern gebe bekannt, was heute morgen jemand fertiggebracht hat. Das Verwerflichste, was es bei uns gibt: Kameradendiebstahl. Wir werden demnächst unsere Spinde verschließen müssen, wir werden uns nicht mehr trauen können, wir werden unsere Blicke meiden. Wie Verbrecher werden wir mißtrauisch durch das Boot schleichen, nach links und rechts schielend, vielleicht kriecht jemand mit dem Dolch in der Hand hinterher?

Es wird aber nicht soweit kommen, denn ich weiß, daß Sie ordentliche und ganze Kerle sind; ich hätte anderen nie mein Vertrauen geschenkt. Sie haben sich nur von momentanen Stimmungen unterkriegen lassen. Reißen Sie sich zusammen!

Mit dem Manne, der sich an unserer Gemeinschaft vergangen hat, verfahren Sie so, wie Sie es für richtig halten.« –

Mit diesen Worten gehe ich aus dem Raum. – »Achtung!« – Die Besatzung nimmt, wie in alten Zeiten, Haltung an und reißt die Köpfe herum.

Der Schokoladendieb erhält eine ›Abreibung‹; einige Tage wird mit ihm nicht gesprochen werden, eine empfindliche Strafe in der Enge des Bootes und bei der Schnorchelei, während der man doch gern einmal in der bedrückenden Atmosphäre ein Wort wechseln möchte.

In der Folgezeit ist meine Besatzung wie umgewandelt. Sie erscheint militärischer als je. Jawohl, Herr und Dienstgrad, wie in der Rekrutenkompanie. – Acht Tage später veranstalten wir ein geselliges Zusammensein, das uns alle wieder kameradschaftlich eint. In den letzten Tagen hatte ich mich sehr zurückgehalten. Binnen kurzem sind wir erneut das, was wir am Tage der Abstimmung waren, ein Herz und eine Seele. Keiner spricht mehr von: ›doch falsch gehandelt‹, ›Spanien‹ oder anderen Dingen. Die Besatzung ist zu neuem Leben erwacht. Sogar der ›Übeltäter‹ kommt zu mir und entschuldigt sich. Er entwickelt sich in der Folgezeit zu einem wirklich brauchbaren Mitglied unserer Gemeinschaft.

Doch kann der moralische Auftrieb auf die Dauer nicht die Realitäten unseres physisch unnatürlichen Daseins aus der Welt schaffen. –

60 Tage unter Wasser. Jetzt beginnen wir wahrhaftig auch selbst zu verschimmeln. Die letzte Farbe ist aus den Gesichtern entschwunden. Die Augen haben ihren Glanz verloren. Dunkle Bärte rahmen die schmalen und blassen Gesichter ein. Wir haben keinen Appetit mehr, Hustenanfälle mehren sich. Nur noch wenig unterhalten wir uns. Mechanisch wird der Dienst versehen. Man glaubt, wandelnde Leichen zu sehen. Kraftlos, willenlos. Zwei Monate ohne Tageslicht, ohne frische Luft. Oft hatten wir, wenn es zu unerträglich wurde, die Sauerstoff-Flaschen in Anspruch genommen. Sie sind ziemlich erschöpft. Das Holz im Boot beginnt zu verfaulen. Kondenswasser läuft ständig von den Wänden. Kojen, Wäsche, alles ist naß. Die meisten liegen in ihren freien Stunden auf den Betten und dösen vor sich hin. Die Räume sind schwarz verräuchert. Bald täglich schlagen Qualmwolken aus den Dielen. Es läßt sich nicht vermeiden, wenn der Wasserdruck auf den Auspuffen zu groß wird. Die Maschinen waren auch nicht mehr neu. In den letzten Wochen sind sie stark mitgenommen worden. Ständig

diese hohe Belastung. Beim Anlassen konnten sie nicht langsam hochgefahren werden. Sofort äußerste Kraft. Es beansprucht sie zu sehr. Hier und dort fielen elektrische Anlagen aus. Kein Wunder bei der Feuchtigkeit. Das geringe Personal mußte schwer ran. Zum Glück ist der für die elektrischen Anlagen zuständige Obermaschinist an Bord geblieben. Ein wirklicher Fachmann.

Endlich rückt der Tag heran, da ich glaube, den Auftauchbefehl verantworten zu können. Wir haben ein Gebiet erreicht, wo wir uns nach meiner Überzeugung versuchsweise wieder einmal an die Oberfläche trauen dürfen. Die Gesichter hellen sich auf. Das große Ereignis wird der beherrschende Gedanke. Darüber kommen auch Gespräche erneut in Gang.

Heute sind wir 66 Tage unter Wasser. »Heute nacht wird aufgetaucht!« Alle sind elektrisiert. Die Hölle nimmt ein Ende! Ein jeder kostet die Vorfreude aus: Wieder frische Luft atmen, den Wind um das Gesicht spielen lassen, die Wogen des Meeres erleben und den Blick zu den Sternen richten können. Ein kurzes Manöver, und die Bande des Infernos sind für uns gesprengt.

Wir bereiten uns vor. Der Einbruch der Dunkelheit ist nach unseren Berechnungen, die wir heute wie an jedem Tage der Unterwasserfahrt vornehmen, schon erfolgt. Alle Mann sind aufgestanden. Jeder möchte auf die Brücke. Aber das wird nicht möglich sein, noch sind wir nicht weit genug von der Gefahrenzone Gibraltar entfernt.

Das Boot steigt. Ich stehe auf der Leiter am Luk. Wie früher halte ich das nunmehr völlig verrostete Rad zum Aufdrehen in den Händen. Der Mann am Horchgerät hat Rundblick genommen; nichts scheint sich in unmittelbarer Nähe zu befinden. Wir steuern auf 20 Meter.

»Auftauchen!« – Ich spreche das erlösende Wort. Wie eine Zauberformel mag es diesmal in den Ohren der Besatzung klingen. Eine unbändige Freude schwingt in mir. Wie neugeboren fühlen sich alle. Das Leben hat uns wieder!

Luft strömt tosend in die Tanks. Der Tiefenmesser im Turm bewegt sich schnell. Wie im Fahrstuhl geht es an die Oberfläche.

Ingenieur: »Turmluk frei.« Druckausgleich.

Ich öffne den Lukendeckel und stehe auf der Brücke. Hinter mir der Erste Wachoffizier. Ein prüfender Rundblick. Kein Fahrzeug in Sicht.

Unter dem Kreuz des Südens

Über mir öffnet sich die Unendlichkeit eines Himmels, an dem die Sterne gleich leuchtenden Diamanten prangen. Dankbar geht mein Blick zu ihnen hinauf. Um mich herum ist die Weite des Meeres. Welche Erlösung von der erdrückenden Enge des stählernen Schiffsleibes! Der Mond strahlt ein mildes Licht aus. Voll Andacht empfinde ich die Allmacht des Kosmos. Ich atme tief. Ein wahrer Balsam ist die reine ozonhaltige Luft. Die Lungen saugen sich mit ihr voll. Ein köstliches Gut: Frische Meeresluft und nicht mehr die verbrauchte ölschwangere Atmosphäre des Unterwasserkäfigs.

Die Brückenwache ist aufgezogen. In der Zentrale haben sich die Freiwachen gesammelt. Sie schauen nach oben. Nur wenig können sie durch das Luk die Sterne sehen. »Frage, ein Mann Brücke?« sind die üblichen Worte, mit denen man sich auf einem U-Boot erkundigt, ob gestattet ist, auf die Brücke zu kommen. Jetzt reißt es nicht ab: Einer, noch einer, und immer wieder einer will nach oben. Eigentlich dürften nur zwei Mann außer der Brückenwache oben sein. Aber diesmal ist es wirklich schwer, nein zu sagen. Bald sind sie fast alle oben versammelt. Nur ein Funker und das diensthabende Maschinenpersonal müssen unten bleiben. Das Radarwarngerät darf nicht außer acht gelassen werden. Vielleicht wird auch hier vom Gegner gesucht. Die letzten Tage war es allerdings schon ruhig hergegangen.

Vom Zauber der Stimmung ist jeder erfaßt. Wir betrachten die vertrauten Sternbilder. Zu lange waren sie uns vorenthalten. Bald werden uns andere, bisher unbekannte, erfreuen. – Die Sterne des südlichen Himmels. Einige von ihnen sind schon sichtbar. Ich kann sie denjenigen Kameraden, die sich noch nie in diesen Breiten aufgehalten haben, erklären.

Wie glücklich wir alle sind! Es wird gelacht und gescherzt. »Ja, so macht das Leben wieder Spaß«, meint Moses. »Keiner wird mich mehr in den Sarg hineinbekommen, der ja schlimmer ist als die grausamsten mittelalterlichen Marteranstalten.« »Dann bleibe doch draußen, wir werden dich in einem Schlauchboot aussetzen«, ist die Antwort. Unser ›Übeltäter‹ befindet sich auch auf der Brücke. Niemand spricht mehr von dem Zwischenfall. Er ist wieder Kamerad unter Kameraden.

Die Nacht vergeht schnell. Keiner schläft. Wir genießen wieder das Dasein. Wir empfinden alles wie eine Gnade, die uns zuteil wurde, ein beglückendes Geschenk: Die Wellen, die weiße Bugsee, Delphine, die sich dem Marsch anschließen. Man kann es nicht in Worte fassen. Die Strapazen sind vergessen. Es ist eine Lust zu leben.

Eigentlich wollten wir vor dem Hellwerden tauchen. Nein, nach dem Sonnenaufgang. Ihn müssen wir auch bewundert haben. Blutrot steigt der Feuerball aus dem Meer. Wolkenloser Himmel. Alle sind wir von dem Schauspiel ergriffen. Keiner spricht. Still betrachte ich die Gesichter. Abgemagert, Falten, die Augen scheinen in tiefen Höhlen zu liegen, graue, ins Gelblichgrünliche schimmernde Haut; die Lippen sind nicht mehr rot, und dann ein wilder Bart. Wie haben sich die einst so frischen Gesichter verändert. Totenmasken ähnlich! Um viele Jahre scheinen sie gealtert. Mein Erster Wachoffizier hat unzählige weiße Haare bekommen.

Es ist hell geworden. – Ohne Alarm, friedlich geht es in die Tiefe. Wir stellen den Dienstplan um. Der Tag wird zur Nacht und die Nacht zum Tage. Bei der Tauchfahrt soll geschlafen werden und der Tagesbetrieb sich beim Überwassermarsch abspielen. Für den Dienstablauf im Boote ist es kein Unterschied, ja man merkt es nicht einmal, da doch immer die gleiche Beleuchtung herrscht. Und die Uhren zeigen auch um Mitternacht 12. Wir nehmen dann die Hauptmahlzeit ein. Also, wir stehen fortan abends auf und legen uns morgens schlafen. Auf diese Art sind wir frisch, wenn es hochgeht, und können die Natur genießen.

Der Nachtmarsch geht unter Einhaltung aller Vorsichtsmaßnahmen vor sich. Die Flakgeschütze sind sorgfältig auseinandergenommen und gereinigt worden. Erstaunlich gut hatten sie sich trotz der langen Zeit unter Wasser gehalten. Jetzt sind sie durchgeladen und an jedem Rohr hängen lange Magazine. Die Brückenwache ist in alter Stärke besetzt, das Radarwarngerät eingeschaltet. Wenn ein Flugzeug oder ein Schiff uns angreifen sollte, wollen wir uns verteidigen. Wir werden nicht kampflos unser Leben hergeben. Wir würden in reiner Notwehr handeln.

Der bisherige Verlauf unserer Unternehmung hatte bewiesen, wie sehr sie von der Energie und dem Willen einer für die Gesamtheit verantwortlichen Person abhing. Ich durfte als Kommandant im Interesse der Sicherheit des Bootes keinen Streit aufkommen lassen. Die weiße Mütze, die ich bewußt trug, sollte auch äußerlich betonen, daß ich meine Befugnisse in vollem Umfange und bis zur äußersten Konsequenz wahrzunehmen entschlossen war. Dem Schicksal dankte ich, daß ich als Schulbootskommandant ausgiebig Gelegenheit gehabt hatte, Praxis in Menschenführung zu erwerben. Noch vor zwei Jahren wäre ich der mir jetzt gestellten Aufgabe nicht gewachsen gewesen. Ich nahm mir vor, fortan streng auf die Durchführung meiner Befehle zu achten und jeden Versuch, die Besatzung in Gruppen zu spalten oder die Disziplin zu untergraben, im Keime zu ersticken.

Der schwierigste und unangenehmste Teil der Reise schien überwunden. Es handelte sich nunmehr darum, den Marsch weiterhin unentdeckt fortzusetzen und zu einem guten Erfolge zu führen.

Unser Brennstoff hatte sich bei Beendigung des ununterbrochenen Unterwassermarsches bis auf 40 Tonnen erschöpft. Dies war einer der Gründe gewesen, weswegen einigen Matrosen Bedenken gekommen waren und ihnen das Erreichen unseres Zieles unmöglich schien. Sie hatten die zurückgelegte Entfernung und den dafür benötigten Brennstoffverbrauch sowie die fehlende Distanz und das dafür notwendige Treiböl errechnet. Der Vergleich der reinen Zahlen fiel auf den ersten Blick erschreckend aus. 40 Tonnen waren für 1800 zurückgelegte Seemeilen verbraucht, für die 5500 fehlenden Seemeilen standen nur weitere 40 Tonnen zur Verfügung. Wir hatten zwar beim Auslaufen eine Tankkapazität für 120 Tonnen, aber in den Tagen vor dem Zusammenbruch konnte man uns nur 80 mitgeben. Die deutschen Vorräte waren erschöpft, synthetische Herstellung und Nachschubwege zerschlagen. Die geringe Menge, die unser Leitender Ingenieur durch geschickte Messungen mehr bekam, war bald erschöpft worden.

Nach ausgiebigen Beratungen und Berechnungen kam ich zum Resultat: Nur noch in dringenden Fällen tauchen, da dies höchst unökonomisch ist. Auf keinen Fall mehr ›schnorcheln‹! Ich ordnete an, daß aufgetaucht 10 Stunden mit geringen, nämlich ungefähr 60 Schraubenumdrehungen eines Dieselmotors gefahren werde, und die restlichen 14 Stunden des Tages mit einer Elektromaschine. Auf mögliche Schäden, die durch so langsame Fahrtstufen auftreten, konnte keine Rücksicht mehr genommen werden. Ich errechnete die Ankunft für Mitte August und hoffte außerdem noch 5 Tonnen Treiböl übrigzuhaben. Falls der Brennstoff nicht ausreichen sollte, planten wir, Segel zu nähen und eine Strecke unter Ausnutzung der zum Teil günstigen Strömungen und Winde des Südatlantiks treibenderweise zurückzulegen. Notfalls bestand die Möglichkeit, Brasilien anzulaufen.

Die Stimmung der Besatzung wird zusehends besser. Wir begegnen vielen Schiffen. Sie haben Positionslichter gesetzt. Der Krieg ist für sie vorbei. Eines Nachts überholt uns ein Passagierdampfer. Gedämpfte Tanzmusik schallt zu uns herüber. Menschen gehen auf dem Promenadendeck spazieren. Sehnsüchtig schauen wir auf den ›Riesen‹, der wie ein Lichtberg anmutet und, als wenn nichts geschehen wäre, majestätisch seine Bahn zieht. Eine Stunde lang bleibt er für uns sichtbar. Der einst so gefürchtete ›Graue Wolf‹ ist zu einem zahmen Hündchen geworden. Es heißt Brennstoff sparen. Wir sacken zurück.

Noch haben wir das Radarwarngerät eingeschaltet. Auf freier Brücke darf nachts nicht geraucht werden. Vielleicht übertriebene Vorsicht, aber es scheint mir sicherer. Bei dem aufgetauchten Nachtmarsch dürfen diejenigen, die rauchen wollen, es im Turm neben dem Seerohr sitzend tun. Beim Überwassermarsch können wir den Rundfunk einstellen, Musik hören und vor allen Dingen auch wieder Nachrichten vernehmen. Über zwei Monate lebten wir von der Außenwelt völlig abgeschnitten. Nunmehr kann man sich über die Lage wieder ein Bild machen. Daß es erschütternd und schlimm in der Heimat aussieht, wird aus den Meldungen klar ersichtlich. Auch die Vorgänge um die Kapitulation vermögen wir zu rekonstruieren.

Irgendeine Wendung, wie etwa ein Zerfall der Siegerkoalition, ist nicht eingetreten. Auf Deutschland lastet das volle Gewicht der Niederlage. –

Daraus ergeben sich für mich wichtige Schlußfolgerungen. Ich bin für das Schicksal und das Wohl meiner Besatzungsmitglieder verantwortlich. Wieder muß ich es mit mir allein ausmachen, und manche Stunde in meiner Kammer vergeht mit Nachdenken und grübelnden Überlegungen. Noch kann ich aber die Richtung, in der sich zwangsweise meine Gedanken bewegen, nicht allen darlegen, und die Zeit, um endgültige Ratschlüsse zu fassen, ist nicht gekommen. Die Gespräche der Besatzungsmitglieder handeln fast ausnahmslos von der Sorge um die Angehörigen. Viele Männer hatten schon beim Auslaufen keine Nachricht mehr von ihnen erhalten. Quälende Ungewißheit erfüllt die Herzen: Was mag bei der Besatzung den Lieben widerfahren sein? Wie ist es denjenigen ergangen, die geflüchtet sind und nun in den elendsten Verhältnissen irgendwo Obdach suchen müssen? Keine Betten, keine Dekken, die Brüder und Väter vermißt, tot oder zu Krüppeln geschossen. Niemand kann Unterstützung erwarten. Jeder hat mit sich selbst zu tun und vermag sich nicht um andere zu kümmern. Der Kampf um ein Stück Brot, ja um Kartoffelschalen hat begonnen. Greise und Kinder verhungern, Totgeburten sind an der Tagesordnung.

Auch meine Mutter ist während der Kämpfe in Berlin geblieben. Wie wird sie diese überstanden haben? Sie wollte nicht weggehen. Viele haben es nicht getan. Tapfere deutsche Frauen und Mütter!

Unser Unterseeboot sah innen verheerend aus. Die Eisenteile verrostet, die Wände grün. Ich gab dem Ersten Wachoffizier Befehl, das Schiff gründlich zu überholen. Wo notwendig, sollte gestrichen, die Munition entrostet und eingefettet werden. Die 66 Tage unter Wasser hatten nicht nur uns, sondern das ganze Boot stark mitgenommen.

Leider hatte der Erste Wachoffizier wenig Verständnis für mein Vorhaben. Er meinte, das Boot würde sowieso vor der argentinischen Küste versenkt werden, und Überholungsarbeiten seien völlig unnütz. Doch ich bestand auf strikter Durchführung meines Befehles. Die Matrosen zeigten sich ausnahmslos willig, und der Zustand unseres Schiffes besserte sich zusehends. Die großen Magazine für die vollautomatischen Zwei-Zentimeter-Schnellfeuergeschütze wurden auseinandergenommen, gereinigt, wieder zusammengesetzt und in die dafür vorgesehenen Halterungen gestellt. Als ein Seemann, um sich die Arbeit zu erleichtern, die Geschosse in unvorsichtiger Weise auf die Flurplatten fallen ließ, wies ich auf die Gefahr einer Explosion hin und forderte, so zu verfahren, wie es in der Artillerieschule gelehrt worden war. Der Erste Wachoffizier wußte es wieder besser und erlaubte sich unpassende Bemerkungen, im Glauben, ich würde sie nicht hören. Als ich ihn in meiner Kammer zur Rede stellte, zeigte er offen Opposition und brachte zum Ausdruck, daß ich ihm keine Anweisungen geben könne, da ich ja eigentlich kein Vorgesetzter mehr sei.

Das Maß war voll. Niemandem war verwehrt, mir irgendwelche Bedenken und kritische Einwände in gebührender Form vorzutragen. Ich verschloß mich nicht überzeugenden Argumenten. Aber durch das konträre Verhalten des Ersten Wachoffiziers drohte die Gefahr, daß Zwietracht und Spaltung in die Mannschaft hineingetragen wurden. Ich hatte keine Staatsmacht hinter mir, war nicht durch höhere Vorgesetzte gedeckt und mußte darum erst recht durchgreifen. Der Erste Wachoffizier trug im übrigen am Ausfall des Sehrohrs die Schuld, was uns beim Schnorcheln zum Verhängnis hätte werden können. Er hatte bei einem Alarm vergessen, das Periskop einzufahren, wodurch auf 100 Meter Tauchtiefe die Drahtseile dem Wasserdruck nicht mehr standhielten und es krachend auf den Schiffsboden aufschlug, wobei die Prismen durcheinanderfielen.

Ich erachtete alle Vorfälle und sein Verhalten zusammengenommen als ausreichend, um eine an sich mir unliebsame äußerste Maßnahme zu ergreifen. In Gegenwart der gesamten Besatzung enthob ich den Ersten Wachoffizier seiner Stellung. Ich verbot, unsere Reise betreffende Fragen mit ihm zu besprechen und Befehle von ihm entgegenzunehmen. Der bisherige Zweite Wachoffizier übernahm seinen Posten.

Wir nähern uns den Kapverdischen Inseln. Es ist noch dunkel. Jeden Augenblick erwarten wir das Erscheinen der felsigen Berge. Schon lange haben wir kein Land gesehen. Gespannt durchbohrten unsere Augen die schwarze Nacht. Ein Schatten kommt in Sicht, noch einer. Der Abstand verringert sich nur langsam. Es beginnt zu dämmern. Wir tauchen nicht. Bestimmt gibt es keine Ausguckposten auf den Inseln. Die Sonne geht auf. Die massigen Felsen, die mit scharfen Konturen aus dem Meer ragen, bieten einen herrlichen Anblick. Schon erkennen wir an den Abhängen Felder und Grünflächen. Fischerboote mit farbigen Segeln erhöhen die romantische Stimmung.

Wir gehen auf Nachtzielsehrohrtiefe. Das uns verbliebene zweite Periskop ist zwar sehr kurz, aber hier wird niemand auf Strudelbildung der dicht unter der Oberfläche arbeitenden Schrauben achten. Auf höchstens tausend Meter passieren wir die Insel. Jeder hat die Gelegenheit, einmal durch die Prismen zu schauen. Alle sind begeistert. Deutlich erkennen wir im Freien arbeitende Menschen. Eigentlich müßte man sich hier einige Tage erholen! Zwischen den Inseln werden die Alliierten kein U-Boot vermuten.

Aus dem Segelhandbuch ersehe ich, daß einige dieser Inseln unbewohnt sind. Wir begeistern uns an der Idee, eine davon anzulaufen. Schon haben wir Kurs auf das Eiland ›Branca‹. – »Auftauchen!« – Wir fühlen uns sicher. Die Besatzung ist an Oberdeck. Spiegelglatte See. Strahlend liegt der Felsen in den blauen Fluten, weiß umbrandet sind die Ufer. Eine Unzahl von Delphinen umschwimmt uns im Spiel. Ab und zu erweckt es den Anschein, als wollten die Tiere über unseren Bug springen. Wie dankbar wir ihr fröhliches Tummeln empfinden! Wir nähern uns der Küste. Bis auf einige Fischerhütten ist auch im Glas nichts zu erkennen, was auf das Vorhandensein von menschlichen Lebewesen schließen läßt. Die verwahrlosten Häuschen und Höhlen bieten anscheinend nur Fischern bei Unwetter Schutz. Jetzt werden sie auf den größeren Inseln sein. Vorsichtig, mit nur einem Elektromotor, fahren wir heran. In dem klaren Wasser erkennt man jeden Felsen und jede Untiefe. Nur eine geringe Entfernung trennt uns vom Ufer. Die Brandung ist jedoch so stark, daß wir uns zum Ankern entschließen müssen. Später wollen wir mit Gummibooten versuchen, das Eiland zu betreten.

Die Kapverdischen Inseln liegen im sogenannten Haifischgürtel. Anfängliche Bedenken, zu baden, sind bald überwunden, denn bei der Gegenwart so vieler Schweinsfische liegt keine Gefahr vor. Auch ist die Wasseroberfläche derart spiegelglatt, daß die Annäherung von menschenfressenden Haien rechtzeitig bemerkt werden müßte. Eine nur wenig bekannte Tatsache ist, daß Delphine, die um ein Vielfaches größeren Haie vertreiben oder töten. Sie sind schneller, wendiger und treten fast immer in größeren Mengen auf. Es sollen sich Fälle ereignet haben, daß sie sogar im Wasser befindliche Menschen vor Haien retteten, indem sie eine Art Schutzgürtel um die Schwimmer bildeten und diese mit ihren Körpern an die Küste schubsten.

Der Versuch, mit kleinen Booten die Küste zu besteigen, scheitert an der Brandung. Wir begnügen uns damit, den Anblick zu genießen und uns in dieser schönen Umgebung zu erfreuen.

Wir haben viel Spaß und paddeln mit den gelben Schlauchbooten umher. Verschiedentlich versuchen einige Männer, den Schweinsfischen nachzuschwimmen oder ihnen vom Boot aus auf den Kopf zu springen. Aber keinem gelingt es, einem Delphin näher zu kommen oder ihn gar zu berühren. Zu schnell sind diese geschmeidigen Tiere.

Die Nacht ist sternklar und warm. Wir feiern ein Bootsfest. Wir wollen einmal den allgemeinen Jammer des Zusammenbruchs vergessen. Nach langem singen wir wieder gemeinsam, sind lustig wie in früheren Zeiten und froh, daß wir noch die Freiheit genießen können. Wir malen uns aus, wie unsere Kameraden hinter Stacheldraht ihre schmale Kost verzehren müssen. Was ist schöner auf der Welt als die Freiheit?

Das morgendliche Bad ist genommen, der Anker gelichtet, ein Diesel hämmert langsam seinen eintönigen Takt. – Kurs Süd, dem Ziel entgegen. Die letzte Insel der Gruppe ist gepeilt und passiert. Ruhig und unbewegt breitet sich das Meer aus. Die Sonne brennt heiß vom Himmel. Die Männer liegen ausnahmslos auf Deck und bräunen sich die blassen Körper. Wie wohl es tut! Ausschlag und Geschwülste verschwinden in wenigen Tagen. Die hageren, zerfurchten Gesichter werden runder und zufriedener. Unstimmigkeiten nehmen ab. Die sich ›böse‹ geworden waren, werden wieder gute Freunde und Kameraden, scherzen und lachen miteinander. Ein an Oberdeck angebrachter Schlauch ist ständig in Betrieb und ermöglicht willkommene Abkühlung bei der starken Hitze.

Man müßte im Ozean baden können, ist der Wunsch eines jeden. Ein Wellenreiter wäre ideal, um sich damit hinter dem Boot herschleppen zu lassen. Ein wirklich guter Gedanke! Er wird sofort verwirklicht. Holz gibt es genug, und Seile selbstverständlich auch. Noch am selben Tage wird ein neugebauter Wellenreiter in Betrieb genommen. Nur wollen wir nicht hinter dem Heck, sondern seitlich gezogen werden. Die Gefahr, in die Schrauben zu geraten, ist dort geringer. Die Leine wird vorn am Bug befestigt, und dann steigt der Mutigste auf das schwankende Brett. An diesem ist ein weiteres Seil als Zügel befestigt. Stehend, kniend oder liegend kann nun der Betreffende Kurven fahren; er schießt förmlich über das Wasser, über kleine Wellen springend, von der Dünung sanft gehoben und gesenkt. Es ist wirklich ein herrliches Spiel.

Vorsichtshalber hat der Reiter einen dicken Anschnallgurt um die Hüften, und mehrere Männer halten das Verbindungsseil. Sollte er ins Wasser fallen, haben sie die Aufgabe, ihn sofort an Bord zu ziehen, so daß er nicht in die Schrauben kommen kann und die Maschinen nicht zu stoppen brauchen; auch wird dadurch der zum Auffischen notwendige Drehkreis erspart. Es wäre Zeit- und Brennstoffverlust. Abgesehen davon ist es unangenehm, allein im

Atlantik zu schwimmen und darauf zu warten, daß man wiedergefunden wird; denn allzu leicht verschwindet für die Suchenden ein so kleiner Menschenkopf in den Wellen, zumal das Rettungsmanöver einen Zeitraum von vielen Minuten und einen Drehkreis von annähernd tausend Metern erfordert. Außerdem gibt es in dieser Gegend Haifische.

Es macht wirklich einen Heidenspaß. Kaum daß es hell geworden ist, reitet schon der erste auf dem Brett, weitere stehen Schlange. Natürlich wird viel Salzwasser geschluckt, denn noch sind wir ungeübt in dem neuen Sport, und die meisten kennen ihn nur aus Kino-Wochenschauen. Selbst bei etwas schlechterem Wetter läßt sich die Besatzung nicht davon abhalten, ihrer neuen Lieblingsbeschäftigung nachzugehen. Verschiedentlich schlagen sich einige, auf den Wellenreiter springend oder hinuntersteigend, an der mit Muscheln bewachsenen Bordwand die Beine auf. Es schreckt keinen zurück. Alle sind zu neuem Leben erwacht. Prächtige Kerle.

Im Boot selbst schläft kaum noch jemand. Die Luft ist zu dumpf und stickig und die Hitze groß. In Hängematten, auf Decken oder Kissen halten sich die Männer im Freien auf. Wir essen sogar an Deck. Gut, daß uns niemand sehen kann. Ein Kriegsschiff mit Hängematten und Sonnensegeln zwischen den Kanonen! Wir schießen auf leere Flaschen, bauen Harpunen und fischen. Ab und zu fliegen Handgranaten ins Meer und bereichern durch aufgetriebenes Getier den Küchenzettel. Fliegende Fische sind besonders schmackhaft. Wir bewundern kleine Segelquallen, die sich mühelos vom Winde dahintreiben lassen. Ein U-Boot-Fahrer hat vor der Besatzung vieler anderer Schiffsarten voraus, daß er das Meer und seine Bewohner besonders nah erleben kann. Die Masse der heutigen Seeleute verfügt gar nicht mehr über die Beobachtungsmöglichkeiten, die er auf seinem Boote besitzt. Er lernt die Meeresbewohner und die zahllosen Arten des Lebens in den Ozeanen denkbar gut kennen. Noch nie aber war mir der Reichtum des Meeres so aufgefallen wie jetzt. Ein Wunder der Schöpfung, die vielen unbekannten Tiere, die alle Farben widerspiegeln.

Beim Passieren von Schiffen schlagen wir einen kleinen Haken und bleiben somit außer Sichtweite. Aber warum diese Umständlichkeit? Wir werden uns verkleiden! – Gesagt, getan. – Schon werden Leinwand und Segeltuch in Streifen geschnitten und so aufgehängt, daß unsere Silhouette der eines normalen Frachtschiffes gleichkommt. Alle haben Einfälle. Sogar der Schornstein fehlt nicht. Aus Blech wird ein Rohr gefertigt und auf eine Büchse mit öligen Lappen gesetzt. Ein angeschlossener Preßluftschlauch ermöglicht bessere Verbrennung. Von nun an weichen wir keinem Schiff mehr aus. Wir sind wirklich ganz naturgetreu. Dicke Rauchschwaden und sprühende Funken steigen, wenn nötig, gen Himmel!

Ein Schrei. – Er kommt vom Mann auf dem Wellenreiter. Ein riesiger Fisch schwimmt neben ihm. Ist es ein Hai? – Noch niemals habe ich ein so gewaltiges Tier gesehen. Zum Glück nur ein Wal. Völlig blaß und schnaufend liegt unser Reiter auf den Planken. Das Seeungeheuer hat ihn arg erschreckt. Der Wal hingegen zeigt sich keineswegs beeindruckt, sondern schwimmt drei große Kreise um unser Boot und bleibt noch mehrere Stunden im Kielwasser. Ab und zu werfen wir eine Ölsardine ins Wasser. Er soll unser Freund werden. »Er könnte uns eigentlich ziehen«, meint Moses.

Wir kommen dem Äquator näher. Die Sonne sticht vom Himmel. Kein Windhauch regt sich. Wir sind im Kalmengürtel, dem Gebiet völliger Windstille, das von Segelschiffsfahrern so gefürchtet war. Selbstgemachte Sonnenhüte schützen Kopf und Nacken vor der Tagesglut. Jeder bastelt sein eigenes Modell. Mein Helm hat einen Durchmesser von fast einem Meter.

Die Linie soll morgen passiert werden. Gleich der Taufe auf der Freetownreise wird das Ereignis organisiert. Nur soll diesmal das Fest auf der Wasseroberfläche stattfinden.

Ich selbst spiele Neptun. Das Schwert des Hofpolizisten fällt unaufhörlich auf die armen Opfer. Auf einige hat er es besonders abgesehen.

Das Fest hat seinen Höhepunkt erreicht. – Flugzeuggeräusche! Schnell wird das Fu-M-B eingeschaltet und besetzt. Sollten wir entdeckt worden sein? Die Ausguckposten paßten bei der Taufe nicht richtig auf, sondern schauten lieber zu, wie ihre Kameraden gequält wurden. Zu sehen ist nichts. Es brummt nur unaufhörlich. Sollen wir tauchen?

Die Flakgeschütze sind besetzt und durchgeladen. Thetis, die Tochter Neptuns, sitzt an der 3,7-Zentimeter-Kanone. Hofarzt und Barbier halten jeder ein Maschinengewehr. Das Gefolge steht bereit, damit gegebenenfalls das Tauchmanöver ausgeführt werden kann. Ein komischer Anblick in der so ernst scheinenden Lage.

Männer der einst so gefürchteten U-Boots-Waffe in den lustigen Verkleidungen, aber entschlossen, bei einem etwaigen Angriff ihr Leben zu verteidigen.

Die Geräusche werden schwächer und schwächer. Vielleicht waren es Passagierflugzeuge. Mit gemischten Gefühlen wird das Fest zu Ende gefeiert.

Tage sind vergangen. Dem ehemaligen Ersten Wachoffizier fehlt die Pistole. Ein bedenklicher Fall. Wenn jemand eine Schußwaffe stiehlt, so hat er gewiß etwas damit vor. Der Verdacht fällt auf einen Funker. Er ist bei den meisten unbeliebt, da er sich gern vor Gemeinschaftsarbeiten drückt. Die Räume werden auf den Kopf gestellt und durchsucht. – Vergebens. Mit Leuten, zu denen ich das größte Vertrauen habe, spreche ich eingehend dieses neue Ereignis durch. Sie sollen den Täter ermitteln. Der Fall wird nicht mehr in Gesprächen erwähnt.

Nach genau vier Tagen erhalte ich Meldung: »Pistole gefunden. In einem Sendegerät versteckt. Dieb Funkmatrose.«

Ich lasse ihn zu mir kommen. Er gesteht die Tat.

Musterung im Bugraum. – Wieder eine ›Abreibung‹. Der Kopf wird ihm geschoren. Vierzehn Tage ist es ihm verboten, an die frische Luft zu gehen. Er wird im Heckraum neben dem Torpedorohr untergebracht und bekommt nur trockenes Brot und Wasser. Selbstverständlich spricht niemand mit ihm. Der Dieb einer Schußwaffe ist unberechenbar. Er steht bis zum Ende der Fahrt unter Beobachtung. –

Unermüdlich zieht unser Schiffchen seine Bahn. Nie setzt das gurgelnde Geräusch des aufquirlenden Kielwassers und der Bugsee aus. Wir sind schwarzgebrannt wie die Mohren, lassen die Beine ins Wasser hängen, essen, trinken und rauchen. Arbeit gibt es nur noch wenig. Die Räume unseres braven Gefährten erstrahlen in neuem Glanz. Der Rost ist verschwunden, die Tropensonne hat das Holz ausgetrocknet. Der Kampf gegen den Schimmel ist gewonnen. Wäsche waschen wir seit geraumer Zeit nicht mehr, sondern ziehen sie, an einer Leine befestigt, eine Stunde hinter dem Boot her. Scharfes Seewasser und Fahrtstrom waschen gründlicher als die beste Waschmaschine. Der Erfinder des Verfahrens wird allgemein gelobt.

Das Radio meldet: ›U-530‹ in Mar del Plata eingelaufen. Gespannt hören wir jede neue Sendung ab. Was wird mit der Besatzung geschehen? Wird sie ausgeliefert werden oder in Argentinien bleiben, in dem Land, das von uns so viel besprochen wurde? Zu schade, daß wir kein Spanisch verstehen. Weitaus interessanter wäre es, die Nachrichten aus direkter Quelle zu hören statt durch zensierte Radiosender anderer Nationen.

Die Zeit vergeht schnell. Wir sehen den am Himmel reflektierten Lichtschein von Rio de Janeiro. Wir kommen südlicher und südlicher. Schon wird es kühler. Die tropischen Zonen sind passiert. Da unser Einsatz im Nordatlantik geplant war, haben wir keine Karten von der südlichen Halbkugel. Wir navigieren lediglich nach Zahlen und zeichnen Übersichtskarten selbst. Die Längen- und Breitengrade wichtiger Küstenstädte entnehmen wir Handbüchern, die zum Glück vorhanden sind. Wohlweislich nähern wir uns nicht der durch vorgelagerte Felsen als gefährlich bekannten brasilianischen Küste. Warum ein Risiko eingehen, um ein paar Stunden durch Verkürzung des Weges zu gewinnen.

›U-530‹ ist den Nordamerikanern mit der Besatzung ausgeliefert worden. Also mußten seine Männer die Gefangenschaft hinnehmen. Eine bedeutungsvolle Nachricht. Unsere Hoffnung auf Freiheit erleidet einen schweren Schlag. Ich muß jetzt Umstände berücksichtigen, die vorher nicht gegeben waren. Ich habe mich mit der Realität auseinanderzusetzen und darf mich keinen Illusionen hingeben.

Was sollen wir tun? Wäre es vielleicht günstiger, es mit Brasilien oder Uruguay zu versuchen? Oder ist es am besten, das Boot vor der argentinischen Küste zu vernichten, und soll dann jeder auf eigene Faust versuchen, die Zukunft zu meistern? Der Gedanke wäre nicht abwegig, und nach der Auslieferung unseres Vorgängers scheint es das Naheliegende, um nicht auch hinter den Stacheldraht zu wandern. Die Mehrzahl breitet sich auf ein Aussteigen vor. Die Männer nähen sich Rucksäcke und stellen die notwendigsten Sachen zusammen. Sogar Werkzeug planen einige mitzunehmen, um sich möglicherweise als Maschinenschlosser betätigen zu können. Andere, die von Abenteuergeschichten und Wildwestfilmen angeregt sein mögen und von Südamerika allzu romantische Vorstellungen besitzen, haben geradezu fantastische Ideen. Krause Gedankengänge dieser Art mögen auch der Grund des Pistolendiebstahls gewesen sein.

Bisher habe ich immer im Einvernehmen mit der Überzeugung

der Besatzung gehandelt. Meine Kommandantenstellung wird von mir nicht als eine Diktatur unter Mißachtung des Interesses der Gesamtheit aufgefaßt. Ich selbst halte mich aus allen Gesprächen heraus, rede weder dafür noch dagegen. Ehrlich gesagt, ist meine Meinung noch nicht gefestigt. Eine schwerwiegende Entscheidung ist zu fällen. Sie muß wohlweislich überlegt sein. Falsches Handeln könnte sich für das gesamte weitere Leben eines jeden von uns ungünstig auswirken. Mit Kriegsgerichten der feindlichen Welt ist nicht zu spaßen.

Die große Mehrzahl ist für die Versenkung unseres Unterseebootes und für das weitere Abenteuer. Es klingt verlockend.

Mein neuer Erster Wachoffizier ist der Älteste und in meinen Augen der geeignete Mann, um so wichtige Probleme zu besprechen. Wir beraten täglich. Des Nachts begleite ich ihn auf seine Wache. Die Entscheidung drängt. Die Besatzung will wissen woran sie ist. Ich versuche Zeit zu gewinnen. Auf keinen Fall dürfen sich zwei Parteien bilden. Es fehlen nur noch wenige Tage, dann muß gehandelt werden.

In den Beratungen mit dem Ersten Wachoffizier klärt sich meine Ansicht. Die aus einer Versenkung möglicherweise entstehenden Folgen erscheinen zu schwerwiegend. Es kann nicht gutgehen. Versenkt darf nicht werden, ist die Schlußfolgerung die ich eindeutig und endgültig ziehe.

Mein Plan ist, Mar del Plata anzulaufen. Buenos Aires kommt wegen Fehlens von Spezialkarten nicht in Frage, und selbst wenn wir sie hätten, wäre es ohne Lotsen, wegen der sich ständig ändernden Untiefen, ein Risiko, den über 100 Seemeilen langen Weg im Fluß zur Landeshauptstadt zurückzulegen.

In zwei Tagen muß nach Berechnungen der Leuchtturm von Mar del Plata in Sicht kommen; manche Männer hoffen, das Boot noch versenken zu können. Die letzten Gepäckstücke werden von den Anhängern dieses Vorhabens zusammengelegt.

Ich ordnete eine Musterung an. Die Besatzung ist auf meine Worte gespannt. Jetzt muß die Entscheidung fallen! Ich komme nicht mehr darum herum. Werde ich meinen Plan durchführen können? Die Ansprache wird bestimmend sein. Ich muß es schaffen und werde es schaffen, sind meine Gedanken.

»U-Boots-Männer! Ich bin stolz auf euch! Haben wir nicht eine Tat vollbracht, die uns so leicht niemand nachmacht? Dreieinhalb

Monate sind vergangen, seitdem wir den schweren Entschluß in gemeinsamer Übereinkunft faßten. Wir haben ihn nicht nur gefaßt, sondern auch durchgeführt. Wir alle wissen, es war nicht leicht. Uns fehlten, bis auf zwei, alle spezialisierten Unteroffiziere, die Männer, die an sich in einem so komplizierten Mechanismus, wie es ein Unterseeboot ist, unerläßlich scheinen. Vor allen Dingen dann, wenn eine so lange Reise geplant ist und die vor dem Auslaufen erforderliche Überholung ausgeblieben ist. Wir haben es trotzdem geschafft. Unser Schiff befindet sich maschinell in bestmöglichem Zustand. Bis auf das Sehrohr gibt es nichts an Bord, was unbrauchbar ist. Ich möchte dem Maschinenpersonal meinen besonderen Dank aussprechen. Es hat ohne Ausnahme eine tadellose Haltung bewahrt und trotz schwerster Beanspruchung, sei es beim ›Schnorcheln‹ oder unter der Glut tropischer Sonne, seine Aufgabe erfüllt. Auch das seemännische Personal – ich brauche es nicht besonders zu betonen, denn wir sehen es täglich – hat durch unermüdliche Reinigungs- und Malerarbeiten das aus unserem Schiffchen gemacht, was es sein soll – einen Schmuckkasten.

Nur so wurde es uns zur Heimat, konnten wir uns darin wohlfühlen und zufrieden sein. Ich weiß die Arbeit, die darin steckt, zu beurteilen. Ich bin auf Segelschiffen gefahren. – Es ist geschafft. Jetzt sehe ich eure gebräunten und gesunden Gesichter; es ist mir eine innere Befriedigung. Keinen Augenblick bereue ich mein Vertrauen zu euch. Ihr habt bewiesen, daß man mit euch durch dick und dünn gehen kann, daß ihr Männer seid!

Nun, da wir vor dem Abschluß unseres Unternehmens stehen, gilt es, die letzte Entscheidung zu treffen. Ich will es nicht tun, ohne auch diesmal um euer Einverständnis gefragt zu haben. – Es gibt zwei Möglichkeiten: Das Boot zu versenken und schwarz an Land zu gehen oder in Mar del Plata einzulaufen. Ich will versuchen, die Vor- und Nachteile klarzulegen, wie sie sich mir darstellen.

Die Versenkung selbst stellt absolut keine Schwierigkeit dar. Was geschieht aber dann? – Wir paddeln mit den Schlauchbooten an die Küste und stehen nun neuen Schwierigkeiten gegenüber. Es ergibt sich der kritische Punkt, an dem wir nicht recht weiterwissen.

Unsere Übersetzboote müssen vernichtet werden, damit man uns nicht schon am ersten Tage sucht. Sie brennen nur schwer und langsam, da sie aus Gummi sind. Außerdem wären die Flammen weithin sichtbar. Wird Zeit zum Vergraben sein? Nehmen wir an, es würde doch klappen. Wir haben ›Auf Wiedersehen‹ gesagt, uns viel Glück für die Zukunft gewünscht und laufen in 32 Richtungen auseinander, denn in geschlossener Marschformation aufzutreten, erscheint wohl kaum ratsam. Ich selber wäre nicht allzu schlecht dran, denn ich habe Bekannte meiner Familie in der Landeshauptstadt und bin besser ausgerüstet als ihr.

Wie sieht es nun bei euch aus? Ihr müßt in der Uniform euer Heil versuchen, ohne Geld, ohne jegliche Sprachkenntnisse. Ich besitze einen Vorteil, da ich Englisch und Französisch beherrsche. Es wird nicht ausbleiben, daß schon nach kurzer Zeit einer von uns in Händen der Polizei ist und das Landungsgebiet abgesperrt und sorgfältig durchgekämmt wird. Die Alliierten werden Belohnungen auf uns aussetzen, Presse und Radio unermüdlich auf uns hinweisen. Man wird, wer weiß wen, unter uns vermuten, man wird uns für alle nach Kriegsende verlorengegangenen Schiffe verantwortlich machen; denn, bei reinem Gewissen wären wir eingelaufen, wird die Propaganda behaupten. Meint ihr, ihr werdet euch auf die Dauer verstecken können? Sollte es dem einen oder anderen gelingen, so werden seine Personalien auf jeder Polizeistation ausgehängt sein, und ohne den richtigen Namen ist es nicht möglich, eine normale Existenz wiederaufzubauen und sich wirklich frei zu bewegen. Haltet euch vor Augen, Kameraden, was ihr euch mit der Versenkung von ›U-977‹ auferlegen würdet und welche schweren Nachteile sich daraus ergeben können. Unsere ganze Unternehmung würde ein bitteres Ende nehmen; denn sollten wir gefaßt werden, können wir unser einwandfreies Verhalten nach Kriegsende in keinem Punkt beweisen. Das Beweismaterial würde auf dem Meeresgrund liegen. Schuldig gesprochen, sähen wir langen Kerkerstrafen entgegen.

Sollten wir hingegen einlaufen, so kann uns nichts geschehen. Wir haben eine weiße Weste. Haben wir Pech und werden ausgeliefert, so bleibt uns zumindest das Bewußtsein, mehr als ein Vierteljahr unabhängig gelebt zu haben. Wer von uns möchte die Reise, trotz ihrer Härte, als Erlebnis missen? Sie wird für die meisten das Ereignis ihres Lebens darstellen. Wir haben keine Zeit verloren, denn die vergangenen Monate hätten zweifellos in Gefangenschaft unter kärglichen Bedingungen abgesessen werden müssen.

Meiner Ansicht nach, Kameraden, gibt es nur die eine Wahl: Einlaufen. – Überlegt es euch wohl! Es ist aber nun wiederum nicht so, daß ich euch zu etwas zwingen will. Wendet ihr euch gegen meine Meinung, so müßte eure Entscheidung allerdings folgendes einschließen: Einer von euch bringt die Mehrzahl hinter sich, organisiert meine Festnahme und übernimmt für alles Weitere die volle Verantwortung als Kapitän. Er wird dann statt meiner für alles geradestehen müssen, denn es ist allzu klar, daß ich als einzelner gegen 31 Mann machtlos bin.

In einer Stunde will ich vom Ersten Wachoffizier Meldung über das Beratungsergebnis haben.«

Die Besatzung entschied sich in der Mehrheit in meinem Sinne. Ich gab noch besondere Anweisungen, keinerlei Bootseinrichtungen zu beschädigen oder irgendwelche Unterlagen zu vernichten.

17. August 1945. Es ist hell geworden. Strahlender Sonnenschein. Die argentinische Küste ist im Glas erkennbar. Der Leuchtturm kommt in Sicht. Die Bootsbesatzung ist auf der Brücke. Sie ist vollzählig. Niemand hatte Gelegenheit, des Nachts heimlich auszusteigen. Die Entfernung war noch zu groß. Mein Erster Wachoffizier, der die letzten Wachen ging, und ich ließen die Umdrehungszeiger der Maschinen nicht aus den Augen, um gewiß zu sein, daß die befohlene Geschwindigkeit eingehalten wurde. Es war nötig, auf der Hut zu sein. Einige Männer gingen mit dem Gedanken um, sich bei einer Ankunft, die noch während der Dunkelheit erfolgen würde, davonzumachen. Dies hätte unser ganzes Konzept gestört. Wie beweisen, daß außer Besatzungsmitgliedern nicht auch gesuchte Persönlichkeiten an Land gingen? –

Ein Albatros begleitet uns. Er umfliegt das Boot, setzt sich aufs Wasser und läßt uns ganz nahe, vielleicht einen halben Meter, vorbeifahren. Dabei schaut er mit seinen kleinen Augen auf den Turm, als wolle er sagen: »Ihr seht aber mit euren Bärten sonderbar aus, wo kommt ihr denn her?« Eine Büchse Ölsardinen ist geöffnet worden, und jedesmal, wenn der Vogel vorbeitreibt, nachdem er erneut nach vorn geflogen war, wird ihm ein Fisch überreicht. Anscheinend ist er zufrieden, denn er setzt sein Spiel noch längere Zeit fort. Erst als wir versuchen, ihm Brot anzubieten, fliegt er davon.

Noch außerhalb der Dreimeilenzone geben wir durch Lichtzeichen an die Signalstelle: »German Submarine.«

Wir liegen gestoppt. Einige Fischerfahrzeuge umfahren uns. Neugierig schauen die Insassen auf uns. Die langen Bärte scheinen sehr zu beeindrucken.

In kurzer Zeit treffen das argentinische Minen-Räumboot ›Py 10‹ und zwei Unterseeboote ein. Auf englisch teilt man uns mit, daß ein Kommando an Bord kommen werde. – Ein Motorkutter wird zu Wasser gelassen. Er bringt die angekündigten Soldaten herüber. Das Manöver geht schnell vonstatten. Das Kommando, aus einem Offizier, Unteroffizieren und Mannschaften bestehend, macht einen guten Eindruck. Die weiße Kleidung ist vorbildlich; die Haltung so, wie sie bei Soldaten sein soll.

An Oberdeck mache ich dem argentinischen Offizier Meldung und geleite ihn auf den Turm. Seine Untergebenen verteilen sich im Boot. Der Offizier eröffnet mir, daß er die Aufgabe habe, das Boot in den Hafen zu bringen. Er betont, daß es seine Pflicht sei, eine Versenkung oder Beschädigung des Schiffes zu verhindern. Ich gebe ihm zu verstehen, daß solche Absichten nicht vorliegen.

Ich schlage ihm vor, das Boot in den Hafen zu fahren, da meine Besatzung keine weiteren Sprachen als Deutsch spricht und außerdem die komplizierten Maschinenanlagen nur schwerlich von nicht spezialisiertem Personal bedient werden können. Meinem Ehrenwort wird Vertrauen geschenkt. Ich befehlige zum letztenmal mein ›U-977‹.

Sie haben Hitler versteckt!

Das Licht des aufgehenden Morgens graute zum Bullauge der Kajüte des Kreuzers ›Belgrano‹ herein, als mich das Trompetensignal eines sich an Deck vollziehenden Wachwechsels aus meinen Erinnerungen aufschreckt und die Realität des Augenblicks wieder gegenwärtig macht.

Nein, ich gleite nicht lautlos auf einer schmucken Segeljacht über das Wasser der märkischen Seen. Ich bin nicht mehr der übermütige Jüngling, der da voller Begeisterung zu den ›Grauen Wölfen‹ ging. Ich bin auch nicht mehr der Kommandant des ›U-977‹, sondern ein Kriegsgefangener der argentinischen Flotte und sitze an Bord dieses alten Kreuzers in einer Offizierskammer eingesperrt. Draußen stehen Wachen, um auf mich aufzupassen. Irgendwo an Bord werden sich meine Kameraden in ähnlichen Räumen befinden und mit Spannung diesem entscheidenden Tage entgegensehen.

Ob sie geschlafen und ausgeruht haben? Oder ob ihnen die Erinnerungen und die Gedanken an den zurückgelegten Weg und an den sich heute vollendenden Lebensabschnitt ebenfalls den Schlaf nahmen wie mir?

Meine Gedanken eilen zu den Männern meiner Besatzung, zu diesen prächtigen Kerlen, die bis gestern so wacker ihren Mann standen und die unerhörte Nervenanspannung der 66tägigen Schnorchelfahrt so aufrecht und stoisch aushielten. Wo mag man sie untergebracht haben? Was mag uns allen noch bevorstehen?

Ein kleiner schwarzhaariger Matrose in weißer Uniform kommt herein und bringt mir ein appetitliches Frühstück. Der Mann mustert mich mit weit geöffneten Augen, so als ob er ein Wundertier vor sich habe. – Mein mächtiger Bart muß ihn beeindrucken. Wahrscheinlich hat er auch allerlei über die geheimnisvollen deutschen ›submarinos‹ gelesen und gehört.

Das Frühstück mundet mir ausgezeichnet. Und der erste Anflug von Müdigkeit, der sich bemerkbar machen wollte, wird mit dem Kännchen wohlduftenden Bohnenkaffees sofort ertränkt. Es ist gerade der richtige Augenblick, um wieder zu geistiger und körperlicher Spannkraft zu kommen, denn es klopft, und herein kommen zwei Offiziere, um mich wieder dem Kommandanten des Stützpunktes vorzuführen und das gestern abgebrochene Verhör fortzusetzen. Der eine von ihnen spricht englisch. Ich kann ihn nach meiner Mannschaft fragen und erfahre, daß sie gut untergebracht wurde und bestens verpflegt wird.

Oben in der Messe werde ich wieder ebenso freundlich begrüßt wie tags zuvor. Das neue Verhör beginnt sofort und dreht sich wieder um die drei Kardinalfragen: Versenkung des brasilianischen Dampfers ›Bahia‹, späte Ankunft nach der allgemeinen Kapitulation und ob irgendwelche politischen Persönlichkeiten an Bord mitgenommen wurden. Es müssen zudem zahlreiche Nebenfragen beantwortet werden. Da ich aber in jedem Falle klar und sicher antworten kann und immer wieder auf meine Bordpapiere hinweise, weicht langsam die angesichts unseres ungewöhnlichen Falles gebotene Skepsis aus den Gesichtern der Argentinier. Der

Chef des Stützpunktes erklärt mir, daß die Dokumente, die ich ihm gestern bei der offiziellen Übergabe meines Bootes aushändigte, zur Zeit von Fachleuten übersetzt und geprüft würden. Das Vorhandensein dieser Papiere würde die Klärung aller Fragen entscheidend erleichtern. Das vor uns und vor dem Sinken der Bahia eingelaufene Boot ›U-530‹ habe kein einziges Bordpapier vorweisen können, sei aber vor dem Tode Hitlers ausgelaufen und von vornherein von jedem Verdacht ausgeschlossen gewesen. Ich bedeute ihm, die Tatsache, daß an Bord des ›U-977‹ kein einziger Torpedo fehle und obendrein alle Navigationsunterlagen vorhanden seien, dürfte wohl ausreichen, um auch von uns diesen Verdacht zu nehmen. Jeder Mann an Bord des ›U-977‹ sei sich darüber im klaren gewesen, daß irgendeine kriegerische Handlung nach dem alliierten Siege widersinnig geworden war und schwere Folgen für uns ergeben hätte.

Der Flottillenchef wünscht ferner von mir zu wissen, warum wir gerade nach Argentinien zur Kapitulation gekommen seien. Das fällt mir nicht schwer zu begründen: »Die technische Beute eines Krieges, zu der ebenfalls die U-Boote der unterlegenen Nationen gehören, wird nun in die Hand der Mächte wandern, die den siegreichen Block führen. Auch die Sowjets werden so Kenntnis von unseren verbesserten Geräten und neuen Typen bekommen. Ich bemühte mich darum, den später als Tatsache erkannten Kapitulationsbefehl des Großadmirals Dönitz in einer Form auszuführen, bei der einer Nation, die sich wie Argentinien in der ganzen Affäre ›Graf Spee‹ so ritterlich gegenüber der deutschen Marine benommen hat, ein Vorteil entstand. Andererseits habe ich auch an meine Mannschaft gedacht. In keinem gegnerischen Lande durfte sie auf bessere Behandlung hoffen als hier, weil zwischen Argentinien und unserer Heimat niemals Haß, sondern erst seit relativ kurzer Zeit ritterliche Gegnerschaft bestanden hat. Und dann, Herr Kapitän, spielte bei mir auch noch ein geheimer Gedanke eine große Rolle: Ich habe gehofft, daß während der 66 Tage, die wir unter Wasser dieser freundlichen Küste zustrebten, sich vielleicht in der großen Politik Wandlungen grundsätzlicher Natur vollziehen würden. Leider habe ich umsonst gehofft.« – Meine Worte beeindruckten den Argentinier sichtlich, aber er schweigt.

Was in den nächsten Tagen und Wochen geschah, bedarf keiner ausführlichen Schilderung. Die argentinischen Behörden überzeugten sich von der Richtigkeit meiner Angaben. Doch während diese Untersuchung schwebte, begann die Zeitung ›El Dia‹ in Montevideo eine verhängnisvolle Kampagne im Sinne der Behauptung, daß Hitler an Bord meines Bootes nach Patagonien und dann in die Antarktis geflohen sei. Man kann sich denken, wie diese Geschichte in der ganzen Welt wirkte, nachdem unter den Trümmern der Reichskanzlei nicht eine Spur von dem Herrn und Gebieter des Dritten Reiches gefunden worden war. Das Stichwort aus Montevideo wurde überall aufgegriffen. Sensationsberichte überfluteten die Weltpresse. Ich saß indessen in Gefangenschaft und war zum Schweigen verurteilt. Ich wußte nicht, worüber ich mich mehr ärgern sollte, über diese verantwortungslose Sensationsmache oder über Meldungen, aus denen die unritterliche und kurzsichtige Form sprach, in der die einst so stolze und mächtige deutsche Wehr von den Siegern zerschlagen wurde.

Eines Tages gab es eine Überraschung: Ich wurde einer Gruppe hoher anglo-amerikanischer Offiziere vorgeführt, einer Untersuchungskommission, die eigens nach Argentinien entsandt worden war, um den ›mysteriösen Fall des U-977‹ aufzuklären. Diese Herren waren hartnäckig: »Sie haben Hitler versteckt! Reden Sie schon! Wo steckt er?«

Da ich auch ihnen nichts anderes sagen konnte, als ich bereits den Argentiniern gegenüber erklärt hatte, wurden sie ungeduldig, denn draußen in der Welt verursachte die Reise meines Bootes immer noch Schlagzeilen. Keine Zeitung erkannte die große Leistung einer der ersten Unterwasser-Langstreckenfahrten der Kriegsgeschichte an. Alle Berichte, Informationen, Reportagen, Spekulationen und zusammengelogenen Geschichten drehten sich immer wieder um das gleiche Thema, um den ›Hitler-Verstecker Heinz Schaeffer‹. Dieser aber stand zur Wahrheit und brachte die Herren in Harnisch, die da unbedingt an Hand seiner Informationen den längst totgesagten Führer noch fangen wollten. Um mich unter stärkeren Druck setzen zu können, veranlaßten sie meine Verbringung nach den USA. Meine Mannschaft und das brave ›U-977‹ folgten nach.

Ich landete in einem Lager für prominente Kriegsgefangene in Washington, wo sich hohe deutsche militärische Persönlichkeiten befanden. Wochenlang wurde mir immer und immer wieder von den Amerikanern der Satz entgegengeschleudert: »Sie haben Hitler versteckt!« Wochenlang versuchte ich, nachzuweisen, wie unsinnig dieses ganze Gerede war. Schlüssige Beweise konnte ich ebensowenig vorlegen wie mir andererseits etwas nachgewiesen zu werden vermochte. Dieser Punkt erledigte sich von selbst. Nicht so die Angelegenheit ›Bahia‹. Sie nahm immer bedrückendere Formen an, da unsere gesamten Navigationsunterlagen, ja selbst unsere zehn Torpedos, nicht als stichhaltige Argumente angesehen wurden. Wir hätten, wie teilweise andere deutsche U-Boote, ja 14 Aale an Bord haben können. Im übrigen hielt man es für möglich, daß unsere ganzen Bucheintragungen gefälscht sein konnten. Doch zu guter Letzt kam doch noch eine klare Beweisführung zu unserer vollständigen Entlastung zustande: Zusammen mit der Meldung über das Sinken der ›Bahia‹ hatte das brasilianische Marineministerium genaue Angaben über die Wetterlage an dem Ort der Katastrophe gefunkt. Sie wurden mit den Wettereintragungen des betreffenden Tages an Bord von ›U-977‹ verglichen und ... stimmten natürlich nicht überein, weil wir an einem anderen Ort gestanden hatten. Wettereintragungen, das wagte auch niemand zu behaupten, ließen sich nicht fälschen. – Das Verfahren wurde niedergeschlagen.

Zuvor kam es zu einem typischen Screening-Zwischenfall. Otto Wehrmut, der Kommandant des ebenfalls in Mar del Plata eingelaufenen ›U-530‹, und ich wurden überraschend konfrontiert, indem man uns in die gleiche Kammer einsperrte und uns scharf beobachtete. Wir kannten uns bis zu diesem Augenblick nicht, begriffen aber sofort, was das Ganze sollte. Man rechnete damit, daß wir nunmehr ›in der ersten Wiedersehensfreude‹ vor den rings um uns geheim untergebrachten Mikrofonen die ›insidestory des Geisterkonvois‹ entschleiern würden und mag recht verärgert gewesen sein, als man nur die Wahrheit über die unabhängigen Fahrten beider U-Boote vernahm.

Nach Monaten meiner Gefangenschaft bekam ich von einem guten englischen Freund einen Ausschnitt aus einer britischen Zeitung zugeschickt. Er zeigte eine Aufnahme, die mich seltsam erschütterte: Eine Explosionsfontäne auf dem Wasser. Zahllose derartige Fontänen hatte ich während des Krieges gesehen, wenn die ›Grauen Wölfe‹ zubissen. Ich wußte, daß gerade diese Fontänen die Führer der alliierten Nationen aufs tiefste beunruhigt hatten, in jener Zeit, da im deutschen Rundfunk eine Sondermeldung nach der anderen die gewaltigen Erfolge der deutschen U-Boot-Waffe verkündete. Aber das Zeitungsbild, das an jenem Morgen vor mir lag, trug die Überschrift: ›The End of U-977‹. Aus dem begleitenden Text ging hervor, daß mein braves Boot auf Befehl des Kriegsdepartements durch Torpedierung auf dem Wasser versenkt worden war. Ich verabschiedete mich von ihm in Gedanken, denn so wie es mit seinem Schnorchel unser Leben sicher über den Atlantik brachte, hätte es ebensogut unser stählerner Sarg in der Tiefe des Meeres werden können. Wir hatten das wackere Boot eigentlich der argentinischen Marine zugedacht, dabei aber die Auswirkungen kontinentaler Abmachungen übersehen.

Daß für die Alliierten alles, was sich auf unsere U-Boot-Waffe bezog, von höchstem Interesse war, liegt auf der Hand. Ernste Fachmänner unter ihnen gaben sich Rechenschaft, was unsere Neuerungen hätten bedeuten können. Dr. Vannevar Bush, der leitende Kopf der nordamerikanischen wissenschaftlichen Arbeiten an der Waffenentwicklung, drückt sich folgendermaßen über unsere neuen U-Boot-Typen aus: »Wenn sie frühzeitig genug herausgebracht worden wären, hätten sie den Rückschwung des Pendels verursacht, so weit, daß der ganze Lauf des Krieges anders und sein Ausgang zweifelhaft geworden wäre.«

Bei der Besetzung Ostdeutschlands ist den Russen die größte Zahl der im Bau befindlichen Unterseeboote auf den Werften Danzig, Stettin und Königsberg in die Hände gefallen. Außerdem ist anzunehmen, daß die Sowjets in den Besitz des Walthermotors für große Boote gekommen sind. Die Westmächte fanden nur einige Teile, die später nach London gebracht wurden.

Über die Situation, die mit dem Aufbau einer großen sowjetischen U-Boot-Waffe – man spricht von 1000 Booten – auf Grund der ihnen zugänglich gemachten Erfahrungen gegeben ist, will ich weiter keine Betrachtungen anstellen. Welche Befürchtungen im Lager der USA vorliegen, beweist eine weitere Äußerung des nordamerikanischen Experten Dr. Bush: »Wenn wir bald mit einem technisch und industriell starken Feind in Krieg gerieten und dieser Gegner wirksam moderne Konstruktionen im Kampf zur See einsetzen würde, müßten wir auf einer neuen und höchst ungünstigen Grundlage wiederum mit der Arbeit beginnen, das Unterseeboot niederzuringen.«

So paradox es klingen mag, ist das Unterseeboot gerade durch das Radar erneut zu einer so wichtigen Waffe geworden. Es ist das bisher einzige Kampfmittel, das sich vor dem Entdecktwerden schützen kann. Jedes Flugzeug, alle weite Strecken überbrückenden Raketen und V-Geschosse können erfaßt werden, und somit ist es möglich, ihnen entgegenzuwirken. Das moderne U-Boot hingegen ist imstande, getaucht die Weltmeere zu befahren und unter Umständen Atomwaffen gegen die Produktionszentren und Häfen des Gegners einzusetzen. Ob Unterwassersuchgeräte mit großem Wirkungsbereich entwickelt werden können, ist nach den bisherigen Erfahrungen fraglich. Verschiedene Salzschichtungen, Strömungen und Temperaturunterschiede werden stets große Ungenauigkeiten durch die Brechung ausgesandter und reflektierter elektroakustischer Wellen verursachen. Die wirkungsvollste Methode scheint am ehesten darin zu liegen, große Unterseeboote mit kleinen, unter Verwendung des akustischen Torpedos gleich unserem ›Zaunkönig‹-Typ zu bekämpfen. Wird es gelingen?

Die Bedrohung, die die neuen U-Bootskonstruktionen darstellen, erkennt man aus der Einstellung des Baus von Großkampfschiffen, deren enorme Kosten in keiner Weise mehr gerechtfertigt erscheinen: Bei einem Typ wie ›Bismarck‹ oder ›Missouri‹ kommen sie etwa den Aufwendungen für die Anlage einer Stadt von 100 000 Einwohnern gleich. Die neuen Möglichkeiten des U-Bootes scheinen solche großen Kampfeinheiten auf den Weltmeeren auszuschalten.

Deutschland, das Land, das in diesem Kriege die größten Erfahrungen auf dem Gebiete des U-Boot-Krieges sammelte und die wegweisenden Neuerungen entwickelte, zahlte einen hohen Preis für den Schatz neuer Errungenschaften, der heute anderen seefahrenden Völkern zur Verfügung steht. Die Verluste der deutschen U-Boot-Waffe waren gewaltig: von rund 720 unmittelbar am Feind eingesetzten Booten wurden ungefähr 640 versenkt. Nach Angaben des Vizeadmirals Assmann in der Zeitschrift ›Foreign Affairs‹ fielen von 40 000 Mann der U-Boot-Waffe 30 000. – Ob diese Zahlen den abschrecken werden, der wieder versuchen wird, mit völlig neuen U-Boot-Typen die Seeherrschaft an sich zu reißen?

Nachdem in Washington meine Angelegenheit klargestellt war – die Behandlung war keineswegs unanständig wie andernorts, wo die USA-Wehrmachtführung den ausführenden Organen nicht so sehr auf die Finger sehen konnte – , wurde ich nach Deutschland verschifft. Meine Mannschaft war schon zuvor nach Hause verbracht worden. Die Reise verlief ohne besondere Zwischenfälle. Das Schiff konnte aber in keinem deutschen Hafen anlegen, da alle Piere mit alliierten Schiffen verstopft waren. So fuhren wir direkt nach Antwerpen, wo wir gelandet wurden.

Aus ›technischen‹ Gründen wanderte ich aus amerikanischer in britische Kriegsgefangenschaft. Nun versuchten auch noch die Briten ihr Heil mit dem ›Hitler-Verstecker‹ Heinz Schaeffer, unterzogen mich neuen Verhören und taten so, als ob ihre nordamerikanischen Vettern nicht gründlich genug gewesen seien. Doch auch ihnen konnte ich nichts Neues erzählen. Sie standen aber unter offensichtlicher Wirkung der Legende von ›U-977‹, und zwar in so starkem Maße, daß sie mich nach vergeblichen neuen Ausquetschungen nicht in einem normalen Kriegsgefangenenlager, sondern ausgerechnet in einem Camp für ›schwere Fälle‹ unterbrachten und zunächst so behandelten, als sei ich eine der Größen des gestürzten Regimes.

Nun, auch diese Periode überstand ich, konnte allmählich alles aufklären und befand mich eines Tages als Zivilist auf der Straße, als freier Mann, sofern man in einem besetzten Lande überhaupt frei sein kann. Nun galt es, sich durch den Wirbel der Nachkriegszeit, durch ein Meer von Trümmern, Elend, Schmerz und Niedrigkeit ebenso wacker durchzuschnorcheln wie einst durch den ›blanken Hans‹ in Richtung Argentinien.

Und dabei war ich gerade, als, wie bereits beschrieben, in den Straßen Düsseldorfs wieder das Thema ›U-977‹ auf mich zukam, da ja der Senor Szabo in Buenos Aires offenbar weitaus klüger war als alle alliierten und assoziierten Untersuchungskommissionen zusammengenommen. In der ersten Minute haben mich seine Ausführungen nur komisch berührt, zumal natürlich die Nachrichtenagenturen die Feststellungen seines Buches zusammenhanglos und in sensationeller Form zitierten. Sie weckten in mir immerhin den Wunsch, das Buch des Bonaerenser Journalisten einmal zu lesen. Erst viel später ging er in Erfüllung, als mir Freunde aus Argentinien das Buch besorgten.

Gespannt schlug ich es auf und stolperte zunächst über den vielversprechenden Untertitel: ›Das neue Berchtesgaden in der Antarktis‹ und über eine Widmung an keinen Geringeren als an den britischen Dichter Gilbert Keith Chesterton. Dann lese ich ein prosaisches Vorwort von einem gewissen Clemente Cimorra, der da versichert, daß die Argumente Szabos ›wirklich beeindruckend‹ seien, denn nun wisse man, daß der ›schwarze Vogel Hitler‹ seine Flügel über 14 Millionen Quadratkilometer der weißen, unschuldigen Unendlichkeit des antarktischen Kontinents ausgebreitet habe. Es folgt ein offener Brief Ladislao Szabos an die Herren Georg C. Marshall, Wiacheslaw Molotow, Ernest Bevin und Georges Bidault, in welchem der Verfasser den ›Großen Vier‹ mitteilt, daß er am 16. Juli 1945 in der Bonaerenser Zeitung ›Critica‹ einen ausführlichen Bericht über die Flucht Hitlers und genaue Angaben über seine Verstecke veröffentlicht habe. Die Tatsachen hätten inzwischen diese damaligen Feststellungen in ihren kleinsten Einzelheiten bestätigt. Abschließend fordert Szabo die vier Großmächte auf, den versteckten deutschen Diktator sofort zu suchen und festzunehmen. Das sei eine Gewissensaufgabe, um eine Wiederkehr des Nazismus zu verhindern. Der Brief ist im März 1947, also zu einer Zeit datiert, da die Untersuchung gegen meinen Waffenkameraden Wehrmut und gegen mich längst abgeschlossen war. Dennoch heißt das erste Kapitel in dem Szabo-Buch: ›El Enigma de los Submarinos‹ (Das Rätsel der U-Boote) und behandelt die Übergabe des ›U-530‹ in Mar del Plata. Er knüpft an diesen Vorgang Spekulationen an, die sicher Edgar Wallace noch im Grabe vor Neid erblassen lassen.

Kapitel zwei gilt schon meinem Boot, dem ›U-977‹. Jetzt wird die Sache für mich interessant, aber die Schlußfolgerung eines Mannes, der von U-Booten offensichtlich nicht mehr Ahnung hat als ein Eskimo von Zentralafrika, sind so wenig stichhaltig, daß man sie nicht einzeln zu zerpflücken braucht. Einige Kostproben mögen dennoch festgehalten werden: Da wird zum Beispiel erklärt, es sei in höchstem Maße verdächtig, daß an Bord beider U-Boote größere Mengen Zigaretten gefunden worden seien, wo doch jeder wisse, daß an Bord nicht geraucht werden durfte. Der Leser dieses Buches ist im Bilde, wie es sich damit verhält. Da sowohl ›U-530‹ als auch ›U-977‹ sehr lange, unvorhergesehen lange, getaucht gefahren waren, hatten sie bei ihrer Ankunft noch reichlichen Vorrat an Zigaretten. Hier irrte also unser Sherlock Holmes.

Genauso schief liegt er mit seinen Spekulationen um die Mannschaftszahl. Szabo behauptet, die deutschen U-Boote dieser Klasse hätten im Höchstfalle 16 bis 18 Mann Besatzung an Bord gehabt. ›Um so verdächtiger‹ sei es, daß wir mit 32 Mann an Bord in Argentinien eingetroffen seien. Von gleicher Güte sind alle übrigen Argumente. So sagt er zum Beispiel auf Seite 109, daß ich mein Rundfunkgerät nicht benutzen durfte, um jeder Ortung aus dem Wege zu gehen, erklärt aber dann munter auf Seite 111, daß ich von der Einfahrt Wehrmuts in Mar del Plata durch Radio erfahren habe. Während im ersten Teil des Buches die Dinge noch so dargestellt werden, als ob Hitler bei mir oder bei Wehrmut an Bord gewesen sei, schwenkt plötzlich die Geschichte um. Es ist auf einmal von einem ›Geisterkonvoi‹ die Rede, in dessen Geleit die beiden U-Boote gefahren sein sollen, ohne daß wir Kommandanten überhaupt wußten, was gespielt wurde.

Jules Vernes hätte seine Freude an der üppigen Fantasie Szabos gehabt, wenn ihm das Buch zu Gesicht gekommen wäre. Bilder von Hitler und Eva Braun, Bilder von einem Mädchen mit zwei ›hitlerähnlichen‹ Knaben, Bilder von unseren U-Booten, von Männern mit arktischen Masken, von den Trümmern der Reichskanzlei, von amerikanischen Suchkommandos im Führerbunker, Edda-Sprüche und geschickt gemischte Zeitungszitate zaubern neben falschen Darstellungen über unsere Reise und aus Archiven ausgegrabenen Reminiszenzen über die Expedition des deutschen Flugzeugträgers ›Schwabenland‹ in die Antarktis eine künstliche Vernebelungsatmosphäre, die dann Szabo gestattet, den absoluten ›Gipfelpunkt‹ seiner Darstellung zu erklimmen: Im Jahre 1938, behauptet er, habe die ›Schwabenland‹ in der Antarktis im Auftrag des Admirals Dönitz das ›neue Berchtesgaden‹ hergerichtet. Dorthin sei Hitler mit seiner Frau, seinen Kindern und seinem Hofstaat geeilt. ›U-530‹ und ›U-977‹ hätten seinen ›Geisterkonvoi‹ geschützt, seien aber im Südatlantik ausgeschert und lieber nach Argentinien gefahren.

Im übrigen haben die Sprüche der argentinischen, nordamerikanischen und britischen Behörden längst Herrn Szabo widerlegt gehabt, bevor er sein Buch in Satz gab. Es ist gewiß, daß, wenn ich auch nur den leisesten Hinweis auf den ›geheimen Aufenthalt Hitlers‹ hätte geben können, die Vernehmungen in Washington und Belgien nicht so verlaufen wären, wie sie tatsächlich verlaufen sind. Vom Standpunkt einer sachlich zwar auf der ganzen Linie anfechtbaren, aber recht spannend geschriebenen Kolportagegeschichte aus gesehen, hat der Sohn der großen Pußta eine Leistung vollbracht, aber derartige Geschichten, bei denen halbe Wahrheiten, ganze Lügen und tolldreiste Spekulationen miteinander vermengt werden, sind stets zu verwerfen, wenn sie ausschließlich dazu beitragen, geschichtliche Vorgänge zu verdunkeln und zu mystifizieren.

Die Berichterstatterin einer Bonaerenser Zeitschrift hat sogar Herrn Szabo noch übertrumpft und Hitler 1948 noch irgendwo in Patagonien ›interviewt‹, aber auch sie hat mit ihrem Geschreibsel nur noch humoristische Wirkungen erzielen können.

Ich habe mit der Lektüre dieses Buches höchst amüsante Nachmittage verbracht. Alle Behauptungen Szabos konnten natürlich einen alten Seemann längst nicht so erschüttern wie der Umstand, daß ein derartiger Unsinn in der zivilisierten Welt überhaupt gedruckt und gelesen wird. Es würde mir nicht schwerfallen, hier mit diesem Buche eines mit der morbiden Sensationslust einer kopflos gewordenen Welt spekulierenden ›Journalisten‹ Zeile um Zeile vernichtende Abrechnung zu halten, aber man soll wiederum derartige Drucksachen nicht ernster nehmen, als sie es verdienen. Daß ich mich überhaupt mit Herrn Szabos Darstellung befasse, ist ausschließlich auf die Ausführlichkeit zurückzuführen, mit der sie von der Weltpresse wiedergegeben wurde, und weil sie dazu beitrug, die letzte Fahrt des ›U-977‹ zu einem ›Geheimnis‹ zu verdichten, das Klärung verlangte.

In der Heimat hatte ich in bezug auf Hitler bereits Anflüge von mystischer Wiederkehrerwartung. Manche Menschen glaubten einfach nicht, daß Hitler tot sei und dachten insgeheim an seine Rückkehr aus dem unbekannten Elba. Das war die sehr ernste Seite der Legende über die Reise des ›U-977‹. Die Sensationsstorys des ›Dia‹ vor; Montevideo und des Herrn Szabo in Buenos Aires können ungewollt einem deutschen Erwartungsmystizismus, und damit einem gefährlichen Leerlauf, einer unheilvollen Resignation als Grundlage dienen. Nichts aber wäre dem deutschen Aufbau und der Zukunft Europas schädlicher als derartige ›gemütvolle‹ Unklarheiten. Gott wird uns nur helfen, wenn wir uns selber helfen und nicht darauf warten, daß Geister uns zu Hilfe eilen. Dieser Gedanke war ausschlaggebend für meinen Entschluß, die Wahrheit über die Fahrt des ›U-977‹ niederzuschreiben, auf die Gefahr hin, daß man mich, den unbekannten U-Boot-Kommandanten, nicht gerade für berufen halten könnte, ein U-Boot-Buch zu schreiben.

Ein anderer gewichtiger Grund bewog mich, diese Zeilen in Druck zu geben. Erst vor wenigen Monaten las man in der gesamten Weltpresse, daß das mit einem deutschen Schnorchelgerät ausgerüstete USA-Unterseeboot ›Pickerell‹ einen ›absoluten Rekord‹ mit einer Unterwasserfahrt von 21 Tagen aufgestellt habe. Wenn man überhaupt in diesem Zusammenhang von Rekorden sprechen kann, so darf man kaum die Leistung des ›U-977‹ schweigend übergehen, denn der Besatzung dieses Bootes gebührt die Ehre, eine der ersten Unterwasser-Langstreckenfahrten der Seegeschichte durchgeführt zu haben. Ich bin es meinen Männern schuldig, diese Feststellung zu treffen und dieses Ereignis festzuhalten, damit es nicht ebenso vergessen wird wie manche hervorragende Leistung deutscher Menschen in der verhängnisvollen Endphase des Zweiten Weltkrieges.

Außerdem ist durchaus nicht einzusehen, warum alle Kriegsbücher nur von der Heldenperspektive aus geschrieben werden sollen. Das Kriegserlebnis der Männer, die anständig ihre Pflicht taten, ohne im großen Rahmen des Geschehens aufzufallen, hat ebenfalls ein Anrecht darauf, dargestellt zu werden, denn hohe Orden sind durchaus nicht immer ein zuverlässiger Maßstab für den Einsatz des einzelnen. Die Göttin Fortuna tanzt sehr gern im Gefolge des Mars.

Mir erschien zudem außerordentlich wichtig, in aller Öffentlichkeit festzustellen, daß nicht alle Siegernationen sich nach der Niederlage des Deutschen Reiches dem deutschen Soldaten gegenüber unritterlich benahmen. Meines Wissens sind die Übergaben des ›U-530‹ und des ›U-977‹ die einzigen Kapitulationsakte nach dem 9. Mai, die in würdiger und soldatischer Form verliefen. Argentinien hat damit den Großmächten und der Welt ein Beispiel gegeben, das in dieser unheilvollen Zeit festgehalten zu werden verdient. Damals in Mar del Plata sah man in uns keine ›Barbaren und Kriegsverbrecher‹, sondern lediglich Patrioten, die ihre selbstverständliche Pflicht erfüllt hatten. Entsprechend hat man uns behandelt. ›U-977‹ lief zufällig am 17. August, dem Tage des argentinischen Nationalhelden, General San Martin, in Mar del Plata ein. Die Offiziere der argentinischen Marine machten mich auf diese Tatsache aufmerksam und waren einigermaßen darüber erstaunt, daß meine Männer und ich durchaus über den großen südamerikanischen Staatenbildner im Bilde waren. Sie erklärten uns dann, daß der große Kapitän der Anden, der stets den besiegten Gegner großmütig und ritterlich zu behandeln wußte, ihnen eine Tradition hinterlassen habe, der sich auch der letzte Sohn der großen Pampa-Republik verpflichtet fühle. Sie würden stolz darauf sein, wenn wir später berichten könnten, daß sie uns in diesem Sinne behandelt hätten. Das Zeugnis der Spee-Matrosen und das Zeugnis der Besatzungen zweier deutscher U-Boote bestätigt auf immer, daß auch in der Stunde des Triumphes, der anderen jede Besinnung nahm, in Argentinien der ritterliche sanmartinianische Geist fortwirkte und verhinderte, daß sich zwischen den beiden Völkern ein Haßgebirge türmte.

Für mich persönlich stand es seit jenen Tagen der ersten Berührung mit argentinischen Menschen fest, daß es sich in einer unritterlich und gewöhnlich gewordenen Welt wohl lohnen würde, in Argentinien zu leben, denn nichts empfindet der unterlegene Kämpfer tiefer, als die ritterliche Würdigung seines Einsatzes und seiner Haltung durch die Sieger.

Und in Argentinien lebe ich heute! Unter seiner Fahne fand ich die Ruhe, um dieses Buch zu schreiben. Unter seinen Sternen wurden die Erinnerungen an die stolze deutsche U-Boot-Waffe, an heiße Kämpfe und an die 66tägige Unterwasserfahrt mit ›U-977‹ wieder lebendig. Und auch hier, fern der Heimat meiner Väter, trage ich noch mit mir das größte Vermächtnis, das mir der Zweite Weltkrieg hinterließ: den Glauben an den deutschen Menschen!

LEONCE PEILLARD

Geschichte des U-Boot-Krieges 1939–1945

Inhalt

EINLEITUNG

›Torpediert!‹ ›Versenkt!‹ Diesen Worten begegnet der Leser fast auf jeder Seite meines Berichtes, doch er soll sich nicht irreführen lassen. Die Geschichte des Seekrieges und besonders des Unterseebootkrieges besteht keineswegs nur aus einer Abfolge ruhmreicher Taten. Und so notiert dieses Buch nicht vielleicht wie eine Erinnerungstafel nur glorreiche Kämpfe und Waffentaten, es spiegeln sich in ihm auch die Wellen des Ozeans, die sich für ewig über einem schließen, während ein paar auftauchende Männer mit letzter Kraft um ihr Leben kämpfen.

Die ersehnte und gleichzeitig gefürchtete Begegnung mit dem Feind, die stundenlange, oft Tage und Nächte dauernde Jagd, der Kampf und der Sieg waren für die U-Boot-Männer im letzten Krieg nur seltene Momente während langer, eintöniger und oft fruchtloser Fahrten auf leerer See. Für die Mannschaften ist der Krieg vor allem eine endlose Abfolge dumpfer Wachdienste auf der Kommandobrücke, der sogenannten ›Badewanne‹. Wie auf dem aus der Tiefe rauschenden Meer Windstille und sanfte Wellen von plötzlichen Stürmen abgelöst werden, so wechselt für die Beobachtungsposten in der Badewanne strömender pechiger Tropenregen und Sonnenglut, die das Metall überhitzt und die Körper austrocknet, mit Tagen, an denen es friert und der schneidende Wind des Nordmeeres weht: Stunden des Wachens, in denen man sich die Augen nach See und Himmel aus dem Kopfe schaut. Anders die Maschinisten. Sie sitzen eingezwängt in der Tiefe des Bootes, horchen auf das regelmäßige Brummen der Diesel, jederzeit bereit, auf einen Befehl von der Brücke die Drehzahl auf Höchstfahrt zu steigern. Flucht vor den angreifenden Feinden oder Jagd auf einen schnellen Frachter? Sie wußten es oft nicht, wenn ihnen der Kommandant nicht durch die Bordsprechanlage die Lage erläuterte; blinde Kämpfer, die ihm voll vertrauen mußten.

Der Umfang dieses Berichtes erlaubt nicht, das Thema und die Realität dieses Krieges erschöpfend darzustellen. So wie die Historiker des Ersten Weltkrieges nicht auf all die endlosen Tage und Nächte der Jahre von 1914 bis 1918, an denen der Soldat nur im

Schützengraben saß, aß, trank, schlief und seine Notdurft verrichtete, eingehen konnten, so habe auch ich jene einförmigen Stunden auf See nur nebenbei geschildert. Und doch, gerade das war der Krieg.

Die Männer auf den Booten haben vom Meer, das sie unermüdlich durchfurchen, eine besondere Auffassung, und es verbindet sie mit ihm ein ganz bestimmtes Gefühl. Wie die übrigen Seefahrer beobachten sie seine Oberfläche. Sie müssen aber auch seine Tiefe kennen und sie einzuschätzen verstehen. Der U-Boot-Mann nimmt das Wasser, auf dem er lebt und in das er eindringt, mit allen seinen Sinnen wahr, er erfühlt und ermißt es. In jedem Meer ist das spezifische Gewicht des Wassers und sein Salzgehalt anders, und dementsprechend war auch die Reaktion der Boote, ihr Verhalten bei Tauchfahrt verschieden, je nachdem, ob nun ein Unterseeboot in den eisigen Gewässern der norwegischen Fjorde, dem salzreichen Mittelmeer oder in warmen, schweren, tropischen Meeren operiert.

Die See lebt. Ihre Unterwasserströmungen kreuzen sich gleich großen Wasserschlangen, sie erweitern und verengen sich, bekämpfen einander, verschwinden und leben ein wenig weiter wieder auf ... Wie einst der Segelschiffkapitän von den Winden, muß der U-Boot-Kommandant eine gründliche Kenntnis der Strömungen besitzen. Für das U-Boot, das aus dem Atlantik ins Mittelmeer kommen wollte, war es nicht gleichgültig, ob es etwa die Straße von Gibraltar in geringer Tiefe durchfuhr, wo die Strömung die Kraft seiner Motoren unterstützte, oder ob es in großer Tiefe lief, wo die Strömung umgekehrt in Richtung Atlantik fließt. In den Dardanellen beispielsweise strömt das Wasser mit 1 Knoten Geschwindigkeit in Richtung Mittelmeer.

Das Wasser ist für das U-Boot aber auch ein Schutzschild, seine Stärke ist die Tauchtiefe, die durch den Sicherungskoeffizienten, durch den Wasserdruck, den der Schiffskörper auszuhalten imstande ist, begrenzt wird. Gleich dem Rebhuhn, das im Vertrauen auf sein Mimikry beim Nahen des Jägers auf dem Boden laufend zu entkommen versucht, entzieht sich das U-Boot nach dem Angriff – wenn aus dem Jäger der Gejagte geworden ist – dem Zugriff der feindlichen Zerstörer durch Tauchen. Es geht in die Tiefe, setzt sich auf Grund und wartet in völliger Stille, bis sich die Geräusche der Schiffsschrauben entfernt haben, bevor es wieder in eine vom Feind freie See aufsteigt.

Worte wie ›Heldentum‹ und ›Ruhm‹ kommen in diesem Buch selten vor. Die U-Boot-Männer schätzen sie nicht, und wenn sie schon einmal fallen, so bedeuten sie meist eine posthume Ehrung. U-Boot-Männer sind bescheiden, ihre menschlichen Vorzüge treten spontan in Erscheinung: Bei den Engländern die Zähigkeit und Ausdauer, bei den Deutschen die Erfahrenheit und Hartnäckigkeit, bei den Russen die physische Widerstandsfähigkeit, bei den Italienern der feurige Enthusiasmus, bei den Japanern die Todesverachtung, die ihre Wurzeln in der nationalen Tradition hat, bei den Amerikanern die unerschütterliche, aus dem Bewußtsein von Kraft kommende Ruhe und bei den Franzosen eine Beherztheit, die trotz des schmerzlichen Gewissenskonfliktes, in dem sich der französische Seemann befand, der ihrer Freunde und Gegner nicht nachstand.

Der U-Boot-Kampf ist ein gnadenloser Kampf. Zu der Härte, die die Umstände diktierten, kam manchmal auch noch ein persönliches Rachegefühl dazu, wenn mit einem versenkten Boot gute Kameraden und Freunde ums Leben gekommen waren, oder wenn sich herumsprach, daß der Feind gefangene Kameraden brutal behandelte. Haß entstand also aus besonderen Umständen. Er wurde aber immer durch das traditionelle Solidaritätsgefühl, das Seeleute für einander haben, auch wenn sie im Krieg als Gegner einander gegenüberstehen, gemildert.

Die Besatzung eines U-Bootes fühlte sich eins mit ihrem Boot, sie liebte es. Mit dem Kommandanten, der meist kaum älter als die übrige Besatzung war und der respektiert und geschätzt wurde, verband sie das gemeinsame Leben und die stets drohende Gefahr. Ich habe für sentimentale Übertreibungen nicht viel übrig, lese aber doch gerne im Buch des amerikanischen U-Boot-Kommandanten *Edward L. Beach,* ›Submarine‹, Sätze wie: »Wie Seeleute wissen, besitzt jedes Schiff eine Seele; man braucht aber Zeit, um sie kennenzulernen, um sie zu erfassen. Bei mir dauerte das besonders lang, denn die ›Trigger‹ mußte vorerst selbst diese Seele bekommen. Schließlich wurde sie aber doch mein Boot, gehörte niemand anderem als mir.« Die ›Trigger‹ lag damals, im Januar 1942, zur Ausrüstung in der Werft der Mare-Insel, und sie war, wie Beach schreibt, noch nicht die ›Trigger‹, sondern nur SS-237, ein ›abscheulicher Stahlhaufen‹. Die Geschichte dieser ›Trigger‹, die ich in meinem Buch erzähle, erinnert mich unweigerlich an ein anderes Unterseeboot, das zu dem Zeitpunkt, als ich es kennenlernte, seine ›Seele‹ schon seit langem ausgehaucht hatte.

Als junger Seemann suchte ich auf der Flucht vor dem Zapfenstreich und vor dem Geruch der Mannschaftsstuben im Inneren eines alten Unterseebootes, das in einem verlassenen Winkel der Touloner Werft rostete, Ruhe und Einsamkeit für die Nacht. Ich war zu jung, zu unwissend und auch zu erlebnishungrig, um das Geheimnis der Schiffsseele auch nur mit einem Gedanken zu streifen. Dieses Unterseeboot mit seinem lecken Rumpf, dieser ›abscheuliche Stahlhaufen‹, der mir Unterschlupf bot, hatte nur ein paar Mann Besatzung gehabt. Es war ein Zwerg, verglichen mit den Booten, deren Geschichte ich hier erzähle und die sich nun auch wieder kaum mit den heutigen Atom-Unterseebooten vergleichen lassen. Und doch werden all die vielen Präzisionsinstrumente, die Elektronenrechner, die sie mit sich führen, immer nur Werkzeuge für den menschlichen Geist sein. Die Führung des vollendetsten Unterseebootes wird, so wie auch die von Interplanetarraketen, immer durch Menschenhände erfolgen. Bei aller technischen Perfektion werden die Besatzungen der Atom-Unterseeboote doch in dem gleichen Sinn Seeleute sein müssen wie die, die ich in diesem Buch geschildert habe. Und so werden auch die Männer auf diesen Unterseeboot-Kreuzern jene in Jahrhunderten geschaffene Tradition fortführen, dank der Seeleute nach beendetem Kampf einander ohne Erröten die Hände zu schütteln vermögen.

Léonce Peillard
Dampfer ›France‹
Sankt Helena-Ascension
22.–23. April 1968

I

DIE UNTERSEEBOOTE BEI KRIEGSERKLÄRUNG

Deutschland macht sich von den Klauseln des Versailler Vertrages frei

Im Jahre 1935 begann man in Deutschland auf Betreiben Hitlers und unter Verletzung der einschlägigen Bestimmungen des Versailler Vertrages mit dem Aufbau einer Armee und einer neuen Marine. Die ersten U-Boote, die man im geheimen auf versteckten Werften baute, waren sehr klein. Am Beginn des Wiedererstehens der U-Boot-Waffe steht ein Mann, der als U-Boot-Kommandant im Jahre 1917 von den Engländern gefangengenommen wurde und der so seine späteren Gegner gut kennenlernte. Jahrelang hatten sich die Gedanken dieses Offiziers mit dem Bau neuer U-Boote und der Verbesserung ihrer Angriffstaktik beschäftigt. Bald schon sollte er selbst in harter Schulung die ersten Besatzungen für die neuen U-Boote ausbilden; und viele dieser Männer wurden später seine besten Kommandanten. Hätte Hitler auf Karl Dönitz gehört – um ihn handelt es sich –, hätte der Führer, ehe er den Krieg begann, die von Dönitz verlangten 300 U-Boote bauen lassen, dann hätte das den Ausgang des Krieges wesentlich beeinflußt; jedenfalls hätten die Alliierten erheblich länger gebraucht, um die für ihren Sieg notwendige Freiheit der Meere zurückzugewinnen. Wer war Karl Dönitz?

Karl Dönitz

Karl Dönitz war eine schlanke Erscheinung; flink und lebhaft, wirkte er in der dunklen Marineuniform wie ein Leutnant zur See. Das Hervorstechende in seinem dreieckigen Gesicht waren die Augen, ihr Blick schien Untergebenen seine Gedanken aufzuzwingen; die kleinen Pupillen verdunkelten sich, wenn Zorn, den er jedoch stets zu zügeln verstand, in ihm hochstieg. Die schmalen Lippen verstärkten noch den harten Ausdruck, der allerdings manchmal durch ein leicht schalkhaftes Lächeln gemildert wurde. Alles in seinem Gesicht war spitz, die Ohren, die Spürnase, das Kinn. Beim Sprechen betonte er langsam jede Silbe, hob jedes Wort scharf hervor. Er verstand es aber, Erklärungen, die man ihm gab, schweigend anzuhören.

»Ich komme aus dem Preußentum«, schreibt Dönitz. »Meine Vorfahren waren jahrhundertelang Erb-, Lehn- und Gerichtsschulzen an der alten germanischen Siedlungsgrenze an der Elbe in der Gegend der Saalemündung gewesen. Aus dieser bäuerlichen Dorfschulzen-Familie gingen später evangelische Pastoren, Offiziere und Gelehrte hervor.

Die preußische Geschichte, vor allem das Bild des ›alten Fritz‹ und die Freiheitskriege, erfüllten meine Jugendvorstellungen. Ich wußte als Kind, daß mein Vater, wie er selbst sich ausdrückte, sich für den ›alten König Wilhelm‹, den Kaiser Wilhelm I., in Stücke hätte hauen lassen. Es herrschte in unserem Haus kein individualistischer Geist, sondern der Geist preußischen Gemeinschaftsgefühls. Als ich Soldat und Offizier wurde, waren mir Ein- und Unterordnung etwas Natürliches. Die Überzeugung, daß an erster Stelle die Erfüllung meiner Pflichten zu stehen hätte, habe ich von Hause mitbekommen. Vor dem Ersten Weltkrieg war ich von 1912 an auf SMS ›Breslau‹ im Ausland. Diese Zeit hat mich besonders beeinflußt. Sie stärkte meinen Patriotismus. Ich sah Deutschland aus einer entfernten Perspektive als Ganzes und verglich es mit anderen Nationen und Völkern, wobei mir seine inneren Schwächen nicht deutlich wurden. Der Zusammenbruch von 1918 traf mich wie jeden Deutschen, der seine Heimat liebt, hart[1].«

Er war ein wirklicher Herr; stolz, zurückhaltend, kaltblütig, hart gegen sich und andere, verwarf er jegliche gefühlsmäßige Anwandlung als Schwäche, wenn auch seinem Seemannsherzen eine gewisse Menschlichkeit nicht fehlte. Aus seiner Familie ›gingen evangelische Pastoren hervor‹, sagt er. Hier unterschied er sich, trotz Beibehaltung lutheranischer Strenge, von seinen Vorfahren. Wir haben sein amüsiert herablassendes Lächeln gesehen, als seine gläubige Frau in seiner Anwesenheit von Gott sprach.

Am Ende des Beisammenseins sprach der Admiral das große Wort aus, auf dem er sein Leben aufgebaut hatte, ›unbedingter Gehorsam‹; und dieser Gehorsam gegenüber einem Hitler, ›dessen teuflische Seite er später kennenlernen sollte‹, verstärkt durch betonten Patriotismus, brachte ihn ins Gefängnis[2]. Dönitz duldete bei der Anwendung des Grundsatzes *Cedant arma togae* (»Die Waffen haben hinter der Toga zurückzustehen«) keine Ausnahme.

Wie alle Deutschen hatte auch er die Klauseln des Versailler Vertrages, die er ›Fesseln‹ nannte, besonders jene, die sein Land entwaffneten, niemals anerkannt. Die Reichsmarine durfte nur Schiffe ohne militärischen Wert, in geringer Zahl, besitzen, und überhaupt kein Unterseeboot. Heute weiß man, daß die Ingenieure Techel und Schürer – letzterer hatte die U-Boote des Ersten Weltkriegs verbessert – in Holland unter dem Deckmantel eines niederländischen Unternehmens Arbeitsbüros errichteten und daß diese Deutschen ihre Pläne und Entwürfe an Landsleute in Südamerika und Spanien sandten, wo das holländische Schiffsbauunternehmen kleine Werften besaß. Zwei U-Boote wurden gebaut, eines in Cadiz, das andere in dem kleinen finnischen Hafen Abo; sie waren – in verbesserter Auflage – den Booten ähnlich, die Deutschland im Jahre 1916 beinahe den Sieg gebracht hätten. Dann verkaufte man sie, das Boot mit 250 Tonnen an Finnland, das mit 500 an die Türkei. An den Versuchen der beiden Tauchboote hatten deutsche Offiziere, Matrosen und Ingenieure teilgenommen und sich auf diese Weise wieder mit der Materie vertraut gemacht.

Wahrscheinlich wußte Dönitz über all das Bescheid. Er war zu sehr interessiert an der Frage, zu eifrig darauf bedacht, den Versailler Vertrag zu zerreißen und seine Fetzen ins Meer zu werfen, als daß es anders hätte sein können.

Die Deutschen bauen eine neue U-Boot-Flotte

Am 25. Juni 1933 wurde in Kiel-Wik eine ›Schule für U-Boot-Abwehr‹ eröffnet, die von höchstens einem Dutzend Marineoffiziere und etwa 60 Unteroffizieren und Matrosen der seemännischen Laufbahn besucht wurde. Man mußte doch, um sich verteidigen zu können, die Kräfte des Gegners kennen, also über die Einzelheiten bei einem Unterseeboot, über seine Bedienung – Navigation,

Tauchmanöver, Torpedoabschuß – Bescheid wissen. In Wirklichkeit handelte es sich um eine Ausbildungsschule für eine erste Gruppe von U-Boot-Männern.

Diese Seeleute nun begaben sich in Zivil, einzeln oder in kleinen Gruppen, nach Abo, wo sich ein richtiges U-Boot befand! Es war die Zeit, da Hitler die Macht übernahm und Reichskanzler wurde. Auf dem Gelände der Deutschen Werke und der Germania-Werft in Kiel wurden kleine Hangars errichtet, die stets gut bewacht waren. Niemand durfte sich ihnen nähern, und die dort Beschäftigten waren zu absoluter Geheimhaltung verpflichtet.

In Wahrheit baute dort die Marine des Dritten Reiches ihre ersten U-Boote mit 250 Tonnen nach dem finnischen Prototyp: U 1 bis U 6 ... Diese kleinen, wendigen Boote konnten keine großen Kreuzfahrten durchführen, waren aber sehr seetüchtig. Jedenfalls erwiesen sie sich später als besonders geeignet für die intensive Ausbildung der Mannschaften, die der Reihe nach darauf fuhren, damit im gegebenen Augenblick eine möglichst große Anzahl von U-Boot-Männern zur Verfügung stünde.

Inzwischen knüpfte Hitler, dem diplomatisches Geschick und Kühnheit nicht abzusprechen sind, über von Ribbentrop Verhandlungen mit England an. England, das, seiner Gleichgewichtspolitik auf dem Kontinent entsprechend, Deutschland finanziell unterstützt hatte, wollte es nun wiederaufrüsten lassen, um ein Gegengewicht gegen Frankreich zu schaffen. Dieser Gedanke wurde von Hitler ausgenützt und führte zu dem Flottenabkommen vom 16. Juni 1935, von dem Frankreich erst nach dem Abschluß in Kenntnis gesetzt wurde. Deutschland verpflichtete sich, die Tonnage seiner Flotte in allen Schiffsklassen auf 35 Prozent der britischen Flotte zu beschränken; ausgenommen waren nur die U-Boote, bei denen die Proportion 45 Prozent betragen sollte und auf Grund ›freundschaftlicher Absprachen‹ auf 100 Prozent gebracht werden könnte. Demnach konnten die Deutschen ab 19. Juni 1935 24.000 Tonnen U-Boote bauen.

Hatte England das entscheidende Jahr 1916 vergessen? Nein, aber seine Flotte verfügte über sehr wenige Unterseeboote (57 im Jahre 1939); so hätte also sogar die Annahme einer hundertprozentigen Gleichheit kein großes Risiko bedeutet.

Aus Dönitz' Schriften geht hervor, daß das Oberkommando der Kriegsmarine schon im Jahre 1932 den Bau von U-Booten vorbereitete, so daß es bereits Anfang 1933, während der Verhandlungen mit den Engländern, welche auf Stapel legen konnte.

Ende Juni 1935 fielen in Kiel die Wände eines Hangars, und ein erstes U-Boot, U 1, erschien vor aller Augen. Am 28. Juli 1935 – genau achtunddreißig Tage nach Unterzeichnung des Abkommens – unternahm U 1 seine ersten Versuchsfahrten auf See. Von da an lief alle vierzehn Tage feierlich ein U-Boot in der Kieler Werft vom Stapel.

Im September 1935 wurde Karl Dönitz, nach seiner Rückkehr von einer Kreuzfahrt der ›Emden‹ im Indischen Ozean, zum Kommandanten der ersten Flottille ernannt, die aus den ersten drei U-Booten mit 250 Tonnen, U 7 bis U 9, bestand – der ›U-Flottille Weddigen‹.

Außerdem gab es sechs U-Boote, U 1 bis U 6, denen während der nächsten Monate neun andere von der Type IIb folgten, U 10 bis U 18[3].

Der Fregattenkapitän hatte an Bord der ›Emden‹ den Kapitänleutnant Godt als Zweiten Wachoffizier gehabt; er nahm ihn zu sich[4].

Nun konnte Karl Dönitz die Pläne, mit denen er sich seit Jahren getragen und die er hatte ausreifen lassen, ausführen. Er hatte sich für die Ausbildung und Unterweisung der neuen U-Boot-Männer zwei Ziele gesetzt: Die Waffe mußte ein möglichst hohes Kriegspotential besitzen. Daher wollte er seinen U-Boot-Männern in Friedenszeiten alle erdenklichen Situationen vor Augen führen, denen sie in Kriegszeiten begegnen konnten, und zwar so gründlich, daß die Mannschaften mit möglichst viel Kenntnissen und mit Zuversicht in den Kampf gehen konnten. Andererseits wollte er bei ihnen Begeisterung und Liebe für ihre neue Waffe erwecken und sie dazu erziehen, ihre Pflicht mit restloser Selbstverleugnung zu erfüllen. Bei der Härte des U-Boot-Kampfes konnte in Kriegszeiten einzig ein derartiger Geist zum Erfolg führen. Bloßes Fachwissen genügte nicht.

Der 3. September 1939

Wenige Kilometer vor Wilhelmshaven zweigt von der Straße, die zum Hafen führt, ein wenig befahrener Weg ab. Er schlängelt sich zwischen Wiesen und Äckern durch, und an seinem Ende steht, halb verdeckt von einem Wäldchen, eine Holzbaracke. Das war der ›Tote Weg‹ in Sengwarden, und bis zum September 1939 verdiente dieser Weg durch die Heide auch seinen Namen. Nur selten kamen Marineoffiziere auf ihm angefahren, die sich dann stundenlang in der Baracke aufhielten. Die Bewohner der Umgebung fragten sich zwar, was dort vorgehe, aber man sprach nicht darüber, denn es war ja nicht ungefährlich, Zeuge mehr oder minder geheimnisvoller Vorgänge zu sein. Dann tauchten immer häufiger dunkle Limousinen mit Marineoffizieren im Fond auf. Schweigend und nachdenklich fuhren sie durch die flache Gegend und wechselten kaum ein paar Worte. Auf dem Dach der Baracke wurde schließlich ein Funkmast errichtet, rundum baute man weitere Baracken und legte Telefonleitungen. So entstand das neue Hauptquartier des Befehlshabers der U-Boote, Kapitän zur See Karl Dönitz, das bis dahin in Swinemünde an der Ostsee untergebracht war.

Am Morgen des 3. September 1939, an dem Tag also, an dem Großbritannien und Frankreich Deutschland den Krieg erklärten, befand sich Dönitz im Positionsraum. Vor ihm an den Wänden hingen die Karten der Ostsee, des Nordatlantik und des Ärmelkanals, auf ihnen kleine blaue Fähnchen mit Nummern, die die Position der U-Boote bezeichneten. Leider, so mußte Dönitz feststellen, gab es viel zu viele leere Räume, die Zahl der U-Boote war zu gering. Neben ihm unterhielt sich sein Stabschef, Fregattenkapitän Godt, mit dem Ersten Offizier des Stabes, Kapitänleutnant Oehren, und dem Fernmeldeoffizier, Kapitänleutnant von Stockhausen. Der hochgewachsene schlanke Godt mit seinem messerscharfen Profil war dem U-Boot-Chef mit Leib und Seele ergeben. Beide wußten, daß der Krieg mit Frankreich und England unmittelbar bevorstand, doch noch hofften sie, daß sich England, dank der politischen Manöver des Führers, heraushalten und neutral bleiben werde. Die Proportion der Marinestreitkräfte Englands und Deutschlands war wirklich zu ungünstig, als daß ein Sieg der deutschen Kriegsmarine zu erhoffen gewesen wäre. Plötzlich öffnete sich die Tür, und ein Matrose reichte dem Kapitän einen Funkspruch mit dem Vermerk ›Dringend‹. Dönitz nahm ihn ohne besondere Hast entgegen und überblickte die Nachricht schnell, mit ausgestreckter Hand, ohne die Brille aufzusetzen (er war weitsichtig); dann las er sie, um von den Offizieren gut verstanden zu werden, laut und langsam vor. Die Botschaft war vom B-Dienst[5], bei dem man die ausländischen Sender abhörte, entziffert worden; sie war von Whitehall an alle britischen Streitkräfte auf See sowie an alle Handelsschiffe gerichtet: ›*Total Germany.*‹ Auf die beiden Worte folgte eine kurze Erläuterung. *Total Germany* bedeutete zweifellos sofortige Eröffnung der Feindseligkeiten gegen Deutschland.

Dönitz warf das Blatt Papier auf den Tisch. Godt griff danach und las die Meldung gleichfalls. Dönitz ging im Positionsraum auf und ab. Es sah aus, als habe der ruhige, überlegte Mann seine Kaltblütigkeit verloren. Plötzlich murmelte er, laut genug, daß alle es hörten: »Verdammt! Das nochmals erleben zu müssen!« und zog sich in sein Büro zurück.

Die drei Offiziere waren über diesen unerwarteten Ausbruch bei ihrem stets so beherrschten Chef bestürzt und verblieben noch eine Weile regungslos auf ihren Plätzen.

Dönitz hat nie jemand die Gedanken anvertraut, die ihn während der einsamen halben Stunde beschäftigten, bevor er entschlossen und selbstsicher wieder bei seinen Offizieren erschien.

Am selben Tag, um 13.30 Uhr, befahl das deutsche Oberkommando die sofortige Eröffnung der Feindseligkeiten gegen England.

Die deutschen U-Boote

Die deutsche U-Boot-Flotte war im Jahre 1939, neben der britischen, die schwächste:

Deutschland: 57 U-Boote,
Großbritannien: 57 Boote, davon 12 ohne Gefechtswert,
Italien: 115 Boote,
Frankreich: 77 Boote.

Die Vereinigten Staaten, Japan und die Sowjetunion, die später in den Krieg eintraten, besaßen jeweils 111 (davon 27 überaltert), 60 beziehungsweise 218 Unterseeboote.

Am Tag der Kriegserklärung verfügte Dönitz über 57 U-Boote. Er hätte 300 haben müssen, um England auszuhungern und es nach Versenkung sämtlicher Transport- und Handelsschiffe, die einen britischen Hafen anzulaufen versuchten, zu zwingen, um Frieden zu bitten. Von den 300 U-Booten wären 100 in Gefechtseinsatz gestanden, 100 auf See bei Fahrten zu Einsätzen oder auf Rückfahrt in die Heimathäfen gewesen, während die restlichen 100 sich in den Werften zu Überholungs- und Reparaturarbeiten befunden hätten ...

Dönitz mußte in den ersten Kriegsjahren viele Berichte schreiben sowie schriftlich und mündlich darauf drängen, daß sein Plan erfüllt werde. Das am 7. September beschlossene Bauprogramm sah vor:

7 U-Boote im Jahre 1939,
46 U-Boote im Jahre 1940,
120 U-Boote im Jahre 1941.

Ende September verlangte Dönitz, daß monatlich 25 bis 30 U-Boote gebaut werden müßten; seinem Verlangen konnte jedoch nicht unverzüglich entsprochen werden, da damals das Heer Vorrang hatte.

Die 57 U-Boote waren auf sechs Flottillen aufgeteilt:
Eine Flottille mit 9 U-Booten vom Typ IX,
zwei Flottillen mit insgesamt 18 U-Booten vom Typ VII,
drei Flottillen mit insgesamt 30 U-Booten vom Typ II.

Am 3. September standen 32 Boote (Typ VII und IX) zum Einsatz im Atlantik[6] zur Verfügung.

Diese U-Boot-Typen entsprachen allen Anforderungen, insbesondere die Typen VIIb und VIIc erwiesen sich als sehr manövrierfähig, außerdem besaßen sie einen größeren Aktionsradius, als in den zu Friedenszeiten erstellten vorsichtigen Beurteilungen vorgesehen war. Diese überaus widerstandsfähigen, für eine Tauchtiefe von 100 Meter berechneten U-Boote konnten auf 150, ja sogar 170 Meter Tiefe gehen; eines von ihnen tauchte unversehrt auf, nachdem es 265 Meter[7] Tiefe erreicht hatte. Die gesamte Ausrüstung war vereinheitlicht. Das soll keineswegs bedeuten, daß die U-Boote keine Fehler aufwiesen. Die Erfahrung zeigte, daß der Unterbau der Motoren für lange Kreuzfahrten zu schwach war. Man tauschte sie später aus, das setzte jedoch Boote für längere Zeit außer Dienst.

Es gab gefährliche Einsickerungen, da die Auspuffventile nicht genügend dicht hielten. Bekanntlich fährt das Boot über Wasser mit zwei Dieseln. Wenn das U-Boot taucht, werden die Diesel gestoppt und die Elektromotoren eingeschaltet. Normalerweise müssen die Auspuffventile unter dem Wasserdruck auf ihrem Sitz auf-

Hauptsächliche Merkmale der deutschen U-Boote

Type (Baujahr)	Wasser-verdrängung in t	Tatsächliche Wasserverdrängung über / unter Wasser	Aktionsradius in sm *(Geschwindigkeiten in kn)* über / unter Wasser	Höchstgeschwindigkeit in kn über / unter Wasser
I (1935)	712	862/983	7900 *(12)* 80 *(4)*	17,2 8,2
II (1935–1940)	250	254/303	3100 *(12)* 35 *(4)*	13,0 8,2
VII a (1936–1937)	500	626/745	6200 *(10)* 4300 *(12)* 90 *(4)*	16,0 8,0
VII b (1938–1940)	517	753/857	8700 *(10)* 6500 *(12)* 72 *(4)*	17,2 8,0
VII c (1940–1945)	517	769/871	8850 *(10)* 6500 *(12)* 80 *(4)*	17,3 7,6
IX C (1940)	740	1120/1232	13.450 *(10)* 11.000 *(12)* 63 *(4)*	18,2 7,3
IX D 2 – Kreuzer – (1941–1942)	–	1612/1804	31.500 *(10)* 23.700 *(12)* 57 *(4)*	19,2 6,9
XB – Minen – (1940)	–	1763/2177	18.450 *(10)* 14.500 *(12)*,0 93 *(4)*	16,4 7,0
XIV – Versorgung – (1941)	–	1688/2932	12.350 *(10)* 9300 *(12)* 55 *(4)*	14,5 6,2
XXI (1944–1945)	–	1621/1819	15.500 *(10)* 11.150 *(12)* 285 *(6)*	15,5 17,5
XXIII (1944–1945)	–	232/256	1350 *(9)* 175 *(4)*	9,5 12,5

liegen und die Auspuffsammelleitungen hermetisch verschließen. Das war hier nicht der Fall, und in das getauchte U-Boot drangen beträchtliche Mengen Wasser. Zweifellos zwang dieser Fehler mehr als ein Boot zum Auftauchen an die Wasseroberfläche.

Ausbildung der deutschen Besatzungen

Die zukünftigen Marineoffiziere wurden zur 7. SStA auf der Insel Dänholm bei Stralsund eingezogen. Wecken: 6 Uhr, im Winter bei Temperaturen bis 40 Grad unter Null, dann Übungen und Kurse. »Eigentlich dienten diese Kurse dazu«, schreibt Kapitän Heinz Schaeffer, »unseren Charakter zu enthüllen, uns dahinzubringen, uns erkennen zu geben und die ausfindig zu machen, die sich gegen Strafen sträubten, um sie als ungeeignet auszuscheiden. Die Ausbildung beruhte auf dem Grundsatz, daß nur jemand, der zu gehorchen weiß, auch zu befehlen versteht.« Kapitän Schaeffer schildert auch ein gewisses ›Todestal‹ und die beiden Anhöhen, die mit angelegter Gasmaske, Tornister und Gewehr im Laufschritt zu überqueren waren, und sagt: »Manche dachten an Selbstmord.«

Die Anwärter wurden dann nach Kiel beordert und auf drei ehemalige Segelschiffe, die ›Gorch Fock‹, die ›Albert Schlageter‹ und die ›Horst Wessel‹, aufgeteilt. Da hieß es morgens bei größter Kälte die Hängematten unter der Brückenverkleidung verstauen, nachdem man die Nacht in der heißen Atmosphäre der Batterien verbracht hatte ... Wehe dem, der sich bei den Übungen in der Takelage als nicht schwindelfrei erwies; ›Schwimmschule‹[8] und immer wieder »Schwimmschule«.

Dann wurde der Matrose Seekadett, seine Uniform erhielt am Ärmel einen Stern und eine goldene Borte.

Die Besatzungen der U-Boote bestanden ausschließlich aus Freiwilligen. Nicht jeder, der es wollte, wurde U-Boot-Mann, zumindest nicht zu Anfang des Krieges. Es gab zahlreiche medizinische Untersuchungen und Eignungsteste. Die Ausbildung war überaus hart, und viele hielten nicht durch.

Die praktische Ausbildung fand in der südlichen Ostsee statt, die lange von Kampfhandlungen verschont blieb. Das den Besatzungen im voraus bekanntgegebene Programm dauerte sechs Monate. Jedes U-Boot mußte vor dem Scharfschießen 66 Scheinangriffe fahren. Die Übungen fanden bei Tag und bei Nacht statt: Tauchen auf Sehrohrtiefe, Schnelltauchen, Tieftauchen, Angriff mit Bordkanone, Tauchmanöver bei völliger Dunkelheit. Der Ablauf jedes Manövers wurde genau festgelegt. Man mußte ebenso schnell wie genau sein.

Besonders streng war der Wachdienst. Jeder Ausguckposten hatte vier Stunden lang einen Sektor von 90 Grad zu überwachen … Ein französischer Marineoffizier erzählte uns, er habe ein deutsches U-Boot gesehen, das sich unter dramatischen Umständen seinem Schiff genähert habe. »Keiner der Ausguckposten wandte auch nur eine Sekunde lang den Kopf, um zu uns herüberzublicken. Eine so konzentrierte Aufmerksamkeit, eine so eiserne Disziplin war bei der französischen Marine undenkbar.«

Dönitz forcierte die Ausbildung und die Ausbildungsziele in einer Weise, daß bei den Übungen in der Ostsee ein paarmal Boote ernsthaft in Gefahr waren.

An Bord der U-Boote gab es keine Politik und auch kaum einmal ein Hitlerbild … An seiner Stelle sah man dafür, was wohl angenehmer war, die Fotos hübscher Mädchen.

Zivilisten war das Betreten von U-Booten nicht erlaubt, und wenn es in Ausnahmefällen dennoch dazu kam, so empfingen sie die Kommandanten mit aller Reserviertheit. Parteigenossen waren, soweit es sie in der U-Boot-Waffe gab, an Bord nur Besatzungsmitglieder und sonst nichts.

Als die gut geschulten Besatzungen der ersten Kriegsjahre, mit Kommandanten wie Kretschmer, Prien, Schepke, Endraß, um nur einige zu nennen, ausgefallen waren, mußten sie mit einem Nachwuchs aufgefüllt werden, der bereits durch die Schule der Hitlerjugend, die Napola, gegangen war. Dieser Nachwuchs besaß weder die Ausbildung noch die Grundhaltung der ersten Besatzungen, und er mußte auch den Mangel an Erfahrung teuer bezahlen. Von den 30.000 deutschen U-Boot-Fahrern, die im Kampfeinsatz gestanden hatten, blieben nur etwa 5000 am Leben.

Die britischen Unterseeboote

Die Engländer verfügten über die gleiche Anzahl von U-Booten wie die deutsche Marine, nämlich über 57 Boote. Zählt man allerdings die bei Kriegsbeginn kurz vor dem Stapellauf stehenden Boote mit, so waren es 68.

Die britische Unterseebootflotte war durch ihre mangelnde Einheitlichkeit (10 verschiedene Typen) gekennzeichnet. Sie bestand vor allem aus den Booten des Typs ›Triton‹ mit 1100 Tonnen, drei Boote vom Typ ›River‹ (›Thames‹) mit 1850 Tonnen erreichten 22 Knoten. Die Boote vom Typ ›H‹ und ›L‹ waren veraltet und nur beschränkt verwendungsfähig.

Die Engländer setzten nicht, wie die Deutschen, ihre ganze Hoffnung auf ihre U-Boote, und der von den Briten geführte Unterseebootkrieg stand im Schatten der Gesamtkriegsführung. Es gab sogar in der Zeit zwischen den beiden Weltkriegen hervorragende Persönlichkeiten bei der britischen Marine, nach deren Ansicht diese Waffe veraltet war. Obgleich die Besatzungen dieser Bootstype eine Elite bildeten, waren die Unterseeboote einfach nur ein Teil in der Masse der Überwasserschiffe Ihrer Majestät *(His Majesty's Ships).*

England hatte vor allem die Herrschaft zur See zu gewährleisten und die Tausende Handelsschiffe zu schützen, die unter englischer, kanadischer, australischer, südafrikanischer Flagge die Meere befuhren; für diese Aufgabe war das Unterseeboot kaum geeignet. Im Dezember 1939 wurde ein Versuch unternommen, sie zum Schutz von Geleitzügen aus Halifax (Neu-England) nach Großbritannien einzusetzen. Die U-Boot-Minenleger ›Porpoise‹, ›Cachalot‹, ›Narwhal‹ und ›Seal‹, zusammen mit den vier französischen Unterseebooten der 2. Division, ›Casabianca‹, ›Sfax‹, ›Achille‹ und ›Pasteur‹, gerieten dabei im Nordatlantik in so stürmisches Wetter, daß die britische Admiralität auf die weitere Verwendung von Unterseebooten für solche Einsätze verzichtete. Ihrer Ansicht nach sollten die Unterseeboote Patrouillenfahrten in feindlichen Gewässern durchführen, dort auf große Schiffe warten und sie torpedieren. Das suchten sie sofort nach Kriegsbeginn im Kattegat und später in den norwegischen Gewässern durchzuführen. Da es keine feindlichen Panzerschiffe gab, begnügten sie sich mit der Versenkung eines Tankers, eines Truppentransporters und eines Handelsschiffs.

Die britischen Unterseeboote lauerten feindlichen U-Booten oft an den Hafenausfahrten auf und kamen zu Erfolgen.

Bei Kriegsausbruch waren die 2. und 6. Unterseebootflottille, die aus vierzehn beziehungsweise sieben Booten bestanden, der

Merkmale der britischen U-Boote

Type (Baujahr)	Anzahl	Wasserverdrängung in t über / unter Wasser	Anzahl der Torpedorohre	Höchstgeschwindigkeit in kn über / unter Wasser
›Triton‹ (1936–1939)	15	1100/1600	10	15/9
›Porpoise‹ – Minenleger – (1934–1939)	6	1500/2157	6	15/9
›Thames‹ (1932–1935)	3	1850/2700	6	22/10
›Rainbow‹ (1930–1932)	4	1475/2030	8	17/9
›Parthian‹ (1930–1931)	5	1475/2030	8	17/9
›Odin-Oberon‹ (1927–1931)	9	1475/2030	8	16/9
›L‹ (1918–1931)	3	760/1080	4	17,5/10,5
›Shark‹ (1932–1938)	12	670/960	6	15/10
›Unity‹ (1937–1938)	3	540/730	6	11/10
›H‹ (1918–1919)	9	410/500	4	13/10,5

Home Fleet unterstellt. Dem Mittelmeergeschwader gehörten zehn Unterseeboote (1. Flottille) an, der Gruppe Nordatlantik zwei Boote, dem Stützpunkt Fern-Ost fünfzehn Boote (4. Flottille). Die aus acht Booten bestehende 5. Flottille diente der Ausbildung der Besatzungen. Jede dieser Flottillen wurde durch ein Überwasserschiff versorgt; die ›Titania‹, die ›Midway‹, die ›Alecto‹ gelangten zu Berühmtheit.

Im Mittelmeer griffen die britischen Unterseeboote die deutschen und italienischen Versorgungsschiffe während der Kämpfe in Libyen an. Die 1. Mittelmeerflottille erhielt alte Unterseeboote (Typ O, R, P) zur Verstärkung. Ende 1940 trafen aus dem Fernen Osten siebzehn Boote, darunter zwei Minenleger, ein.

In Südostasien behinderten sie den japanischen Küstenverkehr, der Truppen, Munition und Nachschub beförderte.

Der große britische Unterseebootstützpunkt befand sich in Gosport, gegenüber von Portsmouth; seine typisch englischen, einstöckigen Ziegelbauten trugen den Namen *Fort Block House*, offiziell hieß der Stützpunkt *HMS Dolphin*.

Am 20. Dezember 1939 wurde der Befehlshaber der Nordflottille der Unterseeboote, Sir Max Horton *(Northern Patrol)*, durch Vize-Admiral R. H. T. Raikes ersetzt und wurde Vize-Admiral der Unterseeboote *(Vice-Admiral Submarines* oder *Flag Officer Submarines)*. Im Jahre 1942 trat Sir Claude Barry an die Stelle Sir Max Hortons; er war es, der die ›Tirpitz‹ zu versenken versuchte und dieses Ziel hartnäckig verfolgte, bis er Erfolg hatte.

Die britischen Unterseebootfahrer, vom *Flag Officer Submarines* bis zum Matrosen, fühlten sich als Mitglieder des vorzüglichsten Klubs der Welt *(the best club in the world)*.

Zwei ehemalige Unterseebootmänner, C. E. T. Warten und James Benson, schrieben ohne die geringste Großtuerei: »Das Zusammengehörigkeitsgefühl *(togetherness)* zwischen 50 oder 60 Männern verschiedener Herkunft, die in ihrem getauchten Boot durch die See rund um sie von der übrigen Menschheit getrennt sind, trägt dazu bei, daß der U-Boot-Fahrer sich selbst für einen Gott hält[9].«

Die französischen Unterseeboote

Im Jahre 1939 besaß Frankreich eine einheitliche Flotte mit gut ausgebildeten Besatzungen. Für den Fall eines Krieges mit den Achsenmächten war vorgesehen, daß sie im Mittelmeer, vornehmlich in dessen westlichem Teil, operieren sollte, während Atlantik und Nordsee der britischen Flotte zugeteilt waren.

Die französischen Unterseebootdivisionen (DSM) hatten als Hauptstützpunkte Toulon, wo 28 Boote lagen, und Biserta mit 17 Booten, von denen drei vorübergehend zur Flottendivision Levante abkommandiert waren.

In Oran lagen zwölf Unterseeboote, von denen einige nach Casablanca entsandt wurden, um westlich von Gibraltar bis zu den Kanarischen Inseln und den Azoren zu kreuzen. Frankreich verfügte bei Kriegsausbruch – wenn man den U-Boot-Kreuzer ›Surcouf‹ mitzählte – über 78 Boote. Man unterschied Boote Erster Klasse und Zweiter Klasse.

Es gab *zwei Typen Unterseeboote Erster Klasse:*

1. Neun Boote vom Typ ›Requin‹ mit doppeltem Bootskörper, für Fernfahrten bestimmt, in den Jahren 1926 und 1927 in Dienst gestellt: ›Requin‹, ›Souffleur‹, ›Morse‹, ›Narval‹, ›Marsouin‹, ›Dauphin‹, ›Caiman‹, ›Phoque‹, ›Espadon‹.

Wasserverdrängung: 974/1441 t. Zwei Dieselmotoren mit 1450 PS, zwei Elektromotoren mit 900 PS. 15 kn über, 9 kn unter Wasser. Aktionsradius 5650 sm bei 10 kn. Bewaffnung: Zehn Torpedorohre 550 mm, eine 10-cm-Kanone, zwei FlaMG. Tauchtiefe 80m.

2. 31 Boote vom Typ ›1500 Tonnen‹ mit doppeltem Bootskörper, zwischen 1931 und 1939 in Dienst gestellt. Sie bildeten die Hauptmacht der französischen Unterseeboote auf den Weltmeeren. In Wirklichkeit gab es im Jahre 1939 nur 29 dieser Boote, da die ›Prométhée‹ am 7. Juli 1932 bei einer Versuchsfahrt vor Cherbourg durch einen Unglücksfall und die ›Phoenix‹ am 15. Juni 1939 in der Cam-Ranh-Bucht in Indochina gesunken waren. Die Namen dieser ›1500-Tonnen‹-Boote lauteten: ›Redoutable‹, ›Pascal‹, ›Vengeur‹, ›Pasteur‹, ›Henri Poincaré‹, ›Poncelet‹, ›Persée‹, ›Héros‹, ›Béveziers‹, ›Sidi-Ferruch‹, ›Sfax‹, ›Casabianca‹ usw.

Wasserverdrängung: 1570/2084 t. Zwei Dieselmotoren mit – je nach Baujahr – 3000, 3600 oder 4300 PS. Zwei Elektromotoren mit 1000 PS. 17/10 oder 19,5/10 kn. Aktionsradius 4000 sm bei 17 kn, 10.000 sm bei 10 kn. In Tauchfahrt bei 5 kn 100 sm. Bewaffnung: Neun Torpedorohre 550 mm, zwei Torpedorohre 400 mm, eine 10-cm-Kanone, zwei 13,2-mm-FlaMG. Tauchtiefe 80 m.

Diese Boote waren 30 Tage lang versorgungsmäßig unabhängig. Der im Jahre 1941 erfolgte Umbau der ›Redoutable‹ gestattete eine Verdopplung ihres Aktionsradius. Die Boote vom Typ ›1500 Tonnen‹ tauchten schnell: Die Fülldauer ihrer Tauchtanks betrug 30 bis 35 Sekunden, und das Boot war in weniger als einer Minute unter Wasser. Die Trimmlage des Bootes war ausgezeichnet.

Der einzige Fehler dieser Boote lag in der mangelhaften Ortungsausrüstung. Die vom Jahre 1935 an eingebauten Schallempfänger konnten die Lage des Zieles mit einer Genauigkeit von 2 Grad bei einer Hörweite von etwa 10 Seemeilen angeben und ermöglichten die Aufklärung der Art des gehörten Schiffes.

3. Erwähnt sei noch der U-Boot-Kreuzer ›Surcouf‹. Er wurde am 18. Oktober 1929 vom Stapel gelassen, im Mal 1934 in Dienst gestellt und war 1939 das größte Unterseeboot der Welt.

Wasserverdrängung: 3304/4318 t. Zwei Dieselmotoren mit 3800 PS und zwei Elektromotoren mit 1700 PS. 18 kn über, 8,5 kn unter Wasser. Aktionsradius vollbelastet 6800 sm bei 13,8 kn, 10.000 sm bei 10 kn. In Tauchfahrt 70 sm bei 4,5 kn. Bewaffnung: Ein wasserdichter Turm mit zwei 20,3-cm-Geschützen, zwei 3,7-cm-Fla-Kanonen und vier 8-mm-FlaMG; sechs Torpedorohre 550 mm, vier Torpedorohre 400 mm, ein Aufklärungswasserflugzeug in wasserdichtem Schuppen. Tauchtiefe 80 m.

Es sollten noch zwei Boote des gleichen Typs gebaut werden. Dieser Untersee-Handelszerstörer war dafür bestimmt, den feindlichen Handel in fernen Meeren zu bekämpfen, eventuell die Küsten zu beschießen, doch er leistete trotz seiner überaus gelungenen technischen Ausrüstung nicht die Dienste, die man erwartet hatte. Vielleicht verursachten die Umstände diesen halben Mißerfolg; er wurde viel zu früh in der Nacht vom 18. zum 19. Februar 1942 in der Karibischen See gerammt und sank.

Die Unterseeboote Zweiter Klasse:

Zwölf Boote vom Typ ›600 Tonnen‹, Unterseeboote für mittelweite Kreuzfahrten mit doppeltem Bootskörper, zur Küstenverteidigung bestimmt, in Dienst gestellt zwischen 1927 und 1930.

›Ondine‹, ›Ariane‹, ›Eurydice‹, ›Danae‹, ›Sirene‹, ›Naiade‹, ›Galatée‹ usw.

›Ondine‹ war allerdings am 3. Oktober 1928 nach Rammstoß vor Vigo an der spanischen Küste gesunken.

Wasserverdrängung: 626/787 t. Zwei Dieselmotoren mit 600 PS, zwei Elektromotoren mit 500 PS, 14/7,5 kn. Aktionsradius: 3500 sm bei 7,5 kn. Bewaffnung: Sieben Torpedorohre 550 mm, eine 7,5-cm-Kanone, zwei 8-mm-FlaMG. Tauchtiefe: 80 m.

Diese in drei Abschnitten gebauten Boote wiesen untereinander leicht verschiedene Merkmale auf.

16 Boote vom Typ ›630 Tonnen‹ (Typ ›Argonaute‹) wurden zwischen 1932 und 1935 in Dienst gestellt:

›Diane‹, ›Méduse‹, ›Amphitrite‹, ›Orphée‹, ›Sibylle‹, ›Argonaute‹, ›Orion‹, ›Ondine‹ (das zweite Boot gleichen Namens) usw.

Je nach Bauabschnitt mit gewissen Abweichungen. 651/807 t, zwei Dieselmotoren mit 650 PS, zwei Elektromotoren mit 500 PS. Geschwindigkeit: 13,7/9,2 kn. Aktionsradius: 4000 sm bei 10 kn. Bewaffnung: 8 Torpedorohre (eines davon, ein mittschiffs aufgestelltes Tripelrohr, schoß einen Torpedo von 550 und zwei von 400 mm ab). Tauchtiefe: 80 m.

6 Unterseeboote Zweiter Klasse, Typ ›Amirauté‹: ›Minerve‹, ›Junon‹, ›Vénus‹, ›Iris‹, ›Pallas‹, ›Cérès‹.

Wasserverdrängung: 620/856 t. Geschwindigkeit: 14,25/9,3 kn. Aktionsradius 2500 sm bei 13 kn. Bewaffnung: Neun Torpedorohre (vier vorne und zwei achtern mit 550 mm, drei Rohre mit 400 mm und ein Tripelrohr mittschiffs achtern). Tauchtiefe: 80 m.

Minenleger-U-Boote:

6 Boote vom Typ ›Saphir‹, Stapellauf zwischen 1930 und 1937: ›Saphir‹, ›Turquoise‹, ›Nautilus‹, ›Rubis‹, ›Diamant‹, ›Perle‹.

Wasserverdrängung: 761/925 t, sie konnten 32 Minen aufnehmen. Geschwindigkeit 12/9 kn. Bewaffnung: Zwei Torpedorohre 550 mm, zwei 400 mm, eine 13,2-mm-FlaMG, zwei 8-mm-MG.

Die französische Flotte war für das westliche Mittelmeer verantwortlich, und alle verfügbaren Unterseeboote operierten von Kriegsbeginn an zwischen Italien und Gibraltar. Am 17. Juni stieß die ›Morse‹ (Kapitänleutnant Paris) vor der Insel Dscherba auf eine französische Mine. Andere Boote wurden auf Ersuchen der Engländer zur Begleitung von Handelsschiffen, für Patrouillenfahrten in der Norwegischen Rinne und im Skagerrak abgestellt.

Dann kam das Drama des Waffenstillstands. Damals lagen viele Unterseeboote in den Werften. Die einen wurden von ihren Besatzungen versenkt: in Brest die 1500-Tonner ›Pasteur‹, ›Agosta‹, ›Achille‹, ›Ouessant‹. Anderen gelang es, sich nach England schleppen zu lassen. Die ›Surcouf‹ (Kkpt. Martin) flüchtete am 18. Juni aus Brest, lief nur mit ihren Elektromotoren und gelangte nach Plymouth. Bei ihrem Eintreffen in England kam es zu blutigen Zusammenstößen zwischen Engländern und Franzosen.

Eine Anzahl von Booten vom Typ ›Roland-Morillot‹, die vor ihrer Fertigstellung standen, wurde versenkt. Im Juli befand sich der größte Teil der französischen Unterseebootflotte in Toulon, außer Reichweite der Deutschen.

Auf allen französischen Kriegsschiffen stehen vier Worte in Goldlettern. Sie sind auf zwei Tafeln angeordnet, die unter dem Achterdeck angebracht sind. Auf einer Seite der Wahlspruch: ›Ehre und Vaterland‹, auf der anderen ›Tapferkeit und Disziplin‹. Alle französischen Seeleute, ob sie Admiräle, Offiziere, Marineunteroffiziere oder Matrosen waren, hatten im letzten Krieg über diese vier Worte nachzudenken, zu erwägen, in welche Richtung sie wiesen. Viele fühlten sich moralisch zerrissen, insbesondere die Unterseebootkommandanten.

Die italienischen Unterseeboote

Bei der Kriegserklärung befanden sich die italienischen Unterseeboote in ihren Stützpunkten Tarent, La Spezia, Syrakus, Palermo, Tripolis, in Sardinien, in Leros im Dodekanes, in Tobruk in Libyen, in der Adria, im Roten Meer. Insgesamt waren es 115 Boote.

Gefechtswert besaßen nur jene 108 Unterseeboote, die im Erneuerungsprogramm der italienischen Unterseebootflotte (1936 bis 1942), nach dem Krieg mit Äthiopien, gebaut worden waren.

Im Jahre 1936 waren zwei Typen auf Stapel gelegt worden: drei ›Foca‹ und drei ›Brin‹.

Die drei ›Foca‹ (›Foca‹, ›Zoa‹, ›Atropo‹) waren Minenleger-U-Boote (36 Minen), außerdem mit sechs Torpedorohren, einer 10-cm-Kanone/47 und vier 13,2-mm-MGs ausgerüstet. Bei einer Wasserverdrängung von 1318 t liefen sie 14 kn über Wasser. Sie wurden dann zwischen Ende 1937 und Anfang 1939 in Dienst gestellt.

Die drei ›Brin‹ (›Brin‹, ›Galvani‹, ›Guglielmotti‹) waren Unterseeboote mit einer Bewaffnung von acht Rohren, einer 10-cm-Kanone/47 und vier 13,2-mm-MGs. Ihre Wasserverdrängung betrug 1016 t, ihre Geschwindigkeit ungefähr 17 kn. Sie wurden im Jahre 1938 in Dienst gestellt.

Im Laufe des Jahres 1937 wurden elf Unterseeboote mit großem Aktionsradius auf Stapel gelegt, davon neun vom Typ ›Marcello‹ (1060 t, acht Rohre, zwei 10-cm-Kanonen/47, vier 13,2-mm-MGs, 17,5 kn.): ›Marcello‹, ›Barbarigo‹ usw., die im Jahre 1938 in Dienst gestellt wurden.

Die beiden anderen Boote waren die ›Archimede‹ und die

›Torricelli‹; ihre Merkmale waren die des Typs ›Brin‹. Sie wurden 1938 an Spanien abgegeben.

In den Jahren 1938 bis 1939 wurden zwölf weitere Boote mit großem Aktionsradius auf Stapel gelegt: Zwei ›Cappellini‹ (›Commandante Cappellini‹ und ›Commandante Face Di Bruno‹) mit 1083 t; sechs ›Marconi‹: ›Guglielmo Marconi‹, ›Leonardo da Vinci‹ usw. (1192 t, 18 kn, acht Torpedorohre, eine 10,2-cm-Kanone/35, vier 13,2-mm-MGs), Anfang 1940 in Dienst gestellt; vier ›Liuzzi‹: ›Console Generale Liuzzi‹, ›Alpino Bagnolini‹, ›Reginaldo Giuliani‹, ›Capitano Tarantini‹.

Insgesamt 29 Unterseeboote, zu denen noch 19 weitere Boote kamen: siebzehn vom Typ ›Adna‹ mit ungefähr 600 t, zwei vom Typ ›Argo‹ mit 794 t, die für die Küstenverteidigung bestimmt waren.

Obwohl nur als ›Küstenfahrer‹ gedacht, wurden diese Boote zu Kriegsbeginn erfolgreich im Atlantik eingesetzt. Ihre Geschwindigkeit betrug 14 kn.

Die Italiener verfügten am 10. Juni 1940 über 108 neugebaute Unterseeboote. Mit den fünf Booten vom Typ ›H‹ und den zwei Booten vom Typ ›X‹, die am Ersten Weltkrieg teilgenommen hatten, bildeten diese 115 Boote eine der bedeutendsten Unterseebootflotten der Welt[10].

Was geschah mit dieser beträchtlichen Anzahl von Booten? Offen gestanden entsprachen die Ergebnisse ihrer Tätigkeit trotz der unbestreitbaren Tapferkeit ihrer Kommandanten und Besatzungen – die für Einzelkämpfe und Einzeleinsätze besser geeignet waren als für die Rudelangriffe, für die Dönitz sie schulte – nicht den erhofften Erwartungen. Die italienischen Unterseeboote gerieten bald in Abhängigkeit von den Deutschen, insbesondere die Boote mit Stützpunkt Bordeaux, die im Atlantik operierten. Die Einigkeit zwischen den Achsenmächten war nur scheinbar, ihr fehlte die innere Bindung.

II

DER BEGINN DES SEEKRIEGES UM GROSSBRITANNIEN

Die Prisenordnung bestimmt das Gesetz des Handelns

Hitler hoffte vorerst, eine militärische Auseinandersetzung mit Großbritannien vermeiden zu können, weil er nicht die Absicht hatte, diese maritime Großmacht unmittelbar anzugreifen. Für ihn, als dem zur See Schwächeren, erschien es wichtig, keinen Anlaß zu einem totalen Krieg zu bieten. Frankreich wurde einige Wochen lang geschont; die deutschen U-Boote ließen französische Handelsschiffe unbehelligt. Der Führer wollte sich nicht zu viele Feinde auf einmal auf den Hals laden, vielmehr sollte einer nach dem anderen niedergekämpft werden.

Der deutschen Kriegsmarine wurde befohlen, den Krieg nur im Einklang mit der Prisenordnung zu führen, und dies galt vor allem für die U-Boote. Hierzu bemerkt der englische Kapitän Roskill: »Dies entsprang nicht etwa der Nächstenliebe, sondern der Erwartung, daß Großbritannien und besonders Frankreich nach der Niederwerfung Polens zum Frieden bereit wären.«

Und Großadmiral Dönitz stellte fest: »Die U-Boote hatten den Handelskrieg nach der Prisenordnung zu führen. Dies entsprach den Bestimmungen des Londoner Protokolls von 1936; d. h. ein Handelsschiff, ob bewaffnet oder nicht, mußte … von den U-Booten wie von einem Überwasser-Kriegschiff zunächst über Wasser angehalten und untersucht werden. Falls die Bestimmungen der Prisenordnung hinsichtlich Nationalität bzw. Ladung des Dampfers seine Versenkung erlaubten, mußte das U-Boot vorerst für die Sicherung der Dampferbesatzung sorgen, wobei in freier See die Rettungsboote des Dampfers nicht für ausreichend galten[1]!«

Nicht unter den Schutz dieser Bestimmungen fielen daher Handelsschiffe, die von Kriegsschiffen oder Flugzeugen begleitet wurden oder die sich der Durchsuchung widersetzten, sowie Truppentransporter.

Die Befolgung der Prisenordnung fiel den U-Booten außerordentlich schwer. Die Durchsuchung der Handelsschiffe setzte voraus, daß sich das U-Boot unter größter Gefahr ihnen näherte. Jeden Augenblick aber konnte auf diesen Schiffen die Verhüllung eines Geschützes fallen und gegen die dünne Stahlwand des U-Boots das Feuer eröffnet werden. Auch die Möglichkeit, daß das U-Boot gerammt wurde, war nicht auszuschließen. Die U-Boot-Kommandanten waren sich dieser Gefahren nur zu gut bewußt und standen daher dem Vorgang, der ihnen beim Sichten eines feindlichen Handelsschiffes vorgeschrieben war, ablehnend gegenüber.

Wann war ein Akt des Handelsschiffes als ›Angriff‹ zu werten? Etwa dann, wenn eine Nationalflagge sehr zögernd an einer Gaffel gehißt wurde, wo sie im Nebel schwer zu erkennen war? Oder, wenn ein Matrose zum Bug hinlief, um vielleicht ein Geschütz frei zu machen? Oder dann, wenn das Schiff seinen Kurs jäh wechselte, oder wenn es das Notsignal SOS funkte?

Der Angriff auf die ›Royal Sceptre‹, 5. September 1939

Wie gefährlich es für die deutschen U-Boote war, nach den Vorschriften der Prisenordnung zu handeln, zeigte sich schon am 5. September 1939.

An diesem Tag sichtete U 48 (Kptlt. Wolfgang Frank) in schwerer See ein Handelsschiff, das weder eine Nationalflagge führte noch sonst seine Nationalität erkennen ließ.

Der U-Boot-Kommandant forderte den Frachter durch Schüsse vor den Bug auf, zu stoppen. Aber der Dampfer drehte scharf ab und hißte die britische Flagge. Gleichzeitig funkte er: »Werde von einem U-Boot gejagt und unter Feuer genommen!« Dazu noch die Positionsangabe und der Notruf SOS, was Frank als eine Verletzung der Prisenordnung auffassen mußte. Da die Geschosse der Bootskanone nicht genügten, dem Frachter einen entscheidenden Schaden zuzufügen, versenkte der U-Boot-Kommandant ihn durch einen Torpedo. Die ›Royal Sceptre‹ wurde damit zum ersten der

2472 Handelsschiffe, die im Zweiten Weltkrieg von deutschen U-Booten versenkt wurden.

Kaum war die ›Royal Sceptre‹ erledigt, als auch schon ein zweites Handelsschiff auf dem Schauplatz des kurzen Kampfes auftauchte. Es war die ›Browning‹. Sie setzte sogleich die Rettungsboote aus, um in ihnen die eigene Besatzung und die Passagiere, unter denen sich auch Frauen und Kinder befanden, in Sicherheit zu bringen. Da aber laut Prisenordnung Rettungsboote für die Schiffbrüchigen keine genügende Sicherheit boten, sah sich Frank gezwungen, die Leute in den Booten der ›Browning‹ zu veranlassen, auf das von ihnen vorzeitig verlassene Schiff, das führungslos weitertrieb, zurückzukehren.

Der SOS-Ruf der ›Royal Sceptre‹ hatte zur Folge, daß vom Oberkommando der Marine der Befehl erging, in Hinkunft alle jene Schiffe, die beim Angehaltenwerden von ihrer Funkanlage Gebrauch machen würden, zu versenken oder als Prise aufzubringen[2].

Die Magnet-Minen

Am 21. August befanden sich 7 kleine U-Boote der Type II – von den Deutschen ›Lochkriecher‹ oder auch ›Einbäume‹ genannt – auf den ihnen in der südlichen Nordsee zugewiesenen Wartestellungen. Vom 21. bis zum 31. traten noch andere hinzu, so daß am Tag der Kriegserklärung nicht weniger als 39 deutsche Boote bereit waren, ihre Magnet-Minen vor den Häfen der Alliierten und an den Brennpunkten des Schiffsverkehrs zu legen[3]. An den 35 Unternehmungen dieser Art nahmen auch die Zerstörer des Kommodore Bonte und Flugzeuge der Luftwaffe teil. Es war sehr schwierig, diese Minen in den geringen Tiefen, den Strömungen und den Gezeiten dieser Gewässer auszubringen, um so mehr als diese Seeräume schon früher zu ›Minen-Zonen‹ erklärt worden waren und daher einer starken Überwachung unterlagen.

Die Engländer nannten sie *Declared mine areas*.

Wäre die Anzahl der den Deutschen zur Verfügung stehenden Magnet-Minen nicht zu gering für eine ausreichende Blockierung der englischen und französischen Häfen gewesen, dann hätten die Alliierten noch viel höhere Verluste erlitten. Da die von dieser Art der Kriegführung völlig überraschten Briten in den ersten Kriegsmonaten noch über keine wirksamen Abwehrmaßnahmen verfügten, fielen bis zum 20. Oktober nicht weniger als 19 Handelsschiffe mit 59.027 BRT den Magnet-Minen zum Opfer.

Alle im Einsatz befindlichen U-Boote, außer U 16 (Kptlt. Wellner) und U 33 (Kptlt. Dresky), kehrten heil in ihre Heimathäfen zurück[4].

Die Engländer fanden eine dieser Minen, die am 23. November im Schlamm von Shoebury angetrieben war. Kapitän J. G. D. Auvry entschärfte sie, worauf der Zündmechanismus untersucht werden konnte. Seither verloren die Magnet-Minen viel von ihrer Wirksamkeit[5].

Der Fall ›Athenia‹, 3. September 1939

U 30 war eines der Boote, die zwischen dem 19. und dem 21. August auf ihren Einsatzorten im Seeraum von Nordirland bis Gibraltar eingetroffen waren. Sein Kommandant, Kapitänleutnant Lemp, sichtete in der Nacht der Kriegserklärung ein großes Schiff, das abgeblendet im Zick-Zack-Kurs auf einer Route fuhr, die dem U-Boot-Kommandanten ›ungewöhnlich‹ schien. Lemp glaubte, es handle sich um einen Hilfskreuzer, aber es war in Wirklichkeit der Passagierdampfer ›Athenia‹ (13.000 BRT), der sich auf der Fahrt nach den USA 250 sm westlich von Irland befand. U 30 tauchte und versenkte das Schiff mit drei Torpedos. Die Überlebenden wurden vom norwegischen Tanker ›Knut Nelson‹, der schwedischen Jacht ›Southern Cross‹ sowie den britischen Torpedobooten ›Electra‹ und ›Escort‹ geborgen.

Anfänglich leugnete Propagandaminister Goebbels diese Torpedierung ab, behauptete später aber, die Briten selbst hätten das Schiff versenkt, um die Amerikaner zum Eintritt in den Krieg zu bewegen. Tatsächlich hatte Lemp den Befehlen des Führers, der nach den Bestimmungen der Haager Konvention handeln wollte, zuwidergehandelt. Dönitz, der das Boot bei seiner Rückkehr an der Schleuse von Wilhelmshaven empfing, befahl dem Kapitänleutnant[6], den Vorgang der Versenkung für sich zu behalten. Die Seite des 3. September wurde aus dem Kriegstagebuch herausgerissen. Lemp wurde nach Berlin berufen, entging jedoch einer Bestrafung, weil man annahm, daß er in gutem Glauben gehandelt habe, und weil Dönitz ihn voll deckte.

Die Prisenordnung gilt nicht mehr

Nach der Torpedierung der ›Athenia‹ und der ›Royal Sceptre‹ hieß es in den Funksprüchen einiger englischer Frachter nicht mehr SOS, sondern SSS, wobei das mittlere S bedeutete, daß das Schiff von einem U-Boot (submarine) angegriffen werde. Wenn der Schiffsfunker in der Lage war, auch die Position anzugeben, blieb dem U-Boot nichts anderes mehr übrig, als das gefährlich werdende Seegebiet schnellstens zu verlassen.

Am 6. September wurde zum ersten Male ein U-Boot – U 38 – von einem Handelsschiff unter Feuer genommen. Am 1. Oktober gab die Britische Admiralität ihren Handelsschiffen den Rat, die feindlichen U-Boote zu rammen. In der Nacht fuhren alle britischen Handelsschiffe mit abgeblendeten Lichtern.

Nachdem Hitler England und Frankreich gleichermaßen geschont hatte, gab er am 7. September den Befehl, daß französische Handelsschiffe nicht angegriffen und französische Gewässer nicht vermint werden dürften. Er hoffte zweifellos, die Alliierten untereinander zu entzweien und dann mit Frankreich einen Sonderfrieden schließen zu können.

Admiral Raeder versuchte alles, was nur möglich war, um die Einschränkungen, die den U-Boot-Krieg belasteten, zu beseitigen. Seine Bemühungen hatten Erfolg: Ab 30. September wurde der U-Boot-Krieg von den Fesseln der Prisenordnung befreit. Im Ersten Weltkrieg war die gleiche Entscheidung erst nach 29 Kriegsmonaten gefallen.

Am 23. September erlaubte Hitler den U-Booten, ein jedes Handelsschiff, das bei einem Angriff von seiner Funkanlage Gebrauch machte, zu torpedieren.

Da die britische Regierung auch ihren Schiffen entsprechende Weisungen erteilte, war ein großer Schritt zum totalen Krieg hin getan.

Am nächsten Tage wurde der Befehl, französische Kriegsschiffe nicht anzugreifen, aufgehoben. Am 30. September folgte die Anordnung, daß die Prisenordnung in den Seegebieten im Westen von Irland und Großbritannien bis zum 15. Grad n. Br. nicht mehr anzuwenden sei. Die Engländer nannten diesen Seeraum *Western Approaches.*

Am 17. Oktober gab das deutsche Oberkommando der Marine seinen U-Booten freie Hand, jedes als feindlich erkannte Schiff ohne Warnung anzugreifen. Zwei Tage später wurde entschieden, daß jedes auf einer Route bis zum 20. Breitengrad mit abgeblendeten Lichtern fahrende Schiff anzugreifen und zu versenken sei. Die noch für Frachter geltende Ausnahme fiel am 17. November. Sie durften angegriffen werden, wenn sie eindeutig als feindliche Handelsschiffe identifiziert werden konnten. Hitler fürchtete, daß ein deutsches U-Boot ein amerikanisches Frachtschiff torpedieren könnte!

Auf diese Weise begann Mitte November 1939 der uneingeschränkte U-Boot-Krieg gegen die britische und die französische Handelsschiffahrt.

Alle von Hitler aus politischen Gründen veranlaßten Beschränkungen wurden durch die Wucht der Ereignisse und das unablässige Drängen von Raeder und Dönitz – die sich ihrerseits den Klagen ihrer Bootkommandanten beugen mußten – hinweggefegt[7].

Der Angriff auf den Flugzeugträger ›Ark Royal‹, 14. September 1939

Die ›Ark Royal‹ beteiligte sich am 14. September ungefähr 150 sm westlich der Hebriden zusammen mit anderen Schiffen an der Jagd auf deutsche U-Boote, als sie von U 39 entdeckt wurde. Kapitänleutnant Glattes schoß zwei magnetische Torpedos gegen den Flugzeugträger ab, die vorzeitig explodierten. Die Explosionen alarmierten die Geleitschiffe. Am gleichen Tag griffen Flugzeuge des Flugzeugträgers ›Ark Royal‹ U 30 mit Bomben, die speziell für die U-Boot-Bekämpfung entwickelt worden waren, an. In ihrer Unerfahrenheit und in ihrem Wagemut warfen die Piloten die Bomben aus zu geringer Höhe ab, zwei Maschinen wurden durch Splitter der eigenen Bomben getroffen und stürzten ab. Ihre Piloten wurden von U 30 gefangengenommen. Diese Angriffe alarmierten die englischen Marinebehörden, da sie aufzeigten, welchen Gefahren Flugzeugträger durch U-Boote ausgesetzt waren.

Die Torpedierung der ›Courageous‹, 17. September 1939

Am 17. September, kurz vor 18 Uhr, sichtete Kapitänleutnant Schuhart, Kommandant des U 29, die Silhouette eines sehr großen, im Zick-Zack-Kurs steuernden Schiffes von schätzungsweise 10.000 BRT. Er hielt es zuerst für einen Amerikaner, den er passieren lassen müßte. Dann bemerkte er ein Flugzeug, das über dem Schiff kreiste, als würde es die See ringsum rekognoszieren. Aber warum der Zick-Zack-Kurs? Als nun das Boot auf Sehrohrtiefe tauchte, erkannte Schuhart, daß es sich um einen Flugzeugträger handelte, der von vier Zerstörern gesichert wurde. Wegen der besonderen Höhe der Bordwand und der Gleichförmigkeit des Aufbaus war es nicht möglich, die Entfernung zu schätzen, und überdies stand das Schiff in der Sonne.

Der Kommandant wollte auf eine solche Beute nicht verzichten. Über Wasser durfte er wegen der Zerstörer nicht gehen, es mußte daher ein Unterwasserangriff gefahren werden.

Um 19.50 Uhr schoß U 29 einen Dreierfächer und hörte gleich danach zwei Detonationen, die so stark waren, daß Schuhart schon befürchtete, das Boot sei durch die Wasserbomben[8] der Zerstörer getroffen worden. An Bord herrschte Freudenstimmung, obwohl erst abgewartet werden mußte, was tatsächlich geschehen war. Mittlerweile ging das Boot auf 80 m, obwohl nur 50 m erlaubt waren.

Am Mittag des nächsten Tages hörte der Kommandant während der Heimkehr seines Bootes im englischen Rundfunk: »Die Britische Admiralität bedauert, den Verlust des Flugzeugträgers ›Courageous‹ bekanntgeben zu müssen.« Das große Schiff (24.000 Tonnen, Kommandant Kpt. z. S. W. T. Makeig-Jones) war auf eine Entfernung von mindestens 3000 m von zwei Torpedos getroffen worden und nahm bei seinem Sinken, das 15 Minuten dauerte, den Kommandanten und 518 Mann mit sich in die Tiefe.

Die in den Geleitzerstörern eingebauten Asdic[9] hatten die ›Courageous‹ von der Anwesenheit eines deutschen U-Bootes nicht gewarnt. Flugzeugträger wurden seither für die Jagd auf U-Boote nicht mehr eingesetzt.

Da U 29, ohne Schaden zu erleiden, auf 80 m getaucht war, hob Dönitz die Begrenzung der Tauchtiefe auf. Daß ein U-Boot einmal wegen eines Materialfehlers infolge des eindringenden Wassers gesunken war, sollte kein Grund dafür sein, daß vom Feind gejagte U-Boote nicht bis an die Grenze der errechneten Widerstandskraft und noch darüber hinaus tauchen dürften.

Dönitz konnte zufrieden sein. Die Tonnage der von seinen U-Booten versenkten Schiffe war vom Januar 1940 – 40 Schiffe, 111.263 BRT – auf 45 Schiffe mit 169.566 BRT gestiegen. Dabei war die Anzahl der im Einsatz befindlichen Boote gleichgeblieben. Den im Jahre 1939 verlorengegangenen 9 U-Booten (2 durch Minen beim Passieren des Kanals von Calais, 6 durch Wabos und 1 durch ein U-Boot) stand der Neubau von 7 Einheiten gegenüber. In den ersten sechs Monaten des Jahres 1940 waren 6 Boote ständig im Atlantik und 9 in der Nordsee auf Position. Trotz dieses kleinen Aufgebots hatte die U-Boot-Waffe beträchtliche Erfolge erzielt.

III

SCAPA FLOW[1]

Die Planung durch Dönitz

U 47 lag zu Anfang Oktober 1939 mit anderen U-Booten in der Kieler Werft. Es war Sonntag. Der Kommandant von U 47, Kapitänleutnant Prien, wollte eben zu einem Spaziergang an Land gehen, als ihm ein Matrose ein dringendes Dienststück überbrachte. Prien sah, daß es nun mit seinem Sonntagsspaziergang aus war, denn er las, daß ihn der ›Löwe‹ für den Nachmittag auf die ›Weichsel‹ befohlen hatte. Es mußte sich um eine sehr wichtige Angelegenheit handeln.

Zur festgesetzten Stunde meldete sich Günther Prien auf der ›Weichsel‹ und hörte hier, daß sich Kapitänleutnant Wellner schon beim Kommodore befinde. Warum Wellner? Prien erinnerte sich, daß Wellner der Kommandant eines ›Einbaums‹ vom 13. bis 29. September am Pentland Firth, einer Meerenge zwischen den Orkneys und Nordschottland, gewesen war. Sein Boot hatte dort vom 13. bis zum 29. September die Befeuerung und die Betonnungen des Fahrwassers aufgeklärt und mit heftigen Meeresströmungen zu kämpfen gehabt.

Das erste, was Prien sah, war eine auf dem Tisch ausgebreitete Seekarte. Auf ihr war ein Name unterstrichen: Scapa Flow. Scapa Flow, die große Reede, auf der die Home Fleet ankerte.

Zunächst berichtete Wellner über die Schwierigkeiten, auf die er im Pentland Firth gestoßen war: die wuchtigen Meeresströmungen und die Stärke der Gezeiten, mit denen seine schwachen Motoren kaum fertig wurden. Sein Finger wies auf die Karte und bezeichnete die Stellen, wo feindliche Überwachung zu erwarten war, auf Sperren, die rings um den ausgedehnten Ankerplatz der englischen Flotte angebracht waren, und wo mit feindlichen Sicherungen gerechnet werden mußte. Seinen Bericht schloß er mit der Feststellung, daß es möglich sein müßte, vom Süden her durch den Hoxa-Sund in die Bucht von Scapa Flow einzudringen. Die Sperren wären zwar gewaltig, aber es müßte Lücken in ihnen geben für das Ein- und Auslaufen der Patrouillenboote.

Dönitz wandte sich an Prien: »Glauben Sie, Prien, daß ein entschlossener Kommandant sein Boot hier in die Bucht von Scapa Flow hineinführen und auf dort liegende feindliche Seestreitkräfte zum Angriff zu bringen vermag? Ich will jetzt keine Antwort von Ihnen. Überlegen Sie sich's. Am Dienstag melden Sie mir, was Sie davon halten.« Und als der Kapitänleutnant sich verabschiedete, fügte Dönitz hinzu: »Wenn Sie nein sagen, fällt kein Makel auf Sie, wie Sie auch entscheiden – für uns bleiben Sie immer der alte.«

Dönitz hatte sich schon zu Kriegsbeginn mit dem Gedanken an ein Eindringen in die Bucht von Scapa Flow beschäftigt. Da er sich aber wohl an die beiden mißglückten Versuche, die im Ersten Weltkrieg den U-Boot-Kommandanten Emsmann und Hennig das Leben gekostet hatten, erinnerte, war der Gedanke an eine Wiederholung eines solchen Unternehmens immer wieder beiseitegeschoben worden.

Seither hatte der Kommodore häufig die Seekarte dieses Gebietes studiert. Die Meerestiefen, die Durchfahrten und die Routen der englischen Schiffe waren bekannt oder konnten geschätzt werden. Neben den Schwierigkeiten, die sich aus der 10-kn-Strömung im Pentland Firth ergaben, mußte man mit einer erhöhten Wachsamkeit des Feindes rechnen. Die Britische Admiralität kannte die Bucht natürlich genau, und es war sicher anzunehmen, daß es dort zahlreiche Abwehranlagen gab, die dem B. d. U.[2] unbekannt waren. Kapitänleutnant Öhrn vom Operationsstab war aber überzeugt, daß man eines Tages den Weg in die Bucht finden werde.

Am 8. September erhielt Dönitz von einem Flugzeug der Luftflotte 2 ein Luftbild, das im Norden der Insel Flotta und in der Durchfahrt zwischen Switha und Risa mehrere verschieden große Sperranlagen zeigte.

Am 26. September brachte ein anderes Flugzeug von einem Erkundungsflug besonders gut gelungene Bilder des Clestrum-Sund von Risa bis Switha mit, die sich auch über einen Teil des Hoxa-

Sund und des Holm-Sund sowie über die Reede selbst und die kleine Ortschaft Kirkwall erstreckten[3].

Die genaue Prüfung dieser Unterlagen überzeugte den Kommodore, daß es unmöglich war, den Hoxa-, Switha- und Clestrum-Sund zu passieren, weil dort zu viele Sperren angebracht waren.

Hingegen war der Holm-Sund im Osten nur durch einige alte, an der Nordküste der Passage von Kirk-Sund versenkte Schiffe geschützt. Im Süden, in Richtung auf den Holm-Sund, befand sich ein 170 m breiter Durchlaß, der bis zur Niedrigwassergrenze reichte. Dort war das Meer nur 7 m tief. Nördlich von den versenkten Schiffen zeigte sich gleichfalls eine Sperrlücke, doch war diese nur sehr eng. Die Küste war zu beiden Seiten unbewohnt.

Es mußte also möglich sein, bei Hochwasser in die Reede von Scapa Flow durchzukommen. Alles wurde natürlich noch schwieriger, wenn die Briten Alarm schlugen. Aber dann war die Aufgabe des U-Boots auch schon erfüllt. Prien konnte dann immer noch sein Boot vernichten und sich mit seiner Besatzung gefangengeben. Die Versenkung oder Beschädigung einiger feindlicher Schiffe hätte den Verlust des Bootes aufgewogen. Aber Prien würde bestimmt aus der Reede wieder hinausfinden, berichtete Dönitz dem Großadmiral Raeder, und dieser stimmte dem Unternehmen zu. Nun war der Weg für die Verwirklichung des Planes frei; unbedingte Geheimhaltung war unerläßlich.

Prien sagte ja. Dönitz und er setzten für die Aktion die Nacht vom 13. auf den 14. Oktober fest. Sowohl die Flut als auch die Ebbe würde zu dieser Zeit in die mondlose Dunkelheit fallen. Dönitz berief am 4. Oktober die U-Boote U 10, U 18, U 20 und U 23, die bei den Orkneys standen, zurück, um in diesen Gewässern dem Feind keinen Anlaß zu erhöhter Wachsamkeit zu geben.

Auf dem Wege nach Scapa Flow

U 47 verließ Kiel am 8. Oktober. Prien war, als er in See ging, von der Aufgabe begeistert und völlig ruhig. Er wußte, daß er sich auf sein Boot, auf seinen Ersten Wachoffizier Endraß und seine bestens geschulte und disziplinierte Besatzung voll verlassen konnte. Die Seekarte des Einsatzgebietes hatte er bis in die kleinsten Einzelheiten mit all ihren Strömungen und Tiefen auswendig gelernt.

Die Nordsee war bewegt, der Wind kam mit Stärke 7 aus Südost. Das Boot traf auf einige englische Schiffe, ging ihnen aber aus dem Wege, so daß die Besatzung bald merkte, daß sie einen Sonderauftrag zu erfüllen habe. Wahrscheinlich sollten die neuen elektrischen Torpedos G 7e auf ein besonders wichtiges Ziel eingesetzt werden[4].

Dönitz wollte unbedingt vermeiden, daß U 47 in der Bucht kein lohnendes Schiffsziel vorfand. Am 12. Oktober, 15 Uhr, wurde daher noch eine letzte Luftaufklärung durchgeführt. Leutnant Newe meldete, daß in Scapa Flow 5 schwere Panzerschiffe und 10 leichte Kreuzer lagen[5]. Das Ergebnis der Aufklärung wurde sofort mit Funk an Prien weitergegeben, doch er konnte die Meldung nicht aufnehmen, weil er zu dieser Zeit getaucht fuhr. Kurz zuvor hatte das Boot die Orkneys erreicht.

Nachdem der Kommandant am Abend des 12. Oktober die Küste studiert hatte, schrieb er in sein Kriegstagebuch: »Die Engländer sind so freundlich, alle Leuchtfeuer anzuzünden, was mir eine genaue Standortbestimmung erlaubt!«

13. Oktober. Um 04.37 Uhr legt sich das Boot in 90 m auf Grund, und Prien gönnt der Besatzung eine Ruhepause.

Er informiert Endraß über den Auftrag des Bootes. Dann versammelt er die übrige Besatzung um sich. Die Leute sind wohl ein wenig aufgeregt, aber sie zeigen es nicht nach außen.

Prien erklärte ihnen kurz, daß sie in wenigen Stunden versuchen würden, sich durch die Sperren von Scapa Flow zu arbeiten. Er gab ihnen noch einige Anweisungen und ließ Sprengsätze für den Fall anbringen, daß U 47 von der eigenen Besatzung versenkt werden müßte. Alle, mit Ausnahme der Wache, mußten nun schlafen. Das Wecken wurde für 16 Uhr festgesetzt. Dann sollte nach einem kurzen, aber ausgiebigen Frühstück die Aktion beginnen.

Schweigend hörten sie ihrem ›Alten‹ zu, kein Murmeln, keine Bemerkung, aber auch keine Begeisterung.

Prien inspizierte mit Endraß alle Räume des Bootes. Er wußte, daß es ihm unmöglich sein werde, zu schlafen, aber er hatte seiner Besatzung ein gutes Beispiel zu geben. Ob er es wollte oder nicht: immer sah er die Karte von Scapa Flow und vor allem den Holm-Sund vor sich. Bis zum großen Abenteuer waren es nur noch wenige Stunden.

16.00 Uhr Wecken, 17.00 Uhr Essen: Schweinefleisch und Kohl. 19.15 Uhr jedermann auf Gefechtsstation, Prien, Endraß und Steuermann Wilhelm Spahr in der Zentrale …

Der Leitende Ingenieur Hans Wessels hebt das Boot vom Boden ab. Es ist wohltuend zu fühlen, wie es nach kurzem Beben die Fahrt aufnimmt und über Wasser kommt.

Prien hat durch das Sehrohr vorsichtig Ausblick gehalten. Für ein U-Boot, das wie U 47 kein Ortungsgerät besitzt, ist der Augenblick des Auftauchens gefährlich. Es besteht die Gefahr, daß man neben einem feindlichen Kriegsschiff auftaucht, daß man von einem Schiffsbug gerammt wird.

Es geschieht nichts von alledem. Das Boot glänzt vom abtröpfelnden Wasser wie ein Seehund. Die Diesel sind eingeschaltet, die Elektromotoren gestoppt. Prien öffnet das Turmluk. Er erschrickt: Der Himmel ist geradezu leuchtend klar! Die Männer auf Wache sehen zunächst nur das verödete Meer, dann kommt – 23.07 Uhr – vor Rose Ress ein Frachter in Sicht, und der Kommandant läßt tauchen. Als das Boot wieder über Wasser kommt, ist das Schiff verschwunden. Mit einer starken Strömung von achtern her läuft U 47 in den Holm-Sund ein.

Prien schreibt in sein Journal: »Schlechte Küstensicht, alles im Dunkel. Die Küste kommt näher, das Sperrschiff im Skerry-Sund wird deutlich erkennbar, und ich glaube, daß wir uns schon im Kirk-Sund befinden. Ich bereite mich zum Handeln vor, der Steuermann macht mich auf meinen Fehler in dem Augenblick aufmerksam, in dem ich ihn selber erkenne.

Ich weiche der Gefahr aus, indem ich ganz steuerbord wende. Wenige Minuten später liegt der Kirk-Sund klar vor mir.

Eine zauberhafte Nacht! An Land ist alles dunkel, das Nordlicht erhellt den Himmel ... Die im Sund versenkten Schiffe scheinen fantastische Theaterkulissen zu sein ...

Ich werde dafür belohnt, daß ich die Karte so fleißig studiert habe. Der Durchbruch vollzieht sich mit unglaublicher Geschwindigkeit. Mittlerweile habe ich beschlossen, die Wracks von Norden her zu passieren ... Auf Kurs 270 komme ich an der Zweimast-Goelette vorbei, die ich auf 315° peile; ich habe mehr als genug Manövrierraum. Eine Minute später drückt uns die Strömung nach steuerbord. Ich sehe die Kette der Sperrschiffe auf 45 vor mir. Schnell aufeinander folgende Kursänderungen, Steuerbordmotor langsam voraus, Ruder hart backbord. Wir berühren ganz sanft den Grund. Das Heck reibt sich an der Kette, das Boot wird ein wenig nach backbord abgedrängt, nimmt aber unter schwierigem

Manöver seine Fahrt wieder auf. Wir sind innerhalb der Bucht von Scapa Flow.«

Prien beugt sich zum Sprachrohr und ruft in die Zentrale: »Wir sind drinnen!«; seinem Tagebuch aber vertraut er an: »Der Anblick von Scapa Flow ist außergewöhnlich. Die von hohen dunklen Bergen umgebene Bucht wird von oben durch die Leuchtfeuer der Nordküste beleuchtet. Im Süden, bei der kleinen Insel Cava, ist keine Spur eines feindlichen Schiffes zu sehen. Aber das diffuse Licht, das über der ganzen Reede liegt, kann täuschen.« Und Prien steuert Cava an.

Die Torpedierung der ›Royal Oak‹, 14. Oktober 1939

00.27 Uhr. »Da erkenne ich die Bewachung am Hoxa-Sund, für die das Boot als Zielscheibe in den nächsten Sekunden erscheinen muß. Damit wäre alles umsonst, zumal sich an Steuerbord noch immer keine Schiffe ausmachen lassen, obwohl sonst auf weiteste Entfernungen alles klar erkennbar ist. Also Entschluß: an Steuerbord liegt nichts; deshalb: bevor jede Aussicht auf Erfolg aufs Spiel gesetzt wird, müssen erreichbare Erfolge durchgeführt werden. Dementsprechend kehrtgemacht und unter der Küste nach Norden gelaufen. Dort liegen zwei Schlachtschiffe, weiter unter Land Zerstörer vor Anker. Kreuzer nicht auszumachen. Angriff auf die beiden Dicken.«

00.58 Uhr. »Die Schlachtschiffe sind 3000 m vom U-Boot entfernt. Aus den vorderen Rohren einen Torpedo auf das im Norden sichtbare Schiff[6], zwei auf die andere Einheit[7].

Habe auf steuerbord mit Kurs gegen die Ausfahrt gewendet. Nach dreieinhalb Minuten eine einzige Detonation auf dem nördlichen Ziel, keine auf dem anderen Schiff. Einen Torpedo aus dem Heckrohr auf das nächste Schiff abgefeuert, während die Bugrohre Nr. 1 und 2 wieder nachgeladen werden, Wendung gegen das Ziel.«

Die Zeit verstreicht, und nichts rührt sich in Scapa Flow. Der vierte Torpedo hat sein Ziel verfehlt. Die Stille hält an, wie wenn die Reede verlassen worden wäre und die Schiffe keine Besatzungen hätten ... Es ist unglaublich!

Prien steuert im Bogen gegen den Kirk-Sund. Jetzt will er den britischen Schlachtkreuzer angreifen, der seiner Meinung nach die

›Royal Oak‹ sein müßte. Kein Scheinwerfer wird eingeschaltet, keiner der Zerstörer geht gegen das U-Boot los. Unbegreiflich! U 47 fährt auf der Reede förmlich spazieren. Das Laden der Rohre ist beendet.

01.23 Uhr. »Aus den Vorderrohren drei Torpedos auf das nächstliegende Ziel und wieder Kurs auf die Ausfahrt genommen. Drei Minuten später erfolgt auf dem Schlachtschiff eine starke Detonation. Wassersäulen steigen auf, Feuerschein wird sichtbar, und Materialtrümmer werden durch die Luft geschleudert. Jetzt wird es im Hafen lebendig! Zerstörer haben Lichter, aus allen Ecken wird gemorst. Es ist ein Schlachtschiff versenkt, ein weiteres beschädigt. Alle Rohre sind leergeschossen.«

01.28 Uhr. Für das U-Boot und für Prien ist es der Erfolg, der Sieg! Jetzt handelt es sich darum, mit heiler Haut aus Scapa Flow wieder hinauszugelangen. Der Kommandant hat gesehen, wie der Fahrer eines Personenkraftwagens auf der Höhe des U-Bootes stehengeblieben ist und gewendet hat, um schleunigst nach Scapa Flow zurückzukehren. Dies ist aber belanglos, denn der Alarm wurde schon durch die Versenkung ausgelöst. Das U-Boot stößt bis Skidoney Point auf keine Hindernisse. Dort setzt die Strömung gegen U 47 ein, weshalb Kurs auf Kirk-Sund genommen wird. Dort ist das Schlupfloch zur Ausfahrt, und diesmal will Prien am südlichen Sperrschiff vorüber. Aber die Strömung wird immer stärker. Das Wasser schäumt am Bootskörper, und es sieht so aus, als würde das Boot nicht mehr an Weg gewinnen, so daß es in der Reede bleiben müßte. Schon nähert sich ein Zerstörer mit drohender Bugwelle. Wahrscheinlich hat sein Kommandant U 47 schon gesehen und will es durch Geschützfeuer oder Rammen vernichten.

Aber der Zerstörer ändert plötzlich den Kurs und verschwindet. Sollten wirklich sein Kommandant und die Wache auf der Brücke das Boot nicht gesehen haben?

»Die Strömung läuft gegen uns«, hält Prien im Schiffstagebuch fest. »Auf 10 kn gegangen und in den Süden der Durchfahrt gesteuert, um das Niedrigwasser zu vermeiden. Gegen N zurück, ohne am Sperrschiff anzustreifen. Der Steuermann ist großartig. Mit ½, dann mit ¾ und schließlich mit äußerster Kraft voraus ... In diesem Augenblick taucht steuerbord ein Hafendamm vor uns auf. Hart backbord und dann wieder auf den alten Kurs.«

02.15 Uhr. »Endlich aus Scapa heraus!«

»Wir sind durch«, ruft Prien. Die Besatzung strahlt vor Freude. Die meisten Leute haben nichts gesehen. Sie sind auf ihren Posten verblieben und haben Stunden der Spannung hinter sich, aber auch solche, da sie an die Gefahren ihrer Lage gar nicht gedacht haben. Nun ist es vorbei. U 47 ist frei, fährt auf Südkurs gegen Kiel. Prien will so schnell wie möglich die gute Nachricht an Dönitz funken, aber er muß damit warten, bis das Boot den Seeraum, in dem feindliche Schiffe patrouillieren, endgültig verlassen hat. Die Briten würden nur zu gerne das U-Boot zur Strecke bringen, das es gewagt hat, in Scapa Flow einzudringen. »An Bord verbleiben fünf Torpedos für den Angriff auf Handelsschiffe«, trägt Prien in das Tagebuch ein.

Auf der Rückfahrt erinnert sich Endraß an ein komisches Bild in irgendeiner Zeitschrift. Dabei kommt ihm ein Gedanke. Er läßt sich weiße Farbe und einen Pinsel geben. Mit ihnen malt er an den Turm einen Stier mit gesenkten Hörnern, der aus den Nüstern Feuergarben bläst. Das soll der ›Stier von Scapa Flow‹ sein und zu einem Symbol des Kampfgeistes werden.

Währenddessen hat der B. d. U. ängstlich auf eine Nachricht von U 47 gewartet. War Prien erfolgreich? Ruht er mit seinen Leuten auf dem Grund des Meeres? Oder haben ihn die Engländer gefangengenommen?

Am 14. Oktober wird ihm eine Meldung überreicht. Prien hatte Erfolg, und die Engländer selbst geben ihn bekannt.

Die Freude Dönitz' hätte nicht größer sein können, und er schreibt seinen Bericht. Und doch mischt sich in seine Zufriedenheit ein kleiner Wermutstropfen. Sollte die Jagdbeute wirklich nur ein einziges Schlachtschiff gewesen sein? War denn die Reede leer?

Die ›Royal Oak‹ war von drei Torpedos getroffen worden. 24 Offiziere und 800 Mann waren tot. Die Verteidigungsanlagen waren zum Zeitpunkt des Angriffs noch nicht voll ausgebaut. »Ironischerweise«, schreibt S. W. Roskill, »traf ein Schiff, das an der Stelle, an der U 47 durchgebrochen war, als Sperre hätte versenkt werden sollen, am Tage nach dem Angriff Priens in Scapa Flow ein.«

Nach der Torpedierung der ›Royal Oak‹ verließ die Home Fleet die Gewässer von Scapa Flow und ankerte in Loch Ewe (Schottland) und vor Sullomvor in den Shetland-Inseln. Die deutsche Propaganda nutzte die Tat des Kapitänleutnants Prien reichlich. Der Kommodore Dönitz wurde zum Konteradmiral befördert[8].

IV

DIE SCHLACHT UM NORWEGEN
(April bis Juni 1940)

Vorhutgefechte

Schon lange vor dem 9. April, dem Tage, an dem die Schlacht um Norwegen begann, kreuzten 19 britische Unterseeboote vor den deutschen Küsten: sie standen im Kattegat, im Skagerrak, ostwärts von der Doggerbank, vor Helgoland, im Seegebiet westlich von Dänemark und vor der norwegischen Südwestküste. Auf der Linie zwischen Montrose und Obrestadt waren Aufklärungsflugzeuge der Type Anson[1] und später auch U-Boote eingesetzt. Die U-Boote hatten eine doppelte Aufgabe zu erfüllen: den Angriff auf den zivilen Schiffsverkehr und auf Kriegsschiffe, vor allem auf U-Boote, die aus ihren Heimathäfen ausliefen oder in sie zurückkehrten. Insbesondere hatten sie die Eisenerzfrachter, die aus den skandinavischen Häfen kamen, zu versenken, denn dieses Erz war für die Deutschen eine Lebensnotwendigkeit[2]. Der Großteil davon wurde aus Schweden über die Ostsee geführt und war daher für die britischen U-Boote unerreichbar. Der Erztransport aus Norwegen hingegen war kaum zu verhindern, weil die deutschen Frachtschiffe dicht unter der Küste innerhalb der norwegischen Hoheitsgewässer fuhren und zwischen den Tausenden von Inseln passierten. Auf diese Weise gelangten sie bis zum Kattegat vor Göteborg und hatten dann nur noch der dänischen Küste entlangzufahren.

Zwischen dem September 1939 und dem April 1940 versenkten die in ihrer Handlungsfreiheit derart beschränkten britischen U-Boote insgesamt nur 10 deutsche Handelsschiffe.

Für die britischen U-Boote begann der Krieg sehr ungünstig. Der britischen Taktik gemäß operierten sie jedes für sich allein und waren auf Sektoren verteilt, die viel zu nahe aneinander lagen, was zu peinlichen Zwischenfällen führte. Am 10. September versenkte die ›Triton‹ die ›Oxley‹, am 14. September gingen die Torpedos der ›Sturgeon‹ nur knapp an der ›Swordfish‹ vorbei. Die bisher befohlene Entfernung zwischen den Booten wurde daher von 12 sm auf 16 sm erhöht.

Die Engländer hatten jedes gesichtete U-Boot als Feind zu betrachten. Wenn eines ihrer U-Boote den ihm zugewiesenen Seeraum erreichte oder verließ, mußte dies nach einem festgelegten Stundenplan und auf bestimmten Kursen geschehen[3].

Nachdem sie 85 sm südwestlich von Lindesnes das deutsche U 36 torpediert hatte, sah die ›Salmon‹ (Kkpt. E. O. B. Bickford) eine Woche später einen großen Frachter auf sich zuhalten. Es war die ›Bremen‹, die aus dem Hafen von New York geflüchtet war, um nach Deutschland zurückzukehren. Bickford beachtete die internationalen Vorschriften und ließ sie laufen.

Im Morgendämmern des 13. September sichtete Bickford mehrere feindliche Kriegsschiffe und stellte unter ihnen die Leichten Kreuzer ›Leipzig‹ und ›Nürnberg‹ fest, die von zahlreichen Zerstörern begleitet waren. Doch die deutsche Kampfgruppe drehte scharf ab und entfernte sich mit höchster Geschwindigkeit. Bickford war wütend darüber, daß ihm eine so verlockende Beute entgehen sollte. Aber plötzlich änderten die deutschen Schiffe ihren Kurs und näherten sich dem britischen Boot.

Der Augenblick des Torpedoangriffes nahte … 4500 m … 6 Torpedos verließen die Rohre der ›Salmon‹, zwei von ihnen trafen die ›Leipzig‹. Da die Zerstörer Wabos warfen, konnte das Boot erst nach einigen Stunden wieder auftauchen. Das Meer war auf vier Quadratmeilen Fläche mit ausgeflossenem Heizöl überzogen.

Am nächsten Morgen sichtete die ›Ursula‹ den Kreuzer ›Leipzig‹, wie er an der dänischen Küste in Richtung Deutschland langsam dahinfuhr. Das Boot griff mit Torpedos an, verfehlte aber das Ziel und traf statt dessen einen der Geleitzerstörer.

Die ›Leipzig‹ fiel für ein volles Jahr aus. Die ›Nürnberg‹ war nach zwei Torpedotreffern erst wieder im Mai 1940 fahrbereit.

Ende 1939 und zu Beginn 1940 war das Glück den britischen U-Booten keineswegs hold. Zwischen dem 9. und dem 16. Januar gingen die Boote ›Seahorse‹, ›Undine‹ und ›Starfish‹ verloren. Sie gerieten entweder auf Minen oder wurden von Vorpostenschiffen versenkt. Die Besatzungen der beiden letztgenannten U-Boote konnten jedoch gerettet werden. Die Admiralität zog ihre U-Boote aus dem westlichen Minenfeld, das als ein solches offiziell erklärt worden war, ab. Sie hatten fortan vor Helgoland, im Skagerrak und vor der norwegischen Küste zu patrouillieren.

Die Schlacht um. Norwegen

Am 4. März 1940 erhielt Dönitz von der Seekriegsleitung den Befehl: »Auslaufen weiterer U-Boote zunächst abstoppen. Kein Einsatz bereits ausgelaufener U-Boote an der norwegischen Küste.« Überdies sollten die Instandsetzungsarbeiten beschleunigt, aber keine besonderen Maßnahmen für eine Alarmierung getroffen werden.

Am nächsten Tag wurde der Admiral in Berlin über die operativen Absichten unterrichtet, die diesem Befehl zugrunde lagen: Norwegen und Dänemark sollten durch eine schlagartige Landung von Truppen gleichzeitig und überraschend besetzt werden. Es gab Anzeichen dafür, daß der Gegner gleichfalls eine militärische Aktion gegen Deutschland plante. Ihr wollte man durch einen Gegenschlag zuvorkommen. Der B. d. U. rief alle U-Boote aus dem Atlantik sogleich zurück, womit die Angriffe gegen feindliche Handelsschiffe ein jähes Ende nahmen. Einige U-Boote wurden unverzüglich vor die norwegischen Küsten entsandt, um die dortigen Verteidigungsanlagen zu erkunden.

Konteradmiral Dönitz auf der einen, Sir Max Horton auf der anderen Seite verteilten ihre U-Boote wie auf einem Schachbrett; der erstere entlang der norwegischen Küste von Stavanger bis Trondheim, wobei einige Boote auch zu den Orkneys und den Shetland-Inseln entsandt wurden; der letztere rings um Dänemark und vor Helgoland.

Die Befehle zum Unternehmen ›Hartmuth‹ wurden den U-Boot-Kommandanten vom B. d. U. persönlich in einem versiegelten Briefumschlag überreicht, der erst beim Auslaufen geöffnet werden durfte.

Die U-Boote hatten vier Aufgaben zu erfüllen:

1. Sicherung der Landungsplätze: Die U-Boote hatten den Schutz der Truppentransporte zu besorgen, soweit sich diese in

den norwegischen Gewässern befanden. Man befürchtete das Eingreifen der Home Fleet oder das Eingreifen zumindest von Kreuzer- und Zerstörerverbänden.

2. Verhinderung von feindlichen Landungen: Für solche Möglichkeiten hielt Dönitz U-Boot-Gruppen vor den in Betracht kommenden Landungsplätzen bereit. Diese Gruppen sollten auch jene feindlichen Seestreitkräfte angreifen, die versuchten, den Frachtverkehr mit Eisenerz zu unterbrechen.

3. Überwachung des Seeraumes ostwärts und westlich des Pentland Firth, wo feindlicher Schiffsverkehr zu erwarten war.

4. Beförderung von Nachschubgütern: Diese Aufgabe war dem Konteradmiral nicht sehr angenehm, aber man mußte die Landungs-Operationen zumindest bei ihrem Beginn auch auf diese Weise unterstützen. U 101 (Type VII) lud 36 t Munition für die 8,8-cm-Flak, auf U 122 wurden 90 t Brennstoff für die Luftwaffe verladen. Bis zu sieben Boote wurden zum Lebensmittelnachschub für die Wehrmacht in Trondheim verwendet. Nach der Instandsetzung der Eisenbahnlinie Oslo-Trondheim wurden die U-Boote von diesen Aufgaben befreit.

Die englischen U-Boote

Die Schlacht um Norwegen begann am 8. April 1940, als die Briten und die Franzosen die norwegische Regierung von ihrer Minenverlegung in norwegischen Hoheitsgewässern verständigten. Ministerpräsident Nygardsvold erhob dagegen Einspruch. Am gleichen Tag meldeten die vor dem Skagerrak kreuzenden U-Boote ›Triton‹ und ›Sunfish‹ einen verstärkten Schiffsverkehr auf Nordkurs nach Norwegen. Frachter, Passagierschiffe, ja sogar Kreuzer führten die Truppen der deutschen Wehrmacht nach Oslo, Kristiansund, Stavanger, Bergen, Trondheim und Narvik. Der Schwere Kreuzer ›Blücher‹ wurde am 9. April, 4.20 Uhr, 18 sm südlich von Oslo durch das Geschützfeuer der Küstenartillerie und die Torpedos einer an Land fest eingebauten Torpedobatterie versenkt.

Die alliierten U-Boote begnügten sich nicht damit, die deutschen Schiffe nur zu melden. Die ›Sunfish‹ versenkte vier Transporter, die U-Boote ›Triad‹, ›Sealion‹ und ›Snapper‹ je einen, während das polnische U-Boot ›Orel‹, das am 14. Oktober 1939 zu den britischen Streitkräften gestoßen war, das Transportschiff ›Rio de Janeiro‹ und einen Tanker torpedierte.

Im Kattegat, im Oslo-Fjord und im Sund wurden in der ersten Woche 50.000 BRT deutschen Handelsschiffsraumes versenkt und 10.000 BRT beschädigt.

In der Nacht vom 9. auf den 10. April patrouillierten die Kreuzer der Vizeadmirale G. Layton und Sir G. F. Edward-Collins gemeinsam mit den alliierten U-Booten an der norwegischen Küste bis nach Utsire, nördlich von Stavanger. Sie hofften, den Nachschub für die deutschen Truppen unterbrechen zu können, bekamen aber kein einziges feindliches Schiff zu sehen. Die Wehrmacht hatte sich auf die Beförderung von Mann und Material mit der Bahn oder mit Kraftwagen im Landesinneren umgestellt.

Die deutschen Kriegsschiffe, die als Truppentransporter dienten, erlitten durch die englischen U-Boote schwere Verluste. Am 9. April sichtete die ›Truant‹ (Kkpt. C. H. Hutchinson) den Kreuzer ›Karlsruhe‹ kurz nach seinem Auslaufen aus dem Hafen von Kristiansund; er hatte Truppen aus Deutschland abzuholen. Hutchinson schoß einen Achterfächer und beschädigte mit drei Torpedos die ›Karlsruhe‹ so schwer, daß sie von ihren eigenen Geleitschiffen versenkt werden mußte.

Der Panzerkreuzer ›Lützow‹ verließ am Nachmittag des 10. April den Oslo-Fjord, um nach Kiel rückzulaufen. 11 Minuten bevor es in das Kattegat einlief, wurde es von der ›Swordfish‹ torpediert und schwer beschädigt. Es konnte zwar im Schlepp und unter starkem Geleitschutz Kiel erreichen, fiel aber für 12 Monate aus.

Das deutsche U 64 wurde am 13. April das Opfer der Bomben eines Flugzeuges der ›Warspite‹. Am nächsten Tag vernichteten die Zerstörer ›Fearless‹ und ›Brazon‹ das U 49. Die Engländer fanden in diesem Boot den geheimen deutschen Nachrichtencode für die norwegische Küste. Die Deutschen änderten ihn sogleich ab, als sie davon erfuhren.

So gingen die, die die anderen vernichten wollten, selbst zugrunde.

Die alliierten U-Boote hatten sich nicht nur gegen die vielen Überwasserschiffe, von denen sie gejagt und mit Wabos eingedeckt wurden, zu wehren. Auch die Bomben der deutschen Flugzeuge und die Minen, die sich bei Schlechtwetter von ihren Verankerungen losgerissen hatten und nun herumtrieben, setzten ihnen hart zu. Und schließlich waren auch die Untiefen, Sandbänke und Meeresströmungen ihre Feinde. Die ›Tetradi‹ (Kptlt. Mills) blieb 43 Stunden unter Wasser; die ›Thistle‹ wurde am 10. April versenkt, die ›Tarpon‹ durch ein Jagdflugzeug vernichtet. Die Franzosen verloren das U-Boot ›Doris‹, das um Mitternacht des 9. Mai von den Torpedos des U 9 in die Tiefe gejagt wurde.

In den Gewässern rings um die dänische Halbinsel, vor Horns Riff, im Skagerrak und im Kattegat waren die Deutschen die wirklichen Herren. Ihre Kriegsschiffe und Flugzeuge, die sich auf nahe gelegene Basen stützen konnten, verhinderten eine Annäherung und ein Eingreifen der Home Fleet. Die britische Flotte war zwar in der Nordsee allmächtig, aber in dem engen Fahrwasser, durch welches die deutschen Truppentransporte geführt wurden, gab es sie praktisch nicht. Admiral Forbes, der Oberbefehlshaber (12. April 1938 bis 2. Dezember 1940), hätte ein Kreuzergeschwader gebraucht, und wenn man bereit war, dieses zu opfern, dann hätte das vielleicht den Verlauf der Schlacht um Norwegen geändert. So aber verblieben in diesem Seeraum von seiten der Briten nur U-Boote.

Kapitän Roskill meint: »Unsere U-Boote hielten sich vorzüglich und fügten dem Feind wesentliche Verluste zu. Aber sie konnten, auf sich allein gestellt, den Feind nicht hindern, die nicht allzu schwierige Kontrolle über kurze Seestrecken auszuüben.«

Die Aufbringung der ›Seal‹

Die ›Seal‹ war ein U-Boot-Minenleger der Type ›Porpoise‹. Vier Monate vor Kriegsausbruch in Dienst gestellt, befand sie sich auf Fahrt in den Fernen Osten in Aden und wurde von dort nach Europa zurückbeordert. Den Kommandanten, Korvettenkapitän Rupert Philip Lonsdale, hätte man eher für einen Professor oder Geistlichen denn für einen Seeoffizier halten können. Er war sehr fromm, und man warf ihm vor, eher ein Gentleman als ein richtiger Seemann zu sein, so, als ob es nicht möglich wäre, beides zugleich zu sein!

Bald sollte Lonsdale bei einem Auftrag im Kattegat im Mai 1940 unter ebenso schwierigen wie tragischen Umständen beweisen, daß er tapfer und tüchtig und seiner Mannschaft gegenüber wohlwollend, aber streng war.

Laut ›Operation FD 7‹ hatte die ›Seal‹ zuerst den Skagerrak anzulaufen, dann auf Südostkurs zu gehen und im Kattegat ihre Minen zu legen. Durch dieses Seegebiet führten die Ein- und Auslaufwege der deutschen U-Boote, wenn sie nicht den Kieler Kanal benützten. Die Minen der ›Seal‹ waren den Schiffen zugedacht, die Truppen der Wehrmacht und Materialnachschub nach Norwegen brachten, auf der Rückfahrt aber Eisenerz geladen hatten.

Am 4. Mai, 8.30 Uhr, traf das britische U-Boot an seinem Einsatzort ein. Das Meer war dort kaum 35 m tief. Ein für solche Manöver wie das Minenlegen bestimmtes Boot hätte Anlagen zum Gleichgewichtsausgleich besitzen müssen. Da dies bei der ›Seal‹ nicht der Fall war, hatte ein Unteroffizier das durch die Abgabe der Minen verminderte Gewicht durch Wasser zu ersetzen. Das Boot wurde nach der Minenlegung um etwa 8 Tonnen leichter.

Da seine Aufgabe mit der Auslegung der Minen beendet war, hatte Lonsdale nur noch umzukehren und Kurs auf Fort Block House im Hafen von Gosport zu nehmen.

Auf der Fahrt waren zwei Minenfelder, das eine 15 m, das andere 30 m tief gelegt, zu passieren. Der Korvettenkapitän wußte dies und war davon überzeugt, daß Wachboote und Flugzeuge die Suche nach seinem U-Boot schon aufgenommen hatten. Lonsdale konnte sein Asdic einschalten, während die Deutschen nur über Hydrophone verfügten. Und die Deutschen kamen.

Um das von den Schrauben des U-Bootes erzeugte Geräusch besser hören zu können, hatten die deutschen Vorpostenboote ihre Maschinen gestoppt; zu gleicher Zeit stellte Lonsdale seinen Maschinentelegrafen auf ›Halt‹.

Dieses Katz- und Mausspiel, das sich über den ganzen Vormittag hinzog, hatte den Zeitpunkt hinausgeschoben, in dem die ›Seal‹ das offene Meer erreichen und auf Überwasserfahrt hätte gehen können.

15.15 Uhr. Ein kurzer Rundblick durch das Sehrohr … Lonsdale sieht 9 Torpedoboote und macht einen Umweg, um ihnen auszuweichen. Da sieht er plötzlich in einer anderen Richtung eine Gruppe von Schiffen, die unmittelbar auf sein Boot zuhalten. Sie haben das U-Boot geortet. Aber wegen der geringen Wassertiefe kann die ›Seal‹ ihren Gegnern nicht durch Tieftauchen entwischen. Lonsdale wendet zur dänischen Küste, dreht dann aber nach Norden ab. Er hofft, auf diese Weise die Dämmerung und, wenn er Glück hat, vielleicht sogar die Nacht abwarten zu können. Dauernd fährt er im Zick-Zack. Niemand an Bord denkt an die Minengefahr. Um den Gegner abzuschütteln, legt sich Lonsdale in einer Tiefe von 35 m auf den Grund. Die Maschinen sind gestoppt, alle Apparate, die irgendwie ein Geräusch verursachen, ja sogar die Ventilatoren und der Kreiselkompaß, sind abgestellt. Unversehens gerät das Boot aus seiner Gleichgewichtslage, die Nadeln der Manometer schwanken in einem Auf und Ab von 30 bis 60 cm. Was ist geschehen? Gewiß nichts Ernstes. Lonsdale befiehlt seine Besatzung auf Tauchstation.

Obermatrose Reynolds hört als erster ein Kratzen an der Bordwand, als würde sich an ihr ein Kabel reiben. Er meldet dies sogleich in die Zentrale, und im gleichen Augenblick erfährt Lonsdale, daß die Achterruder beschädigt seien. Er nimmt aber an, daß keine unmittelbare Gefahr besteht, und läßt die Leute von den Tauchstationen abtreten. Seiner Meinung nach ist es besser, die Lage in Ruhe zu überdenken und erst dann die Behebung der Mängel zu versuchen.

18.30 Uhr. Die Besatzung hat mit dem Abendessen begonnen. Das Knirschen an der Bordwand ist nicht mehr zu hören. Der Kommandant könnte beruhigt sein, wenn da nicht die beschädigten Ruder wären.

Plötzlich eine gewaltige Explosion! Sie erschüttert das Boot, schleudert die Männer an die Wand und zertrümmert die Lampen, wie alles, was nicht niet- und nagelfest ist.

Dann wieder Stille. Alle können das Wasser, das in die achtern gelegenen Räume eindringt, rauschen hören. Dort hat die Detonation stattgefunden. War es eine Mine oder eine Wabo? Man weiß es nicht, aber wenn es eine Wabo war, dann werden ihr weitere folgen.

Der Bug des Bootes hebt sich um 10 Grad nach oben. In der Zentrale, in der sich Lonsdale befindet, überstürzen sich die Meldungen über den Zustand des Bootes. Das Minendepot und die Schleusenkammer stehen unter Wasser.

Der Korvettenkapitän überzeugt sich davon, daß die Schotten dicht geblieben sind. Über dem Boot ist keinerlei Geräusch zu hören, woraus Lonsdale den Schluß zieht, daß die Detonation durch eine Mine erfolgt sei. Zweifellos wurde die Zündung durch die Steuerruder der »Seal« ausgelöst, die dann auch beschädigt wurden.

Die Detonation war entweder über Wasser gehört oder von den Hydrophonen der Wachboote aufgenommen worden, weshalb mit dem baldigen Erscheinen feindlicher Vorpostenboote zu rechnen ist. Dann würde ein Regen von Wabos auf das Boot niedergehen.

Noch immer dringt Wasser in das Boot ein, und der Luftdruck in den heil gebliebenen Räumen steigt. Trotz der zunehmenden Neigung des Bootes erfüllt jeder seine Pflicht. Noch im letzten Augenblick werden zwei Maschinisten vor dem Ertrinken in der Schleusenkammer gerettet.

Man versucht, wenn auch nur mit geringer Hoffnung, die Heckruderanlage wieder instandzusetzen, aber es ist vergeblich, sie ist zu stark beschädigt.

Das Asdic bleibt stumm; wahrscheinlich hat man die Detonation über Wasser nicht gehört. Lonsdale rechnet sich aus, daß sein Boot sich nun 16 Stunden unter Wasser befindet, was aber für ein U-Boot nichts Außergewöhnliches ist. Zum Auftauchen ist also noch Zeit. Über der ›Seal‹ wird es bis 22 Uhr licht bleiben. Man muß aber die Nacht abwarten, und deshalb hebt der Kommandant die Tauchstationen auf.

Leutnant Clark, der Maschineningenieur, schätzt, daß an die 130 t Wasser in das Boot eingedrungen sind, das für 380 t Ballast gebaut ist. Es wird genügen, das Wasser nach dem Auftauchen abzulassen, und Lonsdale stimmt zu. Doch bis dahin muß man noch zwei Stunden Geduld haben.

Funker Futer bereitet seine Funkanlage für eine Meldung an den Befehlshaber der U-Boote vor, um sie gleich nach dem Auftauchen absetzen zu können. Lonsdale verfaßt sie und läßt sie dann verschlüsseln.

Nun werden die Geheimdokumente und die Chiffreschlüssel in mit Blei beschwerte Säcke verpackt und das Asdic, das auf keinen Fall in die Hände des Feindes fallen darf, zerhackt.

»Auftauchen!« Die Preßluft strömt in die Tauchzellen und treibt das Wasser aus ihnen. Von achtern kommen metallene Geräusche … aber sonst ist alles still. Die Elektromotoren werden eingeschaltet, sie sind in Ordnung, und die Schrauben beginnen sich zu drehen …

Die Nadel am Manometer wird unruhig … 90 Fuß … 85 … 80 … 75. Noch ein wenig mehr Kraft … die ›Seal‹ steigt … 70 … 65 … aber da bleibt das Boot plötzlich stehen. Der Bug richtet sich auf, während das Heck am Boden förmlich klebenbleibt ... Der Neigungswinkel ist so groß, daß alles gegen achtern zu gleiten beginnt. Die Männer müssen sich festhalten, um nicht zu fallen.

Die Füllung der Akkumulatoren und der Preßluftvorrat sind viel zu kostbar, als daß sie verschleudert werden dürften. Lonsdale gibt das Rettungsmanöver auf.

›Ich muß sofort einen zweiten Versuch unternehmen‹, denkt der Kommandant und faßt einen ihm schwerfallenden Entschluß: Er wird den 11 t schweren Not- und Ballastkiel abwerfen, wenn dies auch bedeutet, daß die ›Seal‹ nicht mehr tauchfähig sein wird. Aber jede Minute bringt die Besatzung und ihn dem Tode näher ...

Neuerlich ruft er seine Leute zu den Tauchstationen. Der Kiel wird gelöst, und gleichzeitig werden die Tauchzellen nochmals angeblasen. Die Besatzung beobachtet die Bewegungen des Bootes mit größter Spannung. Alle starren auf die Tiefenmesser, aber diese rühren sich nur unmerklich ...

Die Neigung der ›Seal‹ steigt auf 45 Grad, und der Bug hebt sich 30 Fuß hoch über Wasser, während die Zentrale in 85 Fuß Tiefe lag ...

Noch einen dritten und letzten Rettungsversuch ... Schon verspürten einige Leute Kopfschmerzen, anderen wieder legten sich Nebel vor die Augen.

Wieder strömte Preßluft in die Ballasttanks, und die Elektromotoren arbeiteten mit äußerster Kraft. Aber die ›Seal‹ rührte sich nicht mehr. Das war das Ende ...

»Alles, was nur möglich war, haben wir versucht«, sagte Lonsdale, »jetzt können wir nur noch Gott um seine Hilfe bitten. Nur der Allmächtige kann uns noch retten ...«

Alle an Bord wußten, daß ihr Kommandant ein gläubiger Christ war. Die Nichtgläubigen brummten, Lonsdales Bitten zu Gott wären doch nutzlos.

Laut sprach Lonsdale das Gebet:

»Vater unser im Himmel,
Geheiliget werde Dein Name,
Dein Reich komme,
Dein Wille geschehe
Im Himmel wie auch auf Erden ... «

Aber: »Wenn du dir selber hilfst, dann hilft dir auch Gott!« ... Lonsdale sandte alle Leute, die auf ihren Stationen nicht unbedingt notwendig waren, nach vorne. Durch ihr Gewicht sollte der Bug niedergedrückt und das Heck aus dem Schlamm des Meeresbodens losgerissen werden. Die Männer arbeiteten sich an einem schnell herbeigeschafften Tauende aufwärts, brechen dabei aber wegen des Mangels an Sauerstoff und wegen des hohen Luftdrucks zusammen ...

Noch einmal pfeift die Preßluft in die Tanks. Ein Matrose erinnert sich an zwei kleine Tanks im vorderen Teil des Bugs, die man bisher unbeachtet gelassen hat. Man öffnet ihre Schieber.

Das Boot beginnt zu zittern und sich zu bewegen. Alle haben den Eindruck – und darin täuscht sich ein Seemann selten –, daß die ›Seal‹ flott geworden ist. Man weiß allerdings nicht, ob sich der Bug oder das Heck hebt. Die Zeiger auf den Manometern sinken auf 60 ... 55 ... 45 ... 30 Fuß. Das Boot kommt über Wasser. Es ist 1.30 Uhr.

Mühsam arbeitet sich Lonsdale zum Turm durch und öffnet das Luk. Kein Schiff weit und breit ... Frische Luft streicht in die stikkig gewordenen Bootsräume, aber es braucht seine Zeit, bis sich die Kranken erholen und wieder normal atmen können. Einzelne erbrechen sich, andere sind einer Ohnmacht nahe.

Futer setzt die vorbereitete Meldung ab: »Dringendst, vertraulich. ›Seal‹ an Vizeadmiral der U-Boote. Boot bei Schotte 129 vollgelaufen. Ursache Mine oder Wasserbombe. FD 7 im vorgeschriebenen Seeraum erledigt. Geheimsachen vernichtet. Fahren gegen schwedische Küste. Versuchen Göteborg zu erreichen.«

Göteborg erreichen! Die ›Seal‹ kann nicht mehr steuern, und ihr Bug ist gegen Dänemark gerichtet, das von den Deutschen besetzt ist. Ein Dieselmotor ist ausgefallen. Lonsdale versucht, mit den Maschinen zu steuern ... es geht nicht, nicht einmal die Fahrt über Heck ist möglich.

Die ›Seal‹ muß versenkt werden. Kapitänleutnant Henderson wirft die Säcke mit den Geheimdokumenten und den Chiffreschlüsseln über Bord. Das Asdic ist schon zertrümmert.

Für alle Fälle verfügt Lonsdale aber noch über zwei Lewis-Maschinengewehre. 2.50 Uhr. Der Himmel wird farblos, die grüne Farbe des Meeres wird heller. In dieser Jahreszeit ist es noch sehr kalt, und die übermüdeten Männer fühlen dies um so stärker.

Zwischen den Wolken und noch ziemlich weit entfernt erscheint ein deutsches Flugzeug der Type Arado 196. Zweifellos hat es das Boot schon gesichtet. Es fliegt im Tiefflug die ›Seal‹ an und gibt Lichtsignale. Da das stilliegende Boot sie nicht beantwortet, morst die Arado mit der Vartallampe den Buchstaben ›K‹ (sofort stoppen).

Die Arado führt zwei Bomben unter ihren Flächen, und der Pilot, Leutnant Mehrens, wirft die erste davon auf 500 m Entfernung vom Boot. Sie schlägt nur 30 m dwars von der Bootswand ins Wasser. Dann folgt die zweite Bombe, und eine Detonation läßt das Boot bis ins Innerste erbeben. Das Flugzeug schießt nun mit seinen Bordkanonen und mit seinem Maschinengewehr, und die Treffer schlagen in den unteren Teil des Turmes. Die ›Seal‹ schießt ohne Erfolg zurück. Da die Arado nicht mehr als zwei Bomben führt, meldet Mehrens das Boot an seinen Stützpunkt. Bald trifft ein zweites Flugzeug ein, dessen Pilot, Leutnant Karl Schmidt, mit seinen Bomben das U-Boot nur knapp verfehlt. Dann feuern die beiden Flugzeuge auf den Turm, wo sich drei Mann befinden …

Lonsdale wußte, daß sein Boot verloren war. Er konnte nur noch einen Versuch zur Rettung der Besatzung unternehmen, nahm aber an, daß seine Leute nicht mehr die Kraft haben würden, so lange im eiskalten Wasser zu schwimmen, bis Hilfe kam. Er nahm zu einer List Zuflucht: Er ließ sinnlose Worte funken, denen aber die Buchstaben SOS folgten.

Die Deutschen setzten die Beschießung des Bootes fort und verletzten dabei den Ersten Offizier, Kapitänleutnant Butler, und den Unteroffizier Murray. Lonsdale, der sich gleichfalls auf der Brücke befand, wurde nicht getroffen. Unbeirrt fuhr er fort, Befehle zu erteilen und bediente selbst die Lewis, an der zweiten stand ein Unteroffizier.

Die ›Seal‹ bekam Schlagseite und schien zu sinken.

Die Elektromotoren und die Dieselmaschinen waren ebenso wie die Ruderanlage ausgefallen, das Boot war nur noch ein Wrack.

Die Arados schossen weiter, während ein Flugzeug der Type Heinkel He 115 aus Aalborg erschien und sogleich seine Bomben abwarf.

Während Lonsdale noch mit seinem MG schoß, faßte er den Entschluß, das ungleiche Gefecht zu beenden. Plötzlich hatten beide Gewehre Ladehemmung, und nun war die ›Seal‹ endgültig schutzlos und verloren ...

Lonsdale hißte eine weiße Flagge, um seiner Besatzung weitere Verluste und Leiden zu ersparen.

Das Flugzeug des Leutnants Mehrens wasserte und näherte sich dem U-Boot auf Rufweite. Der deutsche Offizier verlangte, daß der Kommandant der ›Seal‹ ins Wasser springe und zum Rumpf der Arado schwimme. Damit war dem Boot sein Kommandant entzogen.

Ein U-Boot-Jäger – UJ 128 – war bald zur Stelle, die Besatzung wurde an Bord und die ›Seal‹ ins Schlepp genommen.

Obwohl das britische Boot nur noch ein Wrack war, kam sie in langsamer Fahrt bis nach Kiel und wurde dort sogleich in ein Trockendock gebracht. Dort ging auf ihrem Achterdeck die deutsche Kriegsflagge mit dem Hakenkreuz hoch, und die Deutschen riefen Hurra. Die Kapitäne Godt und Rösing kamen, um das Wrack in allen seinen Einzelheiten zu besichtigen. Aber sie fanden nichts, was ihnen nicht schon früher bekannt gewesen wäre.

Es wurde versucht, das Boot wieder fahrbereit zu machen, doch die Arbeit wurde 1943 aufgegeben, und die Ex-›Seal‹ blieb unbeachtet in der Werft liegen.

Nach dem Ende des Krieges kehrten Lonsdale und seine ehemaligen Besatzungsmitglieder nach England zurück. Nach den in allen Marinen der Welt geltenden Rechtsvorschriften hatte der Korvettenkapitän vor einem Kriegsgericht über den Verlust seines Bootes, vor allem aber über seine Gefangennahme Rechenschaft abzulegen.

Am 10. April 1946 wurde Lonsdale in Portsmouth beschuldigt, die ›Seal‹ dem Feinde ausgeliefert zu haben; er saß nicht allein auf der Anklagebank: Kapitänleutnant Blet hatte, nachdem der Kommandant ins Wasser gesprungen war, das Kommando übernommen, wohl nur für kurze Zeit, aber das Gesetz kennt keine Ausnahmen. Die Verhandlung dauerte drei Tage.

Gefaßt schilderte Lonsdale die Todesgefahr, in der sich seine Leute befunden hatten, alle Einzelheiten des Dramas und jeden Rettungsversuch. Was er selber erlitten hatte, verschwieg er, betonte aber um so mehr die Tüchtigkeit und den Heldenmut seiner Leute. Er vergaß auch nicht zu erwähnen, wie sehr es Gott allein zu verdanken gewesen sei, daß er und seine Leute sich noch am Leben befänden.

Der Vorsitzende des Kriegsgerichts, Kapitän z. S. Norris, verlas das Urteil: »Ich habe die große Freude, Kapitän Rupert Philip Lonsdale, Ihnen Ihren Säbel zurückzugeben.«

Auch Kapitänleutnant Blet wurde freigesprochen.

Der frühere Kommandant der ›Seal‹ verzichtete auf seine Marinelaufbahn und ging als Pastor nach Kenya. Im Jahre 1958 kehrte er nach England zurück und hofft nun, daß eines Tages ein neues U-Boot den Namen ›Seal‹ erhalten werde …

Die ›Shark‹ erlitt am 6. Juli ein ähnliches Schicksal wie die ›Seal‹. Sie wurde, als sie vor der norwegischen Küste über Wasser fuhr, von den Bomben eines Flugzeugs versenkt. Ihre Besatzung geriet in Kriegsgefangenschaft.

Die Verluste in den Reihen ihrer U-Boote zwangen die Britische Admiralität, ihre Boote, die vor Trondheim die ›Gneisenau‹ abfangen sollten, zurückzuberufen. Die sehr kurzen Nächte erschwerten das Aufladen der Batterien, auch war die deutsche Luftaufklärung beträchtlich verstärkt worden.

Daß die Deutschen das britische Codebuch besaßen und die englischen Funksprüche entziffern konnten, war an der Vernichtung des holländischen U-Bootes ›013‹ sowie der britischen Boote ›Salmon‹, ›Narwhal‹, ›Thames‹ und ›Spearfish‹, die zwischen Juni und August ausliefen, sicherlich mitschuldig[4].

Die Engländer änderten ihre Operationspläne. Sie zogen ihre Boote aus den norwegischen Gewässern, in denen die Deutschen die Oberhand hatten, ab und setzten sie im Golf von Biskaya, in der Nordsee und auf den Fahrtrouten im Atlantik ein. Dort konnten sie mit viel zahlreicheren Gelegenheiten zum Angriff rechnen.

Die französischen U-Boote

Am 20. Februar 1940 verlangte Churchill vom französischen Admiral Darlan die Beistellung von acht 600-t-U-Booten. Unter dem Oberkommando von Sir Max Horton übernahm Kapitän z. S. Belot das Kommando über sie.

Diese acht Boote: ›Orphée‹, ›Antilope‹, ›Sibylle‹, ›Amazone‹ von der 16. U-Boot-Division, ›Doris‹, ›Thétis‹, ›Circé‹, ›Calypso‹ von der 13. U-Boot-Division und das Mutterschiff ›Jules Verne‹ sollten es den Engländern erleichtern, sich aus den deutschen und den dänischen Seeräumen wie aus den norwegischen Fjorden zurückzuziehen und die Tätigkeit weiter in den Norden, in die Gewässer von Tromsö und Narvik, zu verlegen. Diese Boote waren aber für derartige Unternehmungen nicht geeignet, weil sich ihre großen Reserve-Treibstofftanks außenbords befanden. Es war deshalb zu befürchten, daß nach Wabo-Treffern das in diesen Behältern gelagerte Heizöl auslaufen würde. Man ließ daher diese Tanks leer, was aber den Fahrbereich der Boote um ein Drittel verminderte.

Gleich zu Kriegsbeginn dachte Sir Max Horton an die vier 1500-t-Boote der 2. U-Boot-Division, von denen er annahm, daß sie für Patrouillenfahrten in den norwegischen Fjorden geeignet waren. Sie waren der Britischen Admiralität gut bekannt: Die ›Casabianca‹ und die ›Sfax‹ hatten an dem großen Geleitzug HX 11 von Halifax nach England, Anfang Dezember 1939, teilgenommen, während die ›Achille‹ und die ›Pasteur‹ zur Begleitung des schnellen Geleitzuges HXF 12 (10 Frachter) und des Konvois HX 12 gehört hatten. Sie waren dabei in Eisstürme geraten, wobei die Handelsschiffe im Nebel verlorengegangen waren und erst später wiedergefunden wurden. Aber auch die britischen U-Boote hatten gegen die gleichen Schwierigkeiten anzukämpfen, so daß sich die Admiralität entschloß, U-Boote im Geleitschutz nicht mehr zu verwenden.

Gemeinsam mit dem Kapitän Belot entwarf Sir Max Horton folgenden Plan:

Vier U-Boote sollten gemeinsam aus Dundee in die norwegischen Gewässer auslaufen und sich an einem bestimmten Ort in zwei Gruppen teilen. Die ›Casabianca‹ (Kkpt. Sacaze) und die ›Achille‹ (Kptlt. Moreau) hatten vor den Fjorden Salborn und Kors, auf der Südroute nach Bergen, die ›Sfax‹ (Kptlt. Groix) und die ›Pasteur‹ (Kptlt. Merts) im Karmsund, vor Stavanger, zu patrouillieren. Vorausgesetzt wurde, daß der Schiffsverkehr der Deutschen sehr lebhaft sein und zu Angriffen sich reichlich Gelegenheit bieten werde. Es war aber damit zu rechnen, daß sich dieser Verkehr auf den inneren Routen und zwischen den zahlreichen Inseln, also in einem schwierigen Fahrwasser, abwickeln werde.

Die ›Casabianca‹ hatte einen englischen Verbindungsoffizier und zwei Unteroffiziere der British Navy, durchwegs U-Boot-Männer, und einen norwegischen Piloten an Bord zu nehmen. Unglücklicherweise erlitt jedoch die ›Pasteur‹ beim Auslaufen eine

Havarie. In der starken Strömung des Tay-Flusses beschädigte die ›Achille‹ mit ihrer Steuerbordschraube das achtere Tiefenruder der ›Pasteur‹, so daß die ›Pasteur‹ im Hafen bleiben mußte. So zählte die französische U-Boot-Flottille nur noch drei Einheiten ...

Die große Gefahr für diese mit 16 bis 18 kn über Wasser laufenden U-Boote sind die treibenden Minen.

»Gegen 08.00 Uhr höre ich den Backbord-Ausguck rufen: ›Mine ober Wasser![5]‹ Ich will manövrieren, aber es ist zu spät. Die Mine ist schon dwars, ihre leuchtenden Stachel wie die eines Igels drohend nach oben gerichtet.

Grundsätzlich sieht das internationale Recht vor, daß Minen, die sich von ihrer Verankerung losgerissen haben, sich selber desaktivieren sollen. Aber ich war mir trotzdem nicht sicher, ob es bei Berührung dieser Stachel nicht doch um das stolze Boot geschehen sein werde.

Die Mine treibt beim Boot vorbei, aber eine andere kommt in Sicht.« Korvettenkapitän Sacaze läßt sogleich das 13-mm-Zwillings-MG bemannen. Nachdem die Mine das Boot passiert hat, prasselt eine Salve auf sie nieder. Sie detoniert, und ein Eisenstück saust über die Köpfe der Männer auf dem Achterdeck.

Am 19. April verabschiedet sich die ›Casabianca‹ von der ›Sfax‹. Am 21., kurz vor 4 Uhr, sichtet Sacaze die norwegische Küste und geht auf Tauchkurs. Um 7.20 Uhr befindet sich das Boot vor dem Leuchtturm von Slotters am Eingang zum Selbjorn-Fjord. »Das Wetter ist schön, die See ist, besonders im Fjord, spiegelglatt. Die grauen, mit Moos überzogenen Felsen nehmen im grellen Sonnenlicht zauberhafte Farben an. Die Ufer sind steil, an ihren Wänden ist das Meer 400 m tief.«

Diese poetischen Zeilen wird Sacaze allerdings erst später schreiben. Im Augenblick aber trägt er in das Schiffstagebuch ein: »22. April; Wind NW 2, klarer Himmel, ruhige See, mondklare Nächte. 03.48 Uhr getaucht. 06.45 Uhr dunklen, kugelförmigen Körper auf dem Wasser gesichtet, könnte ein U-Boot sein. Keine Horchgeräusche. 08.45 Uhr Detonation in der Ferne. Patrouillenfahrt vor Kors-Fjord. 14.58 Uhr Schraubenlärm, Peilung 66. Durch Sehrohr graues Wachschiff (Motortorpedoboot) beim Fjordeingang gesichtet, dürfte ein deutsches S-Boot sein. 15.55 Uhr zwei Heinkel, Peilung 157. 16.55 Uhr wieder das S-Boot gesichtet. 21.25 Uhr aufgetaucht ...«

Der Tag verging mit ›Tauchen‹ (03.30 Uhr) und ›Auftauchen‹ (21.24 Uhr). Zwischendurch hörte man den Motorlärm zweier Flugzeuge … Der norwegische Pilot Helswig ist vom Anblick seiner Heimat tief berührt. Er bittet, an Land gehen zu dürfen, um ›seine kleine Frau zu überraschen‹.

Drei Tage lang hat nun das U-Boot die norwegische Küste beobachtet, bei Tag getaucht, des Nachts in Überwasserfahrt. Es hat Fischerfahrzeuge gesichtet, hat ihnen aber unter Wasser ausweichen können. Aber es hat sich noch immer kein Ziel blicken lassen.

25. April. Die ›Casabianca‹ läuft in den Selbjorn-Fjord ein und schlängelt sich durch den 1 sm langen Darm des Lungeln, im Inneren des Bjorne-Fjords, wo die 1-kn-Strömung das Boot ein wenig versetzt. Sacaze muß hoffen, daß ihm hier kein feindliches Schiff über den Weg läuft, weil er wegen der geringen Entfernung den Torpedo nicht abfeuern könnte: Eine besondere Vorrichtung sperrt in den ersten 200 m des Torpedolaufs den Zündmechanismus, da sonst die Detonation das Boot selbst gefährden könnte …

Vom 25. bis zum 28. April führt die ›Casabianca‹ drei Patrouillenfahrten innerhalb der Fjorde durch, ohne auch nur ein einziges Schiff zu sichten. Helswig kann seine Landsleute auf den Straßen, die neben den Fjorden entlangziehen, reden hören, und am Abend tönen die Melodien einer Ziehharmonika zum Boot herüber.

»Das sind Deutsche«, meint Helswig, »die Norweger spielen nicht Ziehharmonika.« Wie schade, daß Helswig nicht die Bootsbesatzung zu einem kleinen Fest in seinem Hause einladen kann!

Um Mitternacht des 28. April wendet Sacaze, der sich sehr darüber ärgert, daß er seine Torpedos nicht an den Feind gebracht hat, zur Rückfahrt …

In Dundee traf er die ›Sfax‹ und die ›Achille‹ beim Mutterschiff ›Jules Verne‹. Die ›Sfax‹ war zwei kleinen Transportschiffen begegnet, aber diese waren außerhalb der Laufweite der Torpedos geblieben. Die ›Achille‹ hatte ihren Kameraden ›Sfax‹ am 24. April, 1 Uhr, nur knapp verfehlt. Die Einsatzgebiete der U-Boote lagen einander viel zu nahe.

»Ich habe wohl gezögert«, sagte Moreau in der Offiziersmesse.

»Und ich hatte keine Ahnung davon!« meinte Groix.

Zehn Tage nach ihrer Rückkehr, der auch bei den Engländern üblichen Ruhepause, mußten die französischen U-Boote wieder auslaufen. Die ›Casabianca‹ legte am 9. Mai, 17.30 Uhr, ab und ging in See. Als sie sich am 15. Mai, 2 Uhr, auf der Höhe von Lindesnes vor der Einfahrt in das Skagerrak befand, wurde sie von einem deutschen Schnellboot geortet und mit Bomben beworfen. Dies wäre für Sacaze und den britischen Verbindungsoffizier nicht weiter beunruhigend gewesen, wenn sie nicht das ›tüt ... tüt ...‹ der Mikrofone gehört hätten. Besaß der Gegner denn ein Asdic oder ein diesem Apparat ähnliches Gerät mit Ultraschall und hohen Frequenzen? Oder war vielleicht an Bord der ›Seal‹, die den Deutschen am 5. Mai in die Hände gefallen war, der Chiffreschlüssel gefunden worden?[6]

Die ›Casabianca‹ entkam ihrem Angreifer. Sie steuerte sehr geschickt gegen die deutsche Küste und lief in das Skagerrak mit seinen geringen Tiefen ein, während der Feind glaubte, sie sei gegen See hin entflohen. Im deutschen Wehrmachtsbericht hieß es: »Am 17. Mai wurde in der Nordsee ein französisches U-Boot angegriffen und wahrscheinlich versenkt!« Die Besatzung konnte aber erst nach einer 45stündigen Unterwasserfahrt wieder aufatmen.

Aber man sollte von der ›Casabianca‹ noch hören ...

Die ›Achille‹ wurde von einem Flugzeug mit Bomben beworfen. In der Nacht vom 15. auf den 16. Mai, 22.55 Uhr, detonierten 6, um 00.17 Uhr noch weitere Bomben neben ihr. Nach 52 Stunden Tauchfahrt mußte sie zum Aufladen ihrer Batterien wieder über Wasser gehen. Dies war aber ihr Unglück. Vor der englischen Küste wurde sie von einem britischen Flugzeug mit 5 Bomben zu je 125 kg getroffen, schwer beschädigt und mußte Brest anlaufen[7].

Am 22. Mai war die 2. U-Boot-Division wieder in ihrem Heimathafen Dundee versammelt. Am 6. Juni verließ die ›Jules Verne‹ mit acht französischen Booten diesen Hafen mit dem Bestimmungsort Brest. Auch die ›Casabianca‹ und die ›Achille‹ waren darunter. Der U-Boot-Minenleger ›Rubis‹, der auf schwierige Unternehmungen zurückblicken konnte, blieb zurück. Er hatte seine Minen vor dem norwegischen Hafen Egersund, in den Gewässern von Stavanger und im Inneren der Passage von Bergen gelegt. Nachdem die ›Rubis‹ am 21. Juni, zwei Tage vor dem deutschfranzösischen Waffenstillstand, zu einem neuen Unternehmen aus Dundee ausgelaufen war, legte sie, trotz scharfer Überwachung dieser Gebiete durch deutsche Flugzeuge und Wachboote, ihre ›Eier‹ am 26. acht sm im Kanal von Ytte-Fjord und vor Trondheim. Ihr Kommandant, Kapitänleutnant Cabanier, nahm den Waffenstillstand einfach nicht zur Kenntnis. »Ich habe den Bericht über Ihre soeben durchgeführten Patrouillenfahrten mit Interesse und Erleichterung zur Kenntnis genommen und beglückwünsche Sie zu Ihrer letzten Kreuzfahrt, bei der Sie einen so großen Erfolg errungen haben, auf das wärmste. Sie erwiesen der Sache der Verbündeten einen großen Dienst!«

So lautete die Botschaft, die Sir A. Dudley P. R. Pound, Erster Lord der Admiralität und Oberbefehlshaber der Royal Navy, an den Kapitänleutnant Georges Cabanier[8] zu einem Zeitpunkt richtete, als Frankreich kapitulierte.

Die ›Rubis‹ trat unter den Befehl des Kapitänleutnants Rousselot und setzte ihre gefahrvolle Tätigkeit fort. Sie zählte 15 überprüfbare Erfolge, ohne die Schiffe des Feindes zu zählen, die auf eine der in 22 Einsätzen ausgelegten 629 Minen geraten waren. Die ›Rubis‹ erwies sich für die Engländer als um so wertvoller, weil Großbritannien nur wenige U-Boot-Minenleger besaß. Im übrigen war dieses U-Boot das erste Schiff der Seestreitkräfte des freien Frankreich.

Inzwischen fanden in den Fjorden und im Landinneren von Norwegen noch weiter Kämpfe statt. Am 10. April hatten englische Seestreitkräfte die deutschen Kriegsschiffe vor Narvik angegriffen und 7 Zerstörer versenkt. In Namsos und in Andalsnes wurden britische und französische Truppen gelandet, um Trondheim zurückzuerobern. Dies gelang aber nicht, weil die Deutschen Verstärkungen aus Oslo und Lillehammer heranholten. Am 28. April verlagerte sich die Schlacht um Norwegen in den Norden von Narvik, wo sich General Béthouart mit der 22. französischen Jägerbrigade, zwei Bataillonen der Fremdenlegion und zwei polnischen Bataillonen auszeichnete[9].

Die Krise der Torpedos

Ungeduldig erwartete Dönitz in Kiel Meldungen über die Erfolge seiner U-Boote. Obwohl die Anzahl der Schiffe, die von den Alliierten für Truppentransporte und Materialnachschub nach Norwegen eingesetzt wurden, groß war, und obwohl aus den Meldungen der deutschen Geheimagenten hervorging, wie wichtig der Schiffsraum für die Feindmächte war, blieben Siegesmeldungen der U-Boote aus.

Zwischen dem 1. und dem 10. April mußte der B. d. U. in den Berichten seiner U-Boot-Kommandanten Sätze lesen wie etwa: »4 Torpedos gegen die ›Warspite‹ ohne Erfolg« ... oder »4 Torpedos gegen Transportschiffe verschossen, kein Treffer« ...

Alles in allem: 4 Angriffe gegen die ›Warspite‹, 14 gegen Zerstörer, 10 gegen Transportschiffe ... und sie alle waren vergeblich geblieben, weil die Torpedos entweder wirkungslos unter den Schiffen durchliefen oder schon vorher detoniert waren.

Diese überraschende Tatsache war besonders im Hinblick auf die Moral der Besatzungen niederschmetternd. Es war so, als würde ein an sich vorzügliches Gewehr an zahlreich vorhandenem Wild dauernd vorbeischießen.

Es war klar, daß die mit magnetischer Zündvorrichtung versehenen Torpedos Fehler aufwiesen: Am 11. April waren von 12 Torpedos, die von den U-Booten U 25, U 48 und U 51 abgefeuert worden waren, 8 zu früh detoniert, und von den 15, die Prien auf Transporter in einem Fjord verschossen hatte, hatten alle das Ziel verfehlt[10].

Am 11. April beschloß Dönitz, die Funkstille zu brechen[11]. Dies war nicht gefährlich, eher das Gegenteil, denn es konnte dem Gegner Angst einjagen, daß in seiner Nähe U-Boote operierten.

Zwischen dem B. d. U. einerseits und der Torpedo-Inspektion wie auch den Arsenalen andererseits kam es zu heftigen Auseinandersetzungen. Die Erzeugungsstätten der Torpedos hielten daran fest, daß das von ihnen gelieferte Material in Ordnung sei. Dönitz, der Mathematiker und Pedant, legte Statistiken an; diese Arbeit dürfte während der Schlacht um Norwegen seine meiste Zeit beansprucht haben.

Man griff auf die Torpedos mit ufschlagzünder zurück, ohne die Magnet-Torpedos ganz aufzugeben. Der Konteradmiral gab für die Art ihres Einsatzes sehr genaue Weisungen heraus[12]. Aber alle diese Anordnungen erwiesen sich als unwirksam, und die U-Boote vermochten auch weiterhin nicht, ihre früheren Erfolge zu erreichen. Wenn die verbitterten und unzufriedenen Kommandanten von ihren Unternehmungen zurückkamen, nachdem sie alle ihre Torpedos nutzlos verschossen hatten, sprachen sie von nichts anderem als von ihrer Enttäuschung über die verfluchten Torpedos, die zu einem Schandfleck in der ruhmreichen Geschichte der U-Boot-Waffe geworden waren. Die Lage war ernst.

Die Auseinandersetzungen mit der Torpedo-Inspektion wurden immer häufiger. Die magnetische Zündung wirkte wohl auf hoher See, nicht aber in den Fjorden. Man dachte schon an die Temperaturunterschiede im Wasser, das in den Fjorden kälter war als im offenen Meer. Auch die Verschiedenheiten in der Dichte des Wassers konnten das Funktionieren der Torpedos beeinflussen. Dönitz fand, daß in den nördlichen Breiten der Zündmechanismus völlig versagte, und änderte die früher an die U-Boot-Kommandanten ergangenen Befehle ab. Widerwillig sandte er neue Instruktionen aus, von denen er selber wußte, daß es schwierig sein werde, sie zu verstehen, geschweige denn ihnen nachzukommen.

Am 18. April meldete auch U 37 Frühzündungen seiner Torpedos, und am 19. griff U 47 die ›Warspite‹ mit zwei auf 8 m Tiefe eingestellten Torpedos an, von denen einer schon vor dem Ziel, der zweite erst, nachdem er es unterlaufen hatte, zündete. Niemals war ein Schiff so oft von U-Booten angegriffen worden wie die ›Warspite‹! Am gleichen Tag feuerte U 65 einen Torpedo gegen den Kreuzer ›Emerald‹, der schon 22 Sekunden nach Verlassen des Rohres zündete. Diese Torpedos waren zu einer Gefahr für die Boote selbst geworden.

Am 20. begegnete Priens U 47 einem nach Norden steuernden Geleitzug und griff ihn nicht an, weil der Kommandant überzeugt war, daß die Torpedos das Ziel nicht treffen würden. Vorher hatte er auf Transportschiffe, die vor Anker lagen, 8 Torpedos ohne Erfolg verschossen. Sie hatten alle das Ziel unterlaufen, ohne zu zünden. Da die Torpedos nach den internationalen Vorschriften sich nach Beendigung ihres Antriebs selbst desaktivieren müssen, gingen sie bis auf einen, der am Strand detonierte, auf dem Meeresboden verloren.

Prien erklärte dem B. d. U. rundweg, daß man ihm nicht noch einmal zumuten könne, mit einem Holzgewehr in den Kampf zu ziehen.

Der Admiral regte seine Offiziere dazu an, ihre Meinung ganz unumwunden zu äußern. Er, der selbst ein ehemaliger U-Boot-

Kommandant war, wußte, daß zur See die Verleugnung oder das Fehlen eines Charakters nur schädlich sein könne.

Während dieser Zeit hatte der am 21. Dezember 1939 zum Torpedo-Inspektor ernannte Konteradmiral Kummetz alles darangesetzt, die Ursachen für die Mängel an den Torpedos herauszufinden. Großadmiral Raeder stellte einen Untersuchungsausschuß zusammen. Am 23. Juli 1940 veröffentlichte der Oberbefehlshaber der Marine ein Dienststück, das eine Darstellung der an den Torpedos festgestellten Fehler beinhaltete, wie sich diese bei den Untersuchungen des Ausschusses herausgestellt hatten. Die für die Übernahme der Torpedos Verantwortlichen wurden vor ein Kriegsgericht gestellt. Damit hörten die ›Versager‹ aber nicht auf.

Im Juni 1940 verwendeten die U-Boote nur noch Torpedos mit Aufschlagzündung. Man schrieb diesen Rückschlag der nicht genügend kritischen Einstellung des Untersuchungsausschusses zu seinen eigenen Wahrnehmungen zu. Jedenfalls versenkten die U-Boote im März nur 47.000, im April 31.000 und im Mai 48.000 BRT alliierten Schiffsraum. Nach den Schätzungen des B. d. U. hatten sie 150.000 BRT verfehlt[13].

Im April wurden 7 deutsche U-Boote vernichtet, und diese Summe wäre sicherlich geringer ausgefallen, wenn sich nicht die Boote U 27 und U 39 durch die Frühzünder ihrer Torpedos verraten hätten. Die U-Boote hätten die Transporte von alliierten Truppen verhindert oder zumindest stören können, so aber ging für die Engländer und die Franzosen kein einziger Truppentransporter verloren.

Wenn auch die Schlacht um Norwegen, um diese ›Erde des Schicksals‹, wie Hitler sie nannte, für die Alliierten mit einer Niederlage geendet hatte, ging der Krieg trotzdem in den norwegischen Fjorden weiter; es war nur der Hauptkriegsschauplatz, der sich verlagert hatte.

V

DIE SCHLACHT IM ATLANTIK

»Die Engländer geben nie auf halbem Wege auf, sie gehen bis zum Ende.« *Karl Dönitz*

Erste Phase: Juni 1940 bis Dezember 1940

Die Kommandanten und die U-Boot-Besatzungen waren wegen der geringen Erfolge, die sie in der Schlacht um Norwegen erzielt hatten, unzufrieden, verärgert und mißmutig in die Liegehäfen Wilhelmshaven und Kiel zurückgekehrt[1]. Sogleich hatten die Werften mit den Instandsetzungsarbeiten begonnen, weshalb sich kurze Zeit kein einziges Boot in See befand. Andererseits hatten die Engländer den überwiegenden Teil ihrer Boote im Ärmelkanal, wo sich nichts ereignete, zusammengezogen.

Ohne Begeisterung und ohne allzu große Hoffnungen bereitete Dönitz seine U-Boote für die Aktion ›Seelöwe‹, die Landung deutscher Truppen in England, vor und unterwarf alle Besatzungen und die noch in Ausbildung begriffenen Männer einer neuerlichen Schulung.

Die Truppen über den Ärmelkanal und in die Straße von Calais zu schaffen, um sie auf englischem Boden zu landen, war an und für sich schon eine sehr schwer zu lösende Aufgabe; sie dann noch mit Munition, Material und Lebensmitteln zu versorgen und die Verwundeten in die Heimat zurückzubringen, war noch viel schwieriger.

Um dies alles zu meistern, hätte es nicht nur einer langen Vorbereitungszeit, sondern auch der Luftherrschaft bedurft. Doch die Luftwaffe hatte die Schlacht über England verloren.

Großadmiral Raeder stand vor anderen Problemen. Vor allem

mußte er den Italienern in ihrem Kampf um die britischen Stützpunkte im Mittelmeer, Malta und Alexandrien, Hilfe bieten.

Um alle notwendigen Operationen durchführen zu können, hätten viel mehr U-Boote zur Verfügung stehen müssen.

Nach Ansicht des B. d. U. war der Angriff auf die maritimen Verbindungswege neben der Truppenlandung auf englischem Boden das einzige Mittel, Großbritannien zum Frieden zu zwingen. »Um England friedensbereit zu machen«, schreibt Dönitz, »blieb meiner Meinung nach ... der Kampf gegen seine Seeverbindungen. Damit würde England direkt getroffen. Auf sie war die englische Kriegführung unmittelbar und weitgehend angewiesen. Auf ihre ernsthafte Bedrohung mußte die englische Politik unbedingt reagieren[2].«

Napoleon hatte ähnlich gedacht, aber nicht die Mittel besessen, die Kontinentalsperre lückenlos zu verwirklichen.

Die ersten Erfolge

Am 15. Mai 1940 sandte Dönitz ein U-Boot – U 37 (Kptlt. Öhrn) – in den Atlantik. Im Nordwesten von Kap Finisterre war der Seeverkehr im Frieden sehr stark, und man konnte annehmen, daß er auch im Krieg lebhaft sein werde.

Wird sich der Magnet-Torpedo im Atlantik besser bewähren als in den norwegischen Fjorden? In angstvoller Ungeduld wartete Dönitz auf den Bericht des U-Boot-Kommandanten. Konnte Öhrn seine Aufgabe nicht erfüllen, dann war Hitlers Vertrauen in seine U-Boote endgültig dahin. Der Ausbau der U-Boot-Waffe würde verzögert, vielleicht sogar eingestellt werden. U 37 meldete, daß es neben einigen Versagern der Magnet-Torpedos auch Erfolge gegeben habe. Dönitz verbot daraufhin die weitere Verwendung dieser Type und ordnete den ausschließlichen Einsatz von Torpedos mit Aufschlagzündung an. Den damit verbundenen Rückschlag im technischen Sinn mußte man eben im Hinblick auf die besseren Ergebnisse der altmodischen Torpedos auf sich nehmen.

U 37 lief am 9. Juni mit Flaggengala und Triumph in Wilhelmshaven ein, nachdem es 47.000 BRT Schiffsraum versenkt hatte. Die Stimmung der Männer auf den U-Booten stieg wie das Barometer nach einem Sturm. Auf Befehl des B. d. U. gingen nun fast alle verfügbaren U-Boote in den Atlantik, wo sie sich zwischen Irland und Gibraltar verteilten. In den folgenden Monaten fielen ihnen zahlreiche Handelsschiffe zum Opfer.

Am 10. September wurden von 4 Booten 5 Frachter aus einem englischen Geleitzug heraus versenkt; in der Nacht vom 21. auf den 22. gingen 11 Handelsschiffe durch die Torpedos von 5 Booten zugrunde. In den Nächten vom 17. und 18. Oktober versenkten 6 U-Boote im Überwasserangriff aus 3 Geleitzügen nicht weniger als 38 Handelsschiffe! Und die Versenkungen stiegen von Monat zu Monat.

Diese U-Boot-Erfolge waren der deutschen Propaganda sehr willkommen. Mehrmals am Tage gab der Rundfunk nach den ersten Takten der 5. Symphonie von Beethoven die Zahl des neuerlich versenkten Schiffsraums bekannt, wobei propagandistische Übertreibungen nicht selten waren. »Wir packen die Engländer an der Kehle«, verkündete Goebbels.

Alle diese Erfolge wurden im Nordwesten von Rockall, einer kleinen Insel nordwestlich von Irland, erzielt. Um in dieses Seegebiet zu gelangen, mußten die U-Boote die Straße von Calais passieren, die von den Engländern *the Straits of Dover* genannt wird. Dort legten die beiden Minenleger ›Adventure‹ und ›Plover‹ in verschiedenen Tiefen viele Tausende von Minen, auf die dann auch in der ersten Oktoberhälfte die Boote U 12 und U 40 gerieten. U 16, das von einer Mine schwer beschädigt worden war, konnte sich am 24. Oktober bei Goodwin auf Strand setzen. Nur ein einziges U-Boot kam unbehindert durch die Sperre. Seither umfuhren die U-Boote auf ihrem Weg nach Rockall Großbritannien von Norden her, was zwar den Weg verlängerte, aber mehr Sicherheit und Aussichten auf Beute verhieß.

Der Angriff in der Nacht und über Wasser

Vielfach glaubt man, daß ein U-Boot immer unter Wasser fährt, getaucht seine Torpedos verschießt und nur auftaucht, um seine Batterien aufzufüllen und der Besatzung eine Atempause zu gönnen, während die Ventilatoren die Räume des Bootes durchlüften. Bis zum Jahre 1945 – dem Beginn des Atomzeitalters – war das nicht so. Über Wasser fuhr das Boot 16 bis 18 kn, getaucht höchstens 7 kn. Es war wichtig, mit den feindlichen Geleitzügen Fühlung zu halten und den Gegner an backbord oder an steuerbord zu überholen, um aus einer günstigen Stellung angreifen zu können. Die geringe Höhe des Turmes verminderte die Gefahr des Gesichtetwerdens, das Boot näherte sich dem Ziel bis an die Grenze des Entdecktwerdens.

Die Angriffe fanden in der Nacht statt. Bei Tag anzugreifen, war zwar kühn, aber wegen der Geleitfahrzeuge gefährlich. Gewöhnlich führten die Torpedierungen zu einem Durcheinander in der Fahrordnung der Handelsschiffe, die, im Zick-Zack-Kurs laufend, einander behinderten, ja sogar rammten. Nach der Aktion suchte das U-Boot schleunigst das Weite und tauchte nur ganz tief, wenn ein Geleitzerstörer erschien. Das Kriegstagebuch des Kapitänleutnants Kretschmer schildert ein solches Unternehmen[3]:

»18. Oktober. 23.30 Uhr. Ich greife nun den rechten Flügel des vorletzten Gliedes an. Bugschuß auf großen Frachter. Da der Dampfer zuzackt, geht der Torpedo vorn vorbei und trifft dessen noch größeren Nebenmann nach einer Laufstrecke von 1740 m. Dieses Schiff, etwa 7000 BRT groß, wird in der Höhe des vorderen Mastes getroffen und sinkt mit dem Vorschiff schnell bis zur und unter die Wasseroberfläche, da anscheinend zwei Laderäume vollaufen.

23.55 Uhr. Bugschuß auf großen Frachter, etwa 6000 BRT, Entfernung 750 m. Treffer vorderer Mast. Der Torpedo-Detonation folgt unmittelbar eine durch eine hohe Stichflamme begleitete Explosion, die das Vorschiff bis zur Brücke aufreißt und deren Qualmwolke etwa 200 m hoch steht. Vorschiff anscheinend gebrochen. Schiff brennt weiter mit grünlicher Flamme.

19. Oktober. 00.15 Uhr. Drei Zerstörer nähern sich dem Schiff und suchen in Dwarslinie die Umgebung ab. Ich laufe mit äußerster Kraft ab nach Süd-West und gewinne bald wieder Anschluß an den Geleitzug. Es sind dauernd Torpedo-Detonationen anderer Boote zu hören. Die Zerstörer wissen sich nicht zu helfen und schießen dauernd zu ihrer Beruhigung Leuchtgranaten, die aber in der hellen Mondnacht nicht viel ausrichten. Ich fange nun an, den Geleitzug von achtern abzubauen.

01.38 Uhr. Bugschuß auf großen, tiefbeladenen Frachter von etwa 6000 BRT, Entfernung 945 m. Treffer am vorderen Mast. Schiff sinkt in der Detonation.

01.55 Uhr. Bugschuß auf den nächsten großen Dampfer von etwa 7000 BRT. Entfernung 975 m. Treffer am vorderen Mast. Schiff sinkt innerhalb von 40 sec.«

Wie konnte dies alles während der Aktion so genau festgestellt werden? Ein Unteroffizier hatte in der Zentrale die Seekarte vor sich ausgebreitet. Auf ihr wurden die Befehle des Kommandanten vermerkt, was nicht nur eine schnelle Auffassungsgabe, sondern auch eine genaue Kenntnis der Taktik erforderte. Nach dem Angriff wurden die Aufzeichnungen auf der Karte vom Kommandanten für seine Meldung ausgewertet.

Das goldene Zeitalter der U-Boote (Lorient)

Als die Deutschen nach dem Waffenstillstand vom 22. Juni 1940 die französische Küste von Dünkirchen bis Hendaye besetzten, erweiterte sich der Wirkungskreis ihrer U-Boote beträchtlich.

Dönitz begriff sogleich die Wichtigkeit der Häfen von Brest und Lorient als Stützpunkte für seine Einheiten. Endlich konnten auch die kleinsten unter ihnen – die 250-t-Boote – die Sackgasse der Nordsee verlassen und sich an der Bedrohung der Schiffahrtswege des Gegners beteiligen.

Am 23. Juni 1940 verließ Konteradmiral Dönitz Sengwarden und begab sich an Bord eines Junkers-Flugzeugs nach Lorient …

Unverzüglich läßt er in Keroman einen U-Boot-Liegehafen errichten, in dem die Boote zwischen ihren Feindfahrten einen schützenden Unterschlupf in Betonbunkern mit meterdicken Wänden und Decken finden. Die Besatzungen werden in Hotels und in der Musikakademie der Stadt untergebracht. in Kernevel befindet sich die Befehlsstelle des B. d. U. Er selbst berichtet über sie[4]:

»In meiner Befehlsstelle in Frankreich wurden die U-Boot-Operationen in den beiden sogenannten ›Lagezimmern‹ bearbeitet. Hier fanden die täglichen Lagevorträge statt und fielen alle Entscheidungen über die U-Boot-Kriegführung. Die dafür benötigten Seekarten bedeckten die Wände. Mit Nadeln oder Fähnchen waren die U-Boot-Positionen und die uns bekannten Angaben über die Feindlage, wie z. B. erwartete Geleitzüge und ihre Wege oder Räume und Reichweiten der gegnerischen Abwehr daraufgesteckt oder eingezeichnet. Die Karten wurden ergänzt durch graphische

Darstellungen. Sie betrafen z. B. die vom geographischen Ort der Befehlsstelle abweichenden Tag- und Nachtzeiten in den Operationsgebieten, Meeres- und Gezeitenströmungen, die Eis- und Nebelverhältnisse, besonders im Nordwest-Atlantik, tägliche Wetterlagen, vorhandene Seeausdauer der im Einsatz stehenden sowie Werft- und Auslauftermine der in den Häfen befindlichen U-Boote und derartige Dinge mehr ...

Neben den Lagezimmern befand sich unser sogenanntes ›Museum‹. Hier waren an den Wänden im wesentlichen die graphischen Darstellungen über Versenkungen, U-Boot-Verluste und durchgeführte Geleitzugoperationen aufgehängt. Vor allem war hier die Wirksamkeit unserer Kriegführung zur Kontrolle bildhaft aufgezeichnet. Das Potential der U-Boote, d. h. die durchschnittliche Versenkungszahl pro Seetag, war in Kurven dargestellt. Es konnte in Bruttoregistertonnen nur nach den Erfolgsmeldungen der U-Boote berechnet werden. Wenn auch diese Meldungen erfahrungsgemäß im allgemeinen etwas nach oben verschätzt waren ... gaben sie doch über die relative monatliche Zu- oder Abnahme des Potentials ein zutreffendes Bild!«

Der Konteradmiral ging mit seinem getreuen Stabschef Godt von einem Zimmer in das andere und beriet sich mit den Offizieren seines Stabes. Es bedrückte ihn, wenn die U-Boote bei allzu schlechtem Wetter nicht auslaufen konnten, und er war besorgt, wenn sich die Meldungen seiner Boote verzögerten oder wenn sie gar ausblieben. Er kannte alle Offiziere, die Kommandanten, die LOs (Ingenieure), denen die Betreuung der Maschinenanlagen, das Auffüllen der Batterien und die Tauchmanöver und Tauchfahrt des Bootes oblag, die WOs (Wachoffiziere), ja sogar die Fähnriche, denen bei einem Artilleriegefecht die Feuerleitung oblag. Kernevel mit seinen Offizieren und Sekretärinnen, den ›blauen Mäusen‹, war eine Welt für sich. Ein wenig weiter, an der Mündung des Ter-Flusses, standen die drei riesigen Betonbunker, die bis zu 13 Boote beherbergen konnten. Sie waren von den Ingenieuren der Organisation Todt geplant und von französischen Arbeitern errichtet worden. Ursprünglich waren die Deutschen mit diesen Arbeitern zufrieden, aber dann ...

Wenn das U-Boot von der Feindfahrt zurückkam, wurden sein Kommandant und seine Besatzung von den Offizieren und Mannschaften an Land empfangen. Die Männer auf den Booten standen, so wie sie waren, unrasiert, mit verwildertem Bartwuchs und in Arbeitsuniformen, die vom Meersalz und Ölflecken glänzten, ausgerichtet an Deck. Dann begrüßte Dönitz selbst oder sein Stellvertreter den Kommandanten mit Handschlag.

Bald waren die Bootsnummern und die Namen der Kommandanten allgemein bekannt. Man veranstaltete ein kleines Fest, bei dem deutsche Mädchen den Kommandanten und die Besatzung mit Blumen begrüßten. Abends wurde dann – und nicht wenig – getrunken und gesungen. Aber es gab auch ernstere Dinge zu erledigen, vor allem die Meldung über den Verlauf der Unternehmung. Sie war nicht etwa nur eine bloße Schilderung dessen, was nacheinander geschehen war, oder eine Abschrift des Kriegstagebuches. Es mußten aus ihr vielmehr auch viele andere Einzelheiten ersichtlich sein, wie z. B. die Erfahrungen mit dem Material, die Beurteilung der Taktik, die Stimmung unter der Besatzung ... tausend Dinge, die der B. d. U. immer sehr aufmerksam verfolgte.

Dönitz, Godt und die anderen Offiziere des Stabes studierten die Berichte der Kommandanten genau. Über ihren Inhalt wurde gemeinsam geurteilt, es wurde gelobt und kritisiert. Und immer verlangte Dönitz, daß jeder seine Meinung unverhüllt äußere.

Es kam vor, daß ein von der Feindfahrt ermüdeter und durch sie nervös gewordener Kommandant oder ein Choleriker aus Veranlagung in erregtem Ton über die Werften und ihre Ingenieure zu fluchen begann, die den Männern an der Front, die Tag für Tag ihre Haut zu Markte trugen, fehlerhaftes Material lieferten. Dann versuchte der Konteradmiral den Aufgeregten zu beruhigen, indem er sich seine Beschwerden aufschrieb. Wenn aber der Erboste in seiner Erbitterung zu weit ging, stand Dönitz auf und klopfte dem Offizier besänftigend auf die Schulter, wobei er sagte: »Sie gehen zu weit, mein Lieber!«

Die Kommandanten und Besatzungen gingen sodann auf Heimaturlaub, und nur einige Besatzungsmitglieder blieben zur Instandsetzung des Bootes an Bord. Sie konnten sich dafür des abends in den Gaststätten von Lorient schadlos halten.

Wenn die Urlauber von zu Hause zurückkehrten, fanden sie ihr Boot neu gestrichen, auf Glanz hergerichtet und vielleicht mit einer anderen Nummer vor. Diese war gewöhnlich höher als die frühere, um den Feind zu täuschen ... Man glaubte es wenigstens.

Die Offiziere und Mannschaften, die in Lorient zurückbleiben mußten, schlugen zuweilen über die Stränge. Aber jeder gute Kommandant sah darüber hinweg, wenn seine Leute, solange das Boot im Hafen lag, übermütig wurden. In See jedoch herrschte unbarmherzige Disziplin, die nur durch die täglichen Gefahren, die allen Männern des Bootes gemeinsam drohten, aufgelockert wurde.

Die Jahresbilanz 1940

In den fünf Monaten vom Juni bis einschließlich Oktober 1940 wurden in Anbetracht der Erfolge im Atlantik von den deutschen U-Booten 274 alliierte und neutrale Handelsschiffe mit insgesamt 1.395.298 BRT versenkt, also wesentlich mehr als im vorhergehenden gleichen Zeitraum mit seinen 128 Schiffen und 431.657 BRT. Das Schlechtwetter und die Reparaturarbeiten an zahlreichen Einheiten setzten die Zahlen für die Monate November und Dezember 1940 (69 Schiffe mit 359.203 BRT) herab, das Jahr schloß für die deutschen U-Boote jedenfalls mit einem bedeutenden Guthaben, denn sie hatten den gegnerischen Schiffsraum um 471 Schiffe mit 2.186.590 BRT vermindert, das sind im Monatsdurchschnitt ungefähr 183.000 BRT[5].

Dönitz urteilte über die baulichen Gegenmaßnahmen der Alliierten sehr nüchtern: »Die englischen und amerikanischen Werften konnten im Jahre 1940 monatlich schätzungsweise 200.000 BRT bauen. Eine Erhöhung dieser Bauquote war in den kommenden Jahren natürlich zu erwarten. Sie konnte aber nur allmählich anlaufen und wirkungsvoll werden … Unsere Aufgabe mußte demnach sein, so schnell wie möglich den feindlichen Schiffsraum zu versenken, d. h. als Voraussetzung dafür, so schnell wie möglich U-Boote, das Hauptkampfmittel in der Handelskriegführung, in der erforderlich großen Anzahl zu schaffen[6].«

Die Zahl 200.000 im Monat war im Durchschnitt fast erreicht worden. Der B. d. U. dachte an die ungeheure Verlustzahl der Gegner, die hätte erzielt werden können, wäre die von ihm verlangte Anzahl von 100 U-Booten gebaut worden. Daß dieser Erfolg möglich gewesen wäre, konnte Dönitz angesichts der Tüchtigkeit seiner Kommandanten, der Prien, Herbert Schultze, Kretschmer, Schepke, Endraß, Liebe, Lüth, Frauenheim, Wohlfahrt, Öhrn, Jenisch und vieler anderer als sicher voraussetzen.

Die britischen Verluste stiegen ebenso wie der Ausfall an deutschen U-Booten. Zwischen dem 3. September und dem 31. Dezember 1940 waren in der Nordsee und im Ärmelkanal durch die Wabos der Zerstörer und U-Jäger wie durch die Bomben von Flugzeugen 31 deutsche U-Boote versenkt worden. Zwei Boote wurden durch ihre britischen Artgenossen vernichtet: U 51 (Kptlt. Dietrich Knorr) am 20. August vor Belle-Isle und das italienische U-Boot ›Tartini‹ am 15. Dezember von der ›Thunderbolt‹ vor Verdon.

Dönitz setzte sich beim Großadmiral Raeder dauernd schriftlich und mündlich dafür ein, daß der Ausbau der U-Boot-Waffe verstärkt werde. Der Großadmiral leitete die Forderung des B. d. U. an den Führer weiter, von dem man wußte, daß er der Marine nicht günstig gesinnt sei. Beide Offiziere stießen auf die Unzugänglichkeit Hitlers, die stille Feindschaft Görings und die sich eher unverhüllt zeigende Abneigung des Chefs des Oberkommandos der Wehrmacht, des Generalobersten Keitel. Diesen Männern kam bei ihrer ablehnenden Haltung zugute, daß sie stets in der Umgebung des Führers weilten und ihn daher entsprechend beeinflussen konnten. Der Marine wurden zwar 5 Prozent der Stahlerzeugung zugewiesen, doch durften nur 25 U-Boote im Monat gebaut werden. In der ersten Jahreshälfte 1940 liefen nur zwei, in der zweiten nur sechs U-Boote vom Stapel. Dönitz aber wußte, daß die Alliierten in den nächsten Monaten, vielleicht sogar Jahren, ihre Verteidigungsmittel stark entwickeln und die Verluste an Booten daher steigen würden. Die Vereinigten Staaten bauten auf Fließband Handelsschiffe, die ›Liberty ships‹ genannt wurden und ebenso einfach wie billig waren. Der Konteradmiral legte seinen Standpunkt zu dieser Lage der Dinge schriftlich fest[7]: »Heute Versäumtes läßt sich später, selbst bei erhöhter Produktion, nicht mehr einholen.«

Die Schlacht in den *Western Approaches* war im Dezember 1940 zu Ende. Sie war durch die Erfolge der großen U-Boot-Kommandanten, die individuell operierten, gekennzeichnet. Von da an verlagerte sich die hauptsächliche Kampftätigkeit in den mittleren Atlantik und in die Gewässer vor Freetown, wo U-Boot-Rudel operierten.

In diesem Zeitraum hatten die britischen U-Boote 180.000 BRT deutschen Schiffsraums (davon 80.000 in der Nordsee, 45.000 im

Mittelmeer) versenkt. Zu diesen ziemlich mittelmäßigen Erfolgen ist der Verlust eines deutschen Kreuzers, eines italienischen Torpedobootes sowie von drei deutschen und einem italienischen U-Boot hinzuzurechnen. Die britischen Verluste wurden zum Teil durch französische, holländische und griechische Einheiten sowie durch den Neubau von U-Booten (Typen T, U und S) im Jahre 1940 aufgehoben.

Zweite Phase der Schlacht im Atlantik: Januar 1941 bis Dezember 1941 Die Wolfsrudel

Schon seit 1935 hatten sich Dönitz und sein Stab mit der gruppenweisen Führung von U-Booten, der sogenannten ›Rudel-Taktik‹ beschäftigt. Die Grundzüge dieser Taktik bestanden darin, daß der B. d. U. U-Boote in einem bestimmten Gebiet konzentrierte, ohne daß die zusammengezogene Gruppe einem Abschnittskommando unterstellt wurde. Während des Angriffs, der gemeinsam geführt wurde, hatte jeder U-Boot-Kommandant volle Handlungsfreiheit. Wie Dönitz schreibt, handelte es sich darum, daß eine gewisse Anzahl von U-Booten planmäßig zu einem Angriff herangeführt wurde, wobei die einzelnen Boote während der Aktion nicht befehlsgebunden waren. Es mußte aber geklärt werden:

1. Die Nachrichtenübermittlung: Bei den über Wasser und auf Sehrohrtiefe fahrenden U-Booten war die Funkverbindung kein Problem, aber die Nachrichtenverbindung mit Booten in Tauchfahrt war eine schwer zu lösende Aufgabe. Man verwendete Langwellen, die vom U-Boot bis zu einer Tiefe von 20 m empfangen werden konnten.

2. Der Chiffreschlüssel mußte einfach sein, um die routinemäßige Entschlüsselung nicht zu schwierig zu gestalten, er mußte aber doch so kompliziert und ausgeklügelt sein, daß der Feind nicht womöglich den Schlüssel rekonstruieren konnte. Der für die Entschlüsselung zuständige U-Boot-Offizier stellte das Kennwort des Code auf einer Maschine ein, die zwei Millionen Kombinationen ermöglichte. Die verschlüsselt aufgenommene Nachricht wurde auf einer Schreibmaschine getippt, der Klartext konnte auf einer Scheibe abgelesen werden.

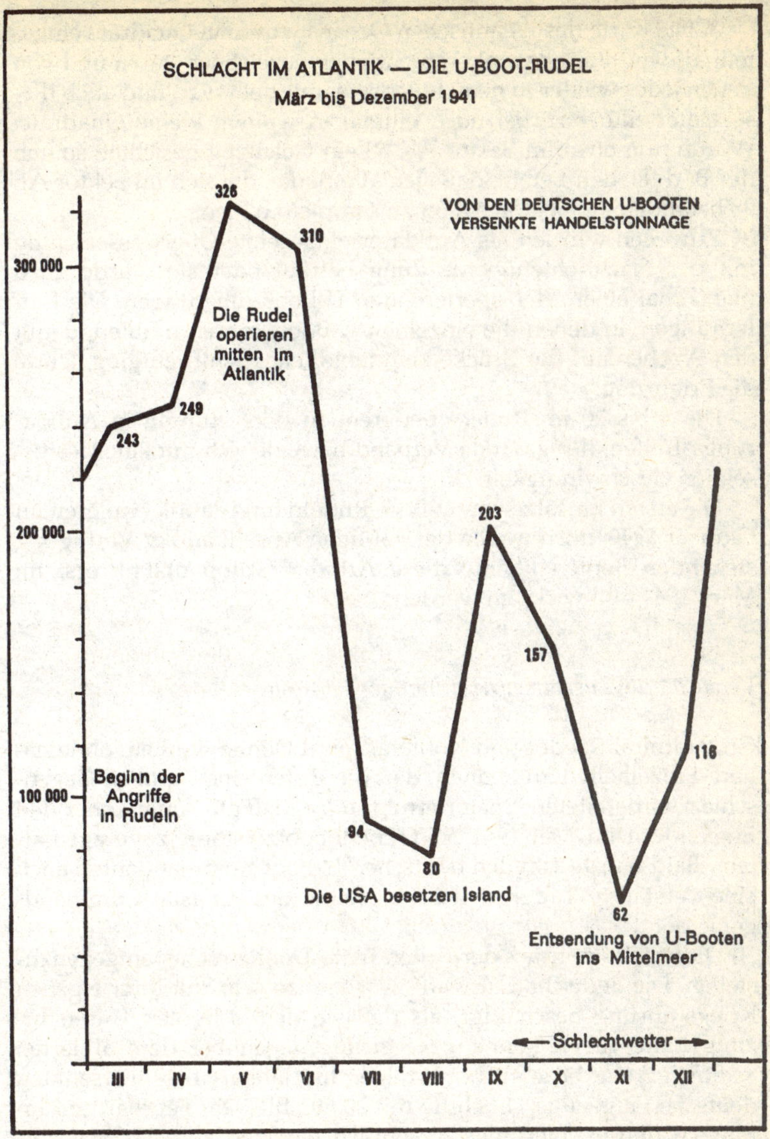
SCHLACHT IM ATLANTIK — DIE U-BOOT-RUDEL
März bis Dezember 1941
VON DEN DEUTSCHEN U-BOOTEN
VERSENKTE HANDELSTONNAGE
300 000
200 000
100 000
326
310
249
243
203
157
116
94
80
62
Die Rudel operieren mitten im Atlantik
Beginn der Angriffe in Rudeln
Die USA besetzen Island
Entsendung von U-Booten ins Mittelmeer
Schlechtwetter
III
IV
V
VI
VII
VIII
IX
X
XI
XII

3. Die Karte des Atlantischen Ozeans wurde in Quadrate eingeteilt, die mit Buchstabenkombinationen bezeichnet waren und von denen jedes wieder in neun Quadrate unterteilt war, und auch diese Unterteilung zerfiel noch einmal in weitere kleine Quadrate. Wurde nun etwa im Sektor AK 58 ein Geleitzug gesichtet, so gab der B. d. U. den Befehl, daß sich alle Boote, die sich im Sektor AL 98 befanden, im Sektor AK 58 zu sammeln hätten.

Zuweilen wurden als Aufklärer eingesetzte Überwasserschiffe mit der Nachrichtenübermittlung betraut oder sie wurde auch manchmal einem der operierenden U-Boote übertragen. Die Entfernungen, in denen die einzelnen U-Boote fahren mußten, damit den Wachen auf der Brücke kein feindliches Schiff entging, lehrte die Erfahrung:

Die 5 bis 20 im Rudel operierenden Boote fuhren in Aufklärungsstreifen, der gesamte Verband bewegte sich mit einer festgesetzten Geschwindigkeit.

Die ersten Einsätze von U-Boot-Rudeln im Atlantik erfolgten im Oktober 1940, doch wegen der geringen Anzahl an zur Verfügung stehenden Booten konnte diese Art der Gruppentaktik erst im März 1941 voll wirksam werden.

Versuche zur Zusammenarbeit mit der Luftwaffe

Großadmiral Raeder und Konteradmiral Dönitz wußten, ohne nähere Einzelheiten zu kennen, daß die Briten einen großen Gegenschlag vorbereiteten. Später erfuhren sie, daß die Amerikaner den Engländern im Mai 1941 50 Torpedobootzerstörer zugesagt hatten[8]. Bald wurde von den deutschen U-Boot-Kommandanten auch eine verstärkte Tätigkeit der Flugzeuge des ›Coastal Command‹ gemeldet …

Diesem Lufteinsatz der Briten hatte Dönitz nichts entgegenzustellen. Die deutsche Luftwaffe war viel zu sehr mit ihrer eigenen Kriegsführung beschäftigt, als daß sie den U-Booten Unterstützung hätte geben können. Sie errang gegenüber dem alliierten Schiffsverkehr beachtliche Erfolge. Im Januar 1940 versenkten deutsche Flugzeuge 11 Schiffe mit 23.693 BRT. Im Februar und im März waren es allerdings wesentlich weniger, aber im Mai vernichteten deutsche Bomber 48 Frachter mit 158.348 BRT, während es den U-Booten nur gelungen war, den feindlichen Schiffsraum um 13 Einheiten mit 55.580 BRT zu reduzieren. Im Juni allerdings überflügelten die U-Boote mit 284.113 BRT die Luftwaffe, die nur 22 Einheiten mit 105.193 BRT versenkte.

Der Wetteifer zwischen Großadmiral Raeder und Reichsmarschall Göring hatte sich – so wie später zwischen Dönitz und Göring – bis zur Eifersucht verschärft. Dem B. d. U. wäre es bei weitem lieber gewesen, wenn die Luftwaffe, statt Städte und Häfen anzugreifen, die englischen Werften, die Tag und Nacht arbeiteten, bombardiert hätte. Göring soll, wie Raeder schrieb, seine an der Küste stationierten Bomberverbände zu einer negativen Berichterstattung über die Marine ermuntert haben[9].

Seit Anfang Juni 1940 forderte Dönitz eine Unterstützung der im Atlantik operierenden U-Boote durch Luftaufklärung. Das einzige Flugzeug, das täglich zu einem Aufklärungsflug startete, war auf das Seengebiet vor Südwest-Irland beschränkt. Im Dezember mußten die Maschinen dieser Type (B. V. 138) wegen technischer Mängel ihre Tätigkeit für zwei Monate einstellen.

Die in Brest und Bordeaux stationierten Einheiten der Luftwaffe arbeiteten mit der Marine nicht zusammen. Wenn Dönitz trotzdem erreichte, daß hie und da Aufklärungsflüge über den *Western Approaches* durchgeführt wurden, verdankte er das nur seinen freundschaftlichen Beziehungen zu einzelnen Fliegeroffizieren.

Am 14. Dezember berichtete der B. d. U. an das Oberkommando der Marine, daß eine Zusammenarbeit mit der Luftwaffe immer nur zufällig zustande komme. Er hätte seine Ideen für eine Zusammenarbeit mit der Luftwaffe umsonst entwickelt.

Auf Grund eines Protokolls vom 2. Februar 1939 war die Aufklärung zur See eine Angelegenheit der Kriegsmarine, aber die Luftwaffe hatte die Mittel dafür bereitzustellen. Das Verlangen nach einem zahlenmäßig höheren Einsatz von Maschinen mit einem größeren Flugbereich blieb jedoch unbeachtet. Nur die Dornier, die Do 18, waren geeignet, Flüge auf größere Entfernungen durchzuführen.

Göring stellte neue Formationen mit Ju 88, He 111 und He 59 auf, die auf das einzige Ziel, das ihn interessierte, den Blitzkrieg gegen England, ausgerichtet wurden. Von diesen Neuaufstellungen wurde weder Raeder noch Dönitz in Kenntnis gesetzt. Wenn man die beiden Befehlshaber gelegentlich doch einmal um ihre

Meinung fragte, war diese durch inzwischen durchgeführte Maßnahmen der Luftwaffe bereits überholt.

Am 2. Januar 1941 hatte Raeder in Berlin eine Zusammenkunft zwischen Dönitz und dem Chef des Führungsstabes im Oberkommando der Wehrmacht, General Jodl, arrangiert. Der Konteradmiral forderte bei dieser Zusammenkunft den täglichen und gleichzeitigen Einsatz von 12 FW-200-Maschinen, die in Bordeaux stationiert waren (I. KG 40). Man einigte sich, und am 7. Januar befahl Hitler Göring, diese Einheit dem B. d. U. zu unterstellen. Göring befand sich zu diesem Zeitpunkt auf der Jagd. Der Reichsmarschall war mit der Unterstellung der Luftwaffeneinheit nicht einverstanden. »Alles, was fliegt, gehört mir!« äußerte er sich.

Als sich sein Sonderzug am 7. Februar in der Nähe der Befehlsstelle des B. d. U. befand, bat er diesen zu einer Unterredung zu sich. Göring versuchte, Dönitz zu bewegen, daß er bei Hitler für die Zurücknahme des Unterstellungsbefehles eintrete. Der Konteradmiral lehnte verstimmt dieses Ansinnen ab und schlug die Einladung zum Essen aus. Göring und Dönitz schieden im Groll.

Mit dem Kommando der I. KG 40 wurde von Göring am nächsten Tag Oberstleutnant Harlinghausen, ein ehemaliger Marineoffizier, betraut. Die von dieser Einheit geflogenen Maschinen waren eine Weiterentwicklung der Focke-Wulf 200. Man hatte ihnen unter anderem durch den Einbau größerer Treibstofftanks einen erweiterten Aktionsradius gegeben. Von ihrem Stützpunkt in Frankreich aus überflogen sie Nordirland, wo der britische Seeverkehr sehr lebhaft war, den Rückweg nahmen sie über England und landeten im norwegischen Stavanger. Aber auch die Flugleistung der Condor war nicht ausreichend, um an den Geleitzügen so lange Fühlung halten zu können, bis die U-Boote herangeführt waren. Sie mußten sich meist damit begnügen, die Position der Boote zu melden und dann wieder zum Rückflug wenden. Weil für die gestellten Aufgaben ihre Anzahl und auch ihr Aktionsradius zu klein waren, konnten sie außer im Golf von Biskaya und westlich von Spanien nur geringe Erfolge buchen. Oft waren solche nur dem glücklichen Umstand zu verdanken, daß sich zum Zeitpunkt der Sichtung ein U-Boot bereits in der Nähe des Geleitzuges befand. Den Piloten unterliefen bei der Standortbestimmung des Gegners Fehler bis zu 80 sm. Sie konnten übrigens mit den U-Booten nicht selbst in Funkverkehr treten, die Nachrichtenübermittlung erfolgte über eine Funkleitstelle auf dem Festland, was für die Durchgabe der Meldungen und für deren Auswertung eine weitere Verzögerung bedeutete.

Die Zusammenarbeit mit den italienischen U-Booten

Auf Verlangen des B. d. U., der für die Erkundung der Geleitzüge im Atlantik mehr U-Boote – ›Augen‹ nannte er das – brauchte, errichteten die Italiener im August 1940 in Bordeaux einen U-Boot-Stützpunkt, der unter dem Befehl des Admirals Parona stand. Der deutsche Verbindungsoffizier zu dieser Dienststelle, der BETASOM[10], Korvettenkapitän Rösing, ein ehemaliger U-Boot-Offizier, erhielt die Weisung, daß die Bundesgenossen im Rahmen der einheitlichen deutschen Führung weitgehende Selbständigkeit haben sollten. Allem guten Willen zum Trotz ergaben sich aber laufend Schwierigkeiten zwischen den Vertretern der beiden Achsenmächte. Die Überlegenheit der Deutschen in allen Fragen der U-Boot-Kriegsführung und die Autorität der Oberleitung wirkten sich auf die italienische Überempfindlichkeit ungünstig aus. So kam es nie zu einer echten Zusammenarbeit.

Vom 1. September an trafen insgesamt 29 italienische Boote in Bordeaux ein.

Wie schon erwähnt, wurde am 15. Dezember das italienische U-Boot ›Tartini‹ vor der Mündung der Gironde von der ›Thunderbolt‹ überrascht und versenkt.

Dönitz erwartete sich von der Teilnahme der Italiener eine verstärkte Tätigkeit der Boote im Atlantik, wurde aber in seinen Hoffnungen schnell enttäuscht. Die Meldungen der Italiener waren ungenau und kamen oft zu spät. Es gelang den Italienern auch nie so recht, sich den Erfordernissen der Rudel-Taktik anzupassen. In den 43 Tagen ihrer Tätigkeit im Operationsgebiet (vom 10. Oktober bis zum 30. November) versenkten die Italiener nur ein einziges Handelsschiff – 4866 BRT –, während die deutschen U-Boote im gleichen Sektor 80 Frachter mit 435.189 BRT, d. s. 1115 BRT je Boot und Tag, als vernichtet melden konnten.

Die Italiener behaupten heute, daß sie zwischen Oktober und Dezember einen täglichen Durchschnitt von 2403 BRT erreicht hätten. Der Unterschied zwischen den deutschen und den italienischen Angaben ergibt sich daraus, daß die Deutschen nur die tatsächlich versenkten Einheiten zählten, während die Italiener in ihrer Statistik auch die bloß beschädigten Schiffe mit einbezogen. Außerdem waren die Berichte ihrer Kommandanten oft übertrieben. Am 31. Juli 1941 meldete das italienische Oberkommando der Marine 180.000 BRT als versenkt, wohingegen es in Wirklichkeit samt den nur beschädigten Frachtern nur 55.897 BRT waren.

Den italienischen U-Boot-Fahrern fehlte es keineswegs an Ausbildung, aber sie waren zu wenig auf den kommenden Krieg ausgerichtet worden. Die Südländer waren dem Mittelmeer als ihrem Mare Nostrum verhaftet. Sie waren die Seefahrt im Atlantik mit seinem Schlechtwetter und dem langen, hohen Wellengang nicht gewöhnt. Ihre Boote litten darunter um so mehr, als sie nicht für ozeanische Ansprüche konstruiert worden waren. Ihre Türme waren zu hoch und boten bei Tag wie bei Nacht eine auffallende Silhouette. Sie besaßen keinen Dieselzuluftmast im Turm, so daß bei der Überwasserfahrt das Turmluk offengehalten werden mußte, damit die Dieselmotoren die notwendige Verbrennungsluft erhielten. Das Wasser, das dann durch das offene Luk ins Boot gelangte, verursachte Störungen an den technischen und besonders an den elektrischen Anlagen.

Die Schwierigkeiten in der Nachrichtenübermittlung und in der Auslegung der Meldungen veranlaßte den B. d. U., nach einigen Monaten auf eine weitere Zusammenarbeit zu verzichten. Den Italienern wurden am 15. Mai 1941 folgende Einsatzgebiete zugewiesen:

Die Seeräume westlich von Gibraltar;

ein Seeraum im Nordatlantik südlich der deutschen Operationsräume;

nach vorheriger Vereinbarung das Seegebiet vor Freetown.

Die Italiener beschwerten sich, daß Dönitz ihnen nur Zonen mit geringem Schiffsverkehr zuweise. Sie glaubten, daß der Konteradmiral sie auf die Rolle von Aufklärern beschränken wolle.

Im Einzelangriff bewährten sich die italienischen U-Boote hervorragend.

Das U-Boot ›Cappellini‹ (Kkpt. Salvatore Todaro) torpedierte am 5. Januar vor Freetown den 5029-BRT-Frachter ›Shakespeare‹, der mit einer Ladung von Kriegsmaterial nach Suez unterwegs war. Im gleichen Seeraum gelang ihm später die Vernichtung des

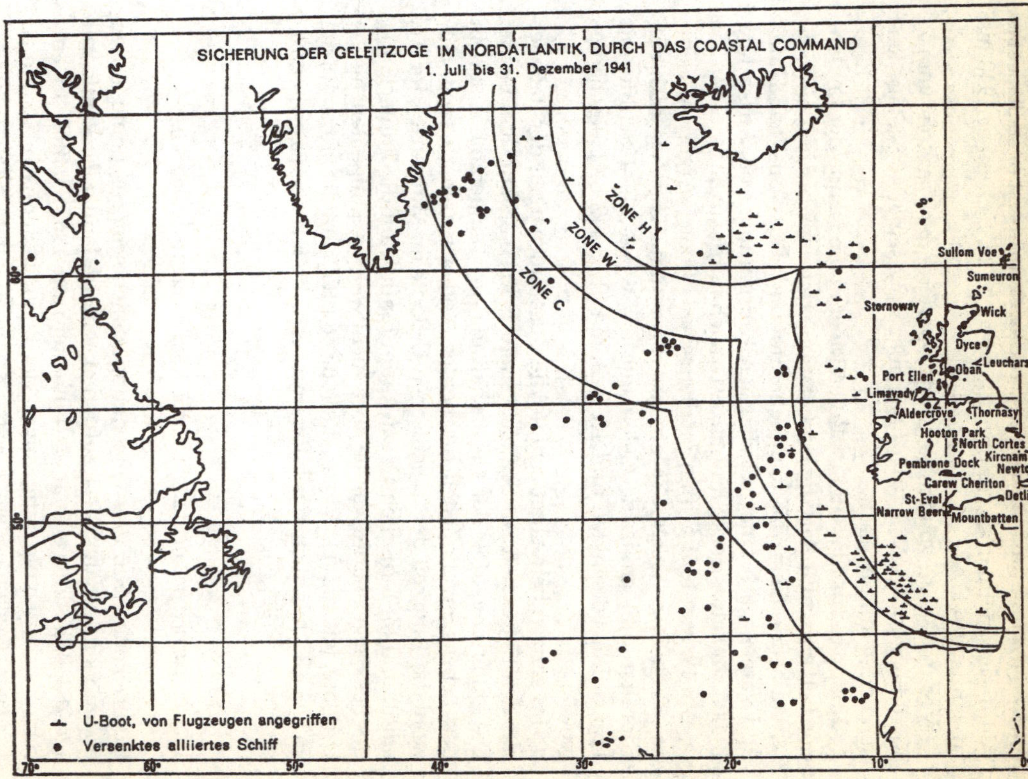
SICHERUNG DER GELEITZÜGE IM NORDATLANTIK DURCH DAS COASTAL COMMAND
1. Juli bis 31. Dezember 1941
ZONE H
ZONE W
ZONE C
Sullom Voe
Sumeuron
Stornoway
Wick
Dyce
Leuchars
Oban
Port Ellen
Limavady
Aldercrove
Thornasy
Hooton Park
North Cortes
Kircnam
Pembrene Dock
Newtoon
Carew Cheriton
Detling
St-Eval
Narrow Beer
Mountbatten
U-Boot, von Flugzeugen angegriffen
Versenktes alliiertes Schiff
70°
60°
50°
40°
30°
20°
10°
0°

Hilfskreuzers ›Eumaeus‹ (7472 t). Todaro kehrte erst nach 39 Seetagen in den Heimathafen Bordeaux zurück (22. Dezember 1940 bis 30. Januar 1941).

Vor der Küste von Sierra Leone operierte der ›Tazzoli‹ vom 7. April bis zum 23. Mai 1941, hatte aber trotz seiner 46 Seetage keinen Erfolg aufzuweisen.

Knapp bevor Massaua im Roten Meer in die Hände der Engländer fiel, entschlüpften die dort stationierten italienischen U-Boote ›Archimede‹, ›Ferraris‹, ›Guglielinotto‹ und ›Perla‹ aus dem Hafen und kamen nach einer schwierigen Umrundung von Afrika und 13.000 sm Fahrtstrecke im Mai 1941 nach Bordeaux.

Am 19. Mai 1941 griffen 7 italienische U-Boote, ›Argo‹, ›Mocenigo‹, ›Veniero‹, ›Velella‹, ›Marconi‹, ›Brin‹ und ›Emo‹, westlich von Gibraltar drei englische Geleitzüge an, wobei sie 4 Schiffe mit 12.008 BRT versenkten und 10 weitere mit 35.442 BRT beschädigten.

Im ganzen betrachtet zeitigte die Zusammenarbeit der Italiener mit den Deutschen zur See nicht mehr Erfolge als auf dem Lande. Die Unterschiede in der Geisteshaltung, im Temperament und in den Lebensgewohnheiten der beiden Völker waren zu groß. Obwohl die Tätigkeit der italienischen U-Boote im Mittelmeer, im Atlantik und im Indischen Ozean kaum Einfluß auf die Entwicklung des Seekrieges hatte, war sie doch nicht wertlos. Einige italienische U-Boote, wie die ›Da Vinci‹, die 116.086 BRT, und die ›Tazzoli‹, die 96.553 BRT feindlichen Schiffsraum vernichtete, haben sich hervorragend geschlagen.

Vier hervorragende deutsche U-Boot-Kommandanten fallen aus

Dönitz konnte mit den Versenkungszahlen seiner U-Boote in den ersten vier Monaten 1941 zufrieden sein: im Januar 21 Schiffe mit 126.782 BRT, im Februar 39 Einheiten mit 196.783 BRT. Er entschloß sich, den Operationsraum der Boote weiter nach Norden zu verlegen, weil einer seiner besten Kommandanten, Kretschmer, bei seiner sechsten Feindfahrt dort einen lebhaften Schiffsverkehr beobachtet hatte[11].

Am 6. März 1941 erhielt Kretschmer vom B. d. U. den Befehl, einen von Prien gemeldeten Geleitzug zu verfolgen. U 47, U 70, U 95 und U 100 griffen den Konvoi (OB 293) am 7. März an. Bei dieser Aktion verschwand U 47, das vom Geleitzerstörer ›Wolverine‹ angegriffen worden war, spurlos und nahm Prien in die Tiefe mit. U 70 (Kptlt. Matz) wurde von den Zerstörern ›Camelia‹ und ›Arbutus‹ versenkt. U 99 mußte nach hartem Kampf mit den Geleitfahrzeugen ›Walker‹ und ›Vanoc‹ von seiner eigenen Besatzung, bevor sie sich ergab, versenkt werden.

Die Deutschen verloren bei einer einzigen Unternehmung vier ihrer besten U-Boot-Kommandanten: Kretschmer wurde gefangengenommen, Prien, Schepke und Matz waren tot. Der Konvoi OB 293 hatte den Verlust von 3 Frachtern mit über 30.000 BRT und die Beschädigung von zwei anderen Einheiten mit 14.916 BRT zu beklagen. Der nachfolgende Geleitzug (HX 112) wurde am 16. und 17. März angegriffen und büßte 6 Handelsschiffe mit 41.315 BRT ein, während zwei Einheiten mit 15.521 BRT schwer angeschlagen waren.

Die ›Bewaffnete Neutralität‹ der Vereinigten Staaten

In seinen Memoiren betont Sir Winston Churchill, daß »die Vereinigten Staaten im Rahmen der Politik ihres Präsidenten für England sehr viel geleistet haben: alle nur mögliche Unterstützung, außer der Kriegserklärung selbst«. Und Dönitz meint dazu[12]: »Das ganze große amerikanische Rüstungs- und Wirtschaftspotential wurde allein den Gegnern der Achsenmächte zur Verfügung gestellt!«

Ab November 1939 erlaubte die *cash* and *carry*-Klausel die Unterstützung all jener Kriegführenden, die »prompt zahlen und die gekauften Waren auf ihren eigenen Schiffen transportieren konnten«. Selbstverständlich war diese Bestimmung nur auf die Alliierten zugeschnitten, da es den Deutschen nicht möglich war, ihr zu entsprechen.

Trotz der Lieferung von 50 amerikanischen Zerstörern an England hüteten sich die Deutschen, an die USA den Krieg zu erklären, doch faßten sie diese Unterstützung als einen offenen Bruch der Neutralität auf. Man muß aber die damalige Sachlage bedenken: Ein Mann, dem die Kehle zugeschnürt wird und der dadurch in Lebensgefahr gerät, wird seine Verteidigungsmaßnahmen nicht einer allzu strengen Beurteilung unterziehen.

Ende März schlossen die Amerikaner mit den Briten ein Übereinkommen, in dem in Bezug auf die europäischen Aggressoren vereinbart wurde, daß die Vereinigten Staaten eine Politik der ›bewaffneten Neutralität‹ *(belligerent neutrality)* verfolgen und verschiedene Operationen einer eingeschränkten Kriegführung *(short of war operations)* durchführen würden. Diese Operationen sollten in Patrouillenfahrten innerhalb eines atlantischen Sicherheitsgürtels, in der Verteidigung Grönlands sowie der Gewässer vor der Kriegszone im Ost-Atlantik bestehen ...

Am 20. Juni traf das deutsche U-Boot U 203 auf den amerikanischen Kreuzer ›Texas‹, der innerhalb der deutschen Blockadezone britische Handelsschiffe geleitete. Das U-Boot griff nicht an, meldete aber, daß es den Kreuzer gesichtet habe.

Im Sinne von Hitlers Absicht, die USA aus dem Krieg herauszuhalten, gab Dönitz seinen in See befindlichen U-Booten den Befehl[13]: »Führer hat Vermeidung jeden Zwischenfalls mit den USA für die nächsten Wochen befohlen. In allen denkbaren Fällen in diesem Sinne handeln. Darüber hinaus bis auf weiteres Angriffe nur auf Kreuzer, Schlachtschiffe und Flugzeugträger, und nur, wenn diese einwandfrei als feindlich erkannt, freigegeben. Abgeblendet-Fahren gilt bei Kriegsschiffen nicht als Beweis feindlichen Charakters.«

Die Engländer ihrerseits wollten die amerikanische Neutralität nicht in ein schiefes Licht bringen und vermieden es, englische und amerikanische Geleitzüge miteinander zu vermischen. Trotzdem war es ein Spiel mit dem Feuer.

Am 4. März traf der amerikanische Zerstörer ›Greer‹ auf das deutsche U-Boot 652. Der amerikanische Senatsausschuß für die Marine berichtete darüber: »Am 4. September 1941 sichtete ein Flugzeug 10 sm westlich von Irland ein U-Boot, das im Kurs der ›Greer‹ getaucht fuhr. ›Greer‹ lief mit erhöhter Geschwindigkeit im Zick-Zack-Kurs auf die angegebene Stelle zu. Gleich nachdem er das Schraubengeräusch des U-Bootes gehört hatte, begann er mit der Verfolgung und gab über Funk allen Flugzeugen und Zerstörern, die sich in der Nähe befanden, die Position des Bootes bekannt. Dies erfolgte gemäß den erhaltenen Weisungen: Nachricht geben, ohne anzugreifen. Um 10.52 Uhr warf ein britischer Zerstörer 4 Wabos, die aber ihr Ziel verfehlten. Zwanzig Minuten später gab er die Jagd auf, aber die ›Greer‹ blieb dem U-Boot auf der Spur. Um 12.40 Uhr änderte das Boot seinen Kurs, näherte sich dem Zerstörer und griff ihn mit einem Torpedo an, der aber vorbeiging. Die ›Greer‹ ging zum Angriff über, erzielte aber keinen sichtbaren Erfolg« (laut Meldung des Admirals Stark an den Marineausschuß des Senats)[14].

Am 15. September 1941 gab der amerikanische Marineminister Knox bekannt, daß die Flotte der Vereinigten Staaten den Befehl erhalten habe, »alle Handelszerstörer, gleichviel, ob sie Überwasser- oder Unterwasserpiraten sind, mit allen verfügbaren Mitteln aufzubringen oder zu zerstören«. Dies war ein unverhüllter Schießbefehl *(shoot in sight)*, der den amerikanischen Seestreitkräften in den westlichen Seeräumen freie Hand gewährte. Von dieser Stunde an befanden sich die USA im Seekrieg mit Deutschland. Wohl war der Krieg de jure noch nicht erklärt, war aber de facto im Gange.

Am 17. Oktober wurde bei der Bekämpfung des englischen Geleitzugs HX 156 (44 Handelsschiffe) der amerikanische Zerstörer ›Reuben James‹ von den Torpedos des U 552 (Kptlt. Topp) getroffen und versenkt. Die Amerikaner waren endgültig in den Krieg eingetreten.

Der Untergang der ›Bismarck‹, 26. Mai 1941

Am 24. Mai 1941 meldete die deutsche Presse einen großen Seesieg. Das Schlachtschiff ›Bismarck‹ und der Schwere Kreuzer ›Prinz Eugen‹ waren unter Flottenchef Admiral Günther Lütjens nach der Durchquerung der Dänemarkstraße zwischen Grönland und Island auf die britische Kampfgruppe der Schlachtkreuzer ›Hood‹ und ›Prince of Wales‹ gestoßen. In dem sich entwickelnden Artillerieduell wurde die ›Hood‹ durch eine Panzergranate der ›Bismarck‹ in der achteren Munitionskammer getroffen und versenkt[15]. Das vereinigte Feuer der deutschen Schiffe zwang darauf die schon mehrmals getroffene ›Prince of Wales‹ zum Abdrehen. Die Briten, die über den Verlust der ›Hood‹ zutiefst betroffen waren, entsandten nun alle greifbaren Einheiten gegen die beiden deutschen Schiffe. Es sollte ihnen der Rückweg abgeschnitten werden. Während die ›Prinz Eugen‹ nach Süden entwich und den Hafen von Brest erreichen konnte (1. Juni 1941), wurde die ›Bismarck‹ zunächst im Nebel von der ›Suffolk‹ und der ›Norfolk‹ mittels Radar verfolgt. Dann wurde sie von einem Flugzeug aufgespürt, das sie dann allerdings vorübergehend wieder aus der Sicht verlor, schließlich aber von einer mächtigen Flotte gestellt, die aus der ›Rodney‹, der ›Renown‹, der ›King George V.‹, der ›Dorsetshire‹ und dem Flugzeugträger ›Ark Royal‹ bestand.

Nachdem der Marinegruppenbefehlshaber West, Admiral Saalwächter, die Meldung erhalten hatte, daß die beiden deutschen Schiffe auf Kurs Süd, später Südwest, gegangen waren, ersuchte er den B. d. U., mit allen verfügbaren U-Booten die britischen Schiffe, die die beiden deutschen Schiffe verfolgten, anzugreifen. Dönitz hatte vor Beginn des Unternehmens der ›Bismarck‹ mit Admiral Lütjens die Maßnahmen zum Schutz der beiden Schiffe abgesprochen.

Am 26. Mai, 20 Uhr, passierten die ›Renown‹ und der Flugzeugträger ›Ark Royal‹, der mit seinen ›Swordfish‹-Maschinen auf die ›Bismarck‹ angesetzt werden sollte, ohne Zerstörergeleit das deutsche U 556. Sein Kommandant, Kapitänleutnant Wohlfahrt, berichtet darüber in seinem Kriegstagebuch[16]:

»26. Mai 1941. 15.31 Uhr. Vor Flugzeugen getaucht. Unter Wasser werden einige Detonationen wie Artilleriefeuer gehört.

19.48 Uhr. Alarm! Aus dem Dunst kommen von achtern mit hoher Fahrt ein Schlachtschiff der ›King-George‹-Klasse und ein Flugzeugträger, wahrscheinlich ›Ark Royal‹, in Sicht ... Wenn ich doch jetzt Torpedos hätte! Ich brauchte nicht einmal mehr anzulaufen, sondern ich stehe genau richtig ... Ohne Zerstörer, ohne Zick-Zack-Kurse! Ich könnte mich dazwischenlegen und beide gleichzeitig erledigen. Der Träger hat Flugbetrieb von Torpedoflugzeugen. Vielleicht hätte ich der ›Bismarck‹ helfen können ...

00.00 Uhr. Aufgetaucht. Was kann ich nur für die ›Bismarck‹ tun? ... Ich kann jetzt nur noch aufklären und Torpedo-Träger heranführen ...

4.00 Uhr. ›Bismarck‹ kämpft immer noch.«

Ein anderes U-Boot, U 74, befand sich gleichfalls in der Nähe des Gefechtes, war aber havariert und konnte der Funkbitte des U 556 um Hilfeleistung für die ›Bismarck‹ nicht nachkommen.

Schon um 21.42 Uhr war ein Funkspruch mit höchster Dringlichkeit an alle U-Boote mit Torpedos abgegangen, zur Unterstützung des Schlachtschiffs auf die von U 556 angegebene Position zu gehen. Doch sie erreichten wegen des auffrischenden Sturmes und der schweren See den Standort der ›Bismarck‹ nicht mehr.

Die ›Bismarck‹ sank am 27. Mai um 10.35 Uhr in 48° 10′nördl. Breite und 16° 12′ östl. Länge mit wehender Flagge. Mit ihr gingen von einer Besatzung, die 2400 Mann zählte, 2290 in die Tiefe.

Dönitz zog aus dem Schicksal der ›Bismarck‹ den Schluß[17]: »Der Untergang der ›Bismarck‹ bewies eindeutig, daß der Gegner in seiner Überwachung des Atlantik derartige Fortschritte gemacht hat, daß die Zeit der Operationen eigener großer Schiffe in diesem Seegebiet zu Ende war.«

Freetown, Mai bis Juni 1941

Im Frühjahr 1941 wurde der an der Küste von Sierra Leone gelegene Hafen Freetown zu einem Sammelplatz der englischen Handelsschiffe, die entweder von Suez über das Kap der Guten Hoffnung oder aus Südamerika kamen. Von Freetown gingen sie nach England weiter, die schnellen Frachter einzeln, die langsamen in Geleitzügen zusammengefaßt. Für diese Konvois gab es verschiedene Routen mitten durch den Atlantik, unter denen sie jene wählten, von denen man annahm, daß sie nicht von deutschen U-Booten verseucht waren. Da Dönitz bemerkte, daß die Zahl der dort operierenden Boote für einen wirkungsvollen ›Vorpostenstreifen‹ nicht ausreichte, führte er seine Einheiten näher an Freetown heran. Der Hafen von Freetown ist jedoch von Lorient ca. 3000 sm entfernt, und die Treibstoffvorräte der U-Boote genügten für die weiten Strecken und für das notwendige Verbleiben im Operationsgebiet bei weitem nicht. Die Boote mußten daher in See mit Brennstoff versorgt werden.

Der B. d. U. ließ 1700-t-Boote (Type XIV), bauen, die über keine Torpedos und nur ein bis zwei Geschütze verfügten, dafür aber 700 t Treibstoff mit sich führen konnten. Von diesen 700 t Treibstoff konnten die ›Milchkühe‹ genannten Boote je nach der Dauer des Einsatzes 400 bis 600 t Treibstoff abgeben. Bis zur Fertigstellung dieser Type wurde die Versorgung der U-Boote mit Überwasserschiffen durchgeführt, die auch Reservetorpedos und Lebensmittel geladen hatten.

Vor Freetown wurden 7 U-Boote eingesetzt: U 107 (Kptlt. Hessler)[18], U 106 (Kptlt. Oesten), U 105 (Kptlt. Schewe), U 124 (Kptlt. Wilhelm Schulz), U 103 (Kkpt. Schütze), U 38 (Kptlt. Liebe) und

U 69 (Kptlt. Metzler). Sie erhielten ihren Nachschub an Treibstoff von den Versorgungsschiffen, mit denen sie sich auf freier See trafen. Auf diese Weise wurde die Dauer ihrer Feindfahrt verdoppelt.

Dank ihrer Kühnheit und dem Überraschungsmoment hatten sie Erfolg; 74 britische Frachter wurden ihre Beute, wovon Kapitänleutnant Hessler allein 14 Schiffe mit 87.000 BRT auf seine Versenkungsliste setzen konnte.

Dieser Offizier fuhr, wie seinerzeit Kretschmer, auch bei Nacht mitten in den Geleitzügen und im Kielwasser der Frachter, 400 m von ihren Hecks entfernt. Es brauchte 20 Minuten, bis die ersten Torpedos in die Rohre eingeführt wurden und schußbereit waren, 1 1/2 Stunden für die Nachladungen. Diese Arbeit mußte während der Angriffe getan werden, so daß zeitweise die Fühlung mit den Geleitzügen verlorenging, bis dann wieder die Möglichkeit gegeben war, sich dem Konvoi anzuschließen und die einzelnen Schiffe anzugreifen.

Ein anderes Boot, U 69 (Kptlt. Metzler), legte vor den Häfen Lagos und Takoradi an der Küste von Guinea Minen, worauf die Britische Admiralität wegen der Verluste an Frachtschiffen diese Häfen für geraume Zeit schließen mußte.

Da die Briten ihren Schiffsverkehr vor Freetown stark einschränkten, rief Dönitz seine Boote aus diesem Seeraum zurück und entsandte sie in den Nordostteil des Atlantik. Dort konnten sie durch die Aufklärungsflüge der in Bordeaux stationierten FW 200 (Condor) des I. KG 40 unterstützt werden.

Die Bilanz 1941

In den Monaten Mai und Juni 1941 vernichteten die U-Boote im Nordatlantik und vor Freetown, nachdem sie im März mit der Rudel-Taktik begonnen hatten, 119 Schiffe mit 635.635 BRT; in den Monaten Juli und August ging diese Zahl auf 45 Frachter mit 174.519 BRT zurück. Der B. d. U. schrieb diesen Rückschlag der geringen Anzahl seiner Boote zu, denn im Nordatlantik waren nur 12 Boote im Einsatz gewesen. Er sah seine Überzeugung bestätigt, daß der U-Boot-Krieg mit zu wenig Booten und ohne eine entsprechende Luftaufklärung problematisch sei.

Die Monate Mai und Juni wiesen einen Tagesdurchschnitt von

5000 BRT versenkter Tonnage auf, wohingegen diese Zahl für Juli und August nur 3600 BRT, nach Ansicht mancher sogar nur 1000 oder 2000 BRT betrug. Schon fragten sich die Deutschen besorgt, ob die Angloamerikaner in Zukunft nicht nur so kleine Schiffe bauen würden, daß sie kaum noch einen Torpedoschuß wert seien.

Im September verlegte Dönitz den Schwerpunkt der U-Boot-Tätigkeit an die Ostküste von Grönland, wo seiner Meinung nach ein lebhafter Schiffsverkehr herrschen mußte. Er täuschte sich nicht. Die amerikanische Unterstützung der Alliierten wurde von Tag zu Tag fühlbarer, vom 1. September an beteiligten sich auch amerikanische Kriegsschiffe am Konvoidienst. Am 4. September trafen südlich von Island die ›Greer‹ und U 652 aufeinander. Am 16. September verließ ein Geleitzug mit ausschließlich amerikanischem Konvoischutz den Hafen von Halifax. Während des Monats September verminderten die deutschen U-Boote, die hauptsächlich im Nordatlantik operierten, den alliierten Schiffsraum um 53 Frachter mit 202.820 BRT, im November waren es nur 13 Einheiten mit 62.196 BRT, dafür aber im Dezember wieder 26 Schiffe mit 224.070 BRT.

In den letzten drei Monaten des Jahres 1941 sanken die Erfolgsmeldungen der U-Boote auf den tiefsten Stand, auf den Nadir, wie Dönitz es ausdrückte. In der Tätigkeit der Boote im Atlantik trat eine ›Windstille‹ ein, die von den Engländern als die ›Zeit der Ebbe‹ bezeichnet wurde. Im ganzen vernichteten die deutschen U-Boote im Jahre 1941 432 Handelsschiffe der Alliierten mit 2.171.754 BRT; ihre eigenen Verluste betrugen 35 Boote. Darunter war eines (U 570), das am 27. August südlich von Irland von den Engländern aufgebracht worden war und zu Seiner Majestät Schiff ›Graph‹ wurde[19].

VI

GEFECHTE IM ATLANTIK

Die Affäre von Dakar, 23. bis 25. September 1940

Daß die französischen Schlachtschiffe ›Dunkerque‹ und ›Richelieu‹ Ende September 1940 noch einsatzfähig waren, bedeutete für die Engländer eine schwere seelische und strategische Belastung. Sie fürchteten – allerdings zu Unrecht –, daß diese beiden Einheiten früher oder später die deutsche Flagge hissen, wenn nicht gar unter deutschen Befehl treten könnten. Die ›Dunkerque‹ war am 3. Juli im Hafen von Mers-el-Kebir schwer beschädigt worden. Vier Tage später wurde die ›Richelieu‹ im Hafen von Dakar durch den Torpedo eines Flugzeuges des britischen Flugzeugträgers ›Hermes‹ am Heck und an der Steuerbordwelle schwer getroffen. An dieser Aktion hatten sich auch die Kreuzer ›Australia‹ und ›Dorsetshire‹ beteiligt. Da keiner der beiden Kampfpartner einen eindeutigen Erfolg errungen hatte, bereiteten die Engländer einen großen Schlag vor, der nicht nur militärisch, sondern auch politisch wirken sollte. Durch dieses Unternehmen, das ›Menace‹ genannt wurde, wollten sie den Zusammenschluß der Streitkräfte von Vichy-Frankreich mit den freien Franzosen erreichen. Ein Geschwader, das unter dem Kommando des Admirals Cunningham aus den Schlachtschiffen ›Barham‹ und ›Resolution‹, dem Flugzeugträger ›Ark Royal‹, den Kreuzern ›Devonshire‹, ›Australia‹ und ›Cumberland‹ sowie aus einer entsprechenden Anzahl von Zerstörern bestand, erschien am 23. September vor Dakar. Grundsätzlich sollte die Initiative von den freien Franzosen ausgehen, weshalb sich General de Gaulle auf dem britischen Flaggschiff eingeschifft hatte. Er beabsichtigte, vorerst durch Verhandeln, wenn dies aber fruchtlos bleiben sollte, durch Gewalt, das Einverständnis des Gouverneurs Boisson zur Landung von 2400 Franzosen, denen später eine doppelte Anzahl von Engländern folgen sollte, zu erreichen. Die Aktion ›Menace‹ war in London unter schärfster Geheimhaltung geplant worden, doch scheint diese nicht unbedingt befolgt worden zu sein.

Vom britischen Geschwader wurden Unterhändler zum Gouverneur gesandt. Dieser hatte sich schon vorher mit Admiral Landrieu, dem Hafenkommandanten von Dakar, und Admiral Lacroix, dem Befehlshaber der Seestreitkräfte in dieser Marinestation, besprochen und lehnte im Sinne der aus Paris empfangenen Befehle die Zustimmung zur Landung ab. Die ›Richelieu‹, die Kreuzer ›Montcalm‹ und ›Georges Leygues‹, einige Zerstörer und die drei U-Boote ›Ajax‹, ›Persée‹ und ›Béveziers‹ lagen innerhalb des Hafenbeckens oder in der Werft. Als sich um 10.15 Uhr die englischen Zerstörer dem Hafen auf Schußweite näherten, eröffneten die Küstenbatterien das Feuer. Zehn Minuten später geriet das ganze britische Geschwader in den Schußbereich der Küstengeschütze, und es kam zu einem Artillerieduell.

Der Nebel, die herrschende Ungewißheit über die tatsächlichen Verhältnisse und falsche Manöver verhinderten jedweden Landungsversuch.

Das Mißverhältnis zwischen den britischen und französischen Streitkräften war groß, und alle Vorteile lagen bei den Engländern. Zwei der drei im Heimathafen liegenden U-Boote, die ›Persée‹ und die ›Ajax‹, waren auslaufbereit. Die ›Béveziers‹ befand sich in der Werft. Nur einer ihrer Dieselmotoren war einsatzfähig; der Bootskörper war mit grellrotem Minium angestrichen, so daß die feindlichen Flieger das Boot selbst unter Wasser entdeckt hätten. Während die Instandsetzungsarbeiten auf diesem Boot in fieberhafter Eile fortgesetzt wurden, versuchten die Kommandanten der beiden anderen Boote, dem Auslaufbefehl trotz der damit verbundenen Gefahren nachzukommen. Die Geschehnisse in Mers-el-Kebir, die 1300 französischen Seeleuten das Leben gekostet hatten, lagen erst zwei Monate zurück. ›Persée‹ und ›Ajax‹ verließen den Hafen wegen der geringen Wassertiefe in Überwasserfahrt. Um 10.40 Uhr wendete die ›Persée‹ (Kptlt. Lapierre) gegen die Halbinsel Kap Verde, wo die feindliche Landung erwartet wurde. Die ›Ajax‹ (Kptlt. Guimont) folgte mit Kurs auf den Hafen von Rufisque, wo sich schon die ersten Truppentransportschiffe zu zeigen begannen.

Um 11.37 Uhr wurde die ›Persée‹, als sie auf einen britischen Kreuzer vier Torpedos abfeuerte, von einem Flugzeug entdeckt und mit einem Bombenhagel versenkt. Die Avisos ›Surprise‹, ›Calais‹ und ›Gazelle‹ wurden beim Versuch, die Überlebenden des U-Bootes zu retten, vom Geschützfeuer des britischen Geschwaders zur Umkehr gezwungen, erlitten aber wie durch ein Wunder keine Verluste. Als die ›Ajax‹ sah, wie die ›Persée‹ versenkt wurde, zog sie sich hinter den Pier zurück. Admiral Cunningham hatte um 11.54 Uhr die Antwort des Gouverneurs auf sein Ultimatum in Händen; sie lautete: »Wir erklären Ihnen, daß wir uns jedweder Landung widersetzen werden.«

Um 13.30 Uhr hielt Guimont den Augenblick für ein neuerliches Auslaufen für gekommen. Aber sogleich nach dem Auslaufen wurde das Boot das Ziel von Fliegerbomben, von denen eine am Bootskörper detonierte und Sachschaden verursachte. Der Kommandant befahl »Schnelltauchen!«, und das Boot setzte sich in einer Tiefe von 35 m auf den Sandboden. Da die Beschädigungen der Außenhaut nicht sehr schwer waren, konnte Guimont sein Boot nach dreiviertel Stunden eifrigster Ausbesserungsarbeiten vom Grund abheben und ganz langsam auf die ihm vorgeschriebenen Angriffsziele zuhalten. Da sie sogleich entdeckt und mit Wabos beworfen wurde, blieb die ›Ajax‹ bis zum Einbruch der Nacht unter Wasser. Sie tauchte nur kurz auf, um Admiral Landrieu mit Funk über ihre Liegestelle, 10 sm südöstlich von Gorée, zu unterrichten.

Am nächsten Morgen, 8 Uhr, erlitt die ›Ajax‹, als sie zum Angriff starten wollte, durch Wabos von britischen Zerstörern schwere Schäden am Röhrensystem, dem Sehrohr und an den Treibstofftanks, so daß an mehreren Stellen Wasser in das Boot drang. Nachdem alle Versuche zur Beseitigung der Schäden vergeblich blieben, hatte der Kommandant nur noch die Möglichkeit, die Besatzung zu retten und das Boot zu versenken. Die ›Ajax‹ lag nur 500 m vom britischen Zerstörer ›Fortune‹, von dem die tödlichen Treffer stammten, entfernt. Während die Engländer die Schiffbrüchigen retteten, öffnete Guimont die Flutventile. Er kletterte auf den Turm, und als das Boot bis zum Turmluk im Wasser versunken war, sprang er von diesem ins Meer. Um 10.15 Uhr versank die ›Ajax‹ für immer in den Fluten.

So war nur noch die ›Béveziers‹ (Kptlt. Lancelot) übrig. Ihr

Kommandant mußte die Maschinisten, die an der Ingangsetzung der Dieselmotoren arbeiteten, nicht erst zum Einsatz ihrer letzten Kräfte anspornen. Sie waren die ganze Nacht rastlos tätig gewesen, so daß ihr Boot um 5 Uhr wieder seeklar gemeldet werden konnte. Admiral Landrieu entsandte es an die Stelle, an der die ›Ajax‹ gesunken war. Dreimal an diesem Tage versuchte Lancelot, sich entweder in Tauchfahrt oder auf Sehrohrtiefe den britischen Schlachtschiffen, die mit ihren 38-cm-Geschützen Dakar unter Feuer hielten, auf Torpedoschußentfernung zu nähern. Aber die Zerstörer waren wachsam, und die ›Béveziers‹ mußte schnelltauchen, um den vielen Wabos, die rings um das Boot detonierten, zu entkommen.

Admiral Cunningham und General de Gaulle hatten damit gerechnet, daß die Landungsoperation und die Verbrüderung zwischen den Truppen der beiden voneinander getrennten Teile Frankreichs keinerlei Schwierigkeiten begegnen würden. Nach einer kurzen Besprechung kamen sie überein, das Unternehmen ›Menace‹ abzubrechen. London befahl aber, noch einen letzten Versuch zu wagen.

Lancelot mußte zum Aufladen der Batterien in den Hafen. Während dieser kurzen Zeitspanne gönnte er seinen Leuten eine Ruhepause, obwohl er ihnen viel lieber Pinsel und Farbe in die Hand gedrückt hätte, um das Minium, das die ›Béveziers‹ dem Feinde selbst unter Wasser verriet, grau zu überstreichen.

Der Kommandant beriet sich mit Kapitän z. S. Marzin, dem Kommandanten der ›Richelieu‹. Beim Einzeichnen der Kurse, die am Vortag von den britischen Einheiten gesteuert worden waren, erkannten die beiden Männer, daß diese außerhalb der Batterien von Mamelles und Bel-Air lagen. Wahrscheinlich würden die Briten bei einem neuerlichen Angriff sich ebenso verhalten.

In der Morgendämmerung des 25. September verläßt die ›Béveziers‹ ihren Liegeplatz; um 8.25 Uhr ist sie noch immer 34.000 m von der ›Barham‹ und der ›Resolution‹ entfernt. Die beiden britischen Schlachtschiffe hatten die Nacht auf hoher See verbracht und fuhren nun auf die Küste zu, um das Bombardement von Dakar zu wiederholen.

08.47 Uhr: 30.000 m … 09.00 Uhr: 22.000 m … Die ›Richelieu‹ und die Küstenbatterien eröffnen das Feuer …

Zwei Zerstörer umkreisen die beiden großen englischen Schiffe wie Wachhunde. Einer von ihnen kommt dem Vordersteven der ›Béveziers‹, die auf Sehrohrtiefe fährt, bis auf 500 m nahe. Auch die Entfernung zur ›Resolution‹ wird immer kleiner.

»Rohre I, II, III und IV Achtung! Vier Torpedos mit einer Sekunde Zeitintervall!« befiehlt Lancelot, der das Seerohr bedient.

»Feuer! Sehrohr einfahren!«

Die Zeit vergeht sehr langsam ... Nachdem die Torpedos die Rohre verlassen haben, scheint sie fast stillzustehen ... Aber plötzlich ein Krach, vielleicht auch zwei; man kann das unter Wasser, auf 25,30 m Tiefe, ohne Apparate kaum richtig schätzen. Lancelot kann nicht auftauchen, weil es ringsumher von Schiffen wimmelt, deren Ausguck die Laufbahnen der Torpedos sicher schon gesehen haben.

Die ›Resolution‹ hat einen Treffer unter der Backbordbrücke, ein 15 m weites Loch, durch das Tonnen von Wasser eindringen. Das Heizöl gerät in Brand, aber trotz der Schlagseite des Schiffes von 12 halten die Schotten dicht. Die anderen Einheiten kommen zu Hilfe, und es gelingt, die ›Resolution‹ nach einer mühsamen Fahrt von 400 sm nach Freetown zu bringen ...

25. September, 09.30 Uhr. Die britischen Schiffe, von denen einige, und besonders die ›Cumberland‹, Artilleriefeuer abbekommen haben, stellen die Beschießung von Dakar ein ... Die ›Béveziers‹ kehrt, ohne den geringsten Schaden erlitten zu haben, in den Hafen zurück[1].

Kapitän S. W. Roskill schreibt: »Dakar war für die Kontrolle der Fahrtroute um das Kap der Guten Hoffnung herum zweifellos sehr wichtig. Ebenso begründet war die Angst, daß die feindlichen Schiffe und Flugzeuge diesen Hafen als Stützpunkt benützen könnten. Aber weder ein Überwasserpirat noch ein U-Boot verwendete ihn als Ausgangspunkt für Angriffe auf unseren Handelsschiffs-Verkehr. Im Lichte späterer Ereignisse betrachtet, kann das Unternehmen ›Menace‹ allerdings als nicht notwendig erscheinen.«

Hinzuzufügen ist, daß Dakar das einzige Großdock – 205 m Länge – besaß, das zwischen Gibraltar und dem Kap zur Verfügung stand.

Das gleiche Mißverständnis, das man auch ›Drama‹ nennen könnte, ereignete sich am 7. November 1940. Das 1500-t-U-Boot ›Poncelet‹ (Kptlt. Betrand de Saussine) wurde vor dem Kap Lopez an der Küste von Gabun vom britischen Aviso ›Mylord‹, zwei Patrouillenbooten und mehreren Flugzeugen angegriffen. Als das Boot nahe am Versinken war, befahl der Kommandant aufzutauchen, ließ seine Besatzung das Wrack verlassen und öffnete, allein zurückgeblieben, die Flutventile. Dann ging er, dem Wappenspruch seiner Familie getreu: »Lieber sterben als weichen«, mit der ›Poncelet‹ in die Tiefe.

VII

DIE U-BOOTE IM MITTELMEER (1940–1942)

Die ersten Kampfhandlungen
Untergang der ›Ark Royal‹, 14. November 1940, und der ›Barham‹, 25. November 1940

In Gibraltar lag das Geschwader H unter Admiral Sommerville; da Malta durch die Nähe Italiens als zu gefährdet angesehen wurde, verlegte man die Seestreitkräfte des Admirals Cunningham nach Alexandrien[1].

Zwischen diesen beiden Stützpunkten bildete die Meerenge von Sizilien – Kap Bon, die von den italienischen Seestreitkräften und Fliegern bei Tag und Nacht auf das strengste überwacht wurde, eine Sperre, die das Mittelmeer in zwei voneinander getrennte Teile zerschnitt. Die Einheiten des Admirals Campioni waren ständig auslaufbereit, um Geleitzüge anzugreifen, die den Durchbruch durch die sizilianische Meerenge (im Englischen *The Narrows* genannt) versuchten.

Als im September 1940 die italienische Offensive in Libyen begann, faßten die Briten sogleich die Ausschaltung der italienischen Flottenabteilung im Hafen von Tarent ins Auge. Die große Marinebasis wurde am 11. November von den Flugzeugen der ›Illustrious‹ bombardiert; am 27. November kam es zu einem Gefecht zwischen dem britischen Geschwader H und der aus Alexandrien herbeigeholten ›Ramillies‹ einerseits und der Flottenabteilung des Admirals Campioni andererseits; am 28. März 1941 folgte das Seegefecht bei Kap Matapan, in dem die Italiener drei Kreuzer und zwei Zerstörer verloren.

Nach der Beendigung des Feldzugs in Frankreich und dem Verzicht der Deutschen auf die Durchführung der Operation ›Seelöwe‹ wurde das Mittelmeer zum Hauptkriegsschauplatz und Malta, Griechenland, Kreta, Zypern, die Cyrenaika, Ägypten und der Suezkanal zu seinen Brennpunkten.

Die Ereignisse zur See hatten den Schwung und die Kühnheit der Briten unter Beweis gestellt, auf der Gegenseite aber die mangelnde Zusammenarbeit zwischen der italienischen Luftwaffe und Marine und die Unfähigkeit der Italiener zu Nachtkämpfen sichtbar werden lassen. Die Deutschen hatten zwar im Dezember 1940 ihr X. Fliegerkorps nach Sizilien verlegt, aber dieser Kräftezuwachs genügte nicht, um den britischen Angriffen wirksam zu begegnen.

Die Engländer unterhielten im Mittelmeer zwei U-Boot-Stützpunkte: in Malta war die 4. Flottille (4 Boote der Type O und zwei U-Boot-Minenleger, Type ›Porpoise‹), die im Februar 1941 durch die 10. Flottille (die neuen 630-t-Boote der Type U) verstärkt wurde, beheimatet; in Alexandrien war die 1. Flottille (12 Boote der Typen P und R), die aus dem Fernen Osten kam, stationiert.

Malta und seine U-Boote litten unter den dauernden heftigen Angriffen durch die Flugzeuge des X. Fliegerkorps. Das Leben an Bord dieser Boote, die in der Werft in einer Reihe aufgefädelt lagen, war derart unerträglich, daß die Besatzungen die Feindfahrten vorzogen, weil sie weniger gefährlich schienen als der Aufenthalt im Hafen. Einige von ihnen legten sich längs des Piers auf den Grund, um Bombentreffern zu entgehen. Die Arbeit in der Werft von Malta sank auf ein Drittel der normalen Leistungsfähigkeit[2].

Die U-Boot-Minenleger ›Rorqual‹ und ›Cachalot‹, die eine verhältnismäßig große Ladefähigkeit besaßen, wurden für die Treibstoff- und Munitionsversorgung von Malta eingesetzt. Der ›Cachalot‹ fiel bei einer solchen Unternehmung im Juli einem italienischen U-Boot zum Opfer. Der ›Rorqual‹ vernichtete am 31. März 1941 das italienische U-Boot ›Pier Capponi‹.

Während der Räumung von Kreta brachte am 29. Juli der ›Thrasher‹ 78 Soldaten nach Alexandrien. Auch andere englische U-Boote führten solche Aufgaben erfolgreich durch. Während einer solchen Unternehmung wurde am 20. Juli der ›Union‹ von einem italienischen Torpedoboot mit Torpedos versenkt.

Die Angriffe auf Geleitzüge der Achsenmächte nahmen in der zweiten Jahreshälfte 1941 zu. Sie wurden in enger Zusammenarbeit der Seestreitkräfte mit der Luftwaffe und der 10. U-Boot-Flottille durchgeführt und beunruhigten das deutsche Oberkommando der Wehrmacht so sehr, daß die Fahrtroute der deutsch-italienischen Konvois abgeändert wurde. Die direkte Verbindungslinie von Messina nach Tripolis und Benghasi lag innerhalb der Reichweite der 142 Jagdflugzeuge der Royal Air Force, die im Juni in Malta eingetroffen waren, der 49 ›Hurricane‹ der Flugzeugträger ›Ark Royal‹ und ›Furious‹ sowie der Blenheim-Bomber aus Gibraltar.

Die Geleitzüge der Achse steuerten fortan zuerst gegen Osten auf Kap Matapan zu und schlüpften dann durch die Lücke, die zwischen den Flugbereichen von Malta und Marsa Matruk (Ägypten) bestand und nicht überwacht wurde.

Bei ihren Patrouillenfahrten vor Messina und Tarent meldeten die englischen U-Boote das Starten von Flugzeugen und das Auslaufen von Kriegsschiffen aus diesen Häfen, und es gelang ihnen auch, mehrere Schiffe zu vernichten. Die Furcht vor einer möglichen Unterbrechung der Verbindung zwischen Italien und Nordafrika und damit des Nachschubs für die deutsch-italienischen Truppen veranlaßte Hitler, die Entsendung von U-Booten in das Mittelmeer zu befehlen.

Sehr gegen seinen Willen und nur dem Drängen des Oberkommandos der Wehrmacht folgend, beorderte Dönitz sechs U-Boote in dieses Seegebiet. Ende September passierten sie die Straße von Gibraltar, und vier weitere folgten ihnen Anfang November.

Das Einlaufen der U-Boote in das Mittelmeer erwies sich als ein wesentliches Faktum: am 13. November, 15.41 Uhr, torpedierte U 81 (Kptlt. Guggenberger) die ›Ark Royal‹ vor Gibraltar, als der Flugzeugträger (22.600 t) von der Aktion gegen einen italienischen Geleitzug zurückkehrte. Nachdem die Besatzung vergeblich versucht hatte, das Schiff über Wasser zu halten, mußte sie es am 14. November, 6.13 Uhr, verlassen, worauf der Flugzeugträger in Sicht von Gibraltar versank. Dies war für die britische Marine ein besonderer Verlust, da Admiral Cunningham damals nur über diesen einen Vertreter seiner Klasse verfügte[3].

Am 25. November lief Cunningham mit seiner 1. Schlachtschiff-Division (›Queen Elizabeth‹, ›Barham‹ und ›Valiant‹) und neun Zerstörern aus Alexandrien aus, um eine Unternehmung gegen einen großen, nach Tripolis bestimmten Geleitzug von Tankern zu decken. Bei dieser Aktion ging um 16.29 Uhr die ›Barham‹, das Flaggschiff des Vizeadmirals Pridham-Wippell, durch die Torpedos von U 331 (Kptlt. Freiherr von Tiesenhausen) verloren. Gleich nachher war das U-Boot aufgetaucht und einem Rammversuch der ›Valiant‹ nur knapp entgangen. Den Wabos der Zerstörer vermochte das Boot, das wieder tauchte, heil zu entkommen.

Die ›Ark Royal‹ hatte nur einen einzigen Mann als Verlust zu beklagen; bei der Versenkung der ›Barham‹ kamen mit ihrem Kommandanten, Kapitän z. S. Cooke, 861 Mann der Besatzung ums Leben. Die Versenkung dieses Schiffes wurde von der Britischen Admiralität lange Zeit verheimlicht. Kurz vor Mitternacht des 14. Dezember gelang es dem U 557 (Kptlt. Paulsen), mit seinen Torpedos den Kreuzer ›Galatea‹ 30 sm westlich von Alexandrien zur Strecke zu bringen.

Zu dieser Zeit wurde Malta fast täglich von feindlichen Flugzeugen heimgesucht, wodurch die Versorgung dieses Stützpunktes immer schwieriger wurde.

Ab September erkannte der deutsche Generalstab in Italien die Gefahren, die sich aus der Tätigkeit der englischen U-Boote und besonders jener aus Malta für den Nachschub nach Afrika ergaben. Großadmiral Raeder empfahl daher, ›die größte Beschleunigung aller Maßnahmen zur Behebung dieser Bedrohung, um den vollkommenen Verlust der in Nordafrika kämpfenden Streitkräfte der Achse zu verhindern‹.

Vom Oktober bis zum Dezember 1941 vernichteten britische U-Boote 6 deutsche Handelsschiffe (17.413 BRT) und 19 unter italienischer Flagge fahrende Frachter (61.805 BRT). Im ganzen verlor Italien im Jahre 1941 191 Einheiten mit 820.775 BRT von den 608 Handelsschiffen über 500 BRT mit 2.205.980 BRT, die es am 1. Januar dieses Jahres im Mittelmeer besessen hatte.

Heute weiß man, daß die Tätigkeit der italienischen U-Boote im Mittelmeer während des Zweites Weltkrieges gleich Null war. Und trotzdem …

Die bemannten Torpedos der Italiener, 18. Dezember 1941

In der Abenddämmerung des 18. Dezember 1941 näherte sich ein italienisches U-Boot, das ›Scire‹, dem Hafen von Alexandrien, nachdem es den Marsch teils über Wasser, teils getaucht zurückgelegt hatte. Der Kommandant des Bootes, Fürst Valerio Borghese, ließ bis zum Turmluk auftauchen. Sechs Männer, die schon in schwarzen Schwimmanzügen und mit Sauerstoffgeräten auf dem Rücken bereitstanden, kletterten aus dem Luk und winkten dem Fürsten einen Abschiedsgruß zu. Sie waren von ihm für ihre Aufgabe geschult worden, und er hatte den Befehl über das Boot übernommen, um diese Männer an ihren Einsatzort zu bringen. Nun wurden die drei an Deck befestigten Behälter geöffnet, und man holte aus ihnen drei torpedoähnliche Schwimmkörper heraus, die in der italienischen Marine S. L. C. (siluri a lenta corsa = langsam laufende Torpedos) genannt wurden.

Zu diesen merkwürdigen technischen Gebilden, die an die ›Schildkröte‹ von Bushnell erinnerten, aber unvergleichlich komplizierter gebaut waren, gehörten je zwei Mann Besatzung:

zum S. L. C. 221	Kapitänleutnant Durand de La Penna und Tauchermeister Bianchi;
zum S. L. C. 222	Hauptmann des Marine-Geniedienstes Marceglia und Taucher-Unteroffizier Schergat;
zum S. L. C. 223	Hauptmann Martelotta und Tauchermeister Marino.

Die drei Zweimann-Torpedos wurden in das Wasser geschoben, und die sechs Männer setzten sich paarweise hintereinander auf ihre Rücken. Mittlerweile entfernte sich die ›Scrire‹ getaucht und mit halber Kraft.

Pechschwarze Nacht, Windstille und völlig ruhige See. Die drei S. L. C. bewegen sich ganz nahe voneinander über Wasser zur Hafeneinfahrt. Schon kommt in einer Entfernung von 500 m der Leuchtturm von Ras al Tin in Sicht. In aller Ruhe holen sich die sechs Männer belegte Brötchen, die allerdings ein wenig feucht sind, aus ihren Säcken und verzehren sie mit Behagen. Da sie dem Zeitplan etwas voraus sind, kehren sie für kurze Zeit um. Sie sind in einem Minenfeld, aber sie gleiten über die Minen hinweg. Nun steuern sie den Pier an, den sie umrunden müssen. Nahe von ihnen befindet sich ein Wachboot, das Wabos wirft, die aber nicht ihnen gelten, sondern nur zu einer abendlichen Routineübung gehören. Sie werden nicht entdeckt, aber der Augenblick zum Tauchen ist gekommen.

Nur die sechs Köpfe sind zu sehen und bieten, wie sie so zu

zweit durch das Wasser ziehen, einen eigenartigen Anblick. Vor ihnen wird die Balkensperre wegen des Einlaufens von drei Torpedobooten geöffnet, und die Italiener benützen diese Gelegenheit, um mit ihren Booten in das Innere des Hafenbeckens zu schlüpfen. Ihre Ziele sind schon im voraus geplant und festgelegt worden: die ›Valiant‹ für Durand de La Penna, die ›Queen Elizabeth‹ für Marceglia und einer der großen im Hafen liegenden Öltanker für Martelotta.

02.19 Uhr. Durand ist nur noch 30 m von der ›Valiant‹ entfernt und schwimmt nun mit dem Kopf über Wasser. Vor ihm tauchen die Torpedonetze des Schlachtschiffs auf. Die S. L. C. 221 arbeitet sich über sie hinweg; der dadurch entstehende kleine Wasserwirbel glättet sich gleich wieder. Die Lichter der ›Valiant‹ sind zwar abgeblendet, aber doch ist hie und da noch ein Lichtschein zu erkennen. An Bord des Riesen, dessen Bordwand sich vor Durand auftürmt, scheint alles zu schlafen. Die Wachtposten dösen. Der kühne Schwimmer taucht nun so nahe unter dem Boden des Schiffes durch, daß er mit der Hand den Kiel berühren könnte. Plötzlich hat er das Gefühl, daß sein Torpedo unter Wasser nicht so läuft, wie er sollte, vielleicht, daß er zu leicht geworden ist. Als der Kapitänleutnant sich umdreht, fehlt Bianchi, sein Sitz ist leer. Treibt er vielleicht ohnmächtig auf dem Wasser? Der Offizier taucht auf, um seinen Kameraden zu suchen, aber sein Kampfgefährte ist nirgends zu sehen. Da Durand seine Aufgabe trotzdem erfüllen will, geht er wieder unter Wasser und legt sich auf den Grund. Über ihm zeichnet sich der geisterhafte Schattenriß seines Zieles ab. Durand denkt an seine Kameraden, die nun am Werk sind, es vielleicht sogar schon vollbracht haben ... Aber als er wieder an die Arbeit geht, läßt sich das Uhrwerk des Zeitzünders nicht in Gang setzen. Er entschärft die Sprengladung und hebt den Mechanismus des Zünders aus dem Gehäuse. Eine Feder hat geklemmt, und der Schaden ist schnell behoben, denn Durand hat alle möglicherweise notwendigen Handgriffe schon hunderte Male geübt. Nach vierzig Minuten Aufenthalt unter Wasser ist der Kapitänleutnant völlig erschöpft; er zittert am ganzen Körper. Er fühlt sich am Ende seiner Kräfte. Er befestigt die Sprengladung nicht am Rumpf, sondern gleich über sich am Vorschiff. Schnell schwimmt er dann hoch, reißt sich die Sauerstoffmaske vom Gesicht und atmet die Luft mit vollen Zügen ein. Einige Meter vom Schlachtschiff entfernt sieht er die Boje, an der die ›Valiant‹ vertäut ist. Auf ihr, im Schatten des Riesen, erkennt er einen Mann, der ihm Zeichen gibt. Es ist Bianchi, der halb ohnmächtig an die Oberfläche geschwommen war und der nun, durch die Ankerkette vor dem Entdecktwerden geschützt, bäuchlings auf der Boje liegt.

Im gleichen Augenblick ein Gewehrschuß. Gleich danach streicht der Lichtkegel eines Scheinwerfers über den Hafen und erfaßt schließlich die beiden Männer ... Einige Sekunden später rauscht eine Barkasse mit hoher Fahrt auf sie zu und stoppt ... Dann sind die beiden Italiener an Bord der ›Valiant‹, und man nimmt sie ins Verhör. Jawohl, sie haben einen Sprengkörper unter dem Schiff angebracht. Wo? Sie schweigen, denn sie beantworten nur – und dies mit einem gewissen Stolz – die Fragen nach ihrer Herkunft und nach ihrem Namen. Sie wollen also nicht aussagen? Nun gut, man führt sie durch schmale Gänge, sie steigen über Niedergänge und befinden sich plötzlich statt im Arrest im untersten Plattformdeck des Schiffes in einer Kammer des Vorschiffs, genau über der Stelle, an der Durand seine Torpedomine angebracht hat ...

Dort wird die Detonation erfolgen, und sie werden hilflos mit dem Schlachtschiff in die Luft fliegen. Aber ein Italiener findet immer einen Ausweg. Durand verlangt, dem Kommandanten vorgeführt zu werden ... Es sind noch genau zehn Minuten bis zu dem Augenblick, in dem die Zündung erfolgen wird.

»Herr Kommandant, bringen Sie Ihre Leute in Sicherheit, das Schiff wird in die Luft gehen, und Sie können nichts mehr dagegen unternehmen«, sagt er. »Wo ist die Mine?« – Durand antwortet nicht. »Gut, führen Sie den Gefangenen in das Vorschiff zurück.« Dort angekommen, merkt der Offizier mit Schrecken, daß Bianchi verschwunden ist.

Und plötzlich die Detonation! Das Schlachtschiff wird unter betäubendem Krachen emporgehoben. Alle Lichter verlöschen, und die ›Valiant‹ neigt sich langsam zur Seite. Die Kammer, in der sich Durand befindet, wird durch ein Bullauge in Höhe der Wasserlinie spärlich erleuchtet. Die Erschütterung durch die Explosion hat eine Tür sperrangelweit aufgerissen, und durch sie flüchtet der Italiener auf Deck. Dort stößt er auf die Matrosen, die zu den Aufbauten laufen, und sieht sich unversehens wieder dem Kommandanten gegenüber.

»Wo ist Bianchi? Was haben Sie mit ihm gemacht?« fragt Durand.

Durand kann von seinem Platz aus den Hafen überblicken, über dem sich im Morgendämmern der Himmel rötlich verfärbt. Vor ihm liegt, 500 m weit, die ›Queen Elizabeth‹. Und da: auf dem Schlachtschiff eine schwere Explosion, ein furchtbares Krachen, herumfliegende Materialtrümmer, Heizöl, das aus einem Leck strömt und zu brennen beginnt …

Marceglia und Schergat haben ihre Aufgabe erfüllt …

Die S. L. C. 222 erreichte die ›Queen Elizabeth‹ um 03.15 Uhr. Marceglia schaltete den Zeitzünder ein und brachte die Torpedomine an der vorgesehenen Stelle an. Der Zweimann-Torpedo war zwar schon vorher entdeckt worden, aber Marceglia hatte sich unter dem Schiffskörper verborgen. Die beiden Männer konnten dann davonschwimmen und das Land erreichen. Dort zogen sie ihre Schwimmanzüge aus und versteckten sie hinter einem auf den Strand gezogenen Boot. Dann marschierten sie, als wären sie die harmlosesten Gesellen der Welt, zum Bahnhof von Alexandrien und fuhren nach Kairo. Dort wurden sie von der ägyptischen Polizei festgenommen und den Engländern übergeben.

Auch Martelotta und Marino fanden ihren großen Tanker. Als sie ihre Mine unter dem Boden des Ölschiffs legen wollten, legte sich ein kleiner Tanker neben seinen größeren Bruder. Dabei verdeckte er die beiden Italiener, so daß sie ihre Arbeit in aller Ruhe ausführen konnten. Der Zeitzünder wurde auf drei Stunden eingestellt. Martelotta und Martino ließen kleine Brandbomben auf dem Wasser zurück, an denen sich nach der Detonation das ausströmende Öl entzünden und die beiden Tanker in Brand setzen sollte.

Immer über Wasser schwimmend, hielten sie mit ihrer Maschine auf einen verödeten Teil des Hafens zu. Anfangs empfanden sie wegen der vielen Schiffe ringsum Angst, aber sie blieben unentdeckt. Auf dem Land zerstörten sie ihre S. L. C. und versteckten ihre Schwimmanzüge.

Als sie den Hafen verlassen wollten, wurden sie festgenommen und in ein Gefängnis gebracht.

Um 05.54 Uhr hörten sie nacheinander drei Detonationen. Sie schlossen daraus, daß alle drei Gruppen Erfolg gehabt hatten.

Sechs Kriegsgefangene hier und dort: zwei mit schweren Beschädigungen gesunkene Schlachtschiffe zu je 32.000 t, die für längere Zeit ausfallen, zwei Öltanker, die mit ihrer wertvollen Ladung ausgebrannt sind! Ein gewaltiger Erfolg!

Auf der ›Queen Elizabeth‹ war in der Nähe ihrer Kessel eine Panzerplatte in 2,40 m Länge und in einer Breite von 4 bis 5 cm aufgerissen worden. Da sie auf geradem Kiel gesunken war, wurde das riesige Leck im Schiffsboden erst später sichtbar. Am 5. April 1942 wurde das Schlachtschiff ins Dock gebracht, wo es lange Zeit blieb. »Glücklicherweise«, schreibt Kapitän Roskill, »war es möglich, beide Schlachtschiffe auf ebenem Kiel zu halten, so daß die feindlichen Nachrichtendienste und Flugzeuge nicht in der Lage waren, die volle Größe des Erfolgs zu erkennen. Die Schlachtflotte im Mittelmeer war ausgeschaltet[4].«

Der Erfolg der italienischen Zweimann-Torpedos gab Churchill zu denken. Warum sollten die Engländer nicht ähnliche Aktionen durchführen? Konnte man die ›Tirpitz‹, die in einem norwegischen Fjord lag, nicht auf die gleiche Weise angreifen wie die Schlachtschiffe im Hafen von Alexandrien?

Am 18. Januar, einen Monat nach den Ereignissen in Ägypten, schrieb Churchill an General Ismay, den Chef der vereinigten Generalstäbe der drei Waffengattungen: »Bitte unterrichten Sie mich darüber, was unternommen wurde, damit die italienische Waffentat in Alexandrien und alle anderen ähnlichen Vorgänge von uns zum Vorbild genommen werden. Zu Kriegsbeginn hatte Oberst Jefferis auf diesem Gebiete einige vorzügliche Ideen, aber er fand keine Unterstützung. Sind wir von den Italienern in der Anpassung an den wissenschaftlichen Fortschritt überflügelt worden? Das Gegenteil wäre wahrscheinlicher. Ich bitte Sie, mir die gegenwärtige Lage auf diesem Gebiete genau zu schildern.«

Churchill und die Britische Admiralität hielten die Meldung, daß die ›Valiant‹ und die ›Queen Elizabeth‹ für längere Zeit außer Gefecht gesetzt wurden, vorerst geheim. Aber die Wahrheit blieb nicht verborgen. Als britische Matrosen aus Ägypten in die Heimat kamen, erzählten sie von der Schreckensnacht in Alexandrien, und die Marineleitung mußte sich bequemen, den zeitweisen Ausfall der beiden Schlachtschiffe und die Gründe hiefür bekanntzugeben.

Am 23. April 1942 erklärte Churchill im Unterhaus: »Aus diesem Grunde ist das Mittelmeer nun ohne Schlachtschiffe. Deshalb wurden einige Flugzeugträger und Flugzeuge von der Süd- und der Nordküste Englands nach Nordafrika entsandt, wo sie dringend gebraucht werden.«

Bald nach dieser Rede bekamen die deutschen U-Boote im Mittelmeer die Verstärkung der britischen Streitkräfte zu spüren.

Die Mausefalle

Am 29. November 1941 erhielt Dönitz vom Oberkommando der Marine den Befehl, alle seine U-Boote im Mittelmeer und westlich von Gibraltar einzusetzen. In diesem Befehl hieß es: »Die Lage und Bedeutung der Erhaltung eigener Mittelmeer-Positionen für den Gesamtkrieg zwingt zur durchgreifenden Schwerpunktbildung des U-Boot-Einsatzes bis zur Wiederherstellung der Lage[5].«

Der B. d. U. war mit dieser Strategie nicht einverstanden und gab dies auch seinen vorgesetzten Dienststellen bekannt. Für ihn war und blieb der Atlantik der Brennpunkt der U-Boot-Kriegführung, weil dort die Entscheidung für den Ausgang des Krieges zu erwarten war. Überdies hatte er persönlich das Mittelmeer in schlechter Erinnerung, weil er dort im Jahre 1917 nach Vernichtung seines Bootes in britische Kriegsgefangenschaft geraten war. In diesem engen Seeraum, in dem es den britischen Seestreitkräften und Flugzeugen, die aus Gibraltar, Malta und Alexandrien kamen, nicht schwerfiel, die Verbindungswege zu überwachen, konnten die U-Boote nur selten über Wasser fahren. »Es war beim Stand der Abwehr auch nur schwer möglich, U-Boote, die einmal im Mittelmeer waren, wieder in den Atlantik zurückzubringen. Ein ständiger starker Strom – abgesehen von Gegenströmungen dicht unter der Küste – läuft aus dem Atlantik durch die Gibraltarenge in das Mittelmeer hinein«, schreibt Dönitz[6]. »Er erleichtert zwar den U-Booten das Eindringen: denn Boote, die hierbei vor feindlicher Überwachung tauchen müssen, werden unter Wasser durch die Strömung ins Mittelmeer hineingezogen, aber er wirkt sich beim Passieren der Gibraltarstraße nach Westen in den Atlantik hinaus sehr ungünstig aus. Der Marsch über Wasser gegen den Strom in der gegebenen Kriegslage hätte zu lange gedauert, um während der Dunkelheit in einer einzigen Nacht durchgeführt werden zu können. Der Unterwassermarsch, zu dem die U-Boote durch die feindliche Überwachung mit großer Wahrscheinlichkeit gezwungen worden wären, ist in der Mitte der Straße kaum möglich, weil der Strom die getauchten U-Boote zu stark ins Mittelmeer zurücksetzt, während die Navigation an den Rändern der Enge im Gegenstrom für Kriegsverhältnisse zu schwierig ist. Die Atlantik-Boote, die einmal im Mittelmeer waren, befanden sich also dort … in einer Mausefalle.«

Nur ungern und nur den erhaltenen Befehl befolgend, beorderte Dönitz 15 Boote in das westliche und 10 in das östliche Mittelmeer.

Die Verluste gaben den strategischen Ansichten des Admirals recht: Am 16. November 1941 wurde U 433 von der ›Marigold‹ ostwärts von Gibraltar versenkt, nachdem das Boot die Meerenge schon passiert hatte; am 28. wurde U 95 durch die Torpedos des holländischen U-Boots O 21 vom gleichen Schicksal ereilt; am 11. Dezember wurde U 127 in den gleichen Gewässern versenkt; am 16. Dezember fiel unglücklicherweise U 557 dem Rammstoß eines italienischen U-Boots zum Opfer. Am 21. Dezember vernichtete ein Flugzeug des Geschwaders 812 vor Gibraltar das U 451 durch Bomben; am 23. Dezember wurde U 79 und fünf Tage später U 57 von Geleitzerstörern bei Alexandrien versenkt.

Sieben deutsche U-Boote innerhalb von sechs Wochen vernichtet, das war viel!

Die deutschen Boote bezahlten die Torpedierung der ›Barham‹ und der ›Ark Royal‹ und die Vernichtung oder Beschädigung der Leichten Kreuzer ›Neptune‹, ›Aurora‹, ›Penelope‹ und ›Kandahat‹, die entweder Torpedotreffer erhalten hatten oder auf Minen gelaufen waren, teuer. Da eine Einheit nach der anderen ausschied, sandte Dönitz eine Meldung nach der anderen an das Oberkommando der Marine, in denen er dringendst darauf verwies, wie wichtig nach dem Kriegseintritt der Vereinigten Staaten eine aufs äußerste gesteigerte U-Boot-Kriegführung im Atlantik geworden sei.

Die britischen U-Boote

In den Ländern rund um das Mittelmeer waren die Hauptkriegsschauplätze Kreta, der Balkan und Nordafrika, wo Rommel nach seinen Siegen in Tripolis und in der Cyrenaika in der Schlacht von El-Alamein eine Niederlage erlitt und den Rückzug vor der 8. britischen Armee antreten mußte. Zur See operierte die 1. britische U-Boot-Flottille aus Alexandrien im Ägäischen Meer und an den Küsten der Cyrenaika, während die 10. Flottille pausenlos die deutsch-italienischen Geleitzüge nach Libyen angriff. Die englischen U-Boote nahmen auch an der Räumung von Kreta teil. Wie schon erwähnt, rettete die ›Thrasher‹ dabei 78 Mann nach Alexandrien, für ein Boot von 1100 Tonnen gewiß eine große Leistung.

In der zweiten Jahreshälfte verstärkte sich die Tätigkeit der englischen U-Boot-Waffe, da sich der Durchschnitt der eingesetzten Einheiten von 8 auf 12 erhöht hatte. Sie waren so erfolgreich, daß, wie schon erwähnt, die Fahrtroute der deutsch-italienischen Geleitzüge abgeändert werden mußte.

Die englischen U-Boote hatten auch mittelbar die von Gibraltar nach Malta bestimmten und im Süden von Sizilien geführten Geleitzüge zu sichern, indem sie überwachten, ob und wann die italienischen Streitkräfte aus ihren Liegehäfen ausliefen.

Auch die Fahrtwege der feindlichen Konvois waren dauernd im Auge zu behalten, wobei die U-Boote zeitweilig in minenverseuchten Gewässern operieren mußten.

Sie patrouillierten in den Zykladen, an den Küsten des Peloponnes und in der Adria, wo der deutsch-italienische Schiffsverkehr von kleinen Frachtern besorgt wurde.

Die ›Torbay‹ (Kkpt. Miers) von der 1. U-Boot-Flottille versenkte Ende Juli vor Kap Malia und der Insel Falconera einige Segelschiffe; im Kanal von Doro torpedierte sie trotz heftiger Abwehr durch Geleitzerstörer einen Frachter und einen Tanker; schließlich versenkte sie noch einen Segler mit Truppen und Materialnachschub an Bord durch Geschützfeuer.

Am 5. Juli sichtete sie bei der Insel Syra das italienische U-Boot ›Jantina‹ (600 t) und versenkte es mit zwei Torpedos. Wiederum bei Kap Malia vernichtete die ›Torbay‹ den von einem Zerstörer geleiteten italienischen Tanker ›Strombo‹.

In enger Zusammenarbeit der Royal Air Force (R. A. F.), der Überwasser-Seestreitkräfte und der U-Boote wurden im Jahre 1941 im Mittelmeer 295.000 BRT des deutsch-italienischen Frachtraums versenkt. Dabei handelte es sich nicht um Handelsschiffe, die gewöhnliche Handelsware beförderten, sondern um Frachter, die mit

Kriegsmaterial, Truppen und Lebensmitteln beladen waren, und um Tanker mit dem für die Panzer des Afrikakorps lebensnotwendigen Treibstoff.

Im Gegensatz zur strategischen Auffassung des Admirals Dönitz, dem das Oberkommando der Marine die Entsendung von U-Booten in die ›Mausefalle‹ zur Unterstützung des Afrikakorps befohlen hatte, schrieb Admiral Cunningham damals: »Jedes unserer U-Boote im Mittelmeer ist sein Gewicht in Gold wert.«

VIII

DIE SCHLACHT IM PAZIFIK

Die japanische U-Boot-Flotte zum Zeitpunkt der Kriegserklärung

Die Japaner waren auf ihre U-Boot-Flotte stolz und erhofften sich von ihr besondere Erfolge. Zu Kriegsbeginn besaßen sie:

14 Boote der Type RO (700 bis 998 t, 10 bis 14 Torpedos, eine 8-cm-Kanone, Überwassergeschwindigkeit 16 bis 19 kn);

4 Boote, Minenleger der Type I 121 bis I 124 (1142 t, 42 Minen, eine 15-cm-Kanone, Überwassergeschwindigkeit rd. 14 kn);

20 Boote, die der Hochseeflotte zugeteilt waren, der Typen I 68 und I 53 (1400 bis 1635 t, 14 bis 16 Torpedos, eine 10-cm- oder eine 12-cm-Kanone, Überwassergeschwindigkeit 20 bis 23 kn).

Zwischen den Typen I 68 und I 53, ja selbst zwischen den Booten gleicher Type bestanden beträchtliche Unterschiede[1].

Ferner besaßen die Japaner: *22 Boote für Patrouillenfahrten*, davon 6 Boote der Type I 1; 5 Boote der Type I 61; 7 Boote der Type I 15; 2 Boote der Type I 9 und 2 Boote der Type I 7 (1950 bis 2200 t, 17 bis 20 Torpedos, eine 12-cm- oder eine 14-cm-Kanone). Die Boote der Type I 75 hatten zwei 14-cm-Kanonen und eine Überwassergeschwindigkeit von 18 bis 24 kn). Die Boote der Typen I 15, I 7 und I 9 führten in einem wasserdichten Hangar auf Deck ein kleines Flugzeug, die 5 Boote der Type I 16 ein Zwerg-U-Boot mit.

Die japanische U-Boot-Waffe bestand also aus 60 Einheiten, die der Hochseeflotte (6. Flotte) zugeteilt waren, und einigen Zwergbooten, die dem Admiralstab unterstanden. Diese Kleinstboote mit 40 t und zwei 40-cm-Torpedos, die zwei Mann Besatzung hatten, galten lange Zeit als eine ›Geheimwaffe‹. Während des Krieges bauten die Japaner 130 U-Boote. Bootstypen, wie I 13 (2620 t) oder I400 (3430 t), mit zwei oder drei Flugzeugen an Bord, zeigten die japanische Tendenz, immer größere Boote zu bauen. Sie überflügelten die Tonnage der deutschen U-Boote weitaus, doch die Deutschen hielten so große Boote für schwierig zu manövrieren. Die Briten und die Amerikaner überschritten bei ihrem U-Boot-Bau nicht die Grenze von 1500 t. Aber die Japaner legten in einer Art Großmannssucht auch die größten Flugzeugträger und die mächtigsten Schlachtschiffe auf Stapel. Die Zwerg-U-Boote des Admirals Yamato erwiesen sich als wenig erfolgreich und wurden später durch Einmann-Torpedos ersetzt. Auf diese Weise bauten die Japaner gleichzeitig Goliath- und Liliputboote.

Über die U-Boote des Reiches der Aufgehenden Sonne schreibt Kapitän Mochitsuka: »Während des Krieges bildete die U-Boot-Waffe sozusagen ein Sonderkorps, in dem wegen des Mangels an technisch hochwertiger Ausrüstung die Besatzungen nichts anderes waren als Kanonenfutter. Niemals mehr dürfen wir nur mit einer Bambuslanze bewaffnet wieder in den Krieg ziehen.«

Dieses strenge Urteil wird vom Admiral S. Fukutome, dem ehemaligen Chef der ›Vereinigten japanischen Seestreitkräfte‹, bestätigt: »Unsere U-Boote, die schlechter gebaut und schlechter ausgerüstet waren (als die amerikanischen), wurden angegriffen, bevor sie sich noch dem Ziel nähern oder sich von ihm entfernen konnten. Viele sahen den Feind erst, wenn er sie angriff.«

Die japanischen U-Boot-Besatzungen

Die japanischen U-Boot-Besatzungen wurden aus der Elite der Marine ausgewählt. Vom ersten Tage an, da sie Uniform trugen, wurden sie einer Ausbildung unterzogen, die so hart war wie die Schule der Preußen, die am Beginn des Jahrhunderts die militärischen Lehrer Japans gewesen waren und deren Methoden man beibehielt: Disziplin, Härte, Genauigkeit. Die Disziplin war oft sinnlos und manchmal nicht ohne Brutalität[2].

Die Männer auf den U-Booten waren wie alle Japaner genügsam; sie begnügten sich mit ein wenig Reis, getrocknetem Fisch und Tee. Alkohol war verboten. Das soll aber nicht etwa heißen, daß es in den Offiziersküchen und -messen keinen Alkohol gegeben hätte. Bei festlichen Anlässen hatten die Kommandanten das Recht, ihren Leuten den Genuß von Sake zu gestatten. Dies konnte etwa aus Anlaß eines Sieges oder eines Geburtstages geschehen, oder wenn die Besatzung eines auf dem Grunde des Meeres liegenden Bootes das Abschiedsmahl, das ›Höllenmahl‹, feierte, bevor sie starb.

Auch das Rauchen in den Bootsräumen war verboten. Laut Kapitän Ioura soll dieses Verbot erlassen worden sein, weil sich der Treibstoff der ersten Boote sehr leicht entzündete. Die U-Boot-Räume waren eng und besaßen keine Bullaugen, sie hatten eine ungenügende Durchlüftung, so daß das Rauchen die Atemluft noch mehr verschlechtert hätte.

Das Rauchverbot galt auf allen Booten, geraucht werden durfte bei Überwasserfahrt auf Deck, auf der ›Badewanne‹. Die Matrosen, denen das Rauchen gestattet wurde, mußten auf der Brust ein um den Hals gehängtes Schild mit der Aufschrift ›Rauchen erlaubt‹ tragen. Da aber manche U-Boote nur ein einziges Schild dieser Art besaßen, war es jeweils nur einem einzigen Mitglied der Besatzung möglich, sich dem Genuß einer Zigarette hinzugeben.

Kapitän Ioura, der selbst gern rauchte, ließ auf seinem Boot I 74 vier solche Schilder anfertigen, so daß vier dienstfreie Männer gleichzeitig dem Rauchen frönen konnten. Schließlich erreichte Ioura, daß für sein Boot das Rauchverbot überhaupt aufgehoben wurde.

Durchdrungen von ihrem Wert und von einem Gefühl der Überlegenheit traten die japanischen Admirale und Offiziere in den Krieg. Sie hatten die feste Überzeugung, daß sie besser wären als die Amerikaner und daß sie sie diesmal auch besiegen würden. Nach dem leicht errungenen Sieg von Pearl Harbor wurden sie übermütig. Zweifelsohne war das Ausbleiben großer Erfolge bei der japanischen U-Boot-Waffe vor allem auch auf die mangelhafte technische Ausrüstung der Boote zurückzuführen. Sie besaßen kein Asdic, und das Radar wurde auf den japanischen U-Booten erst im Juni 1944 eingebaut. Zu einer Zeit also, da das amerikanische Radar schon fast auf Zentimeter genau arbeitete.

Den Spitzen der kaiserlichen Marine fehlte es, wenn man von Admiral Togo absieht, an Klasse, sie mußten das starre Festhalten an ihren Irrtümern teuer bezahlen. Zwischen dem Führungsstab und den U-Boot-Kommandanten war eine Scheidewand aufgerichtet. Dies stand im völligen Gegensatz zu den Gegebenheiten der deutschen U-Boot-Führung, wo etwa der B. d. U. mit den Kommandanten nach jeder Feindfahrt persönlich in Verbindung trat und ihre Beobachtungen und Erfahrungen auswertete.

Die Ausbildung der Seeoffiziere und Mannschaften war nicht schlechter als die amerikanische. Die Schulung erfolgte allerdings nach anderen Methoden. Der Dienst auf den U-Booten erforderte schnelles Reaktionsvermögen, Entschlußkraft, körperliche Beweglichkeit und Leistungsfähigkeit. Während die Amerikaner zu ihrer körperlichen Ertüchtigung Baseball, Rugby oder Football spielten und Boxen lernten, übten sich die Japaner im Judo und im Säbelfechten. Wenn ein Boot zur Feindfahrt auslief und der Besatzung die Bevölkerung bei der Vorbeifahrt zuwinkte, dann schwangen sie gerne die Säbel. Mit dem Säbel in der Faust versuchten sie auch, amerikanische Schiffe zu entern. Der Säbel war das Sinnbild der Stärke, er verkörperte den Willen, bis zum bitteren Ende zu kämpfen. Wenn sich der japanische Soldat das weiße Band des *Hashamaki* unter seine schwarzen Haare band, fühlte er sich einig mit seinen kriegerischen Vorfahren, den Samurais.

Nach außen schien es, daß der japanische Soldat den Tod nicht fürchte, in seinem Inneren hatte er aber, wie jedes menschliche Wesen, mit der Angst zu kämpfen. Minokuwada, der einen Einmann-Torpedo an den Feind führte, schreibt: »Wenn man uns so fröhlich miteinander reden sah, hätte man glauben können, wir seien dem Tode gegenüber unempfindlich. Tatsächlich aber verhielten wir uns nur so, weil dieses natürliche Benehmen uns daran hinderte, dem Sensenmann ins Auge zu schauen.«

Alle diese japanischen U-Boot-Männer waren jung, und das erklärt vieles, denn »man muß jung sein, um mit Haltung sterben zu können«, behauptet der alte französische U-Boot-Fahrer Maurice Guierre.

Der Angriff auf Pearl Harbor. Letzte Vorbereitungen

Im Juni 1941 lief auf der Werft von Sasebo an der Ostküste von Kyushu ein 2180-t-Boot, das I 24, von Stapel. Die Offiziere, die der Zeremonie beiwohnten, sahen auf dem Achterdeck fünf riesige Haken, ein bei U-Booten, deren Oberdeck keinerlei Aufbauten aufweisen, ganz ungewohnter Anblick. Sehr bald darauf begann das Boot (Kkpt. Hirishi Hanabusa) mit seinen Versuchsfahrten.

Der Torpedooffizier hieß Mochitsura Hashimoto[3]. Der gutgebaute junge Offizier hatte eine harte Ausbildung hinter sich. Mit großer Behendigkeit vermochte er es, sich in das U-Boot gleiten zu lassen, und ebenso flink kletterte er die Leitern hinauf. Sechs Monate lang hatten Hanabusa und Hashimoto die Besatzung geschult und das Material, das die Werft geliefert hatte, getestet. »Die Versuche waren durchaus befriedigend«, schrieb Hashimoto und ahnte nicht, welche Havarien und Schwierigkeiten seinem Boot und der Besatzung bevorstanden.

Am 11. November 1941 wurde das I 24 der 3. Flottille der 1. U-Boot-Flotte in Kure zugeteilt, die dem Kapitän zur See Sasaki unterstand. In einem nahe gelegenen Dock legten Ingenieure und Arbeiter letzte Hand an U-Boote an, die sehr klein waren: 15 m lang, zwei Torpedorohre im Bug. Überall herrschte lebhafter Betrieb, die Atmosphäre war gespannt. Jeder trug seine Vaterlandsliebe betont zur Schau, seinen Glauben an den Sieg, obwohl mancher sich gesagt haben mag, daß man die Stärke der amerikanischen Flotte ja nicht kenne. Viele Seeoffiziere waren sich bewußt, daß Japan Treibstoff, Kautschuk und seltene Metalle einführen mußte, während das große Amerika über fast unerschöpfliche Materialquellen verfügte.

Viele japanische U-Boote waren für die Aufnahme kleiner Flugzeuge eingerichtet. Hangar und Katapult befanden sich auf Deck. Man entfernte sie und befestigte an ihrer Stelle jene Riesenhaken, mit denen das I 24 schon bei seinem Bau ausgerüstet worden war.

Am 16. November wurden alle U-Boot-Besatzungen an Bord gerufen und die Kommandanten zum Befehlshaber der 1. U-Boot-Flotte befohlen. Kapitän zur See Shojiro Ioura war eben vom Oberkommando der ›Vereinigten Flotte‹ in Tokio zurückgekehrt; sogleich wurde er von den Offizieren umringt und mit Fragen bestürmt.

»Wir haben den Plan für eine große Operation ausgearbeitet, aber sie muß geheim bleiben. Ich darf nicht darüber sprechen, und ich bitte Sie, keine Fragen an mich zu stellen.«

Dann sprach Ioura über die gespannte internationale Lage, und man ging zu den Vorbereitungen für das Auslaufen über, für das die Boote in längstens 48 Stunden bereit sein sollten. Es war wie am Abend vor einer Schlacht.

»Es war Anfang November«, schreibt Ioura, »und die Berge von

Kuju waren mit welken Blättern bedeckt. Wenn man vom Meer aus auf diese Berge schaute, bot sich einem der großartige Kontrast zwischen dem blauen Himmel und dem gelben Laub. Meine Heimat, ein kleines Dorf, lag jenseits des Gebirges, und deshalb liebte ich diese Berge so sehr. Ahnte ich vielleicht, daß ich sie zum letzten Mal sah?«

Zwei junge Oberleutnants zur See hatten am Vortag in einem Laden in Kure Parfüm gekauft. »Nach der Tradition der Samurai wollten wir mit diesem Parfüm unsere Körper besprengen, bevor sie wie die Kirschblüten vergehen«, sagten Sakamaki und Akira Hirowo, zwei Jahrgangskameraden und Kommandanten der Zwerg-U-Boote, die dazu bestimmt waren, sich zu opfern[4].

Wie bei den Deutschen vermischt sich auch bei den Japanern oft die Poesie mit der Realität und ›es badet die Rose zuweilen in einem Becher voll Blut‹.

Auf Deck der großen U-Boote vertäute man an den großen Haltehaken je ein Zwerg-U-Boot, und die 1. U-Boot-Flotte lief, mit dem I 8 und Ioura als ihrem Kommandanten an der Spitze, aus. Sie ging nach Saeki, einem kleinen Fischerhafen auf der Insel Kyushu, die an der Straße von Bungo liegt.

Da dort keine Gefahr bestand, die Geheimhaltungspflicht zu verletzen, erhielten die Besatzungen die Erlaubnis, an Land zu gehen. Selbstverständlich wurde bei dieser Gelegenheit dem Sake fleißig zugesprochen.

Am Abend des 18. November verließen die U-Boote ihre Liegeplätze, während die großen Einheiten aus Kure und Yosasuka ausliefen, um sich in der Bai von Tanran, in Etorofu, einer kleinen Insel im Norden Japans, zu vereinigen. Am 22. November war der ganze Flottenverband versammelt …

Auf Deck des I 24 befand sich das Zwerg-U-Boot des Oberleutnants zur See Sakamaki. In einer pechschwarzen Nacht sichtete Hanabusa, der Kommandant, die Silhouette eines großen Schiffes ganz nahe von seinem Boot. Er weiß nicht, ob es ein Frachter oder ein Truppentransporter ist. Vorsichtshalber läßt er tauchen, damit niemand die winzigen U-Boote, die er mit sich führt, sieht. Sie nehmen sich wie Pilotenfische auf dem Rücken eines Haies aus … In der Morgendämmerung macht Hanabusa einen Rundblick durch das Sehrohr. Das unbekannte Schiff ist noch immer neben ihm. Es ist ein japanischer Flugzeugträger. Nach einem gegenseitigen Signalwechsel marschieren die beiden so verschiedenen Einheiten nun gemeinsam weiter. Während der Fahrt werden Tauchmanöver geübt. Hashimoto sieht dabei, wie viel noch zu wünschen übrigbleibt. Die Boote sind ja erst vor kurzem aus der Werft gekommen und die Besatzungen noch kaum eingeschult. Alles läßt die Eile und Behelfsmäßigkeit, mit denen die Indienststellung erfolgt ist, erkennen, aber jeder behält seine Wahrnehmungen für sich.

Die fünf Boote folgen einander in einem Abstand von 20 sm mit Kurs auf Hawaii. Bei der Annäherung an die Insel fahren sie laut Befehl bei Tag getaucht, in der Nacht über Wasser, da das Seegebiet um Hawaii von der amerikanischen Luftwaffe scharf überwacht wird.

Während die 3. U-Boot-Flottille unmittelbar auf Hawaii zuhält, steuern die 1. und die 2. Flottille einen mehr nördlichen Kurs, der sie zwischen die Alëuten und Midway führt. Eine andere U-Boot-Flottille hat Kwadjelin, die größte der Marshall-Inseln, verlassen und ist, nachdem sie den Süden der Johnson-Insel passiert hat, auf Kurs Hawaii gegangen. Schließlich vereinigen sich die von Süden, Osten und Norden kommenden Flottillen vor Hawaii.

Die Kommandanten der U-Boote wußten, daß zu gleicher Zeit wie sie auch andere Einheiten und die vielen Torpedoflugzeuge auf den Flugzeugträgern angreifen sollten. Aber sie kannten den Plan nicht, der von dem in Japan verbliebenen Admiral Yamamoto und von Admiral Chuichi Nagumo auf dem Flaggschiff ›Akagi‹ ausgearbeitet worden war. Zur ›Vereinigten Flotte‹ gehörten: der ganz neue riesige Flugzeugträger ›Zulkaku‹, die Flugzeugträger ›Shokoku‹, ›Agaki‹ und ›Kaga‹, die Schlachtschiffe ›Hieii‹ und ›Kirishima‹, die mittelgroßen Flugzeugträger ›Hiryu‹ und ›Soryu‹, die zwei Kreuzer ›Tone‹ und ›Chikuma‹ sowie zahlreiche Zerstörer und 27 U-Boote. Diese gewaltige Flotte hielt auf Pearl Harbor zu, das noch sorglos von Tausenden Lichtern erhellt war. Dort lagen die Schlachtschiffe ›California‹, ›Maryland‹, ›Oklahoma‹, ›Tennessee‹, ›West Virginia‹, ›Arizona‹ und ›Nevada‹ mit halb oder ganz gelöschten Kesseln in zwei Reihen, die man die ›Schlachtschiff-Allee‹ nannte, vor Anker. Die Kreuzer wie etwa die ›Helena‹ und die Zerstörer lagen dem U-Boot-Hafen gegenüber am Pier. Die U-Boot-Waffe war durch die ›Tautog‹, die ›Dolphin‹, die ›Cadialot‹, die ›Cuttlefish‹ und die ›Narwhal‹ vertreten. Das Schlachtschiff

›Pennsylvania‹ befand sich im Trockendock. Die alten Kriegsschiffe ›Utah‹ und ›Raleigh‹ lagen geruhsam bei der Insel Ford Island. Ein ganzes Hundert von Schiffen! Unter ihnen fehlten allerdings Flugzeugträger, denn die befanden sich um diese Zeit in See. Die Japaner wußten und bedauerten es.

Admiral Nagumo hatte den Funkspruch empfangen: »Niitaka yama nobore« (überschreiten Sie die Niitaka-Brücke) – das für den Angriff, der am 8. Dezember erfolgen sollte, vereinbarte Signal.

Der 7. Dezember (für die Japaner der 8. Dezember), ein Sonntag, begann. Die amerikanischen Matrosen frühstückten und lauschten der *Music for your Morning Mood.* Bald, um 8 Uhr, sollten die Glocken läuten und die Gottesdienste beginnen. Niemand ahnte, daß ein Angriff bevorstand[5].

Das Zwerg-U-Boot des Sakamaki

Um 07.45 Uhr stiegen die Torpedoflugzeuge von den Flugzeugträgern auf …

Kehren wir zurück zu I 24 und zu seinen Angriffsvorbereitungen während der Nacht vom 6. auf den 7. Dezember. ›Endlich!‹ dachte Sakamaki, als er die Insel Oahu vor sich ausmachte. Alles war für das Tauchmanöver bereit. Der beleuchtete Hafen strahlte sein diffuses Licht gegen den Himmel, und beim Näherkommen sah man sogar die beleuchteten Neonlampen am Strand von Waikiki. Scheinwerfer schwenkten suchend umher, aber es schien nur eine Routineübung zu sein …

23.00 Uhr. Sakamaki und sein Kamerad Inagaki kriechen in das Zwergboot, um noch ein letztes Mal alle Apparate zu überprüfen, wobei sie von den Elektrikern des I 24 unterstützt werden. Verdammt! Der Gyrokompaß ist nicht in Ordnung! Ohne ihn wäre aber die Fahrt unter Wasser nicht möglich, ohne ihn könnte das Zwerg-U-Boot nicht in den Hafen hineinfinden. Der Zeitpunkt des Einsatzes rückt näher, der Schaden ist ernst. Sakamaki verflucht das Gyroskop und seine Erzeuger, weil der Kompaß just in dem Augenblick, da er ihn braucht, versagt. Die Zeit vergeht, und bald wird es Tag sein. Den Angriff aufzugeben ist unmöglich, denn dies verbietet die Ehre. Lieber über Wasser laufen, lieber eine ›Blindfahrt‹ unter Wasser wagen und das Unmögliche versuchen.

24.00 Uhr. Sakamaki rasiert sich sorgfältig, besprengt sich mit dem in Kure gekauften Parfüm und zieht die schwarze Uniform – doch ohne Rangabzeichen – an. Um die Stirn bindet er sich den weißen Hashamaki. Dann nimmt er von der Besatzung des großen Bootes Abschied und dankt allen für ihr Wohlwollen; einigen drückt er die Hand, andere küßt er.

Inzwischen beaufsichtigt Inagaki die Loslösung des Zwergbootes aus der Vertäuung. Bald wird der kleine Fisch seinen großen Bruder verlassen und Kurs auf Pearl Harbor nehmen. Sakamaki studiert noch einmal die Karte, die der Artillerieoffizier mit Notizen über Pearl Harbor hat. Es ist nicht lange her, daß der junge Offizier, damals noch als Seekadett, auf einem Schulschiff Pearl Harbor kennengelernt hat; er weiß, daß es schwierig sein wird, die Einfahrt von Quilama zu finden, von wo aus man am besten in den inneren Hafen gelangt.

01.00 Uhr. Sakamaki hat sich entschlossen, die Aktion durchzuführen, obwohl der Kompaß unbrauchbar ist. Noch ist vieles zu tun ... ein letzter Versuch, den Kompaß doch noch in Ordnung zu bringen, schlägt fehl.

03.40 Uhr. Sakamaki schaut auf die Uhr. Jetzt soll der Einsatz der Zwergboote anlaufen. Der Oberleutnant denkt an seinen Kameraden Akira Hirowo. Wo mag sich sein Freund zur Stunde befinden? Ist sein Boot schon unterwegs? Und ist sein Gyrokompaß in Ordnung? Sicher hat Hirowo mehr Glück gehabt als er. Aber er, Sakamaki, ist an seinem Mißgeschick ja auch selber schuld.

Er kriecht in sein Boot und wirft noch einen Blick auf den verdammten Kompaß. Als richtiger Japaner überzeugt er sich davon, daß die zwei Töpfe mit gekochtem Reis, die einige Tage Überleben sichern sollen, an Bord sind. Das I 24 nimmt Fahrt auf und gleitet langsam unter Wasser. Auf Sakamakis Befehl schaltet Inagaki die Elektromotoren ein, das Boot taucht. Der Oberleutnant hat das Gefühl, daß es zu schnell unter Wasser geht und daß es in eine Tiefe geraten könnte, deren Wasserdruck der Zwerg nicht gewachsen ist. Er stellt den Motor auf ›Halt‹, und das Boot taucht wieder auf. Doch scheint auch dieses Manöver nicht so zu klappen, wie es sollte. Der Bug hebt sich jäh empor und ist nur schwer wieder hinunterzudrücken, dann neigt er sich wieder gefährlich in die Tiefe. Die beiden Männer bemühen sich, die Gleichgewichtslage des Bootes herzustellen. Der Angriff beginnt unter ungünstigen Vorzeichen!

07.00 Uhr. Sakamaki stellt durch das Sehrohr fest, daß er sich noch weit entfernt von Pearl Harbor befindet, weil die Strömung das Boot abgetrieben hat.

Die beiden Männer bemühen sich noch immer, das Boot auf ebenen Kiel zu bringen, als die erste Welle der Trägerflugzeuge ihre Bomben auf die wehrlosen amerikanischen Kriegsschiffe wirft[6] ...

An Bord des Flaggschiffs ›Agaki‹, 200 sm nördlich von Oahu, empfängt Admiral Nagumo mit großer Befriedigung die Meldung vom Bombardement des Kriegshafens.

08.05 Uhr. Die Torpedos mit Erfolg abgeschossen.

08.10 Uhr. 30 US-Flugzeuge beschädigt, 25 Brände.

08.16 Uhr. Ein großer Kreuzer getroffen.

08.22 Uhr. Treffer auf einem Kreuzer[7].

Der Start der Zwerg-U-Boote wurde dem Kommandierenden Admiral gemeldet, so daß ihn die darauffolgende Funkstille keineswegs überraschte. Sollten einige amerikanische Einheiten versuchen, den Hafen zu verlassen, würden sie von den 15 und 30 sm seewärts lauernden großen U-Booten torpediert werden.

Auch diese Boote sahen die Maschinen ihrer Flugzeugträger über sich hinwegrasen und die Flammenherde an Land, die mit ihrem Rauch den Himmel verdunkelten. Aber kein amerikanisches Kriegsschiff kam in die Reichweite ihrer Torpedos. Einige Boote wie I 8 mußten sogar wegen des Schlechtwetters unter Wasser gehen. »Uns wurde die Gnade Buddhas nicht zuteil«, meinte Kapitän Ioura verbittert.

Das I 69 (Kkpt. Katsugi Watanabe) mußte mehrmals schnelltauchen, da mehrere USA-Zerstörer auf sie zuhielten. Aber Watanabe war in der Kunst, den Feind irrezuführen, ein wahrer Meister. Er verbreitete über der Sinkstelle Ölflecken und warf, um zu beweisen, daß das Boot wirklich vernichtet worden war, Gettas über Bord[8].

Sakamaki kämpfte noch immer, aber nicht gegen den Feind, sondern gegen sein eigenes Boot, das immer weiter abtrieb. Unglücklicherweise gibt es im Süden von Oahu zahlreiche Felsenriffe, von denen einige nur bis zum Wasserspiegel reichen. Das Zwerg-U-Boot stieß mehrmals gegen die harten Wände dieser Hindernisse, und dabei wurden die beiden Torpedorohre beschädigt. Sie wieder gebrauchsfähig zu machen, erwies sich als unmöglich. Dann strandete Sakamakis Boot, und die Lage der beiden Männer wurde kritisch, da jeden Augenblick ein feindlicher Zerstörer erscheinen konnte. In härtester Arbeit gelang es dem Oberleutnant und seinem Gefährten, das Fahrzeug wieder flottzumachen. Niedergedrückt und hoffnungslos sahen die beiden Männer einander an, sagten aber kein Wort davon, wie ihnen zumute war. Sakamaki meinte: »Ich will das Boot an einem amerikanischen Schlachtschiff zerschellen lassen«, denn er hoffte, durch den Anprall würden die in ihren Rohren festgehaltenen Torpedos detonieren und den Gegner zugleich mit dem Zwergboot vernichten. Inagaki stimmte zu.

Der Nachmittag brach an. Das Ruder des U-Boot-Zwerges gehorchte nicht mehr, der Motor blieb manchmal stehen, um dann doch wieder anzuspringen. Die Tauchvorrichtungen waren nicht mehr intakt. Aus den durchnäßten Batterien stiegen Giftgase auf, Wasser tropfte von den inneren Bordwänden. Die beiden Männer aßen ein wenig Reis. Von ihrer Arbeit, von den vielen Stunden, in denen sie sich vergeblich bemüht hatten, ihr Boot wieder manövrierfähig zu machen, fühlten sie sich elend und schwach. Sakamaki verlor das Bewußtsein ... kam wieder zu sich ... wurde wieder ohnmächtig ... und seine Gedanken begannen sich zu verwirren ...

Hinter dem Feuerschein der Brände verschwand die Sonne am Horizont. Sakamaki erkannte, daß sie sich gegenüber von Diamond Read, 10 sm südlich von Pearl Harbor, befanden. Die Motoren waren wieder in Gang, aber es war zu spät, der Angriff war schon vorbei. Dem Oberleutnant blieb nur übrig, den vereinbarten Ort der Wiedervereinigung mit dem I 24, ganz nahe bei der Insel Lanai, anzusteuern – wenn er dazu noch imstande wäre.

Kapitän Hanabusa an Bord des I 24 war überzeugt, daß Sakamaki nicht mehr wiederkehren werde. Hashimoto meldete ihm, daß er die Kleider des Oberleutnants, fein säuberlich gefaltet, wie es sich für einen Seemann gehört, gefunden habe. Daneben lag eines der von japanischen Tischlern so kunstvoll verfertigten Holzkästchen. In ihm befanden sich ein für Sakamakis Mutter bestimmter Brief, eine schwarze Haarlocke, einige abgeschnittene Fingernägel und sogar die für die Postbeförderung dieser Erinnerungsstücke erforderlichen Yen.

Es schien, als würde Sakamaki niemals mehr in die Wärme und Geborgenheit des I 24 zurückkommen. Aber er überlebte den Angriff und wurde der erste kriegsgefangene Japaner der Amerikaner.

Er und sein Gefährte hatten mittlerweile sprunghafte Veränderungen ihres Gemütszustandes mitgemacht: Niedergeschlagenheit, Hoffnung, Ohnmacht, wiedererlangtes Bewußtsein, Verwirrung der Gedanken und wieder ein wenig Hoffnung, die aber bald wieder geschwunden war …

Die Nacht war hereingebrochen, das Zwergboot trieb auf den Wellen dahin. In tödlicher Erschöpfung fielen die beiden Männer in Schlaf. Plötzlich strandete das Boot an einem Felsenriff und konnte sich nicht mehr freimachen. Der Strand war nur 200 m weit entfernt, und es war verlockend, zu ihm hinüberzuschwimmen. Um 6.40 Uhr betätigte er den Zündmechanismus seiner Torpedos …

Hatte der Oberleutnant den Gedanken an Selbstmord aufgegeben? War nach der langen Irrfahrt in der schönen, sternenhellen Nacht, nach dem Wissen um den nahen Tod und im Anblick der Erde in diesem jungen Menschen mit seinen 27 Jahren die Freude am Leben wiedererwacht? Wortlos zeigte Sakamaki seinem Schicksalsgefährten den einsamen Strand. Nur mit ihren Unterhosen bekleidet, begannen die beiden Schiffbrüchigen zu schwimmen …

Die Torpedos waren nicht detoniert, aber das Zwergboot durfte unter keinen Umständen in die Hände der Amerikaner fallen. Sakamaki kehrte wieder um …

Als er zu sich kam und die Augen öffnete, sah er, wie sich ein amerikanischer Feldwebel mit einer Pistole über ihn beugte und ihn erstaunt anstarrte. Kazuo Sakamaki war ein Kriegsgefangener, Inagaki aber war verschwunden …

I 24 sah sich bei seiner Fahrt großen Schwierigkeiten gegenüber. Hashimoto berichtet darüber: »Es fiel uns außerordentlich schwer, unser Boot in getauchtem Zustand zu halten (um 08.25 Uhr, als der Angriff auf Pearl Harbor stattfand). Bald geriet es unter die Sehrohrtiefe, dann stieg es auf und drohte die Wasseroberfläche zu durchbrechen, ohne daß wir auch nur das geringste dagegen unternehmen konnten. Unsere Pumpen standen dauernd in Betrieb. Schließlich entglitt das Boot unseren Händen und ging am hellichten Tag über Wasser. Dies war gewiß nicht der richtige Augenblick, um sich entdecken zu lassen! Sofort fluteten wir die Tauchtanks, und es waren immerhin 20 t Wasser. Trotzdem war es unmöglich, das Boot wieder unter Wasser zu bringen. Dies war die Folge eines Fehlers in der Trimmvorrichtung.«

Die Rückkehr nach Kwadjelin war nicht minder schwierig: »In

der Nacht leerten wir wie gewöhnlich die mittleren Tanks, aber das Boot behielt seine gefährliche Schlagseite nach Steuerbord. Wir stoppten das Anblasen der Backbordtanks, aber der Neigungswinkel wurde nur noch größer. Bei einer raschen Überprüfung ergab sich, daß eines der Hauptpreßluftventile in seiner Stellung auf ›Offen‹ durch ein Holzstück verlegt war, das glücklicherweise leicht entfernt werden konnte. Die Arbeiten am Boot waren erst vor einem Monat beendet worden, und dabei waren manche Materialstücke zurückgeblieben, die viele kleine Havarien verursachten.«

I 8 kehrte nach Japan zurück, ohne ein einziges amerikanisches Kriegsschiff gesehen zu haben. Das Meer war so stürmisch, daß eine Überwasserfahrt unmöglich war. Wenn dabei auch nichts Bemerkenswertes geschah, ist doch ein sehr eindrucksvolles und echt japanisches Ereignis zu erwähnen.

Vor Tadotsu warf die Besatzung alles Geld, das sie bei sich hatte, in ein Gefäß mit der Aufschrift: ›Spende an den Schinto-Tempel in Kotohira.‹ Die Sparbüchse wurde hierauf ins Wasser geworfen, wobei die Männer auf dem Boot, das Gesicht zum Tempel gewendet, dafür beteten, daß das I 8 heil zurückkommen möge.

Kapitän Shojiro Ioura sah dann, wie kleine Fischerboote zu der Stelle eilten, an der das Gefäß mit der Spende versunken war, um es zu erhaschen und dem Tempel überreichen zu können. »Die Fischer glaubten, daß demjenigen, der dies täte, ein großes Glück beschieden wäre«, erklärte Ioura.

Gleich nach dem Einlaufen in den Heimathafen eilten Ioura und Korvettenkapitän Koorigama zum Fotografen, um sich mit ihrem schwarzen, wildverwachsenen Bart aufnehmen zu lassen. Dann rasierten sie sich und versuchten, I 8 bei den Geishas zu vergessen.

I 69 vor Pearl Harbor

Alle großen japanischen U-Boote bis auf zwei kehrten in ihre Liegehäfen zurück; die Ankerplätze von I 69 (Kkpt. Katsugi Watanabe) und I 70 (Kkpt. Saho) blieben leer.

Watanabe hatte zuletzt unmittelbar nach dem Angriff gefunkt: »Wir sahen ein großes Feuer in Richtung Pearl Harbor und glaubten daher, daß die Zwergboote ihre Aufgabe erfüllt hatten.« Dann nichts mehr. Waren die beiden großen Boote vernichtet worden? Noch am 11. Dezember hoffte man, daß die Ursache ihres Schweigens Pannen in der Funkanlage sein könnten. Dann langte in Kwadjelin die Meldung ein: »Wir sind in die Balkensperren von Pearl Harbor geraten und konnten weder vor- noch rückwärts. Es glückte uns aber, in Tauchfahrt der Gefahr zu entrinnen. Nach 80 m Fahrt haben uns die Wachboote mehrmals mit Wabos beworfen, ohne uns Schaden zuzufügen.«

Das I 69 hatte schwere Angriffe zu überstehen. Es war mit dem Bug in 180, mit dem Heck in 100 in Tiefe in ein Sperrnetz geraten, konnte sich aber wieder freiarbeiten. Doch plötzlich war es bei einer Meerestiefe von 100 m abgesackt und hart an der Grenze der Belastungsfähigkeit des Materials auf den Meeresboden gestoßen. Der Turm war mit Netzen umwickelt, deren sich das Boot aber zu entledigen vermochte. »Ich habe mich auf den Tod vorbereitet«, erzählte später Kapitän Nakaoka[9]. »Ich befahl, das beste Essen für das ›Höllenmahl‹ vorzubereiten. Für den Fall, daß das Boot versenkt werden müßte, ließ ich alles Notwendige vorbereiten. Die Luft wurde stickig, von den Wänden tropfte das Wasser, Luftdruck und Temperatur waren außerordentlich gestiegen, und das Atmen fiel schwer. Die Nähe des Feindes verhinderte das Wegschaffen der Exkremente, und der Gestank war sehr unangenehm. Wir hatten die Wahl, auf dem Grund des Meeres zu sterben oder das Auftauchen über Wasser zu wagen. Ich beriet mich mit Kapitän Watanabe, und wir entschlossen uns für den Kampf. Ich befahl ›Alarm!‹ Wir wollten, die weiße Binde um die Stirn, uns mit unserer Artillerie verteidigen. Alle Mann standen auf ihren Posten und das Boot stieg langsam empor. Das war Buddhas Gnade! Sogleich befahl Watanabe zu tauchen, aber das Boot bewegte sich nicht. Außerdem ergoß sich Wasser ins Boot von vorn nach achtern und von achtern nach vorn. Das Vorschiff hob und senkte sich dauernd, und die Männer mußten sich am nächstbesten Halt festklammern. Die Stühle flogen aus einer Ecke in die andere, und das jauchige Wasser stank ekelerregend. Es wurde unerträglich! Wir bliesen die Tanks aus, aber der Bug stieg und fiel weiter. Wir alle waren mehr tot als lebendig. Wir liefen Gefahr, vom Feinde entdeckt zu werden. Und tatsächlich! Watanabe sichtete durch das Periskop ein feindliches Wachboot. Er setzte alles aufs Spiel und feuerte sechs Torpedos. Aber man hörte keine Detonationen. Das Wachboot hielt in den Laufspuren der Torpedos auf uns zu – aber I 69 war tauchunfähig.

Doch Buddha rettete uns noch einmal. Ein Regenschauer fegte über das Meer, so daß uns der Gegner aus der Sicht verlor ...

Aber für I 69 war die Gefahr noch nicht vorbei. Es wurde noch mehrmals von Wachbooten gestellt, doch Buddha wachte über uns ...«

I 70 hingegen wurde am 10. Dezember vor Pearl Harbor durch ein amerikanisches Flugzeug versenkt.

Was war mit den Zwergbooten, die sich am Angriff beteiligt hatten, geschehen? Einem von ihnen war es gelungen, im Kielwasser des Mutterschiffes ›Antares‹ in den Hafen einzudringen, es wurde aber sogleich durch ›Catalina‹-Flugzeuge versenkt. Auch ein zweites Kleinstboot war in den Hafen gelangt, wurde jedoch vom Zerstörer ›Monaghan‹ gerammt. Der Zerstörer ›Helm‹ vernichtete ein Zwergboot, das an einer Klippe gestrandet war, sich aber wieder freigemacht hatte. Das Boot von Sakamaki verschwand ebenso wie das fünfte Boot dieser Type.

Der Erfolg der großen und der kleinen japanischen U-Boote war im Vergleich zu den Ergebnissen des Luftangriffs sehr gering. Keines dieser Boote war technisch auf der Höhe. Die Erfahrung lastete lange auf dem Admiralstab der U-Boot-Waffe, die in ihre Einheiten die größten Hoffnungen gesetzt hatte. Admiral S. Fukutome stellte hierzu fest: »Das kaiserliche Hauptquartier und der Admiralstab der ›Vereinigten Flotte‹ waren von den Ergebnissen der U-Boot-Operationen aufs unangenehmste berührt und waren von der Niederlage sehr enttäuscht. Seither war das Vertrauen der japanischen Marine in ihre U-Boote erschüttert.«

Aber die Japaner sind zäh; sie machten sich wieder an die Arbeit, um bessere und größere U-Boote zu bauen.

I 165 sichtet die ›Repulse‹ und den ›Prince of Wales‹

Während die japanische Luftwaffe einen Großteil der amerikanischen Seestreitkräfte im Hafen von Pearl Harbor vernichtete oder beschädigte, unterstützten kaiserliche Flottenabteilungen die zahlreichen Truppentransporte, die für die Besetzung von Malaya, von Singapur, von Hongkong, West-Borneo und der Philippinen bestimmt waren. Diese schlagartig und gleichzeitig durchgeführten Operationen dauerten vom 8. bis zum 11. Dezember 1941. Zehn alte U-Boote – die 4. U-Boot-Flottille – bildeten unter Konteradmiral Y. Yoshitomi vor der malaiischen Küste einen Schutzgürtel, um die britischen Kriegsschiffe in Singapur daran zu hindern, den in den Philippinen landenden japanischen Truppen in den Rücken zu fallen.

Zu dieser Zeit befanden sich die britischen Schlachtschiffe ›Revenge‹ und ›Royal Sovereign‹, die Kreuzer ›Mauritius‹ und ›Achilles‹, einige australische und neuseeländische Schiffe sowie Zerstörer im Hafen von Singapur. Sie erhielten durch die Schlachtschiffe ›Prince of Wales‹ und ›Repulse‹ eine wesentliche Verstärkung.

Am Nachmittag des 8. Dezember, 17.35 Uhr, verließen ›Prince of Wales‹ und ›Repulse‹ mit vier Geleitzerstörern den Hafen, um die am 7. und 8. Dezember in Songora an der malaiischen Küste gelandeten japanischen Truppen von ihrem Nachschub abzuschneiden. Dies sollte vollkommen überraschend geschehen, weshalb die britischen Schiffe auf keinen Fall von den Flugzeugen und U-Booten des Gegners gesehen werden durften.

Am 9. Dezember, 15.45 Uhr, sichtete jedoch das U-Boot I 165 beide Großkampfschiffe 300 sm nördlich von Singapur. Der Kommandant (Kkpt. Harada) erkannte sie sogleich als den ›Prince of Wales‹ und die ›Repulse‹. Er bedauerte sehr, daß die Engländer außerhalb der Reichweite seiner Torpedos blieben und so schnell liefen, daß er sie niemals hätte erreichen können. Er meldete jedoch ihre Position, den Kurs und die geschätzte Geschwindigkeit. Das durch diesen Funkspruch alarmierte Hauptquartier der japanischen Truppen in Malaya verständigte unverzüglich alle U-Boote; überdies zog Vizeadmiral Nobutaka Kondo die Schlachtschiffe ›Kongo‹ und ›Haruna‹3, einige Kreuzer und eine Torpedobootflottille zusammen und nahm mit diesem Geschwader die Suche nach den Briten auf.

Er fand sie aber nicht.

Am 10. Dezember, 03.40 Uhr, traf das I 165 neuerlich auf die beiden feindlichen Zerstörer, die diesmal auf Südkurs liefen. Die Sicht war schlecht; Harada schoß seine Torpedos ab, erzielte aber keinen Treffer. Die britische Brückenwache hatte weder das Boot noch die Blasenbahnen der Torpedos gesehen. Am Nachmittag des

9. Dezember hatte ein Flugzeug die britische Kampfgruppe überflogen, worauf Admiral Phillips annahm, daß damit die Geheimhaltung seines Unternehmens nicht mehr gewährleistet sei, weil das Überraschungsmoment nicht mehr gegeben war. Er entschloß sich am Abend um 20.13 Uhr zur Rückkehr nach Singapur, wendete dann später aber auf Südkurs gegen Kuantan, weil er annahm, daß dort die Landung der japanischen Truppen stattfinde, und dieser kleine Hafen ohnehin auf seinem Rückweg lag.

In Saigon hielten sich die Flugzeuge des Kapitäns Sonokawa zum Angriff auf Singapur bereit. Als Sonokawa von den beiden Schlachtschiffen in See erfuhr, ließ er die Bomben seiner Flugzeuge durch Torpedos ersetzen. Am frühen Nachmittag des 10. Dezember wurden die britischen Schiffe vor Kuantan, wo keine japanischen Truppen gelandet waren, versenkt, wobei Admiral Phillips mit seinem Flaggschiff in die Tiefe ging. Der Verlust dieser Schlachtschiffe fand überall größte Beachtung.

»Wenn auch die Ehre ihrer Vernichtung«, schreibt Kapitän Hashimoto, »unbestritten der Luftwaffe zukommt, ist sie doch der Zusammenarbeit der Luftwaffe mit den U-Booten, die den Feind entdeckten und seine jeweiligen Positionen meldeten, zu verdanken.«

Die Aufgaben der japanischen U-Boote: Vernichtung der amerikanischen Seestreitkräfte

Die Größe der japanischen U-Boot-Waffe sollte den an sie gestellten Aufgaben entsprechen: 1. der Vernichtung der feindlichen Seestreitkräfte; 2. der Aufklärung mit Hilfe der von den großen U-Booten mitgeführten Kleinflugzeuge, die von einem Katapult aus starteten.

Als Hauptziele der Angriffe waren den U-Booten Flugzeugträger vorgeschrieben, dann kamen Schlachtschiffe, Kreuzer und, wenn keine Kriegsschiffe erreichbar waren, auch Handelsschiffe. Die für die Verwendung der Torpedos erlassenen Vorschriften führten genau an, für welche Schiffsklassen sich das U-Boot beim Torpedoschuß zu entscheiden hatte, wenn es dabei eine Auswahlmöglichkeit gab. Während z. B. den deutschen U-Boot-Kommandanten keine Beschränkungen auferlegt waren, durften die japanischen Kommandanten nur Flugzeugträger und Schlachtschiffe mit allen Torpedos angreifen; bei Kreuzern mußten sie sich auf drei Torpedos, bei Zerstörern und Handelsschiffen auf einen einzigen Torpedo beschränken, und selbst da war zu bedenken, ob das Ziel überhaupt einen Torpedo wert sei. Die japanischen Admirale versteiften sich darauf, den U-Booten Angriffe nur auf große Ziele zu erlauben, obwohl sie wissen mußten, daß die amerikanischen Großkampfschiffe nie ohne starken Geleitschutz in See gingen und mit den besten Radar- und Horchgeräten ausgerüstet waren.

Am 10. Dezember 1944 wurde eines der größten japanischen U-Boote, das I 170 (1900 t), als es mit vier Booten der gleichen Type vor Pearl Harbor patrouillierte, von einem Dauntless-Flugzeug der ›Enterprise‹ versenkt. Das I 169 entging in nächster Nähe nur um Haaresbreite dem gleichen Schicksal.

Wegen des schlechten Wetters und vielleicht auch wegen unsachgemäßer Manöver verloren die Japaner noch zwei andere Boote: Das RO 66 sank am 17. Dezember nach einem Zusammenstoß mit einem japanischen Frachter vor der Insel Wake, und am 29. Dezember strandete RO 60 vor Kwadjelin und konnte nicht mehr flottgemacht werden.

Nach der Rückkehr von ihren Operationen berichteten die U-Boot-Kommandanten über ihre Eindrücke: »Die Einheiten der feindlichen U-Boot-Abwehr und die Aufklärungsflugzeuge hielten ständig Wache. Wenn die U-Boote irgendein Angriffsziel sichteten, wurden sie, noch bevor sie zum Schuß kamen, schon angegriffen.« Die Kommandanten betonten auch, daß die U-Boote eine Waffe gegen Handelsschiffe seien, so daß ihre Hauptaufgabe die Vernichtung des feindlichen maritimen Handelsverkehrs sein müsse.

Aber trotz der Mißerfolge und des Urteils der Kommandanten hielt der kaiserliche Admiralstab verbissen daran fest, den U-Booten ausschließlich große Kriegsschiffe als Angriffsziele aufzuzwingen. Die Ausbildung der Besatzungen und der Bau der Boote waren in dieser Blickrichtung erfolgt.

Man kann nicht umhin, die Art und Weise, wie die Deutschen den U-Boot-Krieg führten, mit der Einstellung der japanischen Admiralität zu vergleichen. Auch die kaiserlichen Flaggoffiziere verlangten von ihren U-Boot-Kommandanten Berichte über die durchgeführten Operationen. Aber im Gegensatz zu Dönitz berieten sie sich mit den Beteiligten niemals über den Inhalt dieser Meldungen.

Im Gegenteil, sie vermieden förmlich eine persönliche Aussprache mit ihren Untergebenen, die von der Front zurückkehrten. Es kostete den Kommandanten Mühe, bei ihren höchsten Vorgesetzten auch nur vorgelassen zu werden. Wenn es ihnen trotzdem hin und wieder gelang, stießen sie auf taube Ohren. Die Männer auf den japanischen U-Booten bekannten sich aber zu der U-Boot-Kriegführung, die der deutsche B. d. U. verwirklichte.

Die Aufklärungstätigkeit durch Flugzeuge

Schon vor Pearl Harbor hatten die Japaner beschlossen, ihre U-Boote als kleine Flugzeugträger zu verwenden. Die Boote der Typen I 13 (zwei Einheiten mit je 2620 t) und I 400 (drei Einheiten mit je 3430 t), die während des Krieges gebaut wurden, konnten entweder zwei (bei der Type I 13) oder drei Flugzeuge (wie bei der Type I 400) an Bord nehmen und von Katapulten aus starten. Diese kleinen Einsitzer besaßen nur einen einzigen Motor und, bei einer Geschwindigkeit von 165 km, einen Flugbereich von rund 3 Flugstunden. Da sie aber von ihren Mutterschiffen sehr nahe an ihren Einsatzort herangeführt wurden, waren für sie höhere Fluggeschwindigkeiten und ein größerer Aktionsradius nicht notwendig.

Beim Angriff auf Pearl Harbor waren 11 japanische U-Boote I 7, I 8, I 9, I 10, I 15, I 17, I 19, I 21, I 23, I 25 und I 26 – mit je einem Flugzeug im Einsatz. Später bauten die Japaner noch 19 Boote der Type I 15 und drei der Type I 54, alle mit einer Wasserverdrängung von 1950 t. Die Kleinflugzeuge waren wohl mit einem Funkgerät ausgestattet, hatten aber keine Bewaffnung, weshalb sie verloren waren, wenn sie einem Jagdflugzeug begegneten. Das Bordflugzeug startete vor Morgendämmerung und kehrte nach Sonnenaufgang zu seinem Mutterschiff zurück. Während seiner Aufklärungstätigkeit stand es mit dem U-Boot in Funkverbindung. Nachteilig wirkte sich aus, daß es eine Stunde dauerte, bis das Flugzeug aus dem Hangar herausgeholt und startbereit war. Nach seiner Rückkehr mußte es oft bei schwerem Seegang an Bord gehievt werden, wobei das Herannahen feindlicher Einheiten zu befürchten war. Da das Anbordholen eine Stunde dauerte, kam es manchmal vor, daß das U-Boot tauchen und sein

Flugzeug im Stich lassen mußte. Auch geschah es nicht selten, daß bei der Vorbereitung zum Start die Tragflächen beschädigt wurden. Während des Versuchs, die Havarien mit Bordmitteln zu beheben, war das Boot gezwungen, über Wasser tauchbereit zu bleiben.

Am 17. Dezember 1941 überflog das Bordflugzeug von I 5 Pearl Harbor und fotografierte die an den amerikanischen Kriegsschiffen am 7. Dezember verursachten Schäden.

Alles in allem erwies sich die Tätigkeit der japanischen Kleinflugzeuge als nicht ganz wertlos. Von einem ihrer Piloten wird berichtet, daß er 4000 Flugstunden erreichte.

Im Februar 1941 erkundete das Kleinflugzeug der I 25 die australischen Häfen Melbourne, Sidney und die Küste von Neuseeland. I 25 kehrte nach Japan mit wertvollen Informationen über die Verteidigungsanlagen dieser Häfen, über die Zahl der dort ankernden Kriegsschiffe und über den Handelsschiffsverkehr zurück. Leider waren diese Meldungen, als sie ausgewertet wurden, schon veraltet, denn die Lage änderte sich von Tag zu Tag. Hashimoto schreibt: »Diese Aufklärungsflüge wurden bis zum Jahr 1944 fortgesetzt, erwiesen sich aber wegen der feindlichen Überwachung als immer gefährlicher.«

Ein Kleinflugzeug wirft Bomben

In der zweiten Augusthälfte 1942 warf der Japaner Fujita als Pilot des Bordflugzeugs von I 25 (Kkpt. Meiji Tagami) an der Küste von Oregon, 89 km südlich von Kap Blanco, zwei 76-kg-Brandbomben ab, die an dem Rumpf der Maschine befestigt waren. Die Besatzung des U-Bootes sah den Feuerschein auf dem Lande, und amerikanische Rundfunkstationen meldeten, daß es Tote gegeben habe. Bei einem zweiten Einsatz fand Fujita nur mit größter Mühe zu seinem Mutterboot zurück.

Nebel und Sturm verhinderten weitere Bombardierungen, die im übrigen für die Kriegsführung bedeutungslos waren. Wieder in den heimischen Gewässern, versenkte I 25 mit seinen Torpedos zwei Tanker und ein russisches U-Boot[10].

Ende Mai 1942 führten japanische Zwerg-U-Boote und Kleinflugzeuge gemeinsam zwei Unternehmungen durch. Nachdem die Japaner den Stillen Ozean überflutet hatten, richtete sich ihr Ausdehnungsdrang bis zum Kanal von Mozambique im Indischen Ozean. Die britische Regierung hatte mit einer Landung japanischer Truppen auf der Insel Madagaskar zu rechnen.

Von Diego Suarez aus, dem im äußersten Norden der Insel gelegenen, wettergeschützten Hafen, wäre es den Japanern möglich gewesen, die um Afrika herum fahrenden Geleitzüge und den Schiffsverkehr im Indischen Ozean zu bedrohen.

Im April erfuhr die britische Admiralität, daß fünf japanische U-Boote der Type I – I 10, I 16, I 18, I 20 und I 30 – mit den Hilfskreuzern ›Hokuku Maru‹ und ›Aikoku Maru‹ Penang mit Westkurs verlassen hatten.

Winston Churchill erfuhr Ende April vom Auftauchen japanischer Seestreitkräfte an der ostafrikanischen Küste und war davon überzeugt, daß sich Japan der Insel Madagaskar bemächtigen wolle. Großbritannien hingegen hatte bloß die Absicht, sich an jenen Stellen der Insel festzusetzen, von wo aus es imstande war, einen japanischen Angriff auf die Insel zu verhindern.

Die britische Gegenaktion hieß zuerst *Bonus*, dann *Ironclad*. Sie begann in der Morgendämmerung des 5. Mai vor Kap d'Ambre. Die Truppentransporter wurden durch das Schlachtschiff ›Ramillies‹ (Admiral Syfret und General Sturges), den Flugzeugträger ›Illustrious‹, 2 Kreuzer, 11 Zerstörer sowie einige Korvetten und Minensuchboote gedeckt.

Am 7. Mai fiel nach einigen Gefechten der Nordteil der Insel mit Diego Suarez und Antsirane in die Hände der Briten, die vor den Japanern an Ort und Stelle waren. In der Nacht des 22. Mai, 22.30 Uhr, erschien ein Flugzeug unbekannter Nationalität über Diego Suarez, worauf die ›Ramillies‹ vorsichtshalber den Hafen verließ.

In der folgenden Nacht wurden die ›Ramillies‹ und ein Tanker von Torpedos getroffen, wobei das Schlachtschiff schwer havariert und der Tanker versenkt wurde.

General Smuts hegte den Verdacht, daß es sich bei diesem Angriff um französische U-Boote gehandelt habe, denn am 7. Mai war das französische U-Boot ›Le Héros‹ von den Briten südwestlich von Kap d'Ambre versenkt worden. Und der ›Béveziers‹ war das gleiche Schicksal beschieden, als die englischen Flugzeuge die Landung der Truppen in Diego Suarez unterstützten.

Um Mitternacht des 30. Mai meldete das Bordflugzeug der I 10, daß es ein Schlachtschiff der ›Queen-Elizabeth‹-Klasse, einen Kreuzer und mehrere andere Einheiten im Hafen von Diego Suarez gesichtet habe. Daraufhin starteten die Kleinflugzeuge der U-Boote I 16 und I 20 zum Angriff. Das Flugzeug von I 18 war wegen einer Havarie nicht flugbereit.

Keines der beiden gestarteten Flugzeuge kehrte zu seinem Mutterboot zurück. Am 2. Juni entschlossen sich die Bootskommandanten zur Rückfahrt nach Penang …

Fast zu gleicher Zeit befand sich eine andere Gruppe der 8. U-Boot-Flottille unter Kapitän zur See Sasaki – I 21, I 22, I 24, I 27 und I 29 – vor Sidney. Ihre Flugzeuge entdeckten ein Schlachtschiff und einige andere Kriegsschiffe in diesem Hafen. Nun wurden vier Zwerg-U-Boote zum Angriff auf diese Einheiten angesetzt. Eines von ihnen verfing sich in den Sperrnetzen, den drei anderen gelang es wohl, durch diese Sperre durchzubrechen, aber die gegen die amerikanischen Kriegsschiffe ›Chicago‹ und ›Perkins‹ sowie gegen den australischen Kreuzer ›Canberra‹ geschossenen Torpedos gingen fehl. Keines der Zwergboote kehrte wieder zurück.

Die letzte Aktion der Zwerg-U-Boote fand am 8. Dezember 1944 im Seegebiet der Philippinen statt: Vier solche Boote waren in Cebu stationiert. Als die Amerikaner in Leyte landeten, gingen diese Boote, die dieses Mal nicht von ihren Mutterbooten, sondern vom Land aus starteten, zum Angriff auf die amerikanische Geleitflotte vor. Sie versenkten dabei zwei Kreuzer, ein mit Flugzeugen beladenes Transportschiff und fünf Frachter.

Am 20. März 1945 vernichteten die Japaner in Davao alle Zwergboote, knapp bevor sich die Amerikaner ihrer hätten bemächtigen können. Ein Teil der Besatzungen wurde gefangengenommen, der Rest flüchtete in die Berge und schloß sich dort den noch kämpfenden Landtruppen an.

IX

DIE SCHLACHT IM PAZIFIK – DIE JAPANISCHE FLUT
(7. Dezember 1941 bis August 1943)

Dieser Zeitabschnitt beginnt mit einem für die Japaner höchst erfolgreichen Blitzkrieg. Er endet im Sommer 1943 mit der Herstellung des Gleichgewichts zwischen den beiden kriegführenden Mächten. Die japanische Sturmflut hat ihre Stoßkraft verloren, die Zeit der Ebbe beginnt ... Im August 1943 durchbrechen die ersten amerikanischen U-Boote die Minensperren sowie die Überwachung in den Meerengen und laufen in der japanischen Binnensee ein.

Die amerikanischen U-Boote

Wie im Atlantischen Ozean mußten die Amerikaner auch im Pazifik ihren Mangel an Voraussicht teuer bezahlen, das Erwachen war bitter.

Ab 8. Dezember 1941 waren die Hauptziele ihrer Kriegführung im Fernen Osten die Rache für Pearl Harbor und die Wiederinbesitznahme der Inseln Guam und Wake sowie der Philippinen, die innerhalb von wenigen Wochen von den Japanern überrannt worden waren. Die US-Kriegsmarine hatte nur noch den Pazifik mit seinen ungeheuren Entfernungen im Auge: 13.000 sm von Panama nach Formosa, 8600 sm von Japan zum Panama-Kanal, 3400 sm von den Hawaii-Inseln nach Japan.

Die Amerikaner besaßen damals 111 fahrbereite und 73 im Bau befindliche U-Boote. Von den 51 im Pazifik stationierten Booten gehörten 22 zur *Pacific Fleet* (Pearl Harbor) und 29 zur *Asiatic Fleet* (Manila).

Die U-Boot-Flotte setzte sich aus zwei Haupttypen zusammen:

1. Die 1500-t-Boote mit den Namen von Fischen[1] eigneten sich besonders für lange Kreuzfahrten, die den großen ozeanischen Entfernungen entsprachen. (20 bis 21 kn über Wasser, 100 m lang, 9 m breit. Zehn Torpedorohre – sechs vorn, vier achtern –, eine 3-Zoll-Kanone vor dem Turm.)

2. Die 906-t-Boote der Type S waren nur mit Nummern bezeichnet und für die Küstenverteidigung bestimmt. (14 bis 15 kn über Wasser. Vier Torpedorohre vorn, eines achtern, eine 4-Zoll-Kanone.) Nach dem Ersten Weltkrieg gebaut, boten sie wenig Komfort, worunter die Besatzungen in den warmen Gewässern des Stillen Ozeans zu leiden hatten; sie wurden *pig boats* (Schweineboote) genannt.

Trotz ihres geringen Aktionsradius und ihrer schwachen Bewaffnung konnten diese Boote auf zahlreiche und erfolgreiche Feindfahrten hinweisen.

Drei Einheiten der Type V – ›Argonaut‹ (V 4), ›Narwhal‹ (V 5) und ›Nautilus‹ (V 6) – mit 2730 t über, 4000 t unter Wasser waren grundsätzlich nur für Fernfahrten gedacht. Sie hatten eine Länge von 128 m. Ihre Bewaffnung variierte: ›Narwhal‹ und ›Nautilus‹ waren mit sechs Torpedorohren (zwei vorne, vier achtern) und zwei 6-Zoll-Kanonen ausgestattet, ›Argonaut‹ hatte nur vier Torpedorohre und ebenfalls zwei 6-Zoll-Kanonen, konnte aber außerdem 89 Minen aufnehmen. Diese großen Boote erwiesen sich aber als schwer zu manövrieren und hatten überdies den Nachteil, leicht entdeckt zu werden.

Die Besatzungen der amerikanischen U-Boote

Die Besatzungen der amerikanischen U-Boote bestanden durchwegs aus jungen kräftigen, sportlich trainierten Freiwilligen. Bevor sie *qualified in submarines* (für den Dienst auf U-Booten geeignet erklärt) wurden, mußten sie mündliche und schriftliche Prüfungen über Dieselmaschinen, Torpedowesen, Systeme der Kraftübertragung, Sicherheitsmaßnahmen usw. ablegen. Sie mußten alle sich auf U-Booten ergebenden Spezialaufgaben beherrschen, nur der Koch, oft ein Neger, der auf den Booten besondere Wertschätzung genoß, war unersetzlich. Auch die Offiziere wurden nicht, wie in anderen Ländern, nur für einzelne Dienstzweige ausgebildet. Bei den Amerikanern gab es bei den Offizieren keine Spezialkorps wie z. B. das der Ingenieure in der französischen Kriegsmarine.

Im allgemeinen bestand die Besatzung eines U-Bootes aus acht Offizieren und 75 Mann. Der Kommandant, der C. O.[2], von seinen Leuten *the old man* (der alte Mann) genannt, obwohl er meist nur 34 oder 35 Jahre zählte, war ein Korvettenkapitän. Der nach ihm Diensthöchste war als *Chief of the boat* (Chef des Bootes[3]) für alles, was mit Torpedos zusammenhing, verantwortlich.

Auf See trugen alle die gleiche Uniform, wenn man Shorts, Hemden und Sandalen Uniform nennen kann, nur die Mütze unterschied den Kommandanten und die Offiziere von den übrigen Mitgliedern der Besatzung.

Alle aßen dasselbe, und es gab weder Rangabzeichen noch protokollarische Vorschriften. Diese familiär-kameradschaftliche Atmosphäre schloß jedoch nicht aus, daß eine strikte und selbst strenge Disziplin eingehalten wurde.

Wie große Kinder vermischten die Männer auf den U-Booten Religion und Aberglauben miteinander. Da es an Bord keinen Priester gab, der die Messe hätte lesen können, sprach der Kommandant die Gebete. Viele Angehörige der Besatzungen beteten nach jeder Detonation einer Wabo, waren aber sofort zu einem Scherz bereit, wenn die Gefahr vorüber war.

An Bord herrschte Alkoholverbot, dafür aß man Eiscreme und trank Fruchtsäfte, Tee und Kaffee. Nahrungsmittel, besonders Konserven, die einen hohen Gehalt an Vitaminen hatten, waren reichlich vorhanden.

Der amerikanische U-Boot-Mann ist von Natur aus ein Spaßmacher. Die Geschichte von der geheimen Eiscreme-Maschine, die in einem Winkel des Boots über einem Kühlwasser-Abtropfsammler aufgestellt war, ist berühmt. Ihr Betreuer war der Unteroffizier, dem die Wartung des Rudergestänges und seine Schmierung oblag. So schmeckte die Eiscreme wohl nach Schmieröl, aber nur ganz wenig, und gelegentlich konnte man in ihr auch winzige Metallteilchen finden, die vom Getriebe irgendeiner Maschine abgesplittert waren, aber im übrigen schmeckte sie ausgezeichnet. Es ging auch das Gerücht, daß zerlegte Motorräder, ja sogar Einzelteile eines ganzen Jeeps in den Bootsräumen versteckt wurden. Eine Besonderheit der amerikanischen U-Boote war, daß jeder Angehörige der Besatzung, auch der Kommandant, einen Spitznamen besaß.

Die Bilder von Pin-up-girls zierten nicht nur die Messen, sondern auch die Arbeitsplätze. Die Torpedorohre und die Dieselzylinder wurden mit weiblichen Vornamen bezeichnet. Radio, ein Schallplattenapparat, verschiedene Spiele, ja sogar ein Kinoapparat sorgten für Zerstreuung und Unterhaltung.

Drei Umstände hatten sich auf die Aktivität der amerikanischen U-Boote lange hemmend ausgewirkt: 1. Die Japaner hatten bei ihrer überraschenden Besetzung der Philippinen die Stützpunkte der amerikanischen U-Boote im Pazifik und vor allem die Werft in Cavite von Grund aus zerstört, das Mutterschiff ›Pigeon‹ aber übersehen, das später für die Betreuung der U-Boote und ihre Reparaturen so wichtig wurde. 2. Die Amerikaner hielten die Verteidigungsmittel der japanischen Schiffe für viel stärker und wirksamer, als sie in Wirklichkeit waren. Die Japaner besaßen weder, wie man vermutete, Geheimwaffen noch Ortungsgeräte, die es ihnen erlaubt hätten, den Feind früher zu ›hören‹, bevor er noch gesichtet wurde. Deshalb waren die Angriffe der Amerikaner im Anfang so zaghaft und ängstlich. 3. Die Amerikaner lernten wie die Deutschen eine Krise der Torpedos kennen. Dies untergrub die Moral der Besatzungen, wie dies auch bei den Deutschen der Fall war.

Die uneingeschränkte Kriegsführung

Am 7. Dezember erhielten die amerikanischen U-Boot-Kommandanten den überraschenden Befehl: *Execute unrestricted air and submarine warfare against Japan* (›Führen Sie gegen Japan einen uneingeschränkten Krieg in der Luft und unter Wasser‹). Dies gab ihnen zu denken und belastete ihr Gewissen. »*The unrestricted warfare directive* bedeutete, daß ein Fischerboot und ein Frachter als ebenso legitime Ziele anzusehen waren wie Kriegsschiffe«, schreibt Theodore Roscoe[4].

Bisher hatten die Kommandanten der U-Boote die Vorschriften, die für ihr Verhalten im Krieg galten, in dem kleinen Dienstbuch *Instructions for the Navy of the United States Governing Maritime and Aerial Warfare* gefunden. Darin war der Angriff auf Handelsschiffe verboten und festgelegt, daß alle Marineangehörigen, die diesem Verbot zuwiderhandeln würden, ›wie Piraten gejagt, gefangen oder versenkt werden sollten‹.

Der Widerspruch in diesen Vorschriften lag auf der Hand. Es war sicher, daß die deutschen U-Boote gegen die amerikanischen Passagierschiffe und Frachter im Atlantik einen totalen Krieg führten und die Japaner die amerikanischen Kriegsschiffe in Pearl Harbor ohne Kriegserklärung vernichtet hatten. Dieser Gedanke half den amerikanischen Seeleuten, sich rasch in die Überzeugung hineinzufinden, daß man einen Krieg nicht mit Halbheiten führen könne. »Das kleine ehrenwerte Gesetzbuch wurde über Bord geworfen«, schreibt Roscoe. »Durch die neuen Dienstvorschriften in Zerstörer von Handelsschiffen verwandelt, gingen die U-Boote der Vereinigten Staaten im Stillen Ozean mit der Absicht in den Krieg, alles, was unter japanischer Flagge fuhr, zu versenken.«

Die Stille, die während des Krieges die Tätigkeit der amerikanischen Boote umgab, hing damit zusammen, daß die amerikanische Führung befürchtete, die Japaner könnten gefangene U-Boot-Besatzungen wegen der uneingeschränkten Kriegführung als Kriegsverbrecher behandeln.

Die Tätigkeit der U-Boote wurde zum ›stillen Dienst‹ Niemals wurden die Namen des U-Boots, des Kommandanten oder der versenkten Schiffe bekanntgegeben. Auf diese Weise erfuhren die Japaner nur verspätet von ihren Verlusten und von den Umständen, unter denen sie entstanden waren. Diese stets eingehaltene Geheimhaltung machte sie nervös.

Die Kommandanten und die Besatzungen der amerikanischen U-Boote wurden, wenn sie erfolgreich gewesen waren, entsprechend geehrt. Wenn das Boot von einer Feindfahrt zurückkehrte, hatte es an seinem Sehrohr einen Besen befestigt, der die Versenkung von Handelsschiffen aus einem Geleitzug anzeigte. Auf der Pier erwartete die Sieger eine Musikkapelle und der *ComSubPac*[5] überreichte Auszeichnungen. Nach der ersten Feindfahrt erhielten die Männer auf den U-Booten die *Submarine Combat Insignia,* eine Silberplakette, die ein U-Boot darstellte. Nach der zweiten Feindfahrt wurde diesem Abzeichen ein goldener Stern hinzugefügt, nach der dritten wieder einer, mehr als drei Sterne wurden aber nicht zuerkannt.

Alle U-Boot-Männer trugen überdies als Abzeichen für ihre Zugehörigkeit zur U-Boot-Waffe eine Spange auf der Brust, die zwei längsseits von einem U-Boot spielende Delphine zeigte. Und auf sie waren die Männer sehr stolz.

51 amerikanische U-Boote befanden sich im Pazifik: Diese Anzahl reichte für die schweren Aufgaben, die nach dem schweren Blutzoll von Pearl Harbor der U-Boot-Waffe aufgebürdet wurden, nicht aus. Sie sollten die japanischen Seestreitkräfte angreifen, die nach Süden ausschwärmten, um die Philippinen, Singapur und die Inseln im Pazifik zu erobern. Diesen 51 Booten war es aber nicht möglich, die unzähligen Schlachtschiffe, Flugzeugträger, Kreuzer, Zerstörer und Transportschiffe abzufangen und zu versenken. Die japanische Handelsschifftonnage wurde damals auf zwei Millionen BRT geschätzt.

Am 7. Dezember griffen die Japaner die Insel Midway an, ohne daß die U-Boote ›Triton‹ und ›Argonaut‹, die sich in diesem Seeraum befanden, hätten eingreifen können. Aber merkwürdigerweise verzichteten die Japaner auf die Landung von Truppen und zogen sich wieder zurück.

Als sie sechs Monate später zurückkehrten, stießen sie auf die Verteidigungsanlagen, die mittlerweile errichtet worden waren. Mit ihren Reparaturanlagen und Depots war die Insel Midway zur letzten Station der amerikanischen U-Boote geworden, die aus Pearl Harbor gekommen waren und nun auf Feindfahrt gingen.

Der ›Sealion‹ (SS 195), 10. Dezember 1941

Am 10. Dezember 1941 lagen ›Sealion‹ (Kkpt. R. G. Vogue), ›Seadragon‹ (Kkpt. W. E. Ferrall) und der Minenleger ›Bittern‹ nebeneinander in der Werft von Cavite. Ihre Überholung hätte am 12. Dezember beendet sein sollen. In den ersten Kriegstagen hatten japanische Flugzeuge Manila bombardiert, aber die Werft von Cavite war verschont geblieben. Am Nachmittag des 10. Dezember erschienen aber zwei Gruppen japanischer Flugzeuge mit insgesamt 27 Maschinen über Cavite. Zu dieser Zeit befanden sich Korvettenkapitän Vogue und sein WO *(executive officer)*, Kapitänleutnant Albert L. Raborn, und drei Mann auf der Brücke des ›Sealion‹. Alle anderen Angehörigen der Besatzung waren unter Deck beschäftigt.

Die erste Bombenreihe schlug 100 m achtern vom Boot ein. Da

Vogue wußte, daß sein MG die Flugzeuge nicht erreichen konnte, befahl er seinen Leuten, im Bootsinneren Deckung zu suchen. Beim zweiten Angriff wurde der ›Sealion‹ von zwei Bomben getroffen. Die eine zerstörte das MG, verbeulte den Turm und verwüstete die Brücke. Ein Sprengstück riß einen Teil der Brücke des ›Seadragon‹ hinweg und tötete den Oberleutnant zur See Sam Hunter, der damit der erste Tote unter den amerikanischen U-Boot-Männern des Zweiten Weltkriegs wurde.

Im gleichen Augenblick schlug eine zweite Bombe auf dem ›Sealion‹ ein, ging durch den Hauptballasttank durch und detonierte im Maschinenraum, wobei vier Tote zu beklagen waren. Der Tank füllte sich sogleich mit Wasser, und das Boot sank mit seinem Heck in den Schlamm des Meeresbodens. Die Besatzung flüchtete sich durch die Luken, die noch nicht unter Wasser standen. Vom Heck aus waren 40 Prozent des Bootes überspült, und der ›Sealion‹ neigte sich mit 15 Prozent Schlagseite nach backbord. Der angerichtete Schaden war beträchtlich. Wäre die Werft von Cative nicht beim Luftangriff zerstört worden, hätte man den ›Sealion‹ wieder flottmachen und instandsetzen können. Pearl Harbor, die nächstgelegene Marinebasis, war 5000 sm entfernt. Um das Boot nicht in die Hände des Feindes fallen zu lassen, entschloß man sich, es zu vernichten. Nachdem alles, was noch gebrauchsfähig war oder für die Japaner von Interesse hätte sein können, abmontiert war, wurde das Boot am Silvestertag des Jahres 1941 versenkt[6]. Der ›Seadragon‹ konnte auslaufen und flüchten.

Korvettenkapitän Frederick B. Warder, Kommandant des ›Seawolf‹, der mit seinem Boot zur Dockung nach Cavite gekommen war, hatte die Luftangriffe mitgemacht. Er sah, wie die Bomben bei seinen Kameraden von der 2. U-Boot-Flottille der *Asiatic Fleet* einschlugen und wie die Werft brannte. An diesem Tag hatte für den Kapitän der Krieg begonnen. Unter seinem und des Korvettenkapitäns R. L. Gross Kommando gelangte der ›Seawolf‹ später, als er schon 18 Frachter mit 71.609 BRT versenkt hatte, zu Berühmtheit. Mehr als einmal zeigte dieses Boot bei seiner Rückkehr von der Feindfahrt einen Besen neben dem Sehrohr … Aber der Krug geht so lange zum Brunnen, bis er bricht … Am 3. Oktober 1944 wurde der ›Seawolf‹ (Kkpt. A. M. Bontier) auf 2° 31′ nördlicher Breite und 129° 18′ östlicher Länge vernichtet, und zwar … vom amerikanischen Geleitzerstörer ›Rowell‹ (DE 403). Dieses Boot hatte es wahrlich nicht verdient, von einem Schiff unter dem Sternenbanner versenkt zu werden!

Am 11. Dezember 1941 torpedierte und beschädigte der ›Triton‹ (Kkpt. W. A. Lent) einen kleinen japanischen Kreuzer im Süden der Insel Wake. So begannen die Kämpfe zur See. In den ersten Kriegsmonaten erlitten die Amerikaner schwere Verluste an ihren U-Booten. Am 21. Januar 1942 strandete S 36 (SS 141) nach der Versenkung eines kleinen Transporters, der sich auf dem Wege nach Soerabaja (Java) befand, in Calapan Harbor (Mindanao) auf den Riffen der Straße von Makassar. Nach vergeblichen Versuchen durch die Holländer, das Boot wieder flottzumachen, wurde es von der eigenen Besatzung versenkt.

Am 24. Dezember wurde S 26 (SS 131) bei Balboa (Panama) vom amerikanischen Geleitzerstörer PS 460 gerammt, worauf das Boot in wenigen Sekunden sank.

Die ›Shark‹ (SS 174) war das erste amerikanische U-Boot, das spurlos verschwand. Am 5. Januar war es von einem japanischen U-Boot mit einem Torpedo angegriffen, aber verfehlt worden. Der Kommandant, Korvettenkapitän L. Shane jr., gab das letzte Lebenszeichen am 8. Februar, als sich das Boot in der Straße von Makassar befand.

Am 7. März erklärte der *ComSubPac* die ›Shark‹ als verloren. Die amerikanischen und die an und für sich unvollständigen japanischen Archive, die durch Luftangriffe oder vor der Kapitulation durch die Japaner selbst zerstört wurden, wissen von einem amerikanischen U-Boot, das in diesen Gewässern vernichtet worden wäre, nichts zu berichten.

›Perch‹ (SS 176) im Fegefeuer, 3. März 1942

Am 27. Februar 1942 patrouillierte die ›Perch‹ (Kkpt. David A. Hurt) in der Java-See, wo angeblich ein japanischer Geleitzug geführt wurde. Hurt hoffte, ihn zu überraschen und einen der vollbeladenen Transporter zu versenken. Die Japaner überluden nach der Besetzung der Philippinen ihre Handelsschiffe mit Soldaten, um so schnell wie nur möglich Borneo und Java zu erobern.

Als sich die ›Perch‹ in der Nacht des 1. März 12 sm nordwestlich von Soerabaja befand, sichtete sie zwei Zerstörer, die auf sie zuhielten. Der Kommandant hörte das Geräusch der Schiffsschrauben über dem Boot und erwartete die Detonationen der Wabos. Aber die Zerstörer schienen sich zu entfernen. Hurt fuhr das Sehrohr aus und sah, wie der eine Zerstörer plötzlich wendete und wieder auf das Boot zuhielt.

»60 Meter!« befahl Hurt, weil er glaubte, auf 70 m Meerestiefe zu sein. Bevor aber das Boot noch auf 30 m gefallen war, fiel die erste Salve von Wabos. Sie verursachte zwar keinen Schaden, warf aber das Boot heftig hin und her. Kaum aber hatte die Besatzung festgestellt, daß dem Boot nichts geschehen war, setzte sich die ›Perch‹ auf den Grund. Der Zerstörer kehrte inzwischen zurück und setzte den Abwurf von Wabos fort.

Diesmal wurde das U-Boot schwer getroffen. Der Backbord-Schraubentunnel wurde verbogen, die Dieselmotoren wurden beschädigt. 90 Prozent des Maschinenkontrollsystems fielen aus, der Hauptballasttank wurde durchbohrt, die Außenhaut des Bootes eingedrückt und verbeult. Die Lage der ›Perch‹ wurde bedrohlich, und wieder fiel ein Hagel von Wabos auf sie nieder.

Die Treffer lagen mittschiffs. Die Brücke ging in Trümmer, die beiden Sehrohre waren nur noch mühsam von Hand aus zu bedienen, das Turmluk und das Luk über den Dieselmotoren wurden undicht und klemmten, daß es nicht mehr möglich war, sie einfach zu öffnen. Ob das Boot wieder über Wasser gehen könne, war nicht sicher. Das Boot lag unbeweglich mit nicht mehr arbeitsfähigem Antrieb im Schlamm.

Hurt empfand seine Ohnmacht, zu handeln, während über dem Boot die Zerstörer zu einem neuerlichen Angriff bereitstanden.

Es war sicher, daß der auf dem Wasser schwimmende Treibstoff die Lage des Bootes verraten hatte, aber es war unmöglich, unter Wasser zu verharren. Langsam setzte sich die ›Perch‹ wieder in Bewegung und riß sich vom Meeresboden los. Zwei Stunden lang versuchten Kommandant und Besatzung, die Schäden im Boot ohne Lärm zu beheben, obwohl die Männer von der Anstrengung und der stickigen Luft schon am Ende ihrer Kräfte waren. Jeder fragte sich, ob das Boot jemals wieder fähig sein werde aufzutauchen. Niemand war sicher, daß sich dann auch die Lukendeckel öffnen lassen würden, und dabei war anzunehmen, daß das Boot von den Zerstörern sogleich mit Geschützfeuer empfangen würde.

Um 3 Uhr morgens hob sich die ›Perch‹ über Wasser. Glücklicherweise ließ sich das Turmluk öffnen. Als Hurt auf die Brücke kam, waren die beiden Zerstörer nicht mehr zu sehen. Aber die Verwüstungen auf Deck bewiesen, wie wirkungsvoll ihr Angriff gewesen war. Das Boot war von Splittern bedeckt, die Isolatoren der Antennen lagen in Scherben, die Sehrohre waren verbogen, nur noch drei Zylinder der Dieselmaschinen arbeiteten. Entschlossen, bis zum bitteren Ende zu kämpfen, richtete Hurt den Kurs seines Bootes gegen die Küste, wo die Japaner landen wollten.

Eine Stunde später erschienen die Zerstörer wieder und zwangen die ›Perch‹ zu tauchen. Mit gestoppten Motoren und in der Tiefe fühlte sich der Kommandant noch am sichersten. Doch die Japaner hatten das Boot schon gesichtet, und was Hurt ›Fegefeuer‹ nannte, begann von neuem. Ein Angriff folgte dem anderen, bei einer Detonation wurden die Männer an die Wand geschleudert, von der die Manometer und andere Apparaturen zerbrochen herunterhingen. Von vorn bis achtern liefen fünf Detonationen, und das Boot erzitterte wie bei einem Erdbeben. Die Gestänge der Ruder brachen, die Torpedos rieben sich an den Rohren, und das eindringende Wasser erhöhte das Gewicht des Bootes.

2. März, 08.30 Uhr. Dieser Angriff war der ärgste von allen. Aus den umgeworfenen Batterien stiegen Gase, deren Chlorgehalt die Luft verpestete.

Hurt wußte, daß sein Boot verloren war, unfähig, sich zu bewegen, nicht mehr imstande, sich vom Boden zu lösen. Aber es geschah ein Wunder: Da über Wasser einzelne Trümmer der Bootsausrüstung umherschwammen, glaubten die Japaner, daß die ›Perch‹ nun endgültig vernichtet war und drehten ab.

Noch flackerte ein Funken Leben in diesem verwüsteten Bootskörper, und Hurt war nicht tot! Selbst vor Schwäche schwankend, schleppte sich der Kommandant an den Gefechtsstationen seiner Männer vorbei, die sich an allem, was noch Halt bot, festgeklammert hatten oder im Öl und im Wasser auf dem Boden lagen. Und die Männer sahen Hurt vorbeiwanken.

»Wir haben noch ein wenig Preßluft«, sagte der Kapitän, »warten wir die Nacht ab, und dann gehen wir wieder über Wasser.«

Dieser Teufelskerl von einem Kommandanten, der seinen Leuten ein Beispiel der Pflichterfüllung bis zum Letzten gab, holte aus seiner Mannschaft die letzten Kraftreserven heraus. Die Dieselmotoren wurden in Gang gebracht, die Verbindungskabel erneuert, die Pumpen arbeiteten wieder, so daß kein Wasser mehr zu den elektrischen Einrichtungen gelangen konnte.

Um 20.00 Uhr befahl Hurt aufzutauchen. Der Befehl war allerdings leichter gegeben als befolgt. Es dauerte eine volle Stunde, bis die erschöpften Männer den Himmel über sich sahen und ihre Lungen frische Seeluft atmen durften.

Hurt aber mußte sich mit Bitterkeit gestehen, daß sein Boot manövrierunfähig war. Was tun, so weit entfernt von einem Stützpunkt? Auf Hilfe war nicht zu hoffen. Lampen und Kabel waren schon lange zertrümmert, der Funkapparat zerstört. Mit dem noch arbeitenden Motor konnte nur eine Höchstgeschwindigkeit von 5 kn erzielt werden, und dies allein war schon ein Wunder! Der Lärm, den die Maschine verursachte, genügte, um die ganze japanische Flotte herbeizulocken. Das Ruder klemmte, mit ihm zu steuern, war unmöglich. Die erfrischende Nachtluft hatte die Besatzung wieder auf die Beine gebracht …

»Es ist vier Uhr morgens«, sagte Hurt zum Kapitänleutnant Beverly R. van Ruskirk, seinem WO. »Die Sonne geht auf. Wir können nicht einmal mehr unser Geschütz gebrauchen … Aber wir dürfen uns nicht über Wasser erwischen lassen. Tauchen! … Wir müssen! …«

»Und wir werden!« meinte van Ruskirk.

Das Boot sank auf 20 m. Wasser rieselte von allen Wänden, aus den Spalten der beschädigten Bootshülle und durch die aus ihren Scharnieren gerissenen Luken. Das Boot bebte in allen Fugen, überall war Lärm, schwere Gegenstände fielen zu Boden. Schon erreichte das einströmende Wasser die Generatoren, aus denen Funkengarben schossen. Die ›Perch‹ war kein Unterseeboot mehr, sie war ein Wrack.

»Auftauchen!« befahl Hurt, der nicht wollte, daß sein Boot ein Sarg für seine Besatzung wurde.

Das Boot stieg empor, aber nur der Bug und die Brücke kamen über Wasser. Man hätte die ›Perch‹ für einen verwundeten Wal halten können, der zu atmen versucht.

Schon einige Stunden lang hatte man versucht, das Turmluk wieder dicht zu machen, als einige japanische Zerstörer in Sicht kamen.

»Das Fegefeuer war noch nicht zu Ende«, schreibt Roscoe. »Der dem Boot zunächst liegende Zerstörer eröffnete das Feuer; die erste Granate lag 100 m zu weit, die zweite zu kurz. Aber es wurde immer heller und das Ziel wurde deutlicher sichtbar. Die Lage der ›Perch‹ war hoffnungslos. Keines ihrer Torpedorohre war schießfähig, das Geschütz zerstört, das Tauchen unmöglich. Noch weiter zuzuwarten, hätte nur zu einem Massaker geführt. Hurt befahl seinen Leuten, das Boot zu versenken.«

Korvettenkapitän Hurt und seine Besatzung wurden von den japanischen Seeleuten korrekt behandelt, doch in Japan unterzog man sie grausamen Verhören und sandte sie schließlich in die Kupferminen von Ashio. Neun Mann kehrten von dort nicht mehr zurück; 55, darunter auch Hurt, überlebten diese grauenvolle Zeit.

Die ›Perch‹ hatte 5000 BRT japanischen Handelsschiffsraums versenkt, bevor sie im Westen der Philippinen auf 6° 8′ südlicher Breite und 116° 34′ östlicher Länge in den Fluten des Pazifik versank.

Die Amerikaner erfuhren vom Schicksal dieses Bootes erst, als Hurt nach Beendigung des Krieges in die Heimat zurückkehrte.

Der ›Seawolf‹ (SS 197) und die japanischen Kreuzer, 1. April 1942

Bevor er von seinen Landsleuten vernichtet wurde, versenkte ›Seawolf‹ im Verlauf von 14 Feindfahrten 108.600 BRT (27 Handelsschiffe) des feindlichen Frachtraums. Er war das erste Boot, das in einem Heeresbericht zweimal erwähnt wurde.

Ende März 1942 kreuzt der ›Seawolf‹ westlich der Weihnachtsinsel, einem Atoll im polynesischen Inselgewirr.

Der Kommandant, Korvettenkapitän Frederick B. Warder, ›Freddie‹ genannt, denkt an seinen ersten Angriff zurück, der sich gegen einen mit Flugzeugen beladenen Frachter richtete. Die ersten zwei Torpedos hatten trotz richtiger Einstellung das Ziel verfehlt. Ob der dritte Torpedo getroffen hat, weiß der Kommandant nicht mit Sicherheit ... Er erinnert sich an das Gefecht, das er drei japanischen Kreuzern lieferte. In einem Funkspruch hatte die »Salmon« in offener Sprache und ohne Angabe eines Adressaten die genaue Position eines japanischen Kreuzers und einer Landungsflotte gemeldet und der ›Seawolf‹ bald darauf die feindlichen Schiffe gesichtet. »Es kam zu einem Gefecht«, schreibt Theodore Roscoe, »bei dem die Detonationen der Torpedos und der Wabos bis nach Tokio widerhallten. Die ›Rose von Tokio‹[7] kündigte an, daß man alle amerikanischen U-Boote aus den Gewässern des Stillen Ozeans vertreiben werde.«

Der ›Seawolf‹ ist unter seinem Kommandanten, den man in der Welt der U-Boot-Männer den *fearless Freddie*, den ›furchtlosen Freddie‹, nennt, äußerst aktiv. Er patrouilliert vor der Weihnachtsinsel, wo Warder eine japanische Landung vermutet. Die von der englischen Garnison verlassene Insel ist für die Japaner interessant, weil auf ihr Phosphat gefördert wird. Überdies besitzt der kleine Hafen Flying Fish Cove ein Dock.

Warder denkt einen Augenblick daran, das Dock in die Luft zu sprengen, gibt diese Absicht aber bald wieder auf. Bei dieser Unternehmung hätten Eingeborene verletzt oder gar getötet werden können. Es ist besser, alle Kräfte für die Versenkung feindlicher Schiffe aufzusparen. In der Nacht zum 31. März beobachtet der ›Seawolf‹ die Umgebung von Flying Fish Cove, hört lebhaften japanischen Funkverkehr und taucht wieder im Morgendämmern.

Am 1. April, 07.30 Uhr, erscheinen vier japanische Kreuzer mit Kurs auf den Hafen. Die Besatzung des U-Boots eilt auf die Gefechtsstationen und Warder manövriert sich an den Feind heran. »Ein Kreuzer der Natori-Klasse«, teilt er seinen Leuten über die Bordsprechanlage mit, »mit Flugzeugen auf Deck.« Der Kreuzer befindet sich nun 5° backbord, auf einer Entfernung von 3000 Yards zum Boot. Der Kommandant schätzt, daß er mit mittlerer Geschwindigkeit fährt. »Von seinem Mast weht eine Admiralsflagge. Vorn zwei Rohre bereitmachen!« ruft Warder in das Sprechrohr. ›Freddie‹ schießt zwei Torpedos rasch nacheinander und dann, weil das Ziel lohnt, noch einen dritten und einen vierten.

Der Kapitän sieht durch das Sehrohr ganz deutlich, daß nur ein Torpedo den Kreuzer getroffen hat. Wassersäulen steigen auf, Dampf wird abgeblasen. Japanische Offiziere und Mannschaften laufen auf das Vorschiff ... aber der Kreuzer setzt seine Fahrt fort ...

Für den ›Seawolf‹ ist es höchste Zeit, wieder zu tauchen. Schon schlagen die ersten Wabos an backbord ein und dann noch viel heftiger an steuerbord; alle 15 Sekunden wird das Boot durch die Detonationen erschüttert.

Den ganzen Tag lang lauern die Zerstörer auf den ›Seawolf‹, und erst in der Abenddämmerung kann Warder seine Wachhunde abschütteln, endlich entfernen sich die Schraubengeräusche; das

Boot geht auf Wartestellung, und der Kommandant kann seinen Leuten eine Ruhepause gönnen. In der Nacht taucht das Boot auf. Das Meer funkelt im Mondschein, ringsum vollkommene Stille. Warder nimmt Kurs auf Flying Fish Cove.

04.00 Uhr. Der Ausguck meldet einen japanischen Kreuzer in Sicht. ›Seawolf‹ nähert sich langsam dem Feind, während es zu dämmern beginnt. Als Warder durch das Sehrohr blickt, flucht er: »Verdammt nochmal! Dieser Kreuzer schaut genauso aus wie der, den wir gestern getroffen haben. Er führt die gleiche Admiralsflagge. Hat der Admiral das Schiff gewechselt, oder wollen sie uns nur bluffen?«

Da fällt dem Kommandanten ein, daß der Kalender den 1. April anzeigt. Sollten denn die Japaner auch einen 1. April haben? Oder war es nur eine optische Täuschung? Wie dem auch sei, der Kreuzer kommt näher. Gestern hat der ›Seawolf‹ vier Torpedos verschossen, der Vorrat an ›Aalen‹ hat sich sehr verringert. Warder entschließt sich, noch drei Torpedos auf den Kreuzer zu verschießen. Um 5.13 Uhr verläßt der erste Torpedo das Rohr und trifft ... eine Detonation, die Versenkung ...

Warder fährt das Sehrohr aus: Die See ist klar, kein Kreuzer weit und breit. Er kann doch nicht so schnell gesunken sein. Es treiben auch keine Wrackteile umher ...

05.17 Uhr ... 05.22 Uhr ... Man hört Schraubenlärm ... Am Vormittag sichtet Warder Frachter, die von einem Kreuzer geleitet werden. Vom Deck des Japaners startet ein Flugzeug. Einige der Transportschiffe halten auf den Hafen zu, und dies bedeutet, daß eine Landung im Gange ist. Führt der Kreuzer etwa eine Admiralsflagge? Ist das Baumwollzeug, das da am Mast flattert, nicht nur Fantasie, hervorgerufen durch das Leuchten des Meeresspiegels? 1. April? Der Kreuzer kommt in Schußweite. »Auf Gefechtsstation!« Zwei Torpedos laufen gegen den Japaner. Wieder eine Detonation, während das Boot auf Tiefe geht. Die Lage durch das Sehrohr zu überprüfen, ist nicht mehr Zeit genug ...

Der Gegner hat sich entschlossen, dieses verfluchte U-Boot, das da einen Torpedo nach dem anderen schießt, endgültig zur Strecke zu bringen. Bisher sind die Torpedos Versager gewesen, aber schließlich könnte einer von ihnen doch noch den Kreuzer versenken. Es folgt eine Lawine von Wabos, die Zerstörer kreuzen über dem Boot, die Zeit vergeht sehr langsam. Nach jeder Detonation befürchten die Männer im Boot, daß der ›Seawolf‹ entzweigerissen werden könnte, das wäre ein Ende, ohne viel leiden zu müssen, oder daß das Boot schwer beschädigt in die Tiefe sinken werde, wo sich vielleicht einige Überlebende noch in einem dicht gebliebenen Schottenraum langsam dem sicheren Tod entgegenquälen würden. Aber diese Gedanken werden rasch verscheucht, denn es ist viel zu tun, da der *fearless Freddie* mit seiner Kommandostimme Befehl auf Befehl erteilt ... Die Luft ist kaum zu atmen, die Hitze wirkt lähmend. Die Kühlvorrichtung ist ausgeschaltet, um jeden Lärm zu vermeiden, und das sonst eiskalte Wasser ist zu einer warmen Lauge geworden. Die WCs können nicht entleert werden, da die aufsteigenden Luftblasen das Boot verraten könnten. Einige Männer erbrechen sich, und wenn sie auch weiterhin ihre gewohnte Arbeit verrichten, so geht sie doch nur sehr langsam vonstatten ... Noch immer hört man die Schraubengeräusche der Zerstörer über dem Boot. Sie kommen und gehen wie Jäger, die, wenn sich das Wild auch noch so sehr versteckt, wissen, daß sie es schließlich doch noch erlegen werden. Wenn das U-Boot auftaucht, wird es sein Ende sein ... Es ist nur noch eine Frage der Geduld, eine, zwei, drei Stunden ...

Plötzlich wird es im Boot dunkel. Die Batterien sind leer. Warder befiehlt aufzutauchen. Durch das Sehrohr erkennt er einen Zerstörer, der nur wenige Meter vom Boot entfernt liegt, so daß ihn der auftauchende ›Seawolf‹ fast gerammt hätte. »Tauchen!« Aber der Befehl wird falsch ausgeführt, denn der Mann am Tiefensteuer ist einer Ohnmacht nahe und arbeitet nur noch wie ein Automat. Das Boot richtet sich steil auf, schon ragen Bug und Brücke über Wasser.

»Alle Mann nach vorn!« ruft Warder und will damit die Aufwärtsbewegung bremsen. Die vorderen Tauchtanks werden gefüllt. Durch schnelle Manöver kommt das Boot wieder auf ebenen Kiel. Dann taucht es wieder.

Die erste Wabo-Salve wirft die Männer zu Boden. Der ›Seawolf‹ sinkt bis zur Belastungsgrenze, er sinkt bis über 100 m Tiefe!

Um Mitternacht geben drei Glockenschläge das Signal zum Auftauchen ...

Nie noch hat die Besatzung eines U-Boots die frische Luft so gierig in ihre Lungen gesaugt und noch nie den gestirnten Himmel mit einer solchen Freude begrüßt wie die erschöpften Männer des ›Seawolf‹. Ringsherum ist das Meer frei.

Am nächsten Tag nimmt das Boot Kurs auf Australien. Warder läßt in der Zentrale neben den Glückwünschen des Oberkommandos eine Mitteilung anschlagen, in der es heißt:

»An alle! Ich will diese Gelegenheit benützen, um euch allen meinen herzlichsten Dank für eure Tüchtigkeit und Haltung, vor allem für den Eifer auszusprechen, mit dem ihr eure Pflicht erfüllt habt.

Es ist mein sehnlichster Wunsch, mit euch bei der nächsten Feindfahrt wieder zusammenzusein. Warder[8].«

Der Kommandant drückt also wohl seine Zufriedenheit mit der Besatzung aus, unterdrückt aber seine Enttäuschung und seine Empörung: diese Admiralsflagge, der torpedierte Kreuzer, der spurlos verschwunden ist, und das alles am 1. April! Ein japanischer Bluff? Keineswegs, sondern fehlerhafte Torpedos, die entweder gar nicht oder zu früh detoniert sind[9].

Die Krise der Torpedos

Die magnetischen Torpedos der Amerikaner gingen meist entweder unter dem Ziel durch oder sie detonierten zu früh, weil der Zündmechanismus überempfindlich war. Ihre Wirkung erschöpfte sich darin, daß sich ein Sturzbach über die Brücke des Angriffszieles ergoß oder daß die Aufbauten beschädigt wurden. Von Kriegsbeginn an hatten die U-Boot-Kommandanten mit ihnen Verdruß und Sorgen. Und die US-Besatzungen reagierten genauso wie die deutschen in der Schlacht um Norwegen: mit zornigen Beschwerden, mit Verbitterung.

Die amerikanischen U-Boote mußten den ganzen Ozean überqueren, den Feind suchen, ihn finden, das Wagnis seiner Versenkung auf sich nehmen, und dies alles mit Torpedos, die keine sichere Wirkung erzielten. Die ›Trigger‹ hatte bei ihrem ersten Zusammentreffen mit dem Gegner einen Fächer von vier Torpedos verschossen, und kein einziger von ihnen war detoniert. Und dann schoß die ›Trigger‹ noch zwei ab, die aber vorzeitig zündeten.

»Wir mußten uns immer wieder mit unseren Torpedos ärgern«, schreibt Edward L. Beach, drei Jahre lang Kommandant der ›Trigger‹. »Wir versenkten ein anderes Schiff, einen großen Tanker, und beschädigten ein zweites, dann aber hatten wir keine Torpedos mehr und mußten nach Pearl Harbor zurückkehren[10].«

Die Berichte der Kommandanten waren voll von bitteren Klagen: »Meine Torpedos liefen nicht gegen das anvisierte Ziel ... « »Meine Torpedos detonierten nicht beim Aufschlag, andere sprangen aus dem Wasser, bevor sie das Ziel erreichten ...« »Habe einen ganzen Fächer aus den achteren Rohren unter idealen Bedingungen abgeschossen. Wir haben im Sehrohr die Leute auf dem Gegner beobachtet, wie sie von der Brücke aus die Spur der Torpedos verfolgten, der unter dem Schiff durchlief. Wir haben daraufhin einen Gegenangriff mit Wabos mitgemacht ...«

Es wurde sogar von Torpedos berichtet, die trotz genauer Einstellung schon nach den ersten Umdrehungen ihres Propellers einen Kreis beschrieben, so daß sie das eigene Boot gefährdeten. So geschah es zweifellos am 27. März 1944 der ›Tullibbee‹ und ganz sicher der ›Tang‹ am 24. Oktober des gleichen Jahres. Und da sollte man nicht von Sabotage sprechen?

Admiral Lockwood verhielt sich so wie ein Jahr vorher Dönitz. Er hörte sich die Klagen seiner Kommandanten an, beruhigte die Erregten und tat alles, was in seiner Macht stand, um die Übelstände zu beseitigen. Er wandte sich an das Materialbüro in Washington und verfaßte Eingaben, die an die Torpedo-Inspektion in Newport, im Staate Rhode Island, weitergeleitet wurden.

Die Antworten waren enttäuschend: »Die Mängel sind einzig und allein Fehlern beim Abfeuern der Torpedos zuzuschreiben und im Hinblick auf das Kampffieber verständlich« ... oder: »Den Beschwerdeführern obliegt es, zu beweisen, daß das ihnen gelieferte Material fehlerhaft war.«

Unter solchen Umständen durfte es nicht überraschen, daß die Moral der U-Boot-Besatzungen litt. Sie verfluchten die Bürokraten in Newport und in Washington, sie wußten auch, daß der Feind ihre Schwächen erkannt hatte. »Wir ahnten, daß Sie mit Ihren Torpedos Schwierigkeiten hatten«, sagte nach dem Krieg ein hoher japanischer Marineoffizier zu einem Amerikaner.

Die Amerikaner überprüften die gelieferten Torpedos zuerst in Pearl Harbor und dann trotz des Verbotes auf See. Man zerlegte sie bis in ihre kleinsten Bestandteile und fügte sie dann wieder fein säuberlich zusammen. Man beriet sich von Boot zu Boot, von Mann zu Mann.

»Die Kommandanten«, schreibt Edward L. Beach, »die so bittere Erfahrungen gesammelt hatten, gewöhnten sich daran, mit den

Fehlern ihrer Torpedos zu rechnen. Sie suchten nach Mitteln und Wegen, sie zu beheben. Die meisten von ihnen stellten ganz einfach die Lauftiefe auf Null ein, obwohl dies nach den Vorschriften nicht zulässig war. Da im allgemeinen die Torpedos der U-Boote drei bis sechs Meter tiefer liefen, als es den von Washington vorgesehenen Einstellungen entsprach, bot dies die einzige Chance, ein Schiff mit großem Tiefgang zu treffen. Es war keineswegs ein idealer Ausweg, denn auf diese Weise wurden Treffer bei Einheiten mit geringem Tiefgang, etwa bei Zerstörern oder bei flachgehenden Frachtern, eine reine Glücksache.«

Der ›Seawolf‹ macht die Probe, 3. November 1942

Es war der ›Seawolf‹, der den Beweis erbrachte, daß die Torpedos fehlerhaft waren. Das Boot war in der für Corregidor so schmerzvollen Zeit für den Nachschub von Lebensmitteln und Munition für die letzten Soldaten, die noch die Festung verteidigten, eingesetzt. Sie mußte aber auch Offiziere, die für das Oberkommando wichtig waren, aus Corregidor herausholen, um sie vor der Gefangennahme durch die Japaner zu bewahren. Anfang November 1942 war Warder noch immer Kommandant des ›Seawolf‹ und kreuzte mit ihm an der Küste von Mindanao.

Am 2. November 1942 hatte Warder den Frachter ›Gifu Maru‹ (2933 BRT) torpediert, und die Besatzung stand noch unter dem Eindruck dessen, was sich damals ereignet hatte. Der Kommandant hatte befohlen, zwei Japaner, die ganz nahe beim Boot schwammen, zu retten. Der eine verschwand im Dunkel der Nacht, der andere lehnte es ab, die Leine, die man ihm zuwarf, zu ergreifen. Daraufhin ließ *fearless Freddie* einen Rettungsring ins Wasser werfen, an dem eine Flasche Whisky befestigt war. Der Japaner erfaßte den Ring, nickte zum Dank mit dem Kopf und schwamm davon. Warder aber dachte mehr an die Fehler seiner Torpedos als an Japaner, die lieber für ihren Kaiser starben, als sich gefangenzugeben. Vielleicht hatten sie gefürchtet, so grausam verhört zu werden, wie es die Japaner mit ihren amerikanischen Gefangenen hielten[11]. Der ›Seawolf‹ näherte sich dann dem Golf von Davao, wo er die ersehnte Beute zu finden hoffte. In der Morgendämmerung des 3. November, 10.42 Uhr, 12 sm von der Küste entfernt, ging das Boot auf Sehrohrtiefe. »Ich kann einen Kirchturm, einige Häuser und einige Masten erkennen, dort müssen also auch Schiffe sein«, meldete der WO, als er den sandigen Strand beobachtete. Das Boot lief in die Bucht von Talomo ein. Im Hafenwinkel lag ein Schiff mit einem ganz neuen Tarnanstrich. Die Ankerkette hing senkrecht aus der Klüse, ein Zeichen dafür, daß es dort keine Strömung gab, ein für das von Warder geplante Unternehmen günstiges Vorzeichen.

Langsam schlich sich der ›Seawolf‹ an sein Ziel heran, während der Kommandant durch das Periskop die Lage erkundete. Er wollte seine Torpedos mit dem Einstellwinkel Null schießen.

»Jim, ist die Kamera bereit?«

»Jawohl, Kommandant!«

Jim Mercer, ein junger Kapitänleutnant der Reserve, hatte eine Vorrichtung erfunden, mit der man Aufnahmen durch das Sehrohr machen konnte. In Pearl Harbor verlangte man, daß sich das getroffene Schiff wenigstens in sinkendem Zustand befinden müsse, um es auf das Konto des Bootes als ›versenkt‹ zu buchen. Deshalb wollte Warder das getroffene Schiff im Lichtbild festhalten.

Der Kommandant bemühte sich, mit jener bedächtigen Ruhe vorzugehen, mit der er seinerzeit in der Schule von New London seine Torpedos einen nach dem anderen auf das Übungsziel geschossen hatte. Die Entfernung von 1400 m stand fest, der Tiefgang des Schiffes wurde auf 6 m geschätzt. Nachdem alle diese Einstellungen am Torpedo genau überprüft worden waren, wurde er auf 5,5 m Lauftiefe tempiert.

»Rohr I, los!«

Das Wasser strömte in die leer gewordenen Rohre bis zur Ventilklappe, die den Austritt von Luftblasen verhindert, die sonst das Boot verraten können. Warder verfolgte gespannt die Laufbahn des Torpedos …

Die See war ölig, die kaum sichtbare Spur war kerzengerade. Da erhob sich über ihr eine kleine Wolke. ›Zu viel Öl‹, dachte Warder.

Der Torpedo läuft auf sein Ziel zu. Das Schiff wird in zwei Teile zerrissen werden. »Achtung … schnell den Fotoapparat her!« – »47 Sekunden«, meldet der WO Bill Deragon, der den Chronometer in der Hand hält.

»Er müßte am Ziel sein«, murmelt der Kommandant, der seine Beobachtung fortsetzt.

Da hört man auch schon die Detonation.

»Wir haben ihn!« ruft einer der Männer in der Zentrale.

»Halt!« sagte Warder. »Er muß das Ziel unterlaufen haben und ist am Strand detoniert.«

Allgemeine Bestürzung, Totenstille.

Warder erklärte: »Der Torpedo war einer von der Marke XIV. Die Tiefeneinstellung war richtig, sie wurde vor Zeugen vorgenommen und von ihnen notiert, wie auch die Nummer des Torpedos. Das Lichtbild wird zeigen, daß die Spur genau auf das Ziel hingeführt hat und daß die Detonation hinter dem Schiff auf dem Land erfolgte. Jetzt haben wir den Beweis in Händen. Gehen wir weiter ...«

Das Boot näherte sich dem Schiff bis auf 800 m. Warder schoß einen auf 2,42 m Tiefe eingestellten Torpedo. Das Schiff schien in der Mitte getroffen zu sein und neigte sich leicht zur Seite. Wenige Sekunden später wurde der ›Seawolf‹ wie von einem Krampf geschüttelt.

»Diesmal haben wir ihn erwischt«, meint Warder und legt einen neuen Film ein.

»Der Torpedo war 44,5 Sekunden unterwegs«, meldet Bill Deragon, »und hätte 55,5 Sekunden für seinen Lauf gebraucht.«

»So ist er vor seinem Ziel detoniert«, schließt der Kommandant. »Aber habt ihr nicht einen Stoß verspürt?«

Ein Blick durch das Sehrohr. Der Japaner ist noch immer da, inmitten von aufschäumenden Wellen, in denen Materialtrümmer umherschwimmen.

Ein dritter und vierter Torpedo mit der Tiefeneinstellung von 1,20 m folgten. Das Schießen wurde aber für das Boot selbst gefährlich, denn die Geschütze des Schiffes begannen auf das Sehrohr zu feuern.

Die Einschläge lagen zu beiden Seiten des Bootes um 800 m zu weit.

»Sie sind zu aufgeregt, um genau schießen zu können«, brummte Warder.

Der ›Seawolf‹ hatte vier Torpedos nutzlos verschossen, ohne auch nur den geringsten Erfolg zu haben. Immer noch lag das Schiff in der Bucht von Talomo vor Anker.

Und alle Torpedos trugen die Marke XIV![12]

Das Boot lief auf die freie See hinaus. Nicht weit, denn man wollte nur die Vorderrohre nachladen und wählte dafür diesmal die Torpedos der Marke IX.

Halbnackt, bei einer Temperatur von 50° C, bemühen sich die Männer, die schweren Brocken zu heben und in die Rohre einzuführen. Nach einer halben Stunde ist die Arbeit beendet, und das Boot nähert sich dem Dampfer auf Schußentfernung. Warder, der das Sehrohr ausfährt, stellt fest: Auf dem Frachter herrscht fieberhafte Tätigkeit; Männer gehen in die Boote und landen am Strand. Dort betrachten aus sicherer Entfernung Scharen von Eingeborenen das ungewohnte Schauspiel. Warder müßte sich vor ihnen eigentlich schämen, aber er macht sich selbst darüber lustig.

Wieder beginnen die japanischen Artilleristen zu schießen, aber offenbar streuen sie ihre Granaten nach allen Himmelsrichtungen, vielleicht nur, um ihre Nerven zu beruhigen.

Die Kamera ist bereit, der Abschußwinkelmesser steht auf Null. Alles ist in bester Ordnung.

»Rohr I, los!«

Der Torpedo läuft schnurgerade auf das Heck des japanischen Schiffes zu. Bum! Schnell ein Foto! Der Rauch verzieht sich … Das achtere Geschütz und seine Bedienungsmannschaften sind verschwunden, das Buggeschütz hat das Feuer eingestellt. Fünf mit Japanern bemannte Boote streben dem Ufer zu.

»Dieses verdammte Schiff will nicht sinken!« ärgert sich Warder. »Als wenn es nur aus wasserdichten Schotten bestünde! Geben wir ihm noch einen Torpedo, wir werden sehen, was dann geschieht!«

Für diesen Gnadenschuß ist der Gegner zu nahe. Das Boot wendet im Halbkreis und schießt einen Torpedo über Heck. Der japanische Frachter wird diesmal im Vorschiff getroffen und brennt. Sein Heck sinkt, als wäre es vom Vorschiff abgetrennt. Warder knipst auch diese letzte Phase des Kampfes. Um seinen Erfolg nachzuweisen? Keineswegs. Die ›Sagami Maru‹, ein Passagier- und Frachtschiff von 7189 BRT, hat ihn sechs Torpedos gekostet, und nur die alte Type Mark IX hat sich bewährt.

Nun wird die Bucht von drei japanischen Flugzeugen überflogen, denen zwei U-Boot-Jäger folgen. Der ›Seawolf‹ taucht so tief als möglich und entzieht sich damit dem Angriff. Glücklicherweise hat Warder die Seekarte genau studiert und weiß, wohin er steuern muß … Einige Wabos detonieren in der Nähe, das ist alles.

Als sich das Boot wieder in See und in relativer Sicherheit befindet, schreibt Warder in sein Schiffstagebuch: »Das Versagen der Torpedos bei den ersten Schüssen ist charakteristisch. Es verleiht den Klagen der anderen Kommandanten und meiner eigenen Beschwerde über das launenhafte Benehmen der Torpedos der Marke XIV, ihrer Bestandteile und des Sprengkopfs erhöhtes Gewicht[13].«

»Die Männer auf den U-Booten hielten sich trotz ihrer Torpedos, denen sie nicht mehr trauten, gut«, schreibt Theodore Roscoe. »Der Verlust ihrer vorgeschobenen Stützpunkte, der Hilfe durch ihre Flotte, der Reparaturwerkstätten und der Reserven traf sie nicht so hart wie die Fehler an ihren Torpedos. Fast zwei Jahre lang gingen die amerikanischen U-Boote mit dem Handicap schlecht funktionierender Torpedos in den Kampf!«

›Mush‹ Morton und seine ›Wahoo‹ (SS 238) in Wewak, Januar 1943

Korvettenkapitän Dudley W. Morton, ›Mush‹ Morton genannt, hatte auf der ›Wahoo‹ schon als WO zwei ereignisreiche Feindfahrten hinter sich, als er im Januar 1943 Kommandant dieses Bootes wurde.

Autoritär, für seine Untergebenen keineswegs bequem, mit einer gewissen Vorliebe für eine freie Redeweise seinen Vorgesetzten gegenüber, bildete dieser Offizier mit seinem WO, Kapitänleutnant Richard H. O'Kane, ein sonderbares Zweigespann. Er wurde in der kleinen Welt der amerikanischen U-Boot-Fahrer dadurch berühmt, daß er eine völlig unorthodoxe Art, den Feind anzugehen, erfand.

Die ›Wahoo‹ verließ Brisbane in der zweiten Januarhälfte 1943 mit Kurs auf die Palau-Inseln. Aber auf dem Weg dahin erhielt Morton den Befehl, nach Wewak zu gehen und die dortige Kriegslage zu erkunden. Wewak? Weder ›Mush‹ noch O'Kane kannte dieses geheimnisvolle Eiland, doch in der Meldung war angegeben: Nordküste von Neu-Guinea, zwischen den beiden kleinen Inseln Kairiru und Muschu … ›Mush‹ … Muschu … das Zusammentreffen dieser beiden Namen gab Anlaß zu mancherlei Späßen.

Morton fand auf der Karte die Kairiru-Insel mit einem 1021 m hohen Berg und auch Muschu eingezeichnet, nach Wewak suchte er aber vergeblich. Das war befremdend und wurde bald als die Geschichte von der unbekannten Insel das Hauptthema der Bordgespräche.

Maschinist Dalton C. Keeter besaß einen alten Schulatlas, in dem die Insel Wewak, allerdings nur sehr undeutlich, eingetragen war.

Morton mußte sich aus dem Objektiv einer Kamera und einer Signallampe einen Apparat zusammenbasteln, um auf der Karte die genaue Lage der Insel feststellen zu können.

Am 24. Januar, 04.00 Uhr, kam die Nordküste von Neu-Guinea in Sicht, genau vor der mit ihrem Berg gut erkennbaren Insel Kairiru und backbord von ihr die flachere Insel Muschu. Dahinter mußte die von den Bergen Neu-Guineas versteckte Reede von Wewak liegen. ›Mush‹ ging auf Seerohrtiefe.

Morton und O'Kane konnten nun alle Einzelheiten der Küste beobachten und ihre auffälligen Stellen in die Seekarte eintragen … Kein Schiff weit und breit. Schon fragte sich Morton, was das Boot in dieser Gegend eigentlich zu suchen habe, als er gegen 11.00 Uhr zwischen den beiden Inseln zwei Zerstörer und zwei dickbauchige Schlepper hervorkommen sah.

»Zerstörer, Klasse ›Chidori‹«, sagte Morton. »Die beiden Schlepper lassen größere Schiffe im Hafen vermuten, vielleicht liegt sogar ein ganzes Geschwader dort.«

Als sich zu Mittag das Boot der Küste näherte, bemerkte Morton mehrere Dreibeinmast-Kriegsschiffe. Das Gesicht des Kommandanten verhärtete sich, denn er wurde ein anderer Mensch, wenn er einen Feind anging. An die Schiffe heranzukommen, war nicht leicht. Ein tropischer Nebel breitete seinen Dunst über das Wasser und verschleierte die Sicht. Auch war mit einer Sperre der Einfahrt durch die Korallenriffe zu rechnen.

Morton machte einen großen Umweg, wurde aber bald durch Korallenbänke aufgehalten. Er nahm Kurs auf Muschu, um die Insel zu umfahren. Vor ihm öffnete sich eine sehr enge Einfahrt. Ohne sich um eine etwaige Bewachung des Engpasses zu kümmern, lief das Boot auf Sehrohrtiefe in die Bucht ein. Bedauernd stellte ›Mush‹ fest, daß die Schiffe mit den Dreibeinmasten verschwunden waren. Statt ihrer lag dort ein japanischer Kreuzer oder Zerstörer vor Anker. Unbeirrt setzte Morton seinen Weg in das Innere der Bucht fort, die sich vor ihm auftat. Nach einer Fahrt von 7 sm blickte der Kommandant wieder durch das Sehrohr. Er erkannte einen Zerstörer der ›Fubuki‹-Klasse.

»Geh zum Sehrohr, Dick«, sagte Morton zu O'Kane, der, als hätte er diesen Befehl schon vorausgeahnt, mit beiden Händen das Sehrohr ausfuhr und dann die spiegelglatte See nach dem Feind absuchte …

Im Inneren des Bootes ist es unerträglich heiß. Alle Männer sind fast nackt, kurze Hosen, Sandalen aus Holz oder Gummi, ein Tuch um den Hals gebunden, um die Schweißtropfen zu trocknen, die auf den Körper rinnen …

»Ventilatoren halt!« befiehlt Morton.

Vollkommene Stille, und in den geschlossenen Räumen mit ihren 38° C wirkt sie fast beängstigend. ›Mush‹ tut, was noch kein Kommandant im Gefechtsalarm getan hat: Er überläßt das Sehrohr seinem WO. Dann gibt er die Einstellungen für die Abfeuerung eines ersten Viererfächers an.

Seine Befehle sind kurz:

»Letzte Beobachtung vor dem Angriff!«

O'Kane fährt das Sehrohr wieder aus; die Sonne blendet, der Himmel ist klar, das Meer fahlgrün.

»Geschätzte Entfernung 4000 m. Er hat uns gesehen, läuft auf uns zu, Schätzung der Geschwindigkeit unmöglich, nimmt von Sekunde zu Sekunde zu«, meldet der WO, der das Sehrohr seinem Kommandanten übergeben will.

»Nein, Dick, laß das Sehrohr oben, ich will wissen, was geschieht.«

Der japanische Zerstörer hat den Anker gelichtet, und kaum ist der Anker aus dem Wasser, wird auch schon Fahrt aufgenommen.

»Er zickzackt auf uns zu! Hält vor unserem Bug, ist vor ihm!«

»303«, meldet der Mann am Peilapparat.

»Geschätzte Geschwindigkeit 15 kn«, fügt O'Kane hinzu.

»Werde vier vordere Torpedos auf ihn schießen, auf 2400 m«, erklärt Morton und wirft noch einen Blick auf die Einstellung der Torpedos.

»320, 325, 330, 340 …« hört man die Peilmeldungen.

»Achtung, vorn, Rohr I! Dick, gib mir die Feindposition!«

Jeder hält den Atem an. Man vergißt die Hitze und den Schweiß, der über die feuchte Haut perlt.

Noch einmal fährt O'Kane das Sehrohr aus. Er weiß, daß der

Gegner das glitzernde Prismenglas des Spiegels sehen wird, und dann braucht der japanische Kommandant nur noch genau über dem Boot seine Wabos abzuwerfen, um die ›Wahoo‹ für immer in die Tiefe des Ozeans zu jagen. In einigen Minuten wird alles zu Ende sein.

»Peilung!« ... »358« ... »Genau vor dem Ziel!« ...

»Feuer!«

»Rohr I«, wiederholt der Mann, der die Einstellung des Torpedos überwacht.

Eine merkwürdige Melodie des Todes in diesem verlorenen U-Boot auf dem Grunde eines unbekannten Hafens.

Morton verliert keine Sekunde und feuert einen zweiten Torpedo, dann einen dritten. Keine Detonation ... »Sehrohr!« ruft Morton zu O'Kane hin. Dieser führt das Periskop aus und flucht. Der Zerstörer ist am Heck des Bootes vorbeigelaufen und fährt nun seine 18 kn.

»200 Umdrehungen«, wird vom Horchgerät her gemeldet.

»Auf 20 kn einstellen«, befiehlt Morton.

»Peilung 10, im Ziel! ... Feuer!«

»Geht mit äußerster Kraft in Torpedolaufbahn, Schuß nur knapp verfehlt. Übergebe das Sehrohr«, meldet O'Kane.

»Nein, laß es oben«, ruft Morton.

Ist der Kommandant verrückt? fragen sich die sechs Männer in der Zentrale – aber nur einen Augenblick lang, denn der ›Alte‹ weiß sicher, was er tut. Morton hat diesen Augenblick schon lange vorausgesehen:

»Wir bieten dem Kerl ein Ziel. Wenn er ganz nahe ist, jagen wir diese Blechkonserve in eine andere Welt!«

Die Lautsprecher verkünden diesen tollkühnen Plan in allen Räumen des Bootes.

Vorn sind noch zwei Torpedos schußbereit. Wenigstens einer von ihnen muß ein Treffer werden. Die vier achteren Torpedos zu verwenden, kommt nicht in Frage, außerdem wäre dafür auch keine Zeit mehr.

Auch die zwei vorderen Torpedos müssen noch ein wenig warten, denn Morton will den Zerstörer auf einige hundert Meter herankommen lassen, so nahe, um ihn nicht zu verfehlen, aber weit genug, daß die Detonation nicht für das eigene Boot gefährlich ist. Auch würde der dünne Bug nur ein schlechtes Ziel bieten.

1200 Yards! Der erste Torpedo saust los.

»Nicht getroffen!« ... meldet O'Kane, der noch immer am Sehrohr ist.

Er hat mit ängstlicher Spannung die milchige Laufbahn verfolgt und gesehen, wie das Ziel verfehlt wurde.

Wie sich ein Stier in der Arena auf das blutrote Tuch der ›Muleta‹ stürzt, rast der Zerstörer auf das Sehrohr zu, das ihn herausfordert.

800 Yards ... Der zweite Torpedo verläßt das Rohr. Wird er ein Treffer?

Bum! Ein donnerartiges Getöse, die ›Wahoo‹ wird wie von einer Faust in die Tiefe gestoßen.

»Eine Wassersäule steigt aus dem Zerstörer, bricht ihn in der Mitte entzwei und hält die beiden Teile einen Augenblick lang wie ein verkehrtes V in der Schwebe und drückte sie über steuerbord hinunter«, schreibt Edward L. Beach.

»Die Männer in Weiß, die sich auf Deck befinden, laufen planlos umher und purzeln dann kopfüber ins Wasser. Eine Wolke von Rauch lagert sich über das geborstene Wrack und ragt noch über die Wassersäule empor. Dann trennen sich die beiden Schiffshälften voneinander und versinken in das vorher so ruhige Meer von Wewak, das unter der Wucht der Detonation und dem Hagel der herabstürzenden Schiffstrümmer zu kochen scheint[14].«

Die Kamera hat einstweilen die Katastrophe in mehreren Bildern festgehalten.

Mit einem neuen Besen am Sehrohr und kleinen japanischen Fähnchen am Turm – das Zeichen, daß die ›Wahoo‹ auf dieser Feindfahrt mehrere japanische Einheiten versenkt hat – kehrte ›Mush‹ nach Pearl Harbor zurück.

Als seine Kameraden fragten, warum er so ruhig geblieben war, als ihn der Zerstörer rammen wollte, antwortete Morton, verschmitzt lächelnd: »Warum glaubt ihr wohl, daß ich O'Kane am Sehrohr gelassen habe? – Er ist der tapferste Mann, den ich kenne!«

Richard H. O'Kane wurde Kommandant der ›Tang‹ (SS 306), eines neuen, im Oktober 1943 in Mare Island gebauten Bootes[15].

X

MIDWAY

Die Schlacht von Midway, 5. Juni 1942

Am 10. März 1942 wird Kapitän Shôjirô Ioura zum Admiralstab nach Tokio versetzt. Er denkt an seine letzte Rückkehr mit dem I 8 nach Kure und an seinen Freund, den Korvettenkapitän Kooriyama. Beide hatten sie damals schwarze Bärte getragen, wobei der Bart des Freundes schneller gewachsen war. Eine befreundete Geisha, die ihn nicht mehr erkannte, verbeugte sich vor ihm:

»Mit wem habe ich die Ehre zu sprechen?«

»Ich bin Ioura, hast du mich denn vergessen?«

Ach, es war trotz aller Gefahren auf den Feindfahrten eine schöne Zeit, und wie herzlich war die Kameradschaft auf dem I 8!

Jetzt ist Ioura also beim Admiralstab in Tokio, sein unmittelbarer Vorgesetzter ist Admiral Fukutome, und er hat es mit diesem Chef nicht leicht.

Heute legt ihnen der Verbindungsoffizier des Admiralstabs zur ›Vereinigten Flotte‹ einen Plan vor: den Angriff auf die Insel Midway und ihre Besetzung. Kapitän zur See Yassouji Watanabe empfiehlt die Teilnahme der 5. U-Boot-Flottille an diesem Unternehmen, das von den Flugzeugträgern ›Agaki‹ (als Flaggschiff), ›Kaga‹ und ›Soryu‹ durchgeführt werden soll …

»Nein«, antwortet Admiral Fukutome, »der Admiralstab ist der Ansicht, daß ein U-Boot-Einsatz für die Samoa- und die Fidji-Inseln vorzuziehen sei.«

Watanabe bleibt bei seiner Anregung und begründet sie. Die U-Boote können vor Midway die großen Schiffe der Amerikaner torpedieren, in Samoa und auf den Fidji-Inseln gibt es nur ›kleine Fische‹.

»Ich werde Ihr Büro nicht verlassen, ehe ich nicht Ihre Zustimmung zur Teilnahme der U-Boote an der Aktion gegen Midway erhalten habe.«

Niemals noch hat Admiral Fukutome einen Offizier mit einer solchen Autorität sprechen gehört, und er ist davon beeindruckt.

»Ich danke Ihnen«, sagt der Admiral, »lassen Sie mir den Akt ›Midway‹ da, wir werden ihn studieren.«

Am nächsten Tag wird Ioura zum Admiral gerufen. Fukutome steht vor einer Karte des Pazifik und fragt:

»Was halten Sie, Ioura, von dem Vorschlag, die 5. U-Boot-Flottille bei der Aktion von Midway miteinzusetzen?«

»Offen gesagt, Admiral«, erwidert Ioura, »die Teilnahme von U-Booten an diesem Unternehmen scheint nutzlos. Die alten Boote sind zu langsam, sie könnten mit den modernen Einheiten nicht Schritt halten. Sie können nicht einmal als Aufklärer dienen, weil die Maschinen der großen amerikanischen Flugzeugträger sie angreifen würden. Sie werden nichts auszurichten vermögen, außer sie haben ganz besonderes Glück.«

»Trotzdem ...«

»Admiral, ich kenne die Erfolge der U-Boote in Friedenszeiten, wo sich alles wie auf einem Notenblatt planmäßig abspielt ... Der wirkliche Kampf ist aber etwas ganz anderes. Admiral ... für mich ist das U-Boot für den Angriff auf Geleitzüge in Seeräumen geschaffen, wo der Feind nicht allzu viele Sicherheitsvorkehrungen treffen kann. Meiner Meinung nach sollte man alle U-Boote von der ›Vereinigten Flotte‹ abziehen, bevor wir nicht über ganz moderne Boote mit hohen Überwassergeschwindigkeiten und mit der Fähigkeit zum Schnelltauchen verfügen. Inzwischen sollten alle Boote nur für Angriffe auf die feindlichen Konvois eingesetzt werden.«

»Wir werden mit den U-Booten einen letzten Versuch bei Midway unternehmen. Gelingt er nicht, gut, dann kann ich Ihnen für die Zukunft versprechen, daß wir die U-Boote nur für den von Ihnen angeführten Zweck verwenden, es sei denn, es ergäben sich ganz besondere Fälle.«

Kapitän Ioura war zufrieden, denn der Admiral schien ihm recht gegeben zu haben ...

Am frühen Morgen des 5. Juni 1942 trafen der Admiral und Ioura einander im Saal des Admiralstabs. Neben vielen Offizieren des Marineoberkommandos war auch der Marineminister höchstpersönlich erschienen.

Die Schlacht von Midway war im Gange. Die Japaner waren fest davon überzeugt, daß Admiral Nagumo mit seinen vier Flugzeugträgern ›Agaki‹ (Flaggschiff), ›Kaga‹, ›Hiryu‹ und ›Soryu‹, mit den vier Schlachtschiffen, den Kreuzern, Zerstörern und U-Booten und mit den zahlreichen Truppentransportern die Garnison von Midway unter einem Hagel von Fliegerbomben vernichten und Midway erobern werde.

Um 07.00 Uhr langte die erste Meldung ein: »108 Bomben- und Torpedoflugzeuge gestartet.« Die Offiziere zeigten sich befriedigt und waren voll Vertrauen. Generalleutnant Tomonoga, der Chef der Luftflotte, funkte dann, daß eine neue Angriffswelle notwendig sei, um das Werk, das er begonnen hatte, zu vollenden: die Vernichtung der Verteidigungsanlagen von Midway. Nagumo verfügte in diesem Augenblick noch über eine Reserve von 93 Maschinen. Die lange Pause, die nun in den Meldungen eintrat, erklärte man sich damit, daß die Beladung der Flugzeuge mit Brandbomben eben eine gewisse Zeit brauche.

Dann kam ein Funkspruch: »10 Feindschiffe im Nordosten.«

»Ich dachte, es gäbe in diesem Gebiet keine amerikanischen Schiffe«, meinte ein Admiralstabsoffizier, »zweifellos handelt es sich um Flugzeugträger.«

»Um so besser«, rief ein anderer Offizier, »dann wird unsere ›Vereinigte Flotte‹ sie vernichten.«

Der Marineminister murmelte gnädig seine Zustimmung, und alle anderen murmelten sie nach.

»Diese armen amerikanischen Flugzeugträger! …«

Dann war es für lange Zeit still. Nagumo meldete sich erst wieder um 09.10 Uhr.

»Letzte Luftangriffswelle zurückgekehrt. Vier feindliche Flugzeugträger. Wir wenden 90 Grad backbord, Richtung Ostnordost, um mit feindlicher Task-Force Fühlung aufzunehmen«, hieß es in dem Funkspruch.

Triumphierend lächelten sich die Offiziere zu. Sicher war nun die Stunde H gekommen. In wenigen Minuten werden die amerikanischen Flugzeugträger in Brand geschossen sein und sinken …

Um 10.24 Uhr funkte Nagumo, daß zahlreiche amerikanische

Flugzeuge, die einen Angriff unternommen hatten, von seinen Maschinen abgeschossen wurden. Das war nun der sichere Sieg …

Plötzlich aber trafen alarmierende Nachrichten im Beratungszimmer des Admiralstabs ein. Der Sieg wechselte die Bordseite!

10.30 Uhr. Eine Bombe trifft den Hangar der ›Agaki‹. Eine andere detoniert inmitten der aufgetankten und mit Torpedos beladenen, startbereiten Flugzeuge.

10.32 Uhr. Nagumo überschifft sich auf den Kreuzer ›Nagara‹. Die von ihrer Besatzung verlassene ›Agaki‹ wird von einem japanischen Zerstörer torpediert.

10.35 Uhr. Vier Bomben auf der Brücke der ›Kaga‹ detoniert. Schiff brennt vorn und achtern. Von der Besatzung verlassen.

An Bord nur Hilfskommando zurückgeblieben.

Die ›Kaga‹ sinkt.

10.40 Uhr. ›Soryu‹ während der Wendung zum Start der Flugzeuge getroffen.

11.00 Uhr. ›Soryu‹ von der Besatzung aufgegeben. Sinkt.

Sie war von drei Torpedos des amerikanischen U-Boots ›Nautilus‹ getroffen worden.

»Nun herrschte Stille im Beratungssaal«, schreibt Kapitän Ioura, »aber niemand ließ erkennen, daß er die Hoffnung verloren habe. Vielleicht glaubte man, daß die uns verbliebenen Flugzeuge den amerikanischen an Zahl noch immer gleich seien!«

Aber auch die amerikanischen Flugzeugträger kamen nicht ohne Verluste davon. Nagumo hatte den Flugzeugen der ›Hiryu‹[1] befohlen, die ›Yorktown‹ anzugreifen. Von zwei Torpedos getroffen, brannte dieser, von den Amerikanern ›Waltzing Matilda‹ (›Die tanzende Mathilde‹) genannte Flugzeugträger an mehreren Stellen und hatte eine Schlagseite von 26. Es war 10.45 Uhr.

Die Torpedierung der ›Yorktown‹, 6. Juni 1942

Der Kommandant der ›Yorktown‹, Kapitän zur See Elliot Buckmaster, befürchtete, daß die ›Yorktown‹ samt ihrer Besatzung sinken könnte – wie sich später zeigte, war diese Befürchtung nicht gerechtfertigt – und befahl daher seinen Leuten, das Schiff zu verlassen.

Der Flugzeugträger wurde von der ›Vireo‹ in Schlepp genommen, doch dieses Schiff war zu schwach, um den Riesen mit seinen 19.800 t in Fahrt zu halten. Am 5. Juni, vor 07.00 Uhr, entdeckte ein Flugzeug des Kreuzers ›Chikuma‹ den Flugzeugträger, aus dem schwarze Rauchwolken aufstiegen. Das Schiff schien verlassen worden zu sein. Sogleich meldete der Pilot: »Feindlicher Flugzeugträger in Sicht, Klasse ›Yorktown‹, mit Steuerbordschlagseite, auf 111°, 240 sm von meinem Standort entfernt, ein Zerstörer in seiner Nähe.«

Fregattenkapitän Tanabe, Kommandant von I 168, fing diesen Funkspruch auf und eilte mit 21 kn zum Wrack, das er 150 sm nordöstlich von Midway vermutete.

Am nächsten Tag gegen 01.00 Uhr sichtete Tanabe die Silhouette der ›Yorktown‹ an der Kimm. Sie war von Zerstörern und Schleppern umringt.

Das I 168 tauchte, ging dann auf Sehrohrtiefe und näherte sich nach neun Stunden Fahrt der Beute, die sie sich nicht entgehen lassen wollte. Das Boot durchstieß die Schutzkette der Zerstörer und schoß einen Viererfächer auf den Flugzeugträger, von dem mehrere Torpedos trafen.

Es war 15.36 Uhr. Sogleich suchten die Zerstörer ›Gwin‹, ›Hughes‹, ›Benham‹ und ›Monagham‹ mit ihren Asdics nach dem Angreifer.

Tanabe berichtet:

»Laut den amerikanischen Mitteilungen nach dem Weltkrieg wurde die ›Yorktown‹ von zwei Torpedos getroffen, während ein dritter den in ihrer Nähe befindlichen Zerstörer ›Hammann‹ entzweiriß. Der Flugzeugträger kenterte und sank am nächsten Tag.«

Die Geleitzerstörer waren sehr aktiv. Binnen einer Viertelstunde nach dem Angriff warfen drei von ihnen Wabos. Sechs davon detonierten sehr nahe von dem I 168, wobei die zunächst detonierende das Boot nach oben hob. Der Bootsanstrich blätterte ab, die Lampen verlöschten, und überall herrschte vollkommene Dunkelheit. Aus den Batterien stiegen giftige Gase auf. Als man schon glaubte, daß der Angriff zu Ende sei, detonierten noch drei Wabos und erschütterten das Boot seiner ganzen Länge nach.

Das I 168 war bewegungsunfähig, alle Pumpen waren ausgefallen. Um es unter Wasser zu halten, wurden die Ballasttanks gefüllt. Unverzüglich wurde mit der Instandsetzung der elektrischen Leitungen und der Akkumulatoren begonnen. Das Boot neigte sich um 20 nach vorn, da es unmöglich war, es im Gleichgewicht zu halten. Es war, als hinge es über einem Abgrund. Aber niemand gab die Hoffnung auf. Die Elektriker mußten bei ihrer Arbeit von den Kameraden gestützt werden, um nicht ohnmächtig hinzufallen. Alle Versuche, das Boot durch die nach achtern kommandierte Besatzung oder durch Verschiebung der Materialgewichte wieder auf ebenen Kiel zu bringen, schlugen fehl. Die Lage wurde wegen des drohenden Wassereinbruchs und des elenden Zustands der Akkumulatoren kritisch. Die elektrischen Kabel waren zerrissen, die Schrauben drehten sich nicht mehr. Das wichtigste war, die beschädigten Akkumulatoren durch neue zu ersetzen. Die Besatzung war zwar vorzüglich ausgebildet, aber die zu bewältigenden Aufgaben waren außerordentlich schwierig und umfangreich. Es schien, als wäre es bei der schwachen Beleuchtung und im betäubenden Dunst der Chlorgase unmöglich, alle diese Schwierigkeiten zu überwinden.

Trotzdem gelang es. Nach verzweifelten Bemühungen wurde der elektrische Strom wieder eingeschaltet. Der Elektromeister überprüfte die Motoren und fand die Kupplungen in Ordnung. Die Schrauben begannen sich wieder zu drehen, die Lampen leuchteten auf, und alles schöpfte neue Hoffnung.

Da die Zerstörer noch immer oben lauerten, konnten die Kompressoren nicht betätigt werden, da sie zuviel Lärm verursacht hätten. Aber der vorhandene Rest an Preßluft genügte nicht, um das Wasser, das dauernd durch die achteren Torpedorohre einströmte, auszublasen. Und noch weiter unter Wasser zu blieben, war unmöglich. Es blieb kein anderer Ausweg mehr, als aufzutauchen und den Kampf zu wagen. Als das Boot über Wasser kam, befanden sich drei Zerstörer in einer Entfernung von 10.000 m. Als sie I 168 erblickten, eilten sie mit äußerster Kraft auf das Boot zu und eröffneten auf 5000 m das Feuer. Es wäre zwar notwendig gewesen, wenigstens einige der Preßluftbehälter aufzufüllen, da aber die Granaten schon auf allen Seiten einschlugen, entschloß sich der Kommandant zu tauchen. In einer halben Stunde würde es dunkel werden, vielleicht wäre dann die Gelegenheit gegeben, dem Gegner zu entwischen. Die Zerstörer waren nun genau über dem Boot und warfen ihre Wabos. Dann entfernten sie sich, vielleicht weil ihr Vorrat an Wabos aufgebraucht war. Die Geräusche der Schiffsschrauben verstummten. Nun konnten die Schäden behoben und die Beleuchtung wieder vollkommen hergestellt werden. Es war 20.20 Uhr. Die Sonne war untergegangen, vom Gegner nichts mehr zu hören. I 168 tauchte auf, glücklich darüber, so heil davongekommen zu sein, und richtete ihren Kurs gegen Westen. Sie fuhr 16 kn und umfuhr ein Seegebiet, in dem Leuchtgranaten gesehen wurden.«

So rettete sich das Boot, nachdem es den neuen Flugzeugträger ›Yorktown‹ in die Fluten des Stillen Ozeans versenkt hatte[2].

XI

DIE U-BOOTE IN DEN ALËUTEN

Im Jahre 1867 wurde Alaska von den Russen um 7.200.000 Dollar an die Amerikaner verkauft. Dieser ›Eiskasten‹ und seine Verlängerung, die Inselgruppe der Alëuten, wurden ab 1937 ein wichtiges strategisches Objekt.

Die Inselreihe ist vulkanischen Ursprungs, hat eine geringe Erdoberfläche und zieht sich in einer Länge von 2500 km bis zum russischen Kamtschatka und den Kurilen hin.

Die Sugar Boats

Die Amerikaner errichteten in Dutch Harbor auf der Insel Unalaska einen kleinen Marinestützpunkt. Am 27. Januar 1942 trafen in diesem Hafen des Hohen Nordens zwei US-U-Boote ein: das S 18 (Kptlt. W. Y. Millican) und das S 23 (Kptlt. E. V. Pierce). Undurchsichtige Nebel, unerträgliche Kälte, endlose Nächte! Die ersten Patrouillenfahrten waren ein steter Kampf gegen das Meer und den eisigen Wind, der den Aufenthalt der Wache an Deck fast unmöglich machte. Bug und Heck waren ein einziger Eisblock, von den Antennen des Funkgeräts hingen Eiszapfen. Wegen dieser weißen Überkrustung nannte man diese Einheiten ›Sugar Boats‹ (Zuckerboote), was den Anfangsbuchstaben des englischen Wortes für Zucker ebenso wie der Bezeichnung der Type S entsprach.

Die Tauchfahrten wurden durch die verschiedene Dichte des Wassers erschwert, und die Kälte fügte den Bordinstrumenten beträchtlichen Schaden zu: Die Säure in den Batterien gefror. Wenn es auch nicht zu Zusammenstößen mit dem Feind kam, konnten die Boote wenigstens wichtige metereologische Unterlagen liefern.

Im April 1942 waren Dutch Harbor und Kodiak, ein zweiter kleiner Hafen, für die Aufnahme weiterer Boote bereit. Nacheinander liefen dort die Boote S 34, S 35, S 27 und S 28 ein. Der Befehlshaber der Flottenabteilung in den Aleuten, zu der außer den U-Booten noch fünf Kreuzer, elf Zerstörer und zahlreiche Hilfsschiffe gehörten, war Admiral Robert A. Theobald. Bei ihren Feindfahrten versenkten die Sugar Boats nur wenige japanische Fischerboote.

Die japanischen U-Boote hatten in diesen Gewässern einige Verluste zu beklagen. Zum ersten Male erkannten ihre Kommandanten, daß die Gegner ein Mittel besaßen, das ihnen erlaubte, auch in der Nacht und im dichtesten Nebel zu ›sehen‹.

Am 22. Juni 1943 griff ein amerikanischer Zerstörer bei Kiska I 7 trotz des Nebels mit Geschützfeuer an. Der japanische Kommandant wurde getötet, aber seinem WO gelang es, sich vom Feind zu lösen und ihm zu entgehen. Schon auf der Fahrt nach Japan begriffen, wurde das Boot aber am nächsten Tag von amerikanischen Wachschiffen versenkt.

Die japanischen U-Boot-Besatzungen nannten später den Krieg in den Aleuten den ›Krieg der Blinden‹.

Ende Juni kehrte die 1. japanische U-Boot-Flottille nach Japan zurück und wurde von der 2. U-Boot-Flottille abgelöst. Diese setzte sich aus den Booten I 1, I 3, I 5, I 6 und I 7 sowie aus einigen alten RO-Booten zusammen und sollte vor den Inseln Kiska und Attu patrouillieren.

Da die Boote der Type RO nur bis zu 36 m Tiefe tauchen konnten, wurden sie eine leichte Beute der Amerikaner. Am 9. Juli wurde das RO 32 vor Alaska, am 31. August das RO 61 und am 28. September das RO 65 – die beiden letzteren in den Aleuten – versenkt.

Einige Monate lang herrschte in diesem Seegebiet völlige Ruhe, und die amerikanischen U-Boote hatten nur unter der großen Kälte zu leiden, da sie keine Heizvorrichtungen besaßen, so wie ihnen in den Tropen Klimaanlagen fehlten.

Am 18. April 1942 wurde Tokio von amerikanischen Flugzeugen bombardiert. Es heißt, daß der Angriff der Japaner auf zwei Inseln in den Aleuten die Antwort darauf war, da man in Japan glaubte, die Flugzeuge der USA seien von Dutch Harbor aus gestartet.

Am 14. Juni wurden die amerikanischen Seestreitkräfte in den

Alëuten in Alarmzustand versetzt, weil einige japanische U-Boote der Type I in der Nähe von Dutch Harbor gesichtet worden waren. Kaiserliche Flugzeuge zeigten sich über Dutch Harbor und, viel weiter südlich, auch über Seattle. Die Amerikaner nahmen an, daß sich auch ein Flugzeugträger im Seegebiet der Alëuten befände, aber in Wirklichkeit waren diese Maschinen von den Booten der japanischen 1. U-Boot-Flottille, von I 9, I 15, I 19, I 25 und I 26, gestartet.

Die Besetzung von Kiska und Attu durch die Japaner, 8. Juni 1942

Am 3. Juni bombardierten die Japaner Dutch Harbor, am 6. und 7. landeten sie Truppen auf den Inseln Kiska und Attu. An diesem Unternehmen beteiligten sich die Flugzeugträger ›Ryuo‹ und ›Hayataka‹ (manchmal auch ›Junyo‹ genannt), zwei schwere Kreuzer und drei Zerstörer unter Vizeadmiral Hosogaya.

Da Admiral Nimitz annahm, daß die Verteidigung der Alëuten zu schwach sei, entsandte er U-Boote aus dem Stillen Ozean auf diesen neuen Kriegsschauplatz.

Am 19. Juni strandete das S 27 (Kkpt. Herbert L. Jukes) 350 sm vor der Insel Amtschitka. Der Kommandant hielt das schwer beschädigte Boot für verloren und funkte dies in sechs Meldungen nach Dutch Harbor. Dann verließ die Mannschaft das Boot und wartete in einem Fischerdorf, dessen Einwohner nach einem japanischen Luftangriff geflüchtet waren, auf ihre Rettung. Nach sechs Tagen wurden die Schiffbrüchigen von einem amerikanischen Flugzeug entdeckt und auf dem Luftweg nach Dutch Harbor gebracht.

Der Verlust dieses Bootes hatte für kurze Zeit eine Lücke im Verteidigungssystem der Alëuten zur Folge. Dann aber trafen der Reihe nach große U-Boote ein: am 28. Juni der ›Growler‹, am 3. Juli der ›Triton‹ mit der ›Finback‹, am 5. September der ›Trigger‹ mit dem ›Grunion‹ und dem ›Grato‹, eine Woche später der ›Tuna‹ und schließlich am 15. August der ›Halibut‹, insgesamt acht moderne Boote, die zum Teil nicht einmal noch ihre Probefahrten beendet hatten. Die dem Admiral Theobald unterstellten Seestreitkräfte bildeten nun in den Alëuten eine beachtliche Kampfgruppe.

Sofort begaben sich die neu angekommenen U-Boote auf Feindfahrt. Der ›Triton‹ (Kkpt. Kirkpatrick) versenkte am 4. Juli den japanischen Zerstörer ›Nenohi‹ (1600 t), der kielüber in den Fluten verschwand, während sich seine Besatzung zu retten versuchte.

Vor Kiska traf der ›Growler‹ (Kkpt. Howard W. Gilmore) drei japanische Zerstörer. Gilmore, der später einer der berühmtesten U-Boot-Kommandanten wurde[1], vollführte ein sehr kluges Angriffsmanöver. Er schoß je einen Torpedo auf die zwei an der Spitze der feindlichen Formation befindlichen Einheiten, den nächsten ›Aal‹ auf den dritten Gegner. Als das Boot daraufhin gejagt wurde, ging der Kommandant auf Tiefe. Als er wieder über Wasser kam, sah er an der Kimm die Rauchwolke eines havarierten Schiffes; es war der Zerstörer ›Arare‹ (1850 t). Er sank, während ein anderer Zerstörer nach Japan geschleppt werden mußte.

Auf Grund dieser Verluste sah Admiral Yamamoto sich gezwungen, Verstärkungen für den Schutz der Transporte nach Kiska und Attu in den Alëuten zu entsenden ...

»Either hot water or cold, the Pacific was becoming unpleasant for the Japanese«, schreibt Theodore Roscoe. (Ob nun in seinen warmen, ob in seinen kalten Gewässern, der Stille Ozean wurde für die Japaner ungemütlich.)

Die Lebensverhältnisse an Bord der japanischen U-Boote waren unmenschlich, und dies selbst ohne Kriegshandlungen. »Im Gegensatz zu anderen Schiffen«, schreibt Hashimoto, »ließen die Offiziere und Mannschaften der U-Boote den größten Teil ihrer Habe in den Heimathäfen zurück und nahmen nur das Allernotwendigste mit. Die Ausrüstung der Marine ging von der Annahme aus, daß sich die Tätigkeit der japanischen Seestreitkräfte nur in tropischen Seegebieten vollziehen werde. Es darf daher nicht verwundern, wenn wir gegen die Kälte nicht genügend geschützt waren.«

I 8 geriet 800 sm nördlich von Midway in einen Sturm. Der Hauptmotor hatte eine Panne, und die Lage des Bootes wurde bedrohlich. Der Kommandant, Shôjirô Ioura, setzte die Tagesration der Nahrungsmittel auf die Hälfte herab, und der Gebrauch von Süßwasser wurde, außer für das Kochen, verboten.

»Wir konnten uns weder waschen noch uns die Zähne putzen«, berichtet Ioura. »Wir haben unser Schicksal in Buddhas Hände gelegt. Am Morgen des fünften Tages gelang es, den Motor wieder in Gang zu setzen. Zur richtigen Stunde waren wir der Gefahr entronnen. Ich sprang aus meiner Koje und ging in die Offiziersmesse, wo ich den L I, Korvettenkapitän Yamada, antraf. Er trug einen Pyjama, der voll von Fettresten war, er lächelte, indem er das Fett abkratzte und es in eine leere Zigarettenschachtel tat.

»Was machst du da?«

»Ich will das da nach Hause bringen und es als Erbe für meine Kinder aufheben.«

Ein großartiger Schatz!

Beide Offiziere lachten, und das hatten sie schon lange nicht mehr getan.

Dann nahm das I 8 Kurs auf Richtung Heimat. Sicher hatte Kapitän Ioura die Absicht, den Schatz seines L I so rasch wie nur möglich in dessen kleines Haus in Japan zu bringen, um ihn unter dem Tokonama[2] zu verwahren.

Der Verlust des ›Grunion‹ (SS 216), 30. Juli 1942

Kaum hatte der ›Grunion‹ seine Versuchsfahrten in Pearl Harbor beendet, als der Kommandant (Kkpt. M. L. Abele) den Befehl erhielt, nach Dutch Harbor abzugehen. Am 10. Juli lief er zu seiner ersten Feindfahrt in den Norden der Insel Kiska aus. Fünf Tage später erfuhr man im Stützpunkt, daß ein japanischer Zerstörer das Boot mit drei Torpedos angegriffen hatte, ohne es zu treffen. Am gleichen Tag langte ein anderer, etwas verstümmelter Funkspruch ein.

Admiral Theobald hatte mittlerweile erfahren, daß sich japanische Seestreitkräfte in den Gewässern um die Insel Kiska befänden, wo sechs Wochen vorher die kaiserlichen Truppen gelandet waren. Er gab den Booten ›Grunion‹, ›Triton‹, ›Tuna‹ und S 32 den Befehl, die japanischen Schiffe zu dem gleichen Zeitpunkt anzugreifen, in dem amerikanische Flugzeuge einen Angriff starten sollten: am 22. Juli.

Der geplante amerikanische Luftangriff wurde abgesagt, aber die U-Boote befanden sich zur vorgeschriebenen Zeit auf ihrer Position. Am 28. meldete der ›Grunion«‹ einen Angriff auf nicht näher bestimmbare Ziele vor der Hafenausfahrt von Kiska, am Kap Sirius. Die zwei Torpedos verfehlten jedoch ihr Ziel.

Am 30. meldete Abele eine verstärkte Tätigkeit japanischer U-Boote in diesem Seeraum.

Auch der ›Trigger‹, der sich zu dieser Zeit auf der Fahrt zur Insel Attu befand, nahm diesen Funkspruch auf:

»Von Grunion stop. Habe zwei Zerstörer vor Kiska angegriffen stop. Nachts mit Sehrohr. Glaube einen versenkt, den anderen beschädigt zu haben stop. Habe einige kleinere Havarien in Verlauf Gegenangriffs zwei Stunden später erlitten stop. Alle achteren Torpedos verbraucht, zehn Rest ...«

Dann wurde der Funkspruch unverständlich. Admiral Theobald befahl dem ›Grunion‹, in den Heimathafen zurückzukehren. Dieser kam jedoch nie wieder, denn er war mit Mann und Maus untergegangen[3].

Die Amerikaner nahmen die Besetzung von Attu und Kiska nicht so einfach hin. Sie machten mit ihren Luftangriffen den Besatzungstruppen das Leben unerträglich, wobei die amerikanischen Flugzeuge von der Insel Amtschitka aus starteten. Dann legten sie um diese Inseln mit den U-Booten ›Cachalot‹, ›Dolphin‹ und den Einheiten der Type S einen Gürtel, um den Nachschub für die japanischen Garnisonen zu erschweren.

Am 27. März fand zwischen amerikanischen Zerstörern und den Einheiten des Admirals Hosogaya, die einen Geleitzug sicherten, ein Gefecht statt, bei dem es auf beiden Seiten Verluste gab. Hosogaya kehrte mit dem Konvoi um, und das war der Wendepunkt im Kriegsglück der Japaner.

Die japanischen U-Boote, die am Geleit der Truppentransporte beteiligt gewesen waren, deckten den Abzug der japanischen Verbände aus Kiska und Attu.

Wiedereroberung von Attu, 30. Mai 1943, und Kiska, 31. August 1943

Die Amerikaner leiteten die Wiedereroberung der Insel Attu durch eine Landungsoperation ein. Sie wußten, daß sie mit einem verzweifelten Widerstand der Japaner zu rechnen hatten. Was aber dann geschah: Der Kampf mit dem Bajonett von Mann zu Mann, dieser rücksichtslose und selbstmörderische Einsatz der Japaner, der bis zum Harakiri ging, war nicht vorauszusehen gewesen.

Die Boote ›Narwhal‹ und ›Nautilus‹ liefen nach ihrem Umbau für die Aufnahme einer Höchstzahl von Infanteristen mit je 100 Mann des 71. Scout-Regiments aus Dutch Harbor aus. Wegen des schlechten Wetters mußte die Landung mehrmals verschoben werden. In dichtem Nebel und schwerer See hätte der Kommandant des ›Nautilus‹, Korvettenkapitän Brockman, um ein Haar einen Torpedo aus 800 m gegen ein im Radar festgestelltes Ziel abgefeuert, das sich aber gerade noch rechtzeitig als die ›Narwhal‹ entpuppte. Nachdem die beiden Boote ihre Aufgabe erfüllt hatten, kehrten sie zu ihrem Stützpunkt zurück.

Der Kampf um die Wiedereroberung von Attu dauerte drei Wochen.

Nun war noch die Insel Kiska zu nehmen. Die Amerikaner zogen 100 Schiffe zusammen und setzten für die Landung, der ein schwerer Luftangriff vorausging, 29.000 Mann eigener Truppen und 5000 Kanadier ein.

Man rechnete mit einem Kampf wie auf Attu. Als aber die Amerikaner landeten, fanden sie keinen einzigen japanischen Soldaten mehr vor. Die kaiserlichen Besatzungstruppen hatten Kiska am 31. August geräumt. Sie benützten dabei schnellaufende Frachter und ließen den Transport durch 15 U-Boote decken. Dies war der völlig unerwartete und merkwürdige Ausgang einer gut vorbereiteten Unternehmung.

Im Jahre 1943 verloren die Japaner in diesem Seeraum die Boote I 9, I 31 und I 7.

Nach der Rückeroberung der Aleüten nahmen die amerikanischen U-Boote ihre Feindfahrten im nördlichen Teil des Pazifik wieder auf. Dabei versenkten die Boote S 41, S 35 und S 28 mehrere japanische Handelsschiffe. Die *Sugar Boats* erfüllten in eisiger Kälte und bei stürmischer See mehr als ihre Pflicht. S 32 hatte an einem einzigen Tag in einem Nebel, den man hätte mit dem Messer schneiden können, eine Schlagseite von 65 – und dies dreimal hintereinander. Das Marineoberkommando berief im Oktober diese Boote nach Amerika zurück und verwendete sie in Hinkunft nur noch als Suchboote.

Der Verlust von S 44, 7. Oktober 1943

Am 26. September 1943 begann S 44 (Kkpt. F. E. Brown) seine fünfte und letzte Feindfahrt, die in den Norden der Kurilen führte. Dieses ›Zuckerboot‹ war unter seinem Kommandanten, Korvettenkapitän J. R. Moore (›Dinty‹ genannt), durch die Versenkung des 8800-t-Kreuzers ›Kako‹ am 10. August 1942 berühmt geworden.

In der Nacht des 7. Oktober erschien im Radargerät ein Schiff, das Brown für einen kleinen japanischen Frachter hielt, weshalb er sich entschloß, dieses Ziel durch Geschützfeuer zu versenken. Schon hatten seine Leute auf wenige hundert Meter das Feuer eröffnet, als der Kommandant erkannte, daß es sich nicht um ein kleines Handelsschiff, sondern um einen japanischen Zerstörer handle.

Brown schrie durch die Nacht: »Unter Deck! Wir tauchen!« Es war zu spät, denn schon schlugen die ersten Granaten auf dem Boot ein. Einige Granaten trafen das Boot unter der Wasserlinie und detonierten in der Zentrale, eine ging in die Brücke und andere zerstörten die Batterien. Brown befahl: »Schiff verlassen!« während ein Matrose statt einer weißen Flagge ein Kopfkissen schwenkte …

Der japanische Kommandant erkannte in der pechschwarzen Nacht das Zeichen für die Übergabe nicht und ließ weiterschießen. Es ist erwiesen, daß noch weitergefeuert wurde, als die Überlebenden der U-Boot-Besatzung ins Wasser sprangen. Es waren nur noch sieben oder acht, und die Japaner nahmen zwei von ihnen gefangen. Sie wurden in Paramushir ausgeschifft, bei den Verhören gefoltert und kamen schließlich in die Kupferminen von Ashio.

Die Umstände, unter denen dieses Gefecht geführt wurde, gaben dem japanischen Kommandanten zu denken. Sicherlich hatte er das S 44 versenkt, und dies zählte als sein Guthaben. Aber die Amerikaner hatten als erste das Feuer eröffnet. Also war das Boot dem Zerstörer, ohne daß er es gesehen hatte, gefolgt. Er war ›blind‹ gewesen. Das Geschützfeuer hatte das Boot verraten; das S 44 hatte wohl das Gefecht begonnen, aber das Artilleriefeuer des Zerstörers war schneller und gezielter gewesen, und überdies war das Boot leichter verwundbar. Es war ja nicht das erste Mal, daß japanische Kommandanten meldeten, sie seien vom Gegner in der Nacht oder im dichtesten Nebel geortet worden. Die Amerikaner besaßen also ein Gerät, mit dessen Hilfe sie auch in der Nacht ›sehen‹ konnten. Dieses ›Radar‹, das viele nicht einmal dem Namen nach kannten, begann den Krieg zugunsten der Alliierten zu entscheiden.

So endete die Schlacht um die Aleuten.

Die Aufgehende Sonne als Symbol Nippons deckte sich nicht mehr mit der Realität, Japan hatte den Kulminationspunkt seiner Expansion bereits überschritten.

XII

DIE SCHLACHT IM ATLANTIK
(Dritte Phase: Januar 1942 bis November 1942)

Der ›Paukenschlag‹ an den amerikanischen Küsten

Am 17. September 1941 hatte Hitler nochmals ausdrücklich angeordnet, daß jeder Zwischenfall mit den Vereinigten Staaten zu vermeiden sei. Als bei den einschlägigen Beratungen auch die Frage berührt wurde, welche Lage sich bei einer Ausweitung des Krieges auf die USA für die U-Boot-Kriegsführung ergäbe, bat Dönitz um frühzeitige Unterrichtung, damit schon mit Kriegsbeginn U-Boote an den amerikanischen Küsten operieren könnten. Dann ließe sich unter Ausnützung des Überraschungsmomentes und gegen eine noch schwache Abwehr ein ›Paukenschlag‹ erzielen.

Als die Seekriegsleitung Dönitz am 9. Dezember 1941 davon in Kenntnis setzte, daß von Hitler alle Beschränkungen für den U-Boot-Krieg gegen Schiffe der Vereinigten Staaten und in der amerikanischen Zone aufgehoben seien, erbat er bei der Seekriegsleitung die Freigabe von 12 U-Booten für den Einsatz im amerikanischen Küstengebiet.

Die Marine hatte diesen Befehl schon seit dem Zwischenfall mit dem amerikanischen Zerstörer ›Greer‹ erwartet. Nun war endlich der Krieg von allen Fesseln befreit.

Zu diesem Zeitpunkt betrug die Gesamtzahl der deutschen U-Boote 91. Von diesen Booten befanden sich 23, ›der leistungsfähigste Teil der U-Boot-Waffe‹, im Mittelmeer; drei weitere sollten noch hinzukommen. Sechs Boote waren westlich von Gibraltar, vier in Norwegen im Einsatz. Von den 55 restlichen Booten waren 60 Prozent in Reparatur und vorläufig nicht einsatzfähig, nur 22 Boote waren in See, von ihnen die Hälfte durch Hin- und Rückmarsch blockiert. Für den Tonnagekrieg standen also zum Beginn des Jahres 1942 nur 10 bis 12 Boote gleichzeitig zur Verfügung. 12 Boote für eine Küste von 5000 km Länge war wenig und konnte höchstens für ›Nadelstiche‹ reichen. Diese Boote gehörten überdies einer Type (V, 500 t) an, die dem winterlichen Schlechtwetter mit seiner stürmischen See kaum gewachsen war. Der B. d. U. bedauerte daher, daß seinem Ansuchen um Beistellung der 740-t-Boote (Type IX C), die vor Gibraltar operierten, von der Seekriegsleitung nicht stattgegeben wurde.

Er wies darauf hin, daß die IX-C-Boote für die Verwendung im Mittelmeerraum und vor Gibraltar wenig geeignet seien und schrieb[1]:

»Sie sind leichter zu orten als Type VII, komplizierter als diese und daher weniger standfest gegen Wasserbombenverfolgung, und tiefensteuermäßig schwieriger. Ihr Hauptvorteil, größeres Brennstoffvolumen, kommt dagegen im Mittelmeer- und im Gibraltarraum nicht zum Tragen.« Er beharrte auf seinem Verlangen und wies auf die großen Entfernungen zwischen den französischen Häfen und den amerikanischen Küsten hin: 2400 sm nach Halifax, 3000 sm nach New York, 4000 sm nach Aruba, dem großen Petroleumhafen von Venezuela. Nur die 740-t-Boote hatten genug Brennstoff für die Hin- und Rückfahrt plus zwei bis drei Wochen im Operationsgebiet.

Am 13. Januar 1942 nahmen sieben U-Boote der Type VII C Kurs auf die Küste von Neu-Braunschweig, während 4 IX-C-Boote Aruba, Curaçao und Trinidad ansteuerten, wo es zahlreiche Tanker gab.

Den erstaunten Augen der deutschen U-Boot-Besatzungen bot sich vor Boston, New York und Norfolk ein unerwartetes Bild: Über die Straßen fegten die Lichter der Autos, die Häuser waren hell beleuchtet, die Leuchtfeuer und Leuchtbaken waren nur schwach abgeschirmt, das Meer wimmelte von Schiffen, die wie im Frieden mit allen Lichtern fuhren. Dies war, nachdem die Kriegserklärung schon vor einem Monat erfolgt war, kaum zu glauben. Die amerikanischen Behörden hatten noch keine ernst zu nehmenden Maßnahmen ergriffen, obwohl die U-Boote vor der Küste kreuzten, bei Tag auf Sehrohrtiefe oder auf dem Grund liegend, bei Nacht über Wasser. Alles wartete ungeduldig auf den ›Paukenschlag‹, den Dönitz versprochen hatte.

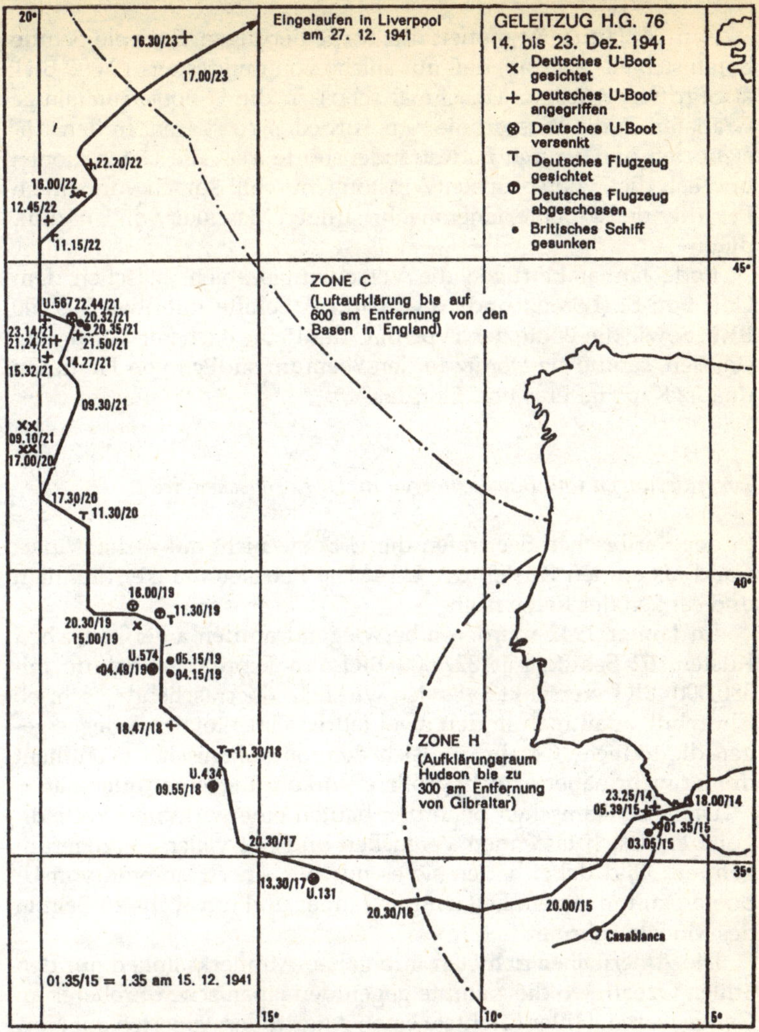

MARSCH EINES ENGLISCHEN GELEITZUGES
VON GIBRALTAR NACH ENGLAND
UND DIE U-BOOT-ANGRIFFE

Am 14. Januar begannen die Torpedierungen. So viele Schiffe boten sich als Ziele an, daß nur solche von mindestens 10.000 BRT angegriffen wurden. Manchmal schossen die U-Boote nur einige Granaten in die Wasserlinie, um Torpedos zu sparen. In den Küstenorten und an den Badestränden hörte man die Detonationen und sah die Feuersbrünste. Winston Churchill sprach von ›einem Paradies der U-Boote, einem wahrhaftigen Massaker von Unschuldigen‹.

Ende Januar betrugen die Versenkungszahlen zwischen dem Golf von St. Lorenz und New York 31 Schiffe mit etwa 200.000 BRT. Sowie die Boote der Type IX C der Reihe nach zur Verfügung standen, sandte sie Dönitz in den Seeraum südlich von Hampton Roads, Kap Hatteras und Florida.

Torpedierungen und Beschießungen in der Karibischen See

In der Karibischen See trafen die U-Boote nicht auf mehr Widerstand als an den Küsten der USA. Die Petroleumtanker brannten und sanken der Reihe nach.

Im Januar 1942 wurden, überwiegend an den amerikanischen Küsten, 62 Schiffe mit 327.000 BRT, im Februar 68 Schiffe mit 380.000 BRT versenkt. »Es ist wirklich überraschend«, schrieb Churchill, »daß man in den zwei Jahren eines totalen Krieges gegen die tödliche Gefahr, die sich dem amerikanischen Kontinent immer mehr näherte, nicht größere Vorkehrungen getroffen hat[2].«

Die amerikanischen Behörden bauten eine wirksame Verteidigung erst nach tastenden Versuchen und mit vielen Verzögerungen auf. Und dabei hatten sie es nur mit einer Handvoll von U-Booten zu tun, einem Dutzend im Januar und nur sechs zu Beginn des Monats Februar.

Die Amerikaner richteten ihre ganze Aufmerksamkeit auf den Stillen Ozean, wo die Kämpfe gegen den japanischen Eroberer im Gange waren. Hitler fürchtete einen Angriff der Alliierten auf Norwegen und ließ die U-Boote in den Fjorden operieren, obwohl Dönitz überzeugt war, daß der Verteidigung Norwegens durch die Vernichtung des Handelsschiffsraums im Atlantik besser gedient wäre.

Am 22. Januar fand im Führerhauptquartier eine Besprechung

statt, bei der Hitler erklärte, Norwegen sei ›die Schicksalszone des Krieges. Verstärkungen durch Überwasser- und Unterwasser-Streitkräfte müßten gegebenenfalls unbedingt rücksichtslos durchgeführt werden ... Alle U-Boote müßten nach Norwegen zur ausreichenden Aufklärung anmarschierender Gegner und wirksamer Abwehr ...‹[3]

Aber am 23. Januar änderte sich die Lage, da Hitler von den steigenden Versenkungszahlen an den USA-Küsten erfreut Kenntnis genommen und den Wunsch geäußert hatte, die Boote laufend dort zu sehen. Nach Norwegen wurden demgemäß nur 20 Boote entsandt. Die Zeit verging und die Gefahr einer alliierten Landung wurde – wenn sie überhaupt jemals bestand – immer geringer.

Vom 12. März an waren 20 U-Boote in der Arktis tätig, um die Transporte nach Murmansk und Archangelsk zu stoppen.

Auf Wunsch des B. d. U. wurden sie dem ›Admiral Arktis‹, Kapitän zur See Suhren, unmittelbar unterstellt, da Suhren die besonderen Bedingungen und Verhältnisse der Kriegführung in den eisigen Gewässern dieses Seeraums wie kein anderer kannte.

Zu Anfang Januar gingen fünf große U-Boote in den Golf von Mexiko: U 156 (Kptlt. Hartenstein), U 67 (Kptlt. Müller-Stöckheim), U 129 (Kptlt. Nikolaus Clausen), U 161 (Kptlt. Albrecht Achilles) und U 502 (Kptlt. Jürgen von Rosenstiel). Sie begannen mit den Operationen am 16. Februar. Drei von ihnen waren vor Aruba, Curaçao und der Nordwestküste der Halbinsel Parangua tätig; die zwei anderen setzten mit Geschützfeuer die Öltanks von Aruba und Curaçao in Brand. Zwischen dem 16. Februar und dem 7. März wurden in diesem Abschnitt 21 Schiffe (106.569 BRT) versenkt und 7 Schiffe (46.356 BRT) beschädigt.

Anfang März befand sich ein sechstes Boot, U 126 (Kptlt. Bauer), in der Straße von Vent und dem Bahama-Kanal. Innerhalb von zwei Wochen versenkte es fünf Handelsschiffe mit 27.488 BRT und beschädigte drei Frachter mit 22.893 BRT schwer. Die Amerikaner stellten den Schiffsverkehr in diesem Seegebiet vorübergehend ein, worauf Dönitz seine U-Boote von dort zurückzog und im Seeraum von Freetown einsetzte, wo sie elf Schiffe versenkten.

Am 14. April mußten die Alliierten, als sie die Verlustzahlen für die letzten drei Monate zusammenstellten, 198 Einheiten mit 1.150.675 BRT von ihrem Handelsschiffsraum als Verluste abbuchen. Zwischen Franklin D. Roosevelt und Winston Churchill wurden zu diesem Gegenstand zahlreiche Briefe gewechselt.

»Meine Marine war im Kampf gegen die U-Boote sicher sehr nachlässig«, gestand der amerikanische Präsident, und der britische Premier gab diese Bemerkung an seinen Ersten Lord der Admiralität weiter: »Was ist bei den Antillen tatsächlich geschehen? Ist das Geleitzugsystem, so wie versprochen, am 15. in Funktion getreten?«

Dönitz war zufrieden, seine ›Paukenschläge‹ hatten gewirkt. Die Taktik, das Einsatzgebiet der U-Boote je nach der Art des Schiffsverkehrs und der Abwehrmaßnahmen unverzüglich zu wechseln, die Frachter anzugreifen, der feindlichen Verteidigung aber auszuweichen, trug Früchte.

Die U-Boot-Kriegsführung bedarf unendlicher Geduld. Der Admiral wußte es, und es war ihm auch klar, daß der Feind nicht untätig bleiben werde, daß er neue taktische und technische Methoden für Angriff und Abwehr ausarbeiten werde. Am meisten fürchtete der B. d. U. den Einsatz technischer Neuerungen.

Dann begann eine Reihe von Ereignissen, für die es keine Erklärung zu geben schien.

Drei U-Boote verschwinden

Seit dem 15. Januar 1942 war kein einziges deutsches U-Boot verlorengegangen, dafür aber war der feindliche Frachtraum im amerikanischen Abschnitt um 198 Schiffe mit 1.150.675 BRT vermindert worden. In der Nacht vom 13. auf den 14. April versenkte jedoch der alte amerikanische Zerstörer ›Roper‹ (Kkpt. H. W. Howes) U 85 vor dem Leuchtfeuer von Wimble Shoal.

Als Howes mit seinem Radargerät ein Schiff, das im Zick-Zack-Kurs fuhr, auf 2400 m Entfernung ortete, glaubte er zuerst, es sei ein Amerikaner. Erst als er die Torpedospur auf den Zerstörer zulaufen sah, begann er zu schießen. Nach einigen Treffern an der Wasserlinie und im Turm war das U-Boot verloren. Um sicherzugehen, warf der Zerstörer noch einige Wabos.

Lange Zeit wußte Dönitz nichts vom Schicksal dieses Bootes. Erst als es schon lange überfällig war, wurde es auf die Verlustliste gesetzt.

Dann verschwanden im gleichen Quadrat – BE 10° bis 20° westlicher Länge und 43° bis 50° nördlicher Breite – drei Boote auf unerklärliche Weise.

Am 6. Februar 1942 sichtete U 82 (Kptlt. Siegfried Rollmann[4]) bei seiner Heimkehr nach Lorient vor der Einfahrt in den Golf von Biskaya im Quadrat BE einen kleinen amerikanischen Geleitzug mit nur schwacher Zerstörerdeckung. Es war der Konvoi OS 18 mit den Zerstörern ›Rochester‹ und ›Tamarisk‹. Rollmann sah im Angriff auf diese Ziele eine günstige Gelegenheit, mit seinen letzten Torpedos die Versenkungsliste seines Bootes zu erhöhen. Dönitz erhielt einen Funkspruch, daß Rollmann mit einem Geleitzug im Quadrat BE in Fühlung getreten sei, dann aber riß die Funkverbindung ab.

Am 27. März verschwand im gleichen Seeraum U 587 (Kkpt. Borcherdt), nachdem es laut seiner Funkmeldung einen Konvoi angegriffen hatte. Es war der Geleitzug WS 17, ein Truppentransport, gesichert von den Zerstörern ›Grove‹, ›Aldenham‹ und ›Volunteer‹.

Am 14. April ging im gleichen Seegebiet U 252 (Kptlt. Lerchen) verloren, ohne daß es seine Meldung über den Angriff auf den Geleitzug OG 82 mit den Zerstörern ›Stork‹ und ›Vetch‹ zu Ende hätte funken können.

Was war im Quadrat BE geschehen?

Dönitz schrieb in sein Kriegstagebuch[5]: »Ich halte es für möglich, daß der Engländer in diesem Raum, der von einem Strom nach Westen gehender U-Boote durchfahren wird, einen Scheingeleitzug aus besonderen Abwehrfahrzeugen, eine Art von U-Boot-Fallen-Geleitzug fahren läßt. Boote erhalten Befehl, beim Sichten von Geleitzügen im Quadrat BE ... nicht anzugreifen, sondern sich abzusetzen und dann zu melden. Es ist falsch, bei Nebenoperationen von nur zweifelhaften Erfolgsaussichten Boote aufs Spiel zu setzen, während zu gleicher Zeit die günstige Lage im Amerika-Raum große Erfolgsaussichten bei geringeren Gefährdungen bietet!«

Der Admiral irrte sich. Er war auch im Irrtum, als er aus Angst vor möglicher Spionage den Zutritt zum Beratungssaal nur einer beschränkten Anzahl von Mitarbeitern gestattete, um jede Verletzung der Geheimhaltung auszuschalten. Der Verlust dieser drei U-Boote leitete einen Umschwung in der Kriegführung ein ... was Dönitz damals allerdings nicht ahnen konnte.

Auf dem Gebiete der elektromagnetischen Ortung waren die deutschen Wissenschaftler gegenüber den Angelsachsen weitaus in der Hinterhand. Sie glaubten, daß das ihnen damals noch unbekannte Radargerät[6] mit infraroten Strahlen arbeite, und daß der Anstrich des Bootskörpers mit einer gewissen Farbe die Strahlen aufheben könne. Diese Versuche blieben erfolglos.

Im August 1942 wurde das erste deutsche Warngerät, das ›Metox‹ eingeführt, das Ähnlichkeit mit dem Kreuzgestänge einer Antenne hatte und das ›Kreuz des Südens‹ genannt wurde. Dieser Apparat hatte einen schweren Nachteil: er mußte vor jedem Tauchmanöver demontiert und beim Auftauchen wieder montiert werden. Diese ›Alarmglocke‹ bewährte sich immerhin so weit, als mit ihr die Radarsignale abgehört werden konnten. Sie wurden sogar so stark aufgenommen, daß sie im Boot hallten, die Intervalle zwischen den Einzeltönen verschmolzen, und so entstand schließlich ein andauernder Einzelton. Das machte die Besatzung nervös, und mancher bekam es mit der Angst zu tun.

Kptlt. Ulrich Heyse unternahm die ersten Versuchsfahrten mit dem ›Metox‹ auf See. Sein Boot verließ Lorient am 3. September mit fünf Spezialisten, deren Leiter Dr. Robert Karl war. Obwohl sie Zivil trugen, gehörten diese Wissenschaftler doch der Marine an[7].

Die Besatzung nannte diese einige Tage dauernde Probefahrt im Golf von Biskaya die ›Radar-Detektor-Fahrt‹. Mehrere mit Radar ausgestattete Flugzeuge des Gegners wurden geortet, weil das ›Metox‹ auf sie ansprach.

Später aber erfüllte das ›Metox‹ die Erwartungen, die an dieses Warngerät geknüpft wurden, nicht, da es auf die Radarwellen der Bandbreite S nicht ansprach. Vielleicht wurde es sogar durch seine eigene Ausstrahlung die Ursache für die Verluste einiger deutscher U-Boote.

Im Juli 1943 ersetzten die Deutschen die zerlegbare Antenne durch ein festangebrachtes Gerät, die ›Wanze‹, das eine schwächere Strahlung besaß und innerhalb der Wellenbereiche 120 bis 180 cm arbeitete. Der ›Wanze‹ folgte bald die ›Borkum‹.

Im März 1943 fanden die Deutschen in einem abgeschossenen Flugzeug der Alliierten ein Radar H 23 (10 cm). Sie zerlegten es, und das führte zur Konstruktion eines neuen Warngerätes, der

›Naxos‹ (8 bis 12 cm). Die Antenne mußte abmontiert werden und war gegen Beschädigungen empfindlich.

Im November 1943 wurde ein anderes alliiertes Flugzeug abgeschossen; die Deutschen fanden in ihm das Radar H2X (3cm).

Speer, der Rüstungsminister, wurde mit dem Detektorwesen, das bisher der Luftwaffe unterstellt gewesen war, betraut. Im April 1944 erfanden die Deutschen die ›Fliege‹ (3 cm), im Juni 1944 die ›Mücke‹ (8 bis 12 cm). Aus diesen zwei Warngeräten entstand schließlich die ›Tunis‹. Noch immer mußte die Antenne vor dem Tauchen entfernt werden.

Als im September 1944 durch die Erfindung des Schnorchels die bisherigen U-Boote, die eigentlich nur Tauchboote waren, Boote wurden, die zu langen Unterwasserfahrten befähigt waren und nun wirklich den Namen ›Unterseeboote‹ verdienten, wurde die ›Tunis‹ überflüssig. Die ›Borkum‹ wurde am Schnorchel befestigt, aber es gelang nie, die Strahlen der Bandweite S ungestört zu empfangen.

Das Fu. M. B. (Funkmeß-Beobachtungsgerät), als Empfangsapparat für radio-elektrische Wellen, war nur ein Behelf der Verteidigung, denn es erlaubte den deutschen U-Booten nur, zu erkennen, ob sie geortet worden waren.

Diese Aufeinanderfolge von Warngerättypen beweist zur Genüge, daß es den Deutschen nicht gelang, auf dem Gebiet der Elektrotechnik mit den Angelsachsen gleichzuziehen.

Die erste alliierte Offensive im Golf von Biskaya

Das *Air Ministry* stand vor einem schwierigen Problem: Sollte man die U-Boote durch Angriffe auf die deutschen Werften zu reduzieren versuchen, oder sollte man sie im Golf von Biskaya bei der Ausfahrt oder bei der Rückkehr von Feindfahrten zu versenken trachten?

Nachdem Konteradmiral E. J. Brind und Air Marshal Sir John Slessor mehrere Monate darüber beraten hatten, erhielt das *Bomber Command* vier neue Flugzeuggruppen (Wellington- und Whitley-Maschinen), um eine Offensive im Golf von Biskaya und in den Western Approaches beginnen zu können. Das war wenig, und die Admiralität war unzufrieden.

Man beschloß eine tägliche Anzahl von Flügen über dem Golf, ohne den Stand an Flugzeugen zu erhöhen. Das *Coastal Command* wurde erst Mitte Oktober durch mehrere Gruppen verstärkt. Es besaß nun 44 Gruppen statt der 39 in den vorhergehenden Monaten. Die Flugzeuge der Type V. L. R. *(very long range* = sehr weiter Flugbereich) wurden zahlenmäßig verstärkt: zwei Gruppen Liberator, viermotorige amerikanische Maschinen, den englischen Lancaster ein wenig überlegen, kamen hinzu.

Erst am 18. November 1942 beschloß das *Anti-U-Boat-Warfare-Committee,* eine beträchtliche Luftflotte für den Golf von Biskaya zu schaffen und für sie auch 30 Halifax-Maschinen abzustellen. Die alte Wellington-Type sollte durch modernere, mit Leigh Light[8] und Radar ausgerüstete Flugzeuge ersetzt werden.

Die Amerikaner lieferten dem *Coastal Command* 30 Liberator, abgesehen von den Gruppen, die in diesem Abschnitt mit den Engländern gemeinsam kämpfen sollten.

Das war die Vorbereitung zur Operation ›Torch‹, der alliierten Landung in Nordafrika.

Die serienweise Versenkung deutscher U-Boote im Golf von Biskaya begann im Juli 1942: U 502 wurde am 5. Juli durch ein Flugzeug der Untergruppe 172 versenkt, U 751 am 17. Juli durch Flugzeuge der Untergruppen 502 und 61, U 578 am 9. August durch ein Flugzeug der tschechoslowakischen Gruppe 311, U 705 am 3. September durch ein Flugzeug der Untergruppe 77.

Viele U-Boote konnten sich trotz schwerer Schäden in den französischen Heimathafen durchschlagen.

Neue Taktik der deutschen U-Boote

Am 24. Juni befahl Dönitz seinen U-Booten, im Hinblick auf die Gefahren durch die Luftüberwachung den Golf von Biskaya bei Tag und bei Nacht getaucht zu durchfahren und nur zur Auffüllung der Batterien über Wasser zu gehen.

Auf jedem Boot wurden vier 8-mm-MG aufgestellt, und eine schwerere Bewaffnung sollte folgen. Vom Reichsmarschall Göring erhielt der B. d. U. 24 Ju-88-C-6-Maschinen, die den Golf zu überwachen und die U-Boote zu sichern hatten.

Dönitz schreibt hierzu in seinem Standardwerk[9]: »Alle diese

Anordnungen waren *Abwehrmaßnahmen;* sie änderten aber nichts an der Tatsache, daß es den Engländern gelungen war, ein weitreichendes und genau arbeitendes Ortungsgerät zu schaffen. Damit war vor allem das Flugzeug plötzlich ein sehr gefährlicher Gegner geworden. Gefährlich nicht nur für jedes überraschend angegriffene einzelne Boot, sondern auch für unsere gesamte Kriegsführung mit möglichst beweglichen, über Wasser fahrenden U-Booten, die ihren Gipfel in der Gruppen- oder Rudeltaktik hatte.«

Der Admiral suchte nach schwachen Stellen in der feindlichen Abwehr. Nach seiner Ansicht befanden sich diese im Südatlantik, vor Freetown, im Nordosten der Bermudas, vor dem Bahamakanal und im Golf von Mexiko.

Inzwischen ging in Großbritannien der Krieg zwischen dem *Bomber Command,* das mit seinen Bomben Deutschland vernichten wollte, und dem *Coastal Command,* das den Krieg in enger Zusammenarbeit mit der Kriegsmarine im Golf von Biskaya führte, weiter.

Die Versorgungs-U-Boote

Der Einsatz des ersten Versorgungs-U-Bootes, des U 459 (Kkpt. von Willamowitz-Möllendorf), war dem Admiral bei der Verwirklichung seiner Pläne eine große Hilfe. U 459 (Type XIV) verdrängte 1700 t, führte aber keine Torpedos. Nur eine Flak-Ausrüstung sollte es ihm ermöglichen, sich zu verteidigen, bevor es tauchen und sich damit dem Angriff entziehen konnte. Dieses Boot war nicht für den Angriff, sondern für die Versorgung der anderen Boote auf gewissen Treffpunkten in See bestimmt. Es konnte je nach Dauer seiner eigenen Feindfahrt 400 bis 600 Tonnen Treibstoff abgeben.

Dieser U-Boot-Tanker konnte 12 mittlere Boote mit je 50 Tonnen Brennstoff oder fünf große Boote mit je 90 Tonnen versorgen. Die Boote konnten so viel länger in ihren Operationsgebieten vor dem Kap der Guten Hoffnung und in den Antillen verweilen.

Am 22. April 1942 führte U 459 500 sm nordöstlich der Bermudas seine erste Treibstoffabgabe an U 108 (Kkpt. Scholtz) durch. Das Heizöl wurde durch große Schläuche von einem Boot zum anderen gepumpt. Dieses Manöver bot manche Schwierigkeiten. Bei bewegter See war es nicht immer leicht, den Schlauchanschluß zwischen dem Spender und dem Empfänger herzustellen. Bald wurde Willamowitz (der ›wilde Moritz‹) in der Welt der U-Boote berühmt, denn sein Erscheinen bedeutete nicht nur Heizöl, sondern auch Konserven, Zucker und manchmal sogar frische Nahrungsmittel. Die Boote der Type XIV wurden ›Milchkühe‹ genannt. An Bord dieser Versorgungsboote wurden die Kranken von einem Arzt betreut, der auch Zähne zog.

Es kam vor, daß sich mehrere Boote gleichzeitig zur Belieferung einfanden, und daß Boote warten mußten, bis sie an die Reihe kamen. Dies barg die Gefahr in sich, daß sie dabei vom Gegner überrascht wurden.

Bald kamen noch zwei weitere ›Milchkühe‹ hinzu: U 460 (Kptlt. Schäfer) und U 116 (Kkpt. von Schmidt); vom April bis zum Juni gaben sie den U-Booten in den Antillen je 20 bis 30 Tonnen Treibstoff ab.

Die Amerikaner begannen, ihre Geleitzüge unter Bedeckung unter der Küste zu führen, so daß die U-Boote in ihrer Tätigkeit auf den Golf von Mexiko und die Küste von Florida beschränkt wurden, wo sie noch jene früheren Verhältnisse vorfanden, die für die Erfüllung ihrer Aufgaben günstig waren.

Dönitz entsandte seine Boote nun nach dem Süden.

Während der ersten sechs Monate des Jahres 1942 versenkten die deutschen und die italienischen U-Boote 585 Handelsschiffe mit 3.080.934 BRT. 21 U-Boote gingen dabei verloren.

Neue Wege zur Lösung alter Probleme (Walter-U-Boot)

Die deutschen Ingenieure blieben nicht untätig. Einer unter ihnen, Professor Walter, wurde von Dönitz besonders gefördert. Er arbeitete an einem Plan für einen U-Boot-Typ, der den U-Boot-Krieg revolutionieren sollte.

Am 24. Juni 1942 legte der B. d. U. dem Großadmiral Raeder, der übrigens von Neuerungen im U-Boot-Bau nicht viel hielt, einen Bericht vor, der sich mit diesem Gegenstand befaßte.

Dönitz schrieb darin[10]: »Gelingt es dem Gegner, Dampfer mit höheren Geschwindigkeiten in großer Zahl zu bauen, so wird auch die Marschgeschwindigkeit der Geleitzüge größer werden und das U-Boot nicht mehr in der Lage sein, sich zum Angriff vorzusetzen.

Dasselbe wird für den Gegner erreicht, wenn er durch Mittel der Überwasserortung das U-Boot bereits erfaßt, wenn es sich noch außer Sichtweite befindet und es durch Zerstörer abdrängt und unter Wasser drückt, bevor es an den Geleitzug herankommen und sich zum Angriff vorsetzen kann. Dies würde praktisch das Ende des Bewegungskampfes des U-Bootes bedeuten, das dann nur noch stationär eingesetzt werden könnte – und letzteres mit Erfolg nur in Seeräumen, die stärkster Abwehr unterliegen.

Dieser Gefahr würde radikal begegnet werden können, wenn das U-Boot eine so große Unterwassergeschwindigkeit besäße, daß es sich nicht mehr über Wasser vorzusetzen brauchte, sondern jeden gesichteten Gegner unter Wasser anlaufen und in Angriffsposition gelangen könnte.«

Dieses auf ganz neuen technischen Voraussetzungen beruhende Walter-Boot[11] sollte außer den gewöhnlichen Antriebsmitteln, den Diesel- und Elektromotoren, eine Wasserstoffsuperoxyd-Maschine besitzen.

Hiedurch waren für die Tauchfahrt große Geschwindigkeiten möglich.

Während Dönitz auf die Verwirklichung der Walterschen Pläne wartete, versuchte er, seine im Fronteinsatz befindlichen Boote bestmöglich zum Einsatz zu bringen.

Mit einer gewissen Bitterkeit mußte er dabei feststellen, daß seine alten und bewährten Kommandanten der Reihe nach ausfielen und von neuen abgelöst wurden, die viel jünger waren und weniger Tradition, vor allem aber weniger Erfahrung besaßen. Viele von ihnen kamen aus der Hitler-Jugend, und Dönitz, obwohl selbst mit Herz und Seele Hitler ergeben, wünschte nicht, daß die Politik und damit die Partei in das ›Freikorps‹ der U-Boote Eingang fände.

Der Admiral wußte, wie sehr die Gegner ihre Kampfmittel verstärkt hatten. Die Lücken in der Luftüberwachung der Alliierten, die *zone of no air cover = gap* (Zone, die nicht von der Luft aus überwacht wird = die Lücke), waren sehr klein geworden, denn die Operationsräume der feindlichen Luftwaffe erstreckten sich bis auf 800 sm Entfernung von den Stützpunkten in Grönland, Irland, Gibraltar und Sierra Leone. Die wichtigste der unüberwachten Zonen war der *black pit*, das schwarze Loch, westlich der Azoren. In diesem Abschnitt konnten die U-Boote noch operieren, ohne von den vom Land aus startenden Catalina- und Liberator-Maschinen angegriffen zu werden.

Die Engländer wandten in der Bekämpfung der Wolfsrudel neue Methoden an: sogenannte *Snow Flakes* (Schneeflocken), die in der Nacht ausgestreut wurden und die Umgebung der Geleitzüge beleuchteten, so daß über Wasser angreifende U-Boote gesehen werden konnten, weiters die Verwandlung der Frachter in *Camships*, Schiffe, die auf Deck ein Flugzeug von einem Katapult aus starten konnten.

Um diesen Funkmeßverfahren des Gegners zu entgehen, mußten die U-Boote ihre Funkberichte vorerst auf einem Tonband aufnehmen und sie dann schnellstens senden, während sie das Weite suchten. Die Befehlsstelle des B. d. U. brauchte die Funksprüche dann nur langsam abspielen zu lassen.

Eine sehr wichtige Hilfe für die U-Boote war, wie schon erwähnt, der B-Dienst[12], dem es gelungen war, den englischen Code zu entschlüsseln. Alle Funksprüche, die vom Land aus den auf See befindlichen Schiffen gesandt wurden, konnten entschlüsselt werden. Die Engländer merkten dies erst Ende 1942, und erst im Mai 1943 setzten sie der Dechiffrierungsarbeit der deutschen Geheimdienste ein Ende.

Der Kampf zwischen den deutschen U-Booten und den Alliierten ging in der gewohnten Härte und Erbarmungslosigkeit weiter.

Vom 3. bis 31. Juli wurden im Atlantik 11 U-Boote versenkt.

Mit zäher Verbissenheit versuchte Dönitz, sich den Geleitzügen so dicht wie möglich bei ihren Ausgangshäfen – im Südosten von Kap Race (Neufundland) jenen, die von Halifax kamen, und am 25. Längenkreis jenen, die nach Amerika gingen – zu nähern. Im Augenblick, da die Konvois im *gap* (Lücke) eintrafen, wurden sie so lange ununterbrochen angegriffen, bis sie wieder in das überwachte Seegebiet gelangten.

Dauernd studierte der B. d. U. die alliierten Geleitzugsysteme, ihre Marschrouten und Abwehrmaßnahmen; er ersann für seine Taktik listenreiche Änderungen. Sein Ziel war, eine monatliche Versenkungszahl von 700.000 BRT, womöglich aber mehr, zu erreichen. Der Admiral nahm an, daß diese Zahl genügte, um die feindliche Tonnage trotz der Neubauten zu vermindern. Aber die seit 1943 in den Vereinigten Staaten und in Kanada am laufenden Band hergestellten Schiffsneubauten warfen seine Berechnungen über den Haufen.

Erreicht wurden die gewünschten 700.000 BRT allerdings nur im Juni 1942.

Verluste an alliiertem und neutralem Schiffsraum, U-Boot-Verluste:

Monat (1942)	Schiffe	Tonnage BRT	U-Boote
Januar	62	327.357	3
Februar	85	476.451	2
März	95	537.980	6
April	74	431.664	3
Mai	125	607.247	4
Juni	144	700.235	3
Juli	96	476.065	11
Summe	681	3.556.999	32

Der Monatsdurchschnitt betrug also 97,3 Schiffe mit 508.143 BRT[13].

Am 1. März befanden sich 111 Boote in den Operationsgebieten, davon 80 im Atlantik. Ende Juni waren es 140.

Zwischen dem 1. Januar und dem 31. Juli versenkten die Alliierten 32 U-Boote, was annähernd der Anzahl von Booten entsprach, die auf den deutschen Werften von Stapel liefen.

Vom Juli bis zum September erlebte die Schlacht im Atlantik bei beiden kriegführenden Parteien ihre Höhe- wie ihre Tiefpunkte. Die deutschen U-Boot-Besatzungen waren erschöpft; sie fuhren einen Angriff nach dem anderen, versenkten Frachter wie Tanker, erlitten aber auch selbst Verluste. In der Zwischenzeit trafen sie ihre ›Milchkühe‹, um ihre Vorräte an Brennstoff und Torpedos aufzufüllen.

Dann hieß es zum Heimathafen zurückkehren. Ermüdung bis zur Erschöpfung war die Ursache neuer Verluste. Nie wurde die Schlacht im Atlantik mit größerer Verbissenheit geführt, beide Gegner fühlten, daß die nächste Zukunft entscheidend sei, daß sich die Waage auf die eine oder auf die andere Seite neigen werde.

Eine Torpedierung im September 1942 bereitete Admiral Dönitz und seinem Stab ziemliche Sorgen, und sie hatte auch unvorhergesehene Folgen

Die Affäre ›Laconia‹[14].

Dieser Truppentransporter der *Cunard White Star Line* mit 19.695 BRT, als Hilfskreuzer armiert, beförderte auf der Route rund um Afrika mehr als 3000 Menschen von Suez nach England: britische Urlauber, verwundet oder rekonvaleszent, Frauen und Kinder – sowie 1800 bei El Alamein in Gefangenschaft geratene Italiener, die von Polen bewacht wurden.

Das deutsche Unterseeboot U 156 (Korvettenkapitän Werner Hartenstein) versenkte die ›Laconia‹ am 12. September 1942 um 20.00 Uhr 300 Meilen südlich von Kap Palmas. Die Versenkung hatte schreckliche Szenen zur Folge, da eine große Anzahl von Rettungsbooten von den zwei Torpedos, die den Schiffskörper aufgerissen und zahlreiche Italiener getötet hatten, beschädigt wurde. Tatsächlich waren an Bord der ›Laconia‹ die Hilfsmittel zur Rettung aus Seenot unzureichend und schadhaft. Hartenstein suchte inmitten der Wrackteile nach dem Kapitän der ›Laconia‹, dem alten Seebären R. Sharp, der mit seinem Schiff untergehen sollte, als er Hilferufe auf italienisch hörte. Er fischte einige Schiffbrüchige auf und erfuhr von ihnen, daß er ein britisches Schiff mit 1500 italienischen Gefangenen an Bord torpediert hatte. In Wirklichkeit waren es sogar 1800! Sofort sandte er an Admiral Dönitz einen Funkspruch:

»13. 9. – Atlantik Kurs Freetown Marinequadrat FT 5775 S. I. – 2 Meer I, 7 1100.400 – Bedeckte Sicht 4 Meilen – Versenkt Briten Laconia Marinequadrat FT 7721 – 310 Grad. Leider mit 1500 italienischen Kriegsgefangenen. Bisher 90 gefischt. – Hartenstein.«

Große Aufregung bei den Deutschen! Hitler wurde benachrichtigt, Mussolini unterrichtet. Dönitz erteilte trotz gegenteiliger Ansicht seines Stabes den U-Booten der Gruppe Eisbär, U 506 (Würdemann), U 507 (Schacht), U 459 (Willamowitz), die sich in einer Entfernung von zwei Tagereisen vom Versenkungsort befanden, den Befehl, Hartenstein zu Hilfe zu kommen. U 459, ein Versorgungs-U-Boot, setzte seine Operationen fort, da es sich in zu großer Entfernung vom Versenkungsort befand. Ein italienisches U-

Boot, ›Cappellini‹, wurde gleichfalls auf hoher See angewiesen, Kurs zum Versenkungsort zu nehmen. Inzwischen intervenierte die deutsche Regierung durch Vermittlung der Waffenstillstandskommission in Vichy, damit die in Dakar liegenden französischen Schiffe gleichfalls zum Versenkungsort entsandt wurden, um die Schiffbrüchigen der ›Laconia‹ an Bord zu nehmen. Für die französischen Schiffe war das eine heikle Situation, aber man verweigert Hilfeleistung für Schiffbrüchige nicht. Die ›Gloire‹ lief aus Dakar aus, die ›Annamite‹ und die ›Dumont d'Urville‹ erhielten Befehl zur Kursänderung.

Inzwischen ertranken viele Schiffbrüchige oder fielen den Haien zum Opfer. Hartenstein sandte einen offenen Funkspruch in englischer Sprache an die Alliierten, in dem er sie ersuchte, seine Rettungsaktion zu unterstützen. U 506 und U 507 trafen endlich am 15. September ein und nahmen eine große Zahl von Schiffbrüchigen an Bord. Am 16. September, mittags, überflog jedoch ein amerikanisches viermotoriges Flugzeug U 156. Hartenstein, der überzeugt war, daß dieses Flugzeug ihm zu Hilfe komme, hatte auf der Brücke seines Schiffs eine Rotkreuzflagge auslegen lassen und einem englischen Offizier gestattet, dem Flugzeugführer eine Morsebotschaft zu schicken, um ihn von der dramatischen Lage der Schiffbrüchigen zu unterrichten. Das Flugzeug entfernte sich, kehrte aber nach einer halben Stunde wieder zurück, bombardierte das U-Boot, brachte Rettungsboote zum Kentern und tötete Schiffbrüchige. Dann drehte es ab, überzeugt, das deutsche U-Boot versenkt zu haben.

Hartenstein hatte sofort auf die Bomben reagiert: Er befahl den Schiffbrüchigen, ins Meer zu springen, und tauchte. U 156 erlitt eine Anzahl von Treffern, Hartenstein vermochte die Schäden jedoch mit eigenen Mitteln zu reparieren und tauchte um Mitternacht auf; er sandte Dönitz einen Funkspruch, daß er während seiner Rettungsaktion für die Schiffbrüchigen von einem amerikanischen Flugzeug bombardiert worden war.

Dönitz war wütend. Er untersagte ausdrücklich seinen Unterseebooten die Rettung von Schiffbrüchigen torpedierter Schiffe. Über diesen Befehl Triton Null[15] wurde beim Nürnberger Prozeß verhandelt, die Richter jedoch nahmen den Punkt nicht in die Anklageschrift auf.

Viel später gaben die Amerikaner Einzelheiten über diese Bombardierung bekannt. Die Insel Ascension war ein neuer Stützpunkt, eine Plattform für Flugzeuge, die aus Werken in den USA kamen; sie legten eine Zwischenlandung in Natal in Brasilien ein, überquerten dann den Atlantik und kamen so nach Afrika und auf die Kriegsschauplätze des Mittleren Ostens. Dieser Stützpunkt auf Ascension mußte möglichst lang geheimgehalten werden. Andererseits war der amerikanische Flugzeugkommandant nur zu erfreut – das muß man wohl sagen –, ein U-Boot auf seine Abschußliste setzen zu können.

Am 17. September nahmen die Franzosen die Überlebenden der ›Laconia‹ aus den Rettungsbooten sowie von den deutschen U-Booten und dem italienischen Boot an Bord. Am Morgen des 21. September traf die ›Gloire‹ in Casablanca ein, und ihr Kommandant, Kapitän zur See Graziani, konnte 1041 Passagiere der ›Laconia‹, Italiener, Engländer, Polen und Griechen, wohlbehalten an Land setzen. So endete dieser in den Marineannalen einzigartige Schiffsuntergang. Er ist ein Musterbeispiel für die Solidarität der Seeleute, sobald der Kampf zu Ende ist.

Zweite Schlacht um die Geleitzüge aus den USA

Dönitz konnte nun der Zukunft vertrauensvoller entgegensehen. Gewiß, seine U-Boote versenkten nicht mehr solche Mengen von Schiffsraum wie die 700.000 Tonnen des Monats Juni, und die Amerikaner organisierten Geleitzüge von den Antillen bis Neufundland. Die Anzahl der im Juli versenkten feindlichen Schiffe war jedoch immer noch beachtlich: es waren 96, mit 476.000 BRT! Diese Tonnage konnte schnell größer werden, wenn man die Zahl der jeden Monat neu in Dienst gestellten U-Boote, 20 bis 24 Einheiten, in Betracht zog, während die Verluste in derselben Zeit nicht über 10 Boote hinausgingen. Zu Beginn der Feindseligkeiten hatte der Admiral 300 einsatzfähige U-Boote verlangt; er verfügte im Juli 1942 über 341, davon standen 168 im Einsatz (im Januar desselben Jahres betrugen die entsprechenden Zahlen 171 beziehungsweise 100 Einheiten). Allerdings wurden immer mehr alliierte, kanadische und amerikanische Handelsschiffe gebaut! Noch gab es mitten im Atlantik eine Lücke, ein *gap;* Dönitz beschloß, dort eine neue Offensive zu starten. Er stellte zwei U-Boot-Gruppen auf, eine ostwärts, die andere westlich des *gap.* Die Westgruppe sollte nachts in der gleichen Richtung und mit gleicher Geschwindigkeit wie die Geleitzüge[16] marschieren. Am Tag machte die Verfolgergruppe kehrt und marschierte den alliierten Handelsschiffen entgegen. Die Deutschen nannten diese Gefechtsführung Vorpostenstreifen.

Die Brückenwache beobachtete aufmerksam den Horizont. Sobald ein U-Boot den Rauch eines Geleitzugs sichtete – er breitete sich über mehrere Dutzend Kilometer aus –, sandte es einen Funkspruch an den B. d. U., der sofort den am nächsten marschierenden U-Booten Befehl erteilte, die angegebene Stelle anzusteuern. Auf diese Weise konnte die größtmögliche Zahl von U-Booten an einem bestimmten Punkt zusammengefaßt werden. Der Beobachtungsdienst (B-Dienst) des feindlichen Funkverkehrs half beim Aufspüren der alliierten Geleitzüge mit, und im Befehlsstand des B. d. U. herrschte vor diesen Gefechten höchster Betrieb.

Das überaus schlechte Oktoberwetter behinderte die Operationen der U-Boote. Große Passagierdampfer, die ›Queen Elizabeth‹ (83.675 BRT), die ›Queen Mary‹ (81.235 BRT), die ›Aquitania‹ (44.786 BRT), die ›Mauretania‹ (35.739 BRT), die ›Ile de France‹ (43.450 BRT), die ›Nieuw Amsterdam‹ (36.287 BRT), überquerten den Atlantik, an Bord Tausende amerikanische Soldaten für die bevorstehenden Landungsoperationen. Für diese Transporte, die im Zickzack, mit großer Geschwindigkeit – etwa 28 Knoten – fuhren, trug die Britische Admiralität die Verantwortung. Der Zerstörerbegleitschutz beschränkte sich auf die Abfahrt von den USA und die Ankunft in Großbritannien, da keines dieser Schiffe während der ganzen Überfahrt eine derartige Geschwindigkeit durchzuhalten vermochte. Man zitterte davor, daß eines der Passagierschiffe durch ein U-Boot versenkt werden könnte. Nur ein ernster Zwischenfall war zu verzeichnen. Am 2. Oktober 1942 stieß die ›Queen Mary‹ kurz nach ihrer Einfahrt in die *Western Approaches* mit dem Kreuzer ›Curaçao‹ zusammen, infolge eines Mißverständnisses zwischen den beiden Kommandanten. Der ›Curaçao‹ wurde entzweigeschnitten und sank, 338 Seeleute kamen ums Leben; die ›Queen Mary‹ mit ihrer Truppenladung fuhr weiter …

Zwischen Juli und Dezember wurden 194.850 amerikanische Soldaten von den Vereinigten Staaten nach Großbritannien gebracht.

Brasilien erklärte am 22. August Deutschland und Italien den Krieg, da die deutschen Unterseeboote in den Hoheitsgewässern Brasiliens operiert und dabei einige brasilianische Schiffe versenkt hatten.

In den letzten Monaten des Jahres entfalteten die U-Boote eine lebhafte Tätigkeit. Am 12. Oktober wurde der aus 47 Schiffen bestehende Geleitzug SC 104 von der Ostgruppe der U-Boote gesichtet. In der folgenden Nacht versenkte U 221 (Oberleutnant zur See Trojer) 7 Schiffe, darunter den Tanker ›Southern Express‹ mit 12.390 BRT, der den Geleitzug mit Brennstoff versorgte. Dieser Erfolg stand allein da, denn die U-Boote der Gruppe versenkten in den folgenden Tagen nur ein einziges Schiff. Das Wetter war veränderlich, grobe See wechselte mit Schönwetter. Am 15. Oktober versenkte der alte Zerstörer ›Viscount‹ (1918) U 619, tags darauf vernichtete die ›Fame‹ (1932) U 661.

Wohl gelang es einigen Geleitzügen, durch die Maschen des Netzes zu gelangen, ohne entdeckt zu werden, Ende Oktober jedoch verlor HX 212 sechs Schiffe. Meist spielte der Zufall bei der Ortung der Geleitzüge eine große Rolle. Stürmisches Wetter war für die U-Boote wohl nachteilig, grobe See dagegen eher günstig. So wurde am 30. Oktober der Geleitzug SC 107 durch ein U-Boot der Gruppe ›Veilchen‹ ausgemacht, und da es dem deutschen B-Dienst gelungen war, einen Funkspruch zu entschlüsseln, der den Kurs des Geleitzuges angab, konnte er durch mehrere U-Boote angegriffen werden. SC 107 verlor 15 Schiffe mit 88.000 BRT. Die Deutschen dagegen verloren U 520 (Kapitänleutnant Schwartzkopf) und U 132 (Kapitänleutnant Vogelsang).

Westlich der Kanarischen Inseln versenkte die Gruppe ›Streitaxt‹, die nach Freetown marschierte, im Lauf von sieben Kampftagen 13 Schiffe mit 85.685 BRT des Geleitzugs SL 125. »Das Unglück, das diesen Geleitzug ereilt hatte«, schreibt S. W. Roskill, »schien der alliierten Sache in einer anderen Richtung ganz unerwartet Glück gebracht zu haben. Die ersten militärischen Geleitzüge für Nordafrika passierten die anliegenden Gewässer zu derselben Zeit, als die U-Boote dabei waren, SL 125 anzugreifen. Wäre der Feind nicht damit beschäftigt gewesen, hätte er die großen Bewegungen von Truppen- und Nachschubschiffen entdeckt, sie angegriffen oder ihren Zweck und ihren Bestimmungsort festgestellt und so die Landungsstreitkräfte des für sie wichtigen Überraschungsmoments beraubt.« Es handelte sich um einen jener vielen wichtigen Geleitzüge für die Operation ›Torch‹, die Landung an den Küsten Nordafrikas.

In den letzten fünf Monaten des Jahres 1942 verloren die Alliierten durch U-Boote 479 Schiffe mit 2.709.216 BRT; U-Boote wurden 55 versenkt.

XIII

DIE SOWJETISCHEN UNTERSEEBOOTE

Am 22. Juni 1941, dem Tag des Einfalls der Wehrmacht in Rußland, besaßen die Sowjets die größte U-Boot-Flotte der Welt: 218 Boote, davon 205 einsatzfähig; außerdem befanden sich 91 Boote im Bau oder auf Versuchsfahrt.

Die UdSSR hatte mehrere voneinander entfernt liegende, nicht unmittelbar zusammenhängende Meeresteile zu verteidigen. Ihre 205 Boote verteilten sich folgendermaßen: Ostsee 65, Nordmeer 15, Schwarzes Meer 47, Fernost 78. Dazu kamen 13 alte Boote ohne

Technische Daten der sowjetischen Unterseeboote[1]*:*

Type	Wasserverdrängung	Geschwindigkeit	Aktionsradius	Bestükkung	Rohre	Torpedos/ Minen	Baujahr
Dekabrist	1039/1335	14,5/8,5	8000	1–10,2 2–4,5	8	13 T 8 M	1928
Leninetz	1040/1318	14/8,4	10.000	1–10,0 1–4,5	6	14 M	1929
Prawda	1200/1670	18/7,8	12.000	2–10,0 1–4,5	6	12 T	1931
Schuska	587/704	13,5/8	6500	2–4,5	6	10 T	1933
Maloutka	205/256	13/8	3440	1–4,5	2	2 T	1933
Stalinetz	840/1050	19/9	12.000	1–10,0 1–4,5	6	13 T	1935
Komosoletz	1480/2090	18/10	15.000	2–10,0 2–4,5	10	24T 20 M	1933

großen militärischen Wert. Im Juni 1941 waren diese Einheiten der 7 Haupttypen in Brigaden gruppiert und in Divisionen unterteilt.

Die sowjetischen Ingenieure nahmen sich vorerst ein britisches Unterseeboot zum Vorbild, das L 55, das am 4. Juni 1919 in der Bucht von Koporja im Finnischen Meerbusen gesunken war. Das Unterseeboot wurde im Jahre 1928 wieder flottgemacht und fuhr noch ein Jahrzehnt unter sowjetischer Flagge. Die Kennzeichen der in technisch unzulänglichen Werften gebauten sowjetischen Unterseeboote waren Widerstandsfähigkeit und Einfachheit.

Die oberste Führung

In den Jahren 1937–1938 war die Hälfte der Führungskader unter der Anklage des Nationalismus oder der Opposition durch große blutige ›Säuberungen‹ liquidiert worden. Man hatte Admiräle, Oberbefehlshaber, viele Kapitäne und Kommissare, wie zum Beispiel Moralès, den Kommandeur einer Unterseebootbrigade im Schwarzen Meer, hingerichtet.

Glücklicherweise stand an der Spitze der sowjetischen Marine ein junger – vierzigjähriger –, energischer, erfahrener Organisator, der am Spanienkrieg teilgenommen hatte: Admiral Kusnezow. Er überwand alle durch die schwerfällige Moskauer Verwaltung hervorgerufenen Schwierigkeiten, trieb die Instandsetzung sowie den Bau von neuen Unterseebooten in den Werften voran. »Wozu soll die Marine dienen?«, fragte ihn angeblich eines Tages Stalin. Das beweist, wie nebensächlich damals die Rolle der Marine im Vergleich zu jener der Roten Armee war, von der sie stets abhing. Die sowjetische Marine beschränkte sich auf die Verteidigung, in Anwendung einer in ihrem marxistischen Charakter steifen Strategie ohne Angriffslust. Kusnezow wurde erst bei Ende der Feindseligkeiten, im Jahre 1945, in die am 10. Juli 1941 geschaffene *Stawka,* den obersten Führungsstab, aufgenommen.

Die Männer auf den Unterseebooten

Für die Sowjets war das Problem, für eine in zehn Jahren erbaute Flotte von 200 Unterseebooten Stäbe, Kommandanten, Offiziere,

Besatzungen zu finden, schwierig zu lösen, da politische Überlegungen mitspielten.

Man hatte die Rangordnung festgelegt:

Kapitän 1. Klasse (Kapitän zur See); Kapitän 2. Klasse (Fregattenkapitän); Kapitän 3. Klasse (Korvettenkapitän). Das Wort ›Genosse‹ *(towaritsch)* vor dem des Kommandanten *(kommandir)* schloß die strenge Disziplin nicht aus.

Im Jahre 1941 waren die Kommandanten – etwa zehn hatten in Spanien gekämpft – sehr jung und unerfahren. Manche wurden sofort bei Kriegsausbruch für unzulänglich erachtet und ausgewechselt.

Das Marine-Unteroffizierskorps – die *starschini* – bestand aus beherzten, pflichttreuen Männern, alten Seebären mit wenig Kenntnissen, aber mit Erfahrung. Die Offiziere konnten sich darauf verlassen, daß diese Kerle die Verbindung mit der Besatzung besorgten und den Dienst, die seemännischen Manöver leiteten, bei denen sie natürlich mit Hand anlegten. Die *starschini* sorgten für gute Kampfmoral der Männer durch Versammlungen, bei denen Selbstkritik geübt und Siegeskommuniqués verlesen wurden.

Im Dezember 1944 wurde durch den *starschina* Bordmechaniker Bogdanow ein Beispiel von hervorragendem Mut und Leistungsfähigkeit gegeben.

Sch 307 (Kalinin) nahm bei einer Temperatur von -25 Grad Kurs Danziger Bucht. Plötzlich meldete der Rudergänger: »Das Ruder funktioniert nicht mehr!« Man schaltete das Handruder ein, doch die Ruderachse drehte sich leer. Kalinin ließ stoppen und erteilte Bogdanow Auftrag, das Steuerruder zu reparieren. Bogdanow arbeitete zusammengekauert beim Licht einer Handlampe unter dem Heck des Unterseebootes zwei Stunden lang im eisigen Wasser. Im Falle eines feindlichen Angriffs – das wußte er – würde das U-Boot wegtauchen, ohne sich um ihn zu kümmern. Der Mann litt wahre Folterqualen. Nachdem das Steuerruder repariert war, nahm das Sch 307 seinen Marsch wieder auf, während man Bogdanows blaugefrorenen Körper massierte.

Die Besatzungen stammten oft aus dem Landesinneren, aus Sibirien, der Ukraine. Diese widerstandsfähigen, gelassenen Landratten bildeten nach und nach ausgezeichnete U-Boot-Besatzungen.

Es war schwierig gewesen, sie anzuwerben. Die Flotte bestand im Jahre 1941 aus 340.000 Mann, von denen 67.000 Mitglieder oder Mitgliedsanwärter der Partei waren. Die Gesamtzahl der U-Boot-Männer betrug 15.000. Im November 1941 gab man den Matrosen das ehemalige zaristische schwarz-orange Band wieder und schuf damit die ›Gardeeinheiten‹. Man ehrte die Marine durch einen Aufruf an die patriotischen Traditionen der Zarenzeit: Übergabe der Gardeflagge an die knienden Besatzungen wie einstmals vor den Ikonen; man verteilte feierlich Orden und Auszeichnungen: ›Held der Sowjetunion‹, die höchste sowjetische Auszeichnung, ›Rote Flagge‹, ›Garde-Unterseeboot‹. Im Jahre 1944 stiftete man Orden: ›Nachimow‹, ›Usdiakow‹, das waren Namen zaristischer Admiräle; man gestattete das Tragen der traditionellen Schulterstücke, die während der Revolution abgeschafft worden waren.

In dem beengten kleinen Raum der Unterseeboote fand die Kommunistische Partei ein günstiges Terrain für die Organisierung von Zellen, einem Sekretariat. Viele Männer waren Parteimitglieder. Jeder, der eine mutige Tat vollbrachte, erhielt die Parteikarte. So liefen Heldentum und politische Doktrin zusammen.

Es gab an Bord jedes Schiffes einen ›politischen Kommissar‹. Besonders in den Jahren 1941–1942 mischten sich diese Kommissare allzuoft in Kommandoangelegenheiten der Unterseeboote und machten dem verantwortlichen Kommandanten Schwierigkeiten. 1943 erteilte man ihnen einen Militärrang. Ein ›politischer Kommissar‹ namens Potapow wurde Kommandant des Unterseebootes K 25. Viele von ihnen, wie zum Beispiel Radun (K 22), gingen mit ihrem Boot zugrunde.

Die Ostsee

Die im Norden durch den Bottnischen und im Osten durch den Finnischen Meerbusen erweiterte Ostsee ist nur von mittlerer Tiefe: mit etwa 100 m in ihrem südlichen Abschnitt, erreicht sie ihre größte Tiefe von 159 m zwischen Schweden und der Insel Gotland. Die beiden Meerbusen sind von Oktober bis Juni zugefroren. Im Finnischen Meerbusen, der etwa 400 km lang und 75 km breit ist und an dessen Ende die große Stadt Leningrad sowie die Werften von Kronstadt liegen, sollte sich die Hauptschlacht abspielen.

Bereits am 4. April 1941 wurde durch den Einmarsch der deutschen Truppen in Jugoslawien Alarm gegeben. An diesem Tag wurde der Geheimkode der sowjetischen Marine geändert.

Sonntag, den 22. Juni 1941, ließ Hitler bei Morgengrauen die Operation ›Barbarossa‹ anlaufen.

General Popow, der Befehlshaber der Leningrader Front, befand sich in Murmansk; der politische Kommissar Schdanow machte Urlaub in Sotschi; General Nowikow, der Befehlshaber der Flugwaffe, befand sich in Kiew!

Einige Tage vorher hatten deutsche Minenleger, ohne von den sowjetischen Patrouillen entdeckt zu werden, mehrere Minensperren vor den russischen Häfen, bei der Einfahrt zum Finnischen Meerbusen, von Memel bis zur Insel Gotland angelegt. Sie hatten zwischen den vielen Inselchen vor den schwedischen Hoheitsgewässern nur einige Durchfahrtskanäle offengelassen, durch die deutsche und schwedische Schiffe mit dem in Lulea, im Inneren des Bottnischen Meerbusens, geladenen wertvollen Eisenerz passieren konnten. Viele dieser Schiffe sollten innerhalb der schwedischen Hoheitsgewässer fahren. Südlich der Minenfelder würden die neuen, aus den Werften kommenden U-Boote ihre Versuchsfahrten fortsetzen.

An jenem Sonntag, dem 22. Juni, lagen 8 sowjetische Unterseeboote in Riga, 15 in Liepaja (Libau) – das war die erste Brigade; 5 in Hanko und 14 in Reval bildeten die 2. Brigade; 25 in Kronstadt die 3. Brigade.

Die Unterseeboote der 1. und 2. Brigade waren seit dem Vortag in Alarmbereitschaft. 20 Schiffe wurden unverzüglich zum Einsatz längs der Küsten von Ostpreußen und Pommern beordert. Die Unterseeboote der 3. Division der 1. Brigade hatten Weisung, die Zugänge von Danzig, Memel und Kolberg zu verminen. Die Deutschen hatten alle ihre Handelsschiffe seit vierzehn Tagen in die Häfen laufen lassen und ihre Marineschulen nach Norwegen verlegt. Die sowjetischen U-Boote fanden die See leer. Bereits am 22. gab es den ersten Verlust der sowjetischen Überwasserflotte: der Zerstörer »Gnevny« lief auf eine deutsche Mine.

Am 25. Juni jedoch stieß S 4 (Kapitän 3. Klasse Abrasimow) um 7 Uhr morgens auf ein deutsches Handelsschiff mit Geleitschutz und griff es an. Die ungenügend geschulten Rudergänger des S 4, wahrscheinlich erregt durch das erste Gefecht, korrigierten die durch den Abschuß der beiden Torpedos verursachte Gewichtsverminderung nicht schnell genug, und das Unterseeboot tauchte für einen Augenblick auf: das feindliche Geleitschiff sichtete den Turm.

»Sofort wegtauchen!« befahl Abrasimow.

Sieben Wasserbomben krachten und erschütterten das U-Boot.

S 4 überstand diesen Waboangriff, mußte aber 9 Stunden in Tauchfahrt bleiben, um sich den Angriffen der Geleitschiffe zu entziehen. Als S 4 nachts auftauchte, fing es einen Funkspruch aus Kronstadt auf: »Weisung an alle U-Boote der 1. Brigade: Kurs auf Reval.«

Am 22. Juni waren die Unterseeboote im Hafen von Liepaja plötzlich von zwölf Ju 88 angegriffen worden! Sie hatten das Feuer sofort mit ihren Maschinengewehren und Kanonen erwidert. In dem Lärm der Geschütze, die auf die im Sturzflug herabkommenden und die Schiffsdecks mit MG-Feuer bestreichenden Junkers feuerten, liefen die U-Boote aus, während die Stadt und der Stützpunkt in Flammen standen. Fünf Einheiten sowie der Zerstörer ›Lenin‹, die außerstande waren, die hohe See zu erreichen, wurden von der eigenen Besatzung versenkt. Das in geringer Tiefe versenkte S 1 wurde später von den Deutschen wieder flottgemacht, die darin gewisse Informationen fanden.

S 5, das letzte, verließ Liepaja mit dem Kommandanten der 1. Brigade, Kapitän 1. Klasse Nikolaj Egipko, an Bord, dem ersten U-Boot-Mann der Ostsee, der zum ›Helden der Sowjetunion‹ ernannt wurde.

Die 6 Unterseeboote, deren Brückenschutzbleche von Kugeln zersiebt waren, liefen Kurs nach Norden. Sie folgten der Küste, wo das Wasser zu wenig tief war, um wirkungsvoll wegtauchen zu können; die deutschen Flugzeuge und Schnellboote, die auf sie Jagd machten, versenkten S 3 (Kostromitschew), die übrigen U-Boote flüchteten zuerst nach Riga, dann nach Reval.

Sie verließen am 28. August, als Reval aufgegeben wurde, den Hafen und erreichten Kronstadt, wo bereits S 4, S 5, Sch 307, Sch 308, Sch 322, M 98, M 79, M 95 und M 102 lagen …

Von den 29 im estnischen Hafen liegenden Handelsschiffen gelang es nur einem, nach Leningrad zu gelangen. S 11 (Soreda) mit dem Divisionskommandanten Tusow an Bord, lief in der Nacht des 2. August bei der Rückkehr von einer Patrouillenfahrt auf eine Mine. Dafür torpedierte Sch 307 (Petrow) am 9. August nördlich von Dagö U 144 (Kptlt. Gert von Mittelstaedt).

M 83 kehrte am 24. Juni in das bereits besetzte Liepaja zurück, und sein Kommandant hatte gerade noch Zeit, sein Boot zu versenken. Er schlug sich dann mit seiner Mannschaft zu den sowjetischen Landstreitkräften durch.

Die Ereignisse überstürzten sich. Die Mündung der Newa wurde am 31. August von den deutschen Truppen besetzt; der Kreis wurde enger, während der deutsche Schiffsverkehr entlang der Ostseeküsten sich frei entwickelte.

Der Flottenstützpunkt Kronstadt lag in Reichweite der Deutschen. Weder die Überwasserflotte noch die Unterseeboote der UdSSR schienen imstande, ihr zu entkommen. Der Finnische Meerbusen war übrigens völlig in Händen des Feindes; die Südküste hielten die Deutschen, die Nordküste die Finnen besetzt.

In diesen Katastrophentagen entging S 6 (Kulbakin) am 14. Juli nur mit knapper Not einem Wasserbombenangriff, während S 9 durch eine Stuka-Bombe schwer beschädigt wurde; S 5 fuhr am 27. August um 20 Uhr auf eine Mine, wobei auch der Brigadenchef Egipko von der Explosion ins Wasser geschleudert, dann aber gerettet wurde. Das gleiche Unheil widerfuhr am nächsten Tag Sch 301 (Gratschew). Am 30. August wurde die ›Kalew‹ von der eigenen Besatzung, S 6 durch Fliegerbomben versenkt. P 1 endlich wurde im September bei dem Versuch, die Verteidiger der Insel Hanko zu versorgen, durch eine Mine vernichtet.

Angesichts dieser Verluste beorderte Admiral Tributz, der Kommandant der Leningrader Flotte, seine gesamten verfügbaren Unterseeboote, allen Gefahren zum Trotz, zum Kampfeinsatz. Er ließ, als warnendes Beispiel, den Kapitän des Handelsschiffs ›Kasachstan‹, Kalitaew, erschießen, der von einer Bombenexplosion ins Wasser geschleudert wurde, und den man, zu Unrecht, verdächtigte, er habe aus Angst den Kopf verloren.

Nichts schien die sowjetische Flotte vor den massierten Angriffen der Luftwaffe (21. und 23. September) retten zu können, die entschlossen war, sie um jeden Preis in den Grund zu bohren. Während die verfügbaren Matrosen an Land gesetzt wurden, um dort zu kämpfen, nahmen die U-Boote nachts an der Fliegerabwehr teil; während des Tages legten sich die Boote, die noch dazu imstande waren, auf Grund. Ein Unterseeboot, P 2, wurde durch Bomben versenkt. Admiral Tributz hoffte, einige U-Boote, S 7 (Lisin), S 8 (Braun), L 3 (Grisdienko) und andere, retten zu können, indem er sie unter dem Kommando Tripolskijs durch den Belt ins Nordmeer fahren ließ. Die Ankunft der gefürchteten ›Tirpitz‹ vor den Alandinseln, zusammen mit 3 Kreuzern und 8 Zerstörern, ließ aber einen Angriff auf Leningrad befürchten. Die Ausfahrt der Unterseeboote wurde widerrufen und 16 Boote (S 4, Sch 303, Sch 311, S 7, M 95, M 98 …) als Sperre vor dem Finnischen Meerbusen postiert …

Belagerung Leningrads

Mitte September: Obwohl sich 15 sowjetische Unterseeboote, in drei Wellen (Sch 320, Sch 322, Sch 323 …) hinbeordert, in der Ostsee aufhielten, wurde diese von den deutschen Schiffen unbehindert befahren.

Es wurde Dezember, Winter, der Finnische Meerbusen begann zuzufrieren. Leningrad war eingeschlossen; nur eine von Schdanow über den zugefrorenen Ladogasee gebaute Straße erlaubte eine kärgliche Versorgung. Es fehlte an Trinkwasser, der elektrische Strom war abgesperrt, es gab keine Kohle mehr, nie hatte es einen härteren Winter gegeben. Die Ostseeflotte wurde unter dem Bombardement täglich kleiner, eine Einheit nach der anderen wurde versenkt oder beschädigt. Von den Anfang September noch vorhandenen 42 Unterseebooten waren nur noch 32 übrig.

Dennoch versuchten sie einige Ausfahrten, vor allem um Hanko zu versorgen, das sich immer noch hielt. Im November lief L 2 (Schabanow) auf eine Mine und sank. Am 11. Dezember sahen die Russen voll freudiger Überraschung, wie das letzte noch in der Ostsee verbliebene Unterseeboot, Sch 309 (Kabo), in den Hafen einlief. Am 18. schneite es in Kronstadt; die Deutschen – durch den verbissenen Widerstand der Sowjettruppen, der Arbeiter, die zu den Waffen griffen, und der 125.000 Matrosen, die unter dem Befehl ihrer Offiziere Seesoldatenbataillone gebildet hatten, aufgehalten – beschossen Leningrad und seine Vorstädte.

Der Winter, für die Russen schrecklich, war es in noch schlimmerem Maß für die Deutschen, mit ihrer für die strenge Kälte wenig geeigneten Bekleidung; auch waren sie an so harte Winter nicht gewöhnt. Die Kämpfe in dieser Belagerungsatmosphäre spielten sich bei einem schneeverhangenen Himmel ab. Dennoch lief K 51 (Kurnikow) hinter dem Eisbrecher ›Ermok‹ aus und konnte die Insel Lavansaari erreichen. Kurnikow kam am 20. Dezember an und sah sich einem fleckenlos weißen Eisfeld gegenüber. Er wollte tauchen, um in die Ostsee durchzukommen und dort bis zum Frühjahr zu bleiben. Kurnikow glaubte, er werde nach 36 Stunden Tauchfahrt unter der Eisdecke die freie See erreichen. Würde er aber beim Auftauchen die dicke Eisschicht durchbrechen können? Würde er nicht darunter gefangenbleiben? Nun, das Eis war in der Umgebung von Lavansaari bereits 30 cm dick, und K 51 war beim Auftauchen beschädigt worden. Am 27. Dezember kehrte es nach Kronstadt zurück, das immer noch unter Beschuß lag. In der Werft wechselten die Unterseeboote häufig die Ankerplätze und lagen unter Tarnnetzen versteckt.

Inzwischen ergriff die Armee Wolchow wieder die Offensive, und am 8. Dezember begann der Versuch eines Entsatzes von Leningrad. Die Deutschen waren bereits aus Tichwin vertrieben, und in Leningrad erwachte wieder das Leben in den schneebedeckten Ruinen; in dieser trostlosen Wüstenei lieferten drei alte Unterseeboote ein wenig elektrischen Strom, als das Jahr zu Ende ging. In den 7 Kriegsmonaten waren die U-Boote 82mal ausgelaufen: 26mal in der Ostsee, 56mal im Finnischen Meerbusen, fast immer zur Verteidigung. Die versenkte feindliche Tonnage war gering: 4840 BRT! Während dieser Zeit hatte die Marineluftwaffe nur 26 Flüge für die Unterseeboote ausgeführt, jedoch 25.000 für die Landarmee.

1942. In diesen letzten Wintermonaten arbeitete man angestrengt an den Booten. Sobald im Frühjahr das Eis schmolz, mußten die U-Boote klar zum Auslaufen für Einsätze sein. Die Admiralität hatte sogar das Auslaufdatum festgesetzt: 12 Juni! Unter dem Befehl von Konteradmiral Stesenko – Stabschef Kurnikow – bestand die einzige Brigade damals aus 3 Divisionen: 1. (Junakow), 2. (Goldberg), 3. (Egorow).

Die Unterseeboote waren entmagnetisiert worden, doch die Risiken waren groß, wenn man wußte, daß der Feind in zwei aufeinanderfolgenden Sperrfeldern, ›Seeigel‹ und ›Nashorn‹, 13.000 Minen ausgelegt hatte. Der sowjetische Nachrichtendienst kannte ihre ungefähre Lage.

Nach einer am 29. Mai begonnenen zwölftägigen Aufklärungsfahrt des M 97 (Diakow) lief die erste Gruppe – Sch 304 (Afanasew) und Sch 317 (Mochot) – am vorbestimmten Datum, dem 12. Juni, aus. Kein U-Boot stieß gegen eine Mine, keines wurde von den an den Küsten liegenden feindlichen Verteidigungsstellungen ausgemacht. Am 16. Juni schoß Sch 304 auf der Höhe des Leuchtturms von Porkkala am äußersten Ende einer Reihe von Inseln südwestlich von Helsinki zwei Torpedos gegen das von 3 Minenräumbooten, die die Route vor ihm reinfegten, begleitete U-Boot-Mutterschiff M 12 (5635 BRT). M 12 sichtete rechtzeitig die Laufspur der Torpedos, fuhr rückwärts und entging ihnen knapp. Von den Begleitschiffen wurden Wasserbomben geworfen, die jedoch weit entfernt von Sch 304 explodierten; das Boot nahm wieder Kurs zur Ostsee, die es am Morgen des 17. erreichte.

Die mit Eisenerz oder mit Truppen beladenen, häufig unter Geleitschutz fahrenden deutschen und schwedischen Schiffe wurden angegriffen. ›Mochot‹ – mit Divisionschef Egerow an Bord – versenkte den Finnen ›Argo‹ mit 2513 BRT, den Dänen ›Orion‹ mit 2405 BRT, den Schweden ›Ada Gorthon‹, dann machten sieben Geleitboote auf ihn, der getaucht fuhr, Jagd. Sch 317 kehrte nicht nach Kronstadt zurück, es wurde am 10. Juli versenkt.

Die Unterseeboote der ersten Welle hatten so gute Arbeit geleistet, daß die Deutschen ihre Schiffe umleiteten, ihre Verteidigung durch neue Patrouillenboote sowie durch weitere von Flugzeugen gelegte Minenfelder verstärkten.

Am 23. Juni liefen Sch 406 (Ossipow), das vierzig Tage auf See bleiben sollte, und Sch 303 (Trawkin) aus Kronstadt mit Bestimmung Ostsee aus. Ihnen folgten später Sch 320 (Wischnewskij), S 4 (Abrasimow) und S 7 (Lisin).

S 7 lag am 11. Juli, nachdem es Geleitzüge aufgespürt hatte, die für einen Angriff zu weit entfernt waren, unter Wasser vor Västervik, dem schwedischen Hafen gegenüber der Insel Öland, als Lisin das Geräusch von mehreren Schiffsschrauben hörte. Ein Blick durch das Sehrohr zeigte ihm einen von Zerstörern umgebenen Geleitzug von 16 Frachtschiffen auf Kurs nach Deutschland. Lisin versenkte den Schweden ›Lulea‹ mit 5600 BRT. Ein Zerstörer nahm die Jagd auf, S 7 wich aus und kreuzte die Ostsee, um seine Torpedoangriffe an der litauischen Küste fortzusetzen, wo es starken Schiffsverkehr zu finden hoffte. Dort versenkte es am 5. August den deutschen Frachter ›Käthe‹ mit 1400 BRT und schoß dann seinen letzten Torpedo gegen den Finnen ›Pojanlahti‹, 680 BRT, ab.

Da der Torpedo sein Ziel verfehlte, vernichtete Lisin das kleine Schiff mit Geschützfeuer.

Am 11. August kehrte Lisin nach Kronstadt zurück; er hatte 4 Frachter, darunter 2 Schweden, mit einer Gesamttonnage von 10.000 BRT zur Strecke gebracht.

Am 16. Oktober lief S 7 wieder aus, wurde jedoch von dem finnischen Unterseeboot ›Vesihiisi‹ torpediert. Lisin, der in Gefangenschaft geriet, wurde anläßlich der finnischen Kapitulation freigelassen und zum Stab der Pazifikflotte beordert; er wurde später zum ›Helden der Sowjetunion‹ ernannt.

Die Spannung zwischen der UdSSR und Schweden war groß. Die schwedische Regierung teilte dem russischen Marineattaché mit, daß die schwedischen Kriegsschiffe nunmehr ermächtigt seien, »jegliches Unterseeboot in drohender Haltung, ob es sich in den Hoheitsgewässern befindet oder nicht«, anzugreifen.

Am 20. Juli versenkte Sch 303 (Trawkin) an der Einfahrt zum Finnischen Meerbusen die ›Aldebaran‹ mit 7800 BRT, die Teile der 7. Gebirgsdivision beförderte. Beim Wegtauchen stieß das U-Boot in 27 m Tiefe auf Grund. Bei dem heftigen Stoß wurden die Rohre beschädigt, und Sch 303 kehrte in seinen Stützpunkt zurück.

Die 7 sowjetischen Unterseeboote der ersten Welle, die in der Ostsee im Einsatz gestanden hatten, waren wieder in ihrem Stützpunkt eingelaufen, ihre Kommandanten wurden von Schdanow selbst empfangen und beglückwünscht. Sie hatten 12 von 24 Angriffen erfolgreich abgeschlossen, und die Eisenstraße in der Ostsee war nun gefährdet. Während die häufig von Flugzeugen angegriffenen sowjetischen Minenräumboote sich bemühten, den Finnischen Meerbusen zu säubern, liefen nacheinander zwei andere Wellen aus: zuerst 6 Einheiten am 10. August: L 3 (Grischenko), M 96 (Marinesco), Sch 407 (Afanasew), ›Lembit‹ (Matiasewitsch), Sch 309, (Kabo) und Sch 310 (Jaroschewitsch). Sie operierten am Eingang des Bottnischen Meerbusens und entlang der deutschen Küste gegen Truppentransporter. Ihnen folgten im September S 13 (Malantschenko) und S 9 (Mylnikow); Sch 323 (Andronow), das durch eine explodierende Mine beschädigt wurde, kehrte um, M 97 und Sch 405 wurden versenkt.

Am 4. September griff ›Lembit‹ einen Geleitzug im Gebiet der Alandinseln an. Beim Gegenangriff durch ein Patrouillenboot wurde ›Lembit‹ beschädigt, im Vorderschiff brach Feuer aus, das U-

Boot ging auf Grund. Nach neunstündiger Arbeit gelang es Matiasewitsch, den Schaden zu beheben und abzudrehen. Dasselbe Boot torpedierte und beschädigte den deutschen Frachter ›Finnland‹ (2300 BRT) am 14. September und kehrte nach Kronstadt zurück.

Ende September lief die dritte Welle aus: Sch 308 (Kostilew), S 12 (Turajew), D 2 (Lindenberg), Sch 307 (Mamot), M 102 (Gladilin), Sch 320 (Wischnewskij), Sch 303 (Trawkin) und acht andere Einheiten.

S 12 übertraf den Dauerrekord der sowjetischen U-Boote auf See während des Krieges mit 61 Tagen (die Deutschen erreichten 127 Tage). Sechs Einheiten, die Sch 304, 305, 306, 311, 302 und 320, kehrten nicht zurück.

Die sowjetischen Unterseeboote führten im Jahre 1942 40 Feindfahrten durch, davon 30 in der Ostsee. 10 Einheiten gingen verloren, 15 wurden beschädigt.

Leningrad befreit

Am 12. Januar 1943 griff die Rote Armee die vor Leningrad liegenden deutschen Linien an. Die Wehrmacht zog sich zurück, und obgleich der Feind die Nord- und Südküsten des Finnischen Meerbusens noch in der Hand hatte, nahm die schreckliche Blockade ein Ende. Nunmehr konnte die Versorgung der großen nordischen Stadt Leningrad zu allen Jahreszeiten auf dem Landweg durchgeführt werden.

Zwischen dem 28. März und dem 11. Mai legten 141 deutsche Schiffe unter der Führung von Kapitän zur See Tschirch, gedeckt durch 5 Jagdflugzeuge, vor der Einfahrt zum Finnischen Meerbusen ein doppeltes Netz aus; das war die Operation ›Walroß‹. Die sowjetische Flugwaffe griff nicht ein. Diese Mauer aus stählernen Maschen diente zur Verstärkung der von 10.000 Minen im gegenseitigen Abstand von 20 m gebildeten Sperren, zu denen noch die Hilfssperren kamen. Diese Hindernisse bereiteten den Kommandanten der drei noch vorhandenen Unterseebootdivisionen, den Kapitänen 1. Klasse Werkowskij und Kurnikow sowie Kapitän 2. Klasse Kabanow, beträchtliche Sorgen. 16 Boote wurden entmagnetisiert, über ihrem Vorderdeck wurde eine riesige Säge angebracht, um die Netzmaschen zu durchschneiden. Trotz des am 18.

April erfolgten Verlustes des Sch 323 (Iwanzow), das vor Kronstadt auf eine Mine lief, beschloß die Admiralität, in der ersten Maihälfte eine erste Welle auslaufen zu lassen: es versuchten 3 Sch (Schuska), die Blockade zu durchbrechen, Sch 303 (Trawkin), Sch 408 (Kusmin) und Sch 406 (Ossipow). Nur Sch 303 gelangte am 18. Mai bei Nargö bis an das Netz; Trawkin versuchte in kaum 500 m Entfernung von der Küste in 18 m Tiefe zwischen der Küste und der Sperre durchzuschlüpfen, aber die Ruder des U-Bootes verfingen sich in den Maschen des Sperrnetzes, und Trawkin vermochte sein Boot erst nach einer Stunde anstrengender Arbeit endlich loszubekommen. Es kehrte um und lief am 11. Juni zu seinem Stützpunkt zurück. Weder Sch 406 noch Sch 408 kam wieder.

Juni – Juli – August. Acht Versuche, die schreckliche Sperre zu durchbrechen, ergaben den Verlust von vier Einheiten, die Beschädigung der vier anderen. Die sowjetischen U-Boote blieben bis Oktober 1944 innerhalb des Finnischen Meerbusens blockiert. Die Angriffe gegen die Eisenerzgeleitzüge wurden daher der sowjetischen Marineluftwaffe übertragen.

Die militärische und politische Lage entwickelte sich günstig für die UdSSR. Man reparierte in der Kronstädter Werft die U-Boote, führte den Bau von 5 Komosoletz' und 3 Schuskas zu Ende. So waren also im Januar 1944 26 Unterseeboote einsatzbereit. Langsam wurden die Russen wieder Herren des Ostabschnitts des Finnischen Meerbusens, doch diese Herrschaft wurde erst im Sommer 1944 mit der Wiederbesetzung von Karelien wirksam.

Das im Jahre 1943 am Ausgang des Meerbusens von den Deutschen ausgelegte Netz war durch die schlechte Witterung zerstört worden, und der deutsche Admiral Kummetz, der Befehlshaber des Ostseeabschnitts, ließ ein neues auslegen.

Kummetz ließ ab Juli hinter den Netzen und Minensperren 2 oder 3 U-Boote in ständigem Einsatz. Es gelang ihnen, einige sowjetische Patrouillenboote und Minensucher sowie kleine finnische Frachter zu versenken.

Am 30. Juli wurde U 250 (Kptlt. Werner Schmidt) von dem Patrouillenboot MO 103 (Kolenko) versenkt.

Kummetz ließ die durch die sowjetischen Bomber der US-Type ›Boston‹ allzu gefährdeten Schnellboote aus dem Finnischen Meerbusen abziehen und ersetzte sie durch ältere Unterseeboote, die im Atlantik nicht mehr verwendet werden konnten. Bei der am 9. Juli

1944 abgehaltenen Besprechung, zu der Hitler Generalfeldmarschall Model, die Generäle Friessner und von Greim und Großadmiral Dönitz einlud, erklärte dieser: »Unsere Kontrolle der Ostsee ist wichtig. Sie ist wesentlich für die Einfuhr des schwedischen Erzes, das wir für unsere Rüstung dringend brauchen, und sie ist von entscheidender Wichtigkeit für die neue U-Boot-Waffe ...«

Bis zu diesem Zeitpunkt hatten die neuen aus den deutschen Werften kommenden U-Boote ihre Versuchsfahrten in der südlichen Ostsee durchgeführt, wo auch ihre Besatzungen geschult wurden, ohne von den Sowjets gestört zu werden. Und einer der Vorwürfe, die ihnen gewisse Kritiker machten, lautete, daß sie ihren eigenen Krieg geführt hätten, ohne sich um die allgemeine Lage zu kümmern.

Die sowjetischen Unterseeboote wieder in der Ostsee

Finnland brach nach seiner Kapitulation vom 2. September 1944 die diplomatischen Beziehungen zum Deutschen Reich ab und forderte es auf, seine Truppen aus finnischem Gebiet, seine Kriegsschiffe aus finnischen Häfen abzuziehen. Am 26. untersagte Schweden den deutschen Transportern die Berührung seiner Hoheitsgewässer und nahm den Handelsverkehr mit der UdSSR wieder auf.

Am 13. Oktober 1944 geriet Riga durch die Offensive Jeremenkos unter sowjetische Besetzung.

Die Sowjetmarine setzte sich in den von den Deutschen geräumten finnischen Häfen fest; sie errichtete Stützpunkte in Marienham (Alandinseln), in Hanko und Abo. Im Dezember wurde die einzige Unterseebootbrigade (Konteradmiral Werchowskij) mit Kurnikow als Stabschef in 3 Divisionen geteilt, die von Orel (1.), Goldberg (2.) und Sidorenko (3.) befehligt wurden.

Die Freude in Kronstadt war um so größer, als Mitte September finnische Lotsen eingetroffen waren. Sie kannten die minenfreien Durchlässe längs der finnischen Küste und sollten die sowjetischen Unterseeboote in die Ostsee führen.

Admiral Tributz übernahm die Operationsführung der noch vorhandenen 26 Unterseeboote: 20 wurden in den finnischen Häfen stationiert, gefolgt von 4 Versorgungsschiffen: ›Irtysch‹,

›P. Swjesda‹, ›Wolchow‹ und ›Smolny‹. Das Hauptziel des Admirals waren Versuche, die Schiffe abzufangen, die deutsche Truppen aus Riga und Liepaja nach Pommern brachten.

Bereits Anfang Oktober lief eine erste Gruppe, bestehend aus 10 Unterseebooten, Sch 309, 310, 318, ›Lembit‹ u. a., aus. Später folgten ihnen Sch 303, K 51, K 53, K 56, M 90, M 102. Jedes für sich führte Patrouillenfahrten vor Pillau und Danzig durch. Da englische Flugzeuge zahlreiche Minen vor diese Häfen gelegt hatten, mußten die Boote auf hoher See bleiben, was ihre Angriffsaussichten verringerte. Die Hälfte der Kommandanten war neu befördert worden, einige kamen, wie Drosdow und Kliuschkin, aus dem Fernen Osten. Im April war die Marineluftwaffe durch Flugzeuge verstärkt worden, die bis zum Schwarzen Meer operierten (2. Division, Oberst Manschokow).

Auf der Höhe von Kurland traf Sch 407 (Botscharow) zwischen dem 2. und 13. Oktober nur auf einige Schiffe geringer Tonnage, die allein fuhren; es versenkte die ›Nordstern‹ (870 BRT), verfehlte jedoch die ›Leda‹ (2000 BRT).

Am 13. versenkte L 3 (Konowalow) den dänischen Frachter ›Hilmalau‹ (2414 BRT) mitten in der Ostsee.

Der Dezember mit seiner strengen Kälte begann. Admiral Werchowskij schickte eine Gruppe von 5 Einheiten, Sch 307 (Kalinin), Sch 310 (Bogonad), K 51 (Drosdow), S 13 (Marinesco) und K 53 (Jaroschewitsch), in die Danziger Bucht. Diese Einheiten allein, die die Unterstützung der sowjetischen Flugwaffe genossen, versenkten 12 Schiffe mit 18.000 BRT. Das waren mäßige Erfolge, wenn man bedenkt, daß die Deutschen zur selben Zeit 946.000 Mann und ihr Kriegsmaterial, eine Gesamttonnage von 2.700.000 Tonnen, auf nahezu 1300 Schiffen, mit 400 Geleitschiffen, abtransportierten. Die mäßigen Ergebnisse waren auf die mangelnde Angriffslust der sowjetischen Admiräle und auf eine ebenso schwache wie verspätete Zusammenarbeit zwischen Flugzeugen und U-Booten zurückzuführen.

Januar 1945. Während die Wehrmacht an der Ostfront täglich an Boden verlor, verfügte die 9. Unterseebootabwehrdivision noch über 327 Schiffe, und die deutschen Frachter brachten weiter Militär- und Zivilpersonen aus Ostpreußen nach dem Westen.

Die Rote Armee nahm Memel, Elbing, Königsberg. Am 1. Januar waren von den 28 eingesetzten sowjetischen Unterseebooten nur noch 20 vorhanden. Die Überwasserschiffe dagegen blieben im sicheren Kronstädter Hafen. Die Torpedierungen wurden fortgesetzt. Am 30. Januar 1945 torpedierte S 13 (Marinesco) das große Passagierschiff ›Wilhelm Gustloff‹ (25.484 BRT); es war stockdunkle Nacht, das Schiff fuhr ohne Begleitung. Es war das größte der von den Sowjets versenkten Schiffe, mehr als 4000 Menschen fanden den Tod. Am 10. Februar wurde um 1 Uhr morgens das Lazarettschiff ›General von Steuben‹ (14.660 BRT) torpediert; es sank mit 2500 Verwundeten an Bord, nur 300 Menschen wurden gerettet. Die Russen erfuhren erst später von diesen beiden Erfolgen, und Marinesco wurde ›Held der Sowjetunion‹. Sch 309 (Filow) torpedierte über Wasser und versenkte den Frachter ›Göttingen‹ (6267 BRT), wurde jedoch gesichtet; es erhielt Wasserbombenbeschuß, tauchte weg und entkam. Bald darauf schoß K 52 (Trawkin) den Frachter ›Bohus‹ (1761 BRT) ab, Sch 303 (Ignatew) versenkte die ›Borbek‹ (6000 BRT). Trawkin hatte innerhalb von zwei Monaten sechs Angriffe durchgeführt und wurde ›Held der Sowjetunion‹. Kliuskins S 4 jedoch wurde Anfang Januar von der deutschen U-Boot-Abwehr vernichtet. Es war das letzte sowjetische Unterseeboot, das verlorenging.

Die sowjetischen Unterseeboote versenkten in den Jahren 1944 bis 1945 in der Ostsee 87.000 BRT (24 Schiffe), während ihre Flugwaffe 163.000 BRT vernichtete und 154.500 BRT den britischen Minen zum Opfer fielen. Die Sowjets führten von Juni 1941 bis Mai 1945 184 Feindfahrten durch, davon 106 in der Ostsee; 46 Schiffe, deren Namen festgestellt wurden, mit 132.383 BRT wurden versenkt.

Am 30. März fiel Danzig; die Deutschen setzten die Räumung der beiden Kessel von Litauen und Pillau in Ostpreußen fort. Diese Abtransporte unter den Angriffen der sowjetischen Luftwaffe auf einer minenverseuchten See, unter deren Oberfläche sich Unterseeboote verbargen, glichen wirklichen Tragödien. Am 15. April wurde die ›Goya‹ (5230 BRT) von 2 Torpedos des L 3 (Konowalow) versenkt. Von den 5385 Passagieren wurden nur 163 gerettet.

Großadmiral Karl Dönitz, der ehemalige U-Boot-Chef, wurde für 20 Tage Hitlers Nachfolger; er bemühte sich, möglichst viele deutsche Soldaten, Verwundete und Flüchtlinge vor der Sowjetarmee zu retten …

Die Deutschen waren sich der strategischen Bedeutung jenes Murmansker Gebiets bewußt, da sie sich durch das sofort nach Ausschaltung Polens geschlossene deutsch-sowjetische Abkommen das Recht der Benutzung des Hafens gesichert hatten. Das große Passagierschiff ›Bremen‹, das aus Nordamerika zurückkehrte, hatte dort einige Tage Rast gemacht, bevor es einen deutschen Hafen anlief.

Im August 1940 fuhr ein deutscher Hilfskreuzer mit Bestimmung Stiller Ozean von Murmansk ab ...

Die Nickelbergwerke von Petsamo, die im September 1941 fertiggestellte Eisenbahn Murmansk-Leningrad, der sowjetische Flottenstützpunkt Poljarnoj, die Lieferung von Kriegsmaterial durch die Alliierten an die UdSSR über das Nordmeer, all das veranlaßte das deutsche Oberkommando, bei Beginn des Rußland-Feldzuges sofort die Eroberung des Murmansker Gebietes einzuleiten.

Der Angriff des Gebirgskorps Dietl, der durch unwegsames Terrain unter erheblichen Nachschubschwierigkeiten geführt werden mußte, konnte von der Roten Armee, die auch von Einheiten der Marineinfanterie unterstützt wurde, etwa 100 km vor Murmansk zum Stillstand gebracht werden.

Der Stützpunkt Poljarnoj

An der Westküste des Saida Guba-Fjords, einige Kilometer nördlich von Murmansk, liegt der im Jahre 1933 von Stalin erbaute Hilfshafen Poljarnoj.

Wohl ist das Weiße Meer im Winter sechs Monate lang durch Eis blockiert, doch Murmansk und Poljarnoj bleiben dank dem warmen Golfstrom immer frei; die Sowjets hatten durch den Stalinkanal[2], der die Ostsee mit dem Weißen Meer verband – dieser Wasserweg führt durch den Ladoga- und den Onegasee –, im Frühjahr 1941, bevor die deutsch-finnischen Truppen den Kanal durch ihren Vormarsch abschnitten, 8 U-Boote aus Kronstadt nach Poljarnoj entsandt: das neu überholte D 3, 3 große Komosoletz von 1500 BRT, 2 Leninetz und 2 Stalinetz. Die meisten der 19 Holzschleusen des Stalinkanals waren durch Bombentreffer beschädigt worden, daher gestaltete sich die Durchfahrt dieser Boote langwierig und beschwerlich. Sie verstärkten nun die Nordmeerbrigade: 14 einsatzfähige Unterseeboote, 2 Komosoletz, 6 Schuka, 6 Maloutka. Die unter dem Befehl des Kapitäns 2. Klasse Nikolaj Ignatewitsch Winogradow stehenden Einheiten dieser Brigade bestanden aus 3 Divisionen, die von den Kapitänen 2. Klasse Gadjew, Kolyschin und Morosow befehligt wurden. Ende 1941 schuf man eine 4. Division (Chomjakow). Ende August 1941 wurden diese Kräfte durch zwei britische Unterseeboote, ›Tigris‹ und ›Trident‹, verstärkt, die unabhängig operierten[3]. 5 Unterseeboote schließlich, die kurz vor ihrer Fertigstellung standen, bildeten die Ausbildungsdivision (Maksimow).

Die Marinestreitkräfte im Nordmeer – 8 Zerstörer, 7 Begleitfahrzeuge, 5 Schnellboote und 17 Patrouillenboote – unterstanden einem fünfunddreißigjährigen Befehlshaber, Admiral Golowko.

Zu Beginn der Kampfhandlungen hatte der unter dem Oberbefehl des Nordmeer-Admirals Carls stehende deutsche Vizeadmiral Schmundt Golowko nur 6 Minenleger und 9 Walfischfänger oder Fischdampfer entgegenzustellen. Später wurde diese kleine Flotte durch viele starke Schnellboote und die gefürchteten U-Boot-Jäger KUJ, mit ihren 890 BRT und ihren 3 Geschützen, davon ein 8,8 cm, verstärkt.

Die sowjetische Marineluftwaffe – 116 Maschinen – brachte gleichfalls den Unterseebooten Beistand, doch von den 1426 im Jahre 1941 ausgeführten Flügen wurden 70 Prozent zur Unterstützung von Kämpfen zu Lande ausgeführt.

Das waren die Marinestreitkräfte in diesem Nordmeer, das im Winter teilweise von Eis bedeckt war, wo schneidende Winde wehten und Nebel herrschte ... Für die sowjetischen U-Boot-Männer, die in diese eisigen Meere zurückkehrten, war Poljarnoj ein wahrer Zufluchtshafen; dort fanden sie die warme kameradschaftliche Atmosphäre der Mannschaftszimmer und Lebensbedingungen, die die Unbequemlichkeit im Inneren der U-Boote vergessen ließen.

Der Stützpunkt Poljarnoj war häufig Luftangriffen ausgesetzt; Maschinengewehre knatterten, Bomben explodierten. Nach dem Alarm ging jedermann wieder an die Arbeit: Man reparierte die an den Quartieren verursachten Schäden, räumte die Trümmer weg, nahm die Ladetätigkeit an Proviant, Torpedos und Granaten für die am Kai liegenden Unterseeboote wieder auf. Die Torpedos hatte man getauft: ›Für Moskau‹, ›Für das Vaterland‹, ›Tod den Faschisten‹.

Abends hielten die politischen Kommissare marxistische Schulungskurse ab. Man besprach die Siege, verteilte Zeitungen, ›Der Rote Stern‹, ›Die Rote Flotte‹ …

Voller Sorge wartete man auf die Rückkehr der auf Feindfahrt befindlichen Unterseeboote, während andere ausliefen … ein zurückkehrendes Unterseeboot feuerte einen, zwei Kanonenschüsse ab, es hatte ein, zwei feindliche Schiffe versenkt! *Pobjeda!* (Sieg!) An solchen Abenden trank man Wodka, die Quartiere, in denen die Besatzungen wohnten, und die *Stalowoja,* die Offiziersmesse, erdröhnten von schönen russischen Liedern, die man im Chor sang, gefolgt von wilden Volkstänzen. Wenn aber ein Unterseeboot nicht zum vorhergesehenen Termin zurückkehrte, waren die harten Seemannsgesichter voller Trauer.

Erste Kämpfe

Der Nordmeerbrigade waren verschiedene Aufgaben erteilt worden: erstens der Angriff gegen die Versorgungsschiffe der feindlichen Landarmee, dann Minenlegen in den Fahrstraßen, wo die feindlichen Frachter mit Nickelerz aus Petsamo verkehrten, und schließlich das Absetzen von Agenten in den Fjorden. Die Männer waren mit tragbaren Funkgeräten ausgerüstet und berichteten von der Ankunft neuer Unterseebootjäger, wenn möglich über ihre Bewaffnung, ihre Geschwindigkeit …

Das sogar in unmittelbarer Nähe der Fjorde tiefe Nordmeer war für die Fahrten der Unterseeboote günstig, aber im Winter beschränkte die Ausdehnung des Eisfeldes nach Süden ihren Aktionsradius. Bei schlechter Sicht infolge dichten Nebels oder Schneestürmen kam es oft vor, daß feindliche Schiffe mangels Radar einander dicht gegenüberlagen. Dann versuchten sie ein Rammmanöver. Mehr als einmal wurden die sowjetischen Unterseeboote durch ihre widerstandsfähige Bauweise vor der Vernichtung bewahrt.

Die Sowjets errichteten bereits am 24. Juni 1941, zwischen dem Nordkap und der Einfahrt zum Weißen Meer eine aus 6 Einheiten

(D 3, M 176, Sch 401, Sch 403, Sch 404, Sch 421) bestehende Sperre. Die Aktionszone der Sowjets reichte westlich vom Nordkap bis zum 20. Grad östlicher Länge, daran schloß sich britisches Gebiet; ein in Poljarnoj stationierter britischer Offizier bemühte sich um die schwierige Verbindung zwischen den beiden Marinen. Die anderen, von Admiral Golowko in Abhängigkeit von den Kämpfen zu Lande in Sektoren aufgeteilten Unterseeboote griffen die hinter den Minenfeldern fahrenden deutschen Küstengeleitzüge an.

Die deutschen Verluste im Nordmeer während des Jahres 1941 betrugen 6442 BRT. Es ist unmöglich, die Einzelheiten der 292 Ausfahrten, der 200 Angriffe, die von den sowjetischen Unterseebooten im Nordmeer vom Jahre 1941 bis 1945 durchgeführt wurden, und die Umstände, unter denen sie 847 Minen legten, zu beschreiben. Sie führten die Patrouillenfahrten bei jedem Wetter, in jeder Jahreszeit durch. Im Winter fiel das Thermometer auf -30 Grad, es herrschte ununterbrochene Nacht – zu den normalen Tagesstunden wurde die Dunkelheit durch einen fahlen Dämmerschein kaum aufgehellt. Während der Sommermonate tauchte die Sonne um Mitternacht einige Sekunden lang hinter dem Horizont unter, erschien jedoch sogleich wieder und stieg am Himmel empor.

Die britischen U-Boote ›Tigris‹ und ›Trident‹ hatten bereits drei deutsche Schiffe versenkt, während die Sowjets noch keines torpediert hatten.

Endlich gelang Sch 422 (Malyschew) am 12. September 1941 ein Angriff, bei dem es den Frachter ›Ottarjarl‹ mit 1459 BRT torpedierte. Am 15. versenkte M 172 (Fisanowitsch) die ›Rainoy‹ (237 BRT). Dieses Unterseeboot befand sich auf seiner dritten Patrouillenfahrt und hatte bis dahin nur Mißerfolg gehabt. Es war am 21. August in den Hafen von Petsamo eingedrungen, doch die Torpedos, die es gegen zwei Frachtschiffe abschoß, explodierten am Kai; ihrer Laufbahn, die auf der Wasseroberfläche gesichtet wurde, hatte es Fisanowitsch zu verdanken, daß er von zwei deutschen Schnellbooten mit Wasserbomben verfolgt wurde. Am 22. griff Fisanowitsch das deutsche Lazarettschiff ›Humboldt‹ an und verfehlte es glücklicherweise!

M 172 wurde bei seiner vierten Patrouillenfahrt am 18. September von einem sowjetischen Minenleger, der es für einen Deutschen hielt, mit Geschützfeuer belegt. Fisanowitsch tauchte sofort weg. M 172 erhielt am 3. April 1942 nach seiner siebten Patrouillenfahrt, zusammen mit Sch 421, D 3 und K 22, die ›Rote Flagge‹ und wurde am darauffolgenden 25. Juli zum ›Garde-U-Boot‹ ernannt. Ende 1943 lief es auf eine Mine, das war das Ende.

Die stets sichtbare Laufbahn der sowjetischen Torpedos benachteiligte lange Zeit ihre Unterseeboote. Sie wurden sofort von den deutschen Schnellbooten verfolgt und angegriffen, und die Kommandanten waren nicht imstande, die Ergebnisse ihrer Torpedoabschüsse festzustellen. Sie konnten ihre Erfolge nur beurteilen, wenn sie an den Abhorchapparaten die dumpfen Explosionen ihrer Torpedos wahrnahmen. Daher kam es zu Irrtümern in gutem Glauben, so wie etwa Kommandant Lunin mit K 21 die ›Tirpitz‹ angriff und glaubte, sie versenkt zu haben.

Am 12. Mai 1942 nahm K 23, befehligt von einem ehemaligen politischen Kommissar, dem Kapitän 2. Klasse Potapow, mit dem Chef der Division, Magomet Imadontschirowitsch Gadschew, an Bord, den Geschützkampf gegen drei U-Boot-Jäger, UJ 1101, UJ 1109 und UJ 1100, auf. Der Chef der deutschen Flottille, Kkpt. Wunderlich, bezwang schließlich mit Unterstützung der auf seinen Hilferuf erschienenen Ju 88 das K 23 trotz des Mutes und der Hartnäckigkeit seines Kommandanten. Er zwang das sowjetische Boot zum Tauchen, beschoß es mehrmals mit Granaten, wobei seine Jäger rechenförmig anflogen, und versenkte es. Am 23. November 1942 wurde Gadschew, dessen Wahlspruch lautete: »Die Stirn bieten!«, postum der Titel »Held der Sowjetunion« verliehen. Die 1. Division, die er befehligt hatte, verlor nacheinander die Kommandanten Kotelnikow (K 22) am 8. Februar und Chomjakow (K 1) Ende August 1943; den Posten des gefallenen Chomjakow übernahm Lunin. Im Jahre 1944 wurde Avgustinowitsch Divisionschef und blieb es bis zum Kriegsende.

Die Unterseeboote im Nordmeer erhalten Verstärkung

Kusnezow mußte die schweren Verluste der sowjetischen U-Boote im Nordmeer zur Kenntnis nehmen; es war schwierig, in Poljarnoj, in Murmansk neue Boote zu bauen. In der Werft in Archangelsk jedoch wurden zwei Einheiten der Type L und drei der Type M fertiggestellt. Um dem Ausfall zu begegnen, hatte Moskau im August 1942 zwei Minenleger, die der 3. Division im Pazifik angehörten, von Wladiwostok nach Murmansk beordert. L 15 (Komarow) und L 16 (Gusarow) sollten an den Alëuten der nordamerikanischen Küste entlang, durch den Panamakanal, dann wieder nordwärts über Island zu dem sowjetischen Hafen marschieren; insgesamt 17.000 Seemeilen. Am 13. Oktober jedoch sichtete das japanische U-Boot I 25 (Kapitän Tagami), das von einer Beschießung der amerikanischen Küste heimkehrte, das L 15; Tagami hielt es für ein amerikanisches Boot, torpedierte und versenkte es[4].

Anfang 1943 liefen vier weitere Einheiten der 1. Brigade der Pazifikflotte, S 54 (Bratischko), S 56 (Schedrin), S 51 (Kutschesenko) und S 55 (Suschkin), unter der Führung von Kapitän 1.Klasse A. W. Tripolskij von Wladiwostok aus. Sie erreichten, nachdem sie fast während der ganzen Fahrt stürmisches Wetter gehabt hatten, Anfang Mai Murmansk.

6 andere U-Boote (4 Stalinetz und 2 Maloutka) wurden im Sommer 1943 vom Kaspischen Meer über Binnenkanäle nach Archangelsk verlegt. Zusammen mit 3 beschädigten und an Ort und Stelle reparierten U-Booten (Sch 403, Sch 422, L 20) und 5 neuen Maloutka standen Anfang 1943 im Nordmeer 23 Einheiten im Einsatz, die in 5 Divisionen gruppiert waren. Eine 6. Division (Fisanowitsch) wurde später aus den letzten Maloutka gebildet. Da viele von diesen Booten reparaturbedürftig und einige nicht mehr auslauffähig waren, einigte sich Moskau mit London auf Überstellung von englischen Tauchbooten an die UdSSR im Austausch gegen 4 italienische U-Boote aus Reparationsleistungen.

Ende Juli 1944 übernahmen die sowjetischen Seeleute in England die U-Boote ›Sunfish‹, ›Unbroken‹, ›Unison‹, ›Ursula‹, die in B 1, B 2, B 3 und B 4 umgetauft wurden. Nach kurzer Ausbildung liefen die 4 Boote aus einem britischen Hafen aus; unter der Führung von Kapitän 1. Klasse A. W. Tripolskij, ›Held der Sowjetunion‹, der sich an Bord des B 2 befand, nahmen sie Kurs zur Barents-See. Ein tragisches Mißverständnis führte 220 Seemeilen nördlich der Shetlandinseln zur Vernichtung von B 1. Sein Kommandant Fisanowitsch, der schon einmal an Bord des M 172 beinahe von den Wasserbomben eines sowjetischen Minenlegers versenkt worden wäre, entfernte sich vom vorgeschriebenen Kurs und wurde von einer Liberator des *Coastal Command* gesichtet. Anstatt auf die vereinbarten Erkennungssignale zu antworten, tauchte Fisanowitsch. Die Liberator glaubte, ein deutsches U-Boot vor sich zu haben, bombardierte B 1 und versenkte es. Die anderen Unterseeboote liefen ohne Zwischenfälle in Murmansk ein und nahmen im Oktober ihren Dienst auf.

Tätigkeit der sowjetischen Unterseeboote im Nordmeer

Ende 1942 hoben die Sowjets im Nordmeer wie auch in den anderen Operationsabschnitten gewisse allzu strenge, allzu beschränkende Dienstvorschriften auf. Bis dahin mußten die Unterseeboote, mit seltenen Ausnahmen, den Feind mit der Kanone angreifen. Torpedos durften nur ausnahmsweise gegen große Schiffe verwendet werden, und selbst für diesen Fall bestimmte die Dienstvorschrift die Verwendung eines einzigen Torpedos je angegriffenem Schiff. Nunmehr war den Kommandanten die Entscheidung überlassen, ob sie mit Kanone oder Torpedo angreifen sollten, und sie konnten im letztgenannten Fall mit Torpedofächern operieren, wodurch sich die Aussicht auf Treffer erhöhte. Eine andere wichtige Änderung: Anstatt statisch zu operieren, zu warten, bis der Feind in Reichweite der Torpedos des Unterseebootes kam, sollte dieses richtige Patrouillenfahrten auf der Suche nach dem Gegner durchführen. Das alles brachte erhebliche Umwälzungen in den marxistischen Methoden.

Im Jahre 1943 wurde mit gemeinsamen Operationen Flugzeug-Unterseebootwaffe begonnen, und man baute die ersten Sonare in die Unterseeboote ein. Am 5. April führte M 171 seinen ersten akustischen Angriff durch.

Am 21. August 1943 versenkte S 101 (Trofimow) nordostwärts von Nowoja Semlja das U 639 (Oblt. z. S. Walter Wichmann) mit drei auf eine Entfernung von 700 m abgeschossenen Torpedos, und das sollte das einzige von einem sowjetischen U-Boot bei 18 Gefechten zwischen Booten der gleichen Waffe versenkte Unterseeboot bleiben. Bei 120 Ausfahrten im Jahre 1943 führten die sowjetischen U-Boote 81 Angriffe durch und verloren 10 Boote. In den letzten drei Kriegsjahren versenkten sie die ›Blankenese‹ (3236 BRT), den ehemals französischen, von den Deutschen gekaperten Frachter ›Ange-Schaffino‹, der am 22. April 1942 durch M 172 (Fisanowitsch) versenkt wurde, die ›Ammerland‹ (5881 BRT) am 12. Oktober durch S 55 (Suschkin) trotz starkem Geleitschutz, den Tanker ›Eurastadt‹ (1118 BRT), versenkt durch S 56 (Schedrin), der am 27. Januar 1944 die ›Watherland‹ (5096 BRT) beschädigte.

Die Sowjets führten im Jahre 1944 die ersten Einsätze mit elektrischen Torpedos durch, und zum erstenmal erhielten ihre Unterseeboote Sehrohr-Funkantennen und Radars. Im Mai-Juni setzten die Sowjets Unterseebootgruppen, bestehend aus maximal 14 Einheiten bei einer Operation, ein, und diese Angriffe wurden sorgfältig mit der Luftwaffe kombiniert. So gelang es ihnen, die deutschen Geleitzüge, die nächst der Küste hinter den Minenfeldern marschierten, zu zerstreuen und einige Schiffe zu versenken. Durch den Irrtum eines russischen Flugzeugs wurde Sch 402 (Kautskij) im September bei seiner sechzehnten Ausfahrt versenkt. Ab Juni bombardierten die Russen die von den Deutschen besetzten norwegischen Häfen bei Massenluftangriffen mit 200 Flugzeugen.

Am 1. Januar 1944 zählte die Brigade 24 einsatzfähige U-Boote; sie hatten die höchsten sowjetischen Ehrenzeichen erhalten: im August 1943 die ›Rote Flagge‹, im November 1944 den ›Uschakow‹-Orden, 8 ihrer Boote erhielten den Titel ›Garde-U-Boot‹. Sieben Unterseeboot-Kommandanten, Gadschew, Kolyschkin, Kutschorenko, Lunin, Starikow, Fisanowitsch und Schedrin, wurden zu ›Helden der Sowjetunion‹ ernannt. Während der gesamten Kampfhandlungen versenkten die Unterseeboote des Nordmeers 58.624 BRT feindlicher Schiffe. Die Gruppe im Nordmeer verlor insgesamt 24 Boote.

Wohl hatten die sowjetischen Unterseeboote im Nordmeer nur ein Zehntel der feindlichen Tonnage versenkt – und das unter schwierigen Umständen –, doch ihr Kampfeinsatz hatte noch eine andere Wirkung.

Die Deutschen geben zu, daß die Anwesenheit dieser Unterseeboote im Nordmeer sie zwang, einen großen Teil des für ihre Nordarmee bestimmten militärischen Nachschubes sowie ein bedeutendes Quantum des Nickelerzes entweder über einen langen Landweg durch Finnland zu transportieren oder während der Sommermonate in Lulea auf Schiffe zu verladen, die durch die Ostsee fuhren ...

XIV

DIE GELEITZÜGE IM NORDMEER

»Nachdem Sowjetrußland von Hitler angegriffen wurde, gab es für die Amerikaner und uns nur eine Möglichkeit, ihm zu Hilfe zu kommen: die Entsendung von Waffen und Versorgungsgütern«, schreibt Winston Churchill.

Die direkte Route, um diese Güter zu den russischen Häfen zu bringen, führte über das Nordkap durch die arktischen Gewässer nach Murmansk und Archangelsk. Die Geleitzüge nach der Sowjetunion (PQ)[1] verloren bis März 1942 nur ein einziges Schiff, den Briten ›Waziristan‹ (5135 BRT), der am 2. Januar auf halbem Weg zwischen Spitzbergen und dem Nordkap einem Torpedo des U 134 zum Opfer fiel; das Schiff gehörte zu dem Teilgeleitzug PQ 7A. Ein Geleitzerstörer, ›Matabele‹, wurde am 17. Januar nördlich von Murmansk durch U 454 (Kpt. z. S. Burkhard Hackländer) torpediert und versenkt.

Von da an wurden die Nordmeergeleitzüge von den deutschen U-Boot-Rudeln, von den Zerstörern und vor allem von der in Nord-Norwegen stationierten Luftwaffe schwer angegriffen.

Fast immer war es ein Aufklärungsflugzeug, der von den alliierten Besatzungen ›George‹ genannte ›Aufpasser‹, der den U-Booten die nach Osten marschierenden Geleitzüge meldete.

Im Winter dehnte sich die Eisdecke nach Süden aus und zwang die Geleitzüge, die Route über die Färöer und die Bäreninsel zu nehmen, also sehr weit vom Nordkap entfernt, um dann nach Südosten zu einem russischen Hafen zu gelangen. Die heftige Kälte – manchmal fiel die Temperatur auf -30 Grad und noch tiefer – war der schlimmste Feind der Besatzungen, der mit einem Eispanzer bedeckten U-Boote wie der alliierten Frachter und Geleitzerstörer. Wehe dem Schiffbrüchigen, der ins Wasser fiel oder auch nur einige Stunden, der mörderischen Kälte ausgesetzt, in einem Rettungsboot verbrachte! Zu diesen niedrigen Temperaturen gesellten sich die lange Nordwinternacht, der Nebel, die Stürme …

Im Sommer fuhren die Geleitzüge von Reykjavik weiter nördlich durch die Dänemarkstraße, über die Insel Jan Meyen, Spitzbergen nach Nowaja Semlja, und von dort nach Südwesten zum Weißen Meer.

Lange Zeit standen die Geleitzüge im Nordmeer unter einer schweren Bedrohung. Hitler hatte das mächtige Schlachtschiff ›Tirpitz‹, die schweren Kreuzer ›Admiral Scheer‹ und ›Admiral Hipper‹ und den Schlachtkreuzer ›Scharnhorst‹ in die norwegischen Fjorde geschickt. Diese Schiffe zwangen die *Home Fleet*, sich ständig zum Auslaufen bereitzuhalten, um die Geleitzüge zu schützen, die von den Geschützen der großen Überwasserschiffe zermalmt worden wären. In Wirklichkeit bereiteten sie den Briten mehr Angst als Schaden. Hitler verlangte, daß in den norwegischen Häfen, wo er eine Landung der Alliierten befürchtete, 20 U-Boote stationiert wurden. Diese versenkten bei ihren zahlreichen Ausfahrten eine beträchtliche Anzahl alliierter Frachter.

Wie man weiß, widerstrebte es Dönitz, U-Boote ins Nordmeer zu entsenden. Für ihn stellte die alliierte Tonnage ein Ganzes dar, und seiner Ansicht nach war es leichter, im Nordatlantik Abschüsse zu erzielen als auf dem Nebenkriegsschauplatz des Nordmeers.

Die *Royal Navy* setzte einige Unterseeboote zur Begleitung der ersten Geleitzüge ein. Sie hatten die Aufgabe, die großen deutschen Überwasserschiffe, falls sie die norwegischen Fjorde verließen, zu torpedieren und eventuell U-Boote zu versenken. Dieser Plan wurde dann fallengelassen, da der Irrtumsfaktor zu groß war.

Ende März 1942 verspätete sich die Abfahrt der britischen Geleitzüge infolge von Schwierigkeiten und Verlusten – und der Ausfahrt der ›Tirpitz‹ auf See –, so daß es in Island zu einer großen Ansammlung von Versorgungsschiffen kam. Der Briefwechsel zwischen Roosevelt und Churchill vom 26. April bis 3. Mai betraf die mögliche Vermeidung einer solchen Stauung.

Stalin wartete ungeduldig auf das Kriegsmaterial für die Rote Armee und beklagte sich heftig bei Churchill. Angesichts des Drängens von ›Onkel Joe‹ – wie Churchill und Roosevelt ihn nannten –, die überfüllten Kais von Reykjavik freizumachen, beschloß die *Royal Navy,* den Geleitzug PQ 17 abzuschicken. Er bestand aus 30 Frachtern unter Geleit von 6 Zerstörern, 10 Schiffen mit Flak-Ausrüstung, 2 Unterseebooten und 11 kleinen Einheiten. Außerdem wurde der Konvoi von 4 Kreuzern, 2 Amerikanern und 2 Briten, begleitet; diese Streitkräfte standen alle unter dem Befehl von Konteradmiral Hamilton. Weiter westlich kreuzte eine stärkere Streitmacht, bestehend aus den Kreuzern ›Duke of York‹ und ›Washington‹, dem Flugzeugträger ›Victorious‹, 3 Kreuzern und einer Zerstörerflottille unter dem Oberbefehl von Admiral Tovey.

Vor Norwegen hielten sich 9 britische und 5 russische U-Boote bereit, die ›Tirpitz‹ und die deutschen Kreuzer anzugreifen.

Das sowjetische U-Boot K 21 greift die ›Tirpitz‹ an

Am 2. Juli hatten die ›Tirpitz‹, die die Admiralsflagge Schniewinds trug, die Kreuzer ›Admiral Scheer‹ und ›Admiral Hipper‹, gedeckt durch mehrere Zerstörer, ›Ihn‹, ›Lody‹, ›Galster‹, ›Riedel‹, ›Eckhol‹ und ›Steinbrink‹, sowie zwei Torpedoboote ihre Basen in Trondheim und Narvik verlassen. Ein Aufklärungsflugzeug hatte südlich der Insel Jan Mayen eine große Anzahl von Frachtern, beladen mit Kriegsmaterial, auf Kurs nach Rußland gesichtet. Für die deutsche Flotte galt es, diesen großen Geleitzug, den man ihr gemeldet hatte, abzufangen und zu vernichten. Sie langte am 4. Juli zur Mittagszeit vor dem Altafjord an, fuhr in den durch einen Kranz von Inseln – Söröy, Kvalöy, Seiland, Sternöy – gut geschützten Fjord ein, der beim 71. nördlichen Breitenkreis, einige Seefahrtstunden von der Bäreninsel entfernt, liegt, die der Geleitzug gezwungenermaßen passieren würde. Die eingelaufenen Meldungen besagten, daß ihm mehrere amerikanische Schiffe mit großer Tonnage angehörten.

Admiral Schniewind und Kapitän zur See Topp, der Kommandant der ›Tirpitz‹ – des größten, schlagkräftigsten, am besten gepanzerten Schlachtschiffs im Westen –, bereiteten sich zum Gefecht vor, denn sie wußten, daß der Geleitzug unter starkem Schutz von Kriegsschiffen, darunter einem amerikanischen Kreuzer mit 10.000 BRT, lief. Das Geschwader tankte während der ganzen Nacht.

Am Morgen des 5. berichtete ein Kommuniqué, daß die Luftwaffe einige Schiffe des Geleitzuges versenkt, daß, die U-Boote zwei große Frachter vernichtet hatten[2].

Für Schniewind war es höchste Zeit auszulaufen!

Um 11 Uhr vormittags hatte das Geschwader den Fjord verlassen und befand sich, mit 24 Knoten Fahrt, auf der Suche nach dem Geleitzug. Die Besatzungen an Bord der deutschen Schiffe waren angesichts der bevorstehenden Kämpfe nervös, die Offiziere besorgt wegen der Geschwindigkeit der Schiffe in diesen mit Felsen durchsetzten Gewässern, da sie über keine hinreichend genauen Seekarten verfügten. Die ›Lützow‹ hatte am Vortag, auf ihrer Fahrt von Narvik, zusammen mit der ›Scheer‹, einen Felsen gestreift, die Torpedoboote waren an Untiefen auf Grund gestoßen.

Am Nachmittag berichtete ein zweites Kommuniqué von weiteren Erfolgen der Luftwaffe und der U-Boote[3].

Während nun die deutsche Flotte nach Norden marschierte, sichtete ein russisches Unterseeboot um 17 Uhr Zerstörer, die auf das Vorhandensein einer bedeutenden Flotte schließen ließen. Es war K 21, befehligt von Kapitän Lunin. Er wußte durch einen am Morgen erhaltenen Funkspruch, daß das deutsche Geschwader ausgelaufen war. Er gab sofort ›Alarm‹, während die Zerstörer näher kamen.

Um 16.18 Uhr erschienen in mehr als 18.000 m Entfernung Rauch und Masten über dem Horizont, die unbestreitbar zu großen Schiffen gehörten.

Der Augenblick des Angriffs rückte rasch näher, da der Feind Kurs auf das russische U-Boot lief. Eine Arado-Maschine kreiste über den Schiffen, doch Lunin blieb ganz ruhig. Kleine Wellen kräuselten die See, und sein Sehrohr blieb unsichtbar.

Um 16.25 Uhr ließ Lunin das Sehrohr ausfahren, und siehe da, er erblickte die ›Tirpitz‹, dahinter die ›Scheer‹.

»Wir greifen die ›Tirpitz‹ an«, sagte Lunin.

Im Inneren des U-Boots herrschte völlige Stille. Die Herzen schlugen um so lauter.

16.46 Uhr. Der Feind hat nach links, auf 90, abgedreht, um den Kurs zu ändern – er läuft Nordwestkurs. Die Schiffe liegen auf

4000–5000 m Distanz in Kiellinie. Lunin dreht rasch nach rechts ab. Die Entfernung beträgt nun 9000 m, Lagewinkel 30 Grad rechts, geschätzte Geschwindigkeit 20 kn. An den Signalrahen gehen Flaggen hoch; sie kündigen Kursänderung an.

16.50 Uhr. Die ganze feindliche Kampfgruppe läuft Ostkurs, sämtliche Schiffe liegen in Kiellinie, Lunin sieht die ›Tirpitz‹ so nahe, daß sie größer ist als das Gesichtsfeld des Sehrohrs. Er erkennt die einzelnen Schiffsteile genau, die als Erkennungszeichen für die Luftwaffe gelbgestrichenen Geschützturmdächer. Das U-Boot läuft in 20 m Tiefe.

Um 16.57 Uhr steuert es sich auf 13 m Tiefe ein; ein letzter Blick durchs Seerohr. Lunin beschließt, unverzüglich die Hecktorpedos einzusetzen, da die Kursänderung den Abschuß nach vorn verhindert hat. Der Vordersteven der ›Tirpitz‹ nähert sich seinem Zielfadenkreuz.

17.02 Uhr.

»Achtung!« ruft Lunin.

»Klar!« antwortet der Heckposten.

»Feuer!«

Der *starchina* Grebelnikow drückt auf den Abschußhebel.

»Torpedos ab!« meldet das Heck.

Haben die Zerstörer die von Lunin abgeschossenen Torpedos gesichtet? Anscheinend nicht; Lunin konnte auf Tiefe gehen. Nun wartet man mit Bangen und Ungeduld auf die Explosion. Langsam verstreichen die Sekunden …

135 Sekunden vergehen, plötzlich glaubt Lunin, zwei Explosionen zu vernehmen. Der Angriff ist geglückt! Die ›Tirpitz‹ ist beschädigt, vielleicht versenkt! An Bord des K 21 herrscht Jubel. Seltsamerweise erfolgt kein Gegenangriff mit Wasserbomben, und K 21 kann in aller Ruhe abdrehen.

19.09 Uhr. Das sowjetische U-Boot ist wieder aufgetaucht, und Lunin funkt sofort glücklich die Meldung:

»Zwei Kreuzer, acht Zerstörer auf 71 Grad 5 Minuten Nord – 28 Grad 40 Minuten Ost, Kurs auf 45 Grad – Lunin.«

Der Torpedoangriff des K 21 auf die ›Tirpitz‹ war an Bord der deutschen Schiffe um so weniger bemerkt worden, da das Schlachtschiff nicht getroffen wurde. Das Tempo und Ausmaß der deutschen Flotte hatte Lunin gehindert, seine Torpedos nach vorn abzuschießen, und er mußte, um zum Angriff überzugehen, ein

Rudermanöver ausführen und seine Torpedos durch die Heckrohre abschießen[4].

Die von Lunin gefunkte Meldung wurde vom deutschen Abhördienst aufgefangen und dechiffriert. Großadmiral Dönitz wurde sofort benachrichtigt. Er meinte, daß das Überraschungsmoment verloren war, da der Feind nun die Position seiner Gruppe Nord kannte; da er andererseits den Verlust der ›Tirpitz‹ nicht riskieren wollte, erteilte er dem Geschwader am Abend des 5. Juli, Punkt 21.30 Uhr, als es sich nördlich des Varangerfjords befand, Befehl zur Umkehr.

Die ganze Besatzung der ›Tirpitz‹ murrte über diesen Befehl, der für sie unverständlich war, doch Schniewind und Topp fügten sich, und die deutsche Flotte kehrte zum Vestfjord zurück, ohne ein einziges alliiertes Schiff versenkt zu haben.

Die Russen übermittelten die Meldung nach London, wo bereits um 18.10 Uhr die Nachricht eines Flugzeugs eingetroffen und um 20.29 Uhr durch einen Funkspruch des Unterseeboots ›Unshaken‹ bestätigt worden war, die die nach Osten laufenden deutschen Schiffe gesichtet hatten.

Die Admiralität befürchtete einen Angriff der deutschen Überwasserschiffe gegen den durch die Kreuzer Admiral Hamiltons nur ungenügend geschützten Geleitzug PQ 17, denn die Briten waren der Feuerkraft der ›Tirpitz‹ weit unterlegen. Die Admiralität hatte am Abend vorher, dem 4. Juli, einen Entschluß gefaßt, der sich als katastrophal erweisen sollte.

Tatsächlich erhielt Admiral Hamilton am 4. Juli um 21 Uhr den Befehl:

»Most immediate – Cruiser force withdraws to westward at high speed«, gefolgt von einer zweiten Botschaft um 21.23 Uhr:

»Immediate – Owing to threat of surface ships convoy is to disperse and proceed to Russian ports.«

Dann folgte um 21.36 Uhr der Befehl:

»Most immediate – My 9.23 of the 4th – Convoy is to scatter[5]*.«*

»Nunmehr bildeten die schutzlosen, alleinfahrenden Schiffe für die auf der Lauer liegenden Flugzeuge und U-Boote eine leichte Beute«, schreibt Churchill. »Das traurige Schicksal jedes einzelnen Schiffs oder jeder Schiffsgruppe, von denen manche unter dem Geleitschutz von einem oder mehreren Begleitfahrzeugen weiterfuhren, war eine wahre Tragödie.«

Von 34 Schiffen wurden 23 versenkt, von 200.000 Tonnen aus Island mitgeführten diversen Materials gingen 130.000 Tonnen verloren. Für die Briten, unter deren Führung die Geleitzüge liefen, war es besonders schwerwiegend, daß bei dieser Katastrophe 14 amerikanische Schiffe untergingen.

An den Angriffen, die vom 4. bis 13. Juli – und das beweist die Verbissenheit der U-Boote – zwischen der Insel Jan Mayen und Nowaja Semlja durchgeführt wurden, nahmen auf deutscher Seite teil: U 88, U 225, U 251, U 334, U 355, U 376, U 456, U 457 und U 703.

»Die Admiralität schlug auf Grund der Katastrophe des PQ 17 vor, die Geleitzüge durch das Nordmeer wenigstens so lange zu unterbrechen, bis das Eis im Norden geschmolzen und der ununterbrochene Polartag zu Ende war. Ich hielt diesen Entschluß für überaus ernst«, schließt Churchill beharrlich, »und neigte eher zu einer Verstärkung als zu einer Verminderung unserer Einsätze, entsprechend der Devise: ›In der Niederlage hilft nur Unbeugsamkeit!‹«

Wiederaufnahme der Geleitzüge

Stalin wurde von Churchill durch eine Depesche vom verspäteten Auslaufen des nächsten Geleitzugs benachrichtigt. Am 23. Juli protestierte Stalin energisch dagegen. Für ihn ›weigerte sich die britische Regierung, weiteres Kriegsmaterial über die Nordroute zu senden‹. Er kritisierte den an die Geleitschiffe des PQ 17 erteilten Befehl zur Umkehr. Die Deutschen triumphierten; es war ihnen gelungen, die Nordroute durch ihren Flugzeug- und U-Boot-Einsatz abzuschneiden. Der nächste Geleitzug, PQ 18, lief erst im September aus. Die Admiralität hatte die Einteilung des Geleitschutzes geändert; die 39 Frachter wurden von einer Eskorte, bestehend aus 16 Zerstörern und einem Bergungsfahrzeug, einem Tanker und 3 Minenräumbooten sowie dem ersten Geleitflugzeugträger ›Avenger‹, der über 12 Jagdflugzeuge und 3 Swordfish verfügte, begleitet.

Etwa 100 deutsche Flugzeuge und 10 U-Boote versuchten den Geleitzug abzufangen. Zwischen dem 13. und 22. September kam es zu heftigen Kämpfen. 24 Flugzeuge der Luftwaffe wurden abgeschossen, am 14. wurde U 89 durch das Geleitschiff ›Onslow‹ und die Flugzeuge des ›Avenger‹ versenkt. Am 16. wurde U 457 durch das Geleitschiff ›Impulsive‹ vernichtet. U 405 behauptete, ein Schiff von etwa 7000 BRT zu Beginn des Angriffs versenkt zu haben. U 589 versenkte die ›Stalingrad‹ (3559 BRT) und den Amerikaner ›Oliver Ellsworth‹ (7191 BRT), U 457 versenkte die ›Atheltemplar‹ (8992 BRT) und U 435 drei Schiffe: ›Bellingham‹ (5345 BRT), ›Ocean Voice‹ (3174 BRT), ›Grey Ranger‹ (3313 BRT); insgesamt waren es 9 Schiffe mit 43.216 BRT.

Die Geschichte der Nordmeergeleitzüge und die der Unterseeboote, eng miteinander verbunden durch die Wachen, die erduldeten Leiden und Gefahren, ist eine Folge von tragischen Episoden, deren jede ihre Mühsal in sich birgt.

Auf Einzelheiten kann hier nicht eingegangen werden; wir wollen nur festhalten, daß sich mit dem Geleitzug PQ 18 im September 1942 die Situation änderte. Der Geleitzugträger, ein neues Instrument der Kriegsführung, veränderte die Situation im Nordmeer wie auch im Nordatlantik. Diese Schiffe bewährten sich bei schwerem Wetter, inmitten des Eises, und erwiesen sich als schlagkräftig. Zwischen dem 21. August 1941 und dem 13. Mai 1945 durchquerten 40 Geleitzüge das Nordmeer in Richtung UdSSR. 811 Schiffe liefen von Havalfjord, von Reykjavik, von Loch Ewe, von Clyde aus, 33 kehrten wegen Schlechtwetters und Packeises um. Die U-Boote versenkten 23, die Luftwaffe vernichtete 34, die Überwasserschiffe eines.

Die Geleitzüge transportierten eine gewaltige Menge von Kriegsmaterial aller Art, darunter 5000 Panzer und 7000 Flugzeuge. Es war unvermeidlich, daß es zu Unfällen kam. Die ›Shera‹ scheiterte, die ›Punjabi‹ sank nach einem Zusammenstoß. Am 2. Mai 1942 wurde das polnische U-Boot ›Jastrab‹ von HMS ›Seagull‹ und ›Saint-Albans‹ versenkt, als es im Nordmeer den Geleitzug PQ 15 begleitete; es hatte sich irrtümlicherweise von seiner Position entfernt[6]. Mehrere Geleitfahrzeuge wurden von der Luftwaffe, durch die U-Boote vernichtet. U 456 beschädigte am 30. April 1942 den Kreuzer ›Edinburgh‹, U 703 versenkte am 20. September den britischen Zerstörer ›Somali‹, am 30. Januar 1944 den Zerstörer ›Hardy‹.

Von den 36 nach England zurücklaufenden Geleitzügen (716 Schiffe) gingen 26 Schiffe, davon 17 durch U-Boot-Aktionen, verloren.

2783 Offiziere und Matrosen von Frachtern und Geleitfahrzeugen kamen ums Leben. Auf deutscher Seite war der Verlust der ›Scharnhorst‹, von 3 großen Zerstörern und 38 U-Booten zu verzeichnen.

Die *Royal Navy* hatte den Geleitschutz der Konvois mit der wohlbekannten englischen Hartnäckigkeit, verbunden mit dem den Briten angeborenen Gefühl für die Seefahrt gewährleistet. Ein englischer Admiral, der eine Gruppe Geleitfahrzeuge befehligt hatte, sagte über die Seeleute der Handelsmarine: »Den Geleitzugskrieg haben die Reservisten gewonnen.«

Die Operation ›Source‹, 22. September 1943[7]

Die Engländer, und Churchill vor allen anderen, hatten stets geglaubt, es sei möglich, unter dem Rumpf eines im Hafen liegenden großen Kriegsschiffes Minen anzubringen und es dadurch in die Luft zu sprengen. Was die Italiener in Alexandria mit ihren Froschmännern erreicht hatten, konnten die Briten auch zustande bringen!

Nun bedrohte das deutsche Schlachtschiff ›Tirpitz‹, 43.000 BRT, mit acht 38-cm-Geschützen, mit schlagkräftiger mittlerer und leichter Artillerie bestückt, so stark gepanzert, daß keine Wasserbombe die Hülle zu durchschlagen vermochte und man das Schiff für unversenkbar erklärte, seit Januar 1942 die Geleitzüge im Nordmeer und auch die großen britischen Überwasserschiffe. Die ›Tirpitz‹ war das Schwesterschiff der ›Bismarck‹, die den Schlachtkreuzer ›Hood‹ versenkt hatte; als sie in einem norwegischen Fjord vor Anker lag, mobilisierte ihre bloße Anwesenheit mehrere Kreuzer der *Home Fleet* in Scapa Flow, da keiner von ihnen an Durchschlagskraft, Bestückung und Panzerung der ›Tirpitz‹ gleichkam.

Churchill faßte den Entschluß, sie zu vernichten. Um das zu erreichen, wurden nacheinander drei Operationen gestartet:

1. Operation ›Title‹,
2. Operation ›Source‹,
3. Operation ›Tungsten‹.

Keine davon sollte einen vollen Erfolg bringen.

Die Bewegungen der ›Tirpitz‹ und der deutschen Flotte entlang der norwegischen Küste wurden dank den sehr gut organisierten, von den Engländern unterstützten norwegischen Widerstandskämpfern immer nach London gemeldet.

1. Operation ›Title‹.
Sie wurde von Froschmännern durchgeführt. Man baute ein norwegisches Motorboot, die ›Arthur‹, um, indem man insgeheim zwischen dem kleinen vorderen Schiffsraum und dem Maschinenraum eine doppelte Trennwand einfügte. Die ›Arthur‹ lief Montag, den 26. Oktober 1942, um 10 Uhr vormittags unter Befehl des norwegischen Kapitäns Leif Larsen von Lunna Voe auf den Shetlandinseln aus. Außer dem Kapitän befanden sich fünf Engländer, befehligt von Kapitänleutnant Brewster, an Bord. Zwei ›Chariots‹, eine Art zweiseitiger Torpedo, waren unten am Schiffsrumpf befestigt worden. Das Boot durchquerte ohne Schwierigkeiten die Norwegische Rinne, wurde aber durch einen Motorschaden zu einer Ruhepause in einem kleinen Hafen an der Küste gezwungen, ehe es in den Trondheimer Fjord einlaufen konnte, wo die ›Tirpitz‹ vor Anker lag. Nach Durchführung der Reparatur ließ Larsen die ›Arthur‹ in Adgeness am Eingang des Fjords von einem deutschen Kontrollschiff überprüfen und wurde durchgelassen. Es waren noch 50 Seemeilen im Inneren des Fjords zurückzulegen, um zu dem deutschen Schlachtschiff zu gelangen. Die Engländer, die sich im Bootsinneren versteckt hielten, zogen ihre Taucheranzüge über und trafen alle Vorbereitungen, um in ihre ›Chariots‹ zu steigen und ihre Sprengladung unter dem deutschen Schlachtschiff anzubringen.

Sie waren schon knapp vor dem Ziel, als plötzlich ein Wind aufkam, der die ›Arthur‹ so heftig durchschüttelte, daß die beiden ›Chariots‹ ihre Halterung zerrissen und auf den Grund des Fjords sanken. Der Besatzung des Schiffchens blieb nichts anderes übrig, als es zu versenken, an einer verlassenen Stelle an Land zu gehen und nach Schweden zu flüchten. Sie wurden von der deutschen Polizei überrascht und mußten unter schwierigen Bedingungen über die Berge fliehen. Ein Engländer wurde verwundet, von der Gestapo gefangengenommen und als Spion erschossen. Die Operation ›Title‹ war mißlungen.

2. Operation ›Source‹.
Churchill entschloß sich, aufs Ganze zu gehen. Seit längerer Zeit

baute man in Barrow-in-Furness kleine U-Boote vom Typ X. Sie hatten viele Versuchsfahrten in den schottischen Fjorden durchgeführt und waren schließlich in den Geheimhafen HHZ, das heißt Loch Cairnbawn, gebracht worden. Die U-Boote Typ X, *midget submarines* (Zwerg-Unterseeboote), besaßen alle Merkmale eines normalen Unterseebootes, jedoch keinerlei Bewaffnung: keine Torpedos, keine Rohre für deren Abschuß, weder Geschütz noch Maschinengewehr. Eigentlich waren es Minenleger besonderer Art. Das Unterseeboot trug – gleich einem Esel, an dessen Flanken zwei riesige Säcke angehängt sind, die zusammen fast dem Volumen seines Rumpfs gleichkommen – an Backbord und Steuerbord je eine Sprengladung von 2 Tonnen Amatol. Die Ladungen lagen eng an der länglichen Form des U-Boots, um dessen Geschwindigkeit nicht zu beeinträchtigen, und konnten vom Inneren des Boots ausgehakt werden. Die Explosion war durch ein Uhrwerk gesteuert. Die mit Dieselmotoren ausgerüsteten Boote hatten über Wasser eine Geschwindigkeit von 6 bis 7 Knoten; in Tauchfahrt mit Elektromotoren erreichten sie nur 4 Knoten. Sie besaßen 2 Sehrohre, eines für den Angriff, eines zur Wache. Die Boote waren 16 m lang, ihr Durchmesser betrug 1,65 m, ihre Wasserverdrängung 35 t und die Besatzung bestand, einschließlich des Kommandanten, aus 4 Mann. Das Boot war mit einer Schleusenkammer versehen, *wet and dry* (W. and D.) genannt, einer Art Tonne mit drei Öffnungen, die hermetisch verschlossen werden konnten. Zwei führten ins Innere des U-Boots, eine voraus, eine achtern; die dritte war eine Ausstiegluke, durch die ein Froschmann mit der Außenwelt Verbindung hatte, um entweder die Maschen eines Netzes zu zerschneiden oder die Schiffsschraube des U-Boots beziehungsweise die Ruder, wenn sie sich im Ankerkabel einer Mine oder einem Netz verfangen hatten, loszumachen. Die Ausbildung der Freiwilligen war langwierig, gefährlich und kostete zwei Menschenleben. Man mußte die Boote umbauen, da die ersten Prototypen den Anforderungen nicht gerecht wurden.

Für die Operation ›Source‹ gegen die ›Tirpitz‹ bereitete man die Unterseeboote X 5, X 6, X 7, X 8, X 9 und X 10 vor. Jedes der kleinen Boote sollte, einschließlich des Kommandanten, drei Mann Besatzung führen. Die winzigen Boote konnten aus eigener Kraft die Überwasserfahrt von Schottland bis zu dem norwegischen Fjord, wo die ›Tirpitz‹ lag, nicht bewerkstelligen. Man beschloß, sie von großen U-Booten schleppen zu lassen. Nachts würde man über Wasser, tagsüber getaucht fahren. Im Schleppboot wurde eine Telefonlinie eingebaut, die den beiden Unterseebooten die Verbindung während der Fahrt ermöglichte. Jedes Boot vom Typ X sollte zwei Besatzungen haben, eine von drei Mann für die Überwasserfahrt, die andere von vier Mann für den Angriff, wobei diese vorerst als Passagiere auf den großen Schleppbooten fuhren. Konteradmiral Sir Claude Barry wohnte selbst am 10. September 1943 im Hafen HHZ (Kodename für Loch Cairnbawn) dem Auslaufen der 12 Schiffe bei.

Es war gemeldet worden, daß die ›Tirpitz‹ und andere deutsche Überwasserschiffe im Kaafjord, einem Nebental des Altafjords, lagen. Die Fahrt bis zum Altafjord war bewegt, sogar tragisch. Das Schleppseil von X 9 (Kapitänleutnant E. A. Kiron) zu ›Syrtis‹ (Kapitänleutnant M. H. Jupp) zerriß, und X 9 verschwand für immer.

Das Schleppboot ›Seanymph‹ (Kptlt. J. P. H. Oakley) verlor X 8 (Kptlt. J. Smart); dieses wurde jedoch vom ›Truculent‹ (Kptlt. R. L. Alexander) wiedergefunden, war aber sehr beschädigt, und seine Sprengladungen waren versunken. Es wurde versenkt, und seine Besatzung brachte sich auf der ›Seanymph‹ in Sicherheit.

Am 20. September abends wurden X 5 (Kptlt. H. Henty-Creer), X 6 (Kptlt. D. Cameron), X 7 (Kptlt. G. Place) und X 10 (Kptlt. K. Hudspeth) mit ihren Kampfmannschaften von ›Thrasher‹, ›Truculent‹, ›Stubborn‹ und ›Sceptre‹ losgemacht. Sie liefen in den Söröy-Sund ein, nachdem sie eine Minenzone durchquert hatten, während die großen U-Boote sich zurückzogen, um auf ihre Rückkehr zu warten.

Es gelang nur X 5, X 6 und X 7 in den Fjord zu gelangen. Sie hatten die engen Fahrtrinnen, die genau überwacht wurden, eine ganze Nacht lang durchfahren, und ihre Besatzungen mußten vielfach Reparaturen am Sehrohr sowie am Motor vornehmen. Dennoch konnten sie die Sperren des Kaafjords passieren, die offen waren, um einige kleine deutsche Schiffe durchzulassen.

Am 20. September gegen 8 Uhr morgens glitten X 6 und X 7 unter den Netzen durch und befestigten ihre Minen unter dem Rumpf der ›Tirpitz‹. Sie wurden von Wachbooten überrascht, konnten nicht entkommen, wurden unter Feuer genommen, und schließlich nahmen die Deutschen die Kommandanten und Besatzungen der beiden kleinen Boote gefangen. Sie wurden an Bord der ›Tirpitz‹ gut behandelt und eingehend verhört, schwiegen jedoch, während unter ihnen das Uhrwerk in den Minen lief und alles in die Luft sprengen sollte. Dieses Schweigen ließ den Kommandanten der ›Tirpitz‹, Kapitän zur See Hans Mayer, eine bevorstehende Explosion vermuten, und er gab Befehl, sein gewaltiges Schiff, das von Netzen umgeben an Land vertäut lag, ein wenig zu verlegen. Plötzlich detonierten die Sprengladungen und fügten der ›Tirpitz‹ schwere Beschädigungen zu, die sie für lange Monate stillegen sollten.

Die Deutschen waren so geschickt, die von den kleinen britischen Booten erzielte Wirkung zu verschweigen.

Auch X 5 war durch die Netze gelangt, wurde aber entdeckt, beschossen und wenige hundert Meter vor dem Ziel versenkt. X 10 hatte beim Start einige Schäden erlitten und irrte lange Zeit an der zerklüfteten Küste der Insel Stjernö umher. Erst am 30. September, als Hudspeth sein Boot in die UdSSR zu steuern gedachte, sichtete er die ›Stubborn‹. X 10 wurde unverzüglich ins Schlepptau genommen, und die beiden Boote nahmen Kurs nach England; das Wetter war sehr schlecht. Kapitänleutnant Philip, an Bord des X 10, tat sein Möglichstes und noch mehr, um sein Schiff wieder nach England zu bringen, mußte es jedoch, da es schwer beschädigt war, wegen des rauhen Wetters versenken. Er sagte später: »An Bord war alles mit Draht und Kaugummi festgemacht.«

Die Operation ›Source‹ war beendet. Die ›Tirpitz‹ blieb mehrere Monate im Inneren des Kaafjords zur Reparatur; die Engländer waren über ihren Zustand nicht im Bilde. Dieses Festliegen ermöglichte die Operation ›Tungsten‹, einen Luftangriff großen Ausmaßes, der aber nur halben Erfolg zeitigte.

Die manövrierunfähige ›Tirpitz‹ wurde schließlich nach Tromsö gebracht, wo sie als schwimmende Festung dienen sollte. Die Engländer ließen ihr dazu keine Zeit. Sie wurde von Lancasters mit 6-t-Bomben belegt.

Das tödlich getroffene Schiff kenterte, 700 Mann kamen ums Leben. Das war am 12. November 1944.

Da Schweden im September 1944 den Deutschen die Benützung seiner Häfen untersagte, verstärkten sie die Versorgung entlang der norwegischen Küsten. Die in diesem Abschnitt patrouillierenden englischen Unterseeboote ›Venture‹ und ›Sceptre‹ versenkten viele Schiffe; der französische Minenleger ›Rubis‹ vernichtete mit den von ihm gelegten Minen 2 Schiffe mit zusammen 11.044 BRT und zwei U-Boot-Jäger. Das meiste Aufsehen erregte die Anbringung von Sprengladungen unter einem großen deutschen Schwimmdock mitten im Hafen von Bergen durch das Kleinst-Unterseeboot X 24 (H. P. Westmacott).

Leider war auf der Fahrt nach Bergen, nachdem X 24 vom ›Sceptre‹ losgemacht hatte, ein Offizier bei einem Wirbelsturm von einer Welle von Deck gespült worden und umgekommen. Am 11. September detonierte die Sprengladung und versenkte das Dock. Es gelang Westmacott, die ›Sceptre‹, die ihn hingeschleppt hatte, vor Bergen wiederzufinden, und beide kehrten am 13. nach Lerwick auf den Shetlands zurück.

Es war dies der zweite Versuch von X 24, das Schwimmdock von Bergen zu versenken. Am 12. Februar hatte sein Kommandant (M. H. Shean) sich geirrt und seine Sprengladung neben dem Dock, unter der ›Barenfels‹, einem Frachtschiff von 7569 BRT, am Kai von Bergen angebracht; die ›Barenfels‹ war wohl vernichtet worden, nicht aber das Dock. Das war nun gelungen.

XV

DIE SOWJETISCHEN UNTERSEEBOOTE IM SCHWARZEN MEER

Sewastopol

In der Werft an der Sewernaja-Bucht lagen Unterseeboote vertäut. Die Werft selbst war umgeben von Kalkhügeln, die mit Forts, mit Bunkern gespickt waren: Inkerman, der Bergrücken Sapun, der Malakowturm auf den Hängen des Fedjukin. Vizeadmiral Oktiabrskij, der die Sowjetflotte im Schwarzen Meer befehligte, konnte ihre langgestreckten Stahlkörper vor den Werkstätten, den Lagerhäusern liegen sehen. Die engsten Mitarbeiter des Admirals waren Konteradmiral Elesiejew, sein Stabschef, und Kapitän 1. Klasse Ravel Iwanowitsch Boltunow, ein U-Boot-Mann, der das Schwarze Meer ausgezeichnet kannte. Boltunow befehligte die 1. Unterseebootbrigade; zwei Divisionen lagen eben in Sewastopol, eine dritte in Poti, während sich die sieben Boote der Schulabteilung in Noworossijsk befanden. Eine zweite, aus drei Divisionen bestehende Brigade war gleichfalls in Sewastopol stationiert. Im ganzen gab es 47 Unterseeboote im Schwarzen Meer. Auf Befehl Oktiabrskijs hatte Boltunow sofort bei Meldung der ersten Kampfhandlungen einige Schuska ausgesandt, die vor der Donaumündung Minen legen sollten, um den Schiffsverkehr des Feindes stillzulegen.

Die wenigen Küstenfahrer, die sie trafen, brachten den Unterseebooten keinen Versenkungserfolg. Am 15. August jedoch torpedierte Sch 211 (Dewiatko) den italienischen Tanker ›Peles‹ (5708 BRT). Am 30. September griff dasselbe Sch 211 die ›Superga‹ (6154 BRT) an, doch gelang es dem Kapitän des Frachters, sein Schiff auf Grund zu setzen. Am nächsten Tag wurde es von Sch 211 durch zwei Torpedos erledigt.

Diese Abschüsse lähmten den gesamten feindlichen Küstenverkehr. Während dieser toten Periode legten die Bulgaren und Rumänen auf Weisung der Deutschen längs der Küste mehrere Minensperren an, und M 33 fiel einer solchen Mine zum Opfer. Sch 211 wurde im November auf die gleiche Weise vernichtet.

Am 5. November schoß M 34 (Golowanow), während Sch 214 einen italienischen Tanker, die ›Torcello‹ (3336 t) torpedierte, gegen die ›Tampico‹ (5000 t) – gleichfalls ein Italiener – vor Warna einen Torpedo ab, der jedoch vorzeitig detonierte. Golowanow war um so ärgerlicher über diesen Fehlschuß, als er einen Offizier der *Royal Navy,* Kapitän Fawkes, bei sich an Bord hatte. Die ›Tampico‹ gehörte zu einem kleinen, von zwei Küstenwachschiffen und einem rumänischen Zerstörer begleiteten Konvoi. Die See war spiegelglatt, es gab keine Spur von Nebel, und der Zerstörer hatte die Laufbahn des Torpedos von seinem Ausstoß an zu verfolgen vermocht ... Sofort kam er mit äußerster Kraft heran, gelangte über das sowjetische Unterseeboot und warf Wasserbomben, die rund um M 34 detonierten und es schwer beschädigten. Das Sehrohr war geborsten, wodurch Wasser eindrang, alle Lampen durchgebrannt; der unerschütterliche Engländer scherzte mit Golowanow in der völligen Dunkelheit, während dieser sein Unterseeboot auf Grund setzte. Man ging daran, mehr schlecht als recht zu reparieren, während der feindliche Zerstörer immer wieder oberhalb des sowjetischen Boots kreuzte und Wasserbomben warf, die es erzittern ließen. Endlich funktionierte das Licht wieder; als die Reparaturen beendet waren, entfernte sich M 34 langsam, lautlos.

Vor Konstanza und an der Donaumündung staffelten, verflochten sich, bekannt für die einen, unbekannt, erahnt von den anderen, die Minensperren. Auf sowjetischer Seite wurden die Verminungen von Unterseebooten ausgeführt. Südlich von Odessa hatten L 4 (Poljakow) und L 5 (Schdanow) gleichfalls Minen gelegt.

Die Minen führten zu Verlusten bei beiden Gegnern: der rumänische Frachter ›Regele Carol I‹, das sowjetische Unterseeboot S 34, der Zerstörer ›Bystry‹; dieser war auf eine der mörderischen Minen gelaufen und verbrannte vor Sewastopol auf See. Drei Tage lang mußten die Räumgeräte die Hafeneinfahrt frei machen.

Während der ersten sechs Kriegsmonate führten die sowjetischen Unterseeboote im Schwarzen Meer 101 Feindfahrten durch und versenkten 15.696 BRT (Frachter, Tanker). Im Schwarzen Meer war die Lage Ende 1941 wohl zufriedenstellend, doch der Krieg zu Lande nahm leider eine tragische Wendung. Leningrad und Moskau wurden zwar nicht genommen, Odessa aber wurde am 15. Oktober geräumt; am 18. erreichte die deutsche Vorhut das Asowsche Meer sowie Feodosija am Schwarzen Meer. Am 8. November wurde Jalta genommen, am 16. Kertsch. Der mit der Verteidigung der Krim betraute Vizeadmiral Lewtschenko wurde rangmäßig zurückgesetzt und befehligte nun den Stützpunkt Kronstadt. Von Mansteins Armeen wurden vor Sewastopol zum Stehen gebracht; mit dem russischen Winter blieb die Front bis Mai 1942 stabil.

Belagerung Sewastopols

Am 7. Juni 1942 begann die Schlacht um Sewastopol. Von Manstein hatte schwere Artillerie, das 60-cm-Geschütz Dora und den 80-cm-Mörser Thor, kommen lassen. Die Luftwaffe bombardierte die Schiffe im Hafen, legte Minen in die Durchfahrten. Die Überwasserschiffe vermochten sie nicht mehr zu passieren. Das Fehlen der Flak bei den Russen und die Luftüberlegenheit der Deutschen ermöglichten es der Luftwaffe, einen Kreuzer und zwei Zerstörer zu versenken. Die anderen Schiffe hatten sich nun in die Kaukasushäfen geflüchtet[1]. 30 sowjetische Unterseeboote wurden eingesetzt, um die Verwundeten aus dem großen Schwarzmeerhafen abzutransportieren und mit Verpflegung, Minen, Munition und Betriebsstoff wiederzukommen: L 4, L 5, L 23, S 31, S 32, M 32, M 33, M 35, M 60, M 111, M 112 ... führten 78 solche Fahrten aus und beförderten 4000 Tonnen.

Die durch schwere Artillerie zerstörten Forts von Sewastopol fielen nach verbissenen Kämpfen: Am 19. Juni gelangten die ersten deutschen Soldaten an die Sewernaja-Bucht.

Am 2. Juli führte die Rote Armee die Räumung Sewastopols, ein zweites Dünkirchen, zu Ende. 7000 russische Soldaten konnten sich auf die Krim retten; viele wurden gefangengenommen. Sch 209 transportierte den Kriegssowjet und den Armeestab ab. Die sowjetischen Unterseeboote liefen unter einem Bombenregen der Stukas aus Sewastopol aus, tauchten und entkamen nach Tuapse, Poti, Batum. Der zum Konteradmiral beförderte Boltunow machte sich sofort daran, sie reparieren zu lassen. Mit den 20 Unterseebooten, die von den anfänglichen 34 im August noch einsatzfähig waren, bildete er eine einzige, aus vier Divisionen bestehende Brigade und macht Solowjew zu seinem Stabschef.

Boltunow sandte bereits Ende Juli einige Boote in die Bucht von Odessa und vor Sewastopol, wo von Agenten, die an der Küste gelandet waren und mit den Partisanen zusammenarbeiteten, starker feindlicher Schiffsverkehr gemeldet wurde. An Land verschlechterte sich die Lage weiter. Am 6. November fiel Noworossijsk; am 11. Oktober wurde Tuapse belagert, und 6 Unterseeboote sowie 3 Werkstattschiffe, die dort lagen, hatten gerade noch Zeit abzulegen und nach Süden mit Kurs Poti und Batum auszulaufen. Die Deutschen hatten angesichts des dürftigen Schiffsmaterials der Bulgaren und Rumänen Schleppkähne auf der Donau kommen lassen. Die mit Truppen und Material beladenen Schiffe fuhren so nahe an der Krimküste entlang, daß die sowjetischen Unterseeboote sie nicht angreifen konnten.

Am 1. September wurde der Frachter ›Salzburg‹ (1745 BRT) trotz seines Geleitschutzes durch M 118 (Sawin) torpediert; leider transportierte er 2300 russische Gefangene, von denen nur 200 gerettet wurden. Am 10. wurde der rumänische Frachter ›Carpati‹ (4336 BRT) durch Sch 216 (Karbowskij) versenkt.

Mehrere Unterseeboote der 2. Division, M 32 (Kaltypin), M 35 (Greschilow), das dann durch Sch 207 (Panow) abgelöst wurde, operierten vor Sulina, an einer der Donaumündungen, und trugen einige Erfolge davon: M 35 versenkte am 19. Oktober den panamesischen Tanker ›Progrès‹ (511 t), aber die Sowjets verloren M 33, das auf eine Mine lief.

Der Kampfabschnitt der 1. Division lag am Eingang zum Bosporus; L 4 und L 5 legten längs der rumänischen Küste, vor Odessa und Sewastopol 176 Minen.

Die Operationszeiten wurden wegen der Entfernung der Ausgangsstützpunkte (600 Seemeilen von Poti bis zur rumänischen Küste) und der größeren Fahrtdauer verringert. Dennoch führte die Brigade im letzten Viertel des Jahres 1942 42 Ausfahrten mit 38 Angriffen durch. Sie errang nur spärliche Erfolge, wenn man bedenkt, daß seit Beginn der Kampfhandlungen feindliche Schiffe im Gewicht von 640.000 Tonnen das Schwarze Meer befahren hatten, deren Verluste nur 12.026 Tonnen, d. h. 2 Prozent dieser Tonnage betrugen. 3 sowjetische Unterseeboote wurden versenkt, 6 beschädigt.

Im Januar 1943 verblieben in Poti unter dem Befehl von Kapitän 1. Klasse Krestowskij 29 sowjetische Unterseeboote, in drei Divisionen aufgeteilt: die 1. (Typen D, L und S), die 2. (Schuska), die 3. (Typen A und M) und zwei neue Malutka: M 112 und M 117.

Admiral Oktiabrskij wollte sie gegen die Deutschen einsetzen, deren Verbindungslinien gestört waren, wie er wußte; infolge der siegreichen Offensive der Roten Armee nach Stalingrad begann von Kleist, seine Truppen vom Terek in Richtung Rostow und Kuban zurückzunehmen; ein Umschwung der Lage bahnte sich an. Oktiabrskij beschloß im Juni 1943, die Taktik des einzigen Torpedos zugunsten des Fächers und die des statischen Unterseeboots zugunsten des patrouillierenden aufzugeben. Bereits am 20. April war vom S 33 (Alexejew) ein erster Erfolg erzielt worden. Es hatte mit zwei im Abstand von fünf Sekunden abgeschossenen Torpedos die ›Suceawa‹, einen rumänischen Frachter, mit 6875 BRT wahrscheinlich der größte Transporter im Schwarzen Meer, getroffen. Das Schiff führte Benzin als Fracht und flog in die Luft, wobei der deutsche Geleitzugschef gleichfalls den Tod fand. Alexejew erhielt den Titel ›Held der Sowjetunion‹, und sein Schiff wurde zum ›Garde-Unterseeboot‹ ernannt.

Am Morgen des 8. Juli erschien M 111 (Kptlt. Jaroslaw Konstantinowitsch Josselianij) vor Feodosija, dem deutschen Versorgungshafen für Kertsch und das Kubangebiet. Die Fahrt wurde durch einen Zwischenfall unterbrochen: M 111 machte Jagd auf einen großen Transporter, als der Elektromotor ausfiel. ›Die Schraube muß blockiert sein‹, dachte Josselianij, ›wir können nicht weiterfahren.‹ Er befahl den beiden Bordmechanikern, ihre schlauchlosen Tauchgeräte anzulegen, in die Schleusenkammer zu steigen und außerhalb des Bootes festzustellen, was vorgefallen war. Die Mechaniker kehrten nach mehreren Stunden Arbeit zurück. Die Rundfunkantenne, deren Konsole bei einem Wasserbombenbeschuß zerbrochen war, hatte sich um die Schraube gewickelt und blockierte sie. Nun war die Schraube klar, M 111 nahm seine Fahrt wieder auf. Bei einem nächtlichen Überwasserangriff schoß das Boot am 17. Juli auf den deutschen Tanker ›Adelheid‹ (506 BRT) einen Torpedo ab, der jedoch unter dem Kiel des kleinen Schiffs durchlief. Diesem Fehlschuß verdankte es das Unterseeboot, daß es bis zum Morgengrauen von Schnellbooten verfolgt wurde. M 111 tauchte am frühen Morgen wieder auf, fand die See frei und lief nach Poti zurück.

Am 6. August gelang es dem am Ausgang des Bosporus auf Beobachtung liegenden Sch 216 (Karboskij), den deutschen Tanker ›Firuz‹ (7324 BRT) zu beschädigen; D 4 (Israelowitsch) torpedierte und versenkte den bulgarischen Frachter ›Varna‹ (2141 BRT) vor der Halbinsel Krim. Der sowjetische Marineattaché in Istanbul hatte die Ausfahrt des französischen Frachters ›Thisbe‹, der von den Deutschen in Marseille beschlagnahmt worden war, aus dem Bosporus gemeldet. Am 30. August sichtete Michael Wassiljewitsch Greschilow, der nunmehrige Kommandant von Sch 215, um 18 Uhr die von rumänischen Zerstörern begleitete ›Thisbe‹ im Süden. Der Frachter und ein Zerstörer, ›Maria‹, passierten 500 m vor dem Sehrohr von Sch 215; um 18.35 Uhr schoß Greschilow zwei Torpedos ab. Die ›Thisbe‹ wurde von beiden getroffen. Ein dritter Torpedo verfehlte den rumänischen Zerstörer ›Marasesti‹. Die Laufbahn dieses letzten Torpedos führte die Geleitfahrzeuge der ›Thisbe‹ zu dem in 40 m Tiefe liegenden Sch 215. Es kam zu einem heftigen Wasserbombenangriff, Greschilow ging auf Grund und wartete die Nacht ab, tauchte dann auf und setzte seine Fahrt fort. Greschilow ist derjenige sowjetische Kommandant, der vielleicht an den meisten Angriffen teilgenommen hat und am häufigsten ausgezeichnet wurde. Später verliehen ihm die Amerikaner das *US Navy Cross*.

Sch 203 wurde vom 16. September an fünf Tage lang von deutschen Schnellbooten verfolgt und schließlich versenkt, während M 112 (Chaklanow) die ›Tyra‹ torpedierte und versenkte.

Zumindest vier Unterseeboote patrouillierten ständig vor der Krim, bereit, die Frachter in Küstennähe zu torpedieren, die von der sowjetischen Luftwaffe bombardiert und deren Position von ihr durchgegeben wurde.

Am 12. November sichtete M 111 (Josselianij) einen der 32 Frachter, die den Deutschen noch für die Versorgung ihrer Truppen auf der Krim zur Verfügung standen: die ›Theoderich‹ mit 5600 BRT. Fünf Begleitfahrzeuge bildeten einen Schutzring um das Schiff. Das sowjetische Unterseeboot konnte diesen Ring durchbrechen, schoß seine Torpedos auf die ›Theoderich‹ ab und versenkte sie. Dem sofortigen Gegenangriff entkam M 111 geschickt.

Am 22. November torpedierte und versenkte D 4 (Trofimow) die ›Santa Fé‹ mit 100 wertvollen Minen, sowie 14 Schuten. Einige Tage später wurde D 4 von den U-Jägern UJ 102 und UJ 103 versenkt, ein schwerer Verlust für die Sowjets. Da aber die Russen keine Möglichkeit zum Bau neuer Unterseeboote im Schwarzen Meer hatten – die Werften von Nikolajew waren in die Hände des Feindes gefallen –, gab es dort im November nur noch 23 Unterseeboote, davon 13 einsatzbereite. Darauf wurden vier kleine Unterseeboote vom Eismeer durch Binnenkanäle nach Süden verlegt.

Im Jahre 1943 unternahmen die sowjetischen Unterseeboote 139 Feindfahrten mit 88 Angriffen. Bilanz: 16 feindliche Schiffe mit 30.885 BRT versenkt; dagegen fünf Unterseeboote verloren.

Die Deutschen führten einen Schiffsverkehr von 1.350.000 Tonnen mit 2030 Schiffen im Schwarzen Meer durch. Innerhalb eines Jahres verdoppelten sie die durch dieses Meer laufende Tonnage.

Die Befreiung der Krim

Die Landenge von Perekop und die Straße von Kertsch waren für die Besatzungstruppen der Krim die einzig möglichen Durchgänge. Die Landenge wurde von der Armee Tolbuchin am 30. Oktober 1943 und die Straße gleichzeitig von der 18. und der 56. Sowjetarmee angegriffen, die auf heftigen Widerstand stießen.

An den Ufern der Straße von Kertsch dauerten die Kämpfe an, während beide Gegner Verstärkungen auf See heranführten. Die Luftwaffe besaß nun nicht mehr die Herrschaft, und Kapitänleutnant Kloßmann, der Kommandeur der 43 Truppen- und Versorgungstransportschiffe, war gezwungen, für ihre Fahrt die Nacht abzuwarten. Am 19. November wurde der Chef der deutschen Marinestreitkräfte, Vizeadmiral Kiesritzy, beim Besuch des Hafens Kamysch-Burun, von dem die Schiffe ausliefen, durch einen MG-Feuerstoß aus einem sowjetischen Flugzeug getötet, das den Wagen des Admirals an seiner Standarte erkannt hatte.

Die sowjetischen Unterseeboote hatten gegen die sehr nahe am Ufer fahrenden Schuten nur wenig Erfolg erzielt. Als die Deutschen – zwischen dem 10. April und dem 9. Mai 1944 – die Krim räumten, gelang es den sowjetischen Unterseebooten dennoch, die Schuten anzugreifen und einige zu versenken.

Die Deutschen hatten im Jahre 1943 vor Sewastopol und an der Donaumündung ihre Minenfelder verstärkt; die von Konstanza bis Sewastopol errichtete ›Südmauer‹ störte die Patrouillenfahrten der sowjetischen Unterseeboote beträchtlich.

Am 17. Januar 1944 wurde das sowjetische U-Boot L 23, mit dem neuen Brigadechef Krestowskij an Bord, nordwestlich von Sewastopol von dem U-Boot-Jäger UJ 106 versenkt.

Der deutsche Admiral Brinkmann, ehemaliger Kommandant der ›Prinz Eugen‹ im Jahre 1941, der auf der Krim stationiert war, zog sich nach Mangalia, einem kleinen Hafen südlich von Konstanza in Rumänien, zurück.

Am 11. April 1944 brach die Armee Tolbuchin in die Halbinsel ein und umschloß Sewastopol. Die Belagerung dauerte einen Monat; für 125.000 deutsche und rumänische Soldaten gab es nur den Fluchtweg übers Meer oder durch die Luft. 116.000 Mann konnten abtransportiert werden. Die sowjetischen Unterseeboote und Flugzeuge konnten während dieser Operation etwa 200 kleine Boote versenken.

Am 9. Mai drangen General Sacharow und seine Truppen in die zerstörten Forts ein und besetzten den Hafen. Admiral Boltunow bildete sofort wieder zwei Unterseebootbrigaden, die 1. (Tschursin) und die 2. (Solowjew). Die Boote bekamen Befehl, die Geleitzüge, mit denen die deutschen Truppen aus Rumänien zum Bosporus befördert wurden, anzugreifen.

Bei den 52 Feindfahrten im Jahre 1944 versenkten die sowjetischen Unterseeboote 4914 BRT feindlicher Schiffe und verloren selbst drei Boote[2].

Sie behaupteten, 147.000 BRT (67 Schiffe) feindlicher Seestreitkräfte versenkt zu haben, doch nur 65.000 BRT mit 30 Schiffen wurden identifiziert. Dieser Unterschied ist darauf zurückzuführen, daß sich die Ergebnisse nicht mit Sicherheit feststellen lassen, da die sowjetischen Unterseeboote tatsächlich Torpedos abschossen, deren Blasenbahn immer sichtbar war. Sie wurden sofort angegriffen und waren gezwungen wegzutauchen.

Nach Ende der Kampfhandlungen wurden den Brigaden, den Unterseebooten, den Kommandanten und Besatzungen Belohnungen und Orden verliehen. So erhielt die 1. Brigade den Orden ›Rote Flagge‹, die 2. den ›Uschalow-Orden‹. Mehrere Boote wurden zu ›Garde-Unterseebooten‹ ernannt, andere erhielten die ›Rote Flagge‹.

Wenn diese Unterseeboote im Schwarzen Meer auch keine namhaften Erfolge erzielten, weil es dort keine großen feindlichen Schiffe gab, so waren sie für die Sowjetunion, deren Rückzug sie unterstützten, um dann an ihrer Wiedereroberung des Vaterlands teilzunehmen, dennoch eine wertvolle Hilfe.

Die 30. U-Boot-Flottille im Schwarzen Meer

Anfangs besaßen die Deutschen im Schwarzen Meer kein einziges Schiff. Die bulgarische und die rumänische Flotte waren militärisch unbedeutend und vermochten, trotz Übernahme ihrer Führung durch die deutsche Kriegsmarine – Admiral Schuster war Admiral für die Gruppe Südost in Sofia[3], die Admiräle Tillesen und Fleische in Bukarest –, gegen die sowjetische Flotte im Schwarzen Meer nur wenig auszurichten. Allein die Rumänen besaßen ein Unterseeboot, ›Delfinul‹[4] (Kommandant Katachescu).

Wenn die Deutschen den sowjetischen Schiffsverkehr stören, den Panzern und Truppen der Wehrmacht bei ihrer Eroberung der Krim, des Kubangebiets und des Kaukasus helfen wollten, mußten sie, wenn schon nicht Überwasserschiffe, unbedingt U-Boote entsenden – was sich in den Dardanellen ohne das Risiko einer Kriegserklärung durch die Türkei nicht bewerkstelligen ließ.

Das deutsche Oberkommando beschloß, kleine U-Boote vom Typ II B, mit 250 BRT, ins Schwarze Meer zu schicken, die ›Lochkriecher‹, die sich bei den Britischen Inseln in den Jahren 1940 bis 1941 hervorragend bewährt hatten.

Am 18. April 1942 wurden U 9, U 19 und U 24 von Gotenhafen nach Kiel gebracht. Dort nahm man die Batterien heraus, montierte die Diesel, die Elektromotoren und sogar den Turm ab; so wurde ihr Gewicht auf 200 Tonnen verringert. Die ›Lochkriecher‹ fuhren durch den Nord-Ostsee-Kanal, dann über die Elbe bis Dresden und wurden auf der Autobahn nach Ingolstadt gebracht. Dort wurden sie auf Pontons verstaut und auf der Donau nach Linz verfrachtet. Wieder zusammengebaut und bewaffnet, fuhren die drei kleinen Boote mit eigener Kraft auf dem Strom zum Schwarzen Meer und trafen in ihrem Stützpunkt Konstanza ein. Die ganze Fahrt dauerte sechs Monate.

Die drei ›Lochkriecher‹, U 9 (Kptlt. Schmidt-Weichert), U 19 (Kptlt. Gaude), U 24 (Kptlt. Petersen), wurden zwischen dem 26. Oktober und dem 29. November im Schwarzen Meer in Dienst gestellt. Diese Flottille wurde im Mai und Juni 1943 durch drei Boote derselben Type, U 18 (Kptlt. Fleige), U 20 (Kptlt. Schöler), U 23 (Kptlt. Wahlen), verstärkt. Sie bildeten die 30. Flottille unter dem Kommando von Kapitänleutnant Rosenbaum, der mit U 73 am 11. August 1942 den britischen Flugzeugträger ›Eagle‹ im Mittelmeer versenkt hatte.

Am 15. Januar 1942 traf Großadmiral Raeder mit dem italienischen Admiral Riccardi in Garmisch-Partenkirchen zusammen und erwirkte von ihm eine Verstärkung: vorerst 4 Unterseeboote der Klasse CB, dann später, am 6. März, noch 2 Boote derselben Type[5].

Die Operationen der Achsen-U-Boote in den Jahren 1942–1943

Vizeadmiral Heye, Kommandant der deutschen Marinestreitkräfte, gab sofort nach ihrer Indienststellung eine Weisung an die Kommandanten von U 24 und U 19 durch: »Vor allem Kampf gegen die russische Flotte, ansonsten Angriff gegen den Nachschub, wenn es die Lage zu Land erfordert. Jede Gelegenheit zum Torpedieren nutzen ... Im Operationsgebiet Annäherung auf weniger als 10 sm an die türkische Küste untersagt! Da die Lage der Sperren vor den Häfen und entlang der Küste unbekannt ist, in diese nicht eindringen, aber die Schiffe angreifen, die sie durchfahren.«

Nun bewegten sich die sowjetischen Transporter ebenso wie die deutschen Schuten nächst der Küste, auf der einen Seite durch die Landbatterien, auf der anderen durch die Überwasserschiffe geschützt. Südlich von Tuapse, wo sie die Route noch beherrschten, fuhren sie tagsüber; nördlich von diesem Hafen fuhren sie, wegen der Gefahr aus der Luft, nur nachts.

Erste Ausfahrt. Vor Poti schoß U 24 am 5. November 1942 einen Torpedo auf einen kleinen sowjetischen Tanker ab. Petersen hörte eine Detonation, sollte jedoch nie erfahren, ob er das feindliche Schiff versenkt hatte.

Während der ersten zwei Monate des Jahres 1943 blieben U 24 und U 19 achtundvierzig Tage auf See. Eines der Boote bewachte die Umgebung von Poti, das andere die von Tuapse. Meist waren sie durch die sowjetischen Aufklärungsflugzeuge gezwungen, getaucht zu fahren. Sie schossen neun Torpedos gegen acht Schiffe (darunter vier Kriegsschiffe) ab, jedoch ohne Erfolg. Sie bekamen die sowjetische Überwasserflotte nicht zu Gesicht, obgleich diese viermal auslief, um die Küsten der Krim und Rumäniens unter Feuer zu nehmen. Bei einem dieser Angriffe lief der Kreuzer ›Woroschilow‹ auf zwei Minen, wurde beschädigt, konnte jedoch zu seinem Stützpunkt zurückkehren.

Das rumänische Boot ›Delfinul‹, das im Dock lag, konnte an den Operationen nicht teilnehmen; es hatte aber am 6. November 1941 südlich von der Krim den sowjetischen Dampfer ›Uralles‹ (1975 BRT) versenkt.

Im Januar 1943 verlegte der deutsche Admiral sein Hauptquartier von Konstanza nach Simferopol auf der Krim und näherte sich so den Operationsgebieten.

Dann wurden die U-Boote nördlich von Poti und Batum stationiert, ein Boot 30 sm südlich von Tuapse, ein anderes 35 sm südlich von Gelendschik; da die Deutschen einen Landungsversuch in den Abschnitten von Noworossijsk oder Feodosija erwarteten, sollten die U-Boote den sowjetischen Schiffsverkehr stören und die Landung verhindern. Die Deutschen gingen mit ihren Vermutungen nicht fehl; die Sowjets wollten den Hafen Noworossijsk wieder nehmen. Es fanden zwei Angriffe der Landstreitkräfte gemeinsam mit Kriegsschiffen statt: der eine, der am 11. Januar 1943 gestartet wurde, mißlang, weil die Russen über zu wenig Munition verfügten; der zweite begann am 1. Februar. Die Rote Armee konnte Noworossijsk trotz eines in der Nacht vom 4. zum 5. Februar unternommenen Landungsversuchs von 70 Schiffen im Geleitschutz von 2 Zerstörern und 3 Kanonenbooten nicht nehmen, da die Verbindung zwischen den sowjetischen Landstreitkräften General Petrows und den Schiffen Oktiabrskijs nicht klappte. Dennoch konnten die Russen südwestlich von Noworossijsk einen kleinen Brückenkopf halten, einen Stützpunkt für neue Angriffe. Admiral Oktiabrskij wurde seines Kommandos enthoben und zur Amur-Flottille in den Fernen Osten versetzt; an seine Stelle trat Admiral Wladimirskij. Oktiabrskij sollte am 10. April 1944 wieder den Befehl über die Schwarze-Meer-Flotte erhalten; Wladimirskij konnte sich mit der Armee nicht verständigen: Er wurde mit vermindertem Rang in die Ostsee versetzt, wo er einen Marineverband befehligte, aber kein tatsächliches Kommando mehr ausübte.

Die sowjetischen Einheiten hielten sich beim Landungsversuch in Noworossijsk alle außerhalb der U-Boot-Abschnitte und waren außerstande einzugreifen.

Am 14. Februar 1943 torpedierte und versenkte U 19 die ›Krasny Profintern‹, einen sowjetischen Frachter mit 4648 BRT, südöstlich von Tuapse; am 23. März torpedierte und beschädigte dasselbe U-Boot einen auf 2000 BRT geschätzten Frachter auf hoher See vor der Gagra-Bucht. Im selben Abschnitt torpedierte und versenkte U 24 am 31. März den Tanker ›Sowjetskaja Neft‹ (8228 BRT). Am 28. Juni versenkte U 18 die ›Leningrad‹ (1783 BRT) südlich von Tuapse und beschädigte die ›Stalin‹ (7000 BRT); am 15. hatte Petersen mit seinem U 24 eine bewaffnete Schaluppe versenkt.

Weitere Torpedos wurden von den U-Booten gegen andere Schiffe abgeschossen wie etwa gegen die ›Kreml‹ (7660 BRT), die am 5. Mai von U 9 angegriffen wurde. Fast in allen Fällen hatten die mit 4,8-cm-Kanonen ausgerüsteten Kanonenboote, die Wasserbomben warfen, die Kommandanten der ›Lochkriecher‹ daran gehindert, den Erfolg ihrer Angriffe zu prüfen.

Der Zerstörer ›Schelesnjakow‹ entging zwei Angriffen von U 19, und die deutschen U-Boote versenkten kein einziges sowjetisches Kriegsschiff.

Das erste Halbjahr 1943 war enttäuschend für die U-Boote verlaufen. Sie hatten 19 Angriffe geführt und nur zwei Frachter sowie einen Tanker der Sowjets versenkt, und das für eine Gesamtzahl von 276 Tagen auf See, davon zwei Drittel bei Operationen.

Im Juni ermöglichte das Eintreffen der drei neuen ›Lochkriecher‹, U 18, U 20, U 23, den Deutschen, ihre Patrouillenfahrten vor der Ostküste des Schwarzen Meeres zu intensivieren, und die Sowjets bekamen ihre Gefährlichkeit zu spüren.

Im Juli versenkte U 19 die ›Woroschilow‹ (3908 BRT), U 24 schoß einen Torpedo auf die ›Emba‹ (7886 BRT) ab und beschädigte sie; mit einem zweiten Torpedo gab es ihr den Gnadenstoß.

Zu Lande kam es, wie an den anderen Fronten, zu einer Umkehrung der Lage.

Nach sechstägigem Ringen gelang es einer durch Kanonenboote und Zerstörer unterstützten sowjetischen Luft-Erd-Offensive, Noworossijsk am 10. September 1943 zurückzuerobern. Am 22. fiel Anapa. Am 9. Oktober war die ganze Halbinsel Taman von deutschen Truppen gesäubert. U 18 sichtete bei Aufklärungsfahrten südlich und nördlich von Tuapse mehrere Züge mit Truppen und Panzern, die nach Norden fuhren. Die See ringsum war frei …

30 Feindfahrten mit 765 Tagen auf See im Jahre 1943, 88.587 zu-

rückgelegte Seemeilen, 79 bei 42 Angriffen abgeschossene Torpedos hatten die Vernichtung von nur 6 Frachtern oder Tankern, einem bewaffneten Fischdampfer, 3 Schuten, 3 kleinen Patrouillenbooten, zusammen 24.850 BRT, und die Beschädigung von 6 Schiffen (etwa 24.000 BRT) zum Ergebnis.

Während der Befreiungskämpfe auf der Krim setzte die 30. deutsche U-Boot-Flottille ihre Patrouillen zwischen Batum und Noworossijsk ohne nennenswerten Erfolg fort. Im Januar 1944 torpedierte U 23 (Kptlt. Rolf Binger-Wahlen) zwei kleine sowjetische Schiffe nördlich von Poti, ohne sie identifizieren zu können. Am 17. Februar torpedierte U 18 (Kptlt. Karl Fleige) einen Frachter mit 1500 BRT vor Batum und versenkte ihn möglicherweise. Am 11. Mai schrieb sich U 9 (Kptlt. Klaus Petersen) den Minenleger ›Zascitnik‹ gut, am 29. versenkte U 23 einen Tanker mit 1800 BRT 10 sm südlich von Suchumi.

In den letzten Maitagen erhielten U 18 und U 23 akustische Torpedos vom Typ T 5, eine wirksame Waffe gegen die sowjetischen Kriegsschiffe mit geringem Tiefgang.

Mit diesen Torpedos versenkte U 18 (Kptlt. Rudolf Arendt) ein sowjetisches Kanonenboot 14 sm südwestlich von Tuapse; am Tag darauf versenkte U 23 ein anderes nordwestlich von Poti. Am 19. vernichtete U 29 (Kptlt. Karl Grafen) die ›Pestel‹ (1850 BRT) nordöstlich von Trapezunt.

Die kleine Gruppe der deutschen U-Boot-Männer im Schwarzen Meer hatte einen Toten zu beklagen: Am 9. Mai fiel ihr Chef, Kapitänleutnant Rosenbaum, auf der Brücke seines U-Boots bei einem Luftangriff gegen den Hafen Konstanza der Kugel eines Maschinengewehrs zum Opfer.

Klaus Petersen trat an seine Stelle, und Landt-Hagen übernahm das Kommando von U 24. Kurz darauf lief Landt-Hagen nach Poti und Batum aus, erzielte jedoch keinen Erfolg, da die sowjetischen Schiffe in kleinen Geleitzügen an der stark gesicherten Küste entlangfuhren.

Ende der 30. U-Boot-Flottille im Schwarzen Meer

Die Ereignisse überstürzten sich. Während Großadmiral Dönitz am 20. August verkündete, daß die alten ›Lochkriecher‹ durch moderne Boote – die U-Boote vom Typ XXIII – ersetzt würden, überschritten die Sowjetarmeen den Dnjestr. An demselben 20. August bombardierten etwa 200 Flugzeuge der Sowjetmarine Konstanza, zerstörten die Anlagen und mehrere Schiffe: U 9 wurde versenkt, U 18 schwer beschädigt, U 19 und U 24 leicht getroffen. Das war das Ende!

24. August. Rumänien erklärt Deutschland den Krieg, und Hitler läßt als Vergeltung den Königspalast mit Bomben belegen.

17.00 Uhr. Die Sowjets nehmen Ismail an der Donau, 90 Kilometer von Konstanza, wo die Rumänen die Deutschen angreifen. Admiral Brinkmann erteilt Petersen Befehl zur Versenkung von U 18 und U 24; dieser Befehl wird sofort ausgeführt. Brinkmann erteilt an die drei anderen auf Patrouille befindlichen Boote per Funk die Order, dem Feind größtmöglichen Schaden zuzufügen, dann die türkische Küste anzulaufen und sich selbst zu versenken.

U 19 konnte auslaufen, es patrouilliert vor Konstanza. U 20 kreuzt östlich von Sulina, U 23 westlich von Sewastopol.

Admiral Brinkmann verläßt Konstanza im PKW. Er trifft am nächsten Tag um 13.20 Uhr in Varna ein.

30. August. U 23 erscheint, von Sewastopol kommend, vor Konstanza, das von den Sowjets besetzt ist; mehrere ihrer Schiffe liegen im Hafen.

1. September. 02.30 Uhr. U 23 dringt in den Hafen ein und schießt drei Torpedos auf die am Kai liegenden Schiffe ab; einer beschädigt den Tanker ›Oitus‹ (2686 BRT), der zweite trifft auf die ›Regele Ferdinand‹ (etwa 6000 BRT), der dritte detoniert am Kai.

2. September. 05.22 Uhr. Das letzte sowjetische Kriegsschiff, das den U-Booten zum Opfer fällt, der Minenleger ›Wsryw‹ (441 BRT), wird von U 19 (Kptlt. Willy Ohlenburg) vor Konstanza torpediert und versenkt.

9. September. Die letzten drei U-Boote der 30. Flottille fahren im Bospurus ein. Sie werden von ihren Besatzungen versenkt, diese werden interniert. So endet die Odyssee der deutschen ›Lochkriecher‹ im Schwarzen Meer.

Die 30. Flottille versenkte in vier Kriegsjahren 28.000 BRT, darunter 2 sowjetische Patrouillenboote, und beschädigte 31.000 BRT.

XVI

U-BOOTE STELLEN EINE VERBINDUNG ZWISCHEN EUROPA UND DEM FERNEN OSTEN HER

Sofort nach Eröffnung der Feindseligkeiten zwischen Japan und den USA zog Hitler die Herstellung einer Verbindung mit seinem neuen Verbündeten in Erwägung. Nun war aber auf dem Landweg keine Verbindung möglich, da Deutschland von Japan durch das riesige Staatsgebiet der UdSSR getrennt war.

Zu Beginn des Krieges waren alle deutschen Handelsschiffe heimgekehrt oder sie rosteten auf dem Meeresgrund. Für die Fortsetzung des Krieges wurden Gummi, Zinn, Tungsten, Wolfram und Chinin gebraucht, und die Engländer errichteten mit ihren Überwasserschiffen und ihren Flugzeugen eine Gegenblockade, die den Deutschen den Zugang zu diesen Produkten, an denen der Ferne Osten so reich war, verwehrte.

Die Deutschen hatten im Austausch dafür Präzisionswerkzeuge für die japanischen U-Boote anzubieten.

Die U-Boote allein konnten ohne allzu große Risiken Afrika umfahren und die 15.000 Seemeilen zurücklegen, die die französischen Atlantikhäfen von den japanischen Stützpunkten trennten. Diese Route hatte Admiral Rostscheswenskij vor seiner Niederlage vom 27. Mai 1904 vor Tsushima genommen. Die U-Boote mußten den Golf von Biskaya durchqueren, den unangenehmen Äquator überstehen, das Kap der Guten Hoffnung umfahren und schließlich den Indischen Ozean hinter sich bringen – eine lange, gefährliche Reise, reich an Havariengefahr, vor allem durch die häufigen Stürme südlich des Kaps der Guten Hoffnung, von Begegnungen und Kämpfen mit dem Feind ganz abgesehen.

Vorher mußten Probleme der Versorgung mit Treib- und Schmieröl im Atlantik und im Indischen Ozean gelöst werden.

Im Dezember 1942 meldete Vizeadmiral Paul H. Wenneker, der deutsche Marineattaché in Tokio, der diese Operationen mit dem japanischen Admiral Miwa zu koordinieren hatte, nach Berlin, daß die Japaner die Häfen Penang oder Sabang als Stützpunkte für die im Indischen Ozean operierenden U-Boote vorschlugen.

Dönitz wollte den Monsunregen abwarten und dann die großen U-Boote vom Typ IX D 2 für diese Aufgabe einsetzen.

Die Versorgung auf See würde durch die neuen Tanker vom Typ XIV und durch zwei noch im Indischen Ozean schwimmende Überwasserschiffe, die ›Brake‹ und die ›Charlotte Schliemann‹, besorgt werden.

Im Jahre 1942 hatten U-Boote im Kanal von Mozambique operiert und dort alliierte Frachter versenkt. Nach Dönitz' Ansicht sollte gleichzeitig mit der Verbindung Deutschland-Japan eine Offensive der deutschen und japanischen U-Boote an diesem verwundbaren Punkt einsetzen, da die Alliierten den Golf von Biskaya und sogar den Atlantik für die U-Boote immer unzugänglicher machten. Vor Errichtung eines Stützpunktes in Penang war es notwendig, Ersatzteile, Treib- und Schmieröl und sogar Lebensmittel dorthin zu schicken, da die Deutschen als kräftige Esser sich mit der leichten japanischen Nahrung nicht abfinden konnten.

Die italienischen U-Boote

Bei der Konferenz vom 8. Februar 1943 in Berlin wurde die Frage der für die Fortsetzung des Krieges notwendigen Rohstoffe eingehend erörtert; »Man muß Tauchboote entsenden«, sagte Dönitz. »Nun sind ja die italienischen Boote größer als die unseren. Die feindliche Handelsschiffstonnage, die sie im Atlantik versenken, ist geringer als der Erfolg unserer U-Boote. Warum sollten wir sie nicht ersuchen, ihre Boote als Frachter auszustatten? Sie könnten nach Japan fahren, Material für die Japaner befördern und mit Produkten, die wir so dringend brauchen, zurückkommen.«

Nachdem Hitler sich mit dem Vorschlag einverstanden erklärt hatte, übermittelte der deutsche Admiral am 12. März dieses Ersuchen an den Kommandanten des italienischen Stützpunkts in Bordeaux, BETASOM.

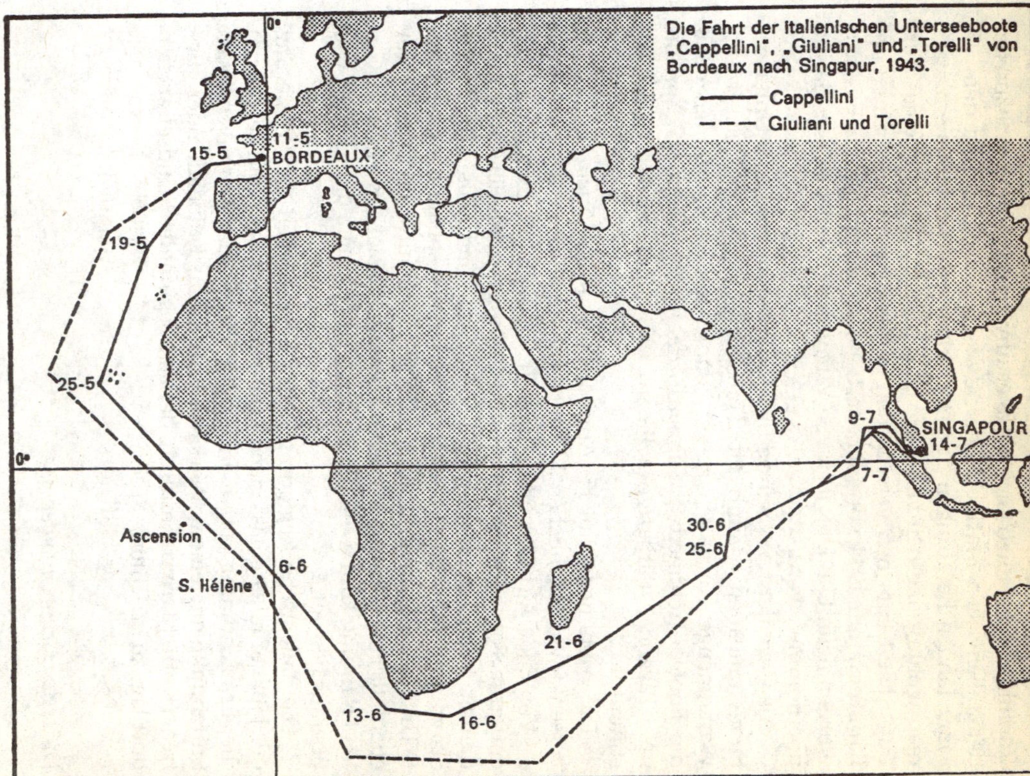
Die Fahrt der italienischen Unterseeboote „Cappellini", „Giuliani" und „Torelli" von Bordeaux nach Singapur, 1943.
Cappellini
Giuliani und Torelli
0°
0°
11-5
BORDEAUX
15-5
19-5
25-5
Ascension
S. Hélène
6-6
13-6
16-6
21-6
25-6
30-6
7-7
9-7
SINGAPOUR
14-7

Kapitän zur See Enzo Grossi gab es unverzüglich an den Stabschef der italienischen Marine weiter. Zwischen dem 15. und dem 17. März fanden Beratungen der Deutschen mit den Italienern statt; man wollte keine Zeit verlieren. Es kam zum Abschluß eines Vertrags: Die Deutschen versprachen den Italienern, ihnen einige im Bauprogramm 1944 vorgesehene U-Boote abzutreten. Inzwischen würden neun U-Boote der Type VIIc von der italienischen Marine übernommen werden[1].

Als Gegenleistung würde BETASOM unverzüglich 9 Unterseeboote umbauen, damit der Transport einer möglichst großen Warenmenge vonstatten gehen konnte, und zwar wurden dazu die Boote ›Archimede‹, ›Leonardo da Vinci‹, ›Cagni‹, ›Cappellini‹, ›Tazzoli‹, ›Barbarigo‹, ›Finzi‹, ›Bagnolini‹ und ›Torelli‹ bestimmt.

Da ›Archimede‹ am 15. April 1943 und ›Da Vinci‹ am 23. Mai versenkt wurden, blieben 7 Unterseeboote übrig.

Von Ende April bis Ende Juli wurden die Boote umgebaut: man entfernte Torpedos, Munition und Kampfsehrohre. Die Kommandanten betrachteten dies mit Besorgnis und gaben auch die Schwierigkeiten beim Tauchen zu bedenken, sobald das überlastete Unterseeboot angegriffen wurde. Die Erhaltung des Trimms war ebenfalls ein schwer lösbares Problem; im Gebiet des Kaps der Guten Hoffnung kam es häufig zu heftigen Stürmen, und die See war überaus bewegt.

Die italienische Regierung nahm einen wegen der Weigerung der Japaner fallengelassenen Gedanken wieder auf und suchte um die Ermächtigung an, in Singapur einen kleinen italienischen Stützpunkt mit einem Werkstattschiff, dem Kolonialtender ›Eritrea‹ (Kptlt. Marino Iannucci), der seit Beginn der Feindseligkeiten dort lag, zu errichten.

Die ersten Gruppen laufen aus

Am 11., 16. und 23. Mai liefen nacheinander die ›Cappellini‹ (Kkpt. Walter Anconi), die ›Tazzoli‹ (Kkpt. Giuseppe Gaito) und die ›Giuliani‹ (Kkpt. Mario Tei) von Bordeaux aus.

Sie waren mit Material und Waren vollgepfropft: Aluminiumbarren, Quecksilber, Edelstahlbarren, Ersatzteile für Maschinen, optische Instrumente; außerdem mußte jedes Boot einige deutsche und italienische Techniker und Offiziere als Passagiere mitnehmen.

Die Unterseeboote sollten unterhalb ihrer Sicherheitsgrenze fahren; man mußte Risiken eingehen, wenn man ein Höchstmaß an Waren und Brennstoff transportieren wollte. Man hatte überall Ölbehälter verstaut und sogar in die Torpedorohre Kanister gezwängt. Für die Verteidigung gab es zwei 13,2-Maschinengewehre!

Die ›Cappellini‹ lief als erste aus, sie war so vollbeladen, daß bei Überwasserfahrt nur das Vorderteil des Unterseeboots und das Oberteil des Turms aus dem Wasser ragten.

Kurz nach dem Auslaufen stellte Kommandant Anconi fest, daß der Brennstoffverbrauch, wahrscheinlich wegen der Überlastung des Bootes, größer war als vorgesehen, und änderte den Kurs. Er nahm, auf die Gefahr hin, von den feindlichen Flugzeugen oder Zerstörern gesichtet zu werden, die kürzere Route entlang der afrikanischen Küste, wie die britischen Geleitzüge.

Die ›Cappellini‹ wurde im Golf von Biskaya und auf der Höhe von Lissabon von feindlichen Flugzeugen angegriffen, konnte jedoch tauchen und entkommen. Die Deutschen hatten sie mit einem ›Metox‹ ausgerüstet, das ihr aber anscheinend nicht von Nutzen war.

Am 6. Juni kam die ›Cappellini‹ ostwärts von Sankt Helena vorbei, am 12. umfuhr sie das Kap der Guten Hoffnung in 40 Seemeilen Entfernung, während sie sich 300 Seemeilen weiter südlich hätte halten sollen ... Wahrscheinlich verhinderte es das stürmische Wetter, daß sie keine unangenehmen Begegnungen hatte.

Kommandant Anconi schreibt in seinem Bericht: »Die See war außerordentlich stürmisch und trieb uns zum Indischen Ozean. Das ganze Achterdeck, einschließlich des Steuerbord-Auspuffrohrs, wurde von den Wellen fortgerissen. Die Männer, gesichert durch ständig von der See überspülte Taue, arbeiteten fieberhaft daran, die Platten der Außenhülle zu befestigen, da die Gefahr bestand, daß sie die durch die Wellen verursachten Risse vergrößerten und sie auf den Druckkörper übertrugen. Dann wurde der Sturm noch heftiger, und der Wellengang war kaum noch zu ertragen. Unaufhörlich brachen sich die Wassermassen am Rand des Turmaufbaus und überfluteten das Turmluk, die einzige Luftansaugmöglichkeit für die Motoren, überschwemmten die Zentrale oder die Lenzpumpe, die auch als Trimmpumpe diente. Wir konnten uns des immer neu einströmenden Wassers nicht mehr erwehren. Der mühselige Kampf dauerte länger als eine Woche. Die Havarien wurden repariert, so gut es ging, wir fuhren abwechselnd getaucht und über Wasser. In 80 Meter Tiefe rollten wir nach beiden Seiten um 10 Grad. Die Tauch- und Auftauchmanöver waren sehr schwierig und gefährlich, da die Batterien wegen der starken Schlagseite Säure verloren ... Und das alles in 6000 Seemeilen Entfernung vom Ausgangshafen und vom Ankunftsziel, wobei wir wußten, daß wir nur auf unsere eigene Kraft und Gottes Hilfe zählen konnten ...[2]«

Am 20. Juni traf die ›Cappellini‹ im Indischen Ozean wieder auf schönes Wetter. Am 9. Juli erreichte sie endlich Sabang, wo sie von der ›Eritrea‹ Brennstoff aufnehmen konnte. Am 10. Juli lagen die beiden Schiffe im Hafen von Singapur.

Die ›Cappellini‹ hatte 59 Tage gebraucht, um diese gewaltige Reise durchzuführen. Sie stand stets in Funkverbindung, zuerst mit BETASOM, dann mit der »Eritrea«. Nachdem sie das für die Japaner bestimmte Material unverzüglich ausgeladen hatte, ging die ›Cappellini‹ ins Dock. Die Reparaturen wurden eilig durchgeführt, dann belud man das Unterseeboot mit 150 Tonnen Rohgummi, 100 Tonnen Zinnbarren, 50 Tonnen Tungsten in Säcken, Opium und Chinin.

Ende August verließ die ›Cappellini‹, vollgeladen bis zu den Lukendeckeln, immer noch begleitet von der ›Eritrea‹, Singapur mit Kurs nach Sabang. Dort traf sie am 6. September ein. Nichts von den wertvollen, für die Deutschen bestimmten Waren sollte nach Europa gelangen; da der am 3. September von den Italienern unterzeichnete Waffenstillstand ihre Kampfhandlungen beendete, bemächtigten sich die Japaner am 8. November der ›Cappellini‹, nahmen ihre ehemaligen Verbündeten gefangen und übergaben sie später den Deutschen.

Die ›Giuliani‹ und die ›Tazzoli‹

›Giuliani‹ und ›Tazzoli‹ hatten am 16. Mai Bordeaux mit einer gewichtigen Ladung für die Japaner verlassen. Am 17. kehrte die

›Tazzoli‹ infolge eines auf See nicht reparablen Schadens an der Ruderanlage wieder in den Hafen zurück. Nach der Reparatur konnte sie am 23. wieder auslaufen. Am 3. Juni wurde sie 120 Seemeilen nordwestlich von Madeira bei stark bedecktem Himmel von einem feindlichen viermotorigen Flugzeug – es besaß Radar – angegriffen. Die ›Tazzoli‹ verteidigte sich mit Maschinengewehrfeuer, tauchte und entkam.

Am 17. Juni wartete die ›Giuliani‹ 300 Seemeilen ostwärts von Sankt Helena, wo BETASOM einen Treffpunkt für die beiden Unterseeboote vereinbart hatte, vergeblich auf die ›Tazzoli‹.

Am 28. Juli traf die ›Giuliani‹ in Sabang ein, wo sie die ›Eritrea‹ antraf. Am 1. August war man in Singapur. Die ›Giuliani‹ wurde unter den gleichen Umständen wie die ›Cappellini‹ von den Japanern in Besitz genommen. Die ›Tazzoli‹ schwieg noch immer – man hoffte, es handle sich um einen Ausfall der Funkanlage – und wurde offiziell als zwischen 17. Mai und 23. August ›unter unbekannten Umständen‹ verloren erklärt.

Die ›Torelli‹

Die ›Torelli‹ hatte außer Edelstahlbarren Lafetten für 2,0-cm-MGs und eine Fliegerbombe von 500 Kilogramm, ein neues Modell, geladen. Auf der Höhe von Sankt Helena zwang sie der Angriff einer leichten britischen Einheit, die Route zu verlängern. Ergebnis: Brennstoffknappheit im Indischen Ozean. Nach einem ersten verfehlten Zusammentreffen mit einem deutschen U-Boot, das ihr Treiböl bringen sollte, gelang es BETASOM, ein zweites zu organisieren; die ›Torelli‹ konnte nachtanken, ihren Marsch fortsetzen und am 26. August Sabang erreichen. Auch dieses dritte Unterseeboot fiel am 8. September 1943 in japanische Hände.

Die ›Cagni‹

Die ›Ammiraglio Cagni‹, ein großes Unterseeboot mit 1703 Tonnen (2164 Tonnen getaucht), war für ein Boot dieser Gattung stark bestückt: zwei 10,0/4,7 Kanonen, vier 13,27-MGs und 14 Torpedorohre 45,0 cm. Geschwindigkeit: 17 kn. Am 1. April 1942 in Dienst gestellt, zeichnete es sich durch Torpedierungen englischer Schiffe aus; es hatte bereits eine erste Fahrt in den Südatlantik durchgeführt. Im Kapgebiet hatte es den englischen Frachter ›Dacomba‹ (3845 BRT) und ein griechisches Handelsschiff versenkt, war jedoch wegen Treibölmangels nicht über das Kap der Guten Hoffnung hinausgefahren. Die Einsatzfahrt hatte 136 Tage gedauert; das Boot kehrte am 20. Februar 1943 nach Bordeaux zurück, an eben jenem Tag, an dem Dönitz Hitler ersuchte, die italienischen Boote als Transporter zu verwenden.

Am 15. Juni 1943 lief die ›Cagni‹ unter Befehl von Korvettenkapitän Giuseppe Rosselli Lorenzini von Le Verdon aus. Sie hatte Auftrag, bei ihrem Marsch nach Japan, der ohne Ladung durchgeführt wurde, alliierte Schiffe zu versenken. Sie sollte bei der Insel Mauritius von dem Deutschen ›Brake‹ Nachschub erhalten, dann Singapur anlaufen und eine Ladung Zinn und Gummi für den Rückmarsch aufnehmen.

Rosselli Lorenzini befand sich am 25. Juli 48 Seemeilen westsüdwest von Freetown, als er ein großes britisches Passagierschiff mit einem Geleitzug von 6 Zerstörern sichtete. Es war der Hilfskreuzer ›Asturias‹ (22.048 BRT). Lorenzini griff ihn mit Torpedos an und konnte einen ans Ziel bringen. ›Asturias‹ wurde schwer beschädigt, konnte jedoch im Schlepptau nach Freetown gebracht werden.

Nach Überschreitung des Äquators am 22. August erreichte die ›Cagni‹ am 28. den Indischen Ozean. Südlich der Insel Mauritius erhielt Lorenzini, der zu dem mit der ›Brake‹ verabredeten Treffpunkt unterwegs war, einen Funkspruch von BETASOM, der ihn von dem Waffenstillstand in Kenntnis setzte und ihn aufforderte, nach Singapur zu laufen. Dieser Hafen war noch 2800 Seemeilen entfernt, und der italienische Kapitän entschloß sich eigenmächtig, in den britischen Hafen Durban zu fahren. Dort langte er am 20. September ein. Die ›Cagni‹ nahm den Rückweg durch den Suezkanal und kam am 27. Januar 1944 nach Tarent.

Die anderen Unterseeboote, die für den Fernen Osten bestimmt und umgebaut worden waren, hatten kaum mehr Glück.

Die ›Barbarigo‹ war am 15. Juni mit der ›Cagni‹ und der ›Tarelli‹ ausgelaufen. Nachdem sie sich am 24. Juni von den beiden Unterseebooten getrennt hatte, schwiegen ihre Funkanlagen. Man hörte nie wieder von ihr.

Dann blieben noch die ›Bagnoli‹ und die ›Finzi‹ übrig. Ihr Umbau wurde Ende Juli 1943 durchgeführt, und sie wurden Anfang Juli nach Le Verdon geschickt. Tag für Tag gab es Schwierigkeiten zwischen Deutschen und Italienern. Die Deutschen hatten kein Vertrauen mehr und hinderten die beiden Unterseeboote am Auslaufen. Beim Waffenstillstand konnten sie sie beschlagnahmen.

So erreichten von den fünf von Bordeaux ausgelaufenen Booten nur drei – die ›Cappellini‹, die ›Giuliani‹, die ›Torelli‹ – Singapur. Keines kam wieder.

Den Japanern war die Lieferung von 355 Tonnen Kriegsmaterial zugute gekommen, 55 Prozent des auf den fünf Unterseebooten verladenen Materials. Die Deutschen gelangten nie in Besitz der 377 Tonnen Gummi, der 184 Tonnen Zinn und der anderen Rohstoffe, die für sie bestimmt waren.

Die Fahrt der italienischen Unterseeboote in den Fernen Osten war ihr letzter Kriegseinsatz. Sie zeigten Erfahrung, Mut und Zähigkeit, erreichten jedoch nicht das Ziel, das ihnen Hitler und Admiral Dönitz bei der Konferenz vom 20. Februar 1943 gesetzt hatten: die Lieferung von Gummi und Mangelmetallen an das in die Enge getriebene Deutsche Reich.

Die Japaner erhalten zwei U-Boote

Im April und Mai gab es in Berlin wiederholt Besprechungen zwischen den Japanern und Deutschen beziehungsweise ihren Vertretern, Botschafter Oshima, Admiral Naokuni Nomura und Außenminister von Ribbentrop sowie den Admirälen Dönitz, Godt und Meisel.

Die Deutschen verfolgten zwei Ziele: Sie wollten erreichen, daß ihre von den neuen U-Boot-Kreuzern IX D 2 durchgeführte Offensive durch die japanischen Unterseeboote unterstützt wurde, und strebten die Lieferung fehlender Rohstoffe an.

Die Japaner, die sich der Überlegenheit der deutschen Ausrüstung bewußt waren, forderten dafür Lieferung von Metox, Sehrohrokularen, Maschinengewehren und vor allem eines bestimmten Daimler-Benz-Motors von 3000 PS mit Innenverbrennung. Hitler bot ihnen zwei U-Boote an, jedoch ohne Besatzung. Es war

Sache der Japaner, die U-Boot-Leute nach Europa zu bringen, die sie bemannen sollten. Die Verhandlungen wurden zwischen zwei Diners, zwei Empfängen fortgesetzt; die Japaner wurden nach Berchtesgaden eingeladen, wo Ribbentrop Nomura eingehend über die Möglichkeiten des Serienbaus von U-Booten in Japan befragte. Den Japanern wäre es lieber gewesen, wenn die Deutschen die Unterseeboote selbst hergestellt und ihnen dann geliefert hätten. Die Bombenangriffe in Deutschland wurden zu heftig, um eine solche Lösung annehmbar zu machen. Endlich beschloß man, daß ein einziges Unterseeboot, U 511, befehligt von Kapitänleutnant Schneewind, einem ausgezeichneten, siebenundzwanzigjährigen Offizier, mit einer deutschen Besatzung auslaufen und den Japanern geliefert werden solle; U 1224[3] würde dagegen eine japanische Besatzung erhalten, die mit einem ihrer eigenen Boote, mit doppelter Besatzung, aus dem Fernen Osten herüberkommen würde.

Admiral Naokuni Nomura und der Arzt Sudschita sollten an Bord von U 511 nach Japan zurückkehren. Bei einem Empfang in Berchtesgaden wunderte sich Hitler, daß ein achtundfünfzigjähriger Admiral den Atlantik und den Indischen Ozean an Bord eines so kleinen Bootes überqueren wollte. Admiral Nomura verabschiedete sich in Berlin von Dönitz und General Keitel und nahm am 8. Mai 1943 den Zug nach Lorient. Dort traf er am nächsten Morgen ein, in einer von alliierten Bomben zerstörten Stadt. U 511[4] lag in einem Betonbunker, vollgeladen mit Kriegsmaterial. Sogar der 3000-PS-Motor, den Nomura verlangt hatte, war darunter! Nach einer letzten Feier, bei der die Nationalhymnen gespielt wurden, lief U 511 aus.

Sofort nach Verlassen des Hafens ließ Kapitänleutnant Schneewind tauchen. U 511 tauchte nur selten auf, um seine Batterien nachzuladen und die Luft im Boot zu erneuern, während es sich von den französischen Küsten entfernte. Es lief sogar nachts unter Wasser, und die Japaner fanden die Zeit lang.

»Ich kann nicht leugnen, daß ich, ehe wir mitten im Atlantik waren, wo die feindlichen Angriffe viel weniger häufig vorkamen, mehr tot als lebendig war«, schreibt Admiral Nomura, der sich damit Mut zusprach, daß er sich das noch viel weniger beneidenswerte Schicksal eines gewissen Takamori Saigo vor Augen hielt, der in seiner Verbannung auf der Insel Oshima gezwungen wurde, so lange am selben Platz in seinem Gefängnis sitzen zu bleiben, bis in seinem *tatami* ein Loch war!

Schneewind begegnete mehreren alliierten Geleitzügen; er wich ihnen aus, ohne zum Angriff überzugehen. Über Funk trafen schlechte Nachrichten ein: Admiral Yamamoto unter geheimnisvollen Umständen einem Flugzeugunglück zum Opfer gefallen[5]; Landung der Alliierten auf Sizilien und Beginn der Invasion in Italien.

Am 23. Mai wurde U 511 von einem Versorgungs-U-Boot aufgetankt. Am 25. überschritt es den Äquator; das bot Gelegenheit zu einer Feier, der ›Äquatortaufe‹. Dann wohnte der japanische Admiral einer für ihn überraschenden Zeremonie bei, die in Japan unvorstellbar war. Der U-Boot-Kommandant verheiratete einen seiner Matrosen per Funk mit einer jungen Frau, die sich gleichzeitig in einer kleinen Kirche in Deutschland befand.

Das Kap der Guten Hoffnung wurde am 10. Juni bei starkem Seegang und Gegenwind weit im Süden, 500 Seemeilen von der Küste in dem stürmischen Gebiet, das als *Roaring Forties* bekannt ist, umfahren. »Im Indischen Ozean rollte unser Boot so heftig, daß ich oft aus meiner Koje zu Boden fiel. Ich hatte dieses Meer häufig durchfahren, jedoch an Bord von Schiffen mit mehr als 20.000 BRT, und nie war mir die Schiffsgeschwindigkeit zu gering erschienen. Diesmal fuhr ich auf einem Tauchboot mit 750 Tonnen, dessen Tempo durch den Seegang stark beeinträchtigt wurde. Ich konnte nicht umhin, mich zu fragen, ob unser U 511 jemals sein Ziel erreichen würde«, schreibt Admiral Nomura.

Am 25. Juni lief das U-Boot wieder nach Norden und passierte die Insel Madagaskar im Osten. Am 9. versenkte es das amerikanische Passagierschiff ›Samuel Heintzelmann‹. Im weiteren Verlauf der Fahrt gab es nur einen Zwischenfall: man traf noch ein Passagierschiff, das gleichfalls versenkt wurde. Am 15. Juli konnte der japanische Admiral vor Penang endlich an Bord der ›Furutaka‹ gehen und dort eine japanische Mahlzeit genießen, gefolgt von einem löblichen *furo* (Bad) mit 43 Grad.

Die Überfahrt hatte 69 Tage gedauert. Ein Telegramm informierte den Admiral von der Verleihung des Eisernen Kreuzes.

Was wurde aus U 511? Mitte August traf es im Stützpunkt Kure ein, das Material wurde entladen; dann wurde das Boot eingehend untersucht und besichtigt. Die deutsche Besatzung wurde durch japanische Seeleute ersetzt. Generalingenieur Fukuda studierte an der Spitze einer Kommission von Technikern die Einzelheiten des U-Bootes. Sie kamen zu dem Schluß, daß der Bau eines solchen Bootes, auch in Einzelherstellung, für Japan unmöglich sei. Es fehlte an den Metallen und Präzisionswerkzeugen. Andererseits fügten die feindlichen Asdics und Radars den Unterseebooten schwere Verluste zu, und man fand, daß U 511 nicht über ausreichende Geschwindigkeit bei Tauchfahrt verfügte, um dem Feind zu entgehen. Nomura hatte in Berlin von neuen U-Boot-Typen gehört, die von den Deutschen geplant wurden, größer waren und über höhere Geschwindigkeit bei Tauchfahrt verfügten. Sollte man nicht besser auf diese Boote warten?[6]

U 511 beendete seine Laufbahn als Schulschiff für die japanischen U-Boot-Leute. »Nach erfüllter Mission wurde U 511, das Japan von Deutschland zum Geschenk erhalten hatte, um das tragische Schicksal unserer eigenen Unterseeboote zu teilen, sofort nach Kriegsende vor Tosa auf offener See versenkt«, schreibt Admiral Nomura.

Die japanischen U-Boote im Atlantik

Nach der Operation gegen Diego Suarez am 31. Mai 1942 kehrte I 30 (Fregattenkapitän S. Endo) weder nach Japan noch zu seinem Stützpunkt Penang zurück; es setzte seinen Marsch zum Kap der Guten Hoffnung fort und ließ sich durch die ›Hokoku Maru‹ und die ›Aikoku Maru‹, mit Torpedorohren ausgerüstete Hilfskreuzer, die im Kanal von Mozambique operierten, versorgen. Das Unterseeboot traf auf der Höhe des Kaps sehr stürmisches Wetter, rollte und schlingerte stundenlang und kam nur mühsam durch. Endo sah im Turm nur strömendes Wasser auf dem dicken Schutzglas. Bei jeder Sturzwelle drang Wasser ein, lief ins Bootsinnere. Zahlreiche Männer waren seekrank …

Am 2. August 1942 erreichte I 30 den Golf von Biskaya, am 5. traf es in Lorient ein. Das U-Boot sollte nur einige Tage in diesem Hafen bleiben, lange genug, um Kriegsmaterial zu laden, den Orden an den Kommandanten zu übergeben und die Mannschaft zu feiern; dann fuhr es wieder ab.

Im Oktober machte es in Singapur fest. Als das Unterseeboot

aus diesem Hafen mit Kurs nach Kure auslief, berührte es, über Wasser fahrend, eine britische Mine und flog in die Luft; das gesamte deutsche Material versank mit dem Boot, ein Teil der Besatzung jedoch wurde gerettet.

Von drei ähnlichen Versuchen nahmen zwei ein tragisches Ende:

Im Juli 1943 verließ I 8 (Kapitän zur See Shindji Uchino) Penang, begleitet von I 10, das es nach Durchquerung des Indischen Ozeans mit Brennstoff versorgen und das dann heimkehren sollte. Es gab viele Menschen an Bord des U-Bootes, da es eine vollständige Besatzung unter dem Kommando von Fregattenkapitän Norida nach Europa beförderte, die ein zweites deutsches U-Boot, U 1224, das zukünftige RO 501 – ebenfalls ein Geschenk –, in Besitz nehmen sollte. Das Wetter 300 Seemeilen südlich vom Kap war immer noch abscheulich, 10 Tage rang man mit der tobenden See. Alles an Deck wurde beschädigt, zerschlagen, von der Tür des Flugzeugschuppens bis zur Turmverglasung, die doch im Vergleich zu der auf deutschen U-Booten genügend hoch über Wasser lag.

Südlich der Azoren traf I 8 mit einem deutschen U-Boot zusammen – die Begegnung war vereinbart worden. Die Deutschen kamen an Bord und montierten einen Radardetektor auf dem japanischen Boot.

Begleitet von einer deutschen Eskorte, die mit I 8 im Golf von Biskaya zusammentreffen sollte, kam das Unterseeboot nach 61 Reisetagen nach Brest und fuhr in die Betonbunker ein, zum großen Erstaunen der Japaner, die nie daran gedacht hatten, daß man Unterseeboote mit Schutzdecken von 6 Meter dickem Eisenbeton sichern könne. In Japan gab es nichts, absolut nichts zum Schutz gegen Bombardements aus der Luft. Ein nagelneues deutsches U-Boot erwartete sie. Die Japaner waren voll Bewunderung für die Installationen des Bootes, das kleiner, rassiger war als das ihre, über die ausgezeichnete deutsche Organisation an Land und die Bequemlichkeit, über die die Mannschaften bei ihrer Rückkehr von Patrouillenfahrten verfügten.

I 8 wurde mit Torpedorohrsätzen, Vierlings-MGs, Torpedoantriebsmaschinen, Chronometern sowie Metox beladen und lief Mitte September aus. An Bord befanden sich 12 Deutsche, Marineoffiziere, Radar- und Horchgerätfachleute, ein Armeekommandant und 4 Zivilisten.

Im Südatlantik, am Äquator, sendete das Unterseeboot einen verschlüsselten Funkspruch, um den Deutschen anzuzeigen, wo es sich befand. Diese Funkmeldung wurde anscheinend von den Engländern aufgefangen, und I 8 erlebte südlich des Kaps einen Flugzeugangriff, dem es mit knapper Not entkam. Nach weiterer stürmischer Fahrt kehrte das Boot, nachdem es 30.000 Seemeilen zurückgelegt hatte, wohlbehalten nach Japan zurück. Die Rückfahrt hatte 64 Tage gedauert.

Das Geschenk der Deutschen, RO 501, verließ Brest nach Ausbildung der japanischen Besatzung. Es stand unter dem Befehl von Fregattenkapitän Norida. Am 13. Mai 1944 begegnete es einem amerikanischen Begleitzerstörer, der ›Francis M. Robinson‹ (Kpt. z. See J. E. Johansen), nördlich der Kapverdischen Inseln. Es wurde auf 825 Yard Entfernung auf dem Radar gesichtet und durch *hedgebogs*[7] versenkt. J. E. Johansen sandte darauf einen ebenso lakonischen wie bezeichnenden Funkspruch: »*Heard sub sank same*[8].«

Am 11. November 1943 lief I 34 von Singapur mit einer Ladung Gummi, Mangelmetallen und Chinin aus. Es wurde bereits am 12. bei Überwasserfahrt vor Penang von dem Unterseeboot HMS ›Taurus‹ versenkt. Dieses britische Boot war das erste, das in die unter japanischer Herrschaft gefallenen Gewässer zurückkehrte.

I 52 (Fregattenkapitän K. Uno) war das letzte japanische Unterseeboot, das die französische Küste zu erreichen versuchte. Es wurde am 24. Juni 1944 westlich von Kap Verde von einem Flugzeug des USS ›Bogue‹ (Kommandant G. E. Short) versenkt.

Die U-Boote im Indischen Ozean

Anfang April 1943 durchquerte das U-Boot U 180 den Atlantik in südlicher Richtung und passierte das Kap der Guten Hoffnung. Es sollte am 28. April 400 Meilen südwestlich von Madagaskar mit I 29 (Fregattenkapitän T. Kinashi) zusammentreffen. An Bord befand sich Chandra Bose[9], der Führer der indischen Unabhängigkeitsbewegung. Die Japaner nahmen den politischen Agitator an Bord und brachten ihn nach Penang. I 29 hatte dagegen dem U-Boot einen japanischen Offizier übergeben, der nach Deutschland wollte.

Der Schiffsverkehr zwischen dem Kap, Ceylon und Aden war beträchtlich. Die Engländer verloren im Juni 1943 12 Schiffe (67.929 BRT), von denen zwei Opfer des Hilfskreuzers ›Michel‹ waren, die übrigen wurden von U-Booten versenkt.

Die Verlustbilanz der Alliierten im Juli betrug 17 Schiffe (97.214 BRT), die fast alle von U-Booten versenkt wurden. Admiral Somerville, der nur über eine kleine, schlecht zusammengestellte Flotte in Colombo verfügte (das alte Schlachtschiff ›Ramillies‹, 9 Kreuzer, darunter nur vier neuere, sowie im Oktober den Geleitträger ›Battler‹), konnte nur wenige Geleitzüge organisieren. Viele Schiffe fuhren ohne Geleitschutz.

Die Flugzeuge der *Royal Indian Navy* bemühten sich, den Handelsschiffen an den Küsten Indiens und des Persischen Golfs Schutz aus der Luft zu geben, während die *RAF* (Gruppe 222) unter dem Befehl von *Air Vice-Marshal* A. Lees von Colombo aus an der U-Boot-Jagd teilnahm. Im August 1943 verfügte Lees über 13 Geschwader mit weiträumigem Aktionsradius, von denen 11 Catalinas flogen. Trotz dieser Patrouillenflüge betrugen die Verluste an Handelsschiffen im August 46.401 BRT (7 Schiffe), die alle von U-Booten versenkt worden waren.

Die U-Boote kamen zur Versorgung in den nun eingerichteten Stützpunkt Penang. Die Beziehungen zwischen den deutschen und japanischen U-Boot-Männern waren ausgezeichnet, sie luden einander ein und trugen sogar Wettkämpfe im Saketrinken aus. »Der sanfte, kleingewachsene Korvettenkapitän Pich (U 168) trank nicht viel«, schreibt Kapitän zur See Schoji Ioura, »aber Korvettenkapitän Schäfer (U 183), ein großer Trinker, soff wie ein Loch. So waren wir äußerst gehobener Stimmung.«

Der gleiche Ioura wurde von Schäfer bei einem Wettkampf der ›größten Trinker‹ besiegt, behielt aber dann mit seinen 60 Kilogramm Körpergewicht gegen die 80 des Deutschen bei einer Partie japanischem *sumi* die Oberhand.

Im Juni ließ Dönitz weitere neun Kampf- und zwei Versorgungs-U-Boote von Kiel mit Bestimmung Indischer Ozean auslaufen. U 200 (Kkpt. Schonder) verließ am 24. Juni die deutsche Küste und wurde südwestlich von Island von einem Flugzeug versenkt; am selben Tag wurde U 194 (Kkpt. H. Hesse) im gleichen Gebiet versenkt.

Ende August umfuhren nur fünf U-Boote das Kap der Guten

Hoffnung, um die im Indischen Ozean operierenden Boote zu verstärken. Am 20. August versenkte ein von Madagaskar gestartetes Flugzeug der *Royal Air Force* U 197 (Kkpt. R. Bartels). Im September ließen sich mehrere U-Boote von der ›Brake‹ südlich Madagaskars versorgen und marschierten dann nordwärts.

Die japanischen Unterseeboote waren inzwischen nicht untätig, und acht ihrer Boote versenkten in diesem Gebiet im September sechs Schiffe (39.471 BRT). U 188 (Kptlt. Siegfried Lüdden) und U 533 (Kptlt. Helmut Henning) patrouillierten im Oktober im Golf von Oman; wo jedoch U 533 am 17. von einem Bisleyflugzeug versenkt wurde.

Dönitz kommandierte im November drei U-Boote zur Verstärkung ab, doch zwei von ihnen, U 172 und U 850 (Fregkpt. Klaus Ewerth), wurden bei den Azoren von den Flugzeugen des Trägers USS ›Bogue‹ versenkt. Da das Versorgungsschiff ›Brake‹ vernichtet worden war, mußten sich die im Indischen Ozean noch operierenden U-Boote in Penang versorgen. »So endete diese Periode«, schreibt Roskill, »mit einer von deutschen U-Booten fast völlig gesäuberten See, aber ihre japanischen Kollegen verursachten noch immer Verluste, und in den letzten beiden Monaten des Jahres waren sie es vor allem, die noch neun Schiffe (60.321 BRT) versenkten.«

Im folgenden Jahr sollten andere U-Boote in den Indischen Ozean kommen[10].

Alliierte Verluste im Indischen Ozean[11]*:*

Monat 1943	Schiffe	Tonnage BRT
Juni	12	67.929
Juli	17	97.214
August	7	46.401
September	6	39.471
Oktober	6	25.833
Summe	48	276.848

Unter den U-Booten, die nach Japan und von dort wieder zurückkamen, illustriert U 188 anschaulich die Operationen der U-Boote am ›wunden Punkt‹, dem Indischen Ozean.

Am 30. Juni lief U 188 (Kptlt. Siegfried Lüdden) zusammen mit U 155, beide vom Typ IX c, von Lorient aus. Die beiden Boote durchquerten unversehrt die gefährliche Zone der Biskaya, trotz des Angriffs zweier mit den neuen Radars und *Leigh Lights* ausgerüsteter Flugzeuge.

Am 12. Juli trennte sich U 188 von U 155, das seinen Marsch nach Süden fortsetzte. 400 Seemeilen westlich von Teneriffa sollte U 188 auf einen U-Boot-Tanker, U 487, treffen, um aufzutanken, ehe es mit Kurs Richtung Kap und Indischer Ozean weiterlief.

Eine Woche lang kreuzte U 188 in diesem Gebiet und wartete auf U 487, das von einem Flugzeug des US-Flugzeugträgers ›Core‹ versenkt worden war, ohne irgendein Signal senden zu können[12].

Am 18. Juli erteilte der über die Lage informierte B. d. U. Befehl, daß U 188 weiter südlich zu U 155 stoßen solle, um seine Treibölvorräte zu ergänzen. Nach dieser Versorgung über Wasser mitten im Atlantik, fern von jedem Land und den Fahrstraßen der alliierten Geleitzüge, setzte U 188 seinen Marsch nach Süden fort, umfuhr das Kap der Guten Hoffnung in 400 Seemeilen Entfernung südlich, wandte sich dann ostwärts und passierte Madagaskar weit im Süden.

600 Seemeilen südlich der Insel Mauritius war U 188 mit dem deutschen Überwasserschiff ›Brake‹ verabredet, das es mit Treiböl versorgen sollte. Die Begegnung fand am 8. September an der vorgesehenen Stelle statt; bei der ›Brake‹ befanden sich fünf U-Boote. Man sprach von dem italienischen Unterseeboot ›Ammiraglio Cagni‹, das an dem Treffen teilnehmen sollte. Der Kommandant der ›Cagni‹, Korvettenkapitän Rosselli Lorenzini, hatte jedoch erfahren, daß Italien einen Waffenstillstand abgeschlossen hatte und war auf dem Marsch nach Durban.

Das aufgetankte U 188 lief nordwärts. Dort mußte es auf starken Schiffsverkehr, alliierte Tanker am Eingang des Golfs von Oman, stoßen.

Nachdem U 188 am 12. September Port Louis (Insel Mauritius)

passiert hatte, begegnete es endlich am 21. September 300 Seemeilen ostwärts von Mogadiscio einem Libertyship, der ›Cornelia P. Spencer‹ (7176 BRT), die allein, ohne Geleitschutz, fuhr. U 188 versenkte sie mit Geschützfeuer. Jetzt begannen die Schwierigkeiten! Die Diesel fielen aus, Nebel bedeckte die ruhige See, über die feindliche Handelsschiffe unbemerkt vorbeizogen, die elektrischen Torpedos funktionierten schlecht, was bei einem am 28. September ausgeführten Angriff gegen einen der wenigen Geleitzüge bemerkt wurde, denen das Boot begegnete. Ein Flugzeug überflog U 188, zwang es zu tauchen und die Verfolgung des Konvois aufzugeben.

Am 2. Oktober erreichte U 188 auf der Höhe von Maskat den Golf von Oman. Tatsächlich gab es dort viele Tanker, die das U-Boot unverzüglich angriff, doch seine Drucklufttorpedos ließen auf dieser See eine phosphoreszierende Blasenbahn erkennen, und die Tanker hatten Zeit für Ausweichmanöver.

Die elektrischen Torpedos funktionierten schlecht. Von den vier angegriffenen Schiffen wurde ein einziges am 5. Oktober getroffen; der beschädigten ›Britannia‹ (9977 BRT) gelang es zu entkommen … Ein dürftiges Ergebnis!

Am 8. Oktober erhielt U 188 einen Befehl vom B. d. U., Kurs auf Penang zu nehmen. An seiner Stelle wurde U 533 (Typ IXc) in diesen Abschnitt beordert[13].

U 188 griff ein Geleitfahrzeug eines Konvois an – ohne Erfolg; am 30. Oktober lief es in Penang ein. Der erste Teil der Patrouillenfahrt hatte 121 Tage gedauert – 19.000 Seemeilen, davon 925 getaucht, waren zurückgelegt worden. Nun gab es Ruhe und Sakegelage mit den Japanern.

Man überholte die Diesel, stellte die Torpedos ein. Im Dezember lief das Boot nach Singapur, wo 100 Tonnen Zinn, 11 Tonnen Gummi, 18 Tonnen Wolfram, eine halbe Tonne Chinin und ein wenig Opium geladen wurden. Das Gummi wurde zwischen dem Druckkörper und den Tauchtanks verstaut, die übrigen Waren im Inneren. U 188 sollte nach Deutschland fahren, aber nicht unmittelbar. Es nahm diesmal Kurs auf Nordafrika, zum Eingang des Golfs von Aden. Alle britischen Schiffe, die durch den Suezkanal liefen, mußten diesen Weg nehmen. Der 1. Januar 1944 wurde in Penang gefeiert; die Abfahrt erfolgte am 9. Januar.

Elf Tage später begann U 188 seine Torpedierungen am Eingang zum Golf von Aden. Es gab so viele Schiffe, daß man sie sich aussuchen konnte. U 188 versenkte zwischen dem 20. Januar und dem 11. Februar 1944 sechs Handelsschiffe mit mehr als 40.000 BRT[14]. Als Lüdden keine Torpedos mehr hatte, zerstörte er einige Daus mit Geschützfeuer.

Am 12. Februar wandte sich U 188 nach Süden und versenkte noch drei Daus mit der Bordkanone. Es sollte mit der ›Brake‹ 800 Seemeilen südwestlich der Insel Mauritius zusammentreffen.

Am 2. März war die U 188 am verabredeten Ort und tankte unverzüglich Treiböl von der ›Brake‹. Kaum war die Aufgabe durchgeführt, erschien eine britische Kampfgruppe (zwei Kreuzer, ein Flugzeugträger, zwei Zerstörer, zwei Catalina-Geschwader) auf der Suche nach der ›Brake‹, um dieses Versorgungszentrum inmitten des Indischen Ozeans zu vernichten. Einen Monat vorher war im gleichen Gebiet die ›Charlotte Schliemann‹ von der ›Relentless‹ versenkt worden. Den ersten Angriff führte ein Flugzeug des Geleitträgers ›Battler‹, gefolgt von dem des Zerstörers ›Roebuck‹. Während U 188 durch Alarmtauchen entkam, versenkte die ›Roebuck‹ mit Geschützfeuer die ›Brake‹ …

Nun nahm U 188 Kurs auf den Atlantik. Es hatte sich nur mit Treiböl versorgen können, nicht aber mit dem ebenso notwendigen Schmieröl und nicht mit Torpedos und Granaten.

Am 22. März begegnete U 188 dem U 1062 (Typ VIIf), das ihm neue Codes übermittelte. Genau einen Monat später erhielt U 188 in Äquatornähe von U 181 (Typ IXd, Kpt. z. S. Kurt Freiwald) ein wenig von dem so dringend benötigten Schmieröl. Wenige Tage darauf war die Reihe an U 129[15] (Typ IXc, Kpt. z. S. Richard von Harpe), dem U 188 einen Radardetektor Naxos und einen Borkum zu übergeben. Das U-Boot besaß wohl Treiböl in genügenden Mengen, brauchte jedoch unbedingt Schmieröl und teilte das am 1. Mai dem B. d. U. mit, der sofort eine sich bietende Gelegenheit ergriff; U 66 (Typ IXc, Kptlt. Gerhard Seehausen) hatte Treibölmangel und lag 600 Seemeilen westlich der Kapverdischen Inseln. U 188 sollte es mit Treiböl versorgen, dafür jedoch Schmieröl erhalten. Nun war aber der Sender des U 188 ausgefallen; es konnte Nachrichten wohl empfangen, aber weder den B. d. U. noch U 66 vom Erreichen des Treffpunkts innerhalb von fünf oder sechs Tagen benachrichtigen. Es fuhr nachts über Wasser, tags getaucht, da das Gebiet unter ständiger Überwachung durch amerikanische Zerstörer und Flugzeuge ihrer Geleitträger stand.

Am 5. Mai stellte U 188 am Horchgerät feindliche Schiffe fest. Es sichtete drei Geleitzerstörer und entkam nach Südosten; seine Geschwindigkeit ging auf 5 Knoten zurück.

U 188 traf am verabredeten Treffpunkt ein und fand keine Spur von U 66. Das Boot war nämlich am 6. Mai nachts von einem jener Zerstörer versenkt worden, ohne Zeit gehabt zu haben, die geringste Nachricht zu senden; U 188 befand sich am Schauplatz eines Seedramas, das aber keine Spuren hinterlassen hatte – außer vielleicht ein paar Trümmer, die der Kommandant von U 188 nicht erblickte.

Am 6. Mai um 2.16 Uhr war die Anwesenheit eines U-Boots von einem Flugzeug auf dem Radar entdeckt und einer amerikanischen Gruppe von *Hunter-Killers* (Jäger-Abschießer) gemeldet worden, von denen der Zerstörer ›Buckley‹ (Kommandant B. M. Abel) am nächsten stand.

Alsbald sichtet Abel auf 2200 Yard ein U-Boot über Wasser, das zu warten scheint; es ist U 66. Das U-Boot gibt drei rote Leuchtsignale. Sofort gibt er Befehl zu feuern, und die ersten Granaten decken das U-Boot ein, das aus seiner Kanone und den Maschinengewehren antwortet. Nun läuft die ›Buckley‹ mit voller Fahrt auf U 66 zu, das über Wasser flüchtet. Die schnellere ›Buckley‹ holt es ein, nur wenige Yards trennen die Boote, der Geschützkampf geht in solcher Nähe weiter, daß die stärkere Feuerkraft der ›Buckley‹ nicht mehr ins Gewicht fällt. Abel will ein Ende machen; eine Hartruderlage, unter dem Getöse der berstenden Stahlplatten und den Schreien der Mannschaft kommt es zum Rammstoß. Der amerikanische Zerstörer hat sich über das U-Boot geschoben. Nacheinander klettern die Deutschen auf die Brücke, springen auf das Deck ihres U-Bootes; mit Gewehren, Pistolen feuern sie auf die Amerikaner, die über solchen Widerstand, solchen Mut überrascht sind …

Die Matrosen der ›Buckley‹ weichen unter dem Dauerfeuer der Deutschen zurück; Abel befiehlt seinen Leuten, in Deckung zu gehen … Werden die U-Boot-Männer wie ehemals den Zerstörer im Entermanöver nehmen? Man feuert von allen Seiten, man verhöhnt einander. Die Männer der ›Buckley‹ verteidigen sich zuerst mit allem, was ihnen in die Hand kommt: Konservenbüchsen, Hämmer, Engländer, während die Deutschen auf die Brücke ihres Bootes springen. Abel organisiert einen ernsthafteren Widerstand.

Gewehre und Handgranaten werden weitergereicht. Abel befiehlt: ›Klar zum Entern!‹

Plötzlich gleitet die ›Buckley‹ vom Rumpf des Bootes ab. Die Boote liegen Seite an Seite, wie durch Enterhaken miteinander verbunden. Eine Handgranate wird von der Brücke des Zerstörers auf das U-Boot geworfen. U 66 dreht auf Backbord und rammt die ›Buckley‹ heftig. Diese dreht gleichfalls und prallt mit ihrem Vordersteven gegen das U-Boot. Eine weitere Handgranate, die von den Amerikanern von Hand zu Hand weitergegeben wurde, wird in die Turmverkleidung des U-Bootes geworfen. Eine heftige Explosion, gefolgt von einer roten Flamme, ist die Folge; vermutlich infolge schwerer Beschädigungen am Druckkörper, die durch den Rammstoß verursacht wurden, versinkt U 66. Die beschädigte, jedoch immer noch manövrierfähige ›Buckley‹ läuft aus eigener Kraft über die Bermudas zurück nach New York. Dieser Zerstörer der Gruppe ›Block Island‹ war das erste amerikanische Schiff in diesem Krieg, dessen Besatzung von seinem Kommandanten den Befehl zum Entern erhielt. Der Mut der Amerikaner wurde nur noch von dem der Deutschen erreicht.

Nein, der Kommandant von U 188 konnte nicht wissen, welch wütender Kampf sich an dieser Stelle abgespielt hatte, an der er nur eine leere See vorfand.

Nun lief U 188 vorsichtig, mit kleiner Fahrt. Es schlüpfte zwischen den Kapverdischen und den Kanarischen Inseln durch; der B. d. U. mußte es als verloren ansehen.

Am 27. Mai lief es im Golf von Biskaya ein, tauchte Tag und Nacht. Es kam nur für einige Augenblicke hoch, nachdem es vorsichtig mit dem Sehrohr die Kimm abgesucht hatte; seine Geschwindigkeit betrug nicht mehr als 3 Knoten. Am 19. Juni passierte U 188 die Pointe de Grave und ging in Le Verdon vor Anker. Nach mehr als sechs Wochen ohne Nachricht hatte der B. d. U. es als verloren gebucht. Die Besatzung war erschöpft, das Boot bedurfte nach einer solchen Fahrt einer vollständigen Überholung. Sein Hin- und Rückmarsch hatte etwas weniger als ein Jahr gedauert; es war am 30. Juni 1943 von Frankreich ausgelaufen und erst am 19. Juni 1944 zurückgekehrt[16].

Schließlich kam es zu einer letzten tragischen Verbindung zwischen Deutschen und Japanern, einer geheimnisvollen Geschichte, die sich bei Kriegsende ereignete: Im Januar 1945, während des

Luftbombardements von Berlin, des beginnenden Zusammenbruchs des Dritten Reiches, wurde zwischen der deutschen und japanischen Regierung vereinbart, daß zwei japanische Ingenieure, Hideo Tomonaga und M. Shoji – der erste ein Marineingenieur, der zweite ein Spezialist für Flugzeugbau –, an Bord eines deutschen Unterseebootes nach Japan zurückkehren sollten. Es war eine überaus gefährliche Reise, denn die alliierten Zerstörer und Flugzeuge besaßen die See- und Luftherrschaft. Das U-Boot war mit einem japanischen Unterseeboot im Indischen Ozean verabredet, um ihm seine Passagiere zu übergeben. Alle Einzelheiten der Begegnung waren abgesprochen ... Das U-Boot lief aus; wenige Wochen später meldete der amerikanische Rundfunk: »Eines unserer Patrouillenboote erbeutete im Golf von Mexiko ein deutsches U-Boot, das die weiße Fahne gehißt hatte und sich ergab. Kommandant und Besatzung wurden gefangengenommen. Im Inneren des U-Bootes wurden die Leichen zweier japanischer Marineoffiziere in Uniform gefunden. Sie hatten sich vergiftet.«

XVII

OPERATION ›TORCH‹

Der Geheimauftrag von P 219

P 219 war ein britisches Unterseeboot vom Typ S, das im Oktober 1941 in Barrow-in-Furness von Stapel lief. Unter dem Namen HMS ›Seraph‹ und unter dem Befehl von Korvettenkapitän M. L. A. Jewell sollte es durch die von ihm ausgeführten Geheimaufträge Berühmtheit erlangen. Bei diesen Geheimaufträgen handelte es sich nicht vielleicht nur um das Anlandsetzen von Saboteuren, wie dies etwa die deutschen U-Boote U 202 und U 548 am Strand von Jacksonville getan hatten. P 219 landete führende Militärs, und das Gelingen der Operation war für den weiteren Verlauf des Krieges von entscheidender Bedeutung.

Der Kommandant der ›Seraph‹ war ein magerer junger Mann mit glattem Gesicht, sympathisch und nicht ohne Humor. In der zweiten Oktoberhälfte vertraute ihm eines Tages das Marineoberkommando in Gibraltar ›eine einfache, interessante und nicht allzu gefährliche Aufgabe‹ an: einen General und einige amerikanische Offiziere, General Clark, Oberstleutnant Lyman L. Lemnisten, Oberst Hamblen, Kapitän zur See Gerauld Wright und Oberst Julius Holmes, an Bord zu nehmen. Er sollte sie mit seiner ›Seraph‹ am Strand von Scherschel, 113 Kilometer westlich von Algier, an Land setzen, wo die Amerikaner die Führer der französischen Widerstandsbewegung in Nordafrika treffen wollten, um die Landung der alliierten Truppen zu organisieren.

Der Chef des Kommandos, der Amerikaner ›Jumbo‹ Courtney, und seine Leute sollten an der Landung teilnehmen und den Schutz der Amerikaner an Land gewährleisten. Die ›Seraph‹ lief mit ihren Passagieren aus und traf am 20. Oktober um 1 Uhr morgens an der verabredeten Stelle ein. Die Nacht war bereits zu vorgeschritten, um noch an Land gehen zu können; man wartete den nächsten Tag ab, und dann wurde die Landung in vier von Courtneys Leuten gesteuerten kleinen Booten durchgeführt.

Die Begegnung zwischen den Amerikanern und Franzosen – diese standen unter Führung von General Mast – erfolgte in einer Villa in Strandnähe. Man sprach über die Beteiligung der in Nordafrika stationierten Franzosen, ihre Unterstützung bei der Durchführung der Landung und über den Zeitpunkt – die Schiffe waren bereits ausgelaufen –, aber auch von General Giraud, der kürzlich aus einer deutschen Festung entwichen war.

Der französische General, der ins nicht besetzte Frankreich geflüchtet war, wollte das Kommando über die alliierten Streitkräfte, was ihm ›im Prinzip‹ zugestanden wurde. Man vereinbarte, daß ein Unterseeboot den General an einem bestimmten Punkt der provençalischen Küste abholen solle, doch mußte dieses Boot auf Wunsch des Generals ein Amerikaner sein, kein Brite!

Nach einem durch das Eintreffen französischer Polizeibeamter verursachten Alarm gingen die Amerikaner, nicht ohne Schwierigkeiten, wieder an Bord. Die heftige Brandung brachte die schwachen Boote zum Kentern. Dank der Erfahrung und Geschicklichkeit der Männer des Kommandos konnten die Amerikaner mit Hilfe der Franzosen wieder an Bord der ›Seraph‹ gelangen ... und sich einen wohlverdienten Whisky genehmigen!

Gleich darauf lief das Unterseeboot aus, und am nächsten Tag wasserte ein Catalina-Flugboot in seiner Nähe, um die Amerikaner an Bord zu nehmen und nach Gibraltar zurückzubringen.

Die von General Clark verlassene Koje an Bord der ›Seraph‹ sollte bald wieder einen General beherbergen!

Die Schwierigkeit für den Kommandanten des Unterseebootes, für ›Jumbo‹ Courtney, der weiter an Bord war, für den amerikanischen Fliegeroberst Brad Gaylord, der französisch sprach, und Kapitän Gerauld Wright bestand nicht in der Einschiffung General Girauds, von dem man sagte, er sei groß und sehr soldatisch, sondern darin, das Unterseeboot in seinen Augen als amerikanisches Schiff erscheinen zu lassen. Konnte der General Oxfordenglisch und amerikanischen Slang unterscheiden? Kapitän Courtney sollte sich als Kommandant des Unterseeboots ausgeben, während Korvettenkapitän Jewell – alias ›Bill‹ – die Rolle eines jungen Offiziers spielen sollte, der stets anwesend war, schwieg und sogar ein wenig störte. Auch eine amerikanische Flagge war zum Hissen bereit, was Jewell zu der Bemerkung veranlaßte: »Ich werde auf der Brücke bleiben, ein Fläschchen Riechsalz in der Hand, für den Fall, daß meine zwei Ausgucke bei dem ungewöhnlichen Anblick aus den Pantinen kippen!«

Die ›Seraph‹ lief am 4. November, nachts, Cap Nègre an. Sie blieb während der ganzen mondlosen, aber dennoch hellen Nacht 80 Kilometer vor der Küste getaucht liegen und wartete auf Nachricht von ihrem Stab. Endlich traf der Befehl ein, und das Unterseeboot legte sich, kaum 800 Meter vor der Mole von Lavandou, unter Wasser auf Lauer. Es war heller Tag, man konnte die Bewegungen im Dorf beobachten. Doch leider erhob sich zu der für die Einschiffung vorgesehenen Zeit ein richtiggehender Sturm, und General Giraud, der in einer Villa auf Cap Nègre mit seinem Sohn André, dem Hauptmann André Beauffre und noch einem Stabsoffizier wartete, fürchtete, er werde nicht an Bord gehen können, da kein Fischerboot zur Verfügung stand. Es gab wohl einen verläßlichen Mann, der weigerte sich aber, bei diesem stürmischen Wetter hinauszufahren. Plötzlich flaute der Wind ab, wie das im Mittelmeer oft vorkommt; das war der richtige Augenblick, sich einzuschiffen. Der General sprang vom Boot auf Deck des Unterseebootes, doch im gleichen Augenblick warf eine Welle das Boot zurück, und der General – in Zivil, Mantel und grauem steifem Hut – wäre beinahe zwischen die beiden Boote gefallen. Die Matrosen halfen ihm aus der üblen Lage, und kurz darauf tauchte die ›Seraph‹ wieder.

Am nächsten Tag fuhr man noch immer getaucht. Die Amerikaner ließen sich von dem General seine Flucht aus Königstein schildern. Er stellte ihnen Fragen über die bevorstehende Landung, doch sie konnten und wollten nichts sagen. Man machte Späße … Leider sprachen einige Seekadetten am nächsten Tag in Gegenwart des Generals über das Täuschungsmanöver hinsichtlich des Bootes. Eine Stunde später begann der General in ausgezeichnetem Englisch ein Gespräch mit Courtney, ohne die geringste Anspielung zu machen. Es kam jedoch zu einem anderen Zwischenfall. Eisenhower ersuchte Giraud per Funk um die Erlaubnis, eine Notiz zu veröffentlichen, deren Wortlaut er anführte.

»Ich bin Soldat«, sagte Giraud, »nicht Politiker. Ich kann die Veröffentlichung dieser Erklärung nicht genehmigen.« Nun war, ganz zufällig, eine kleine Schraube ins Innere des Senders gefallen und hatte einen Kurzschluß verursacht; der Sender fiel aus. General Giraud konnte nicht antworten. Ein Catalina-Flugboot erschien und wasserte in der Nähe des Unterseebootes. Das Kommando machte drei Boote fertig, die Giraud, drei weitere Franzosen, Brad Gaylord und Gerauld Wright zum Flugboot bringen sollten. Doch als sie eben einsteigen wollten, erschien ein deutsches Flugzeug. Zum Tauchen war es zu spät, doch das Flugzeug griff nicht an, sondern verschwand wieder. Giraud und seine Begleiter wurden nun zum Flugboot gebracht, die ›Catalina‹ startete, und Giraud sah vor sich auf dem Meer die Algier und Oran anlaufenden alliierten Schiffe. Er kam zu spät, um an der Landung teilzunehmen ...

Operation ›Torch‹, 8. November 1942

Die Operation ›Torch‹ wurde von den Anglo-Amerikanern unter strengster Geheimhaltung vorbereitet. Es galt, 6 erste Geleitzüge *(advance convoys)* und 4 Angriffsgeleitzüge *(assault convoys)* der Engländer, zusammen 340 Schiffe, sowie 3 amerikanische Geleitzüge mit 221 Schiffen, die eine Gesamtzahl von etwa 23.000 Engländern und 84.000 Amerikanern mit allem Kriegsmaterial transportierten, nach Fedala, Oran, Algier zu bringen und dort an Land zu setzen. Die Armada von Truppentransportern, Tankern, Hilfsschiffen aller Art wurde von der aus Schlachtschiffen, Flugzeugträgern, Kreuzern, Zerstörern, Fregatten und 10 Unterseebooten bestehenden Kriegsflotte geschützt. Die Luftsicherung war so stark, daß sie im Prinzip jedes U-Boot fernhalten mußte: Die Gruppe 15 des *Coastal Command* begleitete die britischen Geleitzüge so weit wie möglich, während die Gruppe 19 die Offensive des *Bomber Command* im Golf von Biskaya unterstützte. An der Operation nahm auch die *8. US Air Force* teil.

Das vorerst auf den 30. Oktober festgesetzte Datum der Landung wurde mehrmals verschoben: Die Amerikaner waren noch nicht so weit; am 26. Oktober wurde in Cadiz die Leiche des Offiziers gefunden, der mit einem Catalina-Flugboot vor der spanischen Küste abgeschossen worden war. Dieser Mann führte ein Schriftstück mit sich, in dem als Datum der Landung der 4. November angegeben war. Schließlich wurde für die Landung der 8. November festgesetzt.

Die Britische Admiralität fürchtete vor allem, daß die mit Truppen beladenen Geleitzüge von U-Booten gesichtet und dem B. d. U. gemeldet werden könnten. Die Engländer schätzten die Anzahl der U-Boote, die Ende Oktober zum Einsatz gelangen konnten, auf 50; mit weiteren 25 Booten mußte unter Umständen gerechnet werden.

Es war praktisch unmöglich, nahezu 600 Schiffe durchzubringen, ohne daß sie bemerkt wurden. Am 26. Oktober wurde die ›Rodney‹ von einem U-Boot gesichtet, das sie für einen amerikanischen Kreuzer hielt. Der Haupt-Angriffsgeleitzug KMF wurde am 2. November auf 38 Grad Nord 22 Grad West, entdeckt. Dönitz wurde von seinen patrouillierenden U-Booten wohl über die Anwesenheit dieser großen Geleitzüge auf See in Kenntnis gesetzt, glaubte jedoch an einen Angriff auf Dakar und erteilte etwa sechzig Booten, deutschen und einigen italienischen, Befehl zum Marsch in den Seeraum vor der Küste von Senegal.

Am 20. Oktober wurde ein erstes U-Boot (U 216) im Westen der Biskaya durch ein Flugzeug der Staffel 224 versenkt. Am 24. versenkte eine Liberator derselben Gruppe weiter südlich U 559.

Am 8. November um 1 Uhr morgens begann die Landung in Nordafrika; Dönitz erfuhr davon erst um 6.30 Uhr und beorderte unverzüglich die in der Nähe befindlichen U-Boote in den Landungsraum. Sie konnten diese zwar nicht mehr verhindern, sollten aber zumindest die Versorgung der an Land gesetzten Truppen stören. Es war zu spät: Gejagt von den alliierten Flugzeugen und Zerstörern, konnten die U-Boote, zieht man den starken Verkehr vor der marokkanischen und algerischen Küste sowie die vielen alliierten Schiffe, die durch die Straße von Gibraltar kamen, in Betracht, nur eine vergleichsweise geringe Menge Schiffsraum versenken.

In Wirklichkeit wurden die U-Boote nicht nur von den alliierten Streitkräften gejagt, sondern sie waren auch durch die Untiefen an der marokkanischen Küste behindert, die sich über etwa 25 Seemeilen erstrecken.

Das erste, U 173 (Oblt. z. S. Schweichel), griff am 11. November, abends, an. Es gelang ihm, in die Reede von Fedala einzudringen, wo es einen Transporter, einen Tanker und den amerikanischen

Zerstörer ›Hambleton‹ torpedierte. Wegen des heftigen Gegenangriffs hatte es keine Zeit, die Ergebnisse seiner Abschüsse festzustellen. Die torpedierten Schiffe waren nicht versenkt, sondern nur beschädigt worden.

Am nächsten Tag versuchte U 150 (Kkpt. Kals) die Sperren zu durchbrechen:

»16.00 Uhr: Ich kann jetzt erkennen, daß auf der Reede ungefähr 20 Fahrzeuge liegen, darunter ein Flugzeugträger ganz im Süden, ein Kreuzer mit Dreibeinmast unmittelbar unter der Küste und zwei Tanker. Das übrige besteht aus großen Frachtern und Transportern. Einige Bewacher westlich der Küste und in der Nähe der Kriegsschiffe. Muß wegen der spiegelglatten See sehr vorsichtig fahren und kann immer nur kurze Blicke nehmen. Suche mir die nächsten erreichbaren Schiffe aus …

19.15 Uhr: Über Wasser. Kreuzerverband in Sicht. 2 Kreuzer Typ Birmingham und Frobisher, dazu 3 Zerstörer der K-Klasse mit Ostkurs, Fahrt 15 Seemeilen. Ich setze mich 5 Stunden lang mit äußerster Kraft vor und werde mehrmals vom Zerstörer abgedrängt. Zeitweise Funkmeßortung auf 139 cm.

00.15 Uhr: Auf achteren Kreuzer, Typ Birmingham, angelaufen. Von einem Viererfächer sind zwei Torpedos Oberflächen- und Kreisläufer; einer trifft Mitte Maschinenraum nach 70 Sekunden Laufzeit. Das Schiff bleibt gestoppt liegen, 3 Zerstörer sichern. Der zweite Kreuzer läuft mit hoher Fahrt nach Osten ab.

Nach einer Stunde die Sicherung durchstoßen. Um 01.28 Uhr und 01.48 Uhr je einen Fangschuß. Der erste Treffer Mitte hinten 40. Kreuzer liegt mit schwerer Schlagseite nach Steuerbord. Auf einen längsseits gehenden Zerstörer der K-Klasse erziele ich um 02.01 Uhr einen Treffer im Achterschiff. Es erfolgt eine heftige Detonation mit hoher Sprengsäule und Wabo-Detonation unter dem Heck.

Um 02.06 Uhr weitere Treffer auf Kreuzer erzielt. Schiff sinkt immer noch nicht. Werde von Leuchtgranaten schießendem Zerstörer gejagt, habe Ruderversager und Schalttafelbrand. Werde unter Wasser gedrückt und erhalte Wasserbomben auf 120 und 160 Meter Tiefe. Nachgeladen.

Um 04.30 Uhr aufgetaucht. Angelaufen auf tief im Wasser liegenden Kreuzer, der langsam von einem längsseits liegenden Zerstörer über den Achtersteven geschleppt wird. Plötzlich Artilleriebeschuß von sicherndem Zerstörer und vom vorderen Turm des Kreuzers. Wieder Alarm! Zahlreiche Wabos, Asdic-Geräusche.

06.13 Uhr wieder aufgetaucht. Angelaufen auf Kreuzer. Werde vom Zerstörer mit Artillerie beschossen. Um 06.50 Uhr Doppelschuß Rohr II und I mit verlegtem Treffpunkt am Ziel. Einen Treffer gehört. Wieder auf Tiefe, Wasserbomben und Horchverfolgung. Bolde[1] mit Erfolg angewandt.

Am nächsten Tag Hunderte von Wabos gehört, aus Sehrohrtiefe Flugzeuge und U-Jagdgruppen festgestellt ...[2]«

Am 14. November versenkte U 155 (Kptlt. Piening) den Geleitträger ›Avenger‹ (13.785 Tonnen) und den Transporter ›Ettrick‹ (11.272 BRT) westlich von Gibraltar; U 413 vernichtete einen großen Truppentransporter mit 20.107 BRT, die ›Warwick Castle‹.

6 U-Boote durchfuhren die Straße von Gibraltar und gesellten sich zu den vor Oran und Algier operierenden italienischen Unterseebooten. Währenddessen versenkten die im Südatlantik verbliebenen Boote 13 Schiffe des Geleitzugs SL 125.

Die deutschen U-Boot-Verluste waren schwer: zwischen dem 10. und 12. November wurden im Mittelmeer versenkt: U 660, U 605, U 595, U 411, U 259, U 28 und U 331[3].

Besonders dramatisch verlief das Ende von U 595. Dieses U-Boot mit 500 Tonnen, Typ VIIc, unter dem Kommando von Kapitänleutnant Jürgen Quäst-Faslem, passierte am 7. November, nachts, über Wasser die Straße von Gibraltar. Es sichtete einen britischen Flugzeugträger und ließ ihn vorbei, dann stieß es zur 29. Flottille in La Spezia. Am 12. November versenkte es im Quadrat CG 7492 den Briten ›Browning‹ mit 5332 BRT.

Am 14. November um 7.45 Uhr befand sich U 595 über Wasser vor Kap Ténès, als es von einem britischen Flugzeug angegriffen wurde. Vier Bomben fallen – eine davon trifft das Deck, prallt ins Wasser ab und explodiert; Quäst-Faslem läßt sofort tauchen. Es gibt zahlreiche und schwere Beschädigungen: keine Beleuchtung, Feuer in der E-Maschine, im Heck dringt Wasser ein, Lebensmittelkisten sind aufgebrochen, ihr Inhalt liegt an Deck verstreut.

Quäst-Faslem erkennt, daß er auftauchen muß; eine der E-Maschinen ist zwar wieder in Gang, doch ihre Drehzahl ist zu gering, um das Boot in Tauchfahrt halten zu können – und U 595 wird schwerer.

Nach einer Besprechung mit dem Leitenden Ingenieur von Mirbach beschließt er aufzutauchen und sich der Küste zu nähern, um dort den Großteil der Besatzung an Land zu setzen. Ein paar Männer sollen an Bord bleiben, um das Boot zu versenken.

Kaum aufgetaucht, wird U 595 zuerst von vier, dann von vierzehn Flugzeugen angegriffen. Trotz unaufhörlicher Angriffe erreicht es um 4 Uhr die Küste. Die Deutschen warten, bis die Flugzeuge auf 200 Meter herangekommen sind, dann eröffnen sie das Feuer mit ihrer 2,0-cm-Kanone. Plötzlich zeigt das Echolot 8 Meter! Das Boot stößt bei Kap Chamis, 70 Meilen nordostwärts von Oran, auf Grund.

Quäst-Faslem geht in seine Kajüte, rollt sich die Schiffsflagge um den Hals, heftet sich das Eiserne Kreuz, das ihm Dönitz am 12. Oktober nach seiner zweiten Patrouillenfahrt im Nordatlantik verliehen hat, an die Brust und erteilt den Befehl zum Verlassen des Bootes.

Von Mirbach bringt sieben Sprengladungen an, während die Besatzung ins Wasser springt; das U-Boot sinkt rasch. Ein paar Matrosen werden von einem Schlauchboot aufgenommen, die anderen schwimmen ans Ufer. Die Fliegerangriffe haben aufgehört. Ein britischer Zerstörer fischt einen Matrosen auf. 44 Mann finden an Land zusammen und machen sich auf den Weg landeinwärts. Ein englischer Flieger sichtet sie und wirft einen Zettel ab, auf dem, deutsch und italienisch, steht: »Halt oder ich schieße euch mit meinen MGs zusammen!«

Die Deutschen kümmern sich nicht um die Warnung, sie zerstreuen sich bloß. Das englische Flugzeug schießt, trifft aber keinen.

Auf der Straße treffen die Deutschen in der Nähe des Dorfes Picard eine Abteilung französische Soldaten unter dem Befehl eines Offiziers. Quäst-Faslem glaubt, Alliierte vor sich zu haben, und ergibt sich …

Die Italiener verloren gleichfalls sieben Unterseeboote: ›Antonio Sciensa‹ am 7. November vor Tobruk, ›Granito‹ am 9. nordwestlich von Sizilien, ›Eno‹ am 10. vor Algier, ›Dessie‹ am 28. vor Bône, ›Porfido‹ am 6. Dezember, torpediert durch das englische Unterseeboot ›Tigris‹, ›Corallo‹ am 13. vor Bougie und endlich ›Uarsciek‹ am 15. Dezember vor Malta, versenkt durch das griechische Torpedoboot ›Queen Olga‹.

Alles in allem hatte die Operation ›Torch‹ die Unterseebootflotte der Achse schwere Verluste gekostet, die durch die erzielten Erfolge bei weitem nicht aufgewogen wurden.

Massenvernichtung der französischen Unterseeboote

Die in Nordafrika stationierten französischen Unterseeboote konnten keine Übungsfahrten durchführen, da es an Brennstoff mangelte. Einige waren durch Überholungs- oder Reparaturarbeiten außer Dienst gestellt. Als die anglo-amerikanische Flotte vor den marokkanischen Küsten gemeldet wurde, liefen alle verfügbaren Boote mit dem Befehl aus, jede Landung zu verhindern.

Fünf ›600-Tonner‹, ›Méduse‹ (Kptlt. Roy), ›La Sybille‹ (Kkpt. Kraut), ›Antiope‹ (Kptlt. Mille), ›Amazone‹ (Kptlt. Verdavaine), ›Orphée‹ (Kkpt. Le Gall), mit Stützpunkt Casablanca, liefen aus. ›La Sybille‹ sank mit Mann und Maus vor Fedala, ›Amazone‹ und ›Antiope‹ erreichten mit Schwierigkeiten Dakar, ›Orphée‹ kehrte nach Casablanca zurück. ›Méduse‹, ›Antiope‹ und ›Amazone‹ schossen einige wirkungslose Torpedos gegen die alliierten Schiffe ab; ein Torpedofächer der ›Méduse‹ verfehlte nur knapp das Schlachtschiff ›Massachusetts‹.

Drei andere ›600-Tonner‹, ›Psyche‹, ›Oréade‹ und ›Amphitrite‹, wurden am Kai von Casablanca Opfer von Luftangriffen; mehrere Offiziere und Matrosen wurden getötet.

Auch die ›1500-Tonner‹ erlitten ein tragisches Schicksal: Die ›Sidi-Ferruch‹ lag beim ersten Luftangriff am Pier. Ihr Kommandant, Korvettenkapitän Laroze, wurde schwer verwundet, sechs von seinen Offizieren und Matrosen wurden getötet. Trotz der Schäden durch Bombentreffer lief die ›Sidi-Ferruch‹ unter dem Befehl des Zweiten Offiziers, Kapitänleutnant David, aus. Sie wurde bombardiert und tauchte, nachdem sie die Löcher ihrer Außen- und Tauchtanks verstopft hatte. In 120 Seemeilen Entfernung von Safi tauchte David neben einem spanischen Handelsschiff auf, übergab ihm zwei Schwerverwundete und entfernte sich. Man sollte die ›Sidi-Ferruch‹ nie mehr wiedersehen. Wahrscheinlich wurde sie durch ein Flugzeug des amerikanischen Geleitschutzträgers ›Suwanee‹ vernichtet.

Der Kommandant der ›Tonnant‹, Kapitän zur See Paumier, fiel an Land einem ersten Luftangriff zum Opfer. Auch an Bord gab es

Opfer, 2 Gefallene, 19 Verwundete, und die Tauchkammern wurden aufgerissen. Nach erfolgter Reparatur lief die ›Tonnant‹ dennoch mit 45 Mann aus, während ihre normale Besatzung 61 Mann betrug. Sie begegnete am 10. November dem Geleitträger ›Avenger‹ und griff ihn an, obgleich er von zahlreichen Schiffen umgeben war. Sie hatte nur 4 Torpedos an Bord und schoß alle gegen die ›Avenger‹ ab; sie liefen hinter dem amerikanischen Schiff vorbei, ohne zu treffen. Nach einem 24stündigen Aufenthalt in Cadiz am 15. November versenkte die Besatzung die ›Tonnant‹ auf hoher See vor diesem Hafen und wurde von einem spanischen Fischerboot aufgenommen.

Der ›Conquérant‹, die zur Reparatur im Schwimmdock lag, gelang es unter dem Kommando von Kapitänleutnant Lefèvre ohne Torpedos und ohne Kampfsehrohr auszulaufen; ihr Ziel war Dakar. Am 11. November wurde sie von amerikanischen Flugzeugen vor Villa Cisneros versenkt.

Die in Oran einsatzunfähig am Pier liegenden Unterseeboote ›Diane‹, ›Cerès‹, ›Pallas‹, ›Danaé‹ und ›Ariane‹ wurden von der eigenen Besatzung versenkt. ›Caiman‹ und ›Marsouin‹, die an der Nordmole von Algier festgemacht lagen, wurden von britischen Flugzeugen mit MG-Feuer belegt; die beiden Boote waren klar zum Auslaufen, die Besatzungen lösten die Taue, verließen den Hafen und tauchten. Nun waren es die englischen Zerstörer, die sie verfolgten und Wasserbomben warfen. Die Angriffe dauerten vierundzwanzig Stunden an, und Offiziere sowie Besatzungen fragten sich, ob ihr Unterseeboot nicht von den Leuten, die sie immer noch – trotz Mers el-Kebir, trotz der nunmehrigen Wasserbomben – als ihre Freunde betrachteten, versenkt werden würde … Und sie liefen nach Toulon, das noch nicht von den Deutschen besetzt war. Am 11. November langten sie dort ein. Am 13. gesellte sich die ›Fresnel‹ zu ihnen, die aus Oran entwichen und vom 8. bis 10. November von den Engländern und Amerikanern mit Wasserbomben – man hatte 250 Detonationen gezählt – verfolgt worden war. Die ›Actéon‹ (Kptlt. Clavières) und die ›Argonaute‹ (Kptlt. Véron), die mit der ›Fresnel‹ aus Oran ausgelaufen waren, hatten weniger Glück, sie wurden von den Alliierten versenkt.

Die ›Marsouin‹ ließ ihre Diesel sofort reparieren und führte auf der Reede Tauchversuche aus.

1
Deutsches U-Boot bei stürmischer See im Atlantik

2
Eine amerikanische Besatzung bei Übernahme von Torpedos

3 Das französische U-Boot „Rubis"

4 Dönitz in seinem Stabsquartier am Boulevard Suchet, Paris

5 *Das französische U-Boot „Casabianca" im Hafen von Algier. Die Aufnahme wurde im November 1942 nach der geglückten Flucht der „Casabianca" aus Toulon aufgenommen*

6 *Dönitz überreicht einem U-Boot-Kommandanten (Endraß) das Ritterkreuz*

7 *Admiral Nimitz läßt sich eine Besatzung vorstellen. Neben ihm Admiral Lockwood, der die amerikanischen U-Boote im Pazifik befehligte*

8 Der Untergang eines japanischen Frachters, fotografiert durch das Sehrohr des amerikanischen U-Bootes „Wahoo", das ihn torpedierte

9 Besatzung eines amerikanischen U-Bootes. Die Flagge vermerkt 13 Versenkungen

10 u. 11 Der Kommandant des amerikanischen U-Bootes „Seawolf“ hielt die Phasen des Unterganges eines von ihm torpedierten Schiffs im Foto fest. Die Aufnahmen wurden durch das Seerohr gemacht

12 *Affäre „Laconia": An Deck von U 507 drängen sich von der Besatzung aufgefischte Schiffbrüchige*

13 u. 14
Englische „Chariots". Das obere Bild zeigt den Zweimanntorpedo in Tauchfahrt, das untere in Überwasserfahrt

15
Konteradmiral Sir Claude Barry, der Chef der britischen U-Boot-Waffe, besichtigt ein U-Boot vom Typ X

16
Englisches X-Boot bei einer Übungsfahrt

17 Der Kommandant eines japanischen U-Bootes am Sehrohr

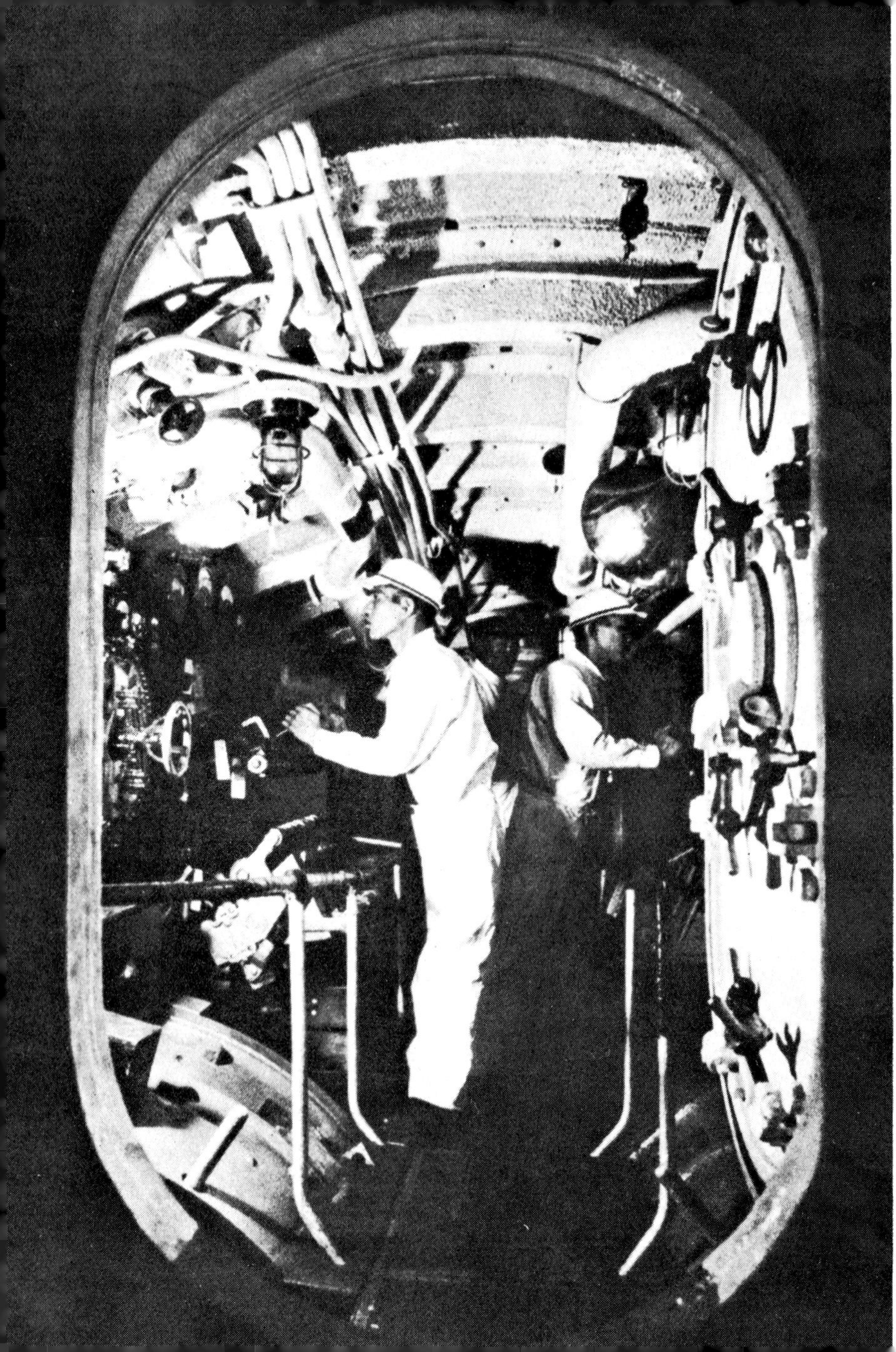

19 *Ein sowjetisches U-Boot landet an der Küste des Schwarzen Meeres eine Abteilung Seesoldaten*

◁ 18 *Der Maschinenraum eines japanischen U-Bootes*

20 u. 21   *U-Boote der sowjetischen Eismeerflotte*

22 *Sowjetisches U-Boot läuft in einen Stützpunkt der Eismeerflotte ein*

23 u. 24
Eine amerikanische Prisenmannschaft nimmt bei stürmischer See ein deutsches U-Boot in Schlepptau

Damit war die Tragödie der französischen Unterseeboote aber noch nicht zu Ende.

Jahresbilanz 1942

Dönitz brachte dem Führer gegenüber seine Befürchtungen zum Ausdruck, als er am 16. Dezember Befehl erhielt, die im Mittelmeer verlorenen Boote durch neue zu ersetzen und 20 von ihnen westlich von Gibraltar in ständigem Einsatz zu halten. »Zusammengefaßt sehe ich für den weiteren Einsatz gegen die Zufuhren nach Afrika bei denkbar hoher Verlustwahrscheinlichkeit nur geringste Erfolgsaussichten ...« schrieb der B. d. U. am 18. November. »Entscheidend nachteilig wird sich dieser Einsatz der U-Boote aber für den Tonnagekrieg im Atlantik auswirken, in welchem ich nach wie vor die Hauptaufgabe der U-Boote sehe. Der Tonnagekrieg ist der vielleicht für den Ausgang des Krieges entscheidende Beitrag der U-Boote. Der Gegner hat das klar erkannt ...«

Admiral Dönitz hatte recht. Am 14. Januar 1943 begann in Casablanca eine Konferenz, an der Franklin D. Roosevelt, Winston Churchill, die Admiräle E. J. King und Sir Dudley Pound sowie *Air Chief Marshal* Sir C. Portal teilnahmen. Man erörterte die kritische Lage im Nordatlantik, entstanden durch die Torpedierungen während der vergangenen Monate: im September waren es 98 Schiffe (485.413 BRT), im Oktober 94 Schiffe (619.417 BRT), im November die Rekordzahl von 119 Schiffen (729.160 BRT), im Dezember 61 Schiffe (330.816 BRT) gewesen.

»Wir verfügten Mitte Dezember«, sollte später Captain Roskill schreiben, »nur über 300.000 Tonnen flüssigen Brennstoff, während unser Monatsverbrauch 130.000 Tonnen betrug ... Die britischen Einfuhren sanken unter 34.000 Tonnen, das war um ein Drittel weniger als im Jahre 1939 ... Die Admiralität hatte den Eindruck, daß der Kampf auf den Geleitzugstraßen noch nicht entschieden war, daß der Feind über stärkere Kräfte verfügte als früher, und daß die aus diesem langen Kampf erwachsende Krise nicht mehr auf sich werde warten lassen.« Der Brennstoffmangel zwang die alliierten Geleitzüge, den kürzesten Weg zu nehmen, und das erleichterte den Einsatz der U-Boote.

Die Erfolge der U-Boote in den letzten drei Monaten waren zum

Großteil dem verringerten Geleitschutz der Konvois im Nordatlantik zu verdanken, da etwa hundert Sicherungsfahrzeuge zur Teilnahme an der Operation ›Torch‹ abgezogen wurden.

Dennoch stellten die Engländer und Amerikaner mit Genugtuung fest, daß der im November versenkte Schiffsraum, so hoch er auch war, größenmäßig den Neubauten entsprach, die in der Folge nur noch zunehmen konnten. Sie ergriffen alle Maßnahmen, die das gewaltige Industriepotential der Vereinigten Staaten und Kanadas bot.

Trotz des Erfolgs der U-Boote stellte Dönitz erbittert fest, daß die Alliierten die Initiative in der Kriegsführung übernommen hatten. Er schrieb über die Ungewißheit, in der sich die deutsche Führung hinsichtlich des zu erwartenden Ziels der alliierten Offensive befand, und betonte die vorteilhafte Lage der Alliierten als Seemächte. Das Meer mit seiner außerordentlichen Transportkapazität ermögliche auf Grund der beträchtlichen Länge der Kontinentküsten einen Angriff an der am wenigsten geschützten Stelle. Dadurch verfüge die Seemacht über die Initiative.

Das Jahresende wurde von den Deutschen dazu verwendet, jede ›Spur‹ mit allen Mitteln zu verfolgen. Dadurch kam es zur Zusammenziehung von U-Booten an der Orinocomündung, westlich von Trinidad bis zur Insel Aruba, und vor Freetown. Nicht immer entsprachen die Ergebnisse den Hoffnungen Dönitz', denn die Alliierten ließen Gerüchte über Landungen an Küsten verbreiten, wo sich nichts ereignen sollte, und die deutschen Agenten gaben falsche Nachrichten durch. So erschienen zwei U-Boote der Gruppe ›Eisbär‹, U 68 (Kkpt. K. F. Merten) und U 172 (Kptlt. Emmermann), die an der Laconia-Affäre nicht beteiligt waren, vor dem Kap, wo sich etwa fünfzig alliierte Schiffe befinden sollten. Die Reede war leer! Dönitz sagte damals: »Wir gehen auf Schmetterlingsjagd.«

Das erste Boot vom Typ IX D 2, U 179 (Fkpt. Sobe), schloß sich der Gruppe ›Eisbär‹ an. Die Operation vor dem Kap wurde schließlich zu einem Erfolg, da 27 Schiffe mit 161.121 BRT, und zwar sehr große Schiffe, torpediert wurden: am 9. Oktober versenkte das italienische Unterseeboot ›Archimede‹ (Saccardo) die ›Oronsay‹ mit 20.043 BRT, am 10. Oktober versenkte U 172 (Emmermann) die ›Orcades‹ mit 23.456 BRT, und schließlich vernichtete U 178 (Ibbeken) durch einen Torpedo die ›Duchess of Atholl‹

mit 20.119 BRT. Die Deutschen verloren im November 6 U-Boote, im Dezember 5, das bedeutete 6,3 beziehungsweise 5,1 Prozent der Gefechtsstärke auf See. Während des Jahres 1942 versenkten die deutschen und italienischen Unterseeboote insgesamt 1160 Schiffe mit 6.236.215 Tonnen. Die deutschen U-Boot-Verluste waren gering, 3,9 Prozent im ersten, 8,9 Prozent im zweiten Halbjahr. Dönitz erhielt im letzten Vierteljahr nur 17 neue Boote anstatt der vorgesehenen 20.

Wechsel in der Führung

Am 19. November übernahm Admiral Sir Max Horton, der seit Kriegsbeginn die in Großbritannien stationierten Unterseeboote befehligte, anstelle von Sir Percy Noble den Oberbefehl über die *Western Approaches*. Der überaus fähige, gute Organisator und ehemalige Unterseebootführer war der richtige Mann, um den U-Booten Dönitz' einen harten Kampf zu liefern.

Er organisierte die Geleitzüge neu, schuf die Verbindung zwischen den Überwasserschiffen und den Flugzeugen des *Coastal Command*. Er erfaßte, daß die Schlacht um den Atlantik nicht nur mit Materialeinsatz gewonnen werden konnte.

Am 31. Dezember 1942 kam es im Eismeer zu einer Seeschlacht um den Geleitzug JW 51 B. Der schwere Kreuzer ›Hipper‹, das Flaggschiff von Admiral Kummetz, der Kreuzer ›Lützow‹ und sechs Zerstörer griffen den Geleitzug trotz des starken Sicherungsverbands an. Der britische Admiral Burnett griff ein, beschädigte ›Hipper‹ mit Geschützfeuer und versenkte die ›Eckholdt‹. Hitler befand sich damals auf dem ›Berghof‹ in Berchtesgaden und erfuhr von der Affäre durch die BBC; daraufhin erfolgte ein Zornesausbruch, der sich gegen die Kriegsmarine und ihren Chef, Großadmiral Raeder, richtete, der sich der Abrüstung der großen Überwasserschiffe widersetzt hatte, die vom Führer als unnützes Alteisen angesehen wurden; sie immobilisierten mehrere tausend Mann und hunderte schwere Geschütze, die an der russischen Front von größerem Nutzen wären.

Hitler hatte zu Dönitz Vertrauen, der sich entschlossen, energisch und gefügig gezeigt hatte. Am 31. Januar 1943 ernannte Hitler Dönitz zum Großadmiral; er übernahm anstelle Raeders den

Oberbefehl über die Kriegsmarine. Dönitz studierte alsbald die von seinem Vorgänger übernommenen Akten und trug bei einer Besprechung am 26. Februar mit geschickter Unbeirrtheit die militärischen und politischen Nachteile der Abrüstung der »zwecklosen« Schiffe vor. Hitler war verärgert, schenkte ihm jedoch weiterhin sein Vertrauen. »Er konnte doch nicht alle sechs Monate einen neuen Großadmiral ernennen!« sagte Dönitz später.

Dönitz, der sich nun in größerer Nähe des ›Großen Manitu‹ befand – er kam nach Berlin und richtete sich im Hotel ›Am Steinplatz‹ ein –, verstand sich gut mit Speer und war nun imstande, der U-Boot-Waffe die von ihm gewünschte Expansion zu geben: Erhöhung der Zahl der klassischen U-Boote, Bau neuer Typen.

Ende 1942 gab es 383 U-Boote; Dönitz hatte 53 zur Ausbildung neuer Besatzungen bestimmt, 47 waren auf Hin- oder Rückmarsch, 100 lagen in den Häfen, 119 waren auf Versuchsfahrt. Der Admiral war der Ansicht, daß zu viele Boote in Überholung, in Reparatur waren, daß die Versuche zu lange Zeit in Anspruch nahmen. 64 U-Boote im Einsatz von insgesamt 383, das war zu wenig! Er ergriff Maßnahmen, um die Arbeit in den Werften zu beschleunigen und die Zahl der einsatzfähigen U-Boote zu erhöhen.

XVIII

DIE SCHLACHT IM ATLANTIK
(Vierte Phase: Februar bis Mai 1943)

Der Angriff auf die großen Geleitzüge, Februar bis März 1943

Ende Februar 1943 begann die heftigste, mörderischste Schlacht zwischen U-Booten und Geleitzügen im Atlantik.

Dönitz hatte zwei Rudel, ›Wildfang‹ und ›Burggraf‹, ostwärts von Neufundland in Sperrstreifen aufgestellt. Laut B-Dienst mußten in der ersten Märzwoche mehrere Geleitzüge diesen Raum passieren. Das um diese Zeit im Nordatlantik gewöhnlich schlechte Wetter war abscheulich. Zwei Monate lang folgte ein Sturm dem anderen. Für die Matrosen, ob deutsche oder alliierte, war die See der Hauptfeind. In den Unterseeboot-›Badewannen‹ – der Name war nie so verdient gewesen wie damals – machten sich Wachoffiziere und Ausguckleute mit Tauen fest, um nicht von den unablässig die Decks überspülenden Sturzseen fortgerissen zu werden. Die stürmische See begünstigte die U-Boote, da viele Handelsschiffe die Konvois verließen und sich im Sturm zerstreuten.

Eisige, schneidende Winde, Schneestürme, Orkane. Es ging nicht mehr um das Material, die Ortungsgeräte, die größtenteils beschädigt waren, sondern um die Männer, und jeder wußte, wenn sein Schiff durch den Sturm oder den Gegner versenkt wurde, war ihm der Tod gewiß. »In der ganzen langen Geschichte des Seekriegs gibt es nichts Ähnliches wie diese Schlacht, die sich über Tausende von Quadratmeilen des Ozeans erstreckte. Diese Schlacht läßt sich in ihrer Heftigkeit und auch bezüglich der Gewißheit, daß ihr Ausgang entscheidend für das Schicksal des Krieges sein würde, mit der Schlacht um England vom Jahre 1940 vergleichen«, schreibt Captain Roskill.

Zwischen dem 24. Februar und dem 13. März verließen hintereinander sechs Geleitzüge, die aus einer großen Zahl von Schiffen bestanden, New York mit Bestimmung Großbritannien. Sie liefen paarweise, ein langsamer (SC) fuhr als erster ab, ein schneller (HX) folgte ihm. Sie benutzten ziemlich parallel laufende Kurse.

Diese Geleitzüge wurden von den U-Boot-Rudeln im *gap*, der Zone des Atlantik südöstlich von Grönland, die noch nicht von den aus Gander kommenden Flugzeugen gesichert wurde, erwartet.

Anfang Februar wurde der Geleitzug HX 224 von einer großen Zahl von Booten angegriffen. Zwei Schiffe wurden versenkt; an Bord des einen befand sich ein britischer Offizier, der, als Schiffbrüchiger von U 632 aus dem Wasser gezogen, Kapitänleutnant Hans Karpf, den Kommandanten des U-Bootes, vom bevorstehenden Eintreffen eines anderen langsamen, sehr großen Geleitzuges, des SC 118, in Kenntnis setzte.

Dönitz wurde verständigt und hatte Zeit, mehrere U-Boot-Rudel, im ganzen 20 Boote, auf Kurs zu sammeln. Der aus 63 Schiffen und 10 Geleitfahrzeugen bestehende Geleitzug verlor während der schrecklichen Kämpfe, die zwischen dem 4. und 9. Februar stattfanden, nicht weniger als 13 Schiffe. Die Deutschen hatten dagegen den Verlust von drei U-Booten zu beklagen, zwei weitere wurden von den Geleitfahrzeugen schwer beschädigt.

Die Engländer zogen aus diesen Kämpfen mehrere Lehren: Sie mußten ihre Fernflugzeuge mit *Leigh Lights* ausrüsten und andererseits *teams*, speziell für die U-Boot-Abwehr geschulte amerikanische und englische Mannschaften, organisieren.

Am 17. Februar wurde ein anderer Geleitzug, ONS 165, östlich von Neufundland angegriffen. Er hatte Glück und verlor nur zwei Schiffe; am selben Tag vernichteten die ›Fame‹ und die ›Viscount‹ zwei U-Boote: U 201 und U 69.

Der nächste Geleitzug, ON 166, verlor bei einer schweren Schlacht vom 21. bis zum 25. Februar, die sich bei sehr schlechtem Wetter über eine Strecke von 1100 Seemeilen hinzog, 14 Schiffe (85.000 BRT). Zwei Versorgungs-U-Boote erleichterten die Operationen der Rudel, die den Geleitzug angriffen.

Der am 24. Februar in New York ausgelaufene SC 121 wurde ebenfalls zwischen dem 6. und 14. März von 16 U-Booten angegriffen. Er verlor 13 Schiffe mit 62.000 BRT. Kein einziges U-Boot wurde versenkt, da die Leistungsfähigkeit der Radars und Asdics durch das schlechte Wetter beeinträchtigt wurde.

Der am 1. März aus New York ausgelaufene HX 228 verlor zwischen dem 7. und 14. nur vier Schiffe. Während der Kämpfe um diesen Geleitzug tauchte U 444 (Oblt. z. S. Langfeld), nachdem es einen schweren Wasserbombenangriff überstanden hatte, in dem Augenblick auf, da die ›Harvester‹ vor ihm erschien. Der Zerstörer rammte das U-Boot mit 24 Knoten Geschwindigkeit; es wurde, unter dem Heck der ›Harvester‹ verklemmt, 10 Minuten lang mitgeschleppt, ehe es sich frei machen konnte. U 444 war nur noch ein Wrack, als die französische Korvette ›Aconit‹ es versenkte.

Die durch den Zusammenstoß schwer beschädigte ›Harvester‹ folgte dem Geleitzug mühsam und wurde selbst eine Stunde später von U 432 versenkt.

Es folgten dann zwei sehr große Geleitzüge, SC 122 und HX 220, die auf halbem Weg zusammentrafen und den gleichen Kurs nach England fortsetzten, insgesamt 92 Handelsschiffe. Es war die größte Ansammlung von Handelsschiffen im Atlantik. Drei Gruppen von U-Booten – 38 Einheiten – griffen sie zwischen dem 17. und 20. März an. Die Deutschen triumphierten, sie meldeten den Untergang von 14 Schiffen mit 90.000 BRT für den SC 122 und von 13 Schiffen für HX 229, insgesamt 27 Schiffe und ein Geleitfahrzeug (140.000 BRT). Ein einziges U-Boot, U 384 (Oblt. z. S. von Rosenberg-Gruszcynski), wurde am 19. März 1943 versenkt.

Die folgenden Geleitzüge, HX 230 und SC 123, begegneten noch stürmischerem Wetter mit heftigen Winden von Ost bis West. »Die durch die See verursachten Verluste waren so hoch, daß sie nur wenig von den durch U-Boote zugefügten übertroffen wurden«, schreibt Roskill. Nur das schlechte Wetter hinderte die U-Boote daran, einen zweiten ähnlichen Erfolg zu erzielen ... Das Kommandoschiff eines dieser Geleitzüge kenterte und ging mit Mann und Maus unter.

»Die Deutschen waren nie näher daran gewesen, die Verbindung zwischen der Neuen und der Alten Welt zu unterbrechen als in den ersten 20 Tagen des März 1943«, gestanden die Engländer später.

Seltsamerweise fragten sich die Engländer, ob sie das Geleitzugsystem nicht aufgeben sollten. »Mehr als eine halbe Million BRT wurden in diesen zwanzig Tagen versenkt; und was diese Verluste soviel ernster machte, als die bloße Zahl anzeigen kann, war, daß nahezu zwei Drittel aller in diesem Monat verlorenen Schiffe aus Geleitzügen versenkt wurden«, schreibt Roskill und fügt hinzu: »Die Admiralität muß gefühlt haben, auch wenn niemand es zugab, daß die Niederlage ihr ins Gesicht starrte.«

Die Admiralität, die Engländer irrten. Sie hatten alles Notwendige getan, um den Sieg in der Atlantikschlacht zu erringen, und befanden sich, ohne es zu wissen, in Reichweite des Sieges. In Wirklichkeit war es für die Deutschen ›die letzte Viertelstunde‹.

Im März traten die Geleitträger in Aktion; sie füllten das *gap*, diesen Raum mitten im Atlantik, den die landgestützten Flugzeuge nicht zu erreichen vermochten. Auf diese Art erhielten die Geleitzüge eine ununterbrochene Luftsicherung. Die provisorische Lösung der *cam-ships* wurde aufgegeben.

Gleichzeitig wurden fünf *support groups* in Dienst gestellt, jede bestehend aus vier bis sechs Schiffen, die unter dem Befehl eines Kapitäns zur See gemeinsam operierten. Sie waren erstklassig mit Radars und Asdics ausgerüstet und verstärkten zeitweise die Sicherungsfahrzeuge des Geleitzuges, entfernten sich jedoch häufig, da sie freie Hand zur Verfolgung der U-Boote hatten. Zwei dieser *support groups* verfügten auch über je einen Geleitträger vom Typ der ›Audacity‹[1].

Bei der *Atlantic Convoy Conference* zwischen Großbritannien, Kanada und den Vereinigten Staaten am 1. März wurde über ein Einheitskommando verhandelt. Die Amerikaner machten ihre Stärke geltend; die Engländer widersetzten sich dieser Forderung. Sie erklärten, sie besäßen die Erfahrung bei diesen Geleitzügen und seien unmittelbarer an der Frage beteiligt. Der Brief Sie Winston Churchills an Mr. Hugh Molson vom 3. April erklärte den britischen Standpunkt.

Zwar wurde kein allgemeines Abkommen geschlossen, doch die Amerikaner waren einverstanden, eine neue *support group*, bestehend aus einem Geleitträger und fünf Zerstörern, zur Verfügung zu halten, die unter britische Führung gestellt werden sollte.

Man beschloß auch eine Änderung der Vereinbarungen vom 1. Juli 1942 hinsichtlich der *chop line*[2].

Ein zweites Element des Erfolgs war der Einsatz einer größeren Zahl von Langstreckenbombern. Im Februar verfügte die Ostküste des Atlantiks über 18 solcher in Irland stationierter Flugzeuge. Am 1. Juli 1943 konnte das *Coastal Command* deren 37 aufstellen, während die US-Marine mehr als 200 besaß.

Neue Geräte und Methoden der Alliierten

Ausrüstung und Bewaffnung der alliierten Marine- und Luftstreitkräfte wurden besser und stärker.

Die Radars erhielten immer größere Reichweite; ihre Detail- bzw. Feineinstellung ermöglichte es, die U-Boote leichter von alliierten Schiffen zu unterscheiden. Erfahrene Spezialisten bedienten nun diese Apparate, sie waren imstande, auf ihrem Schirm mit großer Schnelligkeit und Genauigkeit zu ›lesen‹.

Seit Juli 1942 waren die Geleitfahrzeuge und U-Jagdflugzeuge mit einem Radar auf Band S ausgerüstet, dem das Radar auf Band P und L vorausgegangen war. Die Antennenlenkung erfolgte nun nicht mehr von Hand aus, sondern kontinuierlich und automatisch. Im Februar 1943 tauchte bei den amerikanischen Flugzeugen das Radar auf Band X (3 cm) auf, das für die deutschen Apparate, die auf einem breiteren Band suchten, nicht erfaßbar war. Die Erfassungsentfernung eines U-Bootes für ein Überwasserschiff wurde größer, sie stieg von 4000 auf 10.000 Meter und der Durchschnittsbereich für ein in mehr als 150 Meter Höhe fliegendes Flugzeug von 12.000 auf 25.000 Meter.

Auch die einzeln fahrenden Handelsschiffe wurden ab Ende 1942 mit Radar ausgestattet.

Das Asdic dagegen erfaßte und ortete die U-Boote, die in großer Tiefe marschierten. Im Mai begannen Engländer und Amerikaner mit Versuchen an einem Asdic, das die Messung der Tauchtiefe ermöglichen sollte. Im Januar 1943 baute man am Vorderteil der Schiffe einen Projektor ›Q‹ ein: Er wurde in einer solchen Neigung befestigt, daß man ein U-Boot bis auf eine Zielebene von -45 Grad erreichen konnte.

Die Wasserbomben wurden mit immer größerer Sprengkraft

ausgestattet und konnten U-Boote zerstören, auch wenn sie in großer Entfernung detonierten.

Die Amerikaner verwendeten dreizöllige Raketen; die 10 Kilogramm schweren Geschosse ohne Sprengstoff wurden aus 800 Meter Höhe von Flugzeugen abgeschossen und durchschlugen nach einem Weg bis zu 50 Metern im Wasser den Druckkörper eines U-Bootes.

So versenkte ein Swordfish der ›Archer‹ das U 752.

Man begann bei der U-Boot-Jagd eine neue Taktik anzuwenden: die *creeping attack.* Dieser ›Kriechangriff‹ wurde gegen tief getaucht operierende U-Boote angewendet. Sobald ein ›führendes‹ Geleitfahrzeug ein getauchtes U-Boot erfaßt hatte, folgte es ihm in kleiner Fahrt, behielt jedoch Fühlung durch das Asdic. Es setzte mehrere Geleitfahrzeuge in Asdicstille gegen das feindliche Boot in Marsch und ging dann zum Angriff über, der mehrere Stunden lang dauern konnte. Wasserbomben mit Sprengeinstellung in verschiedenen Tiefen wurden reihenweise geworfen, bis das U-Boot getroffen war, beschädigt auftauchen mußte und vernichtet werden konnte[3].

Die von Kapitän F. J. Walker auf seiner Korvette ›Starling‹ befehligte zweite *support group* wurde das As der U-Boot-Bekämpfung durch *creeping attack.*

Diese Maßnahmen führten dazu, daß die U-Boote nur mehr getaucht angriffen. Mitte März erteilte Dönitz diesen Befehl der Gruppe ›Unverzagt‹, die 500 Seemeilen südwestlich der Azoren einen mit Kurs auf Gibraltar und das Mittelmeer laufenden Geleitzug angriff. Keinem der neun U-Boote der Gruppe gelang es, auf Torpedoabschußweite heranzukommen. Die Zerstörer entdeckten sie durch Radarortung bereits auf 15 Seemeilen Entfernung und drängten sie ab, indem sie Wasserbomben warfen. Und der Geleitschutz verfügte über keinen Flugzeugträger, sondern bestand nur aus Überwasserschiffen!

Wohl wurden ein paar Schiffe des Geleitzugs versenkt, doch nur durch getauchte U-Boote.

Ende Mai 1943 wurden die U-Boote überall, auf allen Meeren von den Geleitträgern, Zerstörern und mit Radar ausgerüsteten Flugzeugen gejagt; diese besaßen auch noch *Leigh Lights.* Nachts tauchten die Flugzeuge plötzlich über den U-Booten auf, beleuchteten und bombardierten sie.

Verluste der Alliierten				Deutsche Verluste an U-Booten	
1943	Gesamtverluste Schiffe (BRT)	Verluste durch U-Boote BRT	Verluste, nur im Atlantik Schiffe (BRT)	Gesamt	Atlantik
März	120 (693.389)	627.377	82 (476.349)	16	6
April	64 (344.680)	328.000	39 (235.478)	15	8
Mai	58 (299.428)	265.000	34 (163.507)	41	27[4]

Diese Zahlen zeigen die beträchtliche Verminderung des von den Alliierten verlorenen Schiffsraums und eine bemerkenswerte Erhöhung der Zahl der innerhalb derselben Zeit versenkten deutschen U-Boote.

»Über die Verluste, die wir an diesen beiden Geleitzügen (SC 130 und HX 239) sowie auf den Märschen in allen anderen Seeräumen, besonders in der Biskaya, der Islandpassage und den Aufmarschräumen des Nordatlantik … erlitten hatten, bekam ich erst allmählich Gewißheit. Sie waren mit einem Schlage in die Höhe geschnellt«, schreibt Dönitz.

Der Admiral wußte, daß es im Verlauf des Krieges manchmal Mißerfolge und Krisen gibt, daß man aber nicht verzweifeln darf. Er begriff, daß die Rudeltaktik sich im Nordatlantik nicht mehr anwenden ließ. Er zog die Konsequenz daraus: Man mußte diesen Seeraum aufgeben. Am 24. Mai erteilte er seinen U-Booten den Befehl dazu; sie marschierten ›unter Anwendung aller Vorsichtsmaßnahmen‹ in den Seeraum südwestlich der Azoren ab.

Die Engländer und Amerikaner hatten ›vor allem dank dem Radar‹ diese Runde der Schlacht im Atlantik gewonnen.

In demselben Monat, Mai, hörten plötzlich die Informationen über die Positionen der feindlichen Geleitzüge auf; dem B-Dienst gelang es nicht, den neueingeführten englischen Kode zu entziffern.

Nachdem Dönitz fast alle seine U-Boote aus dem Raum nördlich des 31. nördlichen Breitengrades abgezogen hatte, befahl er denen, die sich noch dort befanden, mehrmals täglich zu funken, um die Alliierten glauben zu machen, daß die Zahl der dort operierenden U-Boote immer noch groß sei. Diese List wurde bald entdeckt.

Dönitz mochte das Problem von allen Seiten beleuchten, er gelangte immer zu dem gleichen Schluß: »Der U-Boot-Krieg zwang die Seemächte, ihre Schiffe in Geleitzüge zusammenzufassen. Allein hierdurch wurde nach ihren eigenen Angaben bis zu einem Drittel mehr Gesamttransportraum benötigt, als wenn die Schiffe unter Ausnutzung ihrer jeweiligen besten Geschwindigkeit den kürzesten Weg über See nehmen konnten, ohne aufeinander zu warten und erst besondere Sammelplätze anlaufen zu müssen ... Der Abwehr gegen die deutschen U-Boote dienten Tausende von Zerstörern, Geleit- und Sicherungsfahrzeugen, und Tausende von Flugzeugen waren auf allen Meeren eingesetzt.«

Dönitz entschloß sich daher, seine U-Boote mit ›umsichtiger Verwendung‹ weiter auf Streifenfahrten einzusetzen, um zu vermeiden, daß alliierte Luftstreitkräfte, die für U-Boot-Bekämpfung nicht mehr benötigt wurden, Bombenangriffe gegen deutsche Städte flogen und daß unnötig gewordene Geleitfahrzeuge für eine zukünftige Landung frei wurden.

XIX

DIE SCHLACHT IM ATLANTIK
(Fünfte Phase: Juni 1943 bis Mai 1944)

Zweite alliierte Offensive gegen die U-Boote im Golf von Biskaya, 20. Juni bis 20. September 1943

Die Engländer hatten ihre Erfolge vom Mai 1943 nicht vergessen, die den neuen, mit *Leigh Lights* ausgerüsteten Lancasters zuzuschreiben waren. Ihre ungenügende Anzahl und die Notwendigkeit ihres Einsatzes auch in anderen Räumen hatte die Offensive unterbrochen.

In London wurde weiter darüber diskutiert, ob man lieber den Bau neuer U-Boote durch Bombardierung von Werften und Fabriken verhindern solle, ob man die U-Boote in den Häfen angreifen solle oder wenn sie auf dem Marsch waren. Die Biskaya war ihr Durchgangsraum, wenn sie aus den französischen Häfen ausliefen oder dorthin zurückkehrten. Die Admiralität sagte: »Dort müssen wir zuschlagen!«

»Ich habe den Eindruck, daß man über diese arme Offensive in der Biskaya schon genug geschrieben hat und wir die nötigen Flugzeuge zusammenziehen … und losgehen müssen«, sagte der Erste Lord der Admiralität zu *Air Marshal* Sir John Slessor.

Die Offensive der Marineluftwaffe wurde mit starken Kräften geführt. Der Raum der Biskaya erstreckte sich über ein großes Rechteck bis etwa 350 Seemeilen von den deutschen Atlantikstützpunkten, zwischen dem 8. und 15. westlichen Längengrad und den Breitegraden von Lorient und El Ferrol. An der Operation nahmen, außer den in England stationierten Flugzeugen des *Coastal Command*, die unter dem Befehl Sir John Slessors standen, die amerikanischen Geschwader von Port Lyautey und Gibraltar, einige *sup-*

port groups und zwei Kreuzer teil. Der Raum ostwärts von Kap Ortegal war den englischen Unterseebooten vorbehalten, die in der Nähe der französischen Küsten patrouillierten, auf U-Boote lauerten und deren Passieren meldeten. Es gab nie mehr als vier englische Unterseeboote; das Oberkommando befand sich in Plymouth. Vom 20. Juni an operierte das Tag und Nacht voll eingesetzte *Coastal Command* unter dem Schutz der Mosquito-Jäger der Gruppe 10 und der Beaufighter der Staffel 248.

Entsprechend der neuen, von Dönitz beschlossenen Taktik mußten die am Tag über Wasser operierenden U-Boote die feindlichen Flugzeuge herankommen lassen und plötzlich mit ihren verstärkten Bordwaffen (zwei Vierlings-MGs, Kaliber 2,0 cm, und ein halbautomatisches, 3,7 cm) das Feuer eröffnen und sie abzuschießen versuchen. Nachts blieben die U-Boote getaucht.

»Das unmittelbare Ergebnis war eine Abnahme der Nachtkontakte unserer Flugzeuge und entsprechende Zunahme tagsüber«, schreibt Roskill. Während der ersten Maiwoche wurden drei aus den Atlantikhäfen ausgelaufene U-Boote – U 332, U 109 und U 663 – bei Tagesangriffen versenkt und drei andere beschädigt. Am 15. wurde das Versorgungs-U-Boot 463 (Kkpt. Wolfbauer), das zu einem Einsatz auslief, von einem Halifax der Staffel 58 versenkt; es war die erste jener interessanten ›Milchkühe‹, die versenkt wurde!

Am 22. Mai 1943 lief U 441 (Kptlt. Götz von Hartmann) aus Brest aus. Am 24. sichtete eine viermotorige Sunderland das U-Boot in der Biskaya, überflog es und kam näher; von Hartmann schoß das Flugzeug ab. Zu seinem Pech war aber der achtere 2-cm-Vierling ausgefallen, und das Flugzeug konnte seine Bomben abwerfen. U 441 wurde getroffen und kehrte beschädigt nach Brest zurück.

Am 8. Juni 1943 wandte U 758 (Kptlt. Manseck) die gleiche Taktik an und erlangte einen gewissen Erfolg. Manseck schrieb in seinem Bericht:

»19.18 Uhr: Angriff im Tiefflug durch einmotorige Träger-Maschine, Typ Lysander, von Steuerbordseite. Wehre mit Bordwaffen ab und erziele während des Anflugs größere Zahl von Treffern. Maschine dreht vor dem Wurf ab und löst vier etwa 80- bis 100-kg-Bomben im Notwurf. Diese liegen 200 Meter an Steuerbord querab. Flugzeug wirft Rauchboje in Nähe ab und fliegt zum Verband zurück.

Setze mich mit Südwestkurs und Höchstfahrt ab, zwei Maschinen, Typ Lysander und Martlet, lösen beschädigte Maschine ab. Sie kreisen in 4000 bis 5000 Meter Entfernung und 3000 Meter Höhe um das Boot, ohne zum Angriff anzusetzen. Zeitweise schießen sie mit Bordwaffen, ohne zu treffen.

19.45 Uhr greift eine neue Maschine, Typ Martlet, im Tiefflug von Steuerbord mit Bordwaffen an. Ich erziele zahlreiche Treffer, Maschine dreht am Heck hart nach achtern ab und wirft vier Bomben. Diese liegen etwa 25 Meter hinter dem Heck. Flugzeug zieht breiten schwarzen Rauchschwaden nach und stürzt in flachem Bogen ab. Kann Bombenflugzeuge etwa 3000 bis 4000 Meter durch Abwehr mit Bordwaffen fernhalten ... Um 20 Uhr greifen zwei Jäger, Typ Mustang, im Tiefflug mit Bordwaffen an. An beiden Maschinen wurden mehrere Treffer beobachtet. Eine beschädigte Maschine fliegt zum Verband zurück und wird durch neue Jäger abgelöst.

Zwei 2-cm-Automaten haben Störung durch direkte Trefferwirkung. Beide Spindeln der Einzellafetten sind durch Einschüsse blockiert. 11 Mann der Flakwaffenbedienung bzw. des Ausgucks sind leicht verwundet. Entschließe mich zum Tauchen.«

Angesichts der Erfolge dieser beiden Einheiten entschloß sich Dönitz, trotz der erlittenen Verluste, diese Taktik ab Ende Mai allgemein zu verwenden. Bis zum 10. Juni blieben die feindlichen viermotorigen Bomber auf Distanz, und die U-Boote konnten die Biskaya durchqueren. Da die Durchfahrt, soweit es möglich war, in Gruppen zu fünf Booten ausgeführt wurde, erreichten sie auf diese Weise eine beachtliche Konzentration der vorhandenen Feuerkraft.

Die Engländer stellten fest, daß der Erfolg ihrer Biskayastreifen ihren Hoffnungen nicht entsprach. Am 14. Juni wurde noch eine Sunderland von einem U-Boot, U 564, abgeschossen. Der Bomber hatte jedoch Zeit gehabt, seine Bomben abzuwerfen und U 564 schwer zu beschädigen, das bald darauf durch eine Whitley der Staffel 10 des *OTU (Operational training unit)* versenkt wurde.

Die Engländer paßten sich an. Ein einziges Flugzeug hielt die Fühlung aufrecht, blieb außerhalb der MG-Reichweite und verlangte Verstärkung. Der Angriff wurde in einer durch Sprechfunk geregelten Ordnung geflogen, wobei zwischen den einzelnen Angriffen eine Pause von etwa einer halben Minute gelassen wurde;

so konnte keine Maschine durch die Sprengkegel der Bomben des vorhergegangenen Flugzeugs getroffen werden. U 155 und U 68, die dieser Taktik zum Opfer fielen, verzeichneten zahlreiche Verwundete unter ihrem Deckpersonal und kehrten zu ihrem Stützpunkt zurück.

Am 20. Juni begann die berühmte zweite *support group,* befehligt von dem gefürchteten Captain F. J. Walker (Starling), in Zusammenarbeit mit den Patrouillen der Gruppen 15 und 19 ihre neue Taktik, die sogenannte *creeping attack,* anzuwenden.

F. J. Walker zwang am 24. Juni nach längerer Verfolgung mittels Wasserbomben, den in ein Versorgungs-U-Boot umgewandelten Minenleger U 119 aufzutauchen und versenkte ihn. Zwei Stunden später erzielte die ›Wren‹ einen Kontakt, und die *support group* F. J. Walkers verfolgte das U-Boot, obwohl es tief getaucht hatte, fünf Stunden lang mit Wasserbomben, die zwischen 150 und 225 Meter Tiefe explodierten. So wurde U 449 vernichtet.

Der Kreuzer ›Scylla‹ kam auf Patrouillenfahrt vor La Pallice, um das Eingreifen der 6 deutschen Zerstörer zu vereiteln, die dort lagen.

Ein von 4 Zerstörern, von Flugzeugen und sogar einem englischen Unterseeboot besonders gesuchtes Unterseeboot war U 180. Dieses Boot hatte Chandra Bose nach Indien gebracht und kam von dort mit einer Ladung von 2 Tonnen Gold zurück. Es gelang ihm Ende Juni, in Bordeaux einzulaufen.

Am 11. Juli nahm U 441 im Golf von Biskaya einen Kampf mit drei feindlichen Jägern auf. Es vernichtete einen, doch hatte die Besatzung, obwohl die Brücke mit gepanzerten Schutzblechen umgeben war, 10 Tote und 13 Schwerverwundete zu beklagen. Der Kommandant, Götz von Hartmann, wurde schwer verwundet, der Bordarzt Dr. Pfaffinger übernahm das Kommando und brachte das Boot glücklich nach Brest zurück.

Beide Gegner bewiesen, im Angriff wie in der Abwehr, Findigkeit und Mut.

Als seine U-Boote im Juni zum erstenmal schwere Verluste – 30 Prozent der Boote auf See! – erlitten, fragte sich Dönitz von neuem, ob es nicht richtig wäre, den Kampf abzubrechen. Opferte man nicht, indem man den Kampf fortsetzte, unnütz die deutsche Jugend?

Lassen wir ihm das Wort:

»Stellten wir den U-Boot-Krieg ein, so mußten diese Kräfte für den Gegner frei werden und konnten an anderer Stelle gegen uns eingesetzt werden.

Um ein Beispiel zu nennen: Die Frage war, ob wir zulassen sollten, daß die Bomberflotten, die der U-Boot-Abwehr gedient hatten, von jetzt ab nach Deutschland flogen und dort zusätzlich nicht abschätzbare Verluste unter der deutschen Zivilbevölkerung verursachten? Sollte der U-Boot-Mann dem zusehen und Frauen und Kindern erklären, sie müßten das ertragen? Den soldatischen Einsatz, der nötig sei, um diese Kräfte fernzuhalten, wolle er nicht mehr auf sich nehmen. Die Frage stellen hieß, sie beantwortet haben ... Ich kam zu dem Schluß, daß wir vor der bitteren Notwendigkeit standen, weiterkämpfen zu müssen[1].«

Dönitz sagt aber nicht, daß es unmöglich gewesen wäre, Hitler, der ihn vor kaum einem halben Jahr zum Großadmiral gemacht hatte, eine solche Entscheidung mitzuteilen.

Dönitz berief Kapitän zur See Rösing, den ›Führer der U-Boote West‹, seine Flottillenchefs, die Korvettenkapitäne Zapp (3. U-Flottille), Schulz (6. U-Flottille), Sohler (7. U-Flottille), Lehmann-Willenbrock (9. U-Flottille) und Kuhnke (10. U-Flottille) nach Berlin und legte ihnen die Situation dar. Die Ansicht der U-Boot-Kommandanten war einhellig: Man mußte weiterkämpfen.

Admiral Dönitz erklärte seinen Offizieren, wie es bei ernsten Situationen seine Gewohnheit war, seine Absicht, seine Zukunftspläne.

Vorerst die unmittelbaren Aufgaben: Durchquerung der Biskaya in Gruppen über Wasser mit verstärkter Flakarmierung. So mußte es noch möglich sein, zu den Jagdräumen durchzustoßen; die U-Boote sollten so weit als möglich von Zerstörern begleitet werden.

Man wollte entlegene Seeräume außerhalb des Aktionsradius der feindlichen Luftwaffe wählen: die Küsten von Brasilien, den Kanal von Mozambique, alle ›weichen Stellen‹, die sich ergeben mochten. Die günstigste lag nördlich der Azoren, ein neues *gap*, das die amerikanischen Geleitzüge durchquerten, die nach Gibraltar und ins Mittelmeer liefen.

Sobald die neuen akustischen Horchtorpedos T 5, ›Zaunkönig‹, aus den Werkstätten kamen, würde man auch sie verwenden. Sie sollten den U-Booten Ende August 1943 geliefert werden.

Im Juli wurden die U-Boot-Verluste größer. Zwischen dem 1. und dem 20. gelang es 75 Prozent der die Biskaya in Gruppen durchquerenden U-Boote durchzukommen. Drei gingen verloren, während von den einzeln fahrenden Booten vier versenkt wurden.

Ende Juli ließ Dönitz zwei U-Boot-Gruppen auslaufen. Sie wurden bis zum 8. Grad westlicher Länge von einigen Zerstörern begleitet, die er hatte auftreiben können. Dann setzten sie ihren Marsch gruppenweise fort. Sie wurden unablässig angegriffen und erlitten Verluste. Weder die zur Hilfe gesandten neun Ju 88 noch die drei Zerstörer konnten sie vor dem Untergang bewahren ...

Der deutsche Admiral zog die Bilanz: In zwei Monaten, Juni und Juli, waren im Golf von Biskaya 16 U-Boote vernichtet worden. Die Gesamtverluste auf allen Kriegsschauplätzen waren gewaltig: 54 Boote! Dönitz dachte keineswegs nur an die Boote, die nicht mehr in ausreichendem Umfang nachgebaut wurden, sondern an seine Männer, Offiziere und Besatzungen, die er gut kannte und liebte.

Am 2. August 1943 faßte er einen schweren Entschluß: Er verbot allen U-Booten auszulaufen. Die auf See im Einsatz standen, sollten unverzüglich heimkehren, getaucht an den spanischen Küsten entlangschleichen. Alle Boote kehrten in ihre Stützpunkte zurück.

Dönitz hatte in den letzten Tagen der Schlacht im Golf von Biskaya eine gewisse Vorsicht bei den Angriffen der feindlichen Flugzeuge feststellen können, trotz der Bodenpanzerung ihrer Kabinen. Daraus zog er einen Schluß: »Die Flakarmierung kann ihre Rolle nur dann wirkungsvoll spielen, wenn sie dem Flugzeug Angst vor dem Angriff einjagt oder es vor dem Angriff abschießt.«

Der starke Gegensatz zwischen Göring und Dönitz schien gemildert, und die Zusammenarbeit zwischen den beiden Wehrmachtsteilen trat in ein neues Stadium ein.

Die Luftwaffe antwortete am 11. Juni 1943 auf ein Dönitz-Memorandum vom Februar und ersuchte den Admiral, seine Anforderungen detailliert bekanntzugeben.

Dönitz antwortete am nächsten Tag und verlangte vor allem eine Jagdbomberstaffel mit weiträumigem Aktionsradius zum Schutz der U-Boote über der Biskaya sowie eine zweite zur Aufklärung der Geleitzüge und Heranführung der U-Boote an diese.

Die Ergebnisse dieser Zusammenarbeit waren praktisch gleich Null. Die Luftwaffe hatte keine Flugzeuge, und ihre Piloten hatten keine Erfahrung auf dem Gebiet einer solchen Zusammenarbeit. Wohl schossen die FW 190 und Me 110 ein paar alliierte Flugzeuge ab, sie waren jedoch den Beaufighters und Mosquitos viel zu unterlegen, um die U-Boote wirksam schützen zu können und selbst alliierten Schiffsraum in dieser Schlacht in der Biskaya zu versenken.

Die alliierte Offensive in diesem Raum des Atlantik hatte etwas länger als drei Monate gedauert. Die *support groups* wurden abgezogen, der Kampf weiter nach Süden, vor Gibraltar und die Azoren verlegt.

Das *Coastal Command* hatte beträchtliche Anstrengungen unternommen und sehr viele Flüge durchgeführt. Zwischen dem 14. Juni und dem 21. September betrug ihre Zahl nahezu 4000, allein von Maschinen mit Stützpunkt in Großbritannien; sie hatten 196 U-Boote gesichtet und bei 78 Angriffen zehn Boote versenkt.

Während der Monate Juni, Juli und August verloren die Deutschen 21 U-Boote im Golf von Biskaya; auf den anderen Kriegsschauplätzen wurden in derselben Zeit 79 Boote versenkt.

Dagegen hatten die Alliierten den Verlust von 58 Handelsschiffen mit 327.081 BRT zu verzeichnen.

Von nun an durchquerten die U-Boote die Biskaya nur noch getaucht, und ihre Verluste waren gering. Zur selben Zeit, Anfang September, stellten die Engländer fest, ›diese Woche haben die U-Boote zum erstenmal in diesem Krieg kein einziges Handelsschiff versenkt‹. Sie wußten nicht, daß neun U-Boote und ein Versorgungsboot mit neuen Empfängern, mit akustischen Torpedos, mit verstärkter Flakbestückung ausgerüstet, auf dem Marsch zum Atlantik waren und daß 13 weitere Boote bereit lagen, um aus den französischen Häfen, sechs andere, um aus Deutschland oder Norwegen auszulaufen …

Im September wurden nur zwei U-Boote, U 669 und U 221, die auf Dönitz' Befehl zu ihrem Stützpunkt zurückkehrten, versenkt und ein drittes beschädigt. In derselben Zeit wurden 13 Flugzeuge der Biskaya-Luftstreife von den U-Booten abgeschossen.

Dönitz wußte nun, daß der Krieg ohne die neuen Walter-U-Boote nicht zu einem siegreichen Ende geführt werden konnte. Der Professor hatte seine Pläne für ein totales U-Boot fertiggestellt. Der Schiffskörper in Fischform, der außer seinen Dieseln eine Wasserstoffsuperoxyd-Turbine besaß – sein Marsch war also lautlos –, war eine Revolution im U-Boot-Bau. Die Boote sollten in Tauchfahrt 18, vielleicht sogar 20 oder 25 Knoten erreichen! Ihr Aktionsradius sollte beträchtlich sein: Er sollte mit den Dieseln das Kap der Guten Hoffnung, ja sogar den Indischen Ozean erreichen, dort drei oder vier Wochen lang operieren und nach Deutschland zurückkehren können, ohne Brennstoff nachzutanken.

Die neuen Instrumente, mit denen sie ausgerüstet werden sollten, ermöglichten, alle Daten, deren sie für den Angriff bedurften, in Tauchfahrt, ohne ein Sehrohr, zu erhalten; der Torpedoabschuß konnte bis in 50 Meter Tiefe erfolgen. Das Boot wurde, wie Flugzeuge, mit einem ›Knüppel‹ gesteuert.

Das Walter-U-Boot sollte den U-Booten die ursprünglichen Vorzüge, die sie verloren hatten, die Lautlosigkeit und den Überrumpelungseffekt, wiedergeben und Hitler-Deutschland den Sieg bringen[2]. Man hatte mit kleinen experimentellen Walter-U-Booten Versuche angestellt, und U 80 hatte große Geschwindigkeiten bei Tauchfahrt erzielt.

Diese U-Boote waren für 1945 vorgesehen; inzwischen ließ Dönitz durch Hitler den Bau eines Bootes genehmigen, das die Profilformen dieses Tauchbootes besaß. Man würde durch Verdopplung der Akkumulatoren-Batterien eine Geschwindigkeit erzielen, die, wenn auch nicht so groß wie die der Walter-U-Boote, dennoch der der Geleitzüge überlegen war.

Die elektrischen U-Boote vom Typ XXI und XXIII[3] konnten schnell und in großer Serie gebaut werden. Professor Walter hatte eine alte holländische Idee aufgegriffen und schlug Admiral Dönitz im Juni 1943 eine Schlauchapparatur vor, die den Dieseln frische Luft zuführen und ihnen so ermöglichen sollte, in Tauchfahrt zu laufen; die Auspuffgase sollten auf dem gleichen Weg abgeleitet werden. So konnte das U-Boot in geringer Tiefe fahren, und es mußte nur diesen Schnüffler, den ›Schnorchel‹, aus dem Wasser ragen lassen. Dönitz war von der Idee eingenommen. Zum Leidwesen der Deutschen erforderten die Fertigstellung und der Einbau auf den Booten viele Monate Zeit. Sie wurden erst im Februar 1944 in Dienst gestellt. Bei der Landung der Alliierten befanden sich acht U-Boote mit Schnorchel auf See.

Hitler hatte für den Bau dieser U-Boote absoluten Vorrang befohlen; er hatte seine Meinung grundlegend geändert und sah nun im neuen U-Boot und in den Geheimwaffen die Mittel, den Sieg davonzutragen, der ihm zu entgleiten schien.

Am 8. Juni 1943 gingen die Boote mit der Genehmigung Hitlers in Serienbau. Nach den Plänen des Rüstungsministers Albert Speer wurden die Boote nicht wie bisher auf einer Werft gebaut, sondern auf verschiedenen Produktionsstätten in acht Sektionen, die erst am Schluß der Fertigung zusammengebaut wurden. Man erzielte so eine beträchtliche Arbeitsersparnis, ein Boot benötigte nur noch 260 Fertigungsstunden anstatt wie bisher 460. In der Werft selbst, wo der Zusammenbau erfolgte, lag das Boot nur noch acht, statt wie bisher vierzig Wochen. Der Rüstungsminister übernahm die Verantwortung für die Erfüllung des Programms, das den Bau von 40 Booten pro Monat vorsah. Ein in Blankenburg errichtetes Büro beschäftigte bis zu 800 Ingenieure.

Ab Herbst 1943 wurden die Bombenangriffe gegen Deutschland verstärkt, sie führten zur Zerstörung von Werften, Fabriken und Bahnlinien. Es gab unvermeidliche Verzögerungen.

Der Torpedo ›Zaunkönig‹

In der zweiten Augusthälfte wurde auf den in den französischen Häfen stationierten U-Booten ein neues Funkmeß-Beobachtungsgerät, ›Hagenuk‹, eingebaut. Aus den deutschen Fabriken kamen auch die ersten akustischen Torpedos T 5, genannt ›Zaunkönig‹. Der Torpedo wurde durch seinen Suchkopf vom Schiffsschraubenlärm der feindlichen Schiffe angezogen und explodierte unter ihrem Heck. Jedes U-Boot erhielt vor dem Auslaufen vier solcher Torpedos, mit denen es vor allem die Geleitschiffe angreifen sollte. Ein Umstand, der Dönitz durch den B-Dienst zur Kenntnis gebracht wurde, veranlaßte ihn, die ›Zaunkönig‹-Gruppe eiligst auslaufen zu lassen: Ihre Boote waren die ersten, die mit solchen Torpedos ausgerüstet waren.

Beim letzten Bombenangriff auf Hamburg im Juli hatte eine große Zahl von britischen viermotorigen Bombern der 15. und 19. Gruppe dem *Coastal Command* angehört. Diese Maschinen waren durch das Fehlen der U-Boote im Atlantik verfügbar geworden, eine Folge seines Befehls vom 24. Mai. Es war unbedingt notwendig, diese Flugzeuge ehestens zu binden, um sich von den deutschen Städten fernzuhalten. Ende August liefen etwa zwanzig U-Boote aus den französischen Atlantikstützpunkten; sie hatten Befehl, tagsüber und sogar nachts, mit Ausnahme der Zeit, die für das Aufladen der Batterien erforderlich war, getaucht zu fahren. Die Luftwaffe stellte trotz des Ersuchens des Admirals kein Flugzeug zur Verfügung, um den ersten Tag ihres Marsches zu sichern. »Mit größter Spannung verfolgten wir den Ausmarsch der Ende August nach dem Nordatlantik entsandten Boote durch die Biskaya«, schreibt Dönitz. »Würde das neue Funkmeß-Beobachtungsgerät sie besser als die bisherigen vor überraschenden Flugzeugangriffen schützen?[4]«

Nun blieb aber die Zahl der alliierten Angriffe während der Fahrt gering.

»Dies zeigte, daß sich die Verhältnisse anscheinend entscheidend gebessert hatten«, schloß Dönitz, »was nur dem neuen Hagenuk-Gerät zu verdanken sein konnte. Tatsächlich ging beim Marsch der ›Zaunkönig‹-Gruppe durch die Biskaya kein Boot verloren. Bis zum Mai 1944 gerieten von jetzt ab in diesem Seegebiet durchschnittlich nur noch ein bis zwei U-Boote monatlich in Verlust. Das Gefühl der Erleichterung, mit dem wir diese Entwicklung beobachteten, war groß.«

In der ersten Septemberwoche stellten dagegen die Alliierten mit Befriedigung fest, daß die U-Boote in letzter Zeit kein Handelsschiff versenkt hatten. Die Ruhe hielt aber nicht an. Am 16. September bildeten die 20 U-Boote der ›Zaunkönig‹-Gruppe, nachdem sie sich bei U 460 mitten im Atlantik versorgt hatten, eine Sperre, um den langsamen Geleitzug ONS 18 (27 Schiffe) abzufangen. Am 20. begann das Rudel im Planquadrat AJ 9522, südlich von Grönland, seine Unterwasserangriffe und vernichtete sofort zwei Schiffe; ein heftiger Gegenangriff der Luftsicherung verjagte es. Die Fühlung mit dem Geleitzug riß ab.

Ein anderer, schneller Geleitzug, ON 202, befand sich in der Nähe des Kampfgebietes und wurde von einem U-Boot gesichtet. Er wurde angegriffen und verlor zwei Handelsschiffe; die Fregatte ›Lagan‹ wurde durch einen akustischen Torpedo beschädigt. Man schleppte sie in den Hafen.

Geleitschiffe, Flugzeuge trafen zur Verstärkung ein; an diesem 20. September 1943 wurde U 338[5] durch ein neues, von den Engländern zum erstenmal verwendetes Gerät versenkt; ein amerikanischer akustischer Lufttorpedo, abgeschossen durch eine Liberator der Staffel 120! Die Gegner stellten also gleichartige Waffen in Dienst. Am selben Abend befahl der für die *Western Approaches* zuständige Abschnittskommandant den beiden Geleitzügen, sich samt ihren Sicherungsfahrzeugen gemeinsam dem Befehl von Fregattenkapitän Evans zu unterstellen.

Beide Seiten erhielten Verstärkungen: Liberators, *support groups* auf englischer, acht U-Boote auf deutscher Seite. Die erbitterte Schlacht dauerte fünf Tage. Neunzehn U-Boote versenkten sechs Handelsschiffe (36.422 BRT) und die Geleitfahrzeuge ›Saint Croix‹, ›Polyanthus‹ und ›Itchen‹ und beschädigten die ›Lagan‹. Die Deutschen jubelten über ihren Sieg und meldeten die Versenkung von neun Handelsschiffen (46.000 BRT) und zwölf Zerstörern. Sie verloren U 338, U 229 und U 341.

Die Engländer hatten selbst einen akustischen Torpedo entwikkelt und fanden natürlich eine Gegenmaßnahme für den T 5: den ›Foxer‹[6], ein lärmendes Metallding, das von den Schiffen nachgeschleppt wurde. Es zog wohl die ›Horchtorpedos‹ auf sich, hatte aber den großen Nachteil, die Arbeit des Asdics zu stören.

Dennoch versenkten die Torpedos T 5 zwischen September 1943 und Mai 1944 nicht weniger als 25 Geleitfahrzeuge. Im Frühjahr 1943 wurden diese Torpedos verbessert; das FAT-System befähigte sie, dem Zickzackkurs eines Schiffes auf seinem mittleren, zum geradlinigen Teil des Kurses senkrechten Weg zu folgen. Die Deutschen gaben sich damit nicht zufrieden. Erst im Frühjahr 1944 gelang es ihnen, das LUT-System (lagenunabhängiger Torpedo) einzusetzen. Der LUT folgte auch einem Zickzacklauf auf einer mittleren Bahn, doch konnte diese zu dem geradlinigen Teil der Torpedobahn in einem beliebigen Winkel stehen. Das war wirklich der Torpedo mit dem Suchkopf für alle möglichen Auftreffwinkel. Das Aktionsfeld dieser LUT-Torpedos war also überaus breit. Dessen ungeachtet waren für sehr schnell laufende Ziele die Torpedos mit geradliniger Laufbahn weiterhin erforderlich, da der Abschuß des LUT einen sehr langen Lauf voraussetzte. Es gab auch noch andere Nachteile.

Im November 1943 blieben die U-Boote tagsüber unter Wasser und jagten nachts mittels der von der Luftaufklärung gelieferten Angaben.

Dönitz war vorerst mit den erzielten Ergebnissen zufrieden, erkannte dann aber, daß die in den nächsten Monaten vorgenommenen Verbesserungen der Bewaffnung nicht genügen würden, um den deutschen Booten ihre einstige Wirksamkeit wiederzugeben. Man mußte den Gruppenangriff gegen die Geleitzüge aufgeben und sich darauf beschränken, den Krieg so sparsam wie möglich weiterzuführen, mit dem Ziel, starke feindliche Kräfte zu binden.

Die MAD-Sperre

In der ersten Januarhälfte des Jahres 1944 traf in Port Lyautey eine amerikanische Catalina-Staffel mit einem neuen System zur U-Boot-Bekämpfung ein: der *Magnetic Air Detector* (MAD), das Magnetische Luftortungsgerät.

Während die deutschen U-Boote früher die Straße von Gibraltar nachts in Überwasserfahrt durchquert hatten, zwangen sie die seit November 1942 mit *Leigh Lights* ausgerüsteten Flugzeuge zu tauchen. Da das Mittelmeer stärkeren Salzgehalt und größere Dichte aufweist als der Atlantik, besteht eine ständige Strömung vom Mittelmeer zum Atlantik in den Tiefen der Meerenge sowie eine leichte Gegenströmung weniger dichten Wassers an der Oberfläche. Die U-Boote nützten nun diese Strömungen aus, indem sie sich nachts der Einfahrt der Straße auf atlantischer Seite näherten, bei Morgengrauen tauchten und nur gerade so viel Fahrt behielten, um getaucht zu bleiben und sich von der Strömung, die 2 Knoten erreichen konnte, ins Mittelmeer tragen zu lassen. Die Zerstörer wurden durch die neutrale Dreimeilenzone und durch Ortungsschwierigkeiten behindert. Die MAD-Sperre war 4 Meilen lang und bestand aus zwei nahe aneinanderliegenden parallelen Linien. Über dieser Sperre patrouillierten gleichzeitig zwei Flugzeuge in 45 bis 60 Meter Höhe; sie konnten ein 60 Meter tief getauchtes U-Boot bis zu 90 Meter Horizontalentfernung orten. Da die Flugzeuge alle ein bis zwei Minuten vorbeiflogen, war es für ein U-Boot praktisch unmöglich, der Entdeckung zu entgehen. Wenn ein Flugzeug Fühlung fand, warf es ein *phoscar* als Positionsmarke; durch Abwurf je eines *phoscars* bei mehreren Vorbeiflügen nacheinander zeigte es dem Zerstörer den Kurs des U-Bootes an. So wurde U 761 am 24. Februar 1944 von Flugzeugen geortet, die zuerst *phoscars,* dann 30-kg-Raketenbomben warfen. Vorerst hatten sich die englischen Zerstörer ferngehalten; nach dem Luftbombardement warfen die Zerstörer ›Anthony‹ und ›Wichart‹ an den Stellen, wo die Bomben der Catalina detoniert waren, Wasserbomben ... Plötzlich tauchte das U-Boot auf, die Mannschaft begann auszusteigen. Die Zerstörer eröffneten darauf das Feuer, während neue Flugzeuge herankamen und das U-Boot mit Bomben eindeckten. Man sah, wie sich sein Vordersteven in 20 Grad von der Horizontalen hob, dann versank das Boot. Der Angriff hatte 45 Minuten gedauert, 48 Mann des U 761 konnten gerettet werden.

Im März versuchten drei U-Boote die Straße zu durchqueren. U 492 wurde versenkt, ein anderes machte kehrt, einem einzigen gelang es durchzukommen. Von den zwölf U-Booten, die während der ersten drei Monate des Jahres vor der Straße von Gibraltar erschienen, gelangten nur neun ins Mittelmeer. Am 15. Mai wurde U 731 durch ein MAD-Flugzeug entdeckt und von einem Zerstörer versenkt. Die Engländer setzten dort ihre besten Streifen und Flugzeuge ein[7].

Neue Schlacht in den Western Approaches,
19. Januar bis 24. Februar 1944

Etwa Mitte Januar beschloß Dönitz, in den *Western Approaches,* jenem Seeraum rund um Großbritannien, wo die ersten Angriffe seiner U-Boote im Jahre 1940 stattgefunden hatten, eine Offensive zu starten. Er ordnete seine U-Boote in einem Kreisbogen, der von den Färöer Inseln bis Brest reichte, ungefähr 250 Meilen von den britischen Inseln entfernt, an. Sie sollten immer getaucht fahren, die Zeit zur Ladung der Batterien ausgenommen. Die Luftwaffe war beauftragt, ihnen als Aufklärung zu dienen.

Die deutschen Flugzeuge meldeten Fühlung mit einem Geleitzug nordostwärts von Irland, da sie die Fühlung aber nicht aufrechterhalten konnten, fanden die benachrichtigten U-Boote die

Schiffe, die wahrscheinlich der Verbindung OS 65–KMS 39[8] angehörten, nicht mehr.

Nur U 641 sichtete einige Schiffe, wurde aber am 19. selbst von der Korvette ›Violet‹, einem Geleitfahrzeug, südwestlich von Irland versenkt.

Inzwischen verstärkten die Engländer ihren Lufteinsatz mit der Gruppe 19, Liberators mit *Leigh Lights* und Wellingtons. Den Deutschen gelang es, weniger als 270 Meilen von Malin Head, Gruppen von acht bis elf U-Booten zu sammeln, um die Geleitzüge auf der Durchfahrt zum Nordkanal abzufangen.

Die Engländer fingen beim Abhören des feindlichen Funkverkehrs am 27. die Meldung eines Flugzeuges auf, das die Position zweier großer Geleitzüge (wahrscheinlich ON 221 und OS 66-KMS 40) durchgab. Die beiden Gegner holten Verstärkungen heran. Der B. d. U. ließ trotz der Risiken und trotz eines Irrtums der Luftwaffe den ON 221 von Booten in Überwasserfahrt suchen.

Die Reaktion der Alliierten ließ nicht auf sich warten: U 271 wurde durch eine Liberator der *US-NAVY*, U 571 durch eine Sunderland der Staffel 461 versenkt. Am nächsten Tag gaben die U-Boote die Verfolgung auf. Captain Walker, Kommandant der zweiten *support group*, lag vor Malin Head und nahm Kurs nach Südwesten, um einen Geleitzug zu sichern. Am Morgen des 31. meldete die ›Wild Goose‹ (Kkpt. D. E. G. Wemyss) einen Kontakt. Der Geleitträger ›Nairana‹ ließ seine Flugzeuge sofort aufsteigen, während die ›Wild Goose‹ Wasserbomben warf, um den Geleitträger, der angegriffen werden konnte, zu schützen.

Die ›Starling‹ näherte sich mit großer Fahrt und wendete die Taktik der *creeping attack* an. Dann warf sie 14 Wasserbomben, deren Explosionen so stark waren, daß alle Schiffe in der Umgebung erzitterten. Und Walker, der die See beobachtete, während sie langsam wieder ihr normales Aussehen annahm, wartete. Die Trümmer eines U-Bootes kamen nach oben; es waren die des U 592, das sich, noch von einem vorhergegangenen Luftangriff beschädigt, auf der Rückfahrt zu seinem Stützpunkt befunden hatte.

Am 7. Februar begegnete Walker den vereinigten Geleitzügen SL 147–MKS 38, während andere Geleitzüge an der Nordwestspitze von Irland vorbeiliefen. Dönitz wurde durch Flugzeuge über die Anwesenheit der Geleitzüge und ihren Kurs benachrichtigt. Sofort sandte er elf U-Boote, die Hälfte seiner verfügbaren Schiffe, gegen SL 147–MKS 38, während die andere Hälfte die beiden anderen Konvois angreifen sollte[9]. Die Engländer sichteten die über ihnen in großer Höhe kreisenden deutschen Flugzeuge, sie hörten ihre Funksprüche. Die von den Flugzeugträgern aufgestiegenen Maschinen versuchten vergeblich, sie abzuschießen.

Am 8. Februar um 11.07 Uhr, nach einem von der ›Starling‹, der ›Wild Goose‹ und der ›Woodpecker‹ geführten, 47 Minuten dauernden Angriff, versenkte die ›Woodpecker‹ U 762 mit 22 Wasserbomben.

»Die feindlichen Flugzeuge waren in der folgenden Nacht über den Geleitzügen geblieben, doch die einzige Folge ihrer Bemühung, die U-Boote heranzubringen, war die, daß sie noch zwei Boote in die tödlichen Krallen von Walkers kleinen Schiffen brachten«, schreibt Roskill.

Walker, der berühmteste von allen *support-group*-Kommandanten, sollte in den nächsten Tagen bei den Angriffen der U-Boote gegen die Geleitzüge SL 147–MKS 38, HX 277, ON 224 und ONS 29, die zwischen dem 29. Januar und dem 24. Februar unterwegs waren, noch weitere Erfolge erzielen. Walker fuhr mit seiner 2. *escort group*, bestehend aus ›Starling‹, ›Wild Goose‹, ›Woodpecker‹, ›Kite‹ und ›Magpie‹, von einem Geleitzug zum anderen und verfolgte die von den Aufklärungsflugzeugen gemeldeten U-Boote. Die Taktik des ›Kriechangriffes‹, der *creeping attack*, wurde von der Gruppe täglich weiter verbessert, die Einheiten der Gruppe spielten in genauer Kenntnis der Möglichkeiten des Gegners und seiner Fluchtgewohnheiten das aufgespürte U-Boot einander zu wie einen Ball.

So wurden durch diese Gruppe am 31. Januar 1944 U 592, am 8. Februar U 762, am 9. Februar U 238 und U 734, am 11. Februar U 424 versenkt, während die Fregatte ›Spey‹ am 18. Februar U 406 und am folgenden Tag U 386 versenkte.

U 406 wurde am 18. Februar um 3.20 Uhr nachmittags in der Nähe des Geleitzugs ONS 29 versenkt, wobei die Engländer 45 Überlebende aus dem Wasser zogen. Unter ihnen befand sich eine Gruppe von Ingenieuren, von Wissenschaftlern, die neue deutsche Radarabwehrapparate ausprobierten. Als sie später befragt wurden, lieferten sie den Engländern nützliche Angaben über die deutsche Elektronentechnik.

Commander Walkers 2. *escort group* hatte also 27 Tage lang gegen mehrere U-Boot-Gruppen gekämpft, hatte allein sechs der elf vernichteten Boote versenkt, drei davon in weniger als siebzehn Stunden.

Zwölf große Geleitzüge hatten die *Western Approaches* durchquert, zwei waren keinen ernsten Angriffen ausgesetzt gewesen. Die U-Boote verzeichneten zwei Erfolge: die ›Woodpecker‹ und ein Nachzüglerfrachter wurden torpediert. Außerdem wurden zwei Flugzeuge des *Coastal Command* abgeschossen.

Wieder hatte sich Walker bei dieser Schlacht durch seine Ausdauer und Erfahrung ausgezeichnet. Die 2. *group* hatte sich wie eine erstklassig trainierte Fußballmannschaft verhalten; es wurden ungefähr 650 Wasserbomben abgeworfen. Als die ›Starling‹, die ›Wild Goose‹ und die ›Magpie‹ am 25. Februar am Gladstone-Kai in Liverpool einliefen, wurden sie vom Jubel zahlreicher Seeleute und Dockarbeiter empfangen.

Die Affäre Eck

Im Februar 1944 lief eine neue Gruppe von sechs Booten zum Indischen Ozean aus, von denen nur fünf ihr Ziel erreichten, da U 177 am 6. Februar durch eine Liberator westlich der Insel Ascension versenkt wurde. U 852 (Kptlt. Heinz Eck) begegnete bei seiner Fahrt durch den Südatlantik einem griechischen Schiff, der ›Peleus‹ (4695 BRT). Die ›Peleus‹ fuhr allein von Freetown nach Buenos Aires, als sie am 13. März nordostwärts der Insel Ascension von U 852 mit zwei Torpedos angegriffen und versenkt wurde (Quadrat FF, 2 Grad Süd, 10 Grad Ost). Eck wollte, daß von der Torpedierung keine Spur zurückbliebe, und beging den unmenschlichen und allen Seetraditionen widersprechenden Akt, die überlebenden Schiffbrüchigen mit Maschinengewehren zu beschießen. Drei von ihnen entkamen dem Massaker, und es gelang ihnen, sechs Wochen später die portugiesische Westküste Afrikas zu erreichen.

Inzwischen fuhr U 852 in den Indischen Ozean. Es versenkte am 1. April durch zwei Torpedos das britische Schiff ›Dahomian‹ mit 7000 BRT. Am 3. Mai sichtete ein in Aden stationiertes Flugzeug der *RAF* das U-Boot vor der Insel Sokotra, griff es an und beschädigte es durch Bomben so schwer, daß der Kommandant sich entschloß, sein Boot zu versenken. Kapitänleutnant Heinz Eck, der mit seiner Mannschaft in Gefangenschaft geriet, wurde später angeklagt, die Schiffbrüchigen der ›Peleus‹ mit Maschinengewehren beschossen zu haben. Er wurde im Oktober 1945 mit seiner Mannschaft in Hamburg vor ein britisches Kriegsgericht gestellt. Heinz Eck, drei seiner Offiziere und ein Unteroffizier wurden zum Tod verurteilt und am 30. November 1945 erschossen. Mehrere Mitglieder der Besatzung erhielten Gefängnisstrafen.

Karl Dönitz versuchte, bei seiner Vernehmung im Prozeß seinen Offizier zu retten. Er erklärte: »Ich möchte aber doch sagen, daß der Kapitänleutnant Eck vor einer ganz schweren Entscheidung stand. Er hatte die Verantwortung für sein Boot und für seine Besatzung, und diese Verantwortung wiegt im Krieg schwer. Wenn er also aus dem Grund, d. h. weil er glaubte, sonst entdeckt und vernichtet zu werden – diese Annahme war nicht unbegründet, denn im selben Seeraum wurden in der gleichen Zeit, wie ich glaube, vier U-Boote gebombt –, wenn er also aus diesem Grund zu diesem Entschluß kam, so würde ein deutsches Kriegsgericht das zweifelsohne berücksichtigt haben. – Man sieht, glaube ich, nach dem Kriege die Dinge doch anders, und man ist nicht erfüllt von der großen Verantwortung, die so ein armer Kommandant hat[10].«

An anderer Stelle schreibt der deutsche Admiral: »Ich konnte das Verhalten des Kommandanten nicht billigen, weil der Soldat von den sittlichen Grundsätzen der Kampfführung nicht abgehen darf.«

[illegible]

[illegible]

[illegible]

XX

UNTERSEEBOOTE IM MITTELMEER
(Januar 1943 bis August 1944)

Nach dem Gelingen der Operation ›Torch‹ im November 1942 hatte der Marsch auf Tunis begonnen. Die Deutschen landeten Truppen auf dem Vorgebirge, das das Mittelmeer teilt, während Rommel, verfolgt von der britischen 8. Armee, die Marethlinie entlang in Richtung Tunis marschierte. Die Alliierten führten ihre Armeen von Bougie und Bône gegen Biserta. Der Erfolg zukünftiger Operationen hing von der Einnahme dieses Hafens ab.

Es war erforderlich, den Westraum des Mittelmeeres von deutschen Schiffen zu säubern, ehe man das große Abenteuer einer ersten Landung auf fremdem Gebiet, zuerst Sizilien (Operation ›Husky‹), dann Italien (Operation ›Avalanche‹), die Landung in der Bucht von Salerno, in Angriff nahm. Die deutsche Luftwaffe, die Bougie, Bône und die alliierten Transporte bombardierte, war nur schwer auszuschalten.

Nun liefen aber aus Toulon und Pola[1] die Unterseeboote der Achse aus, die den Verkehr der mit Truppen und Kriegsmaterial beladenen alliierten Transporter zu stören trachteten.

Sie unschädlich zu machen, war Aufgabe der *swamp operations.*

Angriff der britischen ›Chariots‹ auf Palermo

Eine erste Operation war unerläßlich, denn die in den Häfen von Palermo und Maddalena liegenden italienischen Überwasserschiffe, prächtige Kreuzer, waren eine ständige Bedrohung.

Im Januar 1943 wurden zwei britische Unterseeboote, ›Trooper‹ und ›Thunderbolt‹, dazu verwendet, die ›Chariots‹, bemannte Torpedos, zu befördern, die gegen die italienischen Schiffe eingesetzt werden sollten. In der Nacht vom 2. zum 3. Januar 1943 drangen die ›Chariots‹, die unter dem Befehl von Kapitän zur See G. M. S. Sladen, einem hervorragenden Offizier, und Spezialisten in der Ausbildung von Froschmännern standen, in den Hafen von Palermo ein. Sie zerstörten den leichten Kreuzer ›Ulpio Traino‹ (3362 Tonnen) und beschädigten einen großen Passagierdampfer und drei U-Boot-Jäger. Zwei ›Chariots‹ samt Besatzung gingen verloren. Den anderen gelang es nicht, zu den Unterseebooten, die sie auf See erwarteten, zurückzukehren. Ihre Besatzungen wurden von den Italienern gefangengenommen, die Boote erbeutet. Die Briten verloren auch das Unterseeboot P 311, wahrscheinlich durch eine Mine. Diese Episode war nur ein Zwischenfall in dem Kampf, den die Unterseeboote einander in den ersten fünf Monaten des Jahres 1943 lieferten.

Swamp operations

Die Italiener patrouillierten mit einem Dutzend Unterseebooten im westlichen Mittelmeerraum; sie verursachten den Alliierten wenig Verluste, verglichen mit denen, die auf das Konto der deutschen U-Boote gingen, und erlitten selbst schwere Einbußen: die Unterseeboote ›Narvalo‹, ›Tritone‹, ›Santorre‹, ›Santarosa‹, ›Avorio‹, ›Malachite‹, ›Asteria‹, ›Mocenigo‹ und ›Gorgo‹ gingen verloren; ein neuntes Boot, die ›Delfino‹, sank nach einem Zusammenstoß.

Die Deutschen verloren in den ersten fünf Monaten des Jahres 1943 zwölf Boote: U 224, U 301, U 442, U 205, U 562, U 443, U 83, U 77, U 602, U 303, U 414, U 755.

Diese Verluste kamen zu denen im Golf von Biskaya und im Atlantik hinzu, die im gleichen Zeitabschnitt sehr hoch waren.

Zwei von diesen zwölf Booten wurden von englischen Unterseebooten versenkt, die sich gewissermaßen darauf spezialisiert hatten, Boote ihresgleichen über Wasser zu torpedieren: Am 21. Januar bohrte die ›Sahib‹ U 301 westlich von Korsika in den Grund, und am 21. Mai versenkte die ›Sickle‹ U 303 vor Toulon.

Allmählich nahm die Zahl der deutschen und italienischen Unterseeboote im Mittelmeer ab, da keinem neuen Boot der Durchmarsch durch die Straße von Gibraltar gelang, die durch die MAD-Sperre gesichert wurde.

Zwischen Januar und Mai 1943 verloren die Engländer sieben Unterseeboote: ›Tigris‹, ›Thunderbolt‹, ›Regent‹, ›Splendid‹, ›Sahib‹ und P 311. Besonders tragisch war das Ende der ›Turbulent‹. Das Boot befand sich auf seiner neunten Patrouillenfahrt und kehrte von Malta nach England zurück. Der Kommandant, Korvettenkapitän J. W. Linton, sollte abgelöst werden. Die ›Turbulent‹ griff am 11. März vor Bastia italienische Frachter an; sie wurde das Opfer eines von italienischen Schnellbooten geführten Gegenangriffs. J. W. Linton erhielt postum das *Victoria Cross.*

Nach Besetzung der französischen Mittelmeerhäfen hatten die Italiener zahlreiche französische Schiffe beschlagnahmt und benutzten sie. Das erklärt die hohe Tonnage der von den alliierten Unterseebooten in diesen fünf Monaten versenkten Italiener: 78 Schiffe mit 131.857 BRT. Die Deutschen verloren im gleichen Zeitraum nur 11 Schiffe mit 29.545 BRT. Das alles waren Schiffe mit geringer Tonnage …

In der zweiten Maihälfte fuhr der erste englische Geleitzug nach einer seit Mai 1941 währenden Unterbrechung von Gibraltar nach Alexandria!

Im März 1943 verfügten die Engländer über 32 Unterseeboote im Mittelmeer, abgesehen von den griechischen und polnischen Booten und denen der Freien Französischen Streitkräfte.

Polnische Unterseeboote

Die polnischen Unterseeboote im Mittelmeer waren recht aktiv; die ›Sokol‹ (Boris Karnicki) patrouillierte dort seit Sommer 1941. Bei den Bombenangriffen auf Malta im März 1942 wäre sie fast versenkt worden, führte dann jedoch mehrere Angriffe in der Adria durch, wo sie nach dem italienischen Waffenstillstand vom 9. September 1943 als erste eindrang und die ›Eridania‹ (7095 BRT) vor Pola versenkte. Dann fuhr sie ins Ägäische Meer und vernichtete Barken und eine Anzahl kleiner deutscher Schiffe.

Die ›Sokol‹ wurde zwecks Überholung und Reparaturen nach England geschickt, kehrte, nun unter Befehl von Korvettenkapitän Kosiolskowski, ins Mittelmeer zurück und setzte seine Tätigkeit fort.

Ein anderes polnisches Unterseeboot, die ›Dzik‹ (Kkpt. S. B.

Romanowski), beschädigte den Tanker ›Carnaro‹ (8400 BRT) und versenkte einen kleinen Tanker sowie ein Passagierschiff mit 6000 BRT ... Bei der Befreiung Korsikas befand sich die ›Dzik‹ vor Bastia; sie versenkte das Handelsschiff »Nikolaus« (6793 BRT). Man mußte die Besatzung des Unterseebootes fast mit Gewalt daran hindern, an der Küste Korsikas zu landen und die ersten französischen Soldaten zu unterstützen, die auf der Insel Fuß faßten.

Der Mut der polnischen U-Boot-Leute war beispielhaft, sowohl zu Beginn der Kampfhandlungen, bei ihrem Entweichen aus dem Vaterland wie auch bei verschiedenen Aktionen, die sie insbesondere im Mittelmeer durchführten.

Erste Fahrten von U 453

Charakteristisch für die Tätigkeit der deutschen U-Boote im Mittelmeer und ihr unvermeidliches Ende ist die Geschichte von U 453, des Veteranen in diesem Seeraum:

U 453 war am 26. April 1941 in Kiel vom Stapel gelaufen; seine Patin war die Stadt Nürnberg. Am 12. November 1941 verließ es Kiel unter dem Kommando von Kapitänleutnant Egon Freiherr von Schlippenbach und machte sich auf den üblichen Nordkurs: die Shetlands, die Färöer. Dann durchquerte es ohne Hindernis die Biskaya und erschien am 9. März 1941 um 6 Uhr morgens vor Gibraltar. Von Schlippenbach machte sich daran, die Straße zu durchfahren; er besaß keine genaue Seekarte der Meerenge.

Kurz vor der Einfahrt wurde U 453 mit Wasserbomben angegriffen, doch niemand an Bord erfuhr jemals, ob es sich um einen wirklichen Angriff gegen ein U-Boot oder um eine automatische Routineverteidigung gehandelt hatte. Das Boot blieb unversehrt. Von Schlippenbach befahl völlige Stille und nahm Kurs nach Osten. Er fuhr am Rand der Straße so tief wie möglich und stieß oftmals auf Grund. Einmal ging er auf Sehrohrtiefe. Er sichtete an Backbord den Felsen von Gibraltar und einen großen Zerstörer. Endlich tauchte er in freier See auf. Am 13. Dezember torpedierte er um 18.05 Uhr vor der spanischen Küste den spanischen Tanker ›Badalona‹ (4202 BRT) und versenkte ihn, dann fuhr er weiter zu seinem neuen Stützpunkt Pola.

U 453 führte im Jahre 1942 sieben Feindfahrten im Mittelmeer durch. Es berührte oft Salamis, um sich dort zu versorgen. In diesen elf Monaten war von Schlippenbach nicht gerade vom Glück begünstigt. Er versenkte kein Schiff; nur der englische Frachter ›Somersetshire‹ mit 9716 BRT (den er mit einem Torpedo versenkt zu haben glaubte) wurde am 7. April vor Marsa Matruch von ihm beschädigt.

Wiederholt gab es Betriebsunfälle. Bei der ersten Ausfahrt im Mittelmeer zwang ihn ein Maschinenschaden an den Dieselmotoren, kehrtzumachen und nur mit Elektromotoren zu fahren. Er unternahm eine Feindfahrt vor Tobruk, ohne ein feindliches Fahrzeug zu sichten, als Rommel am 20. Juni 1942 die Stadt und den Hafen eroberte; ein längerer Aufenthalt in den seichten Gewässern vor El Alamein folgte, dann eine Patrouille vor Jaffa, wo es viele Minenfelder gab … Eines Tages wäre U 453 um ein Haar verloren gewesen, und zwar infolge schlechter Befehlsübermittlung: Es tauchte bei einem Angriff alliierter Flugzeuge mit starker Neigung, während seine beiden Elektromotoren höchste Drehzahl liefen, und sein Vordersteven stieß mit großer Heftigkeit auf Grund … Das solide gebaute Boot überstand den Stoß, war aber so schwer beschädigt, daß es nach Rückkehr zu seinem Stützpunkt vom 21. Juli bis 3. September in Reparatur blieb. Die Pause ermöglichte es der Besatzung, sich auszuruhen. »Gute Nahrung, gute Laune«, sagte von Schlippenbach.

Dann kreuzte U 453 vor Bougie und patrouillierte später, ›mit der Regelmäßigkeit einer Uhr‹, im Dreieck Bougie, Balearen, Sardinien, immer noch ohne ein einziges feindliches Schiff zu versenken, was die Besatzung ärgerte; währenddessen vernichteten die anderen U-Boote: U 431 (Kkpt. Dommes) am 20. Mai den britischen Tanker ›Eocene‹ (4216 BRT), am 10. Juni den englischen Dampfer ›Havre‹ (2073 BRT), am 10. November den englischen Zerstörer ›Martin‹, am 13. den holländischen Zerstörer ›Isaac Sweers‹; U 565 (Kptlt. Johann Jebsen) am 11. März den englischen Tanker ›Naid‹ (5450 BRT); U 31 (Kptlt. von Tiesenhausen) zeichnete sich aus, indem es am 9. November vor Algier den Amerikaner ›Leedstown‹ (9135 BRT) in den Grund bohrte und mehrere Schiffe beschädigte, und U 81 (Kptlt. Guggenberger) versenkte 8444 BRT alliierter Schiffe.

Dönitz gratulierte den U-Booten, die unmittelbar an den Siegen Rommels beteiligt waren.

Die italienischen Unterseeboote waren nicht weniger aktiv.

Das ›Mocenigo‹ (Kkpt. Paolo Monechi) versenkte am 14. März den französischen Dampfer ›Sainte-Marcelle‹ (1518 BRT); das ›Aradam‹ (Kptlt. Oscar Gran) versenkte den britischen Zerstörer ›Havock‹; das ›Axum‹ (Kptlt. Renato Perrini) torpedierte am 6. April den Engländer ›Cairo‹ (4200 BRT) und beschädigte die ›Ohio‹ (9514 BRT); das ›Platino‹ (Kptlt. Roberto Rigoli) verzeichnete einen großen Erfolg mit der Versenkung des Engländers ›Nakunda‹ (16.632 BRT) am 13. November; das ›Ambra‹ (Kptlt. Mario Arillo) versenkte ein Schiff und beschädigte mehrere andere …

Bei der sechsten Feindfahrt des U 453 gab es bei einem Spezialübungsschießen einen Rohrkrepierer: ein Matrose wurde getötet, zwei schwer verletzt. Man mußte unverzüglich den Rückmarsch antreten. Der Matrose wurde in La Spezia begraben.

Einmal jedoch, am 26. September 1942, dem dreizehnten Tag der siebenten Patrouillenfahrt – die Alliierten waren bereits in Algier –, griff von Schlippenbach vor Bougie feindliche Zerstörer an. Er schoß vier Torpedos ab, doch keiner traf. Dagegen wurde U 453 heftig mit Wasserbomben angegriffen und erlitt ein Leck im Vorderschiff. Nachdem die Zerstörer sich entfernt hatten, konnte U 453 auftauchen und nach Pola heimkehren. Die Patrouille hatte neunzehn Tage gedauert.

Nach einem weiteren Todesfall – ein Matrose schoß sich eine Kugel in den Bauch – wurde es Weihnachten.

In der zweiten Januarhälfte 1943, genau am 20., gelang es U 453, in die Mitte eines großen alliierten Geleitzugs zu gelangen, der vor Kap Ténès in sechs Kolonnen marschierte. Trotz der nervenraubenden Asdic-Geräusche der Geleitzerstörer – »ping, ping, ping, ein teufliches Geräusch für die Besatzung«, sagte ein Besatzungsmitglied – konnte U 453 vier Torpedos abschießen. Einer davon versenkte den belgischen Frachter ›Jean-Jadot‹ (5859 BRT).

Als der Kommandant des U 453 am 20. Februar 1943 wieder nach Pola einlief, hatte er sich guten Glaubens vier Erfolge zugeschrieben[2].

Dann folgte wieder die ermüdende Routine der Patrouillenfahrten, der ergebnislos abgeschossenen Torpedos, die Routine der Wasserbomben und der sonstigen Gefahren.

Das Boot hielt weiter durch, und das Vertrauen seiner Besatzung nahm nach jedem Wasserbombenbeschuß zu.

Bei seiner zehnten Patrouillenfahrt glückte es von Schlippenbach am 30. Juni 1943 endlich, den Engländer ›Oligarch‹ (6894 BRT) vor Derna zu beschädigen; am 6. Juli versenkte er den englischen Transporter »Shahjeban« (5454 BRT) – auf 33° 01′ nördlicher Breite und 21° 32′ östlicher Länge.

Operation ›Husky‹

Am Morgen des 4. Juli 1943 hatten die Invasionsstreitkräfte die Küste Afrikas verlassen, als sie von Admiral Sir Andrew Cunningham den lakonischen Befehl erhielten: »*Carry out operation Husky*[3].« Der Admiral, der am 20. Mai den Plan der Seeoperation aufgestellt hatte, fügte in einem zweiten Funkspruch hinzu: »*Great risks must be and are to be accepted*[4].«

Beteiligt waren 1614 englische, 945 amerikanische und 31 verschiedenen Nationen angehörende Schiffe. Es waren alle Typen vertreten, von den Schlachtschiffen der Sicherungsstreitkräfte H bis zum kleinen *landing craft* und zahllose Frachter.

Die Unterseeboote waren durch 23 englische, 6 griechische und 3 polnische Boote vertreten.

7 Unterseeboote wurden den Sturmtruppen zur Verfügung gestellt, um beim endgültigen Sturmangriff längs der Südostspitze von Sizilien als Markierung zu dienen:
›Safari‹ (Abschnitt Joss), vor Licata,
›Shakespeare‹ (Abschnitt Dime), vor Gela,
›Seraph‹ (Abschnitt Cent), vor Scoglitti,
›Unrivalled‹ (Abschnitt Bark West), westlich von Kap Passero,
›Unison‹ (Abschnitt Bark South), südlich von Kap Passero,
›Unseen‹ (Abschnitt Bark East), östlich von Kap Passero,
›Unruffled‹ (Abschnitt Acid North), südlich von Syrakus.

Die Unterseeboote ›Uproar‹, ›Unbroken‹, ›United‹ und ›Unshaken‹ sowie der Pole ›Dzik‹ bildeten eine Sperre in der Straße von Otranto, während ›Unruly‹, ›Ultor‹ und der Pole ›Sokol‹ zwischen Lipari und der Straße von Messina patrouillierten. Ihre Aufgabe bestand darin, den feindlichen Kriegsschiffen den Weg zu versperren, von denen drei kleine Abteilungen an Land gesetzt hatten, um Angriffe gegen die alliierte Nachhut durchzuführen.

Das schlechte Wetter behinderte die Landungsoperation, die

am 10. Juli mit nächtlichen Fallschirmabsprüngen einsetzten. Es kam zu unvermeidlichen Verspätungen, insbesondere im Abschnitt ›Acid‹.

Die Angriffe der Luftwaffe indessen verhinderten ebensowenig wie das Eingreifen der U-Boote das Gelingen der Operation ›Husky‹.

Das italienische Unterseeboot ›Ascianghi‹ griff am 23. Juli 1943 den Kreuzer ›Newfoundland‹ an, der die Flagge von Konteradmiral Harcourt führte, und beschädigte ihn – ohne ihn zu versenken. Sofort unternahmen die Zerstörer ›Laforey‹ und ›Eclipse‹ einen Gegenangriff und versenkten den Italiener. Der Kreuzer ›Cleopatra‹ wurde am 16. Juli um 3 Uhr morgens von einem Torpedo des italienischen Unterseeboots ›Dandola‹ getroffen. Vier englische Handelsschiffe und zwei amerikanische *landing ships* wurden durch die Achsen-Unterseeboote versenkt, die ihrerseits U 409 (Kptlt. Hans Massmann) verloren, das am 16. Juli nach dreistündiger Verfolgung durch den Zerstörer ›Inconstant‹ vor Algier versenkt wurde.

Die Besatzung wurde von dem englischen Schiff aufgenommen.

In derselben Nacht wurde U 561 (Oblt. z. S. Fritz Henning) in der Straße von Messina durch ein britisches Schnellboot torpediert; am 30. Juli wurde U 375 (Kptlt. Jürgen Koenenkamp) vor der Insel Pantelleria versenkt. Die Italiener dagegen verloren ›Fluto‹ am 11. Juli, ›Nereide‹ am 13. Juli und ›Argento‹ am 3. August.

Die auf den Torpedoangriff gegen gleichartige Boote spezialisierten englischen Unterseeboote bohrten am 13. Juli die ›Acciaio‹ (durch das Unterseeboot ›Unruly‹) in den Grund. Die ›Bronzo‹ wurde am 12. Juli vor Syrakus[5] durch Geleitzerstörer erbeutet.

Drei für den Warentransport in den Fernen Osten gebaute italienische Unterseeboote erhielten am Tag der alliierten Landung Befehl, von Tarent nach Neapel zu laufen. Die ›Remo‹ wurde am 15. Juli durch das englische Unterseeboot ›United‹ und die ›Romolo‹ am 18. Juli durch ein Flugzeug der *RAF* vernichtet, und die ›Pietro Micca‹ wurde am 29. Juli durch einen Torpedo des englischen Unterseebootes versenkt.

Die Angriffe der deutschen Luftwaffe hatten den Engländern und Amerikanern viel größere Verluste zugefügt als die Achsen-Unterseeboote, die auf Distanz gehalten wurden und selbst schweren Gegenangriffen ausgesetzt waren.

U 453 und die Zahl 13

Am dreizehnten Tag seiner dreizehnten Patrouillenfahrt, Freitag, den 13. August, kehrte U 453 nach Pola zurück. Allen an Bord war die verhängnisvolle Zahl aufgefallen. Um 1 Uhr morgens tauchte das Boot auf, die Ausguckposten beobachteten Himmel und See.

Plötzlich ein Ruf: »U-Boot an Backbord!«

Von Schlippenbach fuhr aus seiner Koje und kletterte in die ›Badewanne‹. Zu spät! Der Wachoffizier und die Ausguckposten hatten das Geräusch eines in nächster Nähe vorbeilaufenden Torpedos gehört ... Die an Bord des U-Bootes Schlafenden wurden durch vier Detonationen geweckt ... U 453 war von einem jener englischen Unterseeboote, die auf U-Boot-Jagd waren, nur knapp verfehlt worden.

Am nächsten Tag lief U 453 in Pola ein, die Besatzung malte die Zahl 13 auf den Turm; die Taufe wurde ausgiebig ›begossen‹.

Der Kommandant Freiherr von Schlippenbach wurde am 19. November 1943, nach zweijährigem Kriegseinsatz im Mittelmeer, mit dem Ritterkreuz des Eisernen Kreuzes[6] ausgezeichnet.

Er sollte das U-Boot am 30. November verlassen. Mehrere Besatzungsmitglieder verzichteten, um noch einige Tage mit ihm zusammenzubleiben, auf ihren Urlaub. An von Schlippenbachs Stelle trat Oberleutnant zur See Lührs.

Letzte Kämpfe im Mittelmeer

Die Operation ›Avalanche‹ – die Landung alliierter Truppen in der Bucht von Salerno und die Einnahme von Neapel – wurde am 9. September 1943, einundzwanzig Tage nach dem ersten Angriff, beendet.

Die Italiener hatten den Kampf am vorhergehenden Tag aufgegeben.

Auf See verwendeten die Alliierten gegen die U-Boote mit Erfolg den ›kombinierten Angriff‹. Die Flugzeuge zwangen das U-Boot zu tauchen und verhinderten es am Wiederhochkommen. Währenddessen warfen die Zerstörer Wasserbomben im Reihenwurf ab, bis der Gegner erschöpft, beschädigt auftauchte – wenn er nicht bei dem ungleichen Kampf bereits versenkt wurde.

So blieben das amerikanische Geleitfahrzeug ›Wainwright‹ und der Engländer »Calpe« am 13. Dezember 1943 nach einunddreißigstündiger Verfolgung nordwestlich von Bougie Sieger über U 593 (Kptlt. Gerd Kelbling), drei Tage später versenkten die amerikanischen Geleitboote ›Woolsey‹ und ›Trippe‹ vor Oran U 73 (Kptlt. Horst Deckert) …

Andererseits warf das *Bomber Command* tonnenweise Bomben auf die U-Boot-Stützpunkte, traf jedoch fast nur Wohnsiedlungen. Einzig U 410 (Oblt. z. S. Horst Arno Fenski), das fünf Feindfahrten im Mittelmeer durchgeführt und 70.000 BRT versenkt hatte, wurde bei einem Luftangriff auf Toulon Anfang März 1944 schwer beschädigt.

Die Versenkung von U 371

Nun wetteiferten die englischen, amerikanischen und französischen Unterseeboote in der Vernichtung der deutschen U-Boote. Am 3. Mai 1944 hatte der Amerikaner ›Menges‹ vor Bougie kurz nach Mitternacht einen Asdic-Kontakt auf 12.000 Yard achtern, als er mit 12 Knoten Fahrt 3000 Yard hinter einem Geleitzug patrouillierte. Sofort lief er, seinen ›Foxer‹ im Schlepptau, mit großer Fahrt im Zickzackkurs auf den Kontakt; es war U 371, dessen Befehl Oberleutnant zur See Horst Arno Fenski übernommen hatte. Der Oberleutnant merkte, daß sein Boot durch Radar entdeckt worden war und machte kehrt. Um 01.12 Uhr tauchte er in 3100 Yards vor der ›Menges‹ auf und schoß einen Horchtorpedo ab, der das amerikanische Schiff am Heck traf. Darauf tauchte U 371 auf 100 Meter Tiefe, und alle Mann an Bord waren überzeugt, den Gegner versenkt zu haben[7].

Fenski ging wieder auf 60 Meter, wo er immer stärkere Schraubengeräusche vernahm. Zurück auf 100 Meter, dann noch tiefer, auf 160 Meter. Der Kommandant des U 371 hielt es für klug, zur algerischen Küste zu laufen, wo ihn, wie er glaubte, die feindlichen Schiffe nicht suchen würden. Bei einer derartigen Tiefe hielten die Stopfbüchsen, insbesondere die des Tauchtanks an Steuerbord, nicht dicht. Mit diesem zusätzlichen Gewicht hielt sich das U-Boot auf 200 Meter.

Unterdessen suchten ›Pride‹ und ›Joseph E. Campbell‹ eine

Asdic-Fühlung. Die ›Pride‹ riskierte einen Reihenabwurf von fünf Wasserbomben in mittlerer Tiefe – ohne Erfolg. Die Fühlung wurde mehrmals hergestellt und wieder verloren. Bis 08.32 Uhr wurden die *creeping attacks* fortgesetzt, das feindliche U-Boot befand sich jedoch so nahe der Küste, daß es schwierig war, sein Echo von denen des Meeresgrunds zu unterscheiden. Tatsächlich flüchtete das beschädigte U 371 mit nur einem intakten Motor weiter zur Küste und manövrierte dreißig Minuten lang unter Beschuß von Wasserbomben, die immer näher detonierten. Um Elektrizität zu sparen, versuchte U 371 in ungefähr 200 Meter Tiefe auf Grund zu kommen. Arno Fenski merkte, daß sein Boot auf dem geneigten Grund nach unten glitt, ließ es rückwärts fahren und konnte U 371 auf Grund setzen. In so großer Tiefe verstärkten sich jedoch die Undichtigkeiten an den verschiedenen Armaturen. Fenski fuhr weiter und fand endlich, immer noch in 200 Meter Tiefe, ein flache Stelle.

Am Vormittag des 3. Mai trafen noch andere Schiffe ein, die Franzosen ›Alcyon‹ und ›Sénegalais‹, der Brite ›Blankley‹, der Amerikaner ›Sustain‹. Jedes übernahm einen Abschnitt zur Überwachung. Die ›Sénegalais‹ wurde in der Nähe der Küste aufgestellt, da sie mit ihr vertraut war. Die ›Alcyon‹ blieb auf hoher See, um jeden Fluchtversuch nach Norden zu verhindern. U 371 blieb an derselben Stelle bewegungslos auf Grund liegen ... Die Zeit verstrich nur zögernd. Die Männer im U-Boot rührten sich nicht, ausgenommen die Gruppe, die die Diesel reparierte. Es herrschte völlige Stille, nur nachmittags vernahm man aus ziemlicher Ferne die Detonationen von Wasserbomben. Man mußte noch warten. Arno Fenski befürchtete jeden Augenblick eine verhängnisvolle Verformung des Druckkörpers durch den übergroßen Wasserdruck.

Er stellte auch fest, daß die Atemluft immer schlechter wurde. Nun lag die einzige Chance zu entrinnen für ihn und sein Boot darin, mitten in der Nacht aufzutauchen und mit größter Fahrt der Diesel zu flüchten. Er besaß noch einen Horchtorpedo im Heckrohr. Den würde er eventuell gegen einen Verfolger abschießen.

Am 4. Mai um 03.15 Uhr waren die Batterien völlig entladen; U 371 tauchte auf. Arno Fenski öffnete den Lukendeckel, blickte sich um und erkannte, daß er verloren war. Die feindlichen Schiffe umringten ihn. Als erster feuerte der ›Sénegalais‹ Leuchtraketen ab und eröffnete das Feuer. U 371 schoß seinen letzten Torpedo T 5 gegen das französische Schiff ab und traf es am Heck, in dem Augenblick, da einige Matrosen auf Fenskis Befehl ins Wasser sprangen. Trotz zweier Treffer des ›Sénegalais‹, einer auf die ›Badewanne‹, ein zweiter auf die Turmverkleidung, verteidigte sich das U-Boot noch mit seiner 3,7-cm-Kanone. Der Leitende Ingenieur und zwei Offiziere waren an Bord geblieben, um die Tauchtanks vollaufen zu lassen. Das U-Boot sank so schnell, daß keiner der drei Männer gerettet werden konnte. Die 49 Überlebenden, darunter der Kommandant, wurden aufgefischt und gefangengenommen.

Das Ende von U 453

U 453 hatte anscheinend unter dem Kommando von Oberleutnant Lührs mehr Glück als unter von Schlippenbach, der zu seiner Genugtuung noch erfuhr, daß der britische Zerstörer ›Quail‹ am 11. November 1943 durch eine Mine, die U 453 vor Bari gelegt hatte, schwer beschädigt worden war.

Lührs rammte im Ägäischen Meer einige alte Kähne, die weder einen Torpedo noch eine Granate wert waren – den Libanesen ›Salem‹ und den Syrer ›Yahia‹ –, dann torpedierte und beschädigte er am 18. März 1944 in der Straße von Otranto drei Dampfer mit je ungefähr 5000 BRT.

U 453 hatte Pola am 30. April 1944 zu seiner siebzehnten Feindfahrt im Mittelmeer verlassen – es war die dritte unter dem Kommando von Lührs. Es sollte zwischen dem Golf von Tarent und der Ostküste Siziliens operieren. Während man früher in ein paar Tagen in dieses Gebiet gelangt war, brauchte man nun länger als zwei Wochen. Zahlreiche feindliche Flugzeuge zwangen das U-Boot, oft zu tauchen und sich sogar gegen MG-Angriffe zu verteidigen.

U 453 hatte nachts über Wasser nicht einmal Zeit gehabt, seine Batterien aufzuladen, als ein feindliches Flugzeug erschien, und das U-Boot sofort tauchen mußte. Unaufhörlich war das Schraubengeräusch der alliierten Zerstörer, gemischt mit dem ihres Asdics, für die Besatzung zu hören …

Am 19. Mai erkannte Lührs voll Erregung das charakteristische Surren mehrerer Handelsschiffsschrauben. Sicher handelte es sich um einen großen Geleitzug, der, nach der Tonstärke zu schließen, in etwa 4000, vielleicht sogar 6000 Meter Entfernung laufen mußte. Lührs erteilte sofort Befehl, sich ihm zu nähern. Er ging auf Sehrohrtiefe und warf einen Blick hinaus. Zu seiner Überraschung befand sich das U-Boot mitten in einem englischen Geleitzug! Offensichtlich hatten die Horchgeräte wegen der Küstennähe schlecht funktioniert[8].

In 300 Meter Distanz lief ein großes Schiff, wahrscheinlich ein Truppentransporter. Ohne weiter zu warten, schoß Lührs sofort einen Fächer von drei Torpedos vorn ab. Das große Schiff mit 15.000, vielleicht 20.000 BRT soll anscheinend durch Aufschlag der beiden ersten Torpedos versenkt worden sein. Der dritte Torpedo mußte ein *›liberty ship‹* mit 8000 BRT[9] getroffen und versenkt haben.

Lührs wartete nicht, sondern tauchte tief weg. U 453 war noch nicht auf 40 Meter Tiefe, als die ersten Wasserbomben rund um seinen Rumpf detonierten und es beschädigten. Dann lösten, laut Bericht der Besatzung, drei oder vier Zerstörer einander ab und verfolgten das U-Boot fast ununterbrochen mit Wasserbomben. Schließlich setzte Lührs sein U-Boot in 200 Meter Tiefe auf Grund. An Bord war jede Bewegung, die nicht unbedingt notwendig war, jedes Sprechen verboten … Die schweigenden Männer vernahmen das Geräusch der Asdic-Ultraschallgeräte, der Detonationen, das Krachen der Apparate, die zerschlagen wurden … Es hieß warten, hoffen, daß die Zerstörer abdrehten. Einer von ihnen kreuzte oberhalb von U 453, die U-Boot-Männer hörten den Lärm seiner Schrauben. Es war eine rastlose Jagd. Das U-Boot war bedeckt vom Sand, den die Explosionen aufwirbelten, und Lührs befürchtete, er werde nicht vom Grund loskommen können. Er blies zwei Tauchtanks aus und ließ die Motoren anlaufen; das U-Boot rührte sich nicht. Der Kommandant von U 453 erleichterte sein Boot, indem er nun alle Tauchtanks ausblies; er ließ die Motoren größte Kraft voraus drehen und kam nun endlich vom Grund los. Diese Manöver wurden jedoch über Wasser bemerkt, und die Wabos fielen von neuem nach unten, explodierten. Die Beschädigungen waren so schwer, daß Lührs sich entschloß, auf Sehrohrhöhe zu gehen, was ihm aber nicht gelang. Nichts funktionierte mehr richtig an Bord: Der zentrale Tiefenmesser zeigte 260 Meter unter dem Wasserspiegel! Die Luft wurde immer schlechter, bald würde nicht mehr genug Druckluft zum Auftauchen vorhanden sein. Lührs mußte unbedingt versuchen, über Wasser zu gelangen. Er würde sich noch mit der Bordkanone verteidigen. Wenn er dann nicht fliehen konnte, wollte er das Boot versenken.

0.30 Uhr: »Achtung. Wir werden auftauchen!« befahl Lührs. »Preßluft auf alle Tanks!«

Plötzlich erschien U 453 an der Oberfläche; sein Kommandant stand unter dem Luk, hinter ihm die Bedienung der vorderen Kanone, bereit, auf die Brücke zu springen. Verdammt! Der Lukenverschluß war blockiert! Er war durch die Wabos beschädigt worden, und die Männer konnten nicht aus dem U-Boot nach außen. U 453 lag in der Nacht, dem Feinde ausgesetzt, blind da ... Von einem Matrosen unterstützt, versuchte Lührs verzweifelt, den Verschluß zu öffnen, da plötzlich schoß die Luft herein und riß den Lukendeckel mit solcher Gewalt nach außen, daß der Kommandant von U 453 nach oben in die Luft geschleudert wurde. Er fiel auf die Brücke zurück und erblickte die feindlichen Zerstörer auf kaum 200 Meter. Der Leitende Ingenieur Wiese hatte sofort die Diesel angeworfen; sie sprangen lärmend an, der Rauch stieg hoch. Während der Zweite Offizier, Hans Jürgen Greb, feststellte, daß die Rohre vorn so verformt waren, daß ein Torpedoschuß unmöglich war, suchte ein Scheinwerfer des Zerstörers die See ab, blieb auf dem U-Boot haften und beleuchtete es voll. Sofort darauf eröffnete der Zerstörer das Feuer. Lührs hatte, noch ehe er auf die zerschossene Brücke stieg, festgestellt, daß die Bordkanonen durch die Wasserbomben so beschädigt waren, daß sie unbrauchbar waren. U 453 war verloren. Lührs erteilte seinen letzten Befehl: »Alle Mann aus dem Boot!« U 453 wurde sowohl durch die Artillerie der Zerstörer als auch durch die Sprengladungen zerstört, die Wiese im Inneren angeschlagen hatte. Der starke Seegang und die Nacht verhinderten einen wirkungsvollen Beschuß durch den feindlichen Zerstörer, sonst wären viele Besatzungsmitglieder verwundet oder getötet worden. Die Männer schwammen im Dunkeln, wurden von den oft zwei Meter hohen Wellen gehoben, tauchten wieder ins Wellental. Nur ein einziger war durch einen Granatsplitter tödlich verwundet worden. Die Zerstörer feuerten in dem durch die Strahlen der Scheinwerfer erhellten Dunkel auf das verlassene Wrack des U-Bootes, dann auf die Stelle, wo es verschwunden war ...

Eine Stunde später begannen zwei Zerstörer mit der Rettung der Überlebenden. Sie wurden auf den Schiffen verpflegt und gut behandelt. In Salerno brachte man sie an Land, dann nach Neapel und von dort in die Vereinigten Staaten …

U 453 war am 21. Mai 1944 durch die englischen Zerstörer ›Termagant‹, ›Tenacious‹ und ›Liddesdale‹ auf 38° 13′ nördlicher Breite und 16° 30′ östlicher Länge versenkt worden.

Für die U-Boote wurde nun ein Operieren im Mittelmeer, über oder unter Wasser, unmöglich. Im Mai 1944 wurden außer U 453 noch U 616 (Kptlt. Siegfried Koitschka), U 960 (Oblt. z. S. Günther Heinrich) durch die *swamp operations* vernichtet. Während die U-Boote in den ersten fünf Monaten des Jahres 1943 im Mittelmeer 59 Schiffe (241.215 BRT) versenkt hatten, vernichteten sie in der gleichen Zeit im Jahre 1944 nur zehn Schiffe (76.760 BRT). Nach Mai 1944 wurde im Mittelmeer durch die U-Boote kein einziges Schiff mehr versenkt, während sie selbst nacheinander ausgeschaltet wurden …

Operation ›Dragon‹

Bei der Landung am 14. August 1944 an den Küsten der Provence griffen die U-Boote praktisch nicht ein. Am 17. August, als die alliierten Truppen Toulon einschlossen und gegen Marseille marschierten, lief das letzte der noch tauchfähigen drei U-Boote in Toulon, U 230 (Oblt. z. S. Heinz Eugen Eberbach), aus. Es hatte Befehl erhalten, vor Toulon zu patrouillieren und dann einen spanischen Hafen anzulaufen. Kein alliiertes Schiff entdeckte es bei seiner Tauchfahrt vor den Inseln von Hyères, doch es torpedierte auch selbst kein Schiff. Am 21. August sprengte die Besatzung U 230[10], das gestrandet war. Die beiden anderen U-Boote, U 466 (Kptlt. Gerhard Thater) und U 967 (Kkpt. Albrecht Brandi)[11], wurden in Toulon von ihren deutschen Besatzungen vernichtet.

Die Alliierten wußten, daß die Deutschen Anfang September noch etwa dreißig Taschen-U-Boote, Typ Marder[12], in San Remo besaßen. In der Nacht vom 4. zum 5. September versuchten fünf ›Marder‹, sich den Landungsschiffen zu nähern. Ein einziges kehrte in den Hafen zurück.

Fünf Nächte später kam es zu einem zweiten Versuch, diesmal

gemeinsam mit Schnellbooten. Zehn ›Marder‹ wurden versenkt. Dann kamen noch einige ›Molche‹ und liefen etliche Male aus. Diese mit einem einzigen Mann besetzten U-Boote konnten nicht den geringsten Erfolg erzielen. In der Nacht vom 25. zum 26. September liefen zehn von ihnen aus; nur zwei kehrten zurück. Das war das Ende der deutschen U-Boote im Mittelmeer.

XXI

DIE FRANZÖSISCHEN UNTERSEEBOOTE GREIFEN WIEDER IN DEN KAMPF EIN

Während der zwei Jahre zwischen dem Waffenstillstand und der alliierten Invasion in Nordafrika waren die französischen Unterseeboote in zwei Parteien gespalten. Die einen kämpften weiter gegen die Deutschen und nahmen aktiv an den Operationen teil: Minenverlegung im Skagerrak, vor den norwegischen Küsten, Landung von Geheimagenten mit Sendern und Waffen für die norwegische Widerstandsbewegung in den Felsen der Fjorde. Die anderen blieben in den Häfen von Toulon, Algier, Oran, oftmals durch die Umstände gezwungen, und gehorchten der Vichy-Regierung – viele davon mit Widerwillen. Bei der Landung der Engländer und Amerikaner in Nordafrika hatten sie ein wahres Martyrium durchgemacht. Auf welche Seite zwang sie die Erfüllung ihrer Pflicht? Wie immer die Antwort ihres Gewissens, lautete, wir sind sicher, daß kein Kommandant, keine Besatzung je damit einverstanden war, daß ihr Schiff unter einer anderen Flagge als der Trikolore fuhr. Voll Ungeduld warteten sie auf den Augenblick, der der aufgezwungenen Untätigkeit ein Ende setzte.

Auf See vor Norwegen

Die Unterseeboote ›Minerve‹, ›Junon‹, ›Rubis‹ und andere beteiligten sich unter der Flagge der Freien Französischen Streitkräfte, oft mit einem britischen Verbindungsoffizier an Bord, an zahlreichen Operationen.

Auf Feindfahrt, zusammen mit den englischen Unterseebooten ›Seawolf‹ und ›Trident‹ sowie dem Norweger ›Urred‹, verfehlte die

›Junon‹ (Fkpt. Querville). zwischen dem 9. und dem 13. März 1943 nur knapp die ›Tirpitz‹, die nach ihrem Versuch, die Geleitzüge PQ 12 und QP 8 abzufangen, zu ihrem Liegeplatz vor Trondheim zurückkehrte. Die ›Tirpitz‹ war bei Schneesturm und kabbeliger See die norwegische Küste entlanggeschlichen und unbemerkt durchgekommen.

Nach dieser dritten Feindfahrt kehrte die ›Junon‹ mit schlecht funktionierenden Motoren, Sehrohren, Funkgeräten am 19. März nach Lerwick zurück.

Zwischen dem 13. November und dem 3. Dezember führte die ›Junon‹ mehrere Feindfahrten durch und setzte norwegische Widerstandskämpfer und Waffen an Land.

Bei der siebenten Ausfahrt der ›Junon‹ kam es zu einem Zwischenfall[1]:

»13. November, 7.45 Uhr, von Beataroom Voe mit Kurs norwegische Küste ausgelaufen. Schlechtwetter. Am 15. November Südwestwind, nachts darauf Nordsturm (zwei Mann vom Ausguck beinahe von Brechern fortgespült, fahren mit geschlossenem Turmluk, Wachoffizier auf Brücke festgezurrt). Am 1. Abend an Land an Kjolwuspitze (Nordende der Westküste des Hefjords).

Entschlossen, Operation am nächsten Tag zu versuchen, falls Wetter günstig – kreuze auf offener See.

17., 6.15 Uhr. Land aufgeklärt – Kurs auf Fjordeinfahrt: leichte Brise von Süd, See beruhigt sich.

17., 11.30 Uhr. Von Fischdampfer überholt.

17., 12.00 Uhr. Landungsstelle beobachtet. Versuche auf Grund (31 Meter) zu gehen, mißlungen; vereitelt durch Seegang, Steilküste und Klippen. Getaucht geblieben bis Dunkelheit.

Um 17.22 Uhr aufgetaucht, Entfernung vom Leuchtturm 200 Meter.

17., 17.30 Uhr. Mit Schlauchboot Oberleutnant Munthe Kaas[2] an Land gesetzt, der Verbindungen im Dorf herstellen soll.

17., 17.55 Uhr. Vor Erhalt Bericht Munthe Kaas, und zur Beschleunigung Operation, Ausladung von Versorgungs- und Brennmaterial, Lebensmitteln.

Schwierigkeiten durch schweren Seegang.

17., 19.52 Uhr. Zweite Fahrt. Das Boot kehrt um 20.20 Uhr, nicht entladen, mit Munthe Kaas zurück, der berichtet, daß man ihm im Dorf von der Ankunft einer Gruppe von zehn deutschen Soldaten mit dem um 11.30 Uhr gesichteten Fischdampfer erzählt hat; sie sind in einem Haus untergebracht, das man einige hundert Meter vom Ufer entfernt mit erhellten Fenstern sieht. Außerdem neuerlicher Sturm aus Südwest.

Einer der Norweger war bei der Rückfahrt ins Wasser gefallen, man mußte ihn ersetzen, und der Kommandant fand es im Hinblick auf eventuelle Zwischenfälle besser, wenn zwei Franzosen dabei wären; daher fährt das Boot mit zwei Norwegern und zwei Seeleuten der ›Junon‹ (Hauptgefreiter Sarra und Matrose Guillot) an Land, um das bereits ausgeladene Material wieder zu holen, wobei sie aber vergessen, einen Signalscheinwerfer mitzunehmen.

Die Zeit drängte. Um 21.30 Uhr ließ der Kommandant der ›Junon‹ seinen Leuten signalisieren, sie sollten das Material aufgeben und an Bord zurückkehren. Um 22.30 Uhr wurde ein Verbleiben an Ort und Stelle ohne Gefährdung der Sicherheit des Bootes unmöglich. Kommandant Querville ließ signalisieren, daß er versuchen werde, am nächsten Tag zu dem südlich des Dorfs gelegenen Ufer zu kommen, und lief seewärts, wo er kreuzte.

Am nächsten Tag, dem 18. November, kam die ›Junon‹ wieder zur Einfahrt des Hefjords; die Wetterbedingungen hatten sich nicht gebessert, ganz im Gegenteil. Querville glaubte, in der Nähe der Landungsstelle vier Männer auszumachen, tauchte um 12.35 Uhr 200 Meter vom Leuchtturm entfernt auf und hielt die Bucht unter sorgfältiger Beobachtung.

Es war aber niemand zu sehen. Die ›Junon‹ tauchte wieder und verließ den Fjord.

Am Nachmittag flaute der Wind ab und drehte nach Westen. Als man sich jedoch zu einem neuerlichen Versuch entschloß, fiel der Backbordmotor aus, und man mußte darauf verzichten. Die ›Junon‹ lief wieder seewärts ab.«

Sonntag, den 14. Dezember, erschien die ›Junon‹ bei durch Schneefall verdunkeltem Himmel vor Hefjord. Die beiden französischen Seeleute hatten in einer Hütte gewohnt und waren von den Dorfbewohnern regelmäßig verpflegt worden; als sie ihr Boot sahen, kamen sie eiligst auf Skiern über die Abhänge herunter. Die ›Junon‹ setzte noch drei norwegische Widerstandskämpfer an Land, dann lief sie, wieder mit vollständiger Besatzung, aus.

Am 25. März 1943 trat Oblt. z. S. Schlumberger an die Stelle von Fkpt. Querville als Kommandant der ›Junon‹ …

Die ›Casabianca‹ im Mittelmeer

Die in Toulon oder in den nordafrikanischen Häfen verbliebenen Unterseeboote waren während dieser schwierigen Ruhezeit nur wenig auf See gewesen. Sie bewahrten den Brennstoff, den sie besaßen, in ihren Reservoirs, für den Fall, daß … »Gemäß dem Waffenstillstandsabkommen waren die Sehrohre ausgebaut, die Turmluken abmontiert, die Auspuffklappen der Motoren entfernt worden«, erzählte uns der Kommandant der ›Casabianca‹, L'Herminier. Wer annahm, die Seeleute würden ihre Boote in einem Zustand der Tauchunfähigkeit lassen, der irrte. Die ›Versuchsfahrten‹ waren ein Vorwand, ihre Unterseeboote auslauffähig zu erhalten. Die Besatzungen wurden in den Häfen, am Kai oder bei den nur wenige Stunden dauernden Ausfahrten trainiert: »Wir wollten vor allem unsere jungen Seeleute tauchen lassen und ihnen eine intensive Ausbildung für die Tauchmanöver, das Auftauchen und die Behebung von Schäden bei Gefechten zuteil werden lassen«, schreibt Kommandant L'Herminier und fügt noch hinzu: »Wir konnten mit den heikelsten und gefährlichsten Situationen konfrontiert werden[3].«

Dann kam die Nacht vom 7. zum 8. November 1942; Engländer und Amerikaner landeten in Fedala, Oran und Algier.

In Toulon waren die Befehle zur Selbstversenkung erteilt worden, die Kommandanten jedoch bereiteten ihre Boote, wenn sie auch für diese Möglichkeit Vorsorge trafen, für ein bevorstehendes Auslaufen vor. Die Unterseebootbasis befand sich im Inneren der Werft von Mourillon. Man wollte an Bord schlafen, um keine Sekunde Zeit zu verlieren, und die Haltetaue vom Inneren des Druckkörpers loswerfen lassen, um Verluste an Deck zu vermeiden. Auf der Brücke war eine Nachtwache postiert. Sie sollte beim geringsten Zwischenfall auf den Kais den Knopf der ›Hupe‹ drücken; dieses Signal bedeutete: ›Sofort auf Auslaufstation!‹ Eine leichte Sperre aus Planken versperrte die Einfahrt des kleinen Hafens von Mourillon. Das erste zum Auslaufen klare Unterseeboot sollte losfahren und sie durchbrechen. Eine andere, ernstere

Schwierigkeit: Vor den Molen der Reede versperrte ein Netz die Zufahrt, in dem ein bei Einbruch der Nacht verschlossenes Tor angebracht war; es wurde nur auf Befehl der Hafenpolizei durch einen Schlepper geöffnet.

Die Unterseeboote der Basis von Mourillon waren also ›klar‹.

Lassen wir Kommandant L'Herminier das Wort:

»Am 27. November um 5 Uhr morgens übergibt der Schiffsmaschinist Heichette dem Hauptgefreiten Lionnais die Wache und sagt:

›Heute nacht passiert es noch nicht.‹

Kaum ist er unten, da drückt Lionnais auf die Hupe: ›Alarm!‹ Die MGs knattern in der Werft von Mourillon, beim Bazeilles-Tor, zwei Häuserblocks vom Kai entfernt.

Die Besatzung der ›Casabianca‹ stürzt auf ihre Auslaufstationen.

Auf der Brücke meldet man mir, daß die Deutschen da sind.

Die Offiziere sind an Deck und sorgen dafür, daß alles klar ist.

Die Deutschen gehen vorsichtig, jedoch schnell vor, denn die 100 Meter entfernte Unterkunft der Marineunteroffiziere und die 30 Meter entfernte der Offiziere sind umzingelt ...

Der Feind ist da und feuert auf uns. Das ist das einzige, was sicher ist, und Gott sei Dank ist der Feind der Deutsche.

Die Überrumpelung ist nicht völlig geglückt, denn wir haben schon seit einigen Tagen alle Vorkehrungen für das getroffen, was nun geschieht.

Ich befehle also, ohne Zeit zu verlieren:

›Alles losmachen!‹

Die Trossen klatschen längsseits ins Wasser und können uns nicht behindern, denn sie wurden mit Ballastgewichten beschwert und liegen auf Grund.

Am Vortag hat der Zweite Offizier einen alten Kahn zwischen uns und den Pier schieben lassen, um zu vermeiden, daß wir unsere Tauchtanks an den Pfeilern aufkratzen oder unsere Steuerbordschraube beschädigen.

Ich befehle: ›Vier voraus!‹ um einiges Tempo zu bekommen und die Sperrplanke an der Einfahrt, die etwa 100 Meter von unserem Vordersteven entfernt ist, zu durchbrechen.

Der Kahn kracht, und wir beginnen voranzugleiten.

Im gleichen Augenblick fährt die ›Venus‹, ein Unterseeboot mit 600 Tonnen, das auf der anderen Pierseite liegt, los. Es kommt, weil es leichter ist, schneller auf Tempo, und sein Kommandant ruft mir zu:

›Kommandant, ich liege vorn, lassen Sie mich passieren!‹

Ich stoppe sofort, um unsere Vereinbarung, den ersten Losfahrenden die Planke durchbrechen zu lassen, einzuhalten.

Wir folgen auf einen halben Meter hinter seinem Heck und fahren an seiner Backbordseite vorbei, denn er ist mit dem achteren Steuerbord-Tiefenruder in einer Stahltrosse der Sperre hängengeblieben ...

Wir fahren auf etwa 15 Meter am Ende der Molen vorbei; die werden uns von der Brücke runterschießen.

Bellet[4] hat den gleichen Gedanken wie ich und verteilt Stahlhelme an die Offiziere und an die drei Mann der Wache und der MG-Bedienung.

Wir müssen jedoch auf das Manövrieren achten, das hält uns von persönlichen Sorgen ab. Nichts geschieht. Diese Schafsköpfe haben die Molen nicht besetzt! Unglaublich, denn die Nordmole liegt nicht einmal innerhalb des Werftgebiets. Dort verabreden sich Liebespaare, und die Spaziergänger vertreten sich die Füße.

Wir passieren die Mole, mit Kurs auf die Ausfahrt der großen Reede, und bieten der ›Venus‹ an, sie zu schleppen. Es ist ihr jedoch gelungen, durch heftige Manöver vor- und achteraus den Draht loszuwerden und sich geschickt zu befreien.

Vorwärts also zum starken Unterseebootabwehrnetz bei der Ausfahrt, dort müssen wir für uns und die kleinen Kollegen, die uns noch folgen, das Tor öffnen lassen.

Wir durchqueren mit 12 Knoten die Reede. Die Überwasserschiffe scheinen zu schlafen. Etwa zwanzig Flugzeuge überfliegen den Hafen und die Reede mit eingeschalteten Positionslichtern, als handle es sich um Übungsflüge.

Die Flakscheinwerfer werden hell und beleuchten ein Flugzeug.

Niemand feuert.

Ganz sicher wurde in der Westwerft kein Alarm gegeben, und die Leute dort lassen sich durch die normal brennenden Positionslichter der Flugzeuge täuschen. Nun aber löschen einige ihre Lichter. Sie schießen Leuchtkugeln.

Die vom Mond, der ziemlich voll ist, erleuchtete Wasseroberfläche glänzt nun wie Silber. Auf diesem Spiegel müssen wir uns deutlich abheben.

Tatsächlich stößt ein Flugzeug mit Kurs auf die Sablettes auf uns herunter.

Wir sind bei dem diensthabenden Schlepper des Netztors angelangt und erteilen ihm Befehl zu öffnen.

Der Schlepperkapitän antwortet, er habe keine ›Befehle von oben‹.

Bellet springt mit seiner Pistole aufs Vorderdeck der ›Casabianca‹, während ich den Bug neben den Dollbord des Schleppers steuere. Er wird hinüberentern und den guten Mann, der nur seine Befehle kennt, überzeugen, daß die ›Nahbefehle‹ einigen Wert besitzen! …

Es ist aber nicht notwendig. Das Flugzeug hat im Sturzflug eine Bombe abgeworfen, die zwischen unser Heck und das Torpedoboot ›Mars‹ fällt, das mit abgeblendeten Lichtern am Lazarettpier vertäut liegt.

Vor den Augen des Schlepperkapitäns geht die Bombe hoch, und er begreift endlich, daß wir nicht zum Spaß auslaufen wollen; er fährt zum Netz und öffnet das Tor. Wir drücken uns hindurch und streifen die Boje.

Die Scheinwerfer sind, kurz nachdem sie eingeschaltet wurden, wieder erloschen. Die Flakbedienungen müssen überrascht worden sein, denn nun, da der Zweifel durch den Bombenangriff der deutschen Flugzeuge für alle beseitigt ist, eröffnen sie das Feuer nicht.

Es wird heiß hergehen. Wir dürfen nicht über Wasser bleiben, aber die Tiefe zu beiden Seiten der Ausfahrt ist eher gering, und wir müssen einen großen Bogen nach Backbord beschreiben, um die letzte Durchfahrt, die der Balkensperre der Schnellboote, hinter uns zu bringen.

Drei Flugzeuge kommen im Sturzflug auf uns zu, drei weiße Fallschirme entfalten sich und schweben herunter. Es sind magnetische Minen, die uns am Auslaufen hindern sollen.

Die Wasserfontänen steigen ganz nahe an Backbord vor uns hoch.

Und wenn schon! Vorwärts sechs (höchste Fahrt); Hupenzeichen zum Tauchen!

Die Luft pfeift durch die Ventile, und die ›Casabianca‹ taucht.«

Die von den deutschen Flugzeugen abgeworfenen Minen explodierten achtern im Kielwasser der ›Casabianca‹, das Boot wurde heftig erschüttert.

Die ›Glorieux‹ und die ›Marsouin‹ folgten der ›Casabianca‹. Die ›Marsouin‹ lief unter Bombenbewurf durch die Sperre, als eben eine Bombe auf den Leuchtturm des linken Piers fiel und ihn zerstörte. Das Unterseeboot wurde von Steinsplittern getroffen. Der ›Iris‹ gelang die Flucht und sie erreichte Cartagena in Spanien, während die ›Glorieux‹ nach Oran lief. Es fehlte nur die ›Venus‹, die von ihrer Besatzung vor Toulon versenkt wurde. Die ›Casabianca‹ blieb in Tauchfahrt. Als L'Herminier vor Kap Cépet anlangte, wollte er einen Blick nach oben werfen. Vielleicht konnte er einem Überwasserschiff helfen, das sich nicht selbst versenken und nun fliehen wollte. Die Nacht war hell, und die Leuchtraketen mußten die See beleuchten. Also ließ er das achterne Sehrohr ausfahren. Alles schwarz ... Er fuhr das Sehrohr wieder ein, um das Objektiv im Wasser zu reinigen. Nichts, weiter schwarz! Verdammt! Der mit der Wartung der Sehrohre betraute Steuermann hatte in der Hast und Aufregung des Auslaufens vergessen, die bronzene Schutzhülle vom Sehrohrkopf abzunehmen – von beiden Sehrohren des Unterseebootes.

Der Zwischenfall ist bald vergessen; auf hoher See werden die Hülsen über Wasser abgenommen. Vierundzwanzig Stunden lang patrouilliert die ›Casabianca‹ vor Toulon, ehe sie Kurs nach Süden, nach Algier nimmt.

Der Sender fällt aus, es ist unmöglich, die Alliierten von den Absichten der ›Casabianca‹ zu unterrichten. »Wir nehmen den Kampf wieder auf. Da wird es wohl einigen Lärm geben«, sagt L'Herminier.

Am 30. um 7 Uhr morgens befindet sich das Unterseeboot in Tauchfahrt vor dem Leuchtturm von Matifou, inmitten einer Streife englischer U-Jäger; L'Herminier befiehlt »Auftauchen!« 7.18 Uhr, die ›Casabianca‹ durchbricht die Oberfläche, das Turmluk wird aufgerissen, ein Matrose mit einer Trikolore in der Hand springt nach oben; er soll sie schwenken.

L'Herminier sichtet auf kaum 300 Meter eine britische Korvette. Sie signalisiert und verlangt die Erkennungsbuchstaben des Tages. L'Herminier kennt sie natürlich nicht. Er signalisiert mit dem Signalscheinwerfer: »Casabianca, *French submarine;* wir kommen aus Toulon.«

Die englische Besatzung bricht in Hurrarufe aus, während der Kommandant der Korvette seine Mütze hochwirft!

Im Hafen von Algier trifft die ›Casabianca‹ wieder die ›Marsouin‹, die vor ihr eingelaufen ist, und die ›Glorieux‹. Im ganzen sind 14 Unterseeboote dort, davon 6 ›1500-Tonner‹.

Die Flucht der ›Casabianca‹ aus Toulon war die aufsehenerregende Leistung, die beispielhafte Tat eines Kommandanten, einer Besatzung, die nach schmerzlicher Finsternis wieder ins Sonnenlicht gekommen waren. Die Aufgaben, die der ›1500-Tonner‹ in der Folge von Algier aus erfüllen sollte, waren nicht weniger dramatisch: Beförderung von Widerstandskämpfern, Geheimagenten nach Korsika und an die Küsten der Provence. Es galt, die bevorstehenden Landungen an diesen noch von den Deutschen und den Italienern besetzten Küsten vorzubereiten. Als erstes im Mittelmeer, diesem angeblich ruhigen ›Teich‹, dessen Durchquerung L'Herminier mit einer »Autofahrt auf Straßen, die bald glatt wie ein Billardtisch, dann wieder grundlos sind«, vergleicht, so unterschiedlich, so launisch sind dort Wind und See. Man blieb tagsüber getaucht und fuhr mit geringer Geschwindigkeit, um nicht »die Batterien zu stark leer zu fahren« und um feindliche Bombenangriffe zu vermeiden; nachts mit 16, 17 Knoten Überwasserfahrt, mit lärmenden Dieseln, während die Funken aus den Auspufftöpfen stoben, an Bord eines Unterseebootes, das keine Zeit für die geringste Überholung in den Werften hatte (auch gab es nur wenige solcher Werften oder Schwimmdocks, und sie waren überfüllt!), das war kein Ruheposten. Dennoch verlangten L'Herminier und seine Leute nur, wieder auszulaufen, sobald ihr ›PLM‹[5] in Algier eingetroffen war.

Die ›Casabianca‹ näherte sich in Tauchfahrt so weit wie möglich der Küste, beschädigte ihr Ruderblatt beim Scheuern auf Grund, wenn sie dort tagsüber aufsetzte, und tauchte nachts auf. Ein Teil der Besatzung mühte sich mit dem Ausladen von vielen Tonnen Waffen für die korsischen Patrioten ab – einmal 13, ein andermal 20 Tonnen –, in 50-kg-Kisten. Man mußte sie aus den Kammern, den Verbindungsgängen nach oben schaffen – sie waren überall verstaut, in den verborgensten Winkeln – und sie in Gummiboote verladen; man bildete richtige Züge, die von einem Ruderboot geschleppt wurden. Eines Nachts wurde das Unterseeboot im Golf von Porto, in Korsika, von MG-Feuer empfangen. Nach

Algier zurückgekehrt, verlangte L'Herminier, man möge das Loch im Schutzblech der Brücke, das von einem schweren MG stammte, belassen. Er umgab es mit einem ›Hufeisen‹ als Glücksbringer. Das neue ›Trojanische Pferd‹ beförderte dann genau 103 Mann – drei gehörten der Untergrundbewegung an – quer über das Mittelmeer. Das sollte die erste Landung französischer Truppen sein, die Korsika, das sich in der Nacht vom 12. zum 13. September 1943 gegen die Eindringlinge erhoben hatte, befreiten.

»Dank solchen Narren, wie denen von der ›Casabianca‹, haben wir gewonnen«, sagte später General Giraud zum Kommandanten L'Herminier[6].

XXII

OPERATION ›NEPTUNE‹
(Die Landung in der Normandie, 6. Juni 1944)

Vorspiel zur Operation ›Neptune‹

Im Juli 1944 besaßen die Alliierten bereits die See- und Luftherrschaft. Die Deutschen wußten, daß der Krieg für sie verloren war. Geredet wurde darüber nur unter Freunden, auf die man sich verlassen konnte.

Die Kampfmoral der U-Boot-Kommandanten und ihrer Besatzungen war durch den Zweifel am Sinn des Kampfes und durch die schrecklichen Bedingungen des U-Boot-Krieges angeschlagen: Man hatte das Gefühl, vom Jäger zum Gejagten geworden zu sein. Man mußte auf überholten Bootstypen fahren und auf die neuen Typen warten, die sensationell sein sollten und die, wie es hieß, den Gegner in die Knie zwingen würden. Vorläufig mußte jeder für sich allein kämpfen, keine Rede mehr von Rudeln, von im Verband operierenden Booten, die ein geschickter und gut informierter Befehlshaber an die feindlichen Geleitzüge heranführt.

Die U-Boote mußten jetzt tief getaucht zu ihren Jagdgründen schleichen, alle an Bord lauschten auf die Geräusche von außen und hofften, wenn das Boot von den immer gefährlicher werdenden Wasserbomben erschüttert wurde, zu überleben; vierundzwanzig Stunden und oft noch länger mußte man getaucht auf engstem Raum leben. Und nach diesen Wasserbomben-Angriffen war der Außenkörper oft zerfetzt, die Tauchzellen leck, der Druckkörper verbeult und verformt, obwohl das Boot noch tiefer als 2A+60[1] getaucht hatte.

Dönitz hatte seinen Befehlsstand vom ›Hotel am Platz‹ in Berlin, das schwer gebombt worden war, in das Lager ›Koralle‹ in der

Umgebung Berlins verlegt. Dort fühlte er sich oft ebenso isoliert wie seine Kommandanten, die im Einsatz standen. Während der langen Tauchfahrten konnten die Kommandanten ihre Positionen nicht melden und auch nur selten auf Empfang gehen[2]. Jedesmal, wenn ein Boot das Einlaufen im Hafen meldete, fiel Dönitz ein Stein vom Herzen.

Und dann gab es da noch eine andere Schwierigkeit: Auf dem Papier verfügte der B. d. U. zu Anfang des Jahres 1944 über 440 bis 445 Boote, doch noch nie war die Anzahl der im Einsatz stehenden Boote so niedrig gewesen. Auf See befanden sich immer nur etwa 50 Boote, also etwa 12 Prozent, und diese Zahl war obendrein eher rückläufig[3]. Die Werften waren mit reparaturbedürftigen Booten überfüllt. Die Arbeit litt darunter, daß man nun auch Arbeiter für neue Divisionen, die an der Ostfront benötigt wurden, einzog. Auch an Rohstoffen herrschte Mangel. Der Schnorchel mit dem Klappenverschluß, der auf den U-Booten ausprobiert wurde, verursachte außerdem Ärger, da schon bei mittlerem Seegang Wasser eindrang.

Die Verluste nahmen zu: Im Januar 1944 waren es 15 Boote, im Februar 19, im März 25, im April 21 und im Mai 22 Boote[4].

Das erste mit einem Schnorchel ausgerüstete U-Boot, U 264 (Kkpt. Hartwig Looks), wurde von den Geleitschiffen ›Woodpekker‹ und ›Starling‹ (Captain Walker) am 19. Februar 1944 im Nordatlantik versenkt[5].

Das Oberkommando rechnete mit einer Invasion, und es mußte U-Boote zur Abwehr der Invasion in den Häfen zurückhalten. Aber wo war diese Invasion, von der allgemein gesprochen wurde, zu erwarten? In Norwegen, nach Hitler das ›Land des Schicksals‹, in Jütland, von wo aus man mitten in das Herz Deutschlands vorstoßen konnte, am Pas-de-Calais oder an den Küsten der Normandie? Man wußte es nicht.

Um allen Möglichkeiten Rechnung zu tragen, sandte Dönitz die Gruppe ›Mitte‹ nach Norwegen und behielt die aus 15 Booten vom Typ VIIc bestehende Gruppe ›Landwirt‹ in den französischen Atlantikhäfen.

Hitler, der die U-Boot-Waffe zuerst vernachlässigt hatte, betrachtete sie nun als ›seine sicherste Verteidigungslinie im Westen‹.

Zu Beginn der schönen Jahreszeit, zwischen dem 16. Mai und

dem 3. Juni, verließen 32 neue Boote Kiel und liefen zu den Atlantikhäfen. Da die See nördlich von Schottland eisfrei war, konnten sie in großer Entfernung von den britischen Küsten fahren. Dagegen ließen ihnen die langen Frühlingstage nur wenige Stunden Dunkelheit zum Aufladen ihrer Batterien.

Die Flugzeuge des *Coastal Command* überraschten einige Boote vor der Südküste von Norwegen; sie versenkten U 240, U 241, U 476, U 675, U 990, U 292, U 477 und zwangen vier Boote zur Umkehr. Von den mit Schnorchel ausgerüsteten Booten wurde nur eines, U 477 (Oblt. z. S. Karl Joachim Jenssen), am 3. Juni westlich von Trondheim durch ein kanadisches Flugzeug der Staffel 162 versenkt.

Der Verlust eines anderen U-Bootes hätte sehr weittragende Folgen gehabt, wenn er früher erfolgt wäre … Am 4. Juni fiel U 505 (Oblt. z. S. Harald Lange) nach einem von Konteradmiral D. S. Gallery (Flugzeugträger ›Guadalcanal‹ – Zerstörer ›Chatelain‹, ›Jenks‹, ›Pillbury‹) mit Kühnheit und Mut geführten Angriff unversehrt den Amerikanern in die Hände[6]. Sämtliche Kode- und Bordbücher wurden erbeutet. Diese Dokumente waren den Alliierten nur kurz von Nutzen … Am folgenden Tag begann die Invasion an den Küsten der Normandie.

Operation ›Neptune‹

Bei einer Konferenz der alliierten Oberkommandierenden in Quebec wurde im August 1943 der Invasionsplan für Frankreich aufgestellt. Er trug die Bezeichnung ›Cossac‹[7].

Später wurde der Kodename für die Landungsoperation in ›Overlord‹ geändert, doch die Admiralität teilte am 7. September allen Kommandostellen mit, daß »die innerhalb von ›Overlord‹ stattfindende Seekriegsoperation den Namen Operation ›Neptune‹ tragen werde.« Seltsamerweise wurde die Vorhut der gewaltigen Armada, die an der Operation teilnehmen sollte – 4000 Schiffe aller Typen und Tonnagen –, von zwei winzigen Unterseebooten gebildet, jedes mit einer Besatzung von vier Mann. Diese zwei *midget-submarines*, X 20 und X 23, mit dem Stützpunkt Portsmouth, hatten die Landungszonen Juno und Sword, von Ver-sur-Mer bis Riva-Bella abgesteckt.

Die Engländer hatten im Ärmelkanal und auch im Atlantik sechs Zonen, innerhalb denen die Landungsstreitkräfte gesichert wurden; sie reichten von 40 Quadratmeilen (rund um die Insel Jersey) bis 120 Quadratmeilen (vor Brest), wo die U-Boot-Abwehr patrouillierte, um kein U-Boot heranzulassen.

Und am 6. Juni liefen die deutschen U-Boote aus Lorient und Brest aus, Dönitz hatte in seinem Angriffsbefehl den Kommandanten befohlen:

»... Wenn es gilt, an die feindlichen Landungsflotte heranzukommen, gibt es keine Rücksicht auf Gefährdung durch flaches Wasser oder mögliche Minensperren oder irgendwelche Bedenken. Jeder Mann und jede Waffe des Feindes, die vor der Landung vernichtet werden, verringern die Aussicht des Feindes auf Erfolg. Das Boot, das dem Feinde bei der Landung Verluste beibringt, hat seine höchste Aufgabe erfüllt und sein Dasein gerechtfertigt, auch wenn es dabei bleibt.«

Noch nie hatten die Boote gegen eine solche Abwehr der Marineluftwaffe zu kämpfen gehabt. Vom 5. Juni bis zum 1. Juli wurden westlich des Kanals sieben und im Kanal drei U-Boote versenkt; dazu kamen noch dreizehn in den anderen Abschnitten. Dönitz gab zu, daß die Kampfmoral seiner Kommandanten über jedes Lob erhaben war, daß er selbst jedoch kaum noch die nötige seelische Kraft aufbrachte. Da er besser informiert war, fragte er sich, ob die Fortsetzung des Kampfes nicht einem Verbrechen gleichkam. Schließlich kehrten einige U-Boote zurück und meldeten Erfolge: fünf Sicherungsfahrzeuge, zwölf Transporter (56.845 BRT) und vier Landungsschiffe (8404 BRT) versenkt, etwa zehn beschädigt. Verglichen mit dem Schiffsraum, der den Kanal überquert hatte, war das wenig. Nach der erfolgreichen Landung der Alliierten setzten die U-Boote ihre vergeblichen Angriffe fort. Zwischen dem 6. Juni und Ende August fuhren 30 U-Boote mit Schnorchel 45 Angriffsfahrten in der Landungszone. 20 wurden versenkt.

Von den tausend Mann Besatzung wurden nur 238 gerettet. Kein einziges Flugzeug der deutschen Luftwaffe brachte ihnen je Hilfe; vor Paimpol wurde zum Beispiel ein U-Boot von britischen Überwasserschiffen mit Wasserbomben angegriffen, ohne daß ein Flugzeug eingriff.

Die Marinestützpunkte in den besetzten Ländern fielen nacheinander: im August Toulon und Konstanza, im September Brest, Saloniki, Salamis, Petsamo. Die russische Flotte war aus dem Finnischen Meerbusen ausgelaufen, und für die Deutschen war es nun schwierig geworden, die Probefahrten ihrer neuen U-Boote in der Ostsee, deren Küsten von den englischen Flugzeugen vermint wurden, fortzusetzen.

Wie immer in verzweifelten Fällen, setzte man die Marine ein. 80 Prozent der Männer der Kriegsmarine wurden bei Operationen zu Land eingesetzt. Die U-Boot-Waffe ließ man in Ruhe. Obgleich sie schwer angeschlagen war, obgleich ihr Chef wußte, daß seine Leute ohne Hoffnung auf Erfolg kämpften, einzig mit dem Ziel, die feindlichen Streitkräfte zu binden, um sie daran zu hindern, in Deutschland Fuß zu fassen, gab sie nie den Kampf auf.

Letzte Kämpfe vor den britischen Inseln

Dönitz hatte einige U-Boote in entfernte Seeräume entsandt, um die unmittelbar gegen Deutschland operierenden Alliierten bei ihren Angriffen abzulenken. Am 4. Juli 1944 beschädigte U 539 (Kptlt. Lauterbach-Emden) amerikanische Schiffe im Karibischen Meer, am 7. Juli versenkte U 516 (Kkpt. Hans-Rüdiger Tillessen) den amerikanischen Tanker ›Esso Harrisburg‹ mit 9887 BRT, und am 24. Juli versenkte U 861 (Kkpt. Jürgen Oesten) den amerikanischen Dampfer ›William Gaston‹ vor der brasilianischen Küste.

Vor der Landung in der Normandie bis zum Ende des Krieges vergingen noch zwölf Monate, in denen die U-Boote ihre letzten Kämpfe lieferten; der wichtigste spielte sich rund um die britischen Inseln ab. Die letzten Zuckungen eines Sterbenden kurz vor seinem Ableben? Das kann man nicht behaupten, denn es fehlten nur wenige Monate, und das vorläufige Hilfsmittel, der Schnorchel, wäre durch eine endgültige Lösung ersetzt worden, die den U-Booten Jugend, Leben und Sieg zurückgegeben hätte: die Einstellung von elektrischen und bald darauf von Walter-U-Booten!

Nach dem Durchbruch der Amerikaner bei Avranches verließen die U-Boote nach dem 4. August ihre französischen Stützpunkte und zogen sich in die norwegischen Häfen zurück. Diese

Operation war Ende September abgeschlossen. Kein Boot war bei dieser Verlegung versenkt oder auch nur beschädigt worden; von nun an wurde Bergen ihre Hauptoperationsbasis.

Nach der harten Belastungsprobe der Invasion hatten sich die U-Boot-Besatzungen, während man ihre Boote reparierte, ein wenig ausgeruht.

Etwa zehn Boote, die tauchunfähig waren, wurden indessen in den französischen Häfen von der eigenen Besatzung versenkt. Wenige Tage vor der Invasion, am 1. Juli, hatte Dönitz beschlossen, alle Schnorchel-U-Boote vom Atlantik abzuziehen und sie im Seeraum der britischen Inseln einzusetzen. Es war das erstemal seit 1940, daß sie in diesen seichten Gewässern operieren sollten. Die Kommandanten der U-Boote hatten Weisungen erhalten, das Gegenteil dessen zu tun, was der Feind erwartete: Sie sollten die Geleitzüge von der Landseite her angreifen und sich dann nach Land zu verholen. Diese List war zu bekannt, als daß sie Erfolg gehabt hätte.

Die ständige Tauchfahrt mit Schnorchel auf Booten, die nicht dafür gebaut waren, so lange unter Wasser zu bleiben, war für die jungen Besatzungen eine schwere Prüfung. Die Kommandanten hatten auch Erlaubnis, zu ihren Basen zurückzukehren, wenn ihrer Ansicht nach die Besatzung übermüdet war, gleich, wieviel noch an Brennstoff und wie viele Torpedos vorhanden waren.

Eine andere Schwierigkeit war die Funkstille! Die U-Boote sollten sie erst brechen, wenn sie sehr weit von den englischen Küsten entfernt waren.

Im August operierten acht U-Boote im Ärmelkanal und versenkten sechs Handelsschiffe mit insgesamt 24.811 BRT, den von U 804 versenkten amerikanischen Geleitzerstörer ›Fiske‹ und die von U 667 beziehungsweise U 480 torpedierten kanadischen Korvetten ›Regina‹ und ›Alberni‹.

Schließlich versenkte U 482 (Kptlt. Graf von Matuschka) am 30. August den Tanker ›Jacksonville‹ mit 10.848 BRT und am 1. September den englischen Zerstörer ›Hurst Castle‹. In den ersten Septembertagen versenkte er das norwegische Handelsschiff ›Fjordheim‹ und die englischen Handelsschiffe ›Pinto‹ und ›Empire Heritage‹, insgesamt 31.610 BRT. Diese Torpedierungen fanden im Quadrat AM, d. h. nördlich von Irland im Nordkanal statt. »Ein sehr positiver Einsatz«, fand Dönitz.

Inzwischen operierte U 541 (Kptlt. Kurt Petersen) vor der Mündung des Sankt-Lorenz-Stroms, südlich von Neufundland, im Planquadrat BB, und vernichtete die ›Livingston‹ (2140 BRT) und einen Zerstörer.

Ende Oktober versenkte U 170 (Oblt. z. S. Gerold Hauber) zwei feindliche Zerstörer; am 1. November beschädigte U 483 (Kptlt. Hans Joachim von Morstein) im gleichen Quadrat, in dem von Matuschka seine Erfolge erzielt hatte, den britischen Geleitzerstörer ›Whitaker‹.

Der Dezember brachte Dönitz immer befriedigendere Ergebnisse mit den Fahrten von U 772 (Kptlt. Ewald Rademacher), U 486 (Oblt. z. S. Gerhard Meyer), U 1202 (Kptlt. Rolf Thonisen) und U 870 (Kkpt. Ernst Hechler), die in verschiedenen Atlantikräumen, beim Ärmelkanal, in der Biskaya und nördlich von Irland operierten. Im Dezember wurden in den *Western Approaches* 18 Schiffe mit 85.439 BRT versenkt, im Nordatlantik nur ein einziges mit 5458 BRT.

Der Januar 1945 verlief befriedigend. In den ersten Februartagen stellte der Großadmiral zufrieden fest, daß der Schnorchel den U-Booten, sogar denen alten Typs, wieder ihre Schlagkraft zurückgegeben hatte. Auch wurde zu Beginn des Jahres die Zahl der in Dienst stehenden U-Boote durch den von Speer organisierten Serienbau auf 455 erhöht, eine bis dahin noch nie dagewesene Leistung. Dönitz wußte nicht, daß dies der Höhepunkt war.

Nur einige dunkle Punkte gab es: die Fahrt mit Schnorchel war langsam; der Verlust der französischen Basen hatte die Fahrzeit zwischen den Häfen und den Operationszonen verlängert; und schließlich nahm die Dauer der Reparaturen in den Werften in beunruhigender Weise zu.

Am 21. Januar hatte Dönitz Hitler auf die Bedeutung von Danzig[8] aufmerksam gemacht; der Verlust dieses Hafens würde den U-Boot-Krieg lähmen, denn er bildete eine Ausbildungsbasis der neuen U-Boote, und es gab dort drei Montagewerkstätten der U-Boote des Typs XXI.

Hitler betonte am 1. Februar in einer Rede vor seinem Generalstab ›die beträchtliche Bedeutung‹, die er der Wiederaufnahme des U-Boot-Krieges für die allgemeine Kriegslage zuschrieb.

Verluste vom 1. Juni bis 31. Dezember 1944:

Monat	Alliierte, Nordatlantik BRT (Schiffe)		Vor den britischen Inseln BRT (Schiffe)		Insgesamt[9] BRT (Schiffe)		Deutsche U-Boote[10]
Juni	4.294	(2)	75.166	(19)	104.084	(26)	25
Juli	15.480	(2)	19.038	(8)	78.756	(17)	23
August	5.685	(1)	54.834	(12)	118.304	(23)	35
Sept.	16.535	(3)	21.163	(3)	44.805	(8)	21
Okt.			1.722	(2)	11.688	(4)	13
Nov.	7.828	(3)	8.880	(3)	37.980	(9)	7
Dez.	5.458	(1)	85.639	(18)	134.913	(26)	14
Summe	55.280	(12)	266.442	(65)	530.510	(113)	138

(laut Captain S. W. Roskill: *The war at sea*)

Alliierte Gegenoffensive

Die alliierten Zerstörer und Korvetten sowie Geleitträger versenkten zwischen dem 1. Juli und dem 31. Dezember 1944 auf allen Meeren zusammen 41 deutsche U-Boote. Zwei davon wurden in der Straße von Malakka durch Unterseeboote torpediert und versenkt: U 859 am 23. September durch den Engländer ›Trenchant‹, U 168 am 6. Oktober durch den Holländer ›Zwaardvisch‹. Die berühmte ›Starling‹ unter Captain Walker hatte sich unter den Überwasserschiffen besonders ausgezeichnet: Sie hatte mit Unterstützung der ›Loch Killin‹ am 31. Juli U 333, am 6. August U 736 im Ärmelkanal versenkt. Am 11. desselben Monats befand sich die ›Starling‹ in der Biskaya und bohrte mit der Hilfe einiger Flugzeuge U 385 in den Grund.

Während dieser Zeit gingen die Erfolge des *Coastal Command* täglich zurück. Dagegen zerstörten das *Bomber Command* und die *USAAF* 19 U-Boote in den Häfen Hamburg, Toulon und Bergen.

Das britische Marine-Oberkommando hatte jedoch festgestellt, welche Umwälzung der Einsatz von Schnorcheln in der U-Boot-Strategie bewirkt hatte. Im Oktober 1944 konnten 49 zum Großteil mit Schorcheln ausgerüstete U-Boote nördlich von Großbritannien ungehindert durchkommen; nur eines wurde beschädigt. Sie versenkten im Dezember 18 Schiffe (85.639 BRT), während von den Briten nur 14 U-Boote versenkt wurden. Bei der Operation ›Neptune‹ wurden alle U-Boote – mit Ausnahme einiger weniger waren sie alle mit Schnorchel ausgerüstet – auf Distanz gehalten.

Durch den Schnorchel war es den U-Booten möglich, getaucht zu fahren, wobei er allein aus dem Wasser ragte, er war außerdem mit dem Radar nicht erfaßbar.

Anfang Januar 1945 forderte der Erste Seelord, Sir Andrew B. Cunningham, der die Gefahr erkannte, von den Leitern des *Staff Committees,* daß sie unverzüglich ein Memorandum ausarbeiten sollten, um bereits im Februar eine große neue U-Boot-Abwehroffensive zu starten.

Damals verfügte das *Coastal Command* über insgesamt 54 Staffeln (793 Flugzeuge), von denen 38 (528 Flugzeuge) ausschließlich die U-Boote bekämpften. 24 dieser Staffeln (420 Flugzeuge) waren in Großbritannien und Irland stationiert.

Das Auslaufen von 30 Zerstörern in den Fernen Osten wurde abgeblasen. Im Januar besaßen die Engländer 37 Geleitgruppen[11], insgesamt 273 Schiffe, die in den *Western Approaches* operieren konnten, 28 Geleitträger und mehrere in Harwich, Rosyth und Plymouth stationierte Zerstörerflottillen nicht mit eingerechnet.

Unter den Besatzungen des *Coastal Command* gab es damals eine richtige Schnorchelpsychose. Sie sahen überall Schnorchel auf der Oberfläche der See. Indem sie die Radarkontakte deuteten, ließen sie sich dazu verleiten, kleines Treibgut und sogar Delphine zu bombardieren. Eine Welle der Entmutigung, das *schnorkeling,* erfaßte sie[12].

Das *Coastal Command* besaß nicht genügend Flugzeuge, um über den Durchfahrtsstraßen zu patrouillieren und gleichzeitig die vielen Geleitzüge zu schützen, die in den britischen Gewässern fuhren, daher beorderten die Briten einige Flugzeuge aus Gibraltar zurück, die durch das Eintreffen von zwei mit Radar (MAD) für Luftortung ausgerüsteten Liberatorstaffeln verfügbar wurden. Man beschloß, die Geleitzüge nur in den Zonen, die gefährdet waren, zu sichern.

Die Geleitzüge England-Gibraltar und England-Freetown wurden nur mehr von einem einzigen Geleitfahrzeug gesichert. Die

Bedrohung im Nordatlantik hatte an Schärfe verloren. Im August 1944 war der größte Geleitzug des Krieges, HX 300, bestehend aus 167 in 19 Kolonnen laufenden Schiffen, ohne den geringsten Verlust in Großbritannien angekommen.

Die Engländer legten mehrere Minenfelder an den wichtigsten Stellen südostwärts und nordostwärts der britischen Inseln aus, wo die U-Boote ihre Wartestellungen bezogen, um die Geleitzüge abzufangen. Vier aus dem Pazifik zurückbeorderte Schiffe, ›Ariadne‹, ›Apollo‹, ›Pluver‹ und ›Willem van der Zaan‹, legten in wenigen Monaten 17.000 Minen aus.

Auf technischem Gebiet wurde das Radar auf Band S (10 cm) durch das auf Band X (3 cm) ersetzt; die ersten Versuche wurden im November 1944 gestartet, in Dienst gestellt wurde es im März 1945. Dieses Radar ermöglichte die genaue Ortung der Schnorchel und sogar der Sehrohre, ohne deshalb die des kleinen Treibguts auszuschalten.

Das Asdic 149 zur Ortung von Torpedos wurde allgemein auf den großen Überseeschiffen eingebaut.

Schiffe und Flugzeuge warfen weiter Wasserbomben mit 300 Pfund Gewicht; außerdem waren die meisten Schiffe mit *Hedgehog* und *Squid*[13] ausgerüstet.

Die Engländer verwendeten im März 1945 eine neue Bombe, die aus geringer Höhe geworfen werden konnte und das Radar ausschaltete, ohne deshalb durch ein *Leigh Light* die See zu beleuchten und den Feind vor dem Angriff zu warnen. Die durch Flugzeuge abgeworfene Wasserbombe konnte durch eine 600 Pfund schwere Bombe ersetzt werden.

Schließlich machten die Engländer über nichts mehr, was den U-Boot-Krieg betraf – versenkten Schiffsraum, angegriffene oder vernichtete U-Boote –, irgendwelche Angaben mittels Funk. So erfuhr Dönitz bis zu ihrer Rückkehr nichts über das Schicksal seiner U-Boote, ausgenommen ihre seltenen Funksprüche.

Am 13. März erhielt der Großadmiral einen alarmierenden Funkspruch. Oberleutnant zur See Klaus Becker meldete, daß »U 260 am 12. auf 80 Meter Tiefe vor Fastnet Rock auf eine Mine gelaufen war. U 260 konnte, schwer beschädigt, an die Oberfläche gelangen und war dabei, die Besatzung von dem sinkenden Boot an die irische Küste auszuschiffen«.

»Wir hatten den Beweis«, schreibt Dönitz, »daß der Gegner tiefliegende Minensperren gegen die U-Boote ausgelegt hatte[14].« Er erteilte den Befehl, daß seine U-Boote sich von den feindlichen Küsten absetzen oder bei zu starker Abwehr den Rückmarsch antreten sollten.

Dönitz sah für die nächste Zukunft schwere Verluste voraus. Er war mit dem Leben seiner Männer immer sparsam umgegangen, nun aber geizte er sogar damit, da er nicht mehr an den Sieg glauben konnte.

Die Verlustzahlen der U-Boote im britischen Raum waren von 6 Booten im Januar auf 17 im Februar angestiegen. Im März waren es 16, im April[15] bereits 29.

Später kam hinzu, daß viele Boote durch die Bombenangriffe auf Hamburg, Wilhelmshaven, Bremen und Kiel versenkt oder unbrauchbar geworden waren: zwischen dem 20. März und 9. April waren es 22 Boote.

Enorme Verluste der U-Boote

Während die Berichte der U-Boot-Kommandanten bei der Rückkehr von der Feindfahrt günstig lauteten und Dönitz feststellte, daß die Verluste Ende Januar 1945 wesentlich geringer waren – sie betrugen 10 Prozent der auf See befindlichen Boote, waren also schwächer als in den Jahren 1940 und 1941 –, trat eine plötzliche Wendung der Lage ein. Die U-Boote erlitten auf allen Kriegsschauplätzen starke Verluste.

Vor Gibraltar griff U 300 (Oblt. z. S. Fritz Hein) am 17. Februar das Handelsschiff ›Michael J. Stone‹ (7176 BRT) und den Tanker ›Regent Lion‹ (9551 BRT) an und beschädigte sie schwer, wurde aber selbst von den Wasserbomben eines Geleitfahrzeugs getroffen und mußte nach Tanger zur Reparatur flüchten. Am 22. lief U 300 wieder aus und versuchte, sich dem Geleitzug zu nähern. Die Minenleger ›Recruit‹ und ›Pincher‹ versenkten es alsbald.

U 1302 (Kptlt. Wolfgang Herwatz) wurde am 7. März 1945 von kanadischen Fregatten im Sankt-Georgs-Kanal versenkt; zwei Tage später wurde U 1019 (Oblt. z. S. Hans Rinck) von einer Liberator mit Geräuschbojen und Horchtorpedos angegriffen; obgleich das Flugzeug Überwasserschiffe zu Hilfe rief, gelang es U 1019 zu entkommen.

Die Einfahrt zum Ärmelkanal war für die U-Boote ein besonders mörderischer Abschnitt. Am 8. März gelang es U 275 (Kptlt. Helmut Wehrkamp), den Tanker ›Lornaston‹ (4934 BRT) aus dem Geleitzug ONA 289 zu versenken; zwei Tage später lief es vor Beachy Head auf eine Mine und sank.

Am nächsten Tag scheiterte U 681 auf einer der Scilly-Inseln. Der Kommandant, Oberleutnant zur See Werner Gebauer, befreite sein U-Boot aus der schwierigen Lage und versuchte dann, mit dem beschädigten Boot Irland zu erreichen, als er von einer amerikanischen Liberator angegriffen wurde. Gebauer versenkte sein Boot am 11. März. Am 12. war die Reihe an U 683 (Kptlt. Günter Keller); es wurde von der 2. *Escort group* versenkt, die vor Kap Lizard Head patrouillierte. Am selben Tag wurde U 260, das vor Fastnet Rock durch eine Mine beschädigt worden war, von seiner Besatzung versenkt. Am 26. versenkte, ebenfalls an der Einfahrt des Ärmelkanals, die Fregatte ›Duckworth‹ von der 3. *Escort group* U 399 (Oblt. z. S. Heinz Buhse), und am 29. vernichtete und versenkte sie vor Kap Land's End U 246 (Kptlt. Ernst Raabe).

Die Fregatten der 21. *Escort group* zeigten sich zwischen dem 19. März und 1. April westlich der Shetland-Inseln und der Hebriden sehr aktiv. Die *group* bestand aus zwei Divisionen, deren erste nördlich der Meerenge von Minch – vor Kap Wrath –, die zweite südlich der Meerenge operierte. Nachdem sie mehrere Geleitzüge in diesen schmalen Gewässern gesichert hatten, gingen sie zum Angriff auf die U-Boote über.

Am 27. März bekam die 1. Division (die Fregatten ›Conn‹, ›Rupert‹ und ›Denne‹) mehrere Asdic-Kontakte. Die Fregatten warfen eine Anzahl von *Hedgehogs,* gefolgt von Wasserbomben, und waren sicher, ein U-Boot versenkt zu haben. Es war U 965. Am selben Tag vernichtete die 2. Division (die Fregatten ›Fitzroy‹, ›Redmill‹ und ›Byron‹) U 722. Am 30. März versenkte die 1. Division mit *Hedgehogs* und Wasserbomben U 1021. So wurde der Raum des Minch von allen U-Booten gesäubert.

Ein anderer Abschnitt, in dem die U-Boote gejagt wurden und zwischen Oktober 1944 und Mai 1945 starke Verluste erlitten, war der Abschnitt zwischen Bergen und dem Nordraum der Hebriden. U 864 (Kkpt. Ralf Rainer Wolfram) wurde vor Bergen versenkt. Nördlich und ostwärts der Shetlands wurden nacheinander U 1276

(Oblt. z. S. Karl-Heinz Wendt), U 989 (Kptlt. von Roithberg), U 1278 (Kptlt. Müller-Bethke), U 1279 (Oblt. z. S. Hans Falke), U 1006 (Oblt. z. S. Horst Weigt) U 322 (Oblt. z. S. Gerhard Wysk) und U 396 (Kptlt. Hilmar Siemon) versenkt.

Im gleichen Seeraum verschwanden U 905 (Oblt. z. S. Herbert Schwarting) und U 1106 (Oblt. z. S. Erwin Bartke), und es ist fast sicher, daß ihr Verlust auf das Konto einer Liberator des *Coastal Command* geht, das auf den Verbindungswegen zum Nordatlantik patrouillierte.

Südlich der Mündung des Sankt-Lorenz-Stroms errang Fregattenkapitän Kurt Dobratz (U 1232)[16] einige Erfolge: die Dampfer ›Polarland‹ (1591 BRT), die ›British Freedom‹ (6985 BRT), die ›Athelviking‹ (8779 BRT) wurden versenkt, die ›Nipiwan Park‹ (1591 BRT), die ›Martin van Buren‹ (7176 BRT) und die ›Spinager‹ (7429 BRT) beschädigt. Diese Erfolge konnten Dönitz glauben machen, daß seine U-Boote wieder die Oberhand erlangt hatten. Da aber griffen die Amerikaner energisch in diesem Sektor ein. Sie wußten von der Anwesenheit mehrerer U-Boote vor Halifax; die Boote hatten nicht nur einige ihrer Handelsschiffe versenkt, sondern sie sendeten auch Wetterfunksprüche.

Am 18. März wurde U 866 (Oblt. z. S. Peter Rogowsky) von den amerikanischen Patrouillenschiffen ›Lowe‹, ›Menges‹, ›Pride‹ und ›Mosley‹ vernichtet, am 7. April wurde U 857 (Kptlt. Rudolf Premauer) vor Kap Cod versenkt, am 19. U 879 (Kptlt. Erwin Machen) durch die Amerikaner ›Buckley‹ und ›Reuben James‹, und am 30. U 548 (Oblt. z. S. Erich Krempl) durch vier amerikanische Geleitschiffe in den Grund gebohrt.

Dönitz hoffte, die Alliierten zu überrumpeln, indem er plötzlich eine Gruppe von sechs U-Booten vom Typ IX in den Raum nördlich der Azoren entsandte, doch die Engländer und Amerikaner hatten von der Operation erfahren. Die ab 11. April angegriffenen amerikanischen Geleitzüge erlitten keine Verluste. Dagegen wurden nördlich der Azoren vier U-Boote, U 1235 (Oblt. z. S. Franz Barsch) U 880 (Kptlt. Schötzau), U 546 (Kptlt. Paul Just) und U 518 (Oblt. z. S. Offermann), versenkt.

Verluste vom 1. Januar 1945 bis 31. August 1945:

Monat	Alliierte durch U-Boote BRT (Schiffe)	Insgesamt BRT (Schiffe)	Deutsche U-Boote
Januar	56.988 (11)	82.897 (18)	14
Februar	65.233 (15)	95.316 (26)	22
März	65.077 (13)	111.204 (27)	32
April	72.957 (13)	104.512 (22)	55
Mai	10.022 (3)	17.198 (4)	28
Juni	11.439 (1)	18.615 (2)	
Juli	–	7.237 (3)	
August	–	36 (1)	
Datum unbekannt	–	1.806 (2)	
Summe	281.716 (56)	438.821 (105)[17]	151[18]

(laut Captain S. W. Roskill: *The war at sea*)

Die U-Boote der Typen XXI und XXIII werden in Dienst gestellt

Während im April 1945 an der Festlandfront alles um Hitler zusammenbrach und die deutschen Armeen, gegen Berlin gedrängt, täglich zurückgingen, bewahrte Großadmiral Dönitz doch noch eine geringe Siegeshoffnung. Die ersten U-Boote der neuen Typen XXI und XXIII wurden in Dienst gestellt.

Dönitz schreibt, nachdem er von ihrer Unterwasser-Geschwindigkeit bis zu 17,5 Knoten, ihrem geräuschlosen Unterwasser-Marsch von 5,5 Knoten und ihrer Fähigkeit, mit den neuen Geräten und nach neuen Schießverfahren aus 50 Meter Wassertiefe zu schießen, gesprochen hat: »Durch diese Typen war die Überlegenheit, die die Abwehr dem U-Boot gegenüber seit 1943 gewonnen hatte und die im wesentlichen auf der Überwasserortung mit Hilfe kürzester Wellen beruhte, ausgeschaltet. Das U-Boot blieb für die Ortung nicht feststellbar, unter Wasser, operierte in schützender Tiefe und griff auch nur aus ihr heraus an. Neue Möglichkeiten für den Einsatz der U-Boot-Waffe waren eröffnet, neue Erfolge in greifbare Nähe gerückt[19].«

Die Alliierten waren informiert und machten sich berechtigt Sorgen über diese umwälzenden neuen Typen. U 2324 (Typ XXIII) hatte die erste Feindfahrt nördlich von North Foreland durchgeführt. U 2511 (Typ XXI) war nach befriedigenden Probefahrten zu seinem Stützpunkt Bergen zurückgekehrt. Es bestand jedoch die Gefahr, daß die U-Boote, wenn sie ausliefen, bei ihrer Rückkehr die Basen von den Alliierten besetzt fanden.

Am 7. Mai versenkte U 2336, Typ XXIII (Oblt. z. S. Emil Klusmeier), bei der Einfahrt des Firth of Forth die ›Sneland‹ (1791 BRT) und die ›Avondale Park‹ (2878 BRT), entkam und kehrte zu seinem Stützpunkt[20] zurück.

Die Kommandanten schrieben nach ihrer Rückkehr in ihrem Bericht: »Ideales Boot für kurzfristige Unternehmungen in Küstennähe, schnell, wendig, einfache Tiefensteuerung, geringe Ortungs- und Angriffsfläche.«

Tatsächlich verließen zwischen dem 1. April und dem 6. Mai etwa 60 dieser neuen U-Boote die deutschen Häfen mit Kurs nach Norden. Bei der Kapitulation befanden sich einige auf Probefahrt in der Ostsee und versuchten, zu den auf Feindfahrt befindlichen U-Booten zu stoßen. Mosquites und Liberators trachteten, sie auf der Fahrt zu versenken.

Zwischen dem 1. April und Kriegsende wurden etwa 27 U-Boote von der *RAF* in der Kieler Bucht, südlich des Kattegat und im Kattegat versenkt.

Die letzte Fahrt des U 2511

U 2511, mit dem Spitznamen das ›Weiße Boot‹, lief am 30. April aus. Sein Kommandant, ein sehr fähiger Offizier, war Korvettenkapitän Adalbert Schnee[21]. Auch der Leitende Ingenieur, Suhren, war ein hervorragender Offizier. Zwei Tage nach seinem Auslaufen aus dem norwegischen Fjord befand sich U 2511 mitten in der Nordsee und lief in 80 Meter Tiefe mit 5 Knoten in lautloser Fahrt, als plötzlich der Horchposten vier Asdic-Peilungen aus verschiedenen Richtungen auffing. U 2511 war von mehreren U-Boot-Jägern geortet worden, heftige Wasserbombenangriffe waren zu erwarten. Schnee ließ sofort die Fahrt auf 16 Knoten erhöhen, änderte den Kurs um 30 Grad und konnte mit der Leichtigkeit, Geschicklichkeit und Geschwindigkeit eines Fisches entkommen. Ohne seine Batterien zu entleeren, behielt das Boot sein Tempo von 16 Knoten in Tauchfahrt bei. »Meine Erfahrungen: Boot war hervorragend, im Angriff und in der Abwehr etwas ganz Neues für den U-Boot-Fahrer«, notierte der Kommandant von U 2511[22].

Am 4. Mai 1945 fuhr U 2511 mit Schnorchel nördlich der Shetlands; es hatte Fair Isle bereits passiert. An Bord war man von der absoluten Hochleistung begeistert. »Wir werden vor dem Panamakanal operieren«, beschloß Schnee, dem Dönitz vertrauensvoll Manövrierfreiheit gegeben hatte.

Plötzlich brachte der Funkgefreite eine Nachricht. Es war der Befehl des Großadmirals: »Feuer einstellen!« Die beiden Offiziere kannten Dönitz gut, mit dem sie befreundet waren ... Sie wußten, wenn der Admiral diese Entscheidung getroffen hatte, dann war er dazu gezwungen gewesen. Für sie gab es kein Zögern: Sie mußten gehorchen. Sie machten kehrt und nahmen Kurs nach Bergen. Wenige Stunden später meldeten die Horchgeräte des U 2511 Schiffsschraubengeräusche. Ein Blick durch das Sehrohr! Ein schöner englischer Kreuzer von 10.000 Tonnen, begleitet von vier Zerstörern. Schnee fuhr sogar einen Unterwasserangriff bis auf Torpedoschußentfernung.

Nein, unmöglich! Schnee stieß einen Fluch aus, U 2511 machte kehrt und lief nach Bergen.

Viele U-Boot-Kommandanten wollten den Plan ›Regenbogen‹, das heißt die Versenkung ihres Bootes, ausführen. Dönitz forderte sie auf, das nicht zu tun.

Am 7. Mai um 2.41 Uhr morgens unterzeichnete General Jodl, bevollmächtigt durch Dönitz, der inzwischen deutscher Regierungschef geworden war, in Reims die Einstellung der Feindseligkeiten an allen Fronten. Der Waffenstillstand wurde am 9. Mai um null Uhr wirksam.

Dönitz konnte seinen geliebten Mannschaften nur mehr eine Abschiedsbotschaft senden.

»U-Boot-Leute, sechs Kriegsjahre liegen hinter uns. Ihr habt wie Löwen gekämpft ... Kameraden! Bewahret den Geist der U-Boot-Leute, mit dem ihr tapfer und unerschütterlich gekämpft habt, zum Wohle unseres Vaterlandes für die Zukunft.«

Im Mai 1945 wurden 221 U-Boote aller Typen, von den alten VIIc bis zu den Walter-U-Booten, in den deutschen Häfen von ihren Besatzungen versenkt.

Das erste U-Boot, das sich, den Weisungen entsprechend, den Engländern ergab, war U 1009. In der Folge ergaben sich 97 deutsche U-Boote, darunter 17 vom Typ XXIII und eines vom Typ XXI (U 3035), den Engländern. Im ganzen fielen 156 Boote unversehrt in die Hände der Royal Navy[23].

Mit Ausnahme einiger Boote, die von England, den Vereinigten Staaten, der UdSSR und Frankreich behalten wurden, sammelte man alle U-Boote im Loch Ryan. Sie wurden in Gruppen auf 30 Meilen nördlich von Malin Head geschleppt und mit Sprengladungen versenkt. Einige wurden durch zwei Schiffe, die sich in der Schlacht im Atlantik ausgezeichnet hatten, den Engländer ›Onslow‹ und den Polen ›Blyskawica‹, durch Geschützfeuer vernichtet. Der polnische Zerstörer war einer der ersten, die im Jahre 1939 nach England gekommen waren.

Zwei U-Boote, U 963 und U 1277, wurden von ihren Besatzungen in Lissabon versenkt; U 530, das sich an der Küste der Vereinigten Staaten aufhielt, und U 977, das von Kiel auslief, kamen im Juli beziehungsweise im August nach Rio de la Plata. Sie wurden entwaffnet, ihre Besatzungen interniert. Längere Zeit hielt sich ein Gerücht, demzufolge Hitler an Bord von U 977 flohen sei. Es war falsch.

Die Deutschen hatten zwischen 1939 und 1945 1162 U-Boote gebaut und in Dienst gestellt. 784 wurden vernichtet, davon 632 bei Kampfhandlungen. Die Engländer konnten sich rühmen, etwa 500 dieser Boote versenkt zu haben.

Großadmiral Dönitz wurde später in Nürnberg zu zehn Jahren Gefängnis wegen ›Verbrechen gegen den Frieden‹ (zweiter Anklagepunkt) und ›Verbrechen gegen das Kriegsrecht‹ (dritter Anklagepunkt) verurteilt, bezüglich seiner U-Boot-Kriegführung erfolgte kein Schuldspruch.

»Mein Schicksal ist mir völlig gleichgültig, wenn nur die U-Boot-Waffe freigesprochen wird und rein dasteht«, sagte er, als er seine Verurteilung hörte.

Churchill würdigte die deutschen U-Boot-Leute; er schrieb:

»... als Dönitz die Kapitulation anordnete, standen immer noch nicht weniger als neunundvierzig in See. So groß war die Hartnäckigkeit des deutschen Widerstands, so unerschütterlich die Tapferkeit der U-Boot-Fahrer.«

Die deutschen Kleinst-U-Boote

Die Deutschen bauten ebenso wie die Engländer, Italiener und Japaner Taschen-U-Boote. Während die Engländer ihren Typ X schleppen ließen, die Japaner ihre Kleinst-U-Boote an Deck der U-Boote vom Typ U-16 transportierten, um zu den Operationsgebieten zu gelangen, verwendeten die Deutschen kleine Boote, die aus eigener Kraft in ihr Operationsgebiet gelangten.

Die Basis dieser Taschen-U-Boote war Ijmuiden. Das Oberkommando hatte diese Basis für etwa hundert Boote und 1200 bis 1500 Mann Personal errichtet.

Die englischen Boote vom Typ X wie auch die italienischen elektrischen Kleinstboote sollten Minen unterhalb des Rumpfes feindlicher Schiffe anbringen; die deutschen Kleinst-U-Boote waren, wie die japanischen, mit Torpedos ausgerüstet.

Es gab vier Haupttypen:

Die Einsitzer ›Biber‹ (6 Tonnen) und ›Molch‹ (12 Tonnen) waren mit zwei hängenden Torpedos ausgerüstet. Es wurden 324 ›Biber‹ fertiggestellt; sie wurden im August 1944 ohne großen Erfolg gegen die Alliierten eingesetzt. Von den 390 gebauten ›Molchen‹ wurden viele nach Dänemark und Norwegen geschickt, da man dort mit einer alliierten Invasion rechnete.

Die Boote ›Hecht‹ (12 Tonnen, ein Torpedo) und ›Seehund‹ (16 Tonnen, zwei Torpedos) hatten zwei Mann Besatzung. Die ›Seehunde‹ waren praktisch die einzigen, die bei der letzten U-Boot-Offensive im Januar 1945 in den englischen Gewässern eingesetzt wurden.

Sie griffen englische Handelsschiffe im Flachwasser vor der Themsemündung an. Sie waren schwer zu entdecken und gingen große Risiken ein, indem sie sich in kleinen Gruppen durch die Minenfelder und Sperren schlichen; sie operierten in gegenseitigem Abstand von etwa sechs Seemeilen innerhalb der englischen Verteidigungsanlagen. Tagsüber blieben sie auf Grund, hörbereit, nachts näherten sie sich dem Feind zum Angriff auf 200 Meter. Von den damals in diesem Gebiet eingesetzten acht Booten ging nur eines verloren.

Wasserbomben erschütterten sie, ohne sie stark zu beschädigen. 120 ›Seehunde‹ wurden gegen britische Handelsschiffe eingesetzt; etwa 50 wurden durch die *RAF* vernichtet. Die Ermüdung der Besatzung – manche blieben in den winzigen Booten zehn Tage lang auf See! – ging bis zur Erschöpfung, und die Männer zeigten bei Angriffen Reaktionsschwächen. Viele dieser U-Boote erlitten bei ihren Fahrten und beim Rückmarsch von den Operationen Unfälle.

Im September 1944 versorgten ›Seehunde‹ die bei Dünkirchen eingekesselten Truppen mit Medikamenten – die sie nun anstelle der Torpedos mitführten.

Im Januar 1945 setzten die Deutschen die ›Seehunde‹ gegen den alliierten Schiffsverkehr ein. Im ganzen wurden 250 Boote gebaut. Sie versenkten im Jahre 1945 wohl 35.000 BRT, hatten jedoch keinerlei Einfluß auf den Verlauf des unwiderruflich verlorenen Krieges.

XXIII

SCHLACHT IM PAZIFIK – DIE JAPANISCHE FLUT KOMMT ZUM STILLSTAND (März 1942 bis Juni 1943)

Kehren wir zurück zum Pazifik, wo die Amerikaner und Japaner einander einen gnadenlosen Kampf liefern.

Die erste Periode, die Blitzsiege der Japaner, ging im März 1942 zu Ende.

In der zweiten Periode, die den Zeitraum vom März 1942 bis zum Sommerbeginn 1943 umfaßt, kommt die japanische Flut zum Stillstand. Zwischen den beiden kriegführenden Mächten entstand ein Gleichgewicht; den Japanern ging die Luft aus, und die Amerikaner konnten ihre Positionen verstärken.

An den Operationen waren sowohl amerikanische wie auch japanische Unterseeboote beteiligt.

Guadalcanar, August 1942 bis Februar 1943

Guadalcanar, eine Insel der Salomonen, 150 Kilometer lang und 50 Kilometer breit, (bedeckt von Bergen und Urwald, war der Schauplatz blutiger und verbissener Kämpfe. Als im Juli 1942 die Japaner in Tulagi einen See- und Luftstützpunkt einrichteten, war es mit der tropischen Ruhe, die bis dahin über Guadalcanar und Savo, einer Insel mit gezacktem Vulkankegel, lag, vorbei.

Admiral King, der über die Bewegungen der Japaner bestens informiert war, beschloß am 2. Juli, Guadalcanar zu nehmen. Er startete die Operation ›Watchtower‹, ein Unternehmen, das später von den amerikanischen Offizieren abfällig ›Shoestring‹ (Schnürsenkel) genannt wurde.

Unter dem Oberbefehl von Vizeadmiral Ghormley, der die Operationen von Nouméa aus leitete, stand der Kommandeur der Expeditionsstreitkräfte, Konteradmiral Frank Jack Fletcher. Die Landungstruppen sollten durch eine aus den Flugzeugträgern ›Enterprise‹, ›Saratoga‹ und ›Wasp‹ bestehende Marinekampfgruppe unterstützt werden.

›Watchtower‹ war die erste amphibische Operation dieses Krieges.

Die Schlacht um den Besitz von Guadalcanar dauerte sechs Monate, in denen es zu heftigen Kämpfen zwischen Flugzeugträgern und Überwasserschiffen kam. Amerikanische und japanische Unterseeboote nahmen aktiv daran teil.

Das erste Opfer der amerikanischen Unterseeboote war der Truppentransporter ›Meiyo Maru‹, den Vizeadmiral Mikawa von Rabaul zur Verstärkung der Garnison von Guadalcanar in Marsch gesetzt hatte. Am 4. August um Mitternacht traf er 14 Meilen von Kap St. George auf S 38 (Kkpt. H. G. Munson). Er wurde torpediert und versenkt, mehrere hundert Soldaten gingen mit dem Schiff unter.

Dann fand am 9. August die Schlacht bei der Insel Savo statt. Admiral Mikawa vernichtete innerhalb von zweiunddreißig Minuten vier feindliche schwere Kreuzer, drei Amerikaner und einen Australier, die ›Canberra‹, sowie einen Zerstörer. 1270 amerikanische Offiziere und Matrosen wurden getötet, 709 verwundet. Die Japaner hatten bei dieser Schlacht nur 35 Gefallene und 57 Verwundete zu verzeichnen. Eine für die Amerikaner katastrophale Begegnung!

Ein schwacher Trost: am 10. August traf das alte Unterseeboot S 44 (Kkpt. John R. Moore) vor Kavieng auf den japanischen Kreuzer ›Kako‹ und versenkte ihn mit vier Torpedos.

Die Torpedierung der ›Saratoga‹, 31. August 1942

Am 24. August wurde von den Flugzeugträgern ›Enterprise‹, ›Saratoga‹ und ›Wasp‹ bei den ostwärtigen Salomonen, 100 Meilen von dem von den Japanern neu gebauten Flugplatz von Guadalcanar, eine andere Seeschlacht geschlagen. Admiral Fletchers Gegner, Admiral Kondo, befehligte eine Flotte mit den Flugzeugträgern ›Ryujo‹, ›Shokaku‹, ›Zuikaku‹ und ›Chitose‹. Es war eine ergebnislose Schlacht, ein Luftkampf, bei dem die Amerikaner 17 Flugzeuge verloren – sie konnten jedoch die Kampfmethoden der japanischen Flieger studieren und Lehren für die Zukunft daraus ziehen.

Am frühen Morgen des 31. August sichtete das von Korvettenkapitän C. Nishiuchi befehligte I 26 einen amerikanischen Flottenverband, südostwärts von San Cristobal, etwa 260 Meilen von Guadalcanar. Ein von einem Zerstörergürtel gesicherter Flugzeugträger lief mit halber Fahrt.

Um 7.45 Uhr schoß I 26 einen Fächer von sechs Torpedos ab und tauchte dann sofort tief weg. Minuten gespannten Wartens vergingen ... Endlich drang das charakteristische Geräusch einer dumpfen Explosion zu den Horchfunkern des I 26. Wenigstens ein Torpedo hatte getroffen! Das Opfer war der Flugzeugträger ›Saratoga‹; ein von der Explosion verursachtes Leck ließ Wasser in mehrere Abteilungen dringen, es kam zu Kurzschlüssen. Doch die ›Saratoga‹ sank nicht. Nishiuchi wollte Gewißheit haben und ging auf Sehrohrtiefe. Da lag 10 Meter vor ihm ein amerikanischer Zerstörer! I 26 tauchte sofort wieder, wobei es den Rumpf des feindlichen Schiffes, der ›McDonough‹[1], streifte.

Verlust der ›Wasp‹, 15. September 1942

Am 14. September sichteten I 19 und I 15 zwei von Espiritu Santo (Neu-Hebriden) mit Kurs nach Guadalcanar laufende amerikanische Flugzeugträger. I 19 schoß einen Fächer von vier Torpedos auf die ›Wasp‹ ab. Einer ging fehl. Drei Detonationen ließen den Kommandanten von I 19 vermuten, daß der feindliche Flugzeugträger schwer getroffen war. Die ›Wasp‹ war in dem Augenblick getroffen worden, als ihre Flugzeuge aufgetankt und munitioniert wurden. Der Treibstoff entzündete sich, die Munition explodierte; alle Maschinen an Deck wurden durch Brände zerstört. Die Explosion hatte einen der Aufzüge in die Luft gejagt, wobei viele Männer ums Leben kamen. Es blieb nichts anderes übrig, als den Träger zu räumen. Das Wrack der ›Wasp‹ trieb noch am Tag nach dem Angriff auf See, die Brände schwelten weiter. Ein amerikanischer Zerstörer näherte sich dem Wrack und versenkte es mit einem Torpedo.

Der Flugzeugträger ›Hornet‹ war in Torpedierentfernung an I 15 vorbeigezogen, doch das U-Boot hatte ihn verfehlt. Die Torpedos trafen jedoch die ›North Carolina‹[2] und den Zerstörer ›O'Brien‹. Die beiden Schiffe gingen nicht unter, aber die ›O'Brien‹ sank bei ihrer Rückfahrt nach Amerika.

Wie der amerikanische Historiker Samuel Eliot Morison schreibt, trafen »diese beiden japanischen Unterseeboote, die in der Schlacht bei den ostwärtigen Salomonen eine Gelegenheit versäumt hatten, an jenem Tag mitten ins Schwarze«.

Die japanischen U-Boot-Kommandanten hatten die ›Saratoga‹ beschädigt und die ›Wasp‹ versenkt, sie konnten mit ihren Erfolgen zufrieden sein. Es blieben noch die ›Hornet‹ und die ›Enterprise‹ übrig. Auch die Japaner erlitten Verluste: I 172 wurde am 11. November 1942 westlich von San Cristobal durch den alten Zerstörer ›Southard‹ versenkt, I 22 am 25. Dezember, I 4 am 25. Dezember durch PT 122, und I 18 am 11. Februar 1943 durch den Zerstörer ›Fletcher‹.

Nicht anders erging es den alten japanischen Unterseebooten vom Typ RO in der Südsee: RO 34 wurde am 7. April 1943 versenkt, RO 102 am 14. Mai, RO 107 am 12. Juli, RO 35 am 25. August – schwere Verluste, die vor allem auf das von den Amerikanern Ende August 1942 in Dienst gestellte Radar zurückzuführen waren.

Die Verstärkung der japanischen U-Boot-Flottillen durch die Boote vom Typ I – eine erste Gruppe, bestehend aus I 4, I 5, I 8, I 22, I 176, und die Gruppe B mit I 9, I 15, I 21, I 24, I 174, I 175 – hinderten die Amerikaner nicht daran, Guadalcanar mit 50.000 Mann wieder zu besetzen. Die Japaner begannen am 4. Januar 1943 die Räumung der Insel.

Die japanischen Unterseeboote beteiligten sich an der Versorgung ihrer Landtruppen, die verzweifelt kämpften. In Wahrheit widerstrebte es den U-Boot-Fahrern, sich für Truppen zu opfern, die nicht zu retten waren, aber der Admiral hatte Befehle vom Kaiser erhalten, denen man gehorchen mußte. Fast alle zu Operationen ausgelaufenen japanischen Unterseeboote wurden zurückberufen, um zuerst an der Versorgung, dann an der Räumung mitzuwirken. Die Bordkanonen wurden abmontiert und ausgeladen, man ließ jedem Unterseeboot nur zwei Torpedos. Verschiedene Entlademethoden für Lebensmittel, Treibstoff, Munition wurden probiert: kleine Boote verließen nachts das Unterseeboot und liefen die Küste an einer Stelle an, wo die Japaner, wie man wußte, noch Herr der Lage waren, dann wieder ließ man Gummisäcke und Blechfässer aus dem Inneren eines getauchten Unterseebootes hochsteigen. Keine dieser Methoden zeigte befriedigende Resultate, doch das überging man. Den Weisungen Admiral Mikawas gemäß, liefen die Unterseeboote RO 33, RO 34, I 121, I 122 und I 123 von der Insel Truk aus, um sich im Kanal Indispensable, südlich von Guadalcanar, zu sammeln.

RO 33 gelang es, Kisten mit Medikamenten auszuladen, dann versenkte es einen amerikanischen Transporter vor Lunga. Es wurde von der feindlichen Abwehr geortet und heftig mit Wasserbomben angegriffen.

Die Überwasserschiffe jedoch, die nachts mit größter Fahrt liefen, konnten am Kap Esperanza, an der Nordwestspitze der Insel, 900 Mann an Land setzen. Diese mit Truppen und Nachschub beladenen Zerstörer, die mit Frachtern zusammen Geleitzüge bildeten, wurden von den Amerikanern ›Tokio-Expreß‹ genannt. Am 24. August 1942 bezogen die Unterseeboote I 9, I 17, I 19, I 26, I 31 und I 33 Stellung zwischen der Insel San Cristobal und den Ndai-Inseln.

Im Januar verwendeten die Japaner auch kleine Landungsboote, die je 2 Tonnen Material geladen hatten; sie wurden von zwei beiderseits des Bootes befestigten Torpedos ohne Gefechtskopf angetrieben und erreichten drei Knoten. Sie konnten vier Kilometer zurücklegen, wobei ein Mann sie ans Ufer lenkte.

Die Japaner hatten auch den Einfall, durch ein Unterseeboot ein anderes Fahrzeug, beladen mit 50 Tonnen Brennstoff und verschiedenem Nachschub, schleppen zu lassen; das Fahrzeug hatte die Form eines Tauchbootes. Doch dieses System hatte wenig Erfolg und wurde bald aufgegeben.

Das Ende von I 1, 29. Januar 1943

I 1 hatte seinen Kommandanten gewechselt – nun war es Kpt. z. S. Sakamoto – und lief am 26. Januar von der Insel Rabaul[3] aus. Es war zwei Tage lang mit Nachschub vollgepackt worden. An Deck war ein mit Benzin beladener Kahn verstaut. Sakamoto war sich der Wichtigkeit seines Auftrages bewußt und hatte alle Vorkehrungen getroffen, um zu dem vereinbarten Landungsplatz, der Bucht von Kaminpo, zu kommen. Nach Passieren der Insel Bougainville lief Sakamoto Tag und Nacht in Unterwasserfahrt und tauchte nur nachts für ein paar Stunden auf, um das Boot zu durchlüften und vor allem die Batterien aufzuladen.

Als I 1 sich Guadalcanar näherte, wurde es plötzlich von einem amerikanischen Torpedoschnellboot angegriffen, das mehrere Wasserbomben warf. Sie explodierten sehr nahe vom Rumpf des Unterseebootes und verursachten schwere Schäden an den Elektromotoren, die Trennschalter brannten durch, die Batterien wurden beschädigt, und giftige Gase verbreiteten sich im Inneren des Bootes. Während in der in Dunkelheit getauchten Zentrale größte Verwirrung herrschte, sank I 1 mit einer Neigung von 45 Grad schnell in die Tiefe. Die Tiefenmesser funktionierten nicht mehr, aber der Kommandant von I 1 wußte, daß das Unterseeboot auf Grund aufsetzen würde. Plötzlich aber stieg es, ohne ersichtlichen Grund, an die Oberfläche, durchbrach sie, um dann wieder zu sinken und diesmal auf den Grund zu stoßen. Sakamoto behielt kaltes Blut, ließ verschiedene Manöver ausführen und brachte I 1 schließlich an die Oberfläche. Es war 21.05 Uhr. Der Torpedoraum am Bug war vollgelaufen, das Boot war topplastig geworden, es war schwer beschädigt und manövrierunfähig; Sakamoto hatte das Turmluk geöffnet, hinter ihm folgte die Bedienungsmannschaft der 12,0-cm-Bordkanone. Der Kommandant von I 1 nahm mit diesem einzigen Geschütz den Kampf gegen die amerikanischen Korvetten ›Kiwi‹ und ›Moa‹ auf, die herangekommen waren. Es kam zum Gefecht, bei dem alle auf der Brücke von I 1 kämpfenden Männer fielen. Der tödlich getroffene Kommandant Sakamoto stürzte über Bord und ertrank. Sein stellvertretender Offizier zog, völlig unnütz in der stockdunklen Nacht, den Säbel, während die amerikanischen Korvetten ihr mörderisches Feuer fortsetzten. Dreimal rammte die ›Kiwi‹ das manövrierunfähige I 1, und der Kommandant der Korvette gab, erst als die Rohre seiner Geschütze zu heiß wurden, den Befehl zur Feuereinstellung. I 1, dessen Tauchtanks völlig zersiebt waren, begann zu sinken. Mit letzter Anstrengung ließ der stellvertretende Kommandant auf Land zuhalten, um sein Boot auf Grund zu setzen. Man steuerte von Hand, das Unterseeboot stieß auf Grund. Der Strand war erreicht, und der Offizier befahl seinen geretteten Männern die Räumung, während ein amerikanisches Boot, mit bewaffneten Matrosen besetzt, das Unterseeboot zu entern versuchte. Der Kahn auf dem Deck von I 1 fing Feuer, und der brennende Treibstoff verteilte sich unter Rauch und Flammen auf der See. Der japanische Offizier hatte die Dokumente des Unterseebootes mitgenommen, die auf dem dunklen Strand von etwa fünfzig Überlebenden in tausend Stücke gerissen wurden; dann gruben die Japaner mit den Händen Löcher in den Sand, um sich darin zu verstecken. Plötzlich entsann sich ihr Offizier der Geheimkodes, die an Bord des gescheiterten Unterseebootes geblieben waren. Während auf der Außenseite Landeboote mit amerikanischen Seeleuten an dem Wrack anlegten, gingen der Offizier und drei japanische Matrosen ins Wasser und schleppten sich bis zur anderen Seite des Unterseebootes, um dort Sprengladungen zur endgültigen Vernichtung des Bootes anzubringen.

Die Japaner wurden von den Amerikanern dabei überrascht und gefangengenommen. Die Amerikaner fanden an Bord der I 1 zahlreiche Geheimdokumente. Das war das heldenhafte Ende von I 1 am 29. Januar 1943 vor Kap Esperanza auf Guadalcanar.

Der Radarkrieg

Lange Zeit besaßen die japanischen Unterseeboote überhaupt kein Radar, und Kommandant Hashimoto behauptet sogar, wenn seine Landsleute auf diesem Gebiet so weit gewesen wären wie die Amerikaner, hätte der Krieg einen ganz anderen Verlauf genommen. Bei den Japanern verhinderten administrative Zwistigkeiten und bürokratische Verwicklungen oftmals eine wirksame Arbeit, während die Unterseeboote auf See hart gegen einen besser bewaffneten Gegner zu kämpfen hatten. »Alles, was ich erzielte, war die Zuteilung eines neuen Fernglases für meine Brückenwachen«, sagte Hashimoto nach einem Besuch in den unzähligen Verwaltungsbüros der Marine in Tokio. Hashimoto lief mit einem Unterseeboot ohne irgendein Ortungsgerät – eben das hatte er in Tokio auftreiben wollen – von Kure aus und durchfuhr die fünfzig Kilometer breite Bungo-Straße zwischen den Inseln Shikoku und Kiushu. Vom Jahre 1942 an war nicht einmal diese mitten in den japanischen Gewässern liegende Straße mehr sicher, und die japanischen Unterseeboote mußten tagsüber getaucht fahren, sonst hätten sie riskiert, von einem amerikanischen Unterseeboot torpediert zu werden.

Die japanischen Geheimagenten hatten Auftrag erhalten, sich die Pläne des feindlichen Radars zu besorgen. Das scheint ihnen nicht gelungen zu sein. Andererseits fiel kein einziges amerikanisches Unterseeboot in japanische Hände, ohne daß sein Kommandant vorher sein Radar und die Geheimkodes vernichtet hätte.

Erst im Februar 1943 wurden die ersten Versuche mit einem auf ein japanisches Unterseeboot – I 158 – montierten Radar unternommen; sie waren nicht sehr ermutigend. Es ortete ein Überwasserschiff erst auf 2000 Meter Entfernung, und noch dazu mußte dieses vorlich oder achtern von I 158 erscheinen. Am 13. November 1943 – damals befehligte Hashimoto RO 44 – konnte er endlich mit einem Apparat aus Kure auslaufen, den er vom Flugzeugstützpunkt entliehen hatte. Sobald RO 44 die ruhige Bucht von Ise erreicht hatte, wurde es probeweise von einem Flugzeug angegriffen. Das Radar besaß eine Reichweite von sechs Kilometern unter recht guten Bedingungen, während man Hashimoto gesagt hatte, man könne den Feind bis auf 14 Kilometer Entfernung orten. »Die Ergebnisse waren keineswegs hervorragend, doch sie stellten in der elenden Lage, in der wir uns befanden, eine beachtliche Verbesserung dar«, schreibt Hashimoto und setzt fort: »In unserer Verzweiflung glaubten wir schließlich bereits, daß ein einziges Radar uns bessere Dienste leistete als 100 Unterseeboote! Radar war der Schlüssel zum Sieg.«

Nach diesen Versuchen kehrte Hashimoto nach Kure zurück, übergab das Radar wieder dem Flugzeugstützpunkt und lief aus.

Auch die amerikanischen Unterseeboote hatten den Krieg ohne Radar begonnen. In den folgenden Monaten wurden jedoch alle mit Radar SD, einem ausschließlich für Flugzeugabwehr geeigneten Apparat, ausgerüstet. Er konnte bei Überwasserfahrt das Erscheinen feindlicher Flugzeuge ankündigen, und die Boote hatten ausreichend Zeit, wegzutauchen. Einige Monate später wurde auf diese Boote das SJ-Radar eingebaut, das auf seinem Schirm das Herannahen von Überwasserschiffen, auch bei schwacher Sicht, selbst bei Nacht, erkennen ließ.

Als die Japaner später selbst ein nicht sehr vollkommenes, unverläßliches Radar besaßen, konnten die Amerikaner ihnen das APR entgegenstellen, das die feindlichen Radarstrahlen anzeigte. Die Amerikaner begnügten sich nie mit den Apparaten, die sie besaßen, sie verbesserten sie stetig: Die Radars ST und SV verwendeten Kurzwellen und wurden dazu benutzt, die neuen japanischen Anlagen, die sie entdecken sollten, zu behindern.

Im Pazifik wie im Atlantik tobte der Radarkrieg! Wer den am besten entwickelten Apparat mit der größten Reichweite besaß, entging seinem Untergang, wenn er nicht den Gegner versenkte.

Am 1. Januar 1944 wurde an Bord von RO 44 der Geburtstag des Kaisers gefeiert, und man trank ausnahmsweise Sake. Am 10. Januar befand sich RO 44 in den tropischen Gewässern, am 15. lief es die Insel Truk[4] an. Die erste Feindberührung eines Unterseebootes mit eingebautem Radar fand im Mai 1944 statt. Damals befanden sich sieben Unterseeboote vom Typ RO (RO 104, 105, 106, 108, 109, 112 und 116) sowie I 44 fünfzig Meilen nördlich der Admiralitäts-Inseln. Es galt, amerikanische Handelsschiffe, die an der Küste von Neuguinea in Richtung Biak und Palau-Inseln entlangfuhren, zu versenken.

Fünf japanische Unterseeboote wurden von einem einzigen amerikanischen Geleitfahrzeug, der ›England‹, in den Grund gebohrt, wobei es in enger Verbindung mit Flugzeugen operierte. Nur drei Boote, I 44, RO 112 und RO 109, konnten dieser Katastrophe entgehen[5].

I 44 war das einzige Boot mit Radar, das aber ›absolut nichts‹ anzeigte. Das während einer nächtlichen Überwasserfahrt angegriffene Unterseeboot mußte alarmtauchen und bis zum nächsten Morgen, 11 Uhr, unter Wasser bleiben. Da seine Batterien leer waren, infolge von Wasserbombeneinwirkung Wasser in mehrere Abteilungen gedrungen und die Luft verbraucht war, gab der Kommandant Befehl zum Auftauchen, um über Wasser mit Maschinengewehren und Bordkanonen zu kämpfen. Ein Zerstörer erwartete I 44, und ein Wasserflugzeug kreiste in der Luft. Das japanische Boot tauchte plötzlich auf und hatte das Glück, in einen heftigen Sturm zu geraten, der die ganze Umgebung verdunkelte. Es konnte mit größter Fahrt entkommen.

Sein Radar war unwirksam gewesen, doch scheint es dem Gegner an jenem Tag ähnlich ergangen zu sein. Das japanische Radar war gegen Ende des Krieges so gut wie unbrauchbar und brachte nur Verwirrung und Unsicherheit in eine Waffengattung, bei der Vertrauen unbedingt notwendig ist. Das Oberkommando der Kriegsmarine antwortete auf die Beschwerden der japanischen Unterseebootkommandanten, daß es zu wenig Radars besitze und mit ihnen vor allem die großen Überwasserschiffe ausrüsten müsse.

Als Hashimoto am 15. Mai 1944 RO 44 verließ, um das Kommando von I 58 zu übernehmen, eines neu armierten Bootes, las er zu seiner Überraschung in einem Büro ein Ansuchen um Entfernung der ›unnötigen‹ Überwasser-Radargeräte, die auf einigen Unterseebooten eingebaut worden waren. Der Verfasser dieser Ungeheuerlichkeit war der Admiral, der die Unterseeboote befehligte! Hashimoto konnte sich nicht enthalten, neben die Unterschrift des Admirals zu schreiben: »Meiner Ansicht nach gibt es noch viele Möglichkeiten, um die mit diesem Apparat bei den Unterseebooten erzielten Resultate zu verbessern. Ich ersuche daher um Aufschiebung jeglicher Entscheidung bis zur Indienststellung von I 58.«

Endlich lief I 58 aus: Es war eines der ersten Boote, das menschliche Torpedos mitführte.

Die menschlichen Torpedos

Der Einfall, Menschen als todgeweihte Opfer einzusetzen, ist japanisch. Die japanische Luftwaffe hatte sogenannte Kamikaze-Piloten, die sich mit ihren sprengstoffgefüllten Maschinen auf das Deck großer amerikanischer Schiffe stürzten. Die Maschinen stiegen nur mit dem für den Hinflug notwendigen Treibstoff zum Einsatz auf, mit *one way ticket*[6], wie die englischen Seeleute sagten.

Die menschlichen Torpedos trugen den bezeichnenden Namen *kaiten* (Himmelfahrt)[7]. Man sagt den Japanern ein hohes Maß an Tapferkeit und Todesverachtung nach und übertreibt dabei wohl oft, denn nicht alle Untertanen des Tenno besaßen jene grenzenlose Todesverachtung, die den Entschluß, sich selbst zu opfern, voraussetzt. Die Piloten der *kaiten* waren Freiwillige. Wenn ein Unterseeboot auslief, trugen die Piloten in der Tradition der Samurai weiße Stirnbinden. Sie grüßten ihre an Land gebliebenen Kameraden mit geschwungenem Säbel, während die Musik Märsche spielte und die Seeleute *»Banzai!«* schrien.

Die japanischen Kriegshäfen sind meist durch Inseln geschützt, die innerhalb der japanischen Gewässer verstreut und durch eine schmale Durchfahrt mit der See verbunden sind. Diese Gebiete sind übervölkert. Wenn die japanischen Unterseeboote an solchen pittoresken Fischerdörfern vorbeifuhren, wurden die Besatzungen durch Rufe von Land begrüßt, man wünschte ihnen Glück. Manchmal begleiteten Boote mit Frauen und Kindern eine kurze Strecke weit diese Krieger, die zum Kampf und in den Tod fuhren. Hymnen, alte Lieder wurden gesungen; an den Sehrohren des Unterseebootes flatterten Fähnchen im Wind, mit Inschriften wie ›Die kühnen *kaiten*‹.

Viele dieser Männer, die meist sehr jung waren, hinterließen an Bord der Unterseeboote, die sie zum Einsatz fuhren, Briefe, die gewissermaßen Testamente waren.

Die ersten Versuche mit *kaiten* wurden im Januar 1943 durchgeführt. Sie glichen Torpedos, die mit einem Sprengkopf versehen waren, und besaßen ein hermetisch abschließendes Gehäuse, das Platz für einen einzigen Piloten bot. Der Pilot sollte etwa 50 m vor Erreichung des Zieles eine Schleudervorrichtung betätigen, durch die er mit seinem Sitz an die Meeresoberfläche katapultiert wurde. Nach Ansicht des japanischen Oberkommandos hatte der Mann also die Chance, sich im letzten Moment zu retten und vom Feind gefangengenommen zu werden. Der Prototyp wurde im Februar 1944 endgültig genehmigt. Japan hatte schwere Niederlagen einstecken müssen, und das Oberkommando setzte große Hoffnungen auf diese neue Waffe. Bei den ersten Einsatzversuchen ereigneten sich eine Reihe von Unglücksfällen, zwei Offiziere ertranken in der Bucht von Tokujama[8].

Die erste, im November 1944 gebildete ›Kikumizu-Einheit‹ wurde den drei Unterseebooten I 36, I 37 und I 47 zugeteilt. Jedes Boot transportierte 4 *kaiten* auf seinem Vorderdeck; sie kamen vor Ulithi beziehungsweise im Gebiet der Palau-Inseln zum Einsatz. I 36 und I 37 sichteten vor der Insel Ulithi eine bedeutende amerikanische Flotte, die vor Anker lag. Von I 36 wurde ein, von I 47 wurden vier *kaiten* zum Angriff eingesetzt. Man hörte nie wieder etwas von ihnen, die Amerikaner gaben keinen Verlust zu.

Die beiden Unterseeboote kehrten nach Kure zurück, während I 37 (Kommandant Kamimoto) am 19. November von den Zerstörern ›Conklin‹ und ›McCoy Reynolds‹, die den Kreuzer ›St. Louis‹ von Ulithi zu den Palau-Inseln begleiteten, vor diesen versenkt wurde.

Angriff der Gruppe ›Kongo‹

Die Gruppe ›Kongo‹, bestehend aus sechs Unterseebooten, I 53, I 36, I 58, I 56, I 47 und I 48, sollte vor der Insel Guam ankernde amerikanische Schiffe angreifen. Diese Insel war von den Amerikanern am 21. Juli 1944 zurückerobert worden.

I 58 unter dem Kommando von Hashimoto hatte Kure am 29. Dezember 1944, mit Vorräten und Torpedos beladen, verlassen. Es lief vorerst zu dem Stützpunkt der *kaiten*-Torpedos, um sie an Bord zu nehmen.

Zum erstenmal wurde auf dem Turm von I 58 ein Luftabwehr-Radar eingebaut. Am 2. Januar sichtete die Brückenwache von I 58 ein amerikanisches Flugzeug, und das Unterseeboot tauchte. Dann änderte Hashimoto seinen Kurs; er wollte südlich von Guam vorbeikommen und sich der Insel auf der Linie Ulithi-Guam nähern.

Vom 2. Januar an tauchte er immer häufiger, der Befehl lautete: »Kein Unterseeboot darf angreifen, ehe es seine *kaiten* abgegeben hat, da die feindlichen Flugzeuge immer zahlreicher werden.«

Es gab lange Tagereisen in Tauchfahrt, oft gestoppt oder mit kleiner Fahrt; die Offiziere der *kaiten* spielten Schach. »Wir hätten uns auf unser Radar verlassen können müssen, doch es blieb weiter zu unsicher«, stellt der Kommandant von I 58 fest. Nach einiger Zeit ließ er auftauchen, um die Batterien nachzuladen und das Boot zu durchlüften.

Endlich fand Hashimoto die Lücke in der amerikanischen Luftüberwachung – sie hörte ab 17 Uhr auf und blieb auch während der Nacht aus –, und das machte er sich zunutze.

9. Januar. Der für den Angriff der *kaiten* festgesetzte Tag rückte heran. Was lag vor Guam verankert? »60 Schiffe, 20 große Transporter, 40 kleine, 4 Schwimmdocks«, meldete eine japanische Aufklärung. Die Japaner hörten auch die Funksprüche zwischen den amerikanischen Schiffen, zwischen Guam und den Flugzeugen ab.

11. Januar, 2 Uhr. Ein Flugzeug in geringer Entfernung über I 58, das Unterseeboot hat gerade noch Zeit zu tauchen. »Wieder einmal konnten wir uns nicht auf unser Radar verlassen«, schreibt Hashimoto.

11 Uhr. In Sichtweite der Insel Guam kommt das Unterseeboot in Schußposition. »Vorsichtig ließ ich das Sehrohr ausfahren. Ich machte einen dunklen Streifen aus, den ich zuerst für eine Wolke

hielt, doch dann erkannte ich, daß es die Insel war. Unser Navigationsoffizier hatte seine Aufgabe ausgezeichnet gelöst. Wir waren in 26 Meilen Entfernung von Guam.«

Hashimoto ließ die *kaiten*-Piloten benachrichtigen. Sie mußten sich für den Angriff, und wahrscheinlich auch für den Tod, fertig machen.

21 Uhr. Ein großes Handelsschiff fährt in nächster Nähe des Unterseebootes vorbei. Angriff verboten. Abendessen. Die Offiziere von I 58 bringen einen Trinkspruch auf die *kaiten*-Piloten, auf ihren Erfolg aus.

21.30 Uhr. Der Funkoffizier berichtet: »Meldung von Guam an alle amerikanischen Schiffe: Ein verdächtiges Boot wurde ausgemacht.« Handelt es sich um I 58?

21.43 Uhr. Etwa 11 Meilen westlich von Apra aufgetaucht.

21.45 Uhr. Hashimoto berät und beruhigt die *kaiten*-Offiziere: »Sucht den großen Transporter zu erreichen, aber verschmäht das Schwimmdock nicht, es ist als Ziel nicht zu verachten. Vielleicht ist dort seit der Aufklärung ein Flugzeugträger eingetroffen?«

Um 1 Uhr morgens sitzen die Piloten 2 und 3 in ihren Maschinen. Um 2 Uhr nehmen auch die Piloten 1 und 4 in den Sitzen ihrer *kaiten* Platz.

»Um 2.30 Uhr«, schreibt Hashimoto, »kündigte ich an: ›Achtung auf den Start!‹ Das Telefon blieb angeschlossen, die Leitung sollte beim Start abreißen. Das erste Torpedo sollte um 3 Uhr abgehen; es wurde um 4.30 Uhr Tag, und die Torpedos sollten ihr Ziel bei Tageslicht erreichen. Torpedo 1 meldete, alles in Ordnung. Wir lösten die letzte Leine, der Motor lief an, die Telefonleitung riß ab. Nun hatte der Pilot die Verbindung mit uns verloren. Knapp vorher rief er: ›Drei Hurras für den Kaiser!‹ Wir schickten *kaiten* Nr. 2 in derselben Weise auf die Reise. Der Pilot bewahrte trotz seiner Jugend bis zum letzten Augenblick Ruhe und fuhr wortlos ab. Torpedo Nr. 3 wurde zurückgehalten, denn in den Motor war Wasser eingedrungen. Wir ließen daher Nr. 4 ab, dessen Pilot gleichfalls ›Es lebe der Kaiser!‹ rief. Dann startete auch Nr. 3, mit dem wir jedoch, da sein Telefon ausgefallen war, keinen Abschiedsgruß tauschen konnten.

In diesem Augenblick hörten wir eine starke Detonation, die von Torpedo Nr. 3 stammen konnte. Wir tauchten auf, sahen jedoch nichts und fuhren auf die offene See hinaus. Der erste Torpedo sollte um 4.30 Uhr in Guam eintreffen. Wir versuchten festzustellen, ob sich im Hafen Apra etwas ereignete; ein näher kommendes Flugzeug zwang uns zu tauchen. Es griff jedoch nicht an.

Wir setzten nun die Unterwasserhorchgeräte ein, um die Detonation der Torpedos wahrzunehmen. Bei Morgengrauen gingen wir auf Sehrohrtiefe und suchten in ostwärtiger Richtung, ohne etwas anderes zu entdecken als eine Wolke oder dunklen Rauch; dann blieben wir bis 23 Uhr unter Wasser. Beim Abendessen beteten wir für die Seelen der vier Krieger, dann brachten wir die von ihnen an Bord zurückgelassenen Dinge in Ordnung.«

Die Piloten hatten schriftliche Aufzeichnungen hinterlassen:

»Ein Leben von nur zweiundzwanzig Jahren, und es ist bereits nichts als ein Traum«, hatte Kapitänleutnant Ishikawa geschrieben.

Am 16. Januar, auf dem Rückmarsch, funkte Hashimoto an das Oberkommando: »Angriff am 12. befehlsmäßig ausgeführt. Sämtliche Torpedos abgeschickt. Ergebnisse unbekannt.«

Am 20. stellte I 58 bei der Einfahrt in die Bungo-Straße bei unsichtigem Wetter mehrere Impulse auf dem Radar fest, das schlecht funktionierte. Sofort erklang der Befehl: »Auf Gefechtsstation!« ... Die Zeit verstrich ohne weiteren Zwischenfall. Tatsächlich hatte es sich um I 36 gehandelt, das gleichfalls nach durchgeführtem Auftrag nach Japan zurückkehrte. Und auch der Kommandant von I 36 hatte nicht gewußt, daß er an I 58 vorbeifuhr. »Er hatte nicht die geringste Ahnung von unserer Anwesenheit«, schloß Hashimoto ärgerlich.

Was war mit den anderen Unterseebooten der Gruppe ›Kongo‹ geschehen? I 56 hatte dreimal versucht, sich den Admiralitätsinseln zu nähern. Es war nach Japan zurückgekehrt, ohne einen einzigen Torpedo abgeschickt zu haben[9].

I 47 hatte mehr Glück: es gelang ihm, unbemerkt in die Hafeneinfahrt von Hollandia einzudringen. Es schoß nacheinander seine vier Torpedos ab – es besaß keine *kaiten*. Ohne das Ergebnis seines Angriffs zu erfahren, kehrte es nach Japan zurück.

I 53 erreichte die Kossol-Straße (Palau-Inseln). Der Abschuß von zwei Torpedos wurde durch Schäden vereitelt: Der eine blieb im Rohr stecken, der zweite detonierte sofort nach dem Abschuß. Die beiden anderen wurden mit Erfolg abgeschossen, doch der Kommandant erfuhr nie, ob sie ihr Ziel erreicht hatten. Er mußte sich mit diesem kläglichen Ergebnis zufriedengeben.

I 36 führte bei Ulithi eine zweite Operation durch, das Ergebnis war auch nicht besser. Torpedos abgeschossen, Resultat unbekannt.

I 48, das Ulithi am 20. Januar angreifen sollte, kehrte nicht zurück. Es traf am 23. Januar auf amerikanische Zerstörer und wurde im Gefecht versenkt[10].

Ergebnis: Die Gruppe ›Kongo‹ hatte 14 Torpedos abgeschossen. Ein großer Tanker wurde auf der Reede von Guam versenkt.

Ein Unterseeboot ging verloren. Für eine solche Operation, bei der sechs große, darunter zwei mit *kaiten* ausgerüstete Unterseeboote eingesetzt wurden, war die Bilanz keineswegs großartig.

XXIV

DIE JAPANER AUF DEM RÜCKZUG
(Juni 1943 bis August 1945)

Die dritte Periode, vom Sommer 1943 bis zum 10. August 1945, ist die der amerikanischen Siege. Die Japaner wurden von einem Archipel zum anderen, von einer Insel zur anderen bis an die Grenzen ihres Vaterlands zurückgedrängt.

Die amerikanischen Unterseeboote drangen in das Japanische Meer ein. Es waren die letzten Kämpfe, denen die Bombe auf Hiroshima und die Kapitulation Japans ein Ende bereiteten.

Der Sieg geht ins andere Lager über

Guadalcanar wurde den Japanern im Februar 1943 nach sechsmonatigen Kämpfen wieder abgenommen. Nun starteten die Amerikaner eine amphibische Offensive, um die Philippinen zurückzuerobern. MacArthur griff mit zehn Divisionen, vier amerikanischen und sechs australischen, von Süden her an. Er landete im Juni 1943 an der Ostspitze von Neuguinea, dem Ausgangspunkt für zukünftige Operationen. Die weiteren Landungen fanden an der Nordküste, immer weiter nach Westen (Aitape, Hollandia) zu, statt; nach einmonatigem Kampf fiel ihm die Insel Biak in die Hände. Die Admiralitäts-Inseln, nordöstlich von Neuguinea, wurden im April 1944 erobert.

Währenddessen unternahm Admiral Nimitz, der über starke Marine-Luft-Streitkräfte verfügte, eine Offensive von Osten her. Er eroberte das Atoll Kwadjelin Ende Januar 1944, beherrschte von dort die wichtige Flottenbasis Truk auf den Karolinen und riegelte sie ab. Im Mai wurde Wake zurückerobert, zwischen Juni und August die Marianen (Saipan, Guam, Tinian). Die See-Luft-Schlacht am 19. und 20. Juni bei den Marianen wurde zu einer Katastrophe für die Japaner.

Die amerikanischen Unterseeboote waren an allen diesen Operationen beteiligt. Sie sicherten Geleitzüge und versenkten japanische Kriegsschiffe und Transporter. Im Jahre 1943 versenkten amerikanische U-Boote im Pazifik insgesamt 22 Kriegs- und 296 Handelsschiffe. Der versenkte Handelsschiffsraum wird auf ca. 1.335.000 BRT geschätzt. Der Zuwachs an japanischem Handelsschiffsraum im gleichen Zeitraum betrug nur ca. 600.000 BRT, von denen 500.000 BRT auf japanischen Werften neu gebaut wurden, während die restlichen 100.000 BRT sich aus Schiffen zusammensetzten, die die Japaner erbeutet und wieder in den Dienst gestellt hatten.

In diesem Zeitraum verloren die Amerikaner 17 Unterseeboote mit mehr als 1200 Offizieren und Mannschaften.

Am 1. Januar 1944 standen 75 amerikanische U-Boote im Pazifik im Einsatz, zu Beginn des Krieges waren es nur 51 Boote gewesen. Die kleinen Boote vom Typ S waren inzwischen, soweit sie nicht versenkt worden waren, aus dem Kampfeinsatz abgezogen worden, um als Schulboote zu dienen.

Für den Umschwung war vor allem die Größe des amerikanischen Industriepotentials von ausschlaggebender Bedeutung. »Der Feind war durch seine Unterlegenheit auf wissenschaftlichem und technischem Gebiet benachteiligt«, schreibt Theodore Roscoe. »Er war vor allem bei der Entwicklung der elektronischen Geräte stark ins Hintertreffen geraten, seine Geräte waren gut, aber ihre praktischen Anwendungsmöglichkeiten mangelhaft. Seine Abwehrmaßnahmen, wie Geleitzugs- und Luftsicherung, waren rückständig ... Die kleinen Preußen des Ostens waren zu schnell gewachsen, ihre Seestiefel paßten ihnen gewissermaßen nicht mehr ...« In der Zeit vom Mai bis Juni 1943 ging der Sieg im Pazifik wie auch im Atlantik ins andere Lager über.

Dennoch war bei den Amerikanern keineswegs alles in bester Ordnung. Die amerikanischen Kommandanten führten, so wie ihre japanischen Kollegen, Klage über den Bürokratismus der Verwaltungsstellen, vor allem fehlte es immer wieder an Torpedos. Doch ging es nicht immer nur um lebenswichtige Fragen. So schickte der Kommandant des Unterseebootes ›Skipjack‹, Korvettenkapitän J.

W. Coe, am 11. Juni 1942 eine Beschwerde an den Leiter der Arsenal-Intendanz von Mare Island in Kalifornien, die sich mit 150 nicht gelieferten Rollen Toilettenpapier beschäftigte, die der Kommandant bereits vor elf Monaten angefordert hatte. »Die Lage ist bereits sehr ernst«, schrieb der Kommandant, »vor allem bei Wasserbombenangriffen. Glücklicherweise hat sich die Besatzung der ›Skipjack‹ bereits daran gewöhnt, die große Menge offizieller und unnötiger Papiere als Ersatz zu verwenden, womit im übrigen auch dem Wunsch des Flottenkommandos, das für ein Abnehmen der Papierflut eintritt, entsprochen wird. Man hat auf diese Art zwei Fliegen mit einem Schlag getroffen ...«

Korvettenkapitän J. W. Coe übernahm später das Kommando der ›Cisco‹ (SS 290). Er ging bei der ersten Feindfahrt, zu der er am 18. September 1943 von Port Darwin in Australien auslief, mit seinem Unterseeboot unter.

Die Liste der im Pazifik versenkten japanischen wie auch amerikanischen Unterseeboote ist zu lang, als daß man Einzelheiten über die Kämpfe, an denen sie teilnahmen, und über die Umstände ihres Untergangs berichten könnte.

Die große amerikanische Unterseebootbasis befindet sich in Groten im Staat Connecticut; die Alleen, die zu den Werkstätten, den Kais, den offiziellen Gebäuden führen, tragen die Namen dieser untergegangenen Unterseeboote: Grampus, Triton, Pickerel, Grenadier, Sealion, Grunion, Sculpin, Trout, Wahoo, Harder, Seawolf, Tang, Trigger. Das Ende mancher dieser Unterseeboote wie der ›Tullibee‹ wurde erst nach der Niederlage Japans bekannt.

Die ›Wahoo‹ im Japanischen Meer, August 1943

Vor der ›Wahoo‹ war es nur wenigen amerikanischen Unterseebooten gelungen, ins japanische Meer einzudringen. Dieses zwischen dem japanischen Archipel und der Küste Asiens liegende Meer besitzt drei Zufahrtstraßen vom Pazifik: die La Pérouse-Straße zwischen den Inseln Sachalin und Hokkaido, die Isugaru-Straße zwischen Hokkaido und der Insel Hondo, und die Korea-Straße zwischen dem Südende von Korea und der Insel Kiushu. Die zwischen den russischen Gebieten Asiens und Sachalin liegende langgestreckte, schmale Tatarische Straße war unbefahrbar. Die anderen Straßen waren vermint und ihre Einfahrten durch Patrouillenboote und Beobachtungsposten überwacht.

Innerhalb dieses japanischen Binnenmeeres verkehrten die japanischen Schiffe ruhig wie zu Friedenszeiten.

›Mush‹ Morton, der Kommandant der ›Wahoo‹, hatte Befehl erhalten, in dieses Meer einzudringen und dort Handelsschiffe zu versenken. Er wollte eine neue Taktik erproben. Bisher hatten seine Kollegen einen Torpedofächer stets nur gegen ein einziges Ziel gerichtet. Man sah voraus, daß das Ziel seinen Kurs änderte, daß seine Geschwindigkeit vielleicht falsch geschätzt wurde. »Vergeudung, unzureichender Wirkungsgrad«, war Mortons Ansicht, der oft ohne Torpedos zu seiner Basis zurückgekehrt war, während feindliche Schiffe in seiner Reichweite vorbeikamen.

Die ›Wahoo‹ war überholt worden und lief am 8. August 1943 von Pearl Harbor aus. Offiziere und Besatzung waren größtenteils neu auf dem Unterseeboot. Nach einer Landung in Midway durchquerte die ›Wahoo‹ nachts, über Wasser, mit äußerster Fahrt die La Pérouse-Straße ziemlich nahe von Kap Soya, wo mehrere Leuchtbaken eingeschaltet waren. Das Unterseeboot wurde von einer Küstenstation gesichtet und mit Leuchtzeichen aufgefordert, sich zu erkennen zu geben. ›Mush‹ gab keine Antwort. Bald befand sich die ›Wahoo‹ allein in der feindlichen See. ›Mush‹ Morton sichtete mehrere japanische Handelsschiffe, die mit voller Beleuchtung, ohne die geringste Begleitung, fuhren. Morton näherte sich ruhig und erfolgssicher in Überwasserfahrt einem großen japanischen Handelsschiff, das mit geringer Geschwindigkeit lief und nicht einmal Zickzackkurs hielt. Er schoß einen einzigen Torpedo ab, der aber unter dem Frachter durchlief. Morton überließ das Schiff seinem glücklichen Schicksal und nahm Kurs auf ein anderes Schiff, gegen das er gleichfalls einen einzigen Torpedo abschoß. Wieder verfehlt! Alle neun Torpedos, die nacheinander auf neun verschiedene feindliche Schiffe abgeschossen wurden, verfehlten ihre Ziele, trotz genauester Einstellung, oder sie detonierten nicht. Morton schäumte vor Wut und verfluchte die Leute in Washington.

Am siebenten Tag sandte ›Mush‹ Morton, der sich wieder beruhigt hatte, einen Funkspruch an Admiral Lockwood, in dem er vom völligen Versagen seiner Torpedos berichtete. »Sofortiger Rückmarsch!« antwortete ›Onkel Charlie‹. Am 29. August erschien die ›Wahoo‹ nach dieser sechsten, vergeblichen Feindfahrt, ohne einen einzigen ›Siegeswimpel‹ am Sehrohr, vor Pearl Harbor. Morton und seine Offiziere schwiegen, griesgrämig und beantworteten die Grüße ihrer an Land verbliebenen Kameraden nicht, die, wie üblich, ihrer Freude Ausdruck gaben, einen der Ihren wohlbehalten heimkehren zu sehen.

Admiral Lockwood ließ dann mehrere Probeabschüsse mit Torpedos gegen die Felsen der Insel Kohulawe durchführen. Man fand Fehler am Mechanismus des Sprengzünders und der Sicherheitsstifte der Zündung. Im September 1943 erhielten die amerikanischen Unterseeboote endlich richtig eingestellte Torpedos.

Am 9. September lief ›Mush‹ Morton mit seiner ›Wahoo‹ erneut aus. Alle Torpedos – elektrische Mark 18 – waren überprüft und kontrolliert worden. Dennoch hatte Lockwood den Eindruck, daß ›Mush‹ Morton abgespannt war, daß bei diesem Teufelskerl eine Feder gesprungen war. Die ›Wahoo‹ machte am 13. September eine Zwischenlandung in Midway, dann hörte man nie mehr etwas von ihr.

Nach dem Krieg erfuhr man aus japanischen Berichten von vier Schiffen, die zwischen dem 29. September und dem 9. Oktober durch ein Unterseeboot im japanischen Meer versenkt worden waren; in diesem Gebiet hatte sich nur die ›Wahoo‹ aufgehalten. In Wirklichkeit versenkte sie nicht vier Schiffe, sondern mindestens acht; die Japaner neigten dazu, ihre Verluste geringer anzusetzen und ihre Erfolge zu übersteigern. Die ›Wahoo‹ hatte bei ihren sechs Feindfahrten 27 Schiffe mit 119.100 BRT versenkt.

»Die ›Wahoo‹ versank, gleich vielen anderen unserer Boote, lautlos im großen Schiffsfriedhof«, schreibt Edward L. Beach, »und nahm das Geheimnis ihres Untergangs für immer mit sich. Es war ein Seemannstod und sie hatte ein Ehrengrab. Ich möchte mir gern vorstellen, daß die ›Wahoo‹ ruhmvoll, siegreich und mutig wie stets ihren Krieg gegen den Feind fortführte bis zum Augenblick der Katastrophe, als sie, durch einen unglücklichen Zufall und auf eine allen Lebenden unbekannte Weise, gleichfalls zur ewigen Ruhe einging.«

Mit diesen Worten identifiziert ein Schriftsteller, der selbst U-Boot-Kommandant war und an Bord der USS ›Trigger‹ einen harten, erbarmungslosen Krieg führte, die Seele des Kommandanten mit der seines Bootes[1].

Der Bericht des nach Kriegsende aus dem Kupferbergwerk von Ascio zurückgekehrten einzigen Überlebenden des Bootes, Artillerist C. W. Kuykendall, lautet:

»Korvettenkapitän C. F. Brindupke, Kommandant der ›Tullibee‹, verfolgte in der Nacht vom 26. zum 27. März 1944 einen aus einem Truppentransporter, drei durch zwei U-Boot-Jäger gesicherten Handelsschiffen und einem Zerstörer bestehenden japanischen Geleitzug. Brindupke setzte seine Jagd nur mit Radar fort, während die Nacht durch heftige Regengüsse noch unsichtiger wurde. Zweimal gelang es ihm, näher zu kommen, doch war es ihm mangels genauerer Ortung unmöglich, einen Torpedo abzuschießen. Die See tobte, als der Kommandant der ›Tullibee‹ einen dritten Versuch unternahm. Er konnte zwei Torpedos auf den Transporter, ein großes Schiff, abfeuern. Kuykendall hatte Wache auf der Brücke und guckte sich die Augen aus, um den Feind durch den dichten Regenvorhang zu erspähen. Ungefähr eineinhalb Minuten nach der Abfeuerung der Torpedos erschütterte eine heftige Explosion die ›Tullibee‹, und der Matrose kam wieder zu sich, als er in der Dunkelheit allein im Wasser schwamm; der strömende Regen verhinderte jegliche Sicht, er vernahm Schreie. Es waren seine Kameraden, die ihn anscheinend an Bord des Bootes riefen. Er schwamm und schwamm lange, dann hörte er nur mehr das Tosen der See. Und immer noch der Regen ... Am Morgen war er der Bewußtlosigkeit nahe, schwamm aber noch, als er plötzlich ein japanisches Schiff herankommen sah. Er glaubte, er sei gerettet. Da ließen die MG-Garben rund um ihn das Wasser hochspritzen. Wie durch ein Wunder wurde er nicht getroffen. Schließlich wurden die Japaner des Spiels müde und hievten ihn an Bord. Es war der 27. März 1944, 10 Uhr vormittags, vor den Palau-Inseln. Der Amerikaner wurde mißhandelt, erfuhr jedoch zu seiner Befriedigung, daß sein Unterseeboot den großen Transporter versenkt hatte, ohne selbst von den Geleitfahrzeugen vernichtet worden zu sein. Die Nacht und der sintflutartige Regen hatten die Japaner daran gehindert, die ›Tullibee‹ zu entdecken.

Da man jedoch bei den Amerikanern keine Nachricht mehr von dem Unterseeboot erhielt, wurde die ›Tullibee‹ am 15. Mai für verloren erklärt. Kuykendall erzählte bei seiner Rückkehr in die Heimat seine Geschichte. Nach seiner Ansicht war das Unterseeboot durch einen seiner eigenen Torpedos, einen Kreisläufer, versenkt worden, und die Explosion hatte Kuykendall in die See geschleudert. Der andere Torpedo dagegen war geradeaus auf das feindliche Schiff gelaufen und hatte gute Arbeit geleistet[2].

Das Ende der ›Shinano‹

Die Japaner hatten eine Vorliebe für enorme Größen. Sie beschlossen im Jahre 1940, das größte Schlachtschiff der Welt zu bauen: ›Shinano‹. Im Jahre 1942 war das Schiff erst zur Hälfte fertiggestellt. Die ›Shinano‹ und ihre beiden Schwesterschiffe ›Yamato‹ und ›Musashi‹ sollten die größten Kriegsschiffe der Seekriegsgeschichte werden. Die Panzerstärke sollte 506 mm betragen, die Maschinen eine Leistung von 200.000 PS, die Kanonen ein Kaliber von 45,7 cm haben. Nun hatten aber die Japaner im Juni 1942 vier Flugzeugträger der ersten Linie verloren: ›Akagi‹, ›Kaga‹, ›Soryu‹ und ›Hiryu‹. Die Indienststellung eines neuen Flugzeugträgers war dringend vonnöten. Das Oberkommando beschloß, die ›Shinano‹ in einen Flugzeugträger umzubauen.

Die Geschütztürme ihrer 45,7-cm-Kanonen wurden nicht eingebaut, und das auf diese Weise ersparte Gewicht wurde zum Bau eines gepanzerten Abflugdecks verwendet, das aus Qualitätsstahl von 200 mm Dicke bestand. Die darunterliegenden zwei Decks konnten etwa 150 Flugzeuge aufnehmen. Der Maschinenraum war durch ein neues, 203 mm dickes Panzerdeck geschützt. Die ›Shinano‹ sollte ein schwimmendes Flugfeld von fast 300 Meter Länge und 40 Meter Breite werden. Am 18. November fand die Feier zur Inbetriebnahme des Riesenschiffes statt. Das Porträt des Kaisers in schwervergoldetem Rahmen wurde feierlich im Festsaal des Schiffs aufgestellt. Da das Gebiet von Tokio immer stärker den Bombardements amerikanischer Fliegender Festungen ausgesetzt war, beschloß man, den Flugzeugträger in das unzugängliche japanische Meer laufen zu lassen. Nun funktionierten wohl die Maschinen, aber die ›Shinano‹ war noch nicht ganz fertiggestellt. Ihre innere Abdichtung war nicht geprüft, die Dichtungspforten nicht einmal erprobt worden, und man wußte noch nicht, ob man sie hermetisch schließen konnte. Bei den Stopfbuchsen, durch die Rohre und Elektroleitungen durch die Schotten geführt waren, fehlten noch die Abdichtungen. Die Feuerlöschanlage war noch nicht fertiggestellt, die notwendigen Pumpen nicht einmal geliefert. Von besonderer Bedeutung aber war, daß es seit einem Monat wohl 1900 Mann an Bord gab, die jedoch noch nie zusammen auf See gewesen waren; man konnte nicht behaupten, daß sie eine Besatzung bildeten. Zahlreiche Ingenieure und Arbeiter der Werft arbeiteten noch weiter an dem Schiff, als es am Nachmittag des 28. November 1944 unter dem Schutz von vier Zerstörern in See stach.

Am 11. November war die ›Archerfish‹ unter dem Kommando von Korvettenkapitän J. F. Enright von Saipan zu ihrer fünften Feindfahrt ausgelaufen. Das Unterseeboot hatte bereits mehrere feindliche Schiffe, darunter einen am 22. Januar 1944 versenkten Dampfer mit 9000 BRT, auf seinem Konto. Gleich vielen amerikanischen Unterseebooten, zu deren Aufgaben das gehörte, hatte es einige Piloten, die bei Angriffen von B-29-Bombern auf Tokio ins Meer gestürzt waren, gerettet.

Der bei der *hit parade* der ›Archerfish‹ zugewiesene Abschnitt lag 150 Meilen südlich von Tokio, im Norden von Hachijo Jima; das Unterseeboot erhielt einen Funkspruch: »Keine Luftangriffe; heute brauchen Sie nicht Lebensretter zu spielen!«

Am Abend des 28. November 1944 fing die ›Archerfish‹ 16 Meilen von Inamba Shima nach einem langweiligen Tag einen Radarkontakt auf 24.700 Yard auf. Es war 20.48 Uhr. Enright nahm mit äußerster Fahrt Kurs in der angegebenen Richtung, und die Jagd begann.

Sein exakt geführtes Bordtagebuch schildert besser, als es sonst jemand könnte, seinen Angriff gegen das größte Kriegsschiff der Welt und seinen Erfolg:

»28. November 1944, 21.40 Uhr. Ziel identifiziert. Flugzeugträger auf 210, Geschwindigkeit 20 Knoten. Anscheinend nur ein Begleitfahrzeug. Nördlicher Horizont dunkel. Anlauf an Backbordseite begonnen. Schiff läuft Zickzackkurs.

22.30 Uhr. Begleitfahrzeug an Backbord gesichtet. Annäherung über Wasser auf dieser Seite unmöglich. Kurs geändert auf achtern.

22.50 Uhr. Ziel kommt näher. Wir sind zu weit entfernt, um Angriff getaucht zu versuchen.

Der Träger dreht ... Die Geleitfahrzeuge ignorieren uns weiter. Ich lasse die Wachen nach unten gehen.

23 Uhr. Die feindliche Gruppe besteht aus einem großen Flugzeugträger und vier Begleitfahrzeugen, eines vorne, eines achtern, je eines zu beiden Seiten.

23.30 Uhr. Sichtmeldung gefunkt[3].

23.40 Uhr. Große Fahrt im Zickzackkurs auf uns zu.

24 Uhr. Kurs wahrscheinlich auf West geändert. Wir stehen jetzt an Backbord, Kurs auf 270 geändert, wir geben alles, was die Motoren drin haben.

29. November 1944. Von nun ab Wettrennen für unsere Schußposition. Seine Geschwindigkeit ungefähr ein Knoten mehr als unser Maximum, der Zickzackkurs läßt uns aber sehr langsam herankommen.

2.41 Uhr. Zweite Sichtmeldung[4] gefunkt, als er anscheinend auf 275 bleibt, und ich keine Aussicht habe, auf Schußposition zu kommen.

3 Uhr. Kursänderung auf Süd, wir liegen nun in vorlicher Position.

3.05 Uhr. Kurs geändert auf 100 und getaucht ... Setze auf 11.700 Yard zum Angriff an. Sehe Träger auf 7000 Yard im Sehrohr. Korrigiere Kurs um 10 Grad, um ihm den Weg abzuschneiden.

3.16 Uhr. Träger zickzackt. 30 Grad, Fotos geschossen ...

3.17 Uhr. Abschuß sämtlicher Rohre vorne begonnen, Sechserfächer, Tiefeneinstellung drei Meter. Mark 14. Erster Vorhaltewinkel 38 Grad.«

Siebenundvierzig Sekunden später sah und hörte Enright, wie der erste Torpedo den Träger genau am Heck traf, neben den Schrauben und dem Ruder. Eine Flammensäule stieg an der Bordwand des Schiffs hoch.

Kurz darauf traf ein zweiter Torpedo und explodierte. Dann tauchte die ›Archerfish‹ weg. Sie hörte noch vier Detenationen, die von einem Krachen gefolgt waren, wurde nun aber selbst von einem Geleitfahrzeug angegriffen. 14 Wasserbomben explodierten in 300 Yard Entfernung, die letzte um 3.45 Uhr. Die gesamte Besatzung des Unterseebootes vernahm den entfernten Lärm der Explosion des großen feindlichen Schiffs, das im Sinken war. Es dauerte zwanzig Minuten, dann wurde es still.

Um 6.14 Uhr warf Enright in Sehrohrtiefe fahrend einen Blick rundum. Nichts zu sehen. Vier Stunden später vernahm er eine starke Explosion, deren Grund er nie erfuhr. Die Amerikaner wußten bis zum Ende des Krieges nicht, daß sie die ›Shinano‹ auf etwa 32 Grad nördlicher Breite und 137 Grad östlicher Länge bei dieser *hit parade* versenkt hatten[5].

Vier Stunden nach Torpedierung der ›Shinano‹ krängte das Wrack immer stärker nach Steuerbord. Das Bild des Kaisers samt Rahmen war sorgfältig in ein Fahnentuch gehüllt und auf einen Zerstörer gebracht worden, der längsseits kam. Dann begann die Räumung. Am 29. November kurz vor 11 Uhr vormittags kenterte die ›Shinano‹ über Steuerbord. Sie schwankte ein paar Minuten lang ein wenig, dann verschwand sie für immer. Ungefähr drei Viertel der Besatzung wurden gerettet. Der riesige Flugzeugträger war insgesamt nur zwanzig Stunden in See gewesen.

Angriff auf Iwo Jima, 19. Februar 1945

Die Amerikaner hatten den Angriff auf Iwo Jima am 19. Februar 1945 mit starken Kräften begonnen. Die neun Kilometer lange und fünf Kilometer breite Insel liegt nur 1400 Kilometer südlich von Hondo, der Hauptinsel des japanischen Archipels.

Die aus zwei alten Unterseebooten, I 58 und I 36, bestehende japanische Einheit ›Kamitake‹ war am 1. März von Kure ausgelaufen, um von Norden her die vor der Küste versammelten amerikanischen Schiffe anzugreifen. Hashimoto, der Kommandant von I 58, konnte zufrieden sein, denn er besaß ein neues Radar, eine achtteilige Antenne, die gut arbeitete. Das Radar sollte I 58 mehrmals vor dem Untergang bewahren.

Hashimoto wollte die *kaiten* einsetzen, die er an Bord hatte. Am 8. März war der heftige Regen für einen Angriff der *kaiten* günstig. Hashimoto befürchtete einen Angriff amerikanischer Zerstörer beim Einsteigen der Piloten in ihre Torpedos, daher ließ er sie bereits drei Stunden vor dem Angriff darin Platz nehmen. Die Piloten saßen bereits neunzig Minuten in ihren Torpedos, da erhielt I 58 einen dringenden Funkspruch: »Vorgesehene Operationen für Kamitake abgeblasen. I 58 kehrt unverzüglich nach Okinawa zurück, um bei Operation der kombinierten Flotte am 11. März als Sprechfunkzwischenstelle zu dienen.« Man konnte unmöglich Erklärungen verlangen, sagen, wie bedauerlich es auch war, daß die wartenden *kaiten* nicht eingesetzt werden durften. Bald kam ein zweiter Funkbefehl: »Operation HA überaus wichtig. Sie müssen erhaltenen Befehl unbedingt ausführen. Funken Sie Ihre Marschroute und die Stunde Ihres Eintreffens vor Okinawa.«

Die *kaiten*-Piloten gingen in das große Unterseeboot zurück. Ihre Fahrzeuge waren unnötig geworden, daher warf man sie, nicht ohne Bedauern, über Bord.

I 58 lief mit 14 Knoten Kurs nach Okinawa, wo es seine Aufgabe als Sprechfunkzwischenstelle erfüllte. Nie hatte es der Kommandant von I 58 mehr bedauert, einem Befehl gehorcht zu haben.

Am 16. März fiel Iwo Jima nach verbissenem Widerstand in die Hände der Amerikaner.

Die Schlacht von Okinawa, 28. März 1945

Die Insel Okinawa liegt im südlichen Teil des Archipels von Riukiu. Zuerst nahmen die Amerikaner zwischen dem 26. und 29. März 1945 die benachbarten Kerama-Inseln in Besitz.

Von dort aus konnten sie Okinawa mit ihrer Artillerie unter Feuer nehmen.

Sofort liefen die japanischen Unterseeboote aus: zuerst eine aus I 8, RO 46 und RO 41 bestehende Gruppe, dann die Einheit ›Tatara‹, gebildet aus den großen Unterseebooten I 47, I 58, I 56 und I 44. An Bord jedes dieser Boote befanden sich sechs *kaiten*.

Mehrere der Boote wurden kurz nach ihrer Ankunft vor Okinawa versenkt[6].

I 58 wurde bald nach dem Auslaufen von amerikanischen Zerstörern und Flugzeugen, die in enger Zusammenarbeit operierten, angegriffen. Hashimoto verlor sieben Tage bei dem Versuch, nach Okinawa zu gelangen. Dann erhielt er Befehl, Kurs auf die Ostküste von Formosa zu halten ... Danach begann das Unterseeboot seinen Marsch nach Norden durch den Pazifik. Die Fahrt war langwierig, ermüdend und deprimierend. Schuld waren das schlechte Wetter, die vielen Stunden unter Wasser und die amerikanischen Zerstörer, die das Unterseeboot suchten. Den *kaiten*-Piloten blieb außer Schachspiel nichts zu tun übrig. Ein Angriff bei so schlechtem Wetter war für sie ausgeschlossen, und das Fehlen feindlicher Schiffe auf den Ankerplätzen machte sie unnötig. Wie sollte man übrigens an vor Anker liegende Schiffe herankommen, wenn es bereits unmöglich war, sich einer Reede zu nähern, ohne entdeckt und gejagt zu werden? Und nach einer Fahrt von einem Monat waren die *kaiten,* die nicht gewartet werden konnten, unverwendbar geworden. Am 29. April kehrte I 58 zu seinem Stützpunkt zurück. Dort erfuhr Hashimoto, daß kein einziges der nach Okinawa entsandten Unterseeboote zurückgekehrt war. Alle waren von amerikanischen Zerstörern versenkt worden.

Dennoch gelang es den *kaiten,* einige feindliche Schiffe zu vernichten. Zu diesem Zweck mußte man die Unterseeboote umbauen, damit die Piloten die *kaiten* starten konnten, während das Unterseeboot getaucht fuhr. Man verzichtete auf Angriffe gegen ankernde Schiffe, die zu gut gesichert waren. Dagegen wurden Schiffe auf See angegriffen, indem man die sechs *kaiten* gleichzeitig gegen sie einsetzte.

Für Japan war die Niederlage nicht mehr fern, und nichts vermochte sie abzuwenden. Alle Versuche mißlangen, sogar die kühnsten, wie der Bombenangriff gegen die Schleusen des Panamakanals, den das japanische Oberkommando geplant und vorbereitet hatte. Dafür hatte man die größten Unterseeboote der Welt gebaut: I 400, I 401 und I 402, mit je 3430 Tonnen. Jedes konnte drei Torpedo-Bombenflugzeuge mit einem Aktionsradius von 10.000 Meilen befördern. Im April 1945 lief I 401 im japanischen Meer, das recht unsicher geworden war, auf eine Mine. I 400 und das reparierte I 401 machten eine Feindfahrt im Gebiet der Insel Truk, bevor sie sich an ihre Aufgabe, den Angriff gegen Panama[7], machten.

Die Operation war für den 25. August vorgesehen. Nun wurden aber am 6. und 9. August die Atombomben auf Hiroshima und Nagasaki abgeworfen. Am 15. August beendete der Tenno, ohne die Worte Kapitulation und Niederlage auszusprechen, den Krieg durch seine Rundfunkerklärung.

Die englischen Unterseeboote im Fernen Osten

Als der Krieg im Mittelmeer zu Ende war, wurden viele englische Unterseeboote für andere Aufgaben frei. Im Oktober 1943 wurde die aus elf Booten, darunter einem Holländer und dem Versorgungs-U-Boot, bestehende 4. Flottille in den Fernen Osten entsandt. Eine Zeitlang war Colombo ihr Stützpunkt, dann wurden sie nach Trincomalee, einem Hafen an der Ostküste der Insel Ceylon, verlegt. Zusammen mit den Unterseebooten der 8. Flottille griffen diese Boote sofort den – zu jener Zeit regen – japanischen Küstenschiffsverkehr an, der mit sehr kleinen Schiffen, Küstenfahrern und sogar Dschunken durchgeführt wurde. Die Unterseeboote nahmen im Norden und innerhalb der Straße von Malakka sowie vor den West- und Südküsten von Sumatra Aufstellung; dort versenkten sie, meist mit Kanonen oder sogar durch Rammstöße kleine Schiffe, die nicht mit Handelsfracht, sondern mit Kriegs- und Versorgungsmaterial beladen waren. Sie halfen auf diese Weise der 14. britischen Armee, die in Birma operierte. Auch setzten sie Verbindungsoffiziere an Land, die zu den im Urwald kämpfenden Guerillastreitkräften stießen.

Im April und Mai 1944 nahmen diese Unterseeboote an der Rettung von Fliegern teil, die bei den Bombenangriffen auf Sabang ins Meer abgestürzt waren.

Ostwärts vom britischen Abschnitt, dem *SEAC (South-East Asia Command)* befand sich die amerikanische Zone *SubSoWesPac (Submarine South-West Pacific).* Mit dem Eintreffen neuer Einheiten im Frühjahr 1944 weiteten die Engländer ihre Aktionen bis in den amerikanischen Abschnitt aus, wobei sie Fremantle (Australien) als Stützpunkt benutzten. Auf die 8. Flottille, die seit August 1944 im amerikanischen Sektor operierte, folgte im April 1945 die 4. Flottille, die durch ein Dutzend neu eingetroffener Boote des Typs A verstärkt worden war.

Die Erfahrungen in der Straße von Malakka hatten ergeben, daß Einzelangriffe von U-Booten wenig Aussicht auf Erfolg hatten. Die englischen Boote übernahmen daher die Taktik der amerikanischen Boote, die in Gruppen von zwei bis vier Booten zusammenarbeiteten. Meist arbeiteten die englischen Boote paarweise. Es fuhr etwa die ›Trenchant‹ im März 1945 zusammen mit der ›Templar‹, später bildete sie mit der ›Stygian‹ eine Einsatzgruppe.

Im Laufe des Jahres 1944 wurde die 12. Unterseeboot-Flottille, die aus Kleinst-U-Booten vom Typ X und den sogenannten ›Chariots‹ bestand, nach dem Fernen Osten verlegt. Die Flottille wurde von dem Werkstattschiff ›Bonaventure‹ begleitet.

Ende Oktober startete die ›Trenchant‹ vor Port Phuket, nördlich von Penang, zwei ›Chariots‹. Sie befestigten ihre Sprengladungen an zwei Handelsschiffen. Das eine, mit 4859 BRT, wurde versenkt, das andere schwer beschädigt. Die englischen Unterseeboote vernichteten in den letzten sechs Monaten des Jahres 1944 im Fernen Osten 16 Schiffe von mehr als 500 Tonnen, insgesamt 35.356 BRT. Auch ihrem Ruf als ›U-Boot-Töter‹ machten sie alle Ehre. Die ›Telemachus‹ versenkte am 17. Juli 1944 in der Straße von Malakka das große japanische Unterseeboot I 166, die ›Trenchant‹ am 23. September das deutsche U 859 vor Penang, während der Holländer ›Zwaardvisch‹ am 6. Oktober vor der Nordküste von Java U 168 versenkte. Dagegen verloren die Engländer die »Stratagem«, die am 22. November in der Straße von Malakka durch ein japanisches Unterseeboot versenkt wurde.

Das Werkstattschiff ›Bonaventure‹ lief im Juli 1945 in der Bucht von Brunei im Norden der Insel Borneo, mit sechs Taschen-Unterseebooten vom Typ XE an Bord, ein. Eigentlich hatte das britische Oberkommando die ›Bonaventure‹ und ihre Taschen-Unterseeboote ohne bestimmtes Ziel in den Fernen Osten entsandt; so war denn der Kommandant des Werkstattschiffs erfreut, als man von ihm verlangte, er solle das Kabel, das Singapur, Saigon und Hongkong miteinander verband, unterbrechen. Außerdem konnten seine Unterseeboote sehr wohl die beiden schweren Kreuzer ›Takao‹ und ›Myoko‹ versenken, die vor Singapur lagen, und, obgleich beschädigt, die Streitkräfte Admiral Mountbattens angreifen konnten, die sich zur Teilnahme an der Invasion von Malaya bereithielten. Die großen Unterseeboote ›Spark‹ und ›Stygian‹ verließen am 26. Juli Brunei mit Kurs nach Singapur; sie hatten die Kleinboote XE 1 (J. E. Smart) beziehungsweise XE 3 (I. E. Fraser) im Schlepptau.

Vier Tage später trafen die beiden Boote auf hoher See vor Singapur ein und setzten nachts die kleinen Unterseeboote ab. Es waren 40 Seemeilen bis zum Flottenstützpunkt Johore zurückzulegen. Der japanische Kreuzer ›Takao‹ lag in so flachem Wasser verankert, daß es XE 3 nur unter Schwierigkeiten gelang, sich unter seinen Kiel zu schieben. Einem Taucher, Hauptgefreiten J. Magennis, gelang es, eine Sprengladung, deren Uhrwerk er in Bewegung gesetzt hatte, anzubringen. Währenddessen klinkte Oberleutnant Fraser die an der anderen Seitenfläche des Bootes befestigte zweite

Sprengladung aus. Das Boot hatte sich zwischen dem Grund und dem Kiel des Kreuzers festgefahren, und Fraser steuerte hin und her, um es zu befreien. Nach beängstigendem Kampf gelang es dem Kommandanten von XE 3, sich zu befreien, und das Boot stieg jäh an die Oberfläche. Kein Japaner bemerkte es, so konnte es aus dem Hafen entkommen und an der vereinbarten Stelle zur ›Stygian‹ stoßen.

XE 1 war zum Angriff gegen den Kreuzer ›Myoko‹ losgefahren, der zwei Seemeilen entfernt in der Meerenge vor Anker lag. Smart wurde sich klar, daß er nicht genügend Zeit zur Verfügung hatte, um die ›Myoko‹ zu erreichen, und beschloß, seine Sprengladungen auch unter der ›Takao‹ anzubringen und so die Sprengladungen, die XE 3 angebracht hatte, zu verdoppeln. Die Explosionen der Sprengladungen waren heftig, und die schwerbeschädigte ›Takao‹ sank auf den Grund der Reede. Die vier englischen Unterseeboote kehrten am 4. August in die Bucht von Brunei zurück.

Währenddessen schleppte die ›Spearhead‹ XE 4 bis vor Saigon, während die ›Selene‹, mit XE 5 im Schlepptau, vor Hongkong eintraf. Die beiden Taschen-Unterseeboote wurden von M. H. Shean beziehungsweise H. P. Westmacott befehligt, die bereits im April und im September 1944 im Hafen von Bergen operiert hatten.

Beide führten die neue Operation zum Erfolg und durchschnitten das Kabel; so bewiesen sie die Nützlichkeit dieser Taschen-Unterseeboote zum Eindringen in stark bewachte Gewässer und zur Durchführung von Spezialaufgaben.

Torpedierung der ›Ashigara‹, 8. Juni 1945

›Trenchant‹, das Unterseeboot der 4. Flottille, verließ Fremantle (Australien) Ende Mai 1945, um den japanischen Schiffsverkehr in der Java-See zu stören. Sie stand unter dem Befehl von *Commander* A. R. Hezlet. Zuerst versenkte sie mit der Bordkanone den japanischen Minenleger Nr. 105. Hezlet erhielt Befehl, Kurs auf die Malaiische Küste zu nehmen und fing die Nachrichten von zwei amerikanischen Unterseebooten auf, des Inhalts, daß der schwere Kreuzer ›Ashigara‹ vor kurzem im Hafen von Batavia eingelaufen war. Hezlet wurde befohlen, vor der Nordeinfahrt der Banka-Straße zu patrouillieren, um den Kreuzer abzufangen. Auch das englische Unterseeboot ›Stygian‹ patrouillierte in diesem Abschnitt.

Im Laufe der Nacht sichtete die ›Trenchant‹ den Zerstörer ›Kamikaze‹, der am nächsten Tag erfolglos von der ›Stygian‹ angegriffen wurde, die er dann selbst verfolgte und mit Wasserbomben bekämpfte. Der Kommandant der ›Kamikaze‹, im Glauben, daß er es nur mit diesem einen englischen Unterseeboot zu tun hatte, funkte der ›Ashigara‹, daß der Weg frei sei ... Die ›Ashigara‹ fuhr darauf ohne Sicherungsfahrzeug mit 18 Knoten an der ›Trenchant‹ vorbei, die auf 4800 Yards acht Torpedos abschoß; fünf trafen ihr Ziel. Die ›Ashigara‹ war in Brand geraten und sank eine halbe Stunde später. Die ›Trenchant‹ nahm ihre Patrouillenfahrt wieder auf.

Torpedierung der ›Indianapolis‹, 29. Juli 1945

I 58 war nicht nur eines der wenigen Unterseeboote, das den Krieg überstand, sondern es versenkte auch kurz vor Beendigung des Krieges einen amerikanischen Kreuzer, die ›Indianapolis‹.

Bereits bei seinem Auslaufen aus der Flottenbasis Kure am 18. Juli 1945 mußte das Unterseeboot, um nicht selbst von einem amerikanischen Unterseeboot versenkt zu werden, die Bungo-Straße mit großer Fahrt im Zickzack durchqueren.

Auf seiner Fahrt nach Süden sichtete I 58, das ein Überwasser- und Luftabwehr-Radar besaß, eine starke Gruppe von B-29-Bombern, die Kurs auf Japan hielten. Am Morgen des 27. Juli traf I 58 an seinem Patrouillenplatz, der Linie Okinawa – Guam, ein, die von vielen amerikanischen Schiffen passiert wurde.

Hashimoto sichtete um 14 Uhr im Sehrohr einen großen Dreimaster, einen Tanker, ließ die Torpedorohre schußfertig machen und befahl den *kaiten*-Piloten, ihre Plätze in den Torpedos einzunehmen. Es war nun möglich, die *kaiten* aus dem getauchten großen Unterseeboot zu starten. Der Tanker wurde von einem Zerstörer geschützt. Die Unterwasserhorchgeräte von I 58 funktionierten schlecht. Hashimoto befahl den *kaiten*-Piloten 1 und 2 per Bordtelefon, sich zum Ablaufen klarzuhalten und gab ihnen so genau wie möglich an, welchen Weg sie zu nehmen hatten. Als erster wurde *kaiten* Nr. 2 abgelassen; zehn Minuten später kam Nr. 1 an die Reihe, und sein Pilot rief »Es lebe der Kaiser!« ins Mikrofon. Man hatte nur noch auf das dumpfe Geräusch der Explosionen zu warten. Hashimoto ließ das Sehrohr ausfahren. Der Tanker lag wie vorher im starken Regen. Seit dem Auslaufen von *kaiten* Nr. 2 waren fünfzig Minuten vergangen. Hashimoto verlor langsam die Hoffnung, da hörte er eine starke Explosion, und zehn Minuten später eine zweite. I 58 tauchte sofort tief weg, um dem Angriff des Zerstörers zu entgehen …

»Unsere Gedanken begleiten die Männer, die noch vor kurzem bei uns gewesen waren«, schreibt Hashimoto, »und wir beteten für ihr Glück in einem neuen Leben.«

Am 29. Juli befand sich I 58 am Schnittpunkt der Verbindungsstraßen Leyte – Guam und Palau-Inseln – Okinawa. Der Himmel war bedeckt, die Sicht schlecht; eine Gelegenheit, ohne allzu großes Risiko über Wasser zu bleiben. Vier erstklassige Ferngläser durchforschten den Nebel, während der Elektriker-Hauptgefreite, der das Radar bediente, die Augen nicht von dem kleinen Schirm abwandte.

Abends ließ Hashimoto tauchen, dann legte er sich in seine schmale Koje, um ein wenig zu ruhen. Die Besatzung schlief mit Ausnahme der Wache. Ein merkwürdiger Anblick, diese kräftig gebauten Männer, ganz oder fast ganz nackt, die auf dem bloßen Stahl der Torpedos oder auf den zwischen die Regale geschobenen Reissäcken schliefen. Kein Laut war zu hören, ausgenommen ein paar Schnarchtöne und das charakteristische Geräusch der Tiefenruder. Die Ratten liefen frei herum (sie zu verjagen oder auszurotten, war unmöglich).

Um 22.30 Uhr kommt der wachhabende Offizier zu Hashimoto, weckt ihn und meldet, daß alles in Ordnung ist. Der Offizier zieht die Uniform an und verneigt sich vor dem Bordaltar, dann steigt er in den Turm. Nach einem Blick durch das Sehrohr befiehlt Hashimoto: »Auf Gefechtsstation!« und taucht auf.

Lassen wir Hashimoto den Angriff auf die ›Indianapolis‹ schildern:

»Ich blickte weiter durch das Nachtsehrohr. Das Überwasser-Radar war einsatzbereit. Sobald die frische Luft ins Bootsinnere drang, setzten wir die Gebläse in Gang, um die Tauchtanks völlig auszublasen, da wir mit der Preßluft haushalten mußten. In diesem Augenblick rief der Navigationsoffizier: ›Feindliches Schiff wahrscheinlich auf 90 Grad backbord!‹ Ich zog das Sehrohr ein, stieg auf die Brücke und blickte mit dem Fernglas in die angegebene Richtung. Kein Zweifel, ich entdeckte einen dunklen Punkt unterhalb der Mondstrahlen am Horizont. ›Alarm!‹ rief ich nun. Die vier Mann auf der Brücke stürzten über den Niedergang nach unten, der Rudergänger als letzter. Er schloß das Luk und erstattete Meldung. Ich stand am Sehrohr, auf dem ich den dunklen Punkt ausnehmen konnte. ›Fluten!‹ Das Wasser strömte in die Tauchtanks, und das Boot tauchte. Ich drückte meine Augen an das Okular, um das Ziel nicht aus den Augen zu verlieren. Bald waren wir auf Sehrohrtiefe. Das ganze Manöver gehörte so zu unserem Leben, daß wir es fast reflexmäßig ausführten.

Sobald das Boot unter Wasser war, befahl ich: ›Schiff in Sicht, alle Rohre fertig machen. Die *kaiten* vorbereiten!‹ Es war 23.08 Uhr. Wir fielen nach Backbord ab, um den dunklen Punkt gerade voraus zu haben. Ich beobachtete ihn unaufhörlich im Sehrohr, wobei ich ab und zu einen Rundblick machte. Es war nichts anderes zu sehen. Der vermutliche Feind kam allmählich näher. Wir hielten uns bereit, einen Sechserfächer auf ihn abzuschießen. Er lief geradeaus auf uns zu. War es ein Zerstörer, der uns geortet hatte und zum Angriff ansetzte? Es war unmöglich, ihn zu treffen, wenn er vertikal hereinkam; ich erlebte einige unangenehme Augenblicke. Man konnte im Halbdunkel der Zentrale die Gesichter nicht ausnehmen, doch die Besatzung hätte meine Unruhe an meiner Stimme erkennen können. Ich wußte nicht, mit welchem Schiffstyp wir es zu tun hatten, wir konnten die Entfernung nicht schätzen. Die Horchgeräte blieben immer noch stumm. Nach und nach nahm der Fleck dreieckige Form an. Es war 23.09 Uhr. ›Wir werden sechs Torpedos abschießen!‹ befahl ich, denn ich hatte beschlossen, einen einzigen Fächer abzufeuern. Gleichzeitig ließ ich dem Piloten von *kaiten* Nr. 6 sagen, er solle einsteigen, und dem von Nr. 5, er solle sich bereit halten.

Der Fleck wurde immer größer. Das Schiff lief also auf uns zu und würde, wenn sich nichts änderte, vielleicht senkrecht auf uns zukommen. Wir konnten die Masthöhe nicht ausmachen, also die Entfernung nicht messen. Wir mußten aber Entfernung, Kurs und Geschwindigkeit des Feindes kennen, um die Werte für die Torpedos zu errechnen – eine Aufgabe, die fast zur Gänze dem durch das Sehrohr blickenden Kommandanten zukommt …

Der Fleck bekam allmählich das Aussehen eines großen Kriegsschiffes, dessen oberer Abschnitt in zwei Teile zerfiel. Vorne stand ein sehr hoher Mast. ›Wir haben ihn!‹ dachte ich. Da wir den Feind in zwei Teilen sahen, war es weniger wahrscheinlich, daß er senkrecht auf uns zukommen würde, und es war möglich, den Schiffstyp zu erkennen. Ich schätzte den Mast auf etwa 25 Meter Höhe. Es war also ein Schlachtschiff oder ein großer Kreuzer. Die Entfernung betrug nur mehr 4000 Meter. Ich berechnete die Abschußdistanz – 2000 Meter – und den Vorhaltewinkel – 45 Grad Steuerbord. Eines der Horchgeräte gab eine ziemlich hohe Geschwindigkeit an. Vorerst nahm ich diese Angabe hin, doch die Beobachtung im Sehrohr bestätigte sie nicht, und ich setzte sie mit 20 Knoten an. Ich war so sehr mit den gewöhnlichen Torpedos beschäftigt, daß ich keinen Befehl zur Vorbereitung des Startens der *kaiten* erteilt hatte; die *kaiten*-Piloten kamen zu mir, um mich darum zu ersuchen. Da es Vollmond war, hatten sie nicht viel Aussicht auf Erfolg. Ich beschloß daher, sie erst dann einzusetzen, wenn ich mit den gewöhnlichen Torpedos kein Ergebnis erzielen konnte.

Der Mond stand hinter uns, so daß das feindliche Schiff deutlich sichtbar wurde. Es hatte zwei Türme achtern und einen großen Gefechtsmast. Ich hielt es für ein Schlachtschiff vom Typ ›Idahoe‹. Die Besatzung wartete ungeduldig auf den Befehl zum Abfeuern der Torpedos. Alle bewahrten völlige Ruhe. Bei solchen Umständen sind die Augen des Bootes die des Kommandanten, die Horchgeräte sind die Ohren. Die Besatzung weiß nicht, was sich draußen abspielt, sie kann nur auf die Befehle warten. Die *kaiten*-Piloten stellten unablässig Fragen. ›Und der Feind? Wo ist er? Warum läßt man uns nicht losfahren?‹ Der Augenblick des Abschusses rückte näher. Ich änderte die Einstellung des Rechengerätes: Abschußwinkel 60 Grad Steuerbord, Entfernung 1500 Meter. Endlich befahl ich entschieden: ›Achtung! … Torpedos los!‹ Die Torpedos wurden in Abständen von zwei Sekunden abgefeuert, dann erhielt ich die Meldung des vorderen Postens: ›Alle Torpedos sind los, laufen einwandfrei.‹ Die sechs Geschosse, in Fächerform verteilt, liefen auf das feindliche Schiff zu. Schnell suchte ich den Horizont rundum ab, doch immer noch war nichts sonst zu sehen. Ich steuerte auf Parallelkurs zu unserem Ziel, und wir warteten voll Bangen. Da stiegen am Steuerbord des feindlichen Schiffes

Wassersäulen hoch, eine auf der Höhe des vorderen, die andere auf der des achteren Turms. Hellrote Flammen folgten. Eine dritte Wassersäule stieg neben dem Turm Nr. 2 hoch, sie schien das ganze Schiff einzuhüllen. ›Getroffen! … Getroffen! …‹ schrie ich bei jedem Aufschlag, während meine Männer vor Freude tanzten. Immer noch war sonst nichts zu sehen. Das Schlachtschiff hatte gestoppt, schwamm aber noch. Ich fuhr das Tagessehrohr aus und ließ meine Leute im Turm nacheinander durchblicken. Bald vernahmen wir das Geräusch einer wesentlich stärkeren Explosion. Drei weitere folgten in raschem Abstand, dann noch sechs. Die Besatzung, die nicht wußte, was diese Explosionen verursachte, begann zu rufen: ›Wasserbomben!‹ Ich beruhigte sie jedoch mit der Erklärung, daß der Feind in die Luft flog, daß kein anderes Schiff in Sicht war. Ich sichtete weitere Flammenherde, doch das Schiff schien immer noch nicht zu sinken. Ich dachte daran, einen zweiten Fächer abzufeuern, während die *kaiten*-Piloten riefen: ›Wenn es nicht untergeht, schicken Sie uns los!‹ Das Schiff bot sich trotz der Dunkelheit günstig für ihr Eingreifen dar, aber was würde geschehen, wenn es sank, ehe sie bei ihm anlangten? Waren sie einmal fort, so waren sie verloren, und es wäre schade, sie auf diese Art zu vergeuden. Ich wollte mir Zeit lassen, doch man meldete mir, daß der Feind sein Unterwasser-Ortungsgerät einsetzte – er versuchte natürlich, uns zu finden. Ich war mir klar, daß er bald Kontakt bekommen würde, und beschloß, tief zu tauchen und die Rohre nachzuladen …

Eine Stunde war vergangen, und ich war sicher, daß er gesunken war …«

So vernichtete kurz vor Ende des Krieges I 58 die ›Indianapolis‹ (Kommandant Charles B. McWay), während der Kreuzer auf dem Weg zu seinem Geschwader vor der Leyte-Straße das Philippinenbecken durchquerte. Von den an Bord befindlichen 1199 Mann konnten etwa 800 ins Wasser springen und sich schwimmend auf Flöße retten. Das Fehlen des Kreuzers wurde von den Landbehörden nicht gemeldet; der Bericht eines Flugzeugpiloten der amerikanischen Armee, der die von den Rettungsflößen Kommandant McWays abgefeuerten Raketen gesehen hatte, wurde nicht beachtet, die von I 58 nach Tokio gesandte Funkmeldung der Torpedierung wurde als Großtuerei der Japaner abgetan. Schließlich wurden die Überlebenden vierundachtzig Stunden nach der

Versenkung von einem Marineflugzeug gesichtet: Nur 316 konnten gerettet werden.

Hashimoto setzte seine Feindfahrt nach diesem Erfolg fort. Die *kaiten*-Piloten an Bord zeigten sich untröstlich darüber, daß nicht sie das große amerikanische Schiff versenkt hatten. Hashimoto fuhr wieder nach Norden und erteilte ihnen am 15. August Befehl, einen feindlichen Geleitzug anzugreifen. Die vier *kaiten* wurden abgeschickt und verschwanden für immer. Am Abend erhielt der Kommandant des I 58 eine Nachricht, die ihn erschütterte: Der Kaiser machte dem Krieg ein Ende. »Ich war völlig vernichtet«, schreibt Hashimoto. »Ich beschloß, der Mannschaft nichts zu sagen; solange wir auf See waren, wollte ich kein Nachlassen dulden. Am 17. August erreichten wir die Flottenbasis.

›Alle Mann an Deck!‹

Nun verlas ich unter Tränen die Botschaft des Kaisers von der Kapitulation. Ich sagte weiter kein Wort und ging an Land, um unseren Vorgesetzten von den Taten unserer mutigen *kaiten*-Krieger zu berichten. Keiner von ihnen war am Leben geblieben, um die Schande der Niederlage mit uns zu teilen.«

Zufällig hatte die ›Indianapolis‹ den gewichtigsten Teil der Atombombe, die am 6. August Hiroshima zerstören sollte, von den Vereinigten Staaten zur Insel Tinian (Marshall-Archipel) transportiert. Die Besatzung der B 29, die die Bombe abwarf, hatte auf die Bombe geschrieben: »Zur Erinnerung an die Toten der ›Indianapolis‹.«

Hashimoto erfuhr die Einzelheiten der Affäre erst viel später, als er in einer amerikanischen Illustrierten den Namen des Kreuzers las, den er versenkt hatte.

SCHLUSSFOLGERUNGEN

Die Ursachen der Niederlage der deutschen und japanischen Unterseeboote lassen sich in einigen wenigen Punkten zusammenfassen. Manche sind beiden Seestreitkräften gemeinsam:

Das Gefühl der Überlegenheit ist stets gefährlich, besonders, wenn es mit einer Geringschätzung des Gegners gepaart auftritt.

Wer einen Krieg vorbereitet und den Zeitpunkt des Kampfes bestimmt, ist zu diesem Zeitpunkt dem Gegner an Kriegsmaterial und im Ausbildungsstand der Soldaten zahlenmäßig und qualitativ überlegen. Erringt er in den auf die ersten Angriffe folgenden Wochen und Monaten nicht einen entscheidenden Sieg, ist es mit seiner Überlegenheit vorbei. Den Deutschen wie den Japanern gelang es nicht, den Krieg schnell und siegreich zu beenden, sie begegneten der Hartnäckigkeit der Engländer und der gewaltigen materiellen und industriellen Macht der Vereinigten Staaten und Kanadas.

Bemerkenswerterweise begannen die Rückschläge bei den Deutschen und den Japanern über und unter Wasser zur selben Zeit, im Mai und Juni 1943. Die Wende in der Situation erfolgte nicht nur durch den massiven Einsatz neuen Kriegsmaterials – für die Unterseebootabwehr eingerichtete Überwasserschiffe, Fregatten, *Cam-ships* und Geleitträger, ausgerüstet mit vernichtenden Waffen, Raketen *(hedgehogs* und *squids,* Schaffung von *support-groups)* –, sondern auch durch Erfindungen, durch neue elektronische Geräte. Wohl gehörten die deutschen U-Boote zu den besten der Welt, doch ihre elektronische Ausrüstung blieb, so wie die der japanischen Boote, stets hinter den Entwicklungen der Alliierten zurück. Entscheidend war das Radar. »Besser ein gutes Radar als 100 Unterseeboote«, sagte Kommandant Hashimoto.

»Die von den zwei stärksten Seemächten der Welt organisierte Überwasser- und Luftverteidigung hat, vor allem dank dem Radar, den Unterseebootkrieg abgewürgt«, schreibt Dönitz, der als erster wissen mußte, daß die Wissenschaft den Krieg beherrscht und in Zukunft noch mehr beherrschen wird.

Bei den Japanern wie bei den Deutschen gab es keine – oder nur wenig – Koordinierung zwischen Luft- und Marinestreitkräften, während die Briten und Amerikaner vom Jahre 1942 an ihre Marineluftangriffe gegen die Unterseeboote wie ein Ballett inszenierten (System MAD).

Zuerst gab es technische Verzögerungen im Bau, begründet durch schlechte Organisation, dann begründet durch Bombenangriffe. Zu oft und vor allem zu lange lagen die Unterseeboote für Reparaturen und Versuchsfahrten im Hafen.

Zwischen der Rüstungsindustrie und der Marine gab es, abgesehen von der späten Zusammenarbeit Dönitz-Speer, wenig Kontakte, während Briten und Amerikaner die Zusammenarbeit auf diesem Gebiet sehr ausbauten. Bei ihnen stand die wissenschaftliche Forschung in enger Verbindung mit der Kriegsindustrie.

Schließlich blieb es nicht ohne Auswirkungen, daß Hitler unter dem Einfluß Görings, der auf jeden Erfolg eifersüchtig war, der nicht von seiner Luftwaffe erzielt wurde, den U-Boot-Krieg als eine Sache zweiter Ordnung betrachtete. Die britische Regierung hingegen hatte sehr bald die große Bedeutung der U-Boot-Abwehr erkannt, und sie beeinflußte später die Amerikaner in der gleichen Richtung.

Die Kühnheit der strategischen Vorstellungen Hitlers, zumindest zu Beginn des Krieges, läßt sich nicht leugnen, aus ihr resultierten auch seine Erfolge. Er sah die Tätigkeit der U-Boote natürlich aus einem anderen Gesichtswinkel als seine Admiräle Raeder und Dönitz. Nach seinem Konzept mußten die Operationen den Erfordernissen der allgemeinen Kriegsführung und den Operationen zu Lande angepaßt werden. Das Ergebnis war eine Zersplitterung der Kräfte der U-Boot-Waffe, die Entsendung von U-Booten ins Mittelmeer oder an die Küsten Norwegens und ins Nordmeer durchkreuzte den Leitgedanken Dönitz': »Im Atlantik, nur im Nord- und Südatlantik, als den für die Konzentration und für weiträumige Gefechtsbewegungen von U-Booten günstigen Seegebieten, die britische Handelsschiffahrt zu zerschlagen.«

Dort konnten die deutschen U-Boote, wenn sie die britische Handelsschiffahrt störten, England aushungern, es der Rohstoffe berauben und es in die Niederlage zwingen. Dieser strategische Gedanke war der gleiche wie der der Amerikaner, und er war es aus den gleichen Gründen. Auch Japan war eine Inselmacht, die nur dank ihrer Einfuhr leben und kämpfen konnte. Im Gegensatz zu den japanischen Unterseebooten, die befehlsgemäß nur Kriegsschiffe angriffen, erzielten die Amerikaner große Erfolge gegen die japanische Handelsschiffahrt, insbesondere bei Angriffen gegen Tanker, die Treibstoff aus Südasien nach Japan beförderten.

Im Gegensatz zu den Briten, die bereits vor dem Krieg an die zweckmäßige Organisierung ihrer Geleitzüge, an die Bewaffnung der Handelsschiffe gedacht hatten – dank ihrer Erfahrungen aus dem Krieg 1914–1918 –, vernachlässigten die Japaner lange Zeit die Sicherung ihrer Handelsschiffe, und als sie im Jahre 1943 darangingen, fehlte es an echter Koordination, es gab immer wieder Unstimmigkeiten zwischen der Verwaltung, dem Oberkommando und den Männern auf See.

Die englischen, französischen, italienischen, russischen Unterseeboote spielten ihre Rolle im Kampf auf den Meeren. Diese Rolle war bei weitem nicht nebensächlich, stand jedoch nie im Vordergrund.

Der Stand der Ausrüstung, der Technik und der Feuerkraft war zweifelsohne bei den U-Boot-Streitkräften aller Nationen ein entscheidendes Kriterium für den Erfolg. Den Sieg bestimmte aber letzten Endes der Mensch. Sein Geist, die Kampfmoral der Besatzungen, aber auch die der Kommando- und Regierungsstellen, war entscheidend. In den Berichten von Admiral Sir Max Horton und Admiral Dönitz finden sich immer wieder die Worte, »die Moral der Männer ...«, denn ob es sich nun um die von Dieselmotoren angetriebenen Unterseeboote des Zweiten Weltkrieges oder um die Atom-U-Boote der Zukunft handelt, immer wird der Mensch wichtiger sein als das Material.

ANHANG

ZUR STATISTIK

Die Amerikaner verloren im Laufe des Zweiten Weltkrieges 52 Unterseeboote, davon 41 durch Feindeinwirkung, mit 374 Offizieren und 3131 Mann. Insgesamt betrug der Stand der amerikanischen Unterseebootwaffe 14.750 Mann.

Diese 52 Boote stellen ungefähr 18 Prozent der während der Kampfhandlungen eingesetzten Unterseeboote dar. Das ist viel, wenn man diesen Prozentsatz mit dem der anderen Schiffe der amerikanischen Marine vergleicht, es ist wenig, wenn man die erzielten Resultate in Betracht zieht. Diese Unterseeboote hatten 1178 japanische Handelsschiffe mit 5.053.491 BRT, und 214 Kriegsschiffe, davon 131 Unterseeboote, mit 577.626 Tonnen, versenkt.

Zu Beginn des Krieges umfaßte die japanische Handelsflotte einen Schiffsraum von 6 Millionen BRT, deren Hälfte Küstenfahrten in den japanischen Gewässern durchführte. Am Tag der Kapitulation waren nur mehr 1.800.000 BRT auf dem Wasser, davon 1.650.000 in den japanischen Gewässern; kaum 650.000 BRT dieser Schiffe konnten noch verwendet werden, das heißt 10 Prozent der Handelsflotte, die zu Beginn der Kampfhandlungen unter japanischer Flagge fuhren, waren noch einsatzfähig.

Die Japaner, die auf einen Blitzkrieg vertrauten, hatten kein ausreichendes Programm für den Neubau von Schiffen vorgesehen, um die steigenden Verluste auszugleichen, die sie durch die amerikanischen Unterseeboote erlitten. Die Leistungen der Amerikaner waren nach Überwindung der ersten Schwierigkeiten beträchtlich. Die Neubauten der Japaner betrugen im Jahre 1942 260.000 BRT, während sie durch Einwirkung der amerikanischen Unterseeboote 952.000 BRT verloren; 1945 bauten sie noch immer nicht mehr als 500.000 BRT, während die doppelte Tonnage von den Amerikanern versenkt wurde.

Für die Amerikaner war eine Erstellung von Statistiken schwierig, und der Amerikanisch-Japanische Krieg enthält immer noch Punkte, die nicht aufgeklärt wurden. Im Gegensatz zu den Deutschen, die alle Archive, alle Bordbücher aufbewahrt haben, vernichteten die Japaner nach Kriegsende die meisten Dokumente, die nicht bei den schrecklichen, fast immer von Bränden gefolgten Bombenangriffen gegen Tokio verlorengegangen waren.

Bei diesen Statistiken muß man sich die Millionen Stunden vorstellen, die von den Männern in der Gluthitze der Südsee, im Eis der nördlichen Meere, in den Schiffskörpern dieser Unterseeboote verbracht wurden. Man muß die Wasserbomben hören, die ringsum detonieren, Beschädigungen, Verformungen, Lecks verursachen. Der quälende Gedanke an den Tod durch Ersticken oder Ertrinken … Den Seeleuten der japanischen Handelsschiffe, den mit Soldaten überladenen Truppentransportern ging es nicht besser. Für sie war der explodierende Torpedo, der in die Schiffswand ein riesiges Leck schlug, blutige Wirklichkeit, versteckt hinter diesen Zahlen!

Deutsche U-Boote 1939 bis 1945: Produktions- und Ausfallzahlen

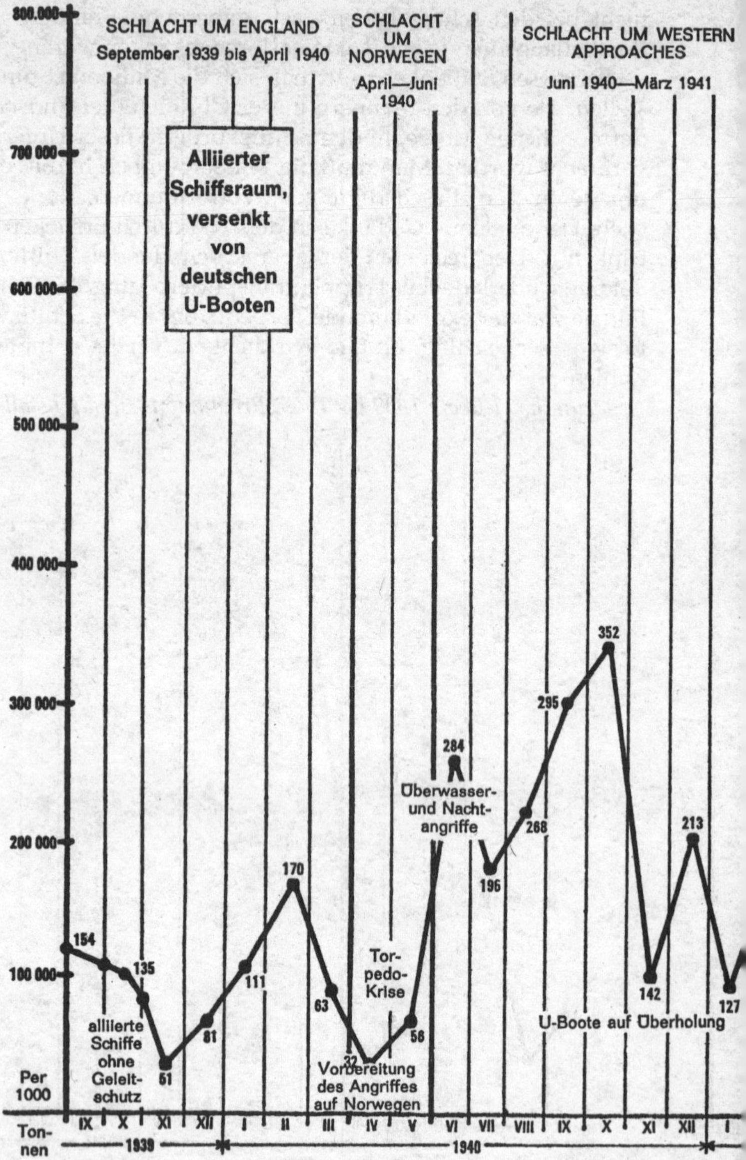
SCHLACHT UM ENGLAND
September 1939 bis April 1940
SCHLACHT UM NORWEGEN
April—Juni 1940
SCHLACHT UM WESTERN APPROACHES
Juni 1940—März 1941
Alliierter Schiffsraum, versenkt von deutschen U-Booten
800.000
700 000
600 000
500 000
400 000
300 000
200 000
100 000
Per 1000 Tonnen
154
135
51
81
111
170
63
32
56
284
196
268
295
352
142
213
127
alliierte Schiffe ohne Geleitschutz
Torpedo-Krise
Vorbereitung des Angriffes auf Norwegen
Überwasser- und Nachtangriffe
U-Boote auf Überholung
IX
X
XI
XII
I
II
III
IV
V
VI
VII
VIII
IX
X
XI
XII
I
1939
1940

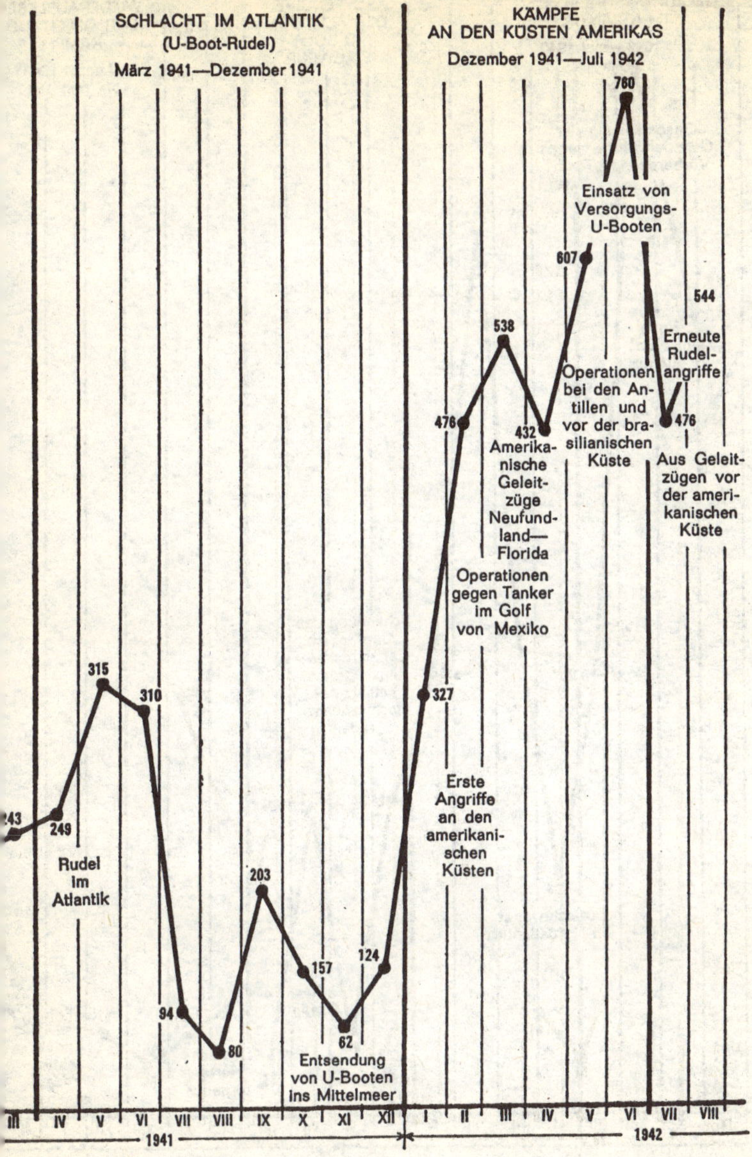

SCHLACHT IM ATLANTIK
(U-Boot-Rudel)
März 1941—Dezember 1941
KÄMPFE
AN DEN KÜSTEN AMERIKAS
Dezember 1941—Juli 1942
243
249
315
310
94
80
203
157
62
124
327
476
538
432
607
760
544
476
Rudel im Atlantik
Entsendung von U-Booten ins Mittelmeer
Erste Angriffe an den amerikanischen Küsten
Operationen gegen Tanker im Golf von Mexiko
Amerikanische Geleitzüge Neufundland—Florida
Operationen bei den Antillen und vor der brasilianischen Küste
Einsatz von Versorgungs-U-Booten
Erneute Rudelangriffe
Aus Geleitzügen vor der amerikanischen Küste
III
IV
V
VI
VII
VIII
IX
X
XI
XII
I
II
III
IV
V
VI
VII
VIII
1941
1942

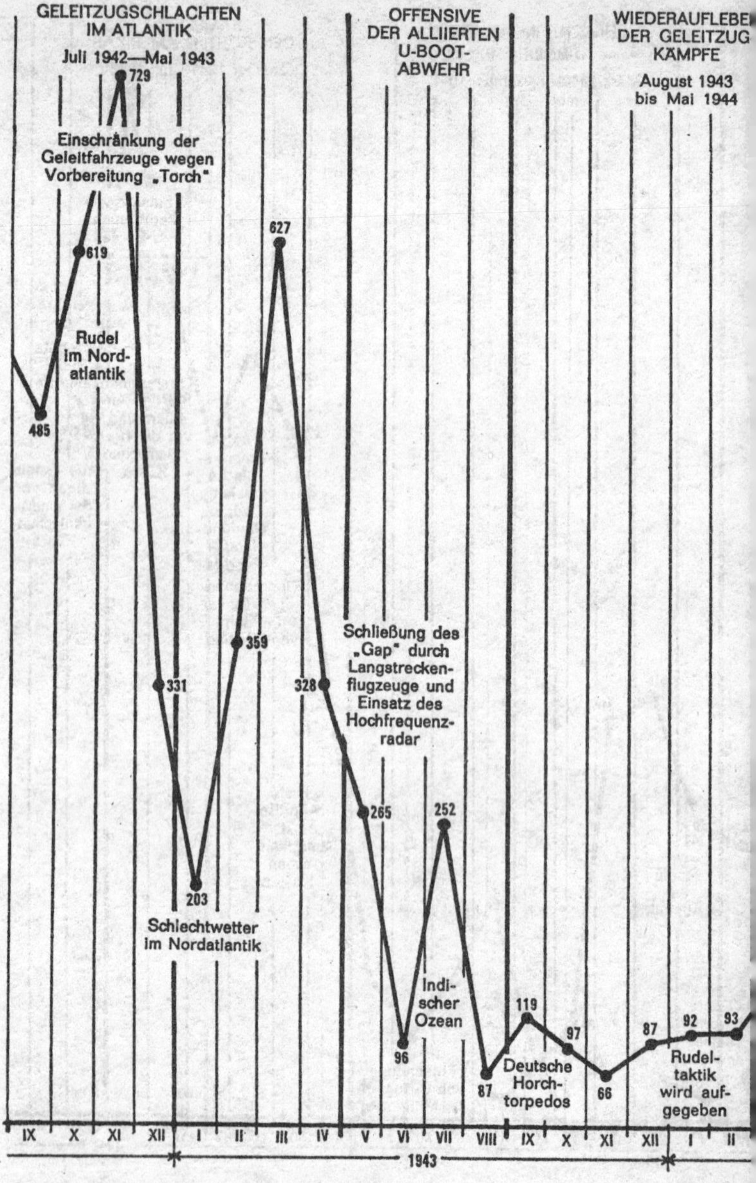

GELEITZUGSCHLACHTEN IM ATLANTIK
Juli 1942—Mai 1943
OFFENSIVE DER ALLIIERTEN U-BOOT-ABWEHR
WIEDERAUFLEBE DER GELEITZUG KÄMPFE
August 1943 bis Mai 1944
729
Einschränkung der Geleitfahrzeuge wegen Vorbereitung „Torch"
619
627
Rudel im Nordatlantik
485
Schließung des „Gap" durch Langstreckenflugzeuge und Einsatz des Hochfrequenzradar
359
331
328
265
252
203
Schlechtwetter im Nordatlantik
Indischer Ozean
119
97
96
87
87
92
93
66
Deutsche Horchtorpedos
Rudeltaktik wird aufgegeben
IX
X
XI
XII
I
II
III
IV
V
VI
VII
VIII
IX
X
XI
XII
I
II
1943

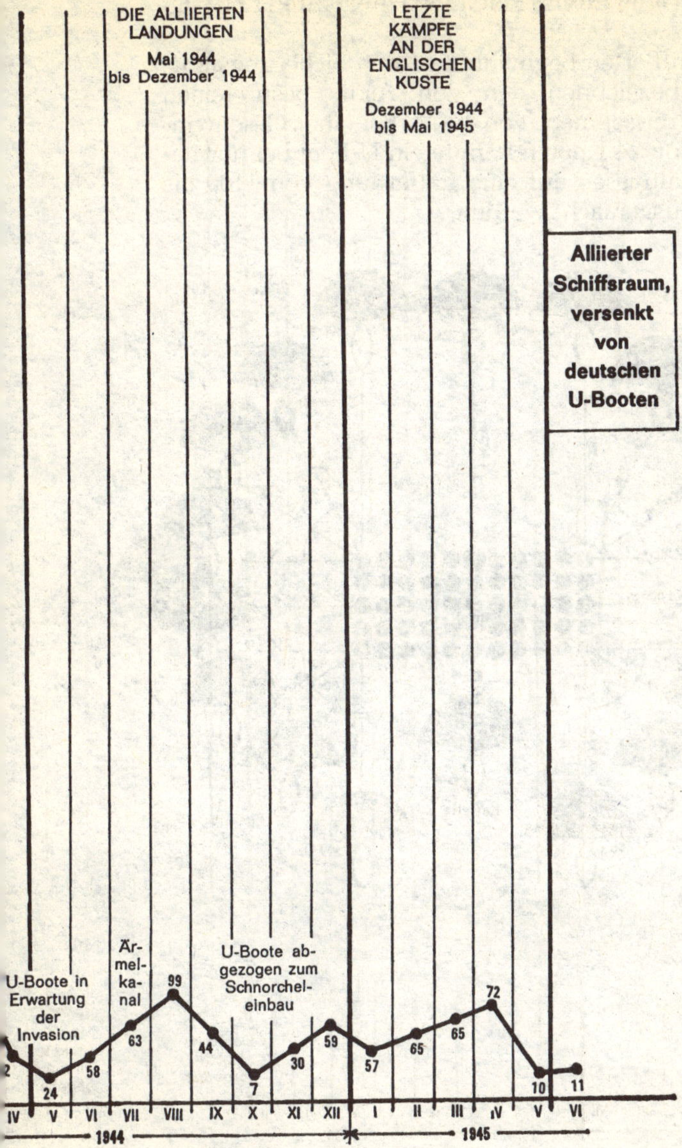
DIE ALLIIERTEN LANDUNGEN
Mai 1944 bis Dezember 1944
LETZTE KÄMPFE AN DER ENGLISCHEN KÜSTE
Dezember 1944 bis Mai 1945
Alliierter Schiffsraum, versenkt von deutschen U-Booten
U-Boote in Erwartung der Invasion
Ärmel-kanal
U-Boote abgezogen zum Schnorcheleinbau
24
58
63
99
44
7
30
59
57
65
65
72
10
11
IV
V
VI
VII
VIII
IX
X
XI
XII
I
II
III
IV
V
VI
1944
1945

FORMATION EINES ENGLISCHEN GELEITZUGES

Die schraffierten Segmente vor den Sicherungsfahrzeugen bezeichnen den von Asdic bestrichenen Raum (Kreissegment von 160°). Bei einer Geschwindigkeit von 24 Knoten konnte ein U-Boot bei normalen Verhältnissen auf eine Entfernung von 1100 bis 1400 m ausgemacht werden.

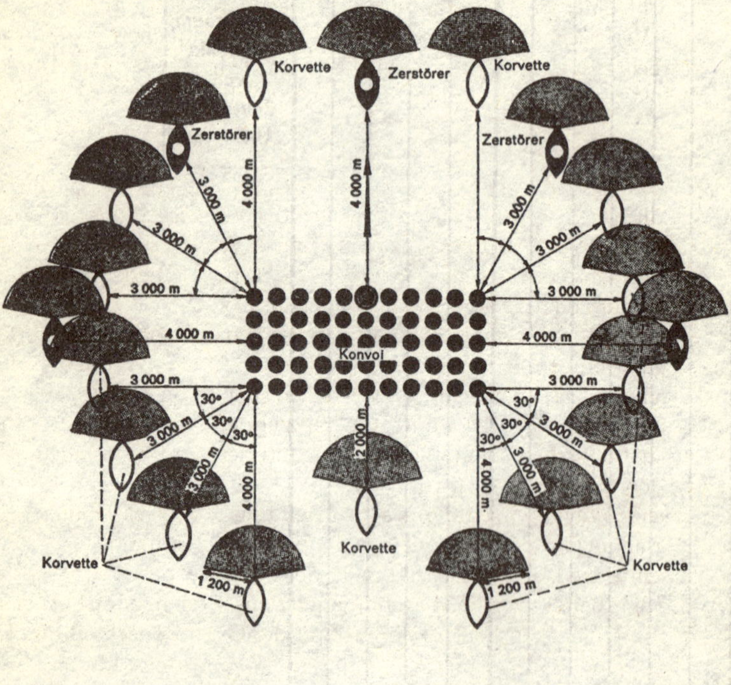

ANMERKUNGEN

Die Anmerkungen sind nach Kapiteln gegliedert

I

[1] Großadmiral Karl Dönitz, ›Zehn Jahre und zwanzig Tage‹ (Athenäum-Verlag, Bonn)

[2] Karl Dönitz wurde vom Internationalen Gerichtshof in Nürnberg wegen ›Verbrechen gegen den Frieden‹ und ›Verbrechen gegen das Kriegsrecht‹ zu zehn Jahren Gefängnis verurteilt. Der Anklagepunkt ›Verschwörung gegen den Frieden‹ konnte nach Ansicht des Gerichts nicht als erwiesen gelten.

Der Autor dieser Zeilen ist mehrmals mit Großadmiral Dönitz zusammengetroffen. Nach Überwindung einer zwischen ehemaligen Gegnern verständlichen Verlegenheit fanden wir bald Berührungspunkte im Gespräch über die Marine, über U-Boote – unter Ausschluß jeglicher Politik: »Jene zehn Jahre ermöglichten es mir zu denken, zu überlegen. Früher hatte ich kaum dazu Zeit gefunden«, sagte uns Dönitz.

Mit Karl Dönitz konnte man nur von seinen U-Booten, seinen Besatzungen, seinen Offizieren sprechen. Diese Seeleute, von denen die meisten bereits im Ruhestand sind, wurden später von uns befragt; sie sprachen von der Hochachtung und Bewunderung, die sie sich für ihren Chef bewahrt haben. Sie nannten und nennen ihn immer noch ›Papa Dönitz‹ oder ›der Löwe‹ …

General Weygand sagte uns seine Meinung über Karl Dönitz: »Er war vor allem Offizier und, wie ich glaube, ein Ehrenmann.«

[3] Technische Daten dieser U-Boote: siehe S. 247.

[4] Godt arbeitete von 1938 an mit Dönitz zusammen, zuerst als sein stellvertretender Stabschef, dann als Chef der Operationsabteilung. Er beendete seine Marinelaufbahn im Jahre 1945 als Konteradmiral.

[5] Beobachtungdienst, der Abhördienst.

[6] Siehe Merkmale der deutschen U-Boote, Seite 247.

[7] Der geschweißte Druckkörper dieser U-Boote konnte einen hohen Wasserdruck aushalten. Die für eine Tauchtiefe von 100 m mit einem Sicherheitskoeffizienten von 2,5 berechneten Boote blieben, zumindest in den ersten Kriegsmonaten, außerhalb der Reichweite der englischen Wasserbomben, die auf nicht mehr als 100 m Tiefe einzustellen waren.

Im September 1941 begannen die britischen Geleitboote jedoch mit Reihenwürfen von 10 bis 14 Wasserbomben, die auf verschiedene Tiefen bis 185 m eingestellt waren.

[8] Es handelte sich nicht darum, schwimmen zu lernen, sondern um die Handhabung der Riemen beim Pullen.

[9] C. E. T. Warren und James Benson, ›Will not we fear?‹ (George G. Harrap Verlag).

[10] Im Lauf des Jahres 1941 wurden vier Unterseeboote vom Typ ›Ammiraglio‹ (›Caracciolo‹, ›Saint Bon‹, ›Cagni‹, ›Millo‹) in Dienst gestellt. Ihre Wasserverdrängung bei Überwasserfahrt betrug 1708 Tonnen, ihre Bewaffnung bestand aus 14 Torpedorohren mit 450 mm (alle anderen italienischen Unterseeboote hatten Torpedos mit 533 mm), zwei 10-cm-Kanonen/47, vier 13,27-mm-MGs. Im Jahre 1943 kamen zwei andere, neu vom Stapel gelassene Unterseeboote nur geringe Zeit zum Einsatz, da die Kampfhandlungen kurze Zeit später für die Italiener zu Ende waren.

Die ›Romolo‹ und die ›Remo‹ (2200 Tonnen) waren zum Warentransport bestimmt.

Schließlich überließen die Deutschen im Jahre 1943 den Italienern Unterseeboote vom Typ VIIc als Ersatz für die italienischen Boote, die für den Transport von Kriegsmaterial in den Fernen Osten verwendet wurden. Sie erhielten die Bezeichnung S 9.

II

[1] Karl Dönitz: ›Zehn Jahre und zwanzig Tage‹.

[2] Die ›Royal Sceptre‹ hißte die britische Flagge, nachdem das U-Boot seine Schüsse vor ihren Bug gesetzt hatte. Wahrscheinlich hat das Boot dann das Feuer fortgesetzt. Der englische Kapitän glaubte vielleicht an einen Angriff, so daß es ganz in Ordnung war, die Anwesenheit des U-Boots mit Funk zu melden. In solchen Fällen hängt alles von dem Eindruck ab, den man in diesem Augenblick gewinnt.

[3] Die Deutschen besaßen zwei Arten von Magnet-Minen: die TMB, die 400 bis 500 kg Sprengstoff enthielten und bis zu einer Tiefe von 25 bis 30 m verwendet werden konnten; und seit dem Januar 1940 die TMC mit 1000 kg Sprengstoff und für eine Tiefe von 35 m bestimmt. Die Zündung wurde durch das Magnetfeld des über der Mine passierenden Schiffes ausgelöst.

[4] Abkürzungen: Lt. z. S. = Leutnant zur See, Oblt. z. S. = Oberleutnant zur See, Kptlt. = Kapitänleutnant, Kkpt. = Korvettenkapitän, Fregkpt. = Fregattenkapitän, Kpt. z. S. = Kapitän zur See.

[5] Man erfand ein Verfahren, bei dem das Schiff im Dock durch das Herumführen eines elektrischen Stromfeldes entmagnetisiert wurde.

[6] Wir haben Großadmiral Dönitz über dieses Ereignis befragt und ihm unsere Bestürzung über folgende Punkte nicht verhehlt:

a) War es üblich, daß der Befehlshaber der U-Boote die zurückkehrenden Einheiten empfing, so wie es mit U 30 geschah? Wußte er nicht, daß Lemp die ›Athenia‹ versenkt hatte?

b) Es ist erstaunlich, daß eine Seite des Kriegstagebuchs vernichtet worden sein soll. Dies widerspricht allen Regeln und Gewohnheiten.

Großadmiral Dönitz schrieb mir am 28. November 1966:

»Ich bin gerne bereit, Ihre Fragen zu beantworten:

So weit es mir möglich war, habe ich jedes in seinen Heimathafen zurückkehrende Boot persönlich begrüßt. – Ich habe auch U 30 und Kapitänleutnant Lemp empfangen, was nichts Außergewöhnliches, sondern nur Routine war. Als ich zur Begrüßung ging, wußten weder ich noch irgendein Marinestab davon, daß Lemp die ›Athenia‹ versenkt hatte, weil über diesen Vorfall kein Funkspruch des Kommandanten vorlag.

Gleich beim Empfang teilte Lemp mir mit, daß er mir eine persönliche Meldung zu erstatten habe und unterrichtete mich über seinen Fehler, den er inzwischen selbst als einen solchen erkannt hatte. Die ›Athenia‹ war aber mit abgeblendeten Lichtern und auf einer ungewöhnlichen Route in Zickzackkursen gefahren.

Ich habe sofort der Seekriegsleitung in Berlin die Meldung des Kommandanten weitergegeben und daraufhin den Befehl erhalten: ›Über die politischen Folgen wird in Berlin verhandelt. Eine kriegsgerichtliche Untersuchung ist nicht notwendig, da Lemp in gutem Glauben gehandelt hat. Der ganze Vorfall ist geheimzuhalten!‹

Um diese Geheimhaltung zu gewährleisten, habe ich daher befohlen, daß die Torpedierung der ›Athenia‹ im Kriegstagebuch von U 30 nicht zu vermerken sei. Diese Kriegstagebücher wurden in acht Gleichschriften an andere Stäbe und an die Ausbildungs-Flottillen übermittelt.

Der Befehl der Seekriegsleitung, ›den Vorfall geheimzuhalten‹, veranlaßte mich zu meiner Maßnahme in bezug auf das Kriegstagebuch. Solange es eine militärische Geheimhaltung geben wird – und sie ist sicher in allen Staaten üblich –, wird sie darin bestehen, daß man nicht alle militärischen Geheimnisse jedermann bekanntgibt.

Ob und auf welche Weise die Seite des Kriegstagebuchs von U 30 zerrissen oder aus dem Tagebuch entfernt wurde, weiß ich heute nicht und es war mir auch damals unbekannt.«

7 Kapitän Roskill meint hierzu: »Der Zynismus der Deutschen wurde schon bei Kriegsbeginn aus den Worten ersichtlich: ›It therefore goes without saying that effective fighting methods will never fail to be employed merely because some international regulations ... are opposed to them.‹« Und Roskill schließt daraus: »Admirals Raeder and Dönitz and the German Naval Staff had always wished and intended to introduce warfare as rapidly as the political leaders be persuaded to accept the possible consequences.«

(»Es ist selbstverständlich, daß wirksame Arten der Kriegsführung niemals ungenützt bleiben würden, nur weil internationale Vorschriften sie verbieten« ... »Die Admirale Raeder und Dönitz wie auch der deutsche Admiralstab haben sich den uneingeschränkten Krieg gewünscht und ihn auch begonnen, sobald die politischen Führer dazu gebracht werden konnten, die sich daraus ergebenden Folgen zu tragen.«)

Und Großadmiral Dönitz schreibt: »Es ist also festzustellen, daß die deutsche Seekriegsführung sich von vornherein peinlich an die völkerrechtlichen Bestimmungen des Londoner Protokolls hielt, und daß nur Schritt für Schritt, entsprechend den Verletzungen dieser Bestimmung durch den Gegner, eine Lockerung bis zu ihrer Preisgabe auf unserer Seite erfolgte und erfolgen mußte.

Alle diese Änderungen und der Erlaß entsprechender Befehle für die Handelskriegführung der U-Boote waren ihrer außenpolitischen Bedeutung wegen Angelegenheit der Seekriegsleitung in Zusammenarbeit mit dem Auswärtigen Amt und der Staatsführung. Sie erfolgten in einer politisch sehr maßvollen Weise – verglichen mit den entsprechenden englischen und amerikanischen Anordnungen für die Kriegsführung ihrer eigenen U-Boote. Churchill ordnete z. B. Anfang April 1940 für das Vorgehen der britischen U-Boote im Skagerrak an, daß sie bei Tage alle *deutschen* Schiffe, bei Nacht *alle* Schiffe warnungslos anzugreifen hätten. Dieser Befehl ging über die deutschen Befehle weit hinaus, weil von englischen U-Booten nunmehr auch *mit vollen Lichtern fahrende neutrale Handelsschiffe* nachts in diesem Seegebiet versenkt wurden.«

Der Befehl von Churchill bezog sich zweifellos auf jene U-Boote, die gegen die Truppentransporte der Deutschen und den Materialnachschub für ihre in Norwegen kämpfenden Verbände eingesetzt waren. Was die Amerikaner anbelangt, war der uneingeschränkte U-Boot-Krieg schon lange im Gange, als sie in den Krieg eintraten.

[8] Wasserbomben im folgenden in der bei der deutschen Kriegsmarine üblichen Weise Wabo genannt.

[9] Asdic bedeutete Allied Submarine Detection Investigation Committee. Ein unter der Wasserlinie aufgestellter und nach allen Richtungen schwenkbarer Quarzprojektor strahlt ein enggebündeltes Ultraschallwellen-Signal aus. Wenn diese auf ein Hindernis stoßen, senden sie ein Echo zurück, das vom Quarz aufgefangen und elektrisch verstärkt wird. Die Richtung des Projektors ergibt die Lage des Hindernisses. Die Zeit zwischen dem Ausgang der Strahlen und dem Echo zeigt die Entfernung an. Der später vervollkommnete Apparat gab auch die Fahrtrichtung, die Schnelligkeit und die Tiefe, in der sich das U-Boot befand, an.

III

[1] Nach Karl Dönitz: ›Zehn Jahre und zwanzig Tage‹ (Athenäum), Wolfgang Frank: ›Der Stier von Scapa Flow‹ (Stalling) und Captain S. W. Roskill: ›The war at sea‹, 1. Bd.

[2] B. d. U. = Befehlshaber der U-Boote

[3] Es heißt, daß in dieser Ortschaft ein deutscher, vor längerem Brite gewordener Staatsbürger als Schreiner lebte. Er soll dem deutschen Nachrichtendienst wertvolle Angaben über Scapa Flow übermittelt und Prien beim Einlaufen in die Reede sogar Signale gegeben haben. Dönitz erklärte auf Befragen, dieses Gerücht sei reine Fantasie und völlig unbegründet.

[4] Elektrische Torpedos: Geschwindigkeit 30 kn, Laufweite 5000 m. Der elektrische Torpedo G 7e lief sehr still und besaß den großen Vorteil, keine Blasenbahn zu entwickeln.

[5] Am 13. Oktober verließen mehrere Schiffe die Reede, was nach Dönitz auf die deutschen Erkundungsflüge zurückzuführen war. In Wirklichkeit hatte Admiral Forbes nach dem Auslaufen der ›Gneisenau‹ und der ›Köln‹ am Abend des 7. Oktober ›Hood‹, ›Repulse‹, ›Aurora‹ und ›Sheffield‹, später auch noch ›Nelson‹, ›Rodney‹, ›Furious‹,

›Newcastle‹ und ›Royal Oak‹ in Richtung Skagerrak entsandt. Die »Royal Oak« kehrte am 12. Oktober zurück.

[6] Der Flugzeugträger ›Pegasus‹. Die Deutschen behaupten, daß es sich um das Schlachtschiff ›Repulse‹ gehandelt habe, die Briten, daß die ›Repulse‹ in See gewesen sei.

[7] Die ›Royal Oak‹.

[8] Später ließen die Engländer italienische Kriegsgefangene nach Lamb Holm kommen. Diese errichteten zwischen den Inseln, der Küste und der Reede eine aus mehreren Teilstücken bestehende Sperre, die ›Churchill-Barrier‹, durch die heute ein Schiffahrtsweg führt.

IV

[1] Zweimotorig, 135 kn, 500 sm Flugbereich, 2 Bomben mit je 50 kg, 2 Maschinengewehre 7,7.

[2] 1938 führten die Deutschen 22 Millionen Tonnen Eisenerz ein, wovon die Hälfte aus Frankreich stammte.

[3] Die deutsche U-Boot-Taktik des ›Wolfsrudel‹-Systems sah im Gegensatz zur britischen Taktik jedes gesichtete U-Boot vorerst als ›Freund‹ an. Jede dieser Methoden hatte ihre Vor- und Nachteile.

[4] Heute ist so gut wie sicher, daß die deutschen Geheimdienste die Chiffreschlüssel der englischen U-Boote besaßen. »Die Überlegenheit des Gegners im Geheimdienstwesen«, schreibt Roskill, »ist durch seine Erfolge gegen unsere U-Boote, die in diese Zeit fielen, erwiesen, denn deren Standorte waren, wie wir heute wissen, bekannt, was für die Deutschen einen großen Vorteil bedeutete. Man glaubte zuerst, daß ihre regelmäßige Aufklärungstätigkeit über unseren Hauptstützpunkten und ihr geschickter Funkabhördienst die wichtigsten Gründe für ihre Erfolge gewesen seien. Der erste Grund ist, wenn man unseren Mangel an modernen Flugzeugtypen in Betracht zieht, einleuchtend. Der zweite Grund hätte noch lange wirksam bleiben können; er ist vielleicht dem allzu großen Vertrauen, das wir in unseren Chiffreschlüssel setzten, zuzuschreiben. Anscheinend haben wir bis Mitte 1940 nicht gewußt, daß die Deutschen unseren Code zu entziffern in der Lage waren. Im August dieses Jahres wurde er geändert, und es lohnt sich, die deutschen Kommentare zu diesem Wechsel wiederzugeben: Dönitz meinte, daß die Abänderung des Code und der Chiffren durch die Britische Admiralität für die Deutschen ein großer Rückschlag war. Die

Kenntnis der britischen Schiffsbewegungen habe den deutschen Seestreitkräften mehr als einmal ein überraschendes Zusammentreffen mit einem überlegenen Gegner erspart und sei daher zu einem wichtigen Faktor in den deutschen Operationsplänen geworden.«

[5] Admiral Sacaze: »Le ›Casabianca‹ avant L'Herminier« (Verlag France-Empire).

[6] Dieser Verdacht war zu dieser Zeit verständlich, doch weiß man heute, daß er unberechtigt war. Nach der Schilderung von C. E. T. Warren und James Benson in ›Will not we fear‹ war das Asdic im Kontrollraum mit einem Hammer in einzelne Stücke zerschlagen worden.

[7] Die ›Achille‹ und die ›Pasteur‹ wurden, als die Deutschen den bretonischen Hafen besetzten, versenkt. Die ›Sfax‹ wurde später an der afrikanischen Küste torpediert. Nur die ›Casabianca‹ setzte ihre glorreiche Laufbahn fort.

[8] Verfasser von ›Croisières périlleuses‹ (Verlag Presses de la Cité).

[9] Die Schlacht um Norwegen endete am 7. Juli 1940 mit der Wiedereinschiffung des französischen Truppenverbandes unter General Béthouart, obwohl diese Truppen in Narvik siegreich gewesen waren. Der General befolgte aber den erhaltenen Befehl, und überdies hatte sich die Lage an der französischen Front seit dem 26. Mai verschlechtert.

[10] Die Torpedoabstandspistolen waren mit einer Vorrichtung versehen, die die Zündung durch das magnetische Feld des Zielschifffes auslöste. Torpedos, die mit diesen Pistolen ausgerüstet waren, wirkten nicht durch den Aufschlag an die Bordwände, sondern unterliefen das Schiff, detonierten darunter und rissen damit den weit weniger geschützten Schiffsboden auf. Meistens kam es auch zu einem Bruch des Kiels. Damit wurden Schäden an den lebenswichtigen Teilen des Schiffes verursacht und war auch der Einsatz gegen Schiffe mit geringem Tiefgang erfolgreich.

[11] Im Gegensatz zu den Engländern und besonders zu den Franzosen scheuten die Deutschen sich nicht, die Funkstille zu brechen. Zwischen dem Oberkommando der U-Boote und den in See befindlichen Einheiten wurden oft lange verschlüsselte Funknachrichten ausgetauscht. Sogar die Namen der Kommandanten wurden genannt …

Diese Nachrichten wurden von den englischen Schiffen aufgefangen und verrieten, selbst wenn sie nicht dechiffriert waren, den Standort der Boote, so daß diese versenkt werden konnten. Dieser Vorgang hatte also Vor- und Nachteile.

[12] a) In der Zone 0 und noch weiter im Norden sind drei Torpedos

mit Aufschlagzündung (Type A) und einer mit Magnetzündung (Type MZ) zu verwenden.

b) Auf große Schiffe nur A-Torpedos einsetzen.

c) Auf Zerstörer 2 Torpedos, einen A mit 3 m Tiefeneinstellung, einen MZ mit 4 m Tiefe, wenn möglich mit einem Zeitintervall von 8 Sekunden, einsetzen.

[13] Dönitz schreibt darüber in ›Zehn Jahre und zwanzig Tage‹: »U 94 meldete durch Funkspruch am 30. 1. 42 aus dem Atlantik, daß er bei einer an Bord eigentlich nicht erlaubten Untersuchung eines Torpedos einen merklichen Überdruck im Tiefenapparat festgestellt habe. Auf Grund dieses Berichts ließ der Inspekteur des Torpedowesens die in der Heimat liegenden frontbereiten Torpedos auf diese Fehlerquelle hin untersuchen. Das Ergebnis war ein erheblicher Prozentsatz undichter Tiefenapparatbehälter. Sie hielten an der Durchführung des Rudergestänges in den Tiefenapparat nicht dicht. Wenn der Tiefenapparat seine Aufgabe erfüllen sollte, mußte er jedoch vollkommen luftdicht sein. Denn er hatte für seine auf dem Wasserdruck beruhende Funktion und für die entsprechend einzustellende Tiefe des Torpedos den Nullpunkt zu bieten. Die Voraussetzung für diesen Nullpunkt war ein normaler atmosphärischer Luftdruck im Tiefenapparat. Drang Überdruck in den Tiefenapparat ein, lag der Nullpunkt entsprechend dem erhöhten Druck tiefer. Damit mußte auch der Torpedo entsprechend und unkontrollierbar tiefer steuern. Nun entsteht bei einem unter Wasser fahrenden U-Boot im Bootsinneren zwangsläufig Überdruck. Er ist die Folge von häufigem Ablassen von Preßluft in das Bootsinnere … Bei langer Unterwasserfahrt kann der Überdruck im Boot daher erheblich sein. Damit war auch, neben der geschilderten Unbrauchbarkeit der Magnet-Zündung in der Zone 0 und den Mängeln der Aufschlagzündung, die letzte Erklärung für das so unerwartet häufige Versagen der Torpedoabschüsse während der Norwegen-Unternehmung gegeben …

Ab Dezember 1942 erhielt die Front die ersten Exemplare einer neuen Abstandspistole, die auch gleichzeitig als Aufschlagpistole wirksam war … Im September 1943 war ein Horchtorpedo frontreif, der das Schiffsziel auf Grund des Schraubengeräusches selbständig ansteuern konnte.«

Dieser technisch außerordentlich fein durchgebildete Torpedo hatte aber den Nachteil, daß er das feindliche Schiff am Heck traf. Der Schaden, den er verursachte, war weniger tödlich als eine Beschädigung an den Bordwänden. Die Engländer fanden eine einfache, aber geistreiche Lösung für die Abwehr der Geräuschtorpedos. Ihre Schiffe führten auf große Entfernung einen Apparat mit sich, der stark lärmende Schiffsschrauben nachahmte.

V

[1] Von U-Booten wurden versenkt:
März 1940 62.781 BRT (23 Schiffe)
April 1940 32.467 BRT (7 Schiffe)
Mai 1940 55.580 BRT (13 Schiffe)
[2] Dönitz: ›Zehn Jahre und zwanzig Tage‹.
[3] Ebenda
[4] Ebenda
[5] Die durch die U-Boote 1940 versenkte Tonnage und die von den alliierten Schiffen und durch Minen versenkten U-Boote (nach Captain C. W. Roskill: ›The war at sea‹).

Verluste an alliierten Handelsschiffen durch U-Boote und vernichtete deutsche U-Boote:

Monat	Schiffe	Tonnage	U-Boote
Januar	40	111.263	2
Februar	45	169.566	4
März	23	62.781	3
April	7	32.467	5
Mai	13	55.580	1
Juni	58	284.113	–
Juli	38	195.825	2
August	56	267.618	3
September	59	295.335	–
Oktober	63	352.407	1
November	32	146.613	2
Dezember	37	212.590	–
Summe	471	2.186.158	23

[6] Dönitz: ›Zehn Jahre und zwanzig Tage‹.
[7] Ebenda
[8] Diese Zerstörer wurden im September 1940 geliefert.

[9] Erich Raeder: ›Ma vie‹ (Verlag France-Empire).
[10] BETA ist die Sammelbezeichnung der italienischen Marinedienststellen. SOM steht für Somergibili, d. h. Unterseeboote.
[11] Kretschmer hatte schon vorher vor Irland den Tanker ›Conch‹ (8400 BRT) und den Hilfskreuzer ›Forfar‹ (16.400 t) versenkt – insgesamt auf seiner sechsten Feindfahrt 35.000 BRT.
[12] Dönitz: ›Zehn Jahre und zwanzig Tage‹.
[13] Ebenda
[14] Die Frage ist noch immer offen, ob die ›Greer‹ zuerst angriff, oder ob nicht das U-Boot durch seinen Torpedoschuß das Gefecht begonnen hatte.
[15] Die ›Hood‹ stammte noch aus dem Ersten Weltkrieg. Sie verfügte über eine starke Artillerie und eine hohe Geschwindigkeit, war aber nur schwach gepanzert.
[16] Dönitz: ›Zehn Jahre und zwanzig Tage‹.
[17] Ebenda
[18] Kapitänleutnant Hessler war der Schwiegersohn des B. d. U., der über ihn berichtet, daß er ihn erst nach Drängen des Großadmirals Raeder für das Ritterkreuz eingegeben habe, obwohl Hessler schon viel früher auf diese Auszeichnung ein Anrecht gehabt hätte.
[19] Verluste an alliiertem Handelsschiffsraum, der von U-Booten 1941 versenkt wurde, und Verluste an U-Booten der Deutschen im gleichen Zeitraum:

Monat	Schiffe	Tonnage	U-Boote
Januar	21	126.782	–
Februar	39	196.783	–
März	41	243.020	5
April	43	249.375	2
Mai	58	325.492	1
Juni	61	310.143	4
Juli	22	94.209	1
August	23	80.310	3
September	53	202.820	2
Oktober	32	156.554	2
November	13	62.196	5
Dezember	26	124.070	10
Summe	432	2.171.754	35

VI

[1] Nach Jacques Mordal: ›Histoire de la flotte française‹ nach einer Arbeit des Commandant Caroff, vom Service historique de la Marine, und nach Maurice Guierre: ›Aux postes de plongée‹.

VII

[1] Das Geschwader H umfaßte den Flugzeugträger ›Ark Royal‹, den Schlachtkreuzer ›Hood‹, die Schlachtschiffe ›Valiant‹ und ›Resolution‹, den Kreuzer ›Arethusa‹ und 5 Zerstörer. Zur Flottenabteilung in Alexandrien gehörten der Flugzeugträger ›Glorious‹, die Schlachtschiffe ›Warspite‹ und ›Barham‹, die Kreuzer ›Sussex‹, ›Shropshire‹, ›Devonshire‹ und ›Galatea‹, der Flak-Kreuzer ›Coventry‹ und ab Mai 1940 auch noch die Schlachtschiffe ›Royal Sovereign‹, ›Malaya‹ und ›Ramillies‹, die Kreuzer ›Orion‹, ›Neptune‹, ›Gloucester‹, ›Liverpool‹ und ›Sidney‹ und der Flugzeugträger ›Eagle‹.

[2] Der Krieg in Rußland zwang die Deutschen, einen Teil des X. Fliegerkorps aus diesem Gebiet abzuziehen. Seither verloren die Luftangriffe viel von ihrer Heftigkeit.

[3] Die Flugzeugträger ›Illustrious‹ und ›Formidable‹ lagen zur Behebung ihrer Materialschäden in USA-Werften.

[4] Captain S. W. Roskill: ›The war at sea‹, 1. Bd. Roskills Behauptung ist unrichtig. Die deutschen Luftaufnahmen verrieten den Erfolg dieser Unternehmung, was aus den deutschen Archiven dieser Zeit nachweisbar ist.

[5] Karl Dönitz: ›Zehn Jahre und zwanzig Tage‹.

[6] Ebenda

VIII

[1] Vom 20. Mai 1942 an setzten die japanischen U-Boote ihren Nummern die Ziffer 100 vor, z. B. I 168, I 153 statt 168 und 153. 1944 wurden zwei neue Typen 152 und 154 gebaut.

[2] »Dienstag, 7. April 1945. Im Abenddämmern sah ich Soldaten, die in Reih und Glied am Strand aufgestellt waren. Ein Unteroffizier, an dessen Hüfte ein Knüppel baumelte, hielt eine Lehrstunde in Moral.

Manchmal sprach er leise, dann aber begann er zu schreien. Er ließ die Männer einzeln vor sich hintreten und schlug sie mit ganzer Kraft auf den Rücken. Wenn sich der Mann nicht rührte, schlug er weiter zu. Der Matrose streckte beide Arme aufwärts, als wäre er bei einem Überfall angehalten worden, die Beine gespreizt, den Rücken dem Unteroffizier zugekehrt. Und der Knüppel erzeugte bei seinen Schlägen ein sonderbares, dumpfes Geräusch. Ich fand das gemein, aber in der Kaserne habe ich unter den Leuten überall nur eine niedrige Gesinnung angetroffen. Und diese Matrosen werden bald meine Kameraden sein.«

Kiyoshi Takeda

Student der japanischen Literatur, Schüler der U-Boot-Abwehrschule von Kurihama im Jänner 1944.

Im April 1945 im Alter von 25 Jahren bei der Insel Saichu (Korea) gefallen.

[3] Mochitsura Hashimotos Buch erschien im Französischen unter dem Titel: ›Les Sous-Marins du Soleil-Levant 1941–1945‹ (Verlag Presses de la Cité).

[4] Der Gedanke, solche Zwerg-U-Boote zu bauen, ging auf das Jahr 1936 zurück. Seither hatten die Japaner unter größter Geheimhaltung mehrere Modelle entworfen. Die nach den letzten Plänen gebauten Boote hatten zwei Mann Besatzung; sie wurden von Elektromotoren und Batterien betrieben. Der japanische Admiralstab hatte sich lange mit den Erfolgschancen dieser Kleinstboote beschäftigt, und manche Offiziere hatten an ihrer Verwendbarkeit gezweifelt. Waren sie imstande, in einen feindlichen Hafen einzudringen, ihre Torpedos zu schießen und wieder zurückzukehren? Der Chef des Admiralstabs hatte darauf bestanden, daß Maßnahmen zu treffen waren, die eine Möglichkeit zur Rettung der Besatzung nach dem Angriff boten.

[5] Haben die Japaner Pearl Harbor wirklich vor der Kriegserklärung angegriffen? Es steht außer Zweifel, daß sie doppelzüngig waren, denn die Amerikaner waren, obwohl sie ihre Flottenabteilung in Pearl Harbor unterhielten, weit davon entfernt, einen solchen Kriegsbeginn vorauszusehen. General Tojo, der Nachfolger des friedliebenden Prinzen Konoye, wollte den Krieg. Seine Truppen hatten Indochina überfallen – und das konnten die Amerikaner nicht so einfach hinnehmen. Admiral Kichisaburo Noguma, der japanische Botschafter in den Vereinigten Staaten, versuchte durch Verhandlungen das Schlimmste zu verhüten.

Staatssekretär Cordell Hull hatte am 26. November eine scharfe Note an die Japaner gerichtet. China und Indochina sollten von den japanischen Truppen sofort geräumt werden. Tokio hatte mit einer verschlüsselten, an seinen Botschafter in Washington gesandten Depesche geantwortet. Der Diplomat empfing sie in der Nacht vom 6. auf den 7. Dezember und sollte sie den Amerikanern am Sonntag, dem 7., übergeben – notabene am Sonntag, an dem die amerikanische Verwaltung nur beschränkt arbeitet. Für den japanischen Kalender aber war es der 8. Dezember, wodurch aufgeklärt ist, daß die amerikanischen Historiker den japanischen Angriff für den 7. Dezember, die Japaner aber für den 8. buchen. »Die japanische Regierung bedauert, der amerikanischen Regierung mitteilen zu müssen, daß sie es im Hinblick auf die (amerikanische) Haltung für unmöglich hält, zu einem Übereinkommen für neuerliche Unterhandlungen zu gelangen ...«, hieß es in der japanischen Note.

Es ist sicher, daß der amerikanische Geheimdienst diese Nachricht entziffert hat, da ihm der japanische Code bekannt war. Die Amerikaner lasen, wie man sich vorstellen kann, den Text mit größter Bestürzung. Bei dieser Gelegenheit erfuhren sie auch, daß Nomura und sein Kollege Kurusu alle Chiffreschlüssel, den Code, die Chiffriermaschinen und alle Geheimdokumente zu vernichten hatten. Das war der Krieg ...

In diesem Augenblick befand sich die japanische Flotte schon vor Hawaii. Der Angriff sollte genau 20 Minuten nach der Übergabe der Note, um 13.20 Uhr Washingtoner Zeit, erfolgen.

Die amerikanischen Dienststellen ließen sich Zeit. Es war General Marshall, der als erster die Unstimmigkeit in den Angaben der Stunden erkannte. Die Uhr zeigte 11.30 Uhr. Auf seine Veranlassung hin ging eine dringende Meldung nach Oahu, der wichtigsten Insel des Archipels von Hawaii mit der Hauptstadt Honolulu und dem Kriegshafen Pearl Harbor. Wegen der langsamen Übermittlung kam diese Botschaft den für sie Zuständigen erst um 08.15 Uhr in die Hände, eine Viertelstunde nach dem Beginn des Angriffs. Erst um 14.20 Uhr Washingtoner Zeit wurden Nomura und Kurusu vom Staatsekretär Hull empfangen. Zu diesem Zeitpunkt zählte man in Pearl Harbor unter den Marinemannschaften und den Truppen auf dem Lande schon 3303 Tote und 1272 Verletzte.

[6] Der Angriff wurde vom Kapitän z. S. Fushida, dem Führer der ersten Welle, geleitet. 49 Bomber, 40 Torpedoflugzeuge, 51 Jagdbomber

und 43 Jäger. Auf Grund einer Verwechslung beim Abfeuern von Leuchtraketen, die als taktische Signale dienten, gab es beim Angriff ein ziemliches Durcheinander. Korvettenkapitän Shimazaki war Kommandant der zweiten Welle von 171 Flugzeugen, die um 08.40 Uhr starteten.

[7] Nach Walter Lord: ›Pearl Harbor‹ (Verlag Robert Laffont).

[8] Japanische Sandalen aus Holz oder Kork.

[9] Auf den japanischen U-Booten befand sich oft ein Angehöriger des Admiralstabs, der dem Kommandanten zugeteilt war. Nakaoka wurde später Kommandant des Kreuzers ›Atago‹. Er wurde beim Gefecht von Rabane tödlich verwundet. »Ich bin nicht verletzt, aber ich werde kaum gerettet werden können. Es ist nicht der Mühe wert, daß Sie mich behandeln. Es ist besser, wenn Sie sich um die anderen Männer kümmern«, sagte er zu seinem Arzt. Er begann sein Lieblingslied zu singen und starb.

[10] Es war das russische U-Boot L 15 (Kptlt. Gusarov), das von Wladiwostok nach Murmansk unterwegs war.

IX

[1] Die amerikanischen Kriegsschiffe erhalten schon vor ihrem Stapellauf eine Nummer, der oft die Bezeichnung der Klasse vorangestellt wird, z. B. SS = Submarine Ship; das U-Boot ›Perch‹ trug auf seinem Turm in weißer Farbe die Bezeichnung ›SS 176‹.

[2] C. O. = Commanding Officer.

[3] Die U-Boot-Besatzungen sagen zu ihrem Schiff boat oder Boot und nicht ship oder Schiff.

[4] Die Geschichte der amerikanischen U-Boote wurde erst lange nach dem Kriege bekannt. Das Standardwerk zu diesem Gegenstand, ›U.S. Submarines operations in World War II‹ von Theodore Roscoe, erschien im Dezember 1949.

[5] ComSubPac = Commander Submarines Pacific.

[6] Der ›Sealion‹ wurde von den Japanern wieder gehoben.

[7] Sprecherin von Radio Tokio.

[8] Nach ›United States Submarines operations in World War II‹ von Theodore Roscoe, veröffentlicht vom ›United States Naval Institute‹, Annapolis, Maryland.

[9] Die Japaner haben nie erwähnt, daß einer ihrer Kreuzer vor der

Weihnachts-Insel torpediert wurde. Man hat sogar später behauptet, daß es sich immer um denselben Kreuzer gehandelt habe.

[10] Edward L. Beach: ›Submarines, corsaires du Pacifique, 1942–1945‹ (Presses Pocket Verlag).

[11] Die amerikanischen U-Boote nahmen des öfteren japanische Fischer gefangen. Ihre Angehörigen hatten um sie immer große Angst. Die Gefangenen wurden nach Midway oder nach Pearl Harbor gebracht und über die Fahrtrouten der Geleitzüge, die Kriegsschiffe des Reiches der Aufgehenden Sonne sowie über die Stimmung und die Lebensverhältnisse des japanischen Volkes befragt. Die Japaner ihrerseits, wenn sie Gefangene machten, stellten lange Verhöre an, die mehrere Tage währten. Wenn amerikanische Gefangene auf den Kriegsschiffen auch human behandelt wurden, so war dies an Land aber nicht der Fall.

[12] Die Torpedos der Marke XIV kosteten je Stück 10.000 Dollar, waren also sehr teuer. Aus Sparsamkeitsgründen wurden sie bei der Ausbildung nicht verwendet. Man hatte den Sprengkopf und seinen Zünder vor dem Krieg nie ausprobiert.

[13] Nach ›United States Submarine operations in World War II‹ von Theodore Roscoe und ›Submarines, corsaires du Pacifique‹ von Edward L. Beach.

[14] Der in Wewak versenkte Zerstörer hieß ›Hakaze‹ (1345 t) und wurde 1920 erbaut. Die Japaner hoben das Wrack, und einige Monate später befand sich der Zerstörer wieder in den Gewässern von Neuguinea.

[15] Die ›Tang‹ begann ihre fünfte und letzte Feindfahrt am 22. September 1944. In der Nacht zum 24. Oktober griff O'Kane mit zwei Torpedos in Überwasserfahrt einen japanischen Transporter an. Gleich nach dem Austritt aus dem Rohr beschrieb der zweite Torpedo über backbord einen Kreis und traf die ›Tang‹ trotz der Gegenmanöver am Heck. Neun Offiziere und Matrosen sprangen, als das Boot sank, ins Wasser. Nur drei von ihnen konnten am nächsten Tag, nachdem sie acht Stunden geschwommen waren, gerettet werden. Später wurde noch ein Offizier lebend geborgen. Das beschädigte Boot war 60 m tief auf den Grund gesunken. Ein Teil der Besatzung versammelte sich in einem vorne gelegenen Raum und vernichtete die Geheimdokumente und den Code. Über ihnen warf ein Zerstörer seine Wabos. Von den 13 Mann, die sich durch die Luftschleuse zu retten versuchten, gelangten nur fünf ins Freie. Die neun Amerikaner wurden gefangengenommen

und in Gefangenenlager gebracht. Die ›Tang‹ hatte 31 Schiffe mit 237.800 BRT versenkt. Ihr Kommandant Richard H. O'Kane erhielt die »Congressional Medal of Honor« mit einer der ehrenvollsten Erwähnungen, die je einem U-Boot-Kommandanten zuteil wurden.

X

[1] Die ›Hiryu‹ wurde am gleichen Tag um 15.30 Uhr bei einem Angriff von 24 Flugzeugen der ›Enterprise‹, unter der Führung von Hauptmann W. E. Gallaher, versenkt.

[2] Hashimoto: ›Les sous-marins du Soleil levant‹. Die I 168 wurde am 3. September 1943, als sie in der Nähe von Espiritu Santo über Wasser fuhr, vom Radargerät des Zerstörers ›Ellet‹ (Kkpt. T. C. Phifer) erfaßt. Sie wurde versenkt.

XI

[1] Howard G. Gilmore war der erste amerikanische U-Boot-Kommandant, dem die ›Congressional Medal of Honor‹ verliehen wurde.

[2] Eine Nische im Wohnraum des japanischen Hauses. Das japanische Familienhaus ist im übrigen schmucklos. Ein ausgewählter und gut sichtbarer Platz ist für die Aufstellung des Kakemono (ein Rollbild) reserviert.

[3] Admiral Edward L. Beach, der sich damals auf der ›Trigger‹ befand, erläutert in seinem Werk ›Submarines‹ den Verlust des ›Grunion‹ genauer: »Einige Jahre später las ich den Bericht eines japanischen U-Boot-Kommandanten, der dann Kapitän eines Handelsschiffs aus Yokohama unter amerikanischer Flagge wurde. Er unternahm mit der I 25 drei Fahrten von Japan nach Kalifornien. Bei der Rückreise von einer dieser Fahrten hatte sein Boot ein über Wasser fahrendes U-Boot in den aleütischen Gewässern torpediert. Er gab als Zeitpunkt den 30. Juli 1942 an, den Tag, an dem der ›Grunion‹ die letzte Funkmeldung sandte.« Das ist aber eine Verwechslung. Man weiß heute, daß es sich um das russische U-Boot L 16 handelte, das am 13. Oktober 1942 von I 25 versenkt wurde.«

XII

[1] Karl Dönitz: ›Zehn Jahre und zwanzig Tage‹.

[2] Winston Churchill: ›Mémoires sur la Deuxième Guerre mondiale‹, Bd. IV.

[3] Karl Dönitz: ›Zehn Jahre und zwanzig Tage‹.

[4] Kapitänleutnant Siegfried Rollmann (nicht zu verwechseln mit dem Korvettenkapitän Wilhelm Rollmann), der nacheinander die Boote U 34 und U 848 befehligte, hatte bei dieser Feindfahrt vorher zwei Frachter mit 18.117 BRT und den englischen Zerstörer ›Belmont‹ versenkt.

[5] Karl Dönitz: ›Zehn Jahre und zwanzig Tage‹.

[6] Radar (Radio Detection and Ranging) ist ein amerikanisches Wort, das in den allgemeinen Sprachgebrauch übernommen wurde. Die Engländer nannten das Gerät zuerst R. D. F. (Radio Direction Finding).

[7] Sie hießen ›Silberlinge‹. Die Bauingenieure der deutschen Marine trugen silberne Rangabzeichen.

[8] Ein vom Gruppenkommandanten H. de V. Leigh konstruierter starker Scheinwerfer. Gemeinsam mit dem Radar wurde dieses Gerät die Ursache vieler U-Boot-Verluste. In der Nacht wurde das Boot im letzten Augenblick angestrahlt und mit Bomben beworfen.

[9] Karl Dönitz. ›Zehn Jahre und zwanzig Tage‹.

[10] Ebenda

[11] Die Versuche mit diesem Boot erlitten so große Verzögerungen, daß das Walter-Boot niemals gebaut wurde.

[12] Der B-Dienst (Horch- und Entzifferungsdienst) unterstand der Marine und wurde von Dönitz besonders geschätzt. Er darf nicht mit der deutschen Spionage-Abwehr verwechselt werden, über die Dönitz folgendermaßen urteilt: »Der deutsche Nachrichten- und Abwehrapparat unter Admiral Canaris versagte … vollkommen, wie er auch während des ganzen Krieges der deutschen U-Boot-Führung nicht eine einzige brauchbare Nachricht über den Gegner gegeben hat.« (Karl Dönitz: ›Zehn Jahre und zwanzig Tage‹.) Zweifellos liegt in diesem Werturteil eine gewisse Feindschaft gegen Admiral Canaris, den Dönitz aufs tiefste verachtete, weil er ihn für einen Verräter hielt.

[13] Nach S. W. Roskill: ›The war at sea‹, Bd. II.

[14] Siehe Léonce Peillard: ›Affäre Laconia‹, Paul Neff Verlag.

[15] »1. Jegliche Rettungsversuche von Angehörigen versenkter Schiffe … Aufrichten gekenterter Rettungsboote, Abgabe von Nahrungs-

mitteln und Wasser haben zu unterbleiben, Rettung widerspricht den primitivsten Forderungen der Kriegführung nach Vernichtung feindlicher Schiffe und Besatzungen. 2. Man muß hart sein, daran denken, daß der Feind bei Bombardierung unserer deutschen Städte mit Frauen und Kindern keinerlei Vorsorge trifft!«

[16] Geleitzüge im Atlantik:

HG	Gibraltar – Großbritannien	Beginn 26. Sept. 1939
HX	Halifax – Großbritannien (Schnellkonvoi)	Beginn 16. Sept. 1939 (HX von New York ab Sept. 1942)
OB	Abfahrt von Liverpool	Beginn 7. Sept. 1939 (heißt ON ab 21. Okt. 1941)
ONS	Großbritannien – Halifax (ehemals OB – langsamer Konvoi)	Beginn 26. Juli 1941
OG	Großbritannien – Gibraltar	Beginn 1. Okt. 1939
SC	Halifax – -Großbritannien	Beginn 15. Aug. 1940
SL	Freetown (Sierra Leone) – Großbritannien	Beginn 14. Sept. 1939
ON	Großbritannien – Halifax (ehemals OB)	Beginn 27. Juli 1941
OS	Großbritannien – Sierra Leone	Beginn 24. Juli 1941

XIII

[1] Nach: ›L'énigme des sous-marins soviétiques‹ von Claude Huan (Verlag France-Empire).

[2] Stalin, in erster Linie eine Landratte, war Marineproblemen gegenüber nicht unaufgeschlossen und hatte die Landungen der Alliierten während des Ersten Weltkrieges in Murmansk und Archangelsk nicht vergessen. Er hatte auch ein Kanalnetz bauen lassen, das es Schiffen von geringer Tonnage ermöglichte, von einem Meer zu einem anderen zu gelangen – eine Verbindung vom Kaspischen Meer durch die Wolga und den Marinekanal zum Ladogasee; eine Verbindung Ostsee – Weißes Meer durch Verwendung eines Teils des Ladoga- und Onegasees mit 19 Schleusen, die von der Luftwaffe am 28. Juni 1941 angegriffen wurden. Diese Durchfahrt, die den Namen Stalinkanal trug, konnte bereits 1933 von kleinen Zerstörern und Unterseebooten befahren werden.

[3] Die beiden Unterseeboote wurden von ›Seawolf‹ und ›Sealion‹ abgelöst, die dann endgültig im Dezember 1941 nach England zurückkehrten.

[4] Die Russen hatten den Unterseebootabwehr-Geleitschutz, den ihnen die USA angeboten hatten, abgelehnt; die UdSSR stand damals nicht im Krieg mit Japan. Die beiden Länder hatten sogar am 13. April 1941 einen Neutralitätspakt unterzeichnet, der erst am 4. April 1945 aufgekündigt wurde.

XIV

[1] Die Geleitzüge Island – Nordrußland wurden von Dezember 1941 bis Dezember 1942 mit PQ bezeichnet, während die Geleitzüge in der Gegenrichtung QP hießen.

Vom Dezember 1942 an änderte man die Bezeichnungen; für Island – Nordrußland wurde nun JW (angefangen von Nummer 51), für die Gegenrichtung RA (angefangen von Nummer 52) verwendet.

[2] U 457 hatte den Amerikaner ›Christopher Newport‹ (7176 BRT), U 224 den Amerikaner ›William Hooper‹ (7177 BRT) versenkt.

[3] U 703 hatte um 8.27 Uhr den Frachter ›Empire Byron‹ (6645 BRT) versenkt, U 88 um 10.15 Uhr den Amerikaner ›Carlton‹ (5127 BRT), U 456 um 14.31 Uhr den Amerikaner ›Honomu‹ (6977 BRT).

[4] Die Sowjets glaubten lange Zeit, die ›Tirpitz‹ sei wenigstens von einem der vom K 21 abgeschossenen Torpedos getroffen worden; das U-Boot erhielt für diese Aktion den Orden ›Rote Flagge‹. Die Prüfung der Bordbücher, die Erklärungen des Kommandanten Topp und der Offiziere der ›Tirpitz‹ sind überzeugend: Die ›Tirpitz‹ wurde gar nicht getroffen. Die Sowjets haben das schließlich zugegeben (›Die Kampfflotte‹, Moskau 1965).

[5] »Höchste Dringlichkeit – Der Kreuzerverband hat sich mit größter Fahrt westwärts abzusetzen.«

»Dringend – wegen Bedrohung Überwasserschiffe muß Geleitzug sich zerstreuen und russische Häfen ansteuern.«

»Höchste Dringlichkeit – meine Botschaft vom 4. d., 9.23 Uhr – der Geleitzug muß aufgelöst werden!«

[6] Die polnischen U-Boote waren in ihrem Kampf gegen die deutschen Schiffe sehr erfolgreich. ›Sbik‹, ›Wilk‹, ›Rys‹, ›Orsel‹, ›Semp‹ nahmen an der Verteidigung Danzigs gegen die deutsche Flotte teil,

insbesondere gegen die ›Schleswig-Holstein‹; ›Semp‹ und ›Rys‹ flüchteten im Jahre 1939 nach Stockholm, wo sie bis 1945 festgehalten wurden. ›Wilk‹ gelang die Flucht in einen britischen Hafen, ›Orsel‹ rettete sich in den neutralen Hafen Talinn (Reval); der erkrankte Kommandant wurde ins Hospital gebracht. Trotz einer gemeinsamen Intervention der russischen und deutschen Diplomaten, denen es gelungen war, die Estländer zur Internierung des Unterbootes zu veranlassen, beschloß Kapitänleutnant Grudzinski, der das Kommando der ›Orsel‹ übernommen hatte, in der Nacht des 17. September ohne Seekarte, mit nur sechs Torpedos und ohne Munition zu fliehen; ›Orsel‹ schlug sich durch, überwand zahlreiche Schwierigkeiten, durchfuhr die Meerenge und lief am 14. Oktober in Rosyth ein. ›Orsels‹ weitere Laufbahn verlief ruhmvoll, bis sie Ende Mai im Skagerrak verlorenging.

[7] Siehe Léonce Peillard: ›Versenkt die Tirpitz‹, Paul Neff Verlag.

XV

[1] Außer den Unterseebooten besaßen die Sowjets im Schwarzen Meer ein Schlachtschiff, 6 Kreuzer, 2 Geleitboote, 34 Motortorpedoboote, 15 Minenleger und viele Hilfsschiffe. Die großen Unterwasserboote griffen nur selten ein.

[2] Ende 1945 gab es in Europa allein nur mehr 95 sowjetische Unterseeboote, davon waren 60 Prozent einsatzfähig. Das war von den 218 Booten geblieben, die bei Beginn der Kampfhandlungen im Dienst gestanden hatten. Die Sowjets hatten bei 900 Feindfahrten mit 606 Angriffen, von denen 18 Prozent erfolgreich waren, 92 Boote verloren. Sie hatten 1700 Minen gelegt, 108 namentlich festgestellte Schiffe mit 254.525 BRT und 29 kleine Kriegsschiffe (Minenleger, Patrouillenboote, Schlepper usw.) versenkt. Von den 78 Unterseebooten (4 Brigaden) im Fernen Osten wurden 14 nach Europa geschickt: 6 auf dem Seeweg, 8 per Eisenbahn. Der Stützpunkt im Pazifik hatte als Personal- und Materialdepot gedient. Während der Feindseligkeiten stellte die sowjetische Marine mehr als 400.000 Seesoldaten zum Kampf zu Lande ab.

[3] Anfang 1943 trat Admiral Fricke an die Stelle Admiral Schusters.

[4] Dieses Unterseeboot von 650/900 BRT wurde 1930 in Fiume gebaut, besaß eine Geschwindigkeit von 19 Knoten über Wasser, 9 Knoten in Tauchfahrt. 1940 wurden in Galatz zwei andere rumänische Un-

terseeboote derselben Type, ›Requinul‹ und ›Marsuinul‹, auf Kiel gelegt, jedoch erst im April 1941 in Dienst gestellt.

[5] Unterseeboot Type ›Caproni‹, 36/45 t, Bewaffnung 2 Rohre 450 mm. Geschwindigkeit: 7,5 Knoten über Wasser, 7 Knoten in Tauchfahrt. Besatzung: 4 Mann.

XVI

[1] Die U-Boote wurden zwischen April und September 1943 übergeben und erhielten die Bezeichnungen S 1 bis S 9. Sie standen noch im Übungsstadium, als es am 3. September zum Waffenstillstand zwischen Italien und den Alliierten kam. Keines dieser U-Boote nahm an einer Kriegsoperation teil.

[2] Bericht vom Juli 1943.

[3] Das war später RO 501.

[4] U 511 hatte unter dem Kommando Steinhoffs zwischen Haiti und Jamaika am 27. August 1942 die ›Rotterdam‹ (8968 BRT) versenkt und am selben Tag die ›Esso Aruba‹ beschädigt. Am 9. Januar 1943 (Kommandant Schneewind) versenkte es im Nordatlantik die ›William Wilberforce‹ (5000 BRT).

[5] Einer Information des amerikanischen Geheimdienstes zufolge schoß eines seiner Flugzeuge die Maschine ab, in der sich Admiral Yamamoto befand.

[6] Im Januar 1944 genehmigte Hitler den Plan zum Bau von 30 U-Booten Typ XX – große Transport-U-Boote mit 2800 Tonnen, 15/6 Knoten. Sie sollten nach Japan fahren und von dort 450 Tonnen Gummi (außerhalb des Druckkörpers), 190 Tonnen Zinn (unter Deck) und 110 Tonnen verschiedene Waren im Inneren des U-Boots mitbringen. Keines dieser U-Boote wurde je gebaut.

[7] Hedgehog (Igel): Zwei Dutzend Wasserbomben, die gleichzeitig in verschiedenen Tiefen in einem ›Wasserquadrat‹ explodierten und daher starke Vernichtungswirkung besaßen. Sie wurden durch eine Art Werfer abgefeuert.

[8] »U-Boot gehört, dieses versenkt!« Erst nach dem Krieg erfuhren die Amerikaner, daß sie im Atlantik ein japanisches Unterseeboot versenkt hatten.

[9] Chandra Bose, 1883 in Tow Sripur (Bengalen) geboren, ein militanter nationalistischer Politiker. Er war von 1929 bis 1931 Vorsitzen-

der des allindischen Gewerkschaftskongresses und 1939 des Nationalen Indischen Kongresses. Deutsche und Japaner bedienten sich seines Patriotismus zur Errichtung einer freien Indischen Regierung im Oktober 1943 in Singapur. Er bildete auch eine ›nationale indische Armee‹. Chandra Bose kam am 18. 8. 1945 bei einem Flugzeugunglück auf Formosa ums Leben.

[10] Im Indischen Ozean wurden von Januar bis Juni 1944 dreißig alliierte Schiffe mit 195.880 BRT durch japanische und deutsche Unterseeboote versenkt. U 510 vom Typ IXc vernichtete im März 1944 fünf Schiffe (34.188 BRT) und auf seinem Rückmarsch die ›Dahomian‹ (5277 BRT) in der Nähe des Kaps; U 510 wurde am 10. August 1944 in Saint Nazaire erbeutet und als französisches Unterseeboot ›Commandant Bouan‹ benannt. Im Juni und Juli versenkte U 181 (Fregkpt. Freiwald) vom Typ IX d 2 drei Schiffe (19.457 BRT).

[11] 8 japanische Unterseeboote, 127 (Fukamura), 110 (Tonosuka), 137 (Otani), RO 110 (Ebato), RO 111 (Nakamura), I 26 (Kusaka) und I 165 (Shimizu), nahmen an diesen Operationen teil.

[12] ›Core‹ und ›Santee‹ versenkten zwischen dem 13. und 16. Juli 1943 vor den Azoren vier Unterseeboote.

[13] U 533 wurde am 16. Oktober vor Maskat von einem Flugzeug versenkt.

[14] Am 20. Januar ›Fort Buckingham‹ (7122 BRT), am 25. ›Fort la Maune‹ (7130 BRT), am 26. ›Samuri‹ (7219 BRT), ›Surad‹ (5427 BRT), ›Olga E. Embiricos‹ (4677 BRT), am 4. Februar ›Ching Cheng‹ (7176 BRT).

[15] U 129 wurde am 10. Mai 1945 in Lorient erbeutet und erhielt als französisches Unterseeboot den Namen ›Commandant Blaison‹.

[16] U 188 wurde, zusammen mit zwei anderen U-Booten, am 20. August 1944 von der eigenen Besatzung versenkt.

XVII

[1] Der Bold war ein Behälter mit chemischen Produkten, die im Wasser Bläschen entwickelten. Diese Bläschen bildeten einen Schirm zwischen dem U-Boot und den Asdicwellen. Das Gerät war so geschickt ausgeführt, daß der Durchmesser der Bläschen der Maximalaufnahme der Asdicfrequenz entsprach. Der Zerstörer warf seine Wasserbomben in die Zone, während das U-Boot gar nicht mehr dort

war. Der ›Bold‹ wurde im allgemeinen durch ein Torpedorohr ausgestoßen.

[2] Der Kreuzer Typ ›Birmingham‹ war in Wirklichkeit das Versorgungsschiff ›Hecla‹; der Zerstörer war die ›Marne‹.

[3] U 331 (Kommandant von Tiesenhausen) hatte am 25. November 1941 vor Gibraltar das Schlachtschiff »Barham« versenkt.

XVIII

[1] Am 21. Dezember 1941 sicherte der erste Geleitträger ›Audacity‹ den Geleitzug Gibraltar – Großbritannien, HG 76, mit Erfolg, wurde aber dann selbst durch U 751 (Kptlt. Bigalk) versenkt.

[2] *Chop line: change of operational control* – die Linie im Atlantik, an der die Geleitzüge von der amerikanischen in die britische Überwachung übergingen. Die *chop line* folgte zuerst dem 26. westlichen Meridian und wurde im März 1943 auf den 47. westlichen Meridian verlegt.

[3] Diese Taktik wurde später verbessert; im Jahre 1944 genügten vier Stunden für die Vernichtung eines U-Bootes. Ein neues Asdic verringerte schließlich die Zeit auf nur wenige Minuten, und es waren 12 Wasserbomben erforderlich, während vorher mehrere Dutzend nötig waren.

[4] Eines dieser U-Boote, U 954, wurde am 19. Mai 1943 von einem Flugzeug der Staffel 120 im Nordatlantik versenkt. An Bord befand sich Leutnant zur See Peter Dönitz, ein Sohn des Admirals.

Ein zweiter Sohn des Admirals fiel im Frühjahr 1944 im Ärmelkanal an Bord eines durch die ›Combattante‹ versenkten Schnellbootes.

XIX

[1] Karl Dönitz: ›Zehn Jahre und zwanzig Tage‹.

[2] Zwei Typen des Walter-U-Bootes wurden ausgearbeitet: Typ XVII mit 320/345 Tonnen, Dieselgeschwindigkeit 8,5 Knoten, elektrische Tauchfahrt 5 Knoten, Walterturbine 21 bis 25 Knoten, Aktionsradius 3000 Meilen bei 8 Knoten, Torpedorohre: 2 vorn.

Typ XXVI mit 850/950 Tonnen, Dieselgeschwindigkeit 11 Knoten, elektrische Tauchfahrt 10 Knoten, Fluchttauchfahrt 4,5 Knoten, Schnorchel 10 Knoten, Walter 25 Knoten, Aktionsradius 7300 Seemeilen bei 10 Knoten, Torpedorohre: 4 vorn, 6 achtern.

Die Pläne des totalen U-Bootes wurden erst im Juni 1943 fertiggestellt. Im Juni 1944 wurde der Bau des Ozean-U-Bootes XXVI aufgegeben, da sein Brennstoffverbrauch zu hoch war. Kein Walter-U-Boot beteiligte sich am Krieg. Die Russen übernahmen nach dem Krieg das Prinzip für ihre Unterseeboote der Klasse ›Q‹, hatten jedoch nur Schwierigkeiten damit, da es ihnen nicht gelang, diesen Motortyp einwandfrei zu meistern.

[3] Der Typ XXI, genannt ›elektrisches‹ U-Boot, hatte 1600 Tonnen. Seine errechnete Tauchfähigkeit, mit Koeffizient 2,5, betrug 135 Meter. Es sollte 15 Knoten bei Überwasser-, 17 Knoten bei elektrischer Tauchfahrt erreichen, 6 Knoten bei Fluchttauchfahrt mit Schleichmotor (lautlos und sparsam), 7 Knoten mit Schnorchel. Sein dieselelektrischer Aktionsradius betrug 15.500 Meilen bei 5 Knoten, seine Bewaffnung bestand aus 6 Torpedorohren vorn. Es führte 20 Torpedos mit.

Typ XXIII war kleiner, vorgesehen für Flachwasser-Unternehmungen an der britischen Nordsee- und der Mittelmeerküste. Es sollte sich im Prinzip durch die Eisenbahn befördern lassen, hatte ungefähr 250 Tonnen, 12 Knoten Geschwindigkeit bei elektrischer Tauchfahrt, 10 über Wasser (Diesel), 5 in Schleichfahrt, 10 mit Schnorchel.

Im zweiten Halbjahr 1944 wurden 98 U-Boote von Typ XXI und XXIII in Dienst gestellt, 83 in den ersten Monaten des Jahres 1945. Von Januar bis März waren es durchschnittlich 26 Boote im Monat. Im ganzen wurden 1944 bis 1945 123 U-Boote vom Typ XXI und 58 vom Typ XXIII hergestellt.

Bei der Führerkonferenz vom 18. März 1945 wurde mit Befriedigung festgestellt, daß die ersten Operationen der U-Boote Typ XXIII erfolgreich gewesen waren. »Nach erfolgtem Angriff haben die feindlichen Geleitboote, nach einer Flucht mit 9 Knoten und darauffolgender Fahrt mit Schleichmotor, die Fühlung verloren.«

Alle U-Boote XXI und XXIII kamen zu spät, um Einfluß auf den Krieg zu haben, und nur wenige Boote mit Schnorchel nahmen an den letzten Operationen teil.

[4] Karl Dönitz: ›Zehn Jahre und zwanzig Tage‹.

[5] U 338 wurde von Korvettenkapitän Manfred Kinzel befehligt. Im März 1943 hatte er drei Frachter des Geleitzugs SC 122 versenkt und vier andere beschädigt.

[6] Im Februar 1944 wurde ein verbessertes Modell des ›Foxer‹ in

Dienst gestellt, das von den Geleitfahrzeugen mit 20 Knoten nachgeschleppt werden konnte, und von da an waren die akustischen Torpedos weniger wirksam. Im Juni 1944 wurde ein akustischer Torpedo von Bord eines versenkten deutschen U-Bootes geborgen, und damit kannten die Engländer seine Geheimnisse.

[7] Die Deutschen hatten seit September 1941 95 U-Boote ins Mittelmeer gesandt. Zwölf machten kehrt, fünf wurden auf dem Marsch nach Süden versenkt; von den 78, die die Straße von Gibraltar erreichten, wurden sechs versenkt, sechs schwer beschädigt und vier gaben den Versuch auf. Nur 62 durchquerten die Straße und kamen ins Mittelmeer, wo sie alliierte Geleitzüge angriffen. Dessen ungeachtet waren es nie mehr als 26, die in diesem Raum gleichzeitig operierten.

[8] Verbindung der Geleitzüge OS (Großbritannien – Freetown) und KMS, langsamer Geleitzug (Großbritannien – Mittelmeer).

[9] Wahrscheinlich UC 12 (Großbritannien – Kariben), 22 Schiffe, und die vereinigten Geleitzüge OS 67 – KMS 41 (Großbritannien – Freetown und Großbritannien – Mittelmeer).

[10] Karl Dönitz: ›Zehn Jahre und zwanzig Tage‹.

XX

[1] Das heutige Pula, jugoslawischer Hafen an der Westküste von Istrien.

[2] Weder in den Dokumenten der Alliierten noch in den Listen Jürgen Rohwers konnten Aufzeichnungen darüber gefunden werden.

[3] »Ausführet Operation ›Husky‹!«

[4] »Große Risiken sollen und müssen eingegangen werden!«

[5] Die ›Bronzo‹ wurde an Frankreich übergeben, 1944 neu ausgerüstet und fuhr dann unter dem Namen ›Narval‹.

[6] Von Schlippenbach übernahm das Kommando eines anderen U-Boots; als er, durch die Sonne geblendet, ein feindliches Schiff torpedierte, stellte er beim Auftauchen fest, daß er irrtümlich ein Lazarettschiff angegriffen hatte und sandte sofort einen englischen Funkspruch, in dem er die Position des Lazarettschiffs angab. Er erfuhr niemals, was aus dem Schiff geworden war.

[7] Der amerikanische Zerstörer ›Menges‹ war beschädigt worden.

[8] Es handelte sich um den Geleitzug HA 43 (Tarent – Augusta). Er wurde von italienischen Booten begleitet, die das U-Boot bis zum Eintreffen von drei englischen Zerstörern zwangen, getaucht zu bleiben.

[9] Das erste Schiff wurde anscheinend weder versenkt noch auch nur beschädigt. Man findet, außer im Bordtagebuch eines Besatzungsmitglieds, in keinem Dokument eine Aufzeichnung darüber. Dagegen wurde an jenem 19. Mai am selben Ort die ›Fort Missanabie‹ (7000 BRT), wahrscheinlich das *Liberty Ship*, versenkt und dem U 453 zugeschrieben.

[10] Die Geschichte von U 230 ist in dem Buch von Herbert Werner, ›Die eisernen Särge‹ (Hoffmann und Campe), geschildert.

[11] Albrecht Brandi hatte U 617 und U 380 befehligt. Er erhielt das Ritterkreuz mit Eichenlaub.

[12] Die Taschen-U-Boote wurden von den Deutschen am 21. April 1944 vor Anzio ohne den geringsten Erfolg eingesetzt. Sie waren mit der Eisenbahn hingebracht worden.

XXI

[1] Bericht des Kommandanten Querville.

[2] Oberleutnant Munthe Kaas, der in Norwegen an Land ging, nahm an der Aktion gegen die ›Tirpitz‹ teil, indem er die Engländer über die Bewegungen des Schlachtschiffs benachrichtigte. Er war der Sohn des schwedischen Schriftstellers und Arztes Axel Munthe.

[3] ›Casabianca‹ von Kommandant L'Herminier (Verlag France-Empire).

[4] Oberleutnant zur See Henri Bellet, stellvertretender Offizier.

[5] Der alte Eisenbahnzug ›Paris – Lyon – Méditerrannée‹ (PLM) hielt an jeder Station, um Passagiere abzusetzen, andere aufzunehmen.

[6] Die ›Casabianca‹ hatte sich, damals unter dem Kommando von Korvettenkapitän Sacaze, zu Beginn des Krieges in Norwegen, im Skagerrak und im Atlantik ausgezeichnet. Sie war im Armeetagesbefehl erwähnt worden. Nach L'Herminier übernahm sein Stellvertreter, Kapitänleutnant Bellet, das Kommando über die ›Casabianca‹. »Er wurde von der Besatzung verehrt und geliebt, hatte die Flucht aus Toulon vorbereitet, die Landung von Agenten und Munition organisiert, besaß hervorragende Sachkenntnis und Erfahrung im Mittelmeerkrieg; ich war sicher, daß das Boot unter seinem Befehl großartige Erfolge erzielen würde. Ich wurde nicht enttäuscht«, schreibt Kommandant L'Herminier über Bellet.

[1] A entsprach 80 Meter Tiefe. 2A+60 waren also 220 Meter.

[2] Bei Tauchfahrt in weniger als 20 Meter Tiefe konnte man Sendungen auf sehr langen Wellen empfangen.

[3] Sie stieg im Juni bei der alliierten Landung wieder auf 65 Boote von insgesamt 424, die im Dienst standen.

[4] In diesen Statistiken sind auch die in der Ostsee durch Minen, Zusammenstöße und Unfälle versenkten U-Boote enthalten. Die vielen Unfälle beweisen, mit welcher Härte und mit welch hohen Ansprüchen die Versuchsfahrten und die Ausbildung der Besatzungen durchgeführt wurden.

[5] Es hatte im Mai 1943 mehrere englische Schiffe, die ›West Maximus‹ (6000 BRT) und die ›Harperly‹ (5000 BRT), versenkt.

[6] U 505 ist jetzt im Innenhof eines Museums in Chikago ausgestellt.

[7] Die Anfangsbuchstaben von ›*Chief of Staff to the Supreme Allied Commander*‹.

[8] Danzig und Gdingen fielen Ende März 1945 in die Hände der Russen.

[9] Einschließlich Südatlantik, Mittelmeer und Pazifik. Die erste Ziffer gibt den Schiffsraum, die zweite die Zahl der entsprechenden Schiffe an.

[10] Die Zahlen beinhalten alle auf sämtlichen Meeren vernichteten U-Boote. Etwa zwölf wurden von ihren Besatzungen in Toulon, Bordeaux und Lorient versenkt.

[11] 14 gehörten der Royal Canadian NAVY an.

[12] Die Engländer erfuhren nach dem Krieg, daß zwischen September 1944 und Mai 1945 sich täglich nur etwa 30 Unterseeboote in ihren Gewässern aufgehalten hatten. Die Berichte hatten von 216 Booten gesprochen, die in diesem Zeitraum gesichtet wurden; in Wirklichkeit waren es nur 88.

[13] Neben dem *Hedgehog* war der *Squid* eine Art Mörser zum Abschuß von Wurfkörpern vom Vorderschiff. *Hedgehog* und *Squid* wurden vor allem bei der letzten Annäherung ans Ziel verwendet, wenn das Asdic unbrauchbar wurde. Die Engländer setzten den *Squid* am 31. Juli 1944 zum erstenmal mit Erfolg ein, als U 333 (Kptlt. Hans Fiedler) durch Captain F. J. Walker vor den Scilly-Inseln versenkt wurde.

Am 6. August 1944 versenkte die Fregatte ›Loch Killin‹ im Golf von Biskaya mit einem *Squid* U 736.

[14] Karl Dönitz: ›Zehn Jahre und zwanzig Tage‹.

[15] Die Gesamtverluste betrugen: im Januar 14, im Februar 22, im März 32, im April 55 U-Boote.

[16] Dieses U-Boot, das später unter dem Befehl von Oberleutnant zur See Götz Roth stand, wurde am 24. Juni 1945 an die Alliierten ausgeliefert.

[17] Die meisten dieser Verluste erfolgten, mit Ausnahme der von U-Booten verursachten, durch Minen.

[18] Von diesen 151 U-Booten wurden 38 bei Bombenangriffen in Häfen vernichtet.

[19] Karl Dönitz: ›Zehn Jahre und zwanzig Tage‹.

[20] Ein U-Boot des gleichen Typs, U 2326 (Kptlt. K. Jobst), das den Engländern ausgeliefert wurde, erhielt Frankreich zuerst leihweise, dann als Geschenk. Es sank unter dem Kommando von Kapitänleutnant Avon am 6. Dezember 1946 mit Mann und Maus vor Toulon.

Ein anderes U-Boot, U 2518 (Typ XXI), das gleichfalls den Franzosen übergeben wurde, erhielt den neuen Namen ›Roland-Morillot‹.

[21] Schnee hatte nacheinander U 60 und U 201 befehligt. Er hatte 17 versenkte Schiffe mit 77.030 BRT und drei beschädigte mit 28.821 BRT auf seinem Konto. U 2511 war das erste U-Boot des Typs XXI, das im Dienst stand.

[22] Karl Dönitz: ›Zehn Jahre und zwanzig Tage‹.

[23] 21 U-Boote vom Typ XXIII und 10 vom Typ XXI kamen an die Alliierten, teils wurden sie auf Befehl von Dönitz übergeben, teils befanden sie sich in den Häfen.

XXIII

[1] I 26 versenkte Ende Januar 1942 den amerikanischen Kreuzer ›Juneau‹ und wurde selbst am 28. Oktober 1944 ostwärts der Insel Leyte vernichtet.

[2] Man weiß nicht, ob es ein Torpedo von I 15 oder einer aus dem von I 19 abgeschossenen Fächer war, der die ›North Carolina‹ traf.

[3] Hafen an der Nordspitze von Neubritannien (Bismarck-Archipel), am 23. Januar 1942 von den Japanern besetzt, die dort eine starke See-Luftwaffen-Basis errichteten.

[4] RO 44 wurde am 16. Juni 1944 vor Eniwetok durch einen amerikanischen Zerstörer, die ›Burden R. Hastings‹, versenkt; der Komman-

dant Hashimoto war Anfang Mai durch einen anderen Offizier, Kommandant Uesugi, ersetzt worden.

[5] RO 112 (Kommandant Yuchi) wurde am 11. Februar 1945 nördlich von Luzon durch die ›Batfish‹ versenkt. Die ›England‹ allein versenkte zwischen dem 19. und 31. Mai 1944 im gleichen Gebiet RO 106 (Kommandant Uda), Ro 104 (Kommandant Izubuchi), RO 116 (Kommandant Okabe), RO 108 (Kommandant Obari) und RO 105 (Kommandant Inoue).

[6] Ohne Rückfahrkarte.

[7] Oder auch: ›den Himmel erschüttern‹.

[8] Die Amerikaner fanden im März 1945 in den Höhlen der Keramos-Inseln südlich von Okinawa, ungefähr 300 solche Torpedos.

[9] I 56 (Kommandant Shoda) wurde am 18. April 1945 durch eine Gruppe amerikanischer Zerstörer auf 26° 42′ Nord, 130° 38′ Ost versenkt.

[10] I 48 (Kommandant Toyama) wurde von ›Conklin‹, ›Corbesier‹ und ›Raby‹ auf 9° 45′ Nord, 138° 20′ Ost versenkt.

XXIV

[1] Die ›Wahoo‹ war nicht das einzige amerikanische Unterseeboot, das in das japanische Meer einzudringen vermochte. Zur selben Zeit versenkten die ›Plunger‹ (Kkpt. Bass) und die ›Sawfish‹ (Kkpt. E. T. Sands) in diesem Binnenmeer mehrere Schiffe.

[2] Die ›Tullibee‹ hatte zwischen dem 22. August 1943 und dem 31. Januar 1944 unter dem Kommando von C. F. Brindupke drei japanische Schiffe mit 10.579 BRT versenkt.

[3] »NPM V W3TU – K … NPM V W3TU – K … Radio Pearl von Archerfish, ich habe dringende Nachricht für Sie … Radio Pearl von Archerfish, ich habe dringende Nachricht für Sie!«

Radio Pearl antwortet sofort durch Signal: »Sprechen Sie, ich höre Sie.«

»Von Archerfish an ComSubPac und alle Unterseeboote im Abschnitt Japan stop Verfolge großen Flugzeugträger und vier Zerstörer stop Position Br. 3230 N L. 1374 O, mittlerer Kurs 240, Geschwindigkeit 20 Knoten, Ende.«

[4] »Dringend. Für ComSubPac und alle Unterseeboote im Abschnitt stop Ziel fährt Kurs 275 Geschwindigkeit 20 Knoten stop Ich nähere

mich seiner Backbordseite stop Rechne Schußposition nicht vor Morgengrauen zu erreichen stop Setze Jagd fort, Ende.«

Die unmittelbare Antwort: »Archerfish von ComSubPac stop Bleiben Sie ihm auf den Fersen Joe stop Alle Unterseeboote der Gruppe eilen Ihnen zu Hilfe.«

[5] Enright glaubte einen Flugzeugträger von 29.000 Tonnen der Klasse Hayataka versenkt zu haben.

[6] RO 41 (Kommandant Honda) wurde am 23. März durch die ›Hoggard‹, I 8 (Kommandant Shinohara) wurde am 23. März durch die Zerstörer ›Morrison‹ und ›Stockton‹ versenkt. I 56 (Kommandant Shoda) wurde am 18. April durch eine Gruppe von Geleitfahrzeugen versenkt, RO 46 (Kommandant Kimura) am selben Tag durch die ›Sea Owl‹. I 44 (Kommandant Masuzawa) wurde am 29. April durch die Flugzeuge der ›Tulagi‹ versenkt. Die Fahrt von I 47 war kurz; es wurde angegriffen, beschädigt und kehrte zu seiner Basis zurück.

[7] I 400 und I 401 wurden im Jahre 1946 als Kriegsbeute in die Vereinigten Staaten gebracht. I 402 wurde nach Einstellung der Kampfhandlungen in ein Brennstoffversorgungsboot für die anderen Unterseeboote verwandelt.

LITERATURNACHWEIS

Der Literaturnachweis notiert die wichtigsten Werke in der vom Autor benutzten Fassung

Originalwerke

Antier Jean-Jacques, *Histoire mondiale du sous-marin,* Robert Laffont, Paris

Auphan und Mordal Jacques, *La Marine française dans la Seconde Guerre mondiale,* France-Empire, Paris

Cabanier Georges, *Croisières périlleuses,* Presses de la Cité, Paris

Dönitz Karl, *Zehn Jahre und zwanzig Tage,* Athenäum-Verlag, Bonn

Dönitz Karl, *Mein wechselvolles Leben,* Musterschmidt-Verlag, Göttingen, Zürich, Berlin und Frankfurt

Frank Wolfgang, *Der Stier von Scapa Flow,* Gerhard Stalling Verlag, Oldenburg und Hamburg

Guierre Maurice, *Aux postes de plongée,* Gallimard, Paris

Herlin Hans, *Verdammter Atlantik,* Nannen-Verlag, Hamburg

Huan Claude, *L'Égnigme des sous-marins soviétiques,* France-Empire, Paris

Korganoff Alexandre, *Le Mystère de Scapa Flow,* Arthaud, Grenoble

Kuenne Robert E., *The attack submarine. A study in strategy,* Yale University Press, New Haven and London

La Marina italiana nella seconda guerra mondiale, Ufficio storico della Marina militare

Le Masson Henri, *Bâtiments de guerre d'aujourd'hui,* Editions maritimes et d'outre-mer

Le Masson Henri, *Du ›Nautilus‹ (1800) au ›Redoutable‹,* Presses de la Cité, Paris

L'Herminier, *Casabianca,* France-Empire, Paris

Mordal Jacques, *Histoires de la flotte française de combat,* Publédit

Morison Samuel Eliot, *The two Ocean war,* An Atlantic Monthly Press Book

Newcomb Richard F., *Abandon ship!,* Holt, Rinehart and Winston, New York

Rohwer Jürgen, *Die U-Boot-Erfolge der Achsenmächte 1939–1945,* J. F. Lehmanns Verlag, München

Roscoe Theodore, *United States submarine operations in World War II*, United States naval Institute, Annapolis, Maryland
Roscoe Theodore, *United States destroyer operations in World War II*, United States naval Institute, Annapolis, Maryland
Roskill S. W., *The war at sea*, Her Majesty's stationery Office, London
Sacaze, *Le »Casabianca« avant L'Herminier*, France-Empire, Paris
United States submarine losses – World War II, Naval History division Office of the Chief of naval operations, Washington
Warren C. E. T. und Benson James, *Will not we fear*, George G. Harrap & Co. Ltd., London
Warren C. E. T. und Benson James, *Above us the waves*, George G. Hatrap & Co. Ltd., London
Werner Herbert A., *Iron Coffins*, Holt, Rinehart and Winston, New York
Die französischen Marinezeitschriften ›La Revue maritime‹, ›Neptunia‹ und ›Marine‹

Übersetzungen

Alman Karl, *Les Loups gris dans la mer bleue*, Presses de la Cité, Paris
Ash Bernard, *La Fin de deux giants*, Presses de la Cité, Paris
Beach Edward L., *Submarines, corsaires du Pacifique, 1942–1945*, Presses Pocket
Bekker Cajus, *La guerre dans la Baltique, 1944–45*, Presses de la Cité, Paris
Churchill Winston, *Memoires sur la Deuxième Guerre mondiale*, La Palatine, Genève
Dönitz Karl, *Dix ans et vingt jours*, Plon, Paris
Dönitz Karl, *Ma vie mouvementée*, Julliard, Paris
Frank Wolfgang, *U-Boote contre les marines alliées*, Arthaud, Grenoble
Hashimoto Mochitsura, *Les sous-marins du Soleil levant*, Presses de la Cité, Paris
Ioura Shôjito, *La flotte des sous-marins*
Itakura Hidenobu, *Histoire de la guerre du Pacifique*, Shuppan-Kyô-dôsha, Tokio
Lord Walter, *Pearl Harbor*, Robert Laffont, Paris
Mars Alastair, *Mon sous-marin l'»Unbroken«*, J'ai lu, Paris
Nomura Naokouni, *Le sort du sous-marin U-511*
Pratt Fletcher, *Front de mer – Pacifique* 1941-1942, Editions transatlantiques

Puleston W. D., *La »sea power« dans la Seconde Guerre mondiale,* Payot, Paris
Raeder Erich, *Ma vie,* France-Empire, Paris
Roskill S. W., *La Flotte britannique en guerre 1939–45,* Presses de la Cité, Paris
Schaeffer Heinz, *U 977, l'odyssée d'un sous-marin allemand,* J'ai lu, Paris

DANK DES AUTORS

Unter den vielen, die mir bei der Arbeit an diesem Werk behilflich waren, indem sie mir in nicht veröffentlichte Dokumente Einblick gaben, Aktenmaterial und marinetechnische oder historische Arbeiten zur Verfügung stellten, möchte ich besonders erwähnen: Fregattenkapitän Claude Huan, Kapitän zur See Claude Piéri, Captain Roskill, Großadmiral Karl Dönitz, meinen Bruder Ingenieur Jean Peillard, die Historische Abteilung der französischen Marine, the Admiralty Historical Section, London, den Controller of Her Majesty's Stationery Office, the Submarine Library and Museum (US Submarine Base, New London, USA).

Zu besonderem Dank bin ich Professor Ryuji Nagatzuka verpflichtet, der meine japanische Korrespondenz besorgte und darüber hinaus eine Reihe von japanischen Werken für mich übersetzte.

Bildnachweis zum Titel
Geschichte des U-Boot-Krieges 1939 – 1945

Photo APN: 19, 20, 21, 22. Archiv Karl Dönitz: 4
Photo Musée de la Marine, Paris: 3, 5
Photo U. S. Navy: 2, 7, 23, 24
Archiv Léonce Peillard: 1, 6, 12, 17, 18
Photo The Submarine library an Museum: 8, 9, 10, 11
Photo Imperial War Museum: 13, 14, 15, 16